중국
사회
각 계층 분석

중국 사회 각 계층 분석

초판 1쇄 발행 2015년 9월 9일

지 은 이	양효성
역　　자	이성권
발 행 인	권선복
편집주간	김정웅
디 자 인	김소영
전 자 책	신미경
마 케 팅	정희철
발 행 처	도서출판 행복에너지
출판등록	제315-2011-000035호
주　　소	(157-010) 서울특별시 강서구 화곡로 232
전　　화	0505-613-6133
팩　　스	0303-0799-1560
홈페이지	www.happybook.or.kr
이 메 일	ksbdata@daum.net

값 27,000원

ISBN 979-11-5602-280-0   (03300)

도서출판 행복에너지는 독자 여러분의 아이디어와 원고 투고를 기다립니다. 책으로 만들기를 원하는 콘텐츠가 있으신 분은 이메일이나 홈페이지를 통해 간단한 기획서와 기획의도, 연락처 등을 보내주십시오. 행복에너지의 문은 언제나 활짝 열려 있습니다.

중국 사회 각 계층 분석

10년에 걸쳐 완성한 중국 최고의 知靑 양효성 역작
모택동 사후 시기 가장 심층적인 中國사회 분석

양효성 지음 · 이성권 번역

이 중국사회를 알아야만
中國 어디에서나 성공할 수 있다!

도서
출판 행복에너지

이 책에서
30년 이래 중국,
300년 이래 중국사회,
3000년 이래 중국인을
읽을 수 있다.

이 중국사회가
도대체 어떻게 된 일인지를 알려준다!

중국 자산가와 매판가들, 물론 이들은 계층화되어 있다.
그들에 대해 실질적으로 특별히 분석할 필요는 없다. 그들의 사유재산이 주로 아버지 대 권력의 크기에 의해 모아진 것이기 때문이다. 그 과정은 종종 사람들이 혀를 내두를 정도로 단순하며 진정한 상업적 의미를 논할 가치조차 거의 없다. 이는 '중국 특색'이라는 점에서 큰 풍자성을 가진다.

───

상해인을 광주(廣州)인 · 복건(福建)인과 비교해 볼 경우 후자들은 이미 성공적인 '매판'이 되어 있다. 허나 어떻게 된 영문인지 그들은 여전히 '알바생'에 불과하다는 인상을 준다. 반면에 상해인들은 설령 외국 사업가들의 '알바생'이라 할지라도 자신의 후천적인, 어디에서 모방하여 왔는지 알 수 없는 소위 '학자풍 상인(儒商)의 기질'로 자신이 '대매판'임을 드러내려고 시도한다.

───

중국 근대사에서 중국 중산가들은 그 어떤 계층을 형성한 적이 거의 없으며 사회 영향력은 더구나 없다. 중국 현대사회에서 이 계층은 신생적이기 때문에 그 어느 계층의 의식 전통을 운운할 여지가 근본적으로 없다. 예를 들어 세 살배기 아이가 배고프면 울고 배부르면 웃고 오줌 싸면 보채듯이 부드러운 손으로 만져 주면 편안함을 느끼게 되고 몇 번 다독여 주면 순순히 잠들어 버린다. 그 계층 의식의 본능은 고작해야 이러한 평범한 반응일 따름이다.

───

　이 책은 1996년에 썼으며 일부 장절은 신문에 게재되었다. 1997년에 출판되어 지금까지 13년이라는 시간이 흘렀다. 이 13년 중에 한 번도 재판된 적이 없다.

　그것은 결코 금지를 당하였거나 출판사들이 재판하려고 하지 않은 것도 아니다. 사실 이 책을 재판하려는 출판사들이 적지 않았으나 필자 자신이 그때마다 거절했기 때문이다.

　원인은 아주 간단하다. 필자가 쓴 다른 책에 대해서도 아주 시원찮다고 생각하지만 '다른' 책들은 대체로 소설들이다. 소설가라면 십중팔구는 탐탁지 않은 소설을 쓴 적이 있을 것이다. 비록 보잘것없다고 하지만 자신의 그 시기 창작 상황을 증명해 주기 때문에 다른 사람이 재출판할 가치가 있다고 생각한다면 대개 그들의 결정에 따른다.

　그러나 이 책은 소설이 아니다. 도대체 어느 부류에 속하는 책인지 자신도 명백하게 말할 수 없다. 그렇다면 시사 논평이라 할까? 그런 뜻이 좀 있기는 하지만 시사 논평 같은 책은 별도의 평가 기준이 있다고 생각한다. 냉정성·객관성·적정성·세밀성의 근거 등을 예로 들 수 있다. 물론 만약 예견성이 있고 예견이 비교적 적중할 경우 가장 좋은 것이다. 결론적으로 시사 논평 같은 책은 대개 충분한 논리적 표현이 좋은 것이다.

　필자가 쓴 이 책은 감정적 색채가 너무 짙다.

　그래서 그 당시 "정당한 직업에 종사하지 않고 빈둥거린다."라는 비평을 받았었다.

소설가가 비소설류 책을 쓴 예는 너무 많아서 일일이 다 열거할 수 없다. 필자는 "정당한 직업에 종사하지 않고 빈둥거린다."라는 비평에 대해 대수롭지 않게 여긴다.

당시에 이 책을 "부자들에 대한 증오심리"라고 비판한 사람도 있었다.

당시 필자가 불만스러워하고 우려한 것은, 사실상 부자 자체가 아니라 공격적으로 심한 빈부격차를 조성한 각종 '체제' 문제이다.

바로 그 불만이 아주 강렬하기 때문에 그 우려도 내심으로부터 우러나온 것이다. 또한 "괜한 걱정을 한다."라는 비웃음을 받기 싫어서 일부러 은어(隱語)의 필치로 썼다. 그 결과 감정 색채가 짙어짐과 동시에 우수한 평서(評書)로서 가져야 할 이성적 정중성도 부족해졌기 때문에 그 의미도 자연히 엉망이 되었다.

현재 필자는 본 작품에 대해 '응급조치'를 진행 중이다. 다시 말하면 자신의 어떤 책이 시원치 않다는 것을 분명히 알면서도 수정을 통해 그 '사형' 판정을 번복함으로써 가능한 한 '다시 광명을 보게' 하기 위해서이다.

수정 과정에서 스스로 이 책에 대한 불만으로 인해 번번이 필을 놓게 되었다. 13년 세월이 지난 지금에 와서 13년 전 자신의 책을 읽으니 그때마다 황당한 느낌이 들었기 때문이다. 예컨대 13년 전 부자와 오늘의 부자들을 비교해 볼 경우 부의 개념이 너무 다르다. 13년 전 나 같은 사람의 임금은 겨우 6, 7백 원으로서 일반 국민들의 임금에 대한 요구 제기가 오늘에 비해 너무 큰 차이가 있다. 13년 전 '퇴직'풍조는 중국 도시의 극심한 진통이었지만 오늘날 이런 진통은 기본적으로 견뎌 냈다. 13년 전 농민들의 생존에 대한 부담은 거의 숨 돌릴 겨를도 없이 억눌렸으나, 지금 농민들의 운명은 크게 개선되었다.

여기서 가장 주요한 것은 13년 전 많은 중국 사람들이 나처럼 중국 당시 현실에 대해 아주 비관적이었으나 13년이 지난 오늘 대다수 중국 사람들의 중국에 대한 사회심리 기조는 이미 비관적 그늘에서 벗어났다고 말할 수 있다는 것일 것이다……

하물며 필자가 쓴 이 책에는 일방적이고 천박한 문인의 견해가 미처 수정할 수 없을 정도로 수두룩하다. 결국 고치지 않고 그대로 둔다.

　그래도 필자는 이 책을 고치지 않고 그대로 '다시 광명을 보게' 하기로 결심하였다. 그것은 적어도 이 책을 본 사람들은 소설을 쓰는 한 녀석이 의외로 우리 중국의 문제점에 대해, 그것도 13년 전에 '정당한 직업에 종사하지 않고 빈둥거리면서' 많은 것들을 생각하고 독선적으로 그렇게 많은 견해들을 공개적으로 발표하였다는 점을 이해할 수 있을 것이다.

　몇 개 장절의 뒷부분에 현재 시점에서 다시 보고 생각한 보충 설명을 추가하였다.

　이 머리말에서 가장 추가하고 싶은 것은 아래 2가지 내용이다.

　첫째, 정치 또는 상업에 종사하고 각양각색의 지식층을 구성하는 중국인들이 있는데 이들 중 한 집단에 대해 전적으로 한 장절을 들춰내 토론해 볼 필요가 있다. 그들은 즉, 지식청년 집단이다. 지금 돌이켜보면 13년 전에 그렇게 쓰지 않은 것이 큰 유감으로 생각된다.

　필자는 '하향(下鄉: 문화대혁명 때 도시 학생 청년들이 농촌으로 내려가 일했던 일련의 활동)' 운동에 대해 별로 할 말이 없다. 한마디로 말해서 그 집단이든, 당시 중국이든 막론하고 다른 선택의 길이 없었다.

　하지만 객관적으로 볼 때 '하향' 운동은 그 당시 무수한 도시 청년과 중국 농민, 더욱이 가장 빈곤한 농민 간 긴밀하고 친밀한(전반적으로 그러했다) 결합을 10여 년 간 지속시켰다. 이는 그들로 하여금 '중국'이라는 두 글자를 더 전면적으로 인식하고 또한 그들이 '인민'이라는 두 글자에 감성적 이해를 가지도록 하였다.

　친구인 진효응은 〈중국재경보〉 사장 겸 편집장을 역임하였다. 그도 간부 자제로서 그 당시 산서성 생산대에 내려간 지식청년이다.

　필자가 13년 전 이 책을 쓸 때 우리는 함께 좌담회를 가진 적이 있다.

　그는 회의에서 실제 발생한 일을 말한 적이 있다. 하향 청년들이 도시로 돌아가기 시작한 후 한 고급간부 자제가 마침내 북경으로 돌아갈 수 있게 되었다. 그는 10여 년간 한 농가에서 살았는데 그 집 주인 아저씨와 아주머니는 먼 곳까지 배웅해 주면서 그의 호주머니에 억지로 계란을 넣어 주고 북경에 가지고 가라고 대추 한 바구니를 건네주었다. 저녁해가 질 무렵 먼 곳까지 걸어온 그가 무의식 중에 다시 한 번 뒤돌아보았다. 헌데 굽이굽이의 계곡들을 사이에 두고 저 멀리 흙 절벽 아래에 아저씨와 아주머니의 모습은 여전히 비껴서 있었다…….

그 순간 고급간부 자제는 저도 모르게 양 무릎을 꿇고 울음보를 터뜨렸다.

효웅이 들려준 이 이야기는 다른 사람들에게 여러 번 이야기하였고 필자의 드라마 새 작품《지식청년》에 옮길 정도로 나에게 아주 깊은 인상을 남겼다.

그 고급간부 자제는 북경에 돌아간 후 다시 고급간부 자제 신분으로 돌아갔을 터인데 혹시 마음은 변하지 않았을까?

고급간부 자제가 '본성'으로 돌아간 예도 적지 않다.

그러나 10년 '하향'이라는 고생한 경험이 있기 때문에 금후 신분이 어떻게 변하고 지위가 어떻게 변하든 관계없이 '인민'에 대한 깊고 돈독한 정은 변함이 없을 뿐만 아니라 오히려 인간성 깊숙이 '뜨거운 피'로 간직될 것이다. 이러한 '지식청년대(代)'도 적지 않다.

그러면 그들이 정치에 종사했던지 장사에 종사했던지 아니면 형형색색의 지식분자가 되었던지 관계없이 그들은 필연적으로 인문화된 정치가, 인문화된 상업가, 인문화된 지식인이다.

말하자면 그들은 중국의 정치와 상업 그리고 문화에 '양심'을 심어 주는 것이다.

만약 인민에 대한 진정한 감정이 없다면 필자는 소위 '인문(人文)'이란 무슨 '문(文)'인지 알 길이 없다.

둘째, 이 책에는 유명 가수들(물론 성악가들을 포함)에 대한 많은 불경스러운 어구들을 사용했는데 이도 필자가 미안해하는 점이라 할 수 있다.

초판 후 13년이 지난 오늘 말하고 싶은 것은, 중국이라는 이 대가족의 한 하족(漢族)성원으로서 이 자리를 빌어 그들에게 정중하게 경의를 표한다는 점이다. 그리고 그 당시 이 책에 사용한 일부 조소적, 해학적인 어구에 대해서는 정중하게 진심으로 송구스러움을 표하고자 한다.

그 이유는 나중에 인식하게 되었는데 유명 가수, 더욱이 한족 유명 가수들, 바로 그들이 중요한 한 방면에서 한족을 변화하게 하였고, 심지어 '개조'하였다고 말할 수 있기 때문이다.

필자가 특히 '한족 가수'라고 강조하는 것은 결코 '대 한민족(漢民族)'의 편애한 의식을 선양하기 위해서가 아니라 단지 이러한 사실을 지적하기 위해서이다. 즉 고대 한족은 비록 춤을 잘 추는 민족은 아니었지만 노래를 잘하는 민족이었던 것은 확실하다. 생각해 보시라, 그 당시 나무꾼·어부·누에치기 소녀와 차를 따는 처녀들 누구라 할 것 없이 노래를 소리 높여 부르거나 낮은 목소리로 흥얼거리기를 좋아했는데 이는 한족들이 얼마나 노래 부르기를 좋아하는 민족인가를 증명해 준다. 그러나 근대로 내려올수록 노래 부르기를 좋아했던 한족들이 갈수록 노래 부르기를 싫어하고 있다. 국난이 심각한 근대에 와서 여전히 일부 노래들이 유행되고 있지만 대부분은 슬프거나 격한 노래들이었다. 그리고 종종 소수 사람들이 수많은 중국 사람들에게 들려주는 데 그친다. 1949년 이후, 한족이 부르는 노래는 점차 극단적인 정치화로 나아갔다. 따라서 한족이 서정적인 노래 한 곡을 부른다 할 때 1949년 이전이 아니면 기타 형제민족이 부른 노래 또는 외국 노래라 할 정도로 서정적인 노래가 탄생되기 극히 어려웠다고 볼 수 있다.

그러나 오늘, 한족들은 전대미문으로 노래를 잘 부른다.

더욱이 도시에서 화창한 봄날이 되면 길거리에서 노래하는 사람은 물론 공원에서 흘러나오는 노래 소리가 그야말로 여기저기에서 연이어 일어난다.

세계에서 인구가 가장 많은 민족이 만약 노래 부르기를 싫어하는 민족이라 할 때 그야말로 세계적인 유감이 아닐 수 없다.

지금은 사정이 좋아졌다. 우리는 다시 애창 본능을 되찾은 것이다.

한족의 이런 본능의 회복은 20세기 80년대 이후로써, 각 세대 한족 가수들의 기여를 별개로 하고는 생각할 수 없다고 본다.

　폭넓게 품은 심경이라도 좋고 단순한 기분이래도 좋고 일반 감정이라도 좋고 인간성의 사적 감정이라도 괜찮다…… 어쨌든 부르기를 좋아하는 것이 부르지 않는 것보다 낫고 입 밖으로 부르는 것이 마음속에 짓누르고 있는 것보다 낫다.

　인정과 관련된 모든 심경·진심·감정·분위기·정서를 열거해 보면 30년 이래 우리 한족 가수들은 거의 전부 한족들을 고무하며 노래를 불러 왔다. 또한 필자의 시각에서 중국 문학과 예술 상황을 둘러볼 경우 대중가요의 품질이 오히려 우위를 차지하는 셈이다.

　그것은 대중가요에 거의 모든 방면이 망라되었고 또한 대중가요만이 권모술수를 노래하지 않았기 때문이다. 또한 그렇기 때문에 대중가요가 오히려 교활함과 음흉함이 아닌 최대한의 '인성화(人性化)'를 달성할 수 있었던 것이다.

중화인민공화국이 성립된 후에 중국인들은 자기 나라를 '신중국'이라 불렀다. 그만큼 해방 후 새 세상에 대한 기대가 컸었다는 반증이다. 하지만 새 국가 성립 후 정확히 28년 만에 신중국은 세계에서 가장 가난한 국가 부류에 속할 정도로 정신과 육체가 만신창이가 되었다. 등소평은 그러한 모순을 인식하고 또다시 혁명적인 역사의 전환점에서 방향타를 쥐고 부득불 '개혁개방'이란 카드를 내게 되었다.

무혈로써 역사의 전환점을 일궈 냈다는 데 등소평의 위대함을 높이 평가할 수 있다. 수천만 명이 희생당한 '문화대혁명'을 역사로 돌리고, 철저히 민본(民本)에 기초한 실사구시적인 정치가 있었다. 이는 중국의 개혁개방 정책이 '박정희의 국가주도형경제개발'을 벤치마킹한 데서도 여실히 나타난다.

그 개혁이란, 중국 사회주의경제체제개혁 중 가장 중요한 분야인 중국농촌경제체제의 개혁은 바로 중국농민과 토지의 깊은 관계를 충분히 이해하고 배려하고 다시 분석하고 인식한 후 토지의 경작권을 다시 농민들에게 분배한 것이다. 중국의 역사는 농촌·농민의 역사를 간과하고는 설명이 되지 않는다.

역자(譯者)는 중국 생활 25년째에 접어들고 있다. 수교가 되기 오래전부터 중국에 관심을 가지고 있었고 터를 잡았다. 지금 와서 돌이켜 보면 그야말로 준비된 자의 때를 맞춰 진출한 것이다. 즉, 여시구진(與時俱進)이라 하겠다. 외국인으로서는 드물게 중국 개혁개방의 산증인이라 자부한다.

처음 막 도착해서 본 중국사회는 어딘가 모르게 무거운 기운이 내리 깔려 있는 곳이었고 인민은 겁에 질린 얼굴을 하고 순종하는 듯한 인상들이었으나, 조심스럽게 밖을 내다보는 그야말로 아큐(阿Q)와 같은 모습들이었다.

그런 중국이 시장경제를 도입하고 십수 년이 흐른 뒤에 그 저력이 서서히 전세계로 뻗어나갈 즈음 동남아의 1997년 말 금융위기를 겪는 사이에, 또 한국이 과거사 청산이다 하여 발전적 정력과 에너지를 소모하는 동안, 중국은 '대륙굴기'의 용틀임을 하기 시작하였다.

혹자는 1980년대 도광양회(韜光養晦) 기간이 끝났다 하며, 혹자는 이제는 대륙굴기(大陸崛起) 하였다는 말로 형용한다. 2010년대에 들어서서는 G2라는 표현으로 '베이징컨센서스'를 공공연히 얘기하고 있다.

중국의 지성으로 추앙받는 작가 양효성은 신중국 성립 후부터 개혁개방 전개 과정 사이에 일어나고 있는 변화하는 중국 사회를 심층 분석하였다. 즉, '중국 특색의 사회주의 시장경제'체제에서 인문적 가치관과 전통 가치관, 젊은 세대에 대한 기대와 기성세대의 각성, 국가제도의 변화 등을 전 방위로 분석하고 비판하였다.

중국이 개혁개방을 표방하고 난 뒤 경제와 국민 생활에서 괄목할 만한 발전을 이룩하였다. 그러나 정치체제 면에서는 아직도 많은 분야에서 뚜렷하게 설명되지 못하는 분야가 있다. 그래서 그 모순을 '중국 특색의 사회주의 시장경제'란 표현으로 대변하고 있다.

작가가 사정상 언급을 회피하고, 변화를 예측하지 못하고, 시대의 변화를 읽어내지 못하고 예단하여 논지를 편 곳은 수정돼야 하는 분야로 남아 있다.

이 글에서 나타난 문제점들은 당연히, 선진국들의 문화를 흡수하고 문명화 시키는 데 필연적으로 따라오는 산물이다. 즉, 중국이 여전히 낙후되어 있다는 전제를 인정하는 것이고 개혁개방으로 하나씩 선진문물을 배워나간다는 단계라고 볼 수 있다.

독일시인 쉴러는 말했다. **"모든 부정당한 일들이 부러움만 받게 되는 경우라**

면 그러한 것들은 점차적으로 단순히 부러움만 받는 상황으로 변해갈 것이다."
(양효성 저서 38p) 이는 현재 한국의 사회현실을 바로 표현한 것이기도 하다.

중국은 개혁개방의 성과가 괄목하게 나타나고 그 저력이 세계 G2에 이른 지금, 그들을 당황하게 하고 있는 것이 있다. 그것은 중국공산당 강령에 나타나 있는 계급투쟁의 논쟁이다. 지금 상태에서 무산계급과 그 투쟁 대상인 지주계급 내지 자산가 계급을 어떻게 볼 것인가이다.

공산당은 누구와 계급투쟁을 한단 말인가. 이제는 그 강령이 바뀌어야 되지 않을까? 공산당이 무산계급정당인가! 그렇다면, 현재 수많은 자영업자와 기업가들을 어떻게 대할 것인가? 그러면, 중국공산당은 '전민계급당' 혹은 '전민정당'으로 바뀌어야 하지 않을까? 이러한 문제는 중국공산당이 현재 가지고 있는 딜레마다. 지금 항간에서는, 계급투쟁의 대상을 바꿔 경제투쟁으로 가자고 한다. 작가는 민감한 두 계급 사이의 투쟁을 언급하지 않았고, 이 책 속에서는 '계층분석'이라는 표현으로 절묘하게 논쟁을 피해 갔다.

역자는 이 글을 번역하면서 작가의 한계성을 읽어낼 수 있었는데, 그것은 현실의 계급투쟁에 대한 명확한 해석을 회피한 것이다. 중국사회를 계층으로 분석을 시도했다는 것이다.

현재 중국에도 계급모순은 존재하지 않는다. 시진핑 시대에 들어 이법치국(以法治國)을 주창하고 있다. 현 중국정부는 그 노력을 아끼지 않고 매진하고 있다. 그러기 위해서는 법이 공산당 위에 있어야 한다는 논리다. 현재 진행하고 있는 중앙정치국원이던 주용강(周永康)의 숙청이라든지, 일연의 반부패 전쟁의 그 이면은 이인치국(以人治國)의 상황으로 공산당이 법 위에 존재하고 있었기에 그 모순을 개혁하려 하고 있는 것이다. 중국사회의 갈등이 있는 것은, 인치(人治)와 법치의 혼돈에서 나타나는 모순이다.

이 책은 현대 중국의 사회고발서이다. 역자는 여기서 중국의 현상들을 빌어 한국의 부조리한 현상을 고발한다고도 볼 수 있다. 작가는 또한 중국 인문학(人

文學)의 부활을 절규한다. 진정한 강대국이 되기 위해서는 인문의 역할이 지대하다고 강조한다. 역설적으로 작금 한국도 궤멸되다시피 한 인문의 부활에 목소리를 높이나 역부족인 듯하다.

역자는 한국에서 중국 현대사회를 이해하는 데, 인문적 사고와 역사적 혜안으로 이만큼 통찰된 서적이 나온 적이 없다고 생각한다. 우리는 너무나 많은 시공간적 제약 속에서 근대 중국을 모르고 지내왔다. 겨우 20여 년의 수교 기간 속에서 장님 코끼리 만지듯 모두가 중국을 아는 듯 떠들어댔으나 정작 중국을 모르고 단견으로 일관했다는 아쉬움이 있다.

작가의 중국사회 비판은,

"관료질을 하는 것을 보고 어떻게 관료질을 해야 하는지를 배웠고, 사업하는 것을 보고 어떻게 돈을 벌어야 하는지를 알았다. 인민들은 다 지켜보았다, 단지 말을 하지 않을 뿐이지 마음속으로는 누구보다 더 잘 알고 있다"라고 풍자하였다.

작가도 이 책의 수정을 거듭하면서 예견적 분석이 빗나간 부분이 있음을 인정한다. 그러나 총체적으로 중국사회 근저를 파악하고 관찰하였다는 것은 중국의 현 체제에서 시도한 유일무이한 사회고발서로 추대되고 있다.

– 중국 천진 靑德斋에서

李聖權 敬

1

'그 어떠한 비유도 모두 결함은 있기 마련이다.'

이런 전제하에서 생산력을 빗(梳子:소자)에 비유한다. 생산력이 낙후한 세기와 그러한 시대에 처할 경우 빗살은 적다. 때문에 생산력이 사회에 대한 필연적인 작용을 행하였을 때에만 인류를 아주 한계가 있는 집단으로 분류한다. 그것은 바로 유일한 계급적인 집단이다.

계급은 인간 집단의 강한 결집력을 가진 교합현상이다. 그들을 떼어내지 못하고 교합한 것은 비교적 공통화한 '계급의식'이 있기 때문이다. 다시 말하면 결정적 의식이 존재하는데, 결국에 보면 인간 집단을 끈끈하게 묶어 놓는 것은 비교적 공통된 경제 상황과 공통된 경제적 요구를 제기하는 것이다.

생산력이 낙후하면 경제기반이 박약해진다. 허약한 경제기반은 각 계급의 보편적 경제 요구를 만족시키기 어렵다. 역사를 살펴볼 경우 우리는 이런 결론을 내릴 충분한 근거가 있다. 일반적으로 말하면 이는 확대된 통치 계급의 비전만을 만족시킬 따름이다. 즉 통치 계급 자체, 그와 의존적인 밀접한 관계를 갖고 있는 측근 계급의 욕망을 만족시키는 것이다. 이런 만족을 유지해 나가기 위해 그들은 필연적으로 또 부득불 기타 계급의 경제이익을 착취할 수밖에 없는 것이다.

따라서 계급 모순이 만들어지게 되는 것이다.

계급 모순은 경제이익을 착취당하는 계급으로 하여금 서로 한층 더 밀착되어 붙게 만들었다.

이로 인하여 계급의식의 대립이 형성되는 것이다.

낙후한 생산력 즉, 이 빗은 한 덩어리로 엉킨 계급 집단을 빗질하여 풀어놓을 수 없다. 생산력의 사회에 대한 빗질은 오히려 계급을 더 분명하게 만들어 놓는다. 마치 빗살이 빠진 빗으로 엉킨 머리카락을 빗어 내릴 수 없는 것처럼 말이다.

만약 100인을 3개 집단으로 나눌 경우 각 집단마다 자신이 강대하다고 판단하는 경향이 있게 된다. 사람 수가 적은 집단은 통치지위의 우세를 믿고 자신이 강대하다고 생각할 것이며 아무것도 가진 것이 없는 집단은 사람 수가 많은 것을 믿고 자신이 강대하다고 생각할 것이다.

역사적 경험은 우리에게 이런 계급 대립이 줄곧 인류의 가장 큰 위험임을 알려준다.

어떤 특별한 상황에서 이 위험은 자연적으로 계급투쟁으로 폭발되는 것이다. 생산력이 낙후한 세기 및 시대에서 계급투쟁은 전염성이 아주 크고 빠른 사회 '질환'이다.

사스(SARS: 후천성면역결핍증)처럼 폭발적이고 신속히 전염되는 특징을 가진다. 풀뿌리계급의 최소한의 이익이 보장되지 않고 비전도 계속하여 수포로 돌아갈 경우 반기를 드는 것은 불가피한 일이며 또한 정당성을 가진다. 옛날에는 그들의 행동을 반란 또는 기의(起義)라고 불렀다. 근대에는 '혁명(革命)'이라 부른다. 무엇이라 일컫든 관계없이 모두 원한에서 비롯된 행동이다. 원한의 행동은 필연코 폭력 및 피비린내가 따르기 마련이다. 그 행동이 통치계급의 진압을 당하는 것은 당연한 일이다. 쌍방은 서로 상대방을 불구대천의 숙적으로 본다. 빅토르 위고의 〈93년〉과 디킨스의 저작 〈두 도시 이야기〉는 이런 상황을 아주 공포스럽고 실감나게 묘사하였다. 한쪽은 적의 머리를 베어 창끝에 꿰들었고 다른 한쪽은 적을 찢어 죽이는 차열 형구를 만들었다……

인류 사회에서 다행스러운 점은 이런 잔혹한 계급투쟁이 기본적으로 지난 세기 및 지난 세기 중에 멈춘 것이다. 그런 끔찍한 역사는 서양인들의 기억이 중국인의 기억에 비해 약 백여 년 더 일찍 경험하였다.

발달된 선진적 생산력은 경제 기초의 풍요로움과 부유함을 결정한다. 풍부하고 부유한 경제 기반은 상업의 유례없는 번영을 상징으로 삼는다. 유례없이 번영한 상업 분야는 프레스 선반이라고 할 수 있다. 이는 생산력에 반작용을 가해 생산력으로 하여금 빗살이 촘촘한 빗으로 만들어 놓았다. 심지어 보통 빗이 아닌 얼레빗으로 만들었다고 말해도 과언이 아니다.

인류사회에서 경제가 크게 발전한 시대는 그 효과가 가장 이상적인 '샴푸'와 같다. 계급이라는 이 한 덩어리로 엉켜진 머리카락은 이 빗에 의해 자연적으로 느슨하게 풀린다. 생산력이라는 이 얼레빗의 반복적인 정리를 거쳐, 굳어진 덩어리는 제거되고 거친 것은 세밀해진다.

이와 같은 과정을 거쳐 계급(階級)은 시대에 의해 계층(階層)으로 '빗질'된다. 아울러 원래 비교적 공통적인 '계급의식'도 시대에 의해 '계층의식'으로 '빗질'되었다.

인류 사회가 계급화에서 계층화로 변화되었다는 것은 허술한 구조화에서 세련된 분포화로 변화되었음을 의미한다. 구조는 아주 쉽게 상호 대립의 존재 상태를 초래하게 된다. 분포는 상호 의존의 상태를 성사시킬 가능성이 있다. 이는 인류 사회의 큰 진보이자 큰 위안이기도 하다.

비교적 공통된 '계급의식'은 인류의 초보적 의식의 일종으로서 반응이 민감하고 논리가 단순하기 때문에 너 죽고 나 죽고 할 정도의 폭력적인 행동을 불러오기도 한다. 통치계급이든 피지배계급이든 막론하고 모두 그러하다.

중국 역사소설 중의 일부 민간 영웅의 입에서 가장 많이 나오는 호소는 바로 "형제들이여, 우리 들고 일어나세!"이다. 그리하여 기세 드높은 농민 봉기가 일어나게 된다. 독재 정치를 숭배했던 프랑스 국왕 샤를 10세는 어느 날 총애하는 신하 탈레랑에게 "부르봉 왕조를 말하자면 왕조와 단두대 외에는 선택의 여지가 없다."고 했다. 깊은 우려를 느낀 탈레랑은 부득이 이렇게 귀띔하였다. "폐하,

다음 민중봉기가 일어나기 전에 폐하는 적어도 마차를 타고 '잠시 피신하는' 길을 선택할 수 있습니다."

계급이 계층으로 세분화되면 다시 한 덩어리로 교합되기가 아주 어렵게 된다. 마치 강화유리가 한 번 부서지면 원상 복구가 어려운 것과 같은 이치이다.

만약 100인을 30개 집단으로 나눌 경우 매 개별 집단은 더는 강대하지 않다. 빵과 버터가 105인분 또는 더 많다고 하자. 비록 분배에 불공평 및 불균일함이 여전히 존재할 수 있으나 대다수 집단의 상대적인 심리만족으로 상쇄되고 만다.

만약 1인분을 분배받은 사람이 2인분을 가진 사람들에게 큰 소리로 "형제들, 우리 들고 일어나세!" 하고 외친다고 하자.

결국 이 사람은 그 어떤 공감도 불러일으키지 못할 것이다.

발달한 선진적인 생산력엔 필연코 민주(民主)와 법치(法治)가 나란히 나아갈 것이다. 일반적으로 말해, 민주와 법치가 그 사람은 빵과 버터를 2인분을 가져야 한다고 해석해 줄 것이며 '반란에 도리가 있다'는 방식으로 해결할 필요가 전혀 없다.

단지 빵과 버터가 1인분도 없는 사람만이 그렇게 큰 소리로 외칠 수 있는 권한이 있는 것 같다.

생산력이 발달하고 선진화된 시대에는 아무것도 가진 것이 없는 사람은 반드시 소수인 것이다. 이러한 시대는 과거 어느 시대에 비해 가진 게 아무것도 없는 사람의 존재를 관심하고 보살펴 줄 책임과 의무 그리고 사명이 있다는 점을 더 분명하게 알고 있다. 가장 중요한 것은 그 시대는 능력이 있다는 점이다. 점차적으로 부유해질 수 있는 경험을 가지고 있기 때문이다.

계급에서 계층으로 세분화된 사회에는 더 이상 계급투쟁이 발생하지 않는다.

생산력이 발달하고 선진화된 시대에는 '혁명' 영웅과 '혁명' 지도자가 더 이상 나타나지 않는다.

발달되고 선진적인 생산력이 매번 사회에 대하여 빗질을 하는 것은, 사실상 '혁명이론'에 대한 설명이 필요 없는 부정인 것이다.

그 '혁명이론'이란 것은 즉, '계급투쟁은 인류 역사의 전진을 추진하는 원동력'이라는 것이다.

비록 과거에는 그렇다 했어도 앞으로 더 이상은 그렇지 않을 것이다…….

중국을 말하면, 생산력이 한창 후진에서 벗어나고 있는 중이며 경제 기반은 한창 쇠약함을 벗어나는 중이다. 상업시대는 바야흐로 크게 무르익어 있으며 계급은 갈수록 계층으로의 분화를 다그치고 있다. 때문에 계급분석이 아닌 계층분석이라 말한다.

2

일본·한국·홍콩·대만·싱가포르·인도·미국·영국·프랑스·독일 등 필자가 접촉했던 모든 국가 또는 지역의 작가 및 기자, 심지어 벨기에 및 노르웨이 등 타국 정치에 무관심한 국가의 기자 및 작가를 포함하여 이들은 공통적인 문제 즉, 중국에는 '관료자산계급'과 '관료매판계급'이 있는가 하는 것을 제기한 적이 있다.

필자의 대답은 이렇다 – 과거에는 있었다. 예를 들자면 장(蔣: 장개석 국민당정부)씨 왕조와 '4대 가족'이 그렇다. 지금은 없다.

그들은 당연히 필자의 말을 믿으려 하지 않았다. 모두들 머리를 흔들면서 거짓말을 한다고 했다. 마치 중국 정부당국에 매수된 기득권자 또는 진실을 말할 담이 없는 사람처럼 말이다.

필자는 그럴 때마다 자신이 절대 그들이 생각하는 그런 사람이 아니라고 고백한다. 하지만 그들은 그 말을 좀처럼 믿어 주려고 하지 않았다. 그들은 종종 그럼 중국 사람들이 항상 말하는 '관료상인' 및 '관료브로커'는 무슨 뜻인가 하고 따져 묻는다.

그것은 사실상 국가를 대신하여 비즈니스 활동 및 무역 활동에 종사하는 일부 관료라고 말했다. 그들은 또 "그런데 당신네 중국 사람들은 왜 그들에게 불만이 많고 항상 비난하는가?" 하고 묻는다.

필자의 대답은 이러했다.

사실상 '관료상인' 및 '관료브로커'는 그저 신분을 확정하는 일종의 호칭일 따름이며 부정적인 의미는 내포하지 않는다. 더욱이 '관료브로커'는 조소의 뜻을 가지고 있다. 이렇게 해석하는 동시에 자신을 의심하기 시작하였다. 그것은 나 자신도 '관료상인'과 '관료브로커'는 경우에 따라 확실히 다른 뜻의 '의견'적 성분을 포함하고 있다는 것을 알고 있기 때문이다. 확실히 사람들이 이야기하는 상업 부문의 모 국장 또는 무역 부문의 모 부장과는 구별되기 때문이다.

언어 장애, 통역 중에 부정확한 의미전달, 나의 회피 심리와 상대방의 끈질긴 의심으로 인해 이런 화제와 관련된 담화는 아주 힘들었다. 필자 입장에서는 마치 영화 〈격정적 만남(遭遇激情: 馮小剛 감독)〉 같았고, 그들의 입장에서는 분명 〈갈채를 보내는 사람이 없었다(無人喝彩: 王朔 작)〉와 같은 것이다. 결과는 거의 매번 그들의 눈엔 내가 바른 말을 할 배짱도 없을 정도로 비뚤어진 중국 사람으로 보이는 것이었다.

만약 그들에게 '관료상인'은 '관료자산계급'이 아니며 '관료브로커'는 '관료매판계급'이 아니라는 점을 분명하게 설명하려면 마치 장님에게 흰기러기와 백조의 차이점을 설명하는 것처럼 헛되이 애만 쓰는 격이다.

한 번은 프랑스 기자와 단도직입적으로 그리고 진지하게 이 문제를 토론했는데 그제야 좀 이해한 것 같았다. 그는 필자가 1986년 프랑스 방문 시 알게 되었으며 중국말에 아주 능통하였다.

필자가 그에게 알려주기를, 대략 20세기 80년대 초 한때 중국은 일부 국가기구 및 정부부문이 정한 범위 내에서 상업 경영에 종사하는 것을 허용하여 장려하고 지지하였다. 그 목적은 '기구 간소화'를 격려, 추진하여 직위에서 물러난 사람들이 적극적으로 '수익을 창출'하고 그 '수익'으로 사무경비를 보충함으로써 국가와 인민의 부담을 덜고 아울러 자급자족을 통해 국가 공무원들의 복지대우를 향상시키기 위해서이다. 최초의 소망은 순수하고 좋은 것이라고 할 수 있다. 그러나 그 폐단은 아주 빨리 폭로되었다. 상업경영의 뚜렷한 실리성은 많은 국가 공무원들의 심리를 동요시키고 기율을 해이하게 하였으며 이익만 추구하게 만들어 놓았다. 그들 자신의 이미지가 대중 앞에서 손상되었을 뿐만 아니라 국가기관 및 정부부문의 업무 이미지에도 크게 영향을 주었다. 동시에 부패가 생기는 온상을 쉽게 형성하였다. 폐단이 최초 소망보다 더 크다는 사실을 증명해 주는 실례는 얼마든지 있다. 예를 들면 모 처장이 이직 후 상업에 종사하여 한 건의 큰 장사를 성사한 결과 그가 창출한 '수익'이 국가기관 또는 정부부문 전체 공무원 1년 급여에 사무경비를 가산한 총액의 몇 배, 심지어 수십 배에 달한다면 그의 공로는 아주 큰 것이다. 결국 그는 기관 전체 또는 전체 부문의 감격의 대상이 된다. 왜냐하면 이들은 그가 창출한 '수익'에 상응한 이익을 얻었기 때문이다.

따라서 원래 자전거를 타고 출근했던 모 처장은 걸음을 대신할 전용차를 구입할 자격을 가지게 되었다. 이는 사리에도 맞고 업무상 수요에 의한 것이기도 하다. 국장의 차는 국산일 수도 있지만 그의 차는 수입제일수도 있다. 왜냐하면 이때 그의 신분은 국가 공무원이 아닌 '총경리(법인대표)' 혹은 '이사장' 혹은 '보스'이기 때문에 '통제사무실'의 제한을 받지 않을 뿐만 아니라 간부차량 배치조례의 제한도 받지 않는다. 만약 국장이 소심하여 한때 자기 부하이고 전용차를 이용할 자격도 없던 사람이 신분이 갑자기 변하여 자기 차보다 더 고급스러운 차를 탄 것을 본 경우, 그로 인해 새로운 심리적 모순이 만들어지게 되는 것이다. 만약 처장이 약삭빨라서 자기가 구입한 고급 차를 국장 차와 바꾸기로 하고 국장도 흔쾌히 그의 호의를 받아들인다면 그 국장은 실질적으로 볼 때 변칙적으로 간부 전용차 배치조례의 제한을 위반한 것으로 된다.

또한 이런 호의는 보통 보답을 요구하게 된다. 보답의 성격은 가능하게 국장의 손에 쥐어진 권력의 원칙 문제의 '원활함' 및 '융통성'일 것이다. 일부 관료들은 이렇게 시작되어 나중에 자기 자리에서 나가떨어지게 된다. 다른 점이라면 그들은 완벽한 간상배(奸商輩)의 손에 당한 것이 아니라 자기 부하, 심지어 자신이 과거에 가장 신임하고 아끼던 부하의 '보답'에 당한 것이다.

공금으로 주연을 베풀고 공금으로 오락을 즐기고 공금으로 선물을 사서 증여하는 등 국가 공무원에 대해 명문으로 금지하는 모든 공금 소비가, 한 처장 신분의 돌변으로 마치 비즈니스 거래 중의 정상적 현상으로 되어 공무원 기율조례의 제한을 받지 않게 된 것이다.

아래, 그 처장의 이중 신분을 살펴보자. 이는 아주 큰 현실적 의의를 가진다. 많은 그와 비슷한 사람들은 사실상 자신의 처장 직급을 아주 소중하게 생각한다. 이는 그들의 다른 생명을 의미하며 '말소' 당하는 것을 절대 동의하지 않는다. 그들은 자신의 사무실을 떠날 경우 자의로 떠나든 타의로 떠나든 막론하고 항상 – 직급 보류를 전제로 제출하며 이런 요구는 거의 줄곧 허락을 받아 왔다.

그리하여 그들은 상인 중에서는 권력이 있는 사람으로, 적어도 경시할 수 없는 권력을 소유한 사람으로 간주된다. 관료 중에서 그들은 돈 있는 사람이다. 또한 그 돈은 개인의 소유가 아니기 때문에 수시로 '공산화(共産化)'할 수 있다. 문제는 그가 원하는가, 원하지 않는가에 달려있다. 그는 늘 낙관적이고 시원스러운 사람이었다. 돈을 쓰지 않을 이유가 없다. 소위 '팔로군(八路軍)이 신사군(新四軍)의 것을 쓰는' 격인데 내키는가, 내키지 않는가를 담론할 나위도 없다.

다음, 그 처장이 상업 경영에서 성공하게 된 '경험'을 살펴보자. 이것도 아주 큰 현실적 의의가 있다. 그의 주요한 '경험'을 종합해보면 대체로 두 가지가 있다.

즉 '브랜드효과'와 '배경효과'이다. 그가 이전에 근무했던 국가기관 또는 정부 부문은 그가 항상 내세우는 '브랜드광고'이며 또한 그가 항상 암시하는 믿음직한 '배경'이다. 그의 모든 장사 재주와 능력은 항상 이 두 가지 효과를 모두 이용하여 충분히 발휘된다.

중국은 상업시대에 금방 들어섰기 때문에 – 이전 공산당은 자본주의 즉, 상인을 가장 경계하도록 세뇌 교육하였다 – 상인에 대한 철두철미한 조심성으로 인해 사람들은 항상 관료 출신들을 더욱더 믿는다. 이는 그들로 하여금 마치 물 만난 고기처럼 거침없이 나가게 할 뿐만 아니라 또 장사에서의 성공률도 제고시켜 주었다. 대출이 쉬워졌고 매입매도도 쉬워졌으며 정보 출처가 정확하고 피드백도 더 신속해졌다. 시장경제와 계획경제 사이에서 여유롭게 일을 처리함으로써 서로가 이득을 보게 되고 상호 간에 도움을 주고받게 된다.

그러나 평민들은 곤혹스러운 표정으로 이렇게 질의한다.

"지금 이들이 공산당 관리가 맞는가?"

상인들도 벌컥 성을 낸다. "이는 불공평한 경쟁이다!"

'관료상인'과 '관료브로커'라는 말은 여기에서 탄생된 것이다.

솔직하게 털어놓으면, '외국인'들은 중국에서 '다른 견해'와 '견책'이 있다는 냄새를 맡은 것이고 이는 결코 그들의 코에 이상이 생긴 것이 아니다.

국가에서도 일이 바람대로 되지 않게 하는 갖가지 폐단에 대해 예의 주시하게 되었다. 곧 법령을 반포하여 국가기관 및 정부부문이 상업 활동에 종사하는 것을 금지하고 국가공무원 특히 국가간부가 동시에 상업적 직무를 겸임하는 것을 금지하였다. 개인과 국가기관 및 정부 부문은 반드시 정해진 시일 내에 상업적 활동과 '분리'되어야 했다.

이는 중국에서 진행하고 있는 권력과 상업의 격리이다.

프랑스 기자는 "이번 격리는 철저한 것인가?" 하고 물었다.

"비교적 철저하다. 그 후 상인이면서 동시에 관료인 중국인과 한 번도 접촉한 적이 없다."라고 필자는 대답했다.

물론 필자의 사회 접촉면도 아주 제한적임을 승인한다. 그는 내가 단정한 것처럼 그렇게 철저하지 않다고 생각했다. 그는 손가락까지 꼽으면서 자신의 주장에 대한 근거를 설명했다. 그는 중국에 대해 많은 부분을 이해하고 있는 듯했다.

필자는 그저 그에게 이렇게 강조할 수밖에 없었다. 만약 국가기관 또는 정부부문의 관리가 '총경리' 또는 '이사장' 등을 하고 싶을 경우 반드시 관직을 포기해야 하며 적어도 관권을 포기해야 한다. 한 회사가 모 국가기관 또는 정부부문에 예속 또는 종속하는 현상이 아직도 존재하고 있다. 허나 그 법인 대표는 국가의 금지령에 따라 그 국가기관 또는 그 정부부문의 직권을 행사하는 사무에 참여할 수 없다. 예를 들면 영화 스튜디오는 각종 회사를 설립할 수 있는데 이는 '천방백계로 적자를 줄이는 데' 유리하다.

그러나 당정 기관으로서의 영화국은 원칙상 그렇게 할 수 없다. 영화 스튜디오의 공장장은 자신의 명함에 산하 모 회사 '대표이사'와 같은 직무를 겸한다고 인쇄할 수 있으나 영화국장은 그렇게 할 수 없다. 비록 그들 모두가 같은 국가공무원으로 위임한 계통에 있음에도 불구하고 말이다. 기업·사업기관(통제경제시기 국가에서 관리하는 특별사업단위)과 국가기관의 본질적 구별은 같은 국가공무원인 그들도 차별대우를 받도록 만들었다. 〈인민일보〉, 〈광명일보〉는 국가 사업체로서 산하에 각종 회사를 둘 수 있는데 이는 중국 신문업이 그룹화로 나가는 데 유리하다. 그러나 그들의 사장은 산하 그 어떤 회사의 상업적 직무를 겸임하는 것이 용허되지 않는다. 왜냐하면 그들의 신분은 중국공산당 조직부에서 임명한 고급관리에 속하기 때문이다. 또한 2개 신문사 직속상급 국가기관인 중국선전부에서 회사를 설립하였다는 말도 들어 본 적이 없다.

프랑스 기자에게 여기까지 내 견해를 해석하였을 때, 얼마 전에 발생한 한 가지 일이 연상되었다. 한 지식청년 친구가 이전에 북경 모 간행물 산하 회사의 부총경리직을 담당하였는데 그 간행물은 전국에서 권위적 색채가 가장 강한 정치이론 간행물로서 줄곧 부(部)급 대우를 받아 왔다. 춘절에 즈음하여 회사는 예정대로 은행대출금을 상환하게 되었는데 그 액수는 인민폐 5백만 원이었다. 만약 만기 내에 상환한다면 은행에서 계속하여 대출할 수 있다. 은행 측에서 승낙한 액수는 천만 원이었다. 그런데 회사는 삼각채무에 빠져 단시간 내에 활성화될 수 없었고 총경리는 '친정'으로부터 돈을 빌릴 수밖에 없었다. 제1인자의 부재로 그가 찾은 것은 주관재무 책임자였다. 그들의 개인 친분은 아주 좋았다. 그러나 상대방이 주관재무라 할지라도 그 권한으로는 5백만 원 이내 자금만 승인 가능하다. 5백만 원을 초과할 경우 고위층이 회의를 소집하고 단체결의를 해야 한다.

이때 개인 친분이 작용하게 된다. 한쪽은 월권하여 돈을 빌려주도록 승인한다. 다른 한쪽은 며칠 내에, 즉 다시 말하면 은행의 2차 대출이 지급되면 즉시 상환하기로 승낙한다. 그들은 이전에 함께 일했을 뿐만 아니라 모두 젊고 유망하여 지도자들의 신임을 받는 간부이다. 단지 후자는 이젠 간부가 아니라 총경리라는 점이다.

그러나 춘절 후 은행이 개업하였으나 사무가 많아서 2차 대출이 질질 시간을 끌어 예정한 시간에 지급받지 못했다. 비록 업무보고서를 다 작성했음에도 말이다. 잡지사 측에서는 1인자가 당 간부 학교에서 돌아와 일상 업무를 주체하기 시작했다. 자기 직권을 벗어나서 돈을 빌려준 사람은 자신의 책임이 얼마나 큰지 잘 알고 있을 텐데 어찌 감히 계속 속여 가겠는가?

인민폐 5백만 원은 작은 액수가 아니다. 1인자가 모른다면 그래도 괜찮겠는데 알기만 하면 경악하고 말 것이다. 작금에 돈을 가지고 도망간 사건이 얼마나 많은데 예방하지 않을 수 없다. 그래서 곧바로 사람을 은행에 보내 사실을 알아보게 한다.

이러한 상황은 은행으로 하여금 회사 자체 상환능력에 대해 의구심을 갖게 한다. 그리하여 2차 대출은 취소당한다. 2차 대출이 취소당하자 회사는 '친정'으로부터 빌린 5백만 원을 갚을 수 없게 되었다. 따라서 돈을 빌려주도록 허가한 당사자는 월권죄가 성립되고 돈을 빌린 자는 거액의 공금을 사취한 혐의로 구속조사를 받고 판결을 받게 된다.

이 일이 5백만 원과 관계되기 때문에 누군가는 책임을 지지 않을 수 없다. 어느 개인의 호주머니에 들어간 것이 아니라 해도 죄책을 완전히 회피할 수는 없는 것이다. 따라서 회사 업무는 마비상태에 빠지고 만다.

회사 측에서는 이렇게 주장한다. '친정'에서 사람을 은행에 파견하지 말아야 했다. 2차 대출금이 나오면 '친정'의 돈을 갚았을 것이 아닌가?

'친정'에서는 이렇게 주장한다. 번지르르한 말로 본사로부터 거액을 사취하여 대출금을 상환한 주제에 오히려 억지를 부리는가? 거금 5백만 원을 귓등으로 듣고 또 듣고도 그 사실을 파악하지 않을 사람은 하나도 없을 것이다.

회사는 또 이렇게 말한다. 빚을 지고 경영하는 것은 상업계에서 늘 있는 일이다. '친정'은 왜 우리가 일시적 난관을 돌파할 능력을 충분히 가지고 있다는 점을 믿어주지 않는가?

 '친정'에서도 말한다. 당신들은 또 천만 원을 대출하려고 한다. 만약 또 삼각채무에 말려들거나 전부 손실을 볼 경우 본사에게 대신 갚아라 할 것이 아닌가. 이번 일은 오히려 우리로 하여금 시급히 당신들의 장부를 폐쇄하고 자세히 조사하도록 귀띔해주었다. 그러지 않을 경우 언젠가 본사 지도자들은 모두 부채의 피고가 될 것이고 우리는 아무것도 모르고 있었을 것이다.

 이번 일, 더욱이 국가부급 잡지사 수석 지도자의 말은 산하에 상업 회사를 둔 모든 국가사업체에 대한 일종의 경고라 할 수 있다. 상업시대에 상업은 각종 모험 게임 중 가장 모험성이 있는 게임이다. 한 개 또는 여러 개 회사의 성공적인 경영으로 경제기반을 구성하고 사업기관의 존재를 받치며 최종 국가 배당금에 매달리던 처지에서 벗어나려는 생각은 실제적으론 이상주의가 농후한 생각이다. 한 개 또는 몇 개 회사의 실패한 경영은 자신마저 빚더미 속으로 끌어들일 가능성이 아주 높으며 또한 그 사례도 적지 않다.

 프랑스 기자에게는 이 문제와 관련하여 나의 생각을 이야기하지 않았다. 그저 그가 나의 '비교적 철저하다'는 말이 '백분의 백으로 완벽하게 철저하다'는 뜻이 아님을 알기 바랄 뿐이다. 이런 사실상의 비철저성이 현재 여전히 남아 있으며 심지어 일부 국가기관 또는 정부부문과 "商"이란 놈이 알쏭달쏭하고 애매한 관계를 유지하고 있다.

 일부 '관료상인'과 '관료브로커' 신분을 가진 사람도 여전히 애매하게 존재하고 있다. 그러나 그들의 수는 몇 년 전에 비해 확실히 크게 줄어들었다. 그리고 그들은 확실히 '관료자산계급' 및 '관료매판계급'과는 다르다. 후자는 모두 장사에서 취득한 재물에 개인소유라는 낙인을 찍어 버린다. 그러나 그들이 장사에서 얻은 재물은 어디까지나 국유 성격에 속한다. 그들은 흔히 지배권은 있지만 점유권은 없다. 적어도 주식제로 전환되기 전에는 점유권이 없다. 비록 주식제가 중국 일부 경제학자의 나팔에 의해 한동안 연주되어 왔지만 일부 국가기관 또는 정부부문 또는 사업기관의 관리들은 보통 자신들의 보이지 않는 손으로 제약하고 있는 회사가 국유성격으로부터 주식제로 바뀌는 것을 원하지 않는다. 일반적으로 그들은 차라리 유능한 사람을 초빙하여 그 회사를 도급 주는 쪽을 고려한다. 그것은 도급이 시간성이 있고 그때 가서 다시 회수할 수 있기 때문이다. 반대로 주식제는 성격의 변화로서 한번 바뀌면 거의 영원한 것이다. 그들 중 대부분 사람들은 주식제란 형태만 다를 뿐 사실상 국유에서 사유로의 전환이라고 생각하는 것이다. 이런 점에서 그들은 대부분 "보수"적이다.

하지만 '시대에 보조를 맞춰 가는' 사람도 많다. 따라서 그들은 주식제를 국유재산을 분할할 수 있도록 하늘이 준 좋은 기회로 삼았다. 그 과정은 대부분 이러하다. 모 상업기관 또는 모 기업이 원래는 '국영' 또는 '집체(集體)' 간판을 걸었거나 또는 이상 2가지 간판을 걸지 않았으나 모 정부부문에 '예속'되고 또 그 정부부문에서 법인대표를 임명하였으며 일상적으로 '보살펴' 주었다. 주식제로의 변경에 즈음하여 배후의 일부 간부들은 어떻게 익명주식을 점유할 것인가에 대해 긴박하게 계획을 짜기 시작한다. 만약 그들의 목석이 저지낭할 경우 법인대표를 자기 측근으로 바꿔놓으면 일은 다 무난히 뜻대로 이뤄진 것이다.

이와 같이 국가간부로서 상업·기업체의 익명주식을 불법 점유하는 현상이 그 당시에는 정말 비일비재한 일이었다. 심지어 그 당시 '경험'을 쌓았기 때문에 그 후 그들의 손이 분분히 큰집 드나들듯이 사영기업으로 뻗었다고 말할 수 있는 것이다.

지금 도대체 얼마나 많은 국가간부들이 상업·기업체에서 장기적으로 익명주식을 점유하고 있을까, 이건 정말 귀신만이 알 일이다.

내 딴엔 프랑스 기자친구에게 아주 분명하게 설명하였다고 생각했다. 그는 파란색 두 눈동자로 주의 깊게 나를 응시하면서 내가 장황하게 늘어놓는 말을 들으면서 끊임없이 고개를 끄덕거렸다. 마치 "당신의 말씀을 들으니 10년 동안 공부한 것보다 낫다."는 듯한 모습이었다. 필자의 말에서 적지 않은 도움을 받은 것 같은 느낌을 주었다. 이야기를 끝내자, 마치 주객이 전도된 듯 그는 나 대신 찻잔에 물을 덧부었다.

입에 침이 마르도록 말한 나는 찻잔을 들고 한 모금 마셨다. 뜻밖에 그는 또 태연자약하게 익살맞은 북경 말투로 나의 열성에 타격을 주었다. "양 선생, 당신이 이렇게 반나절 동안 설명해 주어 나도 '관료상인', '관료브로커'가 '관료자산계급' 및 '관료매판계급'이 아니라는 것을 조금 알게 되었네. 하지만 나는 당신들 중국에 여전히 '관료자산계급' 및 '관료매판계급'이 존재한다는 나의 관점을 견지하오."

이번엔 필자가 탐색하는 기색으로 그를 응시하게 되었다. 천천히 찻잔을 내려놓으면서 억지로 겸연쩍게 웃고는 비꼬는 투로 말했다. "어이 친구, 당신의 이야기를 듣고 도리어 얼떨떨해졌네. 자넨 한편으론 내가 분명하게 설명했다고 승인하면서 한편으론 자기 견해를 견지한다고 하는데 이거 서로 모순되지 않나?"

그는 정중한 표정을 짓고 말했다. "'관료상인'과 '관료브로커'는 중국의 '관료자산계급' 및 '관료매판계급'이 아니다. 이 화제는 다른 사람이 자네와 토론하길 원하는 화제일 수 있네. 그러나 나는 이 화제에 관심이 없네. 내가 관심이 있는 것은 당신네 중국에 도대체 '관료자산계급'과 '관료매판계급'이 존재하는가 하는 것이네. 이건 다른 화제네. 바로 이 다른 화제에 대해 자넨 꼭 숨기고 빙빙 돌면서 솔직히 이야기하지 않고 있네. 반나절 말했다는 것이 그저 '좌우를 보고 다른 말을 하고 있다네.' 난 오늘 자네의 표현에 대해 아주 못마땅하게 생각하네!"

사실 결코 숨긴 것이 없었다. 그가 북경에서 3여 년간 거주하는 동안에 적어도 집에서 7, 8번 그를 접대하였다. 그리고 어느 봄철에는 그와 함께 교외에 소풍 간 적도 있다. 그에게 줄곧 나의 관점을 숨긴 것이 없다. 우리 사이 담화, 더욱이 중국 화제와 관련하여 이야기할 때면 종래로 솔직하게 말했다. '노코멘트'와 같은 외교적 언사를 사용한 적도 없고 '좌우를 보고 다른 말을 한' 적은 더욱 없다. 내가 그에게 못마땅한 인상을 준 것처럼 그도 나를 경악케 했다.

나는 그를 째려보며 말했다. "친애하는 친구, 오늘 어찌 된 일인가? 왜 닦달하여 조르는가?"

그도 눈을 지릅뜨며 말했다. "자넨 나를 욕하는 건가? 욕하는 거 맞지? 난 그럼 이만 갈 테네."

"자넨 늘 중국통이라고 허풍 떨지 않는가. 헌데 내가 한 말 중에서 어느 것이 자넬 욕하는 것이라고 말하는가?" 하고 말했다.

"닦달한다는 말이 사람을 모욕하는 말이 아니고 뭔가?"라고 말했다

"이 네 글자가 어떻게 사람을 모욕하는 말인가? 그저 일종의 형용일 뿐인데! 보아하니 자네 중국어 수준은 더 제고(提高)해야 하겠네."

그리하여 나는 필과 종이를 가져와서 '닦달하다(急赤白臉: 급적백검)'라는 단어를 쓴 후 한 글자 한 글자 풀이해 주었다. 묵묵히 나의 설명을 들은 후 그는 미안한 웃음을 지으면서, "그럼 자네가 나를 욕하지 않았던 셈 치세."라고 말했다.

"'셈 치다'라니, 자네 지금 코에 걸면 코걸이, 귀에 걸면 귀걸이 식이야. 하지만 따지지 않겠네. 우리 단도직입적으로 말하세. 자네 혹시 무슨 글을 써 가지고 와 나보고 봐 달라는 거 아닌가?"라며 얼굴을 찡그리면서 말을 이었다.

이 '양코배기'는 아주 열심히 일했다. 늘 중국 견문 잡기 같은 것을 써서 본국에 부쳐 신문에 발표했다. 정치, 경제, 문화, 교육, 상업, 광광, 민속, 민심 등 모든 방면으로 연관되지 않은 것이 없다. 들은 바에 의하면 프랑스 독자들 사이에 인기가 꽤 많다고 한다. 그는 '중국 당대 국정 연구 전문가'가 되려고 결심하였다. 그는 중—불 양국관계 발전 전망으로부터 볼 때 그런 전문가가 될 경우 프랑스에서의 사회 지위가 갈수록 높아질 것이라 생각했다. 그는 예전에 자기가 전문가가 됨에 있어 비교적 중요하다고 생각하는 글을 가지고 내 집에 찾아와서 한 번 봐 달라고 요청하고 나의 의견을 허심하게 청취한 적이 있다. 그의 글은 줄곧 먼저 중문으로 쓴 후 스스로 프랑스어로 번역하였으며 그때마다 중국어와 프랑스어로 동시에 발표했다.

필자의 지적을 받은 후 그는 풀이 죽은 표정으로 바인더에서 몇 장의 종이를 뽑아 나에게 보여 주었다. 그 문장 제목은 〈"관료상인", "관료브로커"의 존재로부터 중국 신생 "관료 자산계급"과 "관료매판계급"의 형성을 보다〉였다. 나는 엄숙한 표정으로 이렇게 말했다.

"자네 이 글은 이런 제목으로 본국에 부쳐서 발표해서는 안 되네. 자넨 내가 암암리에 공산당의 수당을 받고서 자넬 만류하는 거라고 생각해서는 안 되네. 당신네 외국인의 안목으로 중국을 보면 때론 잘못된 인식, 심지어 맹점이 있을 수 있네. 나는 중국 사람이니 나의 시각에서 중국을 보면 자네와 같은 외국 사람보다 잘못된 인식이 적을 것이네. 하물며 나는 중국 국정전문가가 될 생각이 없기 때문에 같은 글을 발표해서 잘못된 인식이 발견되더라도 나 같은 소설가의 창작 생애에 큰 영향을 주지 않을 것이네. 독자들은 그저 한 소설가가 아무 생각 없이 지껄인 것으로만 여길 것이네. 그러나 자넨 중국 국정 연구 전문가가 되려고 하는 사람이 아닌가! 내가 방금 귀찮게 생각하지 않고 자네에게 설명했던 '관료상인'과 '관료브로커' 현상의 존재는 확실히 '관료자산계급' 및 '관료매판계급'과는 본질적 구별이 있네. 만약 이를 동일시한다면 견강부회하는 격으로 되고 마네. 제목이 견강부회할진대 어찌 정통한 중국 국정 전문가의 존함을 서명하여 발표할 수 있는가? 당신네 외국인들은 항상 조사연구성 글에 대해 아주 진지하게 대하는데 만약 이걸 발표하면 자넨 얻는 것보다 잃는 것이 더 많을 게 아닌가?"

나의 진심을 느낀 그는 "자네 몇 마디 말에 내가 여러 날 쏟아부은 심혈이 수포로 돌아갔네. 자넬 원망하지 누굴 원망하겠는가?" 하고 중얼거렸다.

저도 모르게 웃음이 나왔다. "사실 자넨 나에게 감격해야 해. 내가 제때에 미래 중국 국정 연구 전문가인 자네 명분을 지켜주었으니깐."

그는 금방 내놓았던 몇 장의 종이를 집어넣으면서 이렇게 말했다. "그럼 우리 지금부터 내가 더 관심 있는 2번째 문제 ─ 중국에 도대체 '관료자산계급'과 '관료매판계급'이 있느냐, 없느냐 ─ 를 이야기하세. 자네 간단명료하게 대답해 주게. 있는가? 없는가?"

나는 "없다."라고 대답했다.

"없다고?"

얼굴이 대번에 확 달아오른 그는 몸을 일으키고는 마치 추악한 벌레를 쳐다보듯이 고개를 숙여 째려보면서 연방 쏟아부었다. "거짓말! 거짓말! 자넨 거짓말을 하고 있어! 자네……. 당신네 중국 사람들은 어떻게 아무 일 없다는 듯이 거짓말을 할 수 있는가? 자넨 분명 있다는 것을, 객관적으로 존재한다는 것을 알고 있어. 나 역시 중국에 온 소경·벙어리가 아닐세. 나도 중국에서 3년 반 동안 살아온 사람이란 말이야. 설마 내가 알고 있는 것을 자네 같은 중국 사람이 조금도 모를 리가 있을까? 그래, 좋네. 나 오늘 쪽팔린 셈 치세. 그럼 난 가겠네. 안녕!"

"자네 좀 앉게."

그러나 그는 앉지 않았다. 견해가 다르니 서로 이야기가 되지 않았으며 발끈 화를 내고 곧 떠날 태세를 취했다. 그를 당기면서 만류해서야 그는 겨우 다시 주저앉았다.

"사실 나도 최근에 자네가 제기했던 문제를 자주 생각해 봤어. 생각해 보았기 때문에 없다고 대답한 거라고. 심지어 나는 반세기 역사를 돌이켜 보았는데 중국에 소위 '관료자산계급' 및 '관료매판계급'이 없을 뿐만 아니라 세계 그 어느 나라에도 없었을 것이네. 이 두 부류 사람들은 계급을 형성한 군체 개념으로 존재하기 때문에 그 어느 나라에서도 불가능한 것이야. 왜냐하면 계급이란 어휘는 비교적 광범위한 개념이기 때문이야. 이 개념은 최저한도의 수량으로 구성된 군체가 뒷받침하고 실증해 주어야 내실이 있어 보인다. 잠깐만 기다려주게, 보여줄 물건이 있네……."

몸을 일으켜 《모택동선집》 합본 1권을 찾아낸 후 그의 옆으로 돌아왔다. 《모택동선집》 합본 제1편 문장은 바로 모택동이 쓴 것으로, 중국에 반세기 동안 깊은 영향을 미쳐 온 《중국사회 각 계급에 대한 분석》이었다.

나는 책을 가리키면서 "여길 보게, 모택동은 자신의 유명한 글에서 중국 혁

명의 가장 중요한 대상을 지주계급과 매판계급이라고 썼네."라고 말했다. 또한
《중국혁명과 중국공산당》 부분을 펼치고 손가락으로 가리키면서 "여길 또 보게,
모택동은 자신의 이 글에서 자문자답했네. 누가 중국혁명의 주요 대상이고 또
주요한 적인가? 바로 제국주의 국가의 자산계급 및 중국 지주계급이다. 농민 출
신 혁명지도자인 모택동이 가장 증오한 대상은 지주계급이었다고 보네. 그 당시
나는 지식청년이었는데 모택동의 이 합본 책을 통독했네. 나의 기억에서 모택동
이 자주 쓰는 표현법은 군벌·관료·매판·지주계급이었네. 그도 그 당시 관료가
자산계급 또는 매판계급·지주계급 출신이라는 것을 알고 있었던 게 분명하다
고 생각하네. 또는 관료가 된 후 손에 쥔 특권을 이용하여 더욱 거리낌 없이 가
족 자산을 긁어모으고 매판경제활동에 종사하며 토지 점유면적을 확대해 나갈
수도 있네. 허나 이러한 관료들이 한 계급을 형성할 정도로 많아지는 경우는 상
상할 수 없는 일이네. 이들이 한 계급을 형성할 정도로 많아지기 전에 국가 통치
집단은 아마 이미 뒤엎어졌거나 스스로 무너지고 말기 때문이네. 그런 관료 집
단은 한 국가를 장기적으로 통치할 방법이 근본적으로 없기 때문이네. 그 어떤
국가의 민중이라 할지라도, 일부 관료자산가·관료매판가 및 관료지주의 존재를
용인할 수밖에 없을 것이네. 그러나 이런 계급의 존재는 용인할 수 없거나 장기
적으로 유지되는 상황을 용인할 수 없을 것이네. 왜냐하면 인민들은 그런 압박
을 근본적으로 견딜 수 없기 때문이네.

　이런 도리는 봉건시대 통치계급도 다 아는 것이네. 이 점에 대해 장개석도 그
당시 어찌 미연에 방지할 생각이 없었겠는가. 장개석도 그의 관료들이 가산을
끌어모으는 것을 으뜸가는 능력으로 삼고 청렴을 우스개로 생각할까 걱정하였
네. 장경국이 상해에서 '범을 잡을' 때 처음에 그는 찬성하고 지지하였네. 자기가
나서지 않고 아들이 나서는 것은 일종의 책략이었네. 그는 아들이 자신보다 더
공평무사하게 처사할 수 있다고 생각하였네. 사실 그 당시 혈기 왕성한 장경국
도 아버지를 대신하여 한 무리 탐관오리들을 소탕할 타산이었네. 다만 잡는다는
것이 '4대 족벌가족'이란 장개석과 가까운 지인들을 다치게 하였었네. 장개석의
통치는 그들에게 의존해야 했기 때문에 부득불 나서서 간섭해야 했으며 아들의

호법 방망이는 높이 치켜든 채 내려칠 수 없게 되었네. 결국 아들을 궁지에 내몰 았을 뿐만 아니라 그가 최초로 찬성하고 지지했던 '범 잡기' 운동도 흐지부지해 졌네. 장개석은 또 친히 명령을 내려 그의 당국 이미지를 크게 손상한 일부 탐관 오리들을 처단하였네. 이건 역사에 기재된 사실이네. 왜냐하면 그도 중국을 장 기적으로 통치하는 지도자가 되려고 했기 때문이네. 위에서는 방어하고 아래에 서는 증오하였기 때문에……."

"관료자산계급 및 관료매판계급은 한 계급을 형성할 조건이 근본적으로 없었 다. 자네 말이 이런 뜻인가?"

그는 나의 말을 가로챘다.

"맞네, 바로 그 뜻이야."라고 말했다.
"마치 어떤 풀이 여기저기서 한 무더기, 한 무더기 성장할 수는 있지만 초원을 근본적으로 형성할 수는 없는 것처럼 말인가?"

나는 고개를 끄덕였다.

"근본?"

"자네 구절을 가지고 나와 따지려고 하지 말게. 만약 제약이 분명하지 않고 징 벌이 엄격하지 않다면 중국과 같이 관료밀도가 큰 국가에서, 또 상업시대로 전 환하는 단계에서 관료자산가들과 관료매판가들은 사실 계층으로 전환되거나, 심지어 계급을 형성할 가능성이 아주 크네. 일부 국부지역, 전체 현(縣), 시의 관 원들은 서로 결탁하여 나쁜 짓을 일삼고 서로 의기투합하여 탐오·수뢰·밀수 등 수단과 방법을 가리지 않고 이득을 탈취하는 권력집단을 형성하고 있는데 이는 그 가능성의 존재를 설명해 주고 있네. 이러한 사례는 부지기수네. 그러나 다른 한편으로 보면 중국의 법치권위가 마침내 점차적으로 수립되고 또 성숙되고 있으며 감독방식도 서서히 다양화되고 있어 그 작용도 점차 커지고 있네. 또한 신고 책임도 점점 공민의식으로서 정착되고 있기 때문에 그것은 불가능하다는 것이 전반적으로 형성되고 있네. 개인적 견해로는 가능성과 불가능성이 병존하는 문제에 있어 그저 가능성이 적고, 불가능성이 크다고 생각할 따름이네."

"근본적으로 불가능할 정도로 크단 말인가?"

"근본이란 말은 내가 한 것이 아니네. 자네가 말한 거야."

"금방 자네도 자기 입으로 말하지 않았는가?"

"그랬다고? 그럼 내가 승인하지, '근본'이란 두 글자는 내가 좀 절대화했네. 약간의 가능성이 존재하더라도 '근본'이란 두 글자를 사용해서는 안 되네."

"그럼 다른 형태의 '관료자산계급'과 '관료매판계급'이 존재하는가?"

그는 '처음의 기세로 끝장을 내려는 듯한' 태세를 취했다.

"현재?"

"그래, 현재."

나는 뻔히 알면서도 일부러 물었다.

"'다른 형태'를 어떻게 이해하는가?"

"예를 들어 아버지 대가 관원이고 그 자식들이 아버지 대의 권력을 간접적으로 이용하여 합법적 간판 아래 자기 가족을 위해 사재를 긁어모으는 것이네."

한순간 망설이면서 어떻게 대답해야 할지 몰랐다. 그는 손가방에서 수첩을 꺼내 들었다. 만약 내가 고개를 흔들거나 "아니……."라고 대답한다면 그는 수시로 수첩을 펼치고 증거를 들이대면서 반박할 타산이었다.

"친구. 자네 수첩을 펼칠 필요가 없네. 그리고 그걸 집어치우게. 자넨 '외국인'

이고 나는 중국 사람이란 말일세. 자넨 북경에서 생활한 지 3여 년이고 난 북경에서 20여 년을 살아왔어. 자네가 알고 있는 것은 내가 거의 알고 있어. 자네가 모르는 것도 난 적지 않게 알고 있어. 하지만 그들의 숫자는 13억 인구를 가진 중국에서 계층, 더욱이 계급을 구성할 수 없다고 생각하네."

그는 눈을 가늘게 뜨고 나를 보면서 잠깐 생각에 잠겼다가 말했다.

"나, 마침내 알았네."
"자네가 내 견해를 받아들여 감사하네."
"자네 좋아하기는 아직 이르네. 난 아직 자네 견해를 완전히 받아들이지 않았네. 그저 이해했을 따름이네. 우린 원래 계급과 계층 사이의 이해 정도에서 큰 차이가 있었네. 자넨 계층과 계급의 개념은 어느 정도 수의 사람들로 구성되어야 한다고 생각하나?"
"그럼 자넨 그렇게 생각하지 않나?" 나는 되물었다.
"난 당연히 그렇게 생각하지 않아. 계급은 사회지위와 경제지위에 의해 결정되네. 계층은 동일계급 중의 등급 차별에 의해 구분되네. 어떻게 수의 다소로 말할 수 있는가? 만약 자네 관점대로라면 한번 말해보게. 당신네 중국에서 도대체 어느 정도의 수에 도달해야 한 계급 또는 계층을 구성했다고 볼 수 있나? 만? 몇 만? 십 수만? 아니면 몇 십만? 백만 이상?"

그의 이 질문은 뜻밖에 나의 말문을 막아 놓았다.

"모든 계급 또는 계층이 대체로 같은 수로 존재해야만 이미 구성된 것으로 인정되는가 아니면 다른 수인가? 만약 대체로 같다면 얼마나 황당한 일인가? 현재 지구상에 한 계층의 사람 수가 대체로 균등한 국가가 없기 때문이네. 이는 당신네 중국 초등학교에서 남·여학생 비례에 따라 학급을 구성하는 것처럼 인간의 의지에 의해 결정할 수 있는 일이 아니네. 만약 수량이 다르다면 왜 다름에도 불구하고 확인될 수 있는가? 그러면 확인된 근거는 바로 자네의 사람 수로 계급을 구분하는 관점을 뒤엎어 놓지 않았는가?"

말문이 막혔을 뿐만 아니라 어리벙벙해져 어떻게 대답하면 좋을지 더 막연해졌다.

그날, 그는 오후 내내 나와 토론하고 떠났다. 토론 결과 필자는 자신이 너무 일방적으로 사람 수를 전제하여 어떤 계급의 존재를 직시하라고 강조한 것은 좀 기계론적임을 승인하였으며, 그는 자신이 만약 중국에 현재 이미 '관료자산계급'과 '관료매판계급'이 존재한다고 논하려면 아직 설득력 있는 논점 자료가 부족하다는 것을 승인하였다.

우리는 이런 점에서 초보적인 공통 인식을 갖게 되었다. 중국에는 현재, 비록 아주 적은 수이긴 하나 공공연하게 존재하는 관료자산가와 관료매판가들이 증거가 확실한 적발과 고소를 통하여 대체로 신세를 망치는 지경에 이르지만, 다른 한편에서는 마치 합법화된 듯한 형태로 그 자식 또는 가까운 친구들의 간접적 '조종'을 통해 가족을 위해 암암리에 사재를 긁어모으는 상업 현상이 이미 '중국증후군'의 하나의 증상이 되었고, '중국특색'의 일종으로 되었다는 것이다.

그는 그들이 이미 계급을 형성하였다고 우겼다. 그러나 이는 그들이 그저 형형색색의 이익집단을 구성했을 뿐이지 아직 계급이라는 개념을 붙일 정도로 확장되지 않았다는 생각이 들었다.

마지막으로 그는 프랑스 어휘 한 개를 사용하여 그들에 대해 타협적 정의를 내렸는데 그는 중문으로 '계급분자(階級分子)'라고 번역했다. 내가 그의 불어식 명명에 대해 혼란스러워 하자 그는 진일보 해석했다. '분자(分子)'라는 두 글자는 우리 중국인들이 습관적으로 말하는 사회학 분야의 '분자', 그 두 글자가 아니다. 만약 내가 그렇게 생각한다면 그건 그의 뜻을 곡해한 것이다. 응당 물리학과 화학 분야의 '분자' 두 글자로 이해해야 한다. 그는 이런 '분자'의 존재는 적절한 조건을 만나기만 하면 필연코 "분자조합"을 발생시키는데 그럴 경우 필연코 중국

소설가들이 직시하기를 꺼려하는, 심지어 약간 비밀스러운 그런 계급이 형성될 것이라고 말했다.

그 말을 공손히 듣고 난 나는 웃을 수도 울 수도 없었다. 생각 밖으로 오후 내내 이 중국말을 줄줄 해대고 한마음 한뜻으로 '중국 국정 전문가'가 되려고 하는 '양코배기'와 진지하게 학술문제 같은 것을 토론했지만, 결국 그에게 과실을 덮어 감추고 번지르르한 말로 억지만 부리는 인상만 남겼다.

도대체 내가 누구를 위해 씻기 어려운 누명을 뒤집어쓴 것일까?
누구를 위해 떳떳치 못하고 누구를 위해 위선적으로 되었는가?

그가 떠난 후 소파에 기대앉아 깊은 생각에 잠겼다. 나의 천박한 지식으로 옛날과 지금을 분석해보면 어찌 된 일인지 중국공산당에서 명나라 초대 황제 주원장을 연상하게 된다. 건국 초기 중국공산당이 유청산, 장자선을 총살한 일로부터 한국에서 탐오·수뢰한 전임 대통령을 사법처리한 일이 연상되며 주원장이 몸소 제정한 《대명률(大明律)》을 연상하게 된다.

《대명률》은 명나라 건국 초기 천하에 명백히 알리는 '부패를 반대하고 청렴을 제창한' 선언이라 할 수 있겠다. 그중 이(吏)율·예(禮)율·병(兵)율·형(刑)율 및 공(工)율은 6부 관원을 대상으로 제정한 것이다. 율관의 이율조항이 가장 엄격했다. 대신이 사사로이 관직을 허용한 경우 참수, 도당을 이루어 사리를 도모한 자는 참수, 아뢰야 할 일을 아뢰지 않은 자(물론 나쁜 소식을 빼고 좋은 소식만 알린 자를 포함)는 태형, 장형, 파면 또는 참수, 관원과 상인이 결탁하여 권력과 돈을 거래하는 경우 관직이 높을수록 더 무거운 처벌을 받았으며 경한 경우 파면 처분하고 엄중한 자는 목을 베었다.

필자는 어린 시절에 명 태조 주원장에 관한 만화책을 보았던 기억이 아직도 난다. 그는 부하 관리들에게 공로, 직위, 신분과 관계없이 첩을 3명 이상 들여서는 안 된다고 규정했다. 주원장의 총애를 받는 신하가 하나 있었는데 평소에 색을 몹시 밝히는 혈기왕성한 젊은 관리였다. 그는 이미 첩을 3명을 들였음에도 불구하고 집에 또 요염한 여인 2명을 더 숨기고 밤이 되면 그들의 노래와 춤을 감상하면서 유흥을 즐겼다. 주원장은 이 사실을 안 후 그를 위해 용서를 비는 백관의 체면을 봐주지 않고 명을 내려 그를 죽여 버렸다.

이 이야기는 그 당시 어린 나에게 깊은 인상을 남겼었다. 그것은 명나라 율관의 엄격함 때문이 아니라 만화책 중의 두 여인을 그토록 아름답게 묘사한 것 때문이다. 주원장은 그의 《대명률》의 위엄을 지키기 위해 두 미인마저 죽여 버렸다. 그 당시 아이였던 나는 그 관리와 두 미인을 위해 얼마나 괴로워했던가!

주원장이 아끼는 사위, 부마도위 구양륜은 자신이 황족이라는 걸 믿고 무법천지였으며 노복들을 사주하여 사사로이 찻잎을 국외에 판매했다. 지금은 '불법무역' 또는 '밀수'라 부른다. 이 사실을 알게 된 주원장은 노발대발하여 딸의 애걸에도 불구하고 황후의 체면도 보지 않은 채 사위를 '즉시 참수하였다.'

필자가 성인이 된 후 더욱이 부패가 난무하는 최근 몇 년에 와서야 점차적으로 법이 국가에 있어서 얼마나 중요한가를 깨닫게 되었다. 그러하기에 카론다스를 생각할 때마다 법을 위해 자기를 희생시킨 그의 의열함에 감개가 무량하다.

카론다스는 6세기 고대 그리스의 위대한 입법가이다. 그가 제정한 많은 법률 중에는 공민이 무기를 휴대하고 집회에 참가해서는 안 된다는 조목이 있었다. 한번은 카론다스가 조심하지 않아 검을 차고 회의장에 들어갔는데 누군가가 즉시 자기가 제정한 법률을 유린하였다고 비난하면서 엄벌을 받아야 한다고 주장했다. 그는 정중하게 "제우스에게 맹세한다. 나는 반드시 이 법률을 지킬 것이다."라고 말했다. 말이 끝나자마자 그는 아무 주저도 없이 검을 뽑아들고 스스로 목을 벴다.

이 역사 기록을 상기할 때마다, 카론다스의 죽음에 대해 안타까움을 금치 못했으며 심지어 분노를 느꼈고 대중 앞에서 그를 비난한 사람을 증오하기까지 했다. 위대한 입법자는 분명 우리 보통 사람에 비해 법의 신성함을 더 깊이 알고 있었기 때문에 자기 목숨까지 바쳐 가면서 후세 사람들에게 이 점을 명시한 것이리라.

최근 신문에 호남성 악양시 수출입상품검사국 지도부 당 성원 3명, 국장급 성원 7명 중 한 사람을 제외하고 전부 횡령·수뢰하였다는 기사가 실렸다. 향·현·국·시의 최고층 관리들이 단체로 횡령·수뢰한 사례는 단 3년 사이에 중국에서 약 수십 건이 발생하였다. 중국 관리들의 부패는 산사태와 같은 방식으로 연이어 나타나고 있다. 세계의 다른 법치국가에 비교하면 이는 참으로 중국을 부끄럽게 하는 일이 아닐 수 없다.

이상과 같은 일부 탐관오리의 존재, 그리고 경제 영역에서 아버지 대(代) 권세를 믿고 간상배들과 결탁하여 폭리를 도모하는 그들 자녀들의 존재는 확실히 '관료자산가계층' 및 '관료매판가계층'이 날로 형성되어 가는 가능성을 증명해 주고 있다.

이를 과장하여 논하면 '좌(左)'로 비난받거니와 얼렁뚱땅 논하거나 심지어 태도를 애매하게 하여 그 추함을 감추어 준다면 뻔히 알면서도 모르쇠를 대는 것과 마찬가지 현상이다. 그러나 만약 누구도 언급하지 않는다면 이러한 사회는 언젠가는 산산이 조각나 흩어져 사막화될 것은 뻔한 일이다. 그야말로 당해도 싸다!

다행히도 질문의 목소리가 멈춘 적이 없다. 공개적인 질문과 공개를 원하지 않는 질문이 적어진 것이 아니라 점점 많아지고, 커지고 있다.

3

필자가 이 책을 수정하고 있던 당시 북경 및 각지에서는 '양회(兩會: 전국인민대표대회, 전국정치협상회의)'가 소집되고 있었다. 신문 보도로 알려진 북경시 검찰원이 '양회'에 보고한 자료에 따르면 2009년 한 해에 공소를 제기한 인민폐 백만 원 이상 부패탐오 안건은 무려 47건에 달한다.

많은 것일까?

적은 것일까?

바보만이 탐관(부패공무원)이 47명만 있고 전부 법의 심판을 받았다고 생각할 것이다.

이 47이라는 확정 수치는 얼마나 큰 군체 중의 '희생자'일까?

죄악이 폭로된 이들과 깊숙이 숨어 폭로되지 않은 그들의 비례는 도대체 얼마일까?

이렇게 생각하고 전국 범위로 유추해 보니 그들이 도대체 한 계층을 구성했는가 안 했는가에 대해선 나 자신도 단언하기 어렵다.

이는 프랑스 기자 친구와 불꽃 튀는 토론 중에 나를 피동의 처지에 몰아넣은 양난(兩難)의 부분이기도 하다.

이 두 난제의 부분에 서 있는 모든 크고 작은 관원, 모든 지식인, 그리고 모든 중국 사람들, 이들 모두가 입을 다물고 부패라는 두 글자를 논하지 않는다면 몰라도 만약 말을 꺼낸다면 먼저 자기들부터 난처함을 면하기 어려울 것이다.

사고 방법의 일종으로서 '손가락 9개와 손가락 1개'를 확실히 구분하는 것은 맞는 일이다.

하지만 '손가락 1개'는 '1'이 아님이 분명하다.

분명 대수(對數) 중의 X이다.

누가 이러이러한 X가 대표하는 수가 도대체 얼마인가를 명백하게 말할 수 있는가?

또 누가 소위 '손가락 9개와 손가락 1개'가 '사회 가시도'가 낮은 상황하에서의 비례이고 사실상 '손가락 8개와 손가락 2개', '손가락 7개와 손가락 3개', '손가락 6개와……'라고 긍정적으로 증명할 수 있는가?

정말 더 생각하고 싶지 않다.

누가 감히 '사회투명도'가 이미 아주 높은 수준이라고 장담할 수 있는가?

만약 투명도가 낮은 것이 사실이라면 누가 또 다른 사람이 추측하는 자유를 제한할 수 있는가?

'사회투명도'는 민주(民主)만이 해결할 수 있는 문제이다. 이 때문에 필자의 이 책은 어떻게 더 수정하더라도 그저 소위 문인의 '인상주의적인 글'이라 할 수 있다. 나 역시 이 정도밖에 쓰지 못한다. 비록 필자 수중에는 일부 권위적으로 보이는 통계 데이터가 있으나 줄곧 믿지 않았다. 그럼 이 '인상주의적인 글'의 원형을 유지하는 것으로 가닥을 잡아 보자.

　프랑스 기자 친구는 나와 함께 현재 중국 사회 계층을 분석한 책자를 쓰기를 진심으로 원했다. 필자는 그의 호의를 거절했다. 왜냐하면 우리가 책을 쓰는 과정에 불쾌한 쟁론 또는 말다툼이 끊임없이 일어날 것 같았기 때문이다. 필자는 그에게 그의 계획 속의 중국 판권을 희생하고 내가 독자적으로 쓰는 것을 지지하도록 부탁했다. 우정을 중시한 그는 나의 요구에 응했다.

　이상은 필자가 이 빈약한 책을 쓰기로 결심한 전말이다.

당대 자산가 계층

상업시대에 자산가 계층이 없다는 것은 생각조차 못 할 일이다. 매판가 계층이 없다는 것도 생각조차 못 할 일일 것이다. 마치 수족관에 상어가 없거나 대형 문어 또는 고래가 없는 것과 같은 것이다. 또는 동물원에 사자·호랑이·표범·곰·물소·코끼리가 없는 것과 같다. 그들은 바다 속 동물과 짐승의 먹이사슬에서 가장 필수적인 종류이다. 그들의 존재가 없다면 수족관은 수족관이라 할 수 없다. 또 그들이 없는 동물원은 동물원이라 할 수 있을까? 자산가 계층과 매판가 계층은 상업시대의 번영사슬에서 중요한 부분이며 상업시대의 누룩이다. 그들의 존재가 없다면 상업시대는 그저 일종의 환상이며 전설이고 소망에 불과하다.

그들의 존재에 당황해 하는 사람들은 '말로는 좋아하고 실제로 좋아하지 않는 (섭공호룡: 葉公好龍)식'의 사람들이다. 이것이 '관료자산가 계층' 및 '관료매판가 계층'의 번식과 형성 그리고 존재라는 이유만으로도 우리는 충분히 반대할 수 있다. 또한 추호의 동요도 없이 반대해야 한다. 그것은 이 관료를 모체로 자산가 계층과 매판가 계층에서 잉태한 '교잡계층'의 권력에 대한 부식성이 비할 바 없이 크고 일반 상업원칙에 대한 파괴성도 거대할 뿐만 아니라 전 사회의 평등의식을 유린할 것이기 때문이다. 그들은 상업을 권력에 맡기기 때문에 상업행위가 '서방질을 하는' 셈이 된다. 그들은 권력을 금전을 위해 매음하게 하기 때문에 권력을 '사창(私娼)'과 같은 존재로 만든다. 결국 상업과 권력은 동시에 비천하고 비열하며 더럽게 변하고 만다.

'관료자산가'와 '관료매판가'가 끊임없이 나타나는 사회에서, 설사 그들이 아직 계층을 형성하지 않았다 하더라도 본질상 진정한 '정신문명'을 건설하기는 아주 어려운 것이다. 그들이 끼친 사회에 대한 오염과 위해는 흑사회(黑社會) 또는 불량배에 손색이 없다. 비록 겉으로 보기엔 그들이 흑사회에 비해 고상하고 불량배에 비해 그럴듯해 보이지만도 말이다.

중국의 자산가와 매판가들은 물론 이미 계층화되었다.

자산가 중에 물론 프랑스 기자 친구가 정의했던 '계층분자'도 적지 않다. 실제적으로 그들에 대해 특별히 분석할 필요는 없다. 왜냐하면 그들의 사유자산은 주로 아버지 대 권력의 크기에 의존하여 끌어모은 것이기 때문이다. 그 과정은 종종 혀를 내두를 정도인데 진정한 상업 의미를 담론할 가치가 전혀 없다. 한편 이는 '중국 특색'이라는 점에서 엄청난 풍자성을 가진다. 중국 경제 질서가 미처 형성되지 않은 수년 내에 그들은 종종 은행에서 거액 자금을 대출해 낼 수 있는데 보통 무이자 또는 낮은 이자이다. 그 다음 신속히 최초 주식 매매 또는 부동산 매매에 투기한다. 그들이 처한 환경이 남달리 좋고 정보가 빠르고 매입이 순조롭고 매도가 시기적절하기 때문에 그들에게는 위험이란 근본적으로 존재하지 않는다. 다른 사람이 미처 반응하지 못하고 행동이 따라가지 못할 때 그들은 이미 반응하고 행동을 취한다. 다른 사람들이 '상투를 잡았을 때' 그들은 이미 번 돈을 가지고 다른 데로 간 뒤다. 어떤 곳에서는 경제 질서를 수립하자는 목소리가 높아질 때 그들의 그림자는 이미 좋은 기회가 있는 또 다른 곳에 나타나 있다. 그들에게 '게임규칙'은 항상 뒤처진 물건과 다름없다. 소위 기회란 어떤 사람이 전부 그들을 위해 창조한 것 같은 느낌이 든다. 혹자는 말하기를, 그들을 위해 기회를 사전에 남겨둔 것 같다고 하였다. 그들의 뒤엔 마치 '기회 서비스팀' 또는 '기회 암표상'이 있는 것 같다는 것이다.

20세기 90년대, 중국 연해의 모 소도시에서 개발 붐이 일어났다. 그곳에서 그들이 밀물처럼 왔다가 썰물처럼 떠나가 버린 그림자를 본 적이 있다. 당시 그곳은 중국이 국유토지전매를 위해 좋은 기회를 제공한 곳이기 때문에 거의 그들의 '집결지대'로 되었다. 때마침 필자는 요청을 받고 한 드라마 기획에 참가하기 위해 갔었는데 그들은 토지 전매라는 이 상업 '게임'을 위해 왔던 것이다. 그들 중 어떤 사람들은 좌우에 심지어 크지도 작지도 않은 관료들을 대동한 상태였는데 그들은 '고급 참모' 같은 역할을 맡고 있었던 것이다. 내가 도착했을 땐 도심지가 이미 모두 주인이 있었다. 그건 당연히 한 장의 공문으로 끝날 수 있는 일이다. 그들은 땅문서를 전매한 후 곧바로 비행기를 타고 돌아가 버리는데 앉아서 돈을 버는 격이다. 한 무(畝: 660평방미터)의 땅 값이 5~6십 배 심지어 백 배 가깝게 뛰어오르는데 그들의 '수익'이 얼마나 엄청난가를 가히 알 수 있다. 짧고 짧은 며칠 내에 그들은 벼락같이 큰돈을 벌고 또 유쾌한 관광유람을 한 셈이다.

그들의 모든 것은 합법적 범위 내에서 진행된다. 그저 이런 합법적 상업 '게임'을 다른 사람은 '놀' 방법이 없거니와 자격도 없을 뿐이다.

현재 그 소도시의 개발 붐은 이미 식어버렸다. 그것은 투기 과정에서 땅값이 너무 올라 개발이윤을 상실했기 때문이다. 물론 어떤 사람은 거기에 올인해 모든 가산을 탕진해 버렸다. 하지만 그들 중의 어떤 사람은 절대 다르다.

강재·목재·석탄·석유·시멘트·담배·술 등 무릇 과거에 잘 팔렸던 상품은 설사 그것이 국가 통제 대상 물자라 할지라도 거의 모두 그들 중의 이런저런 사람이 손을 댔을 것이다. 지난날에 '허가문서 팔아먹기', '쪽지 팔아먹기' 등 현상은 중국에서 늘 있는 일이었다. 왕보삼(王寶森: 북경시부시장)은 공금 인민폐 2천만 원을 유용하여 정부(情婦)에게 장사 밑천으로 주지 않았던가? 그가 먼저 죄인이 되었기 때문에 이 죄상이 상세하게 밝혀진 것이 아닌가? 그러지 않았을 경우 '유용'은 그의 죄명으로 되지 않았을 것이고 그는 떳떳하게 그 돈은 북경 부시장이 친히 '승인'한 것이라 말할 수 있었을 것이다. 수십억 달러를 지배할 권리가 있는 모 관료가 누군가에게 장사 밑천으로 2천만 원을 '승인'해 주는 것은 식은 죽 먹기가 아닌가? 또 공개적으로 대외 회계감사에 대응하는 간판은 '집체소유제'이지만 실질적으로 100% 영락없는 '개체'이다. 그들 자신의 작은 '집체'이기도 하다. 벌면 전부 개인계좌에 불입하고 밑지면 국가가 '집체경제'를 번영시키기 위해 '수업료'를 낸 것으로 친다. 모조리 밑지면 전부 '수업료'를 낸 것으로 친다. 돈을 물 쓰듯 하고도 전부 '수업료'를 낸 것으로 친다. 중국 경제 질서가 뒤죽박죽이고 끊으려야 끊을 수 없고 정리해도 여전히 어지러운데 국가는 이러이러하게 수많이 애매한 '수업료'를 냈다. 물론 모두 헛되게 지불했다고 말할 수는 없다. 분명 그들이 먼저 부유해졌기 때문이다. 심지어 '애매하게' 냈다고 말할 수도 있다.

부유해졌다 해서 그들 모두가 아주 행복한 중국 사람이라고 생각하지 말라. 사실 그들은 자산을 점유했다는 측면에서, 그리고 우월한 물질생활을 향유하는 측면에서 근심걱정이 없을 뿐이지 내심은 여전히 우울하며 여전히 실의를 느끼는 중국 사람이다. 평민의 우울과 고민은 하소연 대상을 찾아서 털어놓을 수 있다. 평민은 불평을 늘어놓거나 심지어 저주 또는 욕을 퍼붓는 형식을 통해 불만을 털어놓을 수 있는 권리가 있으나 그들은 이런 권리까지 상실하였다. 왜냐하면 그들은 이미 현실 속의 최우선적이며 가장 실질적인 기득권자가 되었기 때문이다.

평민들이 현실에 대해 불평을 늘어놓거나 현실을 저주하고 있을 때 그들은 그저 귀머거리 또는 벙어리가 되어 입을 다물 수밖에 없다. 평민들이 욕설을 퍼부을 때 그들은 늘 자신들을 욕하고 있는 듯한 느낌이 들었을 것이다. 그들은 많은 중국 사람들의 두 눈이 자신들의 일거일동을 주시하고 있다는 점을 분명히 알고 있다. 그들과 평민들 사이의 틈새는 더는 메울 방법이 없다. 적어도 그들의 이 세대에서는 메울 방법이 없다. 허나 그들 앞 세대, 즉 그들 아버지 대는 본래 중국 평민들의 운명을 구하기 위해 생사를 넘나들었고 공로가 탁월하였기 때문에 중국 평민들의 추대를 받았던 인물들이었다.

이런 관계에 대한 낙담은 그들 세대의 각종 실의 중 하나이며 마음속 응어리의 일종이기도 하다. 또한 말하고 싶으나 그만둘 수밖에 없는 가장 우울해하는 점이다. 그들의 현실 속의 표현을 보고 그들이 마음속에 두지 않는다고 생각하지 말라. 사실상 그들 중 상당한 수는 마음에 두고 있다. 또한 그들도 잘 알고 있다. 그들이 현실에서 아버지 대의 권위와 명망에 의존하여 얻은 것이 많으면 많을수록 그 아버지 대 및 가족의 명망이 중국 사람들 속에서 더 추락한다는 사실을 말이다. 그들이 종종 느끼는 양심의 가책을 포함하여 그들의 실의, 그들의 불안감은 갈수록 그들을 괴롭히고 있다. 취득과 상실은 바로 정비례를 이루고 있으며 이런 정비례는 그들 심중의 '영원한 아픔'이다.

그들 중 40대 이상 대다수는 중국공산당의 정통교육 아래 성장하였다. 중국공산당 이야말로 그들의 정신적 부모이자 지난날 절대적으로 숭상하고 절대적으로 충성한 정신적 부모이다. 이에 비교하자면 그들의 자애로운 부모는 오히려 그들의 유모 같고 공산당의 부탁을 받고 그들의 성장을 가르쳐 온 보호자와 같다. 그들은 어릴 때부터 '혁명 후계자'가 되려는 뜻을 세웠다. 단지 그들 의식에 반영된 '혁명 후계자'라는 이 다섯 글자가 평민 자녀들의 의식에 반영된 것과는 그 내용이 크게 다르다.

평민자녀들이 '혁명 후계자'가 되려고 결심하는 것은 보통 노동자 출신 아버지 대보다 더 소득을 따지지 않는 노동자로, 농민 출신 아버지 대보다 더 바치는 농민으로, 교사 출신 아버지 대보다 더 우수한 교사로서 아버지 대에 비해 자신의 운명에 대한 국가 및 '혁명'의 총괄적 기획배치에 더 복종한다는 뜻이다. 또한 아버지 대에 비해 국가 및 '혁명'을 위해 더 간고한 지방으로 내려가 일생 동안 가장 간고한 일에 종사하며 또 이를 영광으로 여긴다는 뜻인 것이다.

하지만, 그들이 '혁명 후계자'가 되려고 결심하는 것은 보통 아버지 대를 계승하여 아버지와 같은 요직에 몸을 담고 아버지 대와 같이 국가를 위해, '혁명'을 위해 국가의 정치와 군사 공적을 실천하고 사람들의 보편적 사랑을 받는 사람이 되는 것을 의미한다. 이런 의식은 아주 일찍 중국 남성으로서의 '그들'의 세계관에서 성숙되었다.

하지만 '문화혁명'은 그들의 이상을 부셔버렸고 그들의 지향을 조롱하였으며 그들의 세계관을 뒤엎어 놓았다. 마치 완고하게 불가항력적으로 한창 성장 중인 수천, 수만 중국 청년들의 인생 역정을 바꿔 놓은 것처럼 말이다.

가장 경건하게 또 순리대로 자신이 자연히 '혁명사업'을 계승할 자격이 있다고 생각했던 그들 중 많은 사람들은 하룻밤 사이에 극히 조폭하고 냉혹한 '혁명대상'이 되어 버렸고 '개새끼'가 되어 버렸으며 최소한의 존엄과 가족의 안전 그리고 자신의 생명마저 지킬 능력이 없는 사람으로 되어 버렸다. 이런 습격은 그들이 꿈에도 생각지 못한 일이다.

'문화혁명'이 끝난 후 산천은 만신창이가 되었고 세상은 중심을 잃었으며 정권이 바뀌고 그동안 방치되었거나 지체된 각종 일들이 시행을 기다리고 있었다. 이 시절의 그들은 억울함과 원한을 품고 민간에서 정처 없이 방랑했던 고통에서 벗어나 결국에는 당당하게 '올바른 해명'을 요구할 수 있게 되었다. 그러나 단지 그들 아버지 대의 억울한 누명만 벗겨 주고 그들 가족의 명성을 회복시키기에는 아주 부족하였다. 그들의 허비된 인생을 위해 적절하고도 비교적 만족할 만한 조치를 해 주어야 할 것이다.

사실 중국에서도 자체적인 각종 특유한 방식으로 그렇게 했다. 허나 우선 그들에게 속죄해야 한다. 직접 국가 명의로 위안을 해 주어야 할 이들도 그들이 우선이다. 왜냐하면 그들이 특수하고 의미심장한 대표성을 가지고 있기 때문이다. 이런 위안은 아직 생존하고 있는 그들 아버지 대에 대한 인정을 표명하는 것이기도 하다. 또한 이런 승인은 거의 반드시 해야 할 일이다. 왜냐하면 중국 정치는 여전히 그들 아버지 대가 지속적으로 참여하여 듬직한 역할과 안정적인 영향력을 행사할 필요가 있기 때문이다. 다른 집 부모와 마찬가지로 갈수록 연세가 많아지는 이런 중국 원로 정치인들은 이젠 젊지 않은 자신들 자녀의 미래 인생의 전망을 위해 신경을 쓰지 않을 수 없다.

당시 중국 정치를 고려해 보면, 그들의 뒷걱정을 해소해 주는 것은 확실히 필요한 것이다. 또한 아주 필요하다고 할 수 있다. 이런 위안은 '문화혁명' 중에 박해를 받고 살해된 건국 공신들에게 용서를 비는 것을 의미하며 동시에 국가 양심 자체가 위안을 얻는 방식이기도 하다. 그러지 않을 경우 국가 정신은 등에 짊어진 무거운 '문화혁명'의 십자가를 벗어버리고 하루속히 원한과 업장(業障)의 굴레를 뚫고 나오기 어려울 것이다.

이는 일종의 감정적 색채가 농후한 돌파이다.
또한 중국 정치의 역사적 특징에 부합된다.
이는 한 나라의 '베스파시아누스' 식의 진퇴양난의 딜레마이기도 하다.

일설에 의하면 이 고대 로마제국 황제는 대관 시 자신의 주교를 시탐할 생각으로 일부러 왕관과 법전을 저울의 양쪽에 올려놓았다. 만약 그가 양손으로 왕관을 들어 올릴 경우 법전은 대중 앞에서 땅에 떨어지고 말 것이다. 만약 그가 자신의 법에 대한 중시도가 황권에 대한 중시보다 훨씬 크다는 것을 증명하기 위해 먼저 법전을 든다면 왕관이 대중들 앞에서 땅에 떨어지고 만다. 그것은 그에 대해 불길한 징조를 의미하고 있다.
의식은 그가 동시에 이 두 물건을 들 수 없다고 규정하였다.
그래서 그는 저울을 통째로 들어 올리는 수밖에 없었다.

중국에서 양난의 딜레마에서 벗어나는 방법은 소위 말하는 '태자'들 중에서 소수를 뽑아 육성 후 정치에 종사하도록 하는 것이다. 오늘 그들의 수를 일일이 꼽아 본다면 열 손가락을 다 동원하여 두 번 정도 세면 거의 다 포괄된다. 중국 경제가 바야흐로 도약하는 지금, 여타는 상업에 종사하도록 격려 받고 있다.
만약 중국 사람들이 차분하게, 냉정하게 생각해 본다면 문화·예술·교육·과학기술·문학 및 학술 등 영역에서 중국 고급간부 자녀들이 어떤 성과를 거두거나 어떤 일을 성취하기가 아주 어렵다는 결론을 쉽게 얻을 수 있을 것이다. 그들은 어릴 때부터 이 분야와 거리가 멀고 반대로 중국 정치와는 아주 가까웠다. 그들 자신과 가족의 관념 속에서 그들이 정치에 종사하는 것이야말로 첫 번째 선택이다. 이 점은 특히 고급간부 자제, 그리고 그들 부모들의 사상 의식에 반영되어 있다. 중국공산당이 집권한 지난 수십 년간 이 사실은 거의 고정불변의 '사상 전통'이며 '혈연원칙'으로 되었다.

필자는 20세기 80년대 초 영화계에서 인기도가 아주 높은 한 여배우와 모 고급간부 자제가 사랑에 빠진 일을 알고 있다. 그의 아버지는 과거 꽤나 이름 있는 간부였었다. 그러나 그의 모친은 단호하게 반대하였다. "중국에 너에게 합당한 여자가 그리도 없단 말이냐? 왜 하필 변두리 사람들 속에서 배우자를 찾는 거냐?"며 호되게 나무랐다. 그런데 그의 부친은 '문화혁명' 중에 박해를 받고 사망하였다. 사실 그의 가족은 이미 권력의 기둥이 없어진 뒤이다.

중국의 과거 고급간부 자제들은 정치 외에 또 기타 어떤 직업을 선택할 수 있을까? '문화혁명'이 끝난 후에도 그들이 보통 병사·노동자·농민 또는 기관의 작은 사무원이 되어 일생을 보내도록 여전히 방임할 수는 없지 않은가? 그래서 그들을 상업에 종사하도록 격려하게 되는데, 이는 당시 중국에서는 아주 자연스러운 일이라고 말할 수 있다. 심지어 '운 좋게' 중국에서 그들에게 유례없는 새로운 출로를 제공하였다고 말할 수 있다.

우리 중국 사람들이 이상에서 언급한 배경을 확실하게 알게 되었을 때, 우리는 일부 고급간부 자제들이 현재 중국 상업계에서 마치 물 만난 고기처럼 여유롭게 일을 처리하는 모습을 보며 이것이 중국 특색에 부합된다고 생각하고 비교적 객관적이고 온화한 입장으로 돌아설 것이다.

"그럼, 그 애들을 상업 분야에서 단련하게 하는 것도 괜찮아. 중국도 앞으로 비즈니스 인재가 필요할 거니깐."

민간에서 거의 모든 사람들이 다 알고 있는 이 말이 설사 꾸며낸 것이라 할지라도, 설사 따옴표를 사용할 수 없다고 엄격히 요구하였더라도 원래 의미와 크게 다를 바가 없을 거라고 추측된다.

기왕 당초 그들을 '경험하고 단련하라'고 격려한 이상 그들에게 '단련'에 필요한 각종 필수 조건과 만에 하나의 실수도 방지할 수 있는 보장을 제공해야 할 것이다. 만약 이런 조건과 보장을 다른 사람에게 준다 해도 그 사람도 어느 정도의 경제를 이룰 수 있을 것이다. 그러나 이러한 평등의 요구는 당시 중국에서는 단순하고 유치한 요구였으며 지금도 그렇듯이 어떤 '도리로 이해시킬 수 없다.' 마치 이런 단순하고 유치한 평등 요구의 의식으로 중국 현상을 보듯이 전부 '도리로 이해할 수 없는' 특성을 가지고 있다.

사실 우리 중국 사람들이 그들 중 일부가 현재 이미 중국 자산가 계층에 진입한 것을 보고 또 그들의 재산을 추측하고는 마음속으로 다소 질투하고 저주하며 세상이 불공평하다고 불평할 때 아마 이런 앞 세대 공산당원은 그렇게 변화된 자녀들이 당시 부득불 중국 정치를 떠나야 할 때 아쉬움과 울적한 마음, 그리고 다소의 실의 및 인생역정에 대한 막연함과 쓸쓸함을 느꼈을 것이다. 그것이야말로 "만약 고통이 어느 정도인가 묻는다면 그것은 아득한 하늘에 떠도는 구름과도 같이 알 수 없다."는 격이다.

그해 나는 친구 집에서 운이 좋게도 그러한 자를 알게 되었다.

당시 내 나이는 37~8세이고 그는 나보다 2~3살 정도 어려 보였다. 그의 아버지는 수도 북경에 금방 전입한 '지방원로'였다. 그는 집에서 '막내'였다. 말수가 적고 몹시 울적한 인상을 주었다. 마치 금방 귀중한 물품을 잃어버리고 내 친구를 찾아와 신고 여부를 토론하려는 것 같은 느낌이다.

친구는 그를 앞에 두고 "자네 탓하지 말게, 저 친구가 일부러 자네를 냉담하게 대하는 거 아니야. 요즘 기분이 나빠서 저러네."라고 말했다. 잠시 후 또 그의 앞에서 "저 친구는 '후계자' 명단에서 삭제 당했네."라고 말했다. 어리둥절해져서 저도 모르게 "후계자라니?" 하고 물었다. "간부 후계자 말이야!" 친구는 나의 물음에 대답한 후 그를 달래기 시작했다.

"생각을 넓게 가지게, 자네 지금 하는 장사도 괜찮지 않은가. 관리들이 타는 자동차를 자네도 타고 그들이 있는 비서는 자네도 있지 않은가. 하물며 당신 마음대로 수시로 더 젊고 어여쁜 비서를 초빙할 수 있잖은가. 그들처럼 자네도 출국할 수도 있고. 그리고 관리들이 한턱 낼 때 만약 기준을 초과하면 당 기율을 위반하나 자네가 한턱내면 한 상에 돈이 얼마 들든지 관계없이 모두 비즈니스 수요잖아, 그 이상 뭘 더 바라는 건가."

그는 침울한 표정을 지으면서 "단 한 가지 분명히 그들과 달라. 그들 자녀들은 앞으로 이력서 작성 시 아버지 직위란에 고급 간부라고 적을 수 있으나 나의 아들딸은 어떻게 적어야 하나?"라고 말했다.

친구는 농담조로 "앞으로 자네 아들딸보고 '중국 제1세대 적색자본가'라고 적으라면 되잖아!" 하고 말했다.

이 한마디에 그는 웃고 말았다.

그는 "내 형님은 드디어 원하는 대로 되었네. 그렇지 않으면 공산당은 우리 가족에게 너무 빚진 게 많네. 공평함 말이야!" 하고 말했다.

그들은 관원이 된 다른 집 자제에 대해 부러워하고 있었으며 또 현 상황에 승복하지 않는 것이 분명하다. 그들의 이런 배제를 당한 듯한 심리상의 불균형이 틀림없이 앞으로 개인 및 가족을 위해 부를 긁어모으는 이유가 되는 것이다. 하물며 재물이란 것은 일단 모으기 시작하면 사람을 전념하게 만들고 일단 좋아하기만 하면 영원히 자기가 가진 것이 너무 적다고 느끼게 하는 물건임에야.

한번은 프랑스 한 거상이 아랍 모 산유국 국왕을 찾아갔다. 휘황찬란한 궁전에 들어선 그는 놀라서 감탄을 금치 못했으며 머리가 어지러울 지경이었다. 훗날 기자가 그에게 느낌을 물었다.

그는 "이번은 참말로 불행한 알현이었네. 아마 지금부터 내 일생은 알거지가 된 느낌에 휩싸일 것 같네."라고 말했다.

상업계는 젊은 '중국 1세대 적색자본가'의 시야를 넓혀 주었으며 그들은 일부 홍콩·대만·일본·한국·싱가포르 및 유럽 상인과 접촉하는 과정에서 자신들도 마치 '알거지' 같다는 느낌이 들었을 것이다. 이런 느낌은 그들의 '분초를 다투어야 한다.'는 긴박감을 격화시킨다. 따라서 이런 긴박감의 채찍질 아래 자신의 장래와 가족의 장래를 위해 더 많은 부를 모으는 것은 일종의 원동력이고 사명이 된다.

왜냐하면, 비록 중국의 민주화 과정이 느리나 그들이 예상했던 속도에 비하면 많이 빠르다는 점을 깨달았기 때문이다. 이런 속도 속에서 중국 정치를 떠난다는 것은 그와 거의 '결별'하였음을 의미한다. 금후 만약 자신이 평범한 중국 사람으로 전락되는 것을 막으려면 분명 개인적 재부 외에는 자신을 추켜세울 아무 바탕도 없기 때문이다. 하물며 그들은 원래부터 다른 평범한 중국 사람과 다름에야?

필자는 또 이런 일을 기억하고 있다. 그들 중의 한 사람이 이태리 상인과 회견할 때 상대방은 "우리와 합자하여 장사할 타산이라면 자본금을 얼마나 낼 수 있나?"라고 물었다.

그는 좀 망설였다가 마음먹은 듯 되물었다. "3천만 원이면 어떻소?"

상대방은 또 그에게 인민폐인가 미화인가 물었다. 그는 인민폐라고 대답했다. 상대방은 응대할 가치도 없다는 표정으로 고개를 흔들며 어깨를 으쓱하고는 통역을 통해 그에게 말해 주었다. "한 가지를 기억하라, 유럽인과 비즈니스를 상담할 경우 자금은 계속 미화로 계산한다. 그렇지 않을 경우 고의로 상대방을 속임수에 빠뜨린다는 오해가 생기기 쉽다."

그 비즈니스는 상대방 측에서 그의 자금력이 너무 보잘것없다고 꺼린 관계로 결국 성사되지 못했다. 그 뒤로 그는 인민폐가 원래 외국인의 눈에는 그렇게도 '체면이 안 선다.'는 사실을 알게 되었다.

지금 필자가 이 책을 교정하고 수정하는 시점에, '인민폐'의 세계적 지위는 이미 크게 향상되었으며 '개혁개방'이 중국에서 이룬 성과도 전 세계의 인정을 받고 있다. 사실이 증명하다시피 당시 중국의 일부 두뇌가 명석한 정치원로들이 우리 국가를 위해 내놓은 거시적 설계는 비록 질의를 일으키는 부분이 다소 있기는 하지만 기본적으로 정확한 것이다. 또한 이는 어느 한 사람의 공로가 아니라 사상 해방자로 구성된 팀의 탁월한 표현이라고 생각한다. 그 당시 그들의 정의를 위해 용감히 나아가는 강력한 의지의 견지, 그리고 반대자들의 완강한 반대는 여전히 '노선투쟁'으로 묘사할 수 있다. 이런 투쟁은 더는 예전과 같이 잔혹하고 무정하지 않았으며, 이는 중국에 대한 큰 위안이라 할 수 있다.

또 한 가지 일이 기억난다. 한 번은 그들 중 일부 사람이 북경에서 홍콩 거상 자제들을 초대하게 되었는데 허영심이 일어 상대방과 부를 견주어 보기 위해 벤츠600 또는 롤스로이스를 타고 부인 또는 미혼녀에게는 가장 진귀한 목걸이와 다이아몬드 반지를 끼게 했다……. 결과적으로 당연히 그들의 허영심은 대단한 만족을 얻었다.

그러나 그 뒤 그들은 서로 자신들의 속됨을 비꼬고 비웃게 되었다. 왜냐하면 술자리가 끝난 후 그들이 계산하려 할 때 상대방 중 한 사람이 그들을 저지시키면서 담담하게 말했던 것이다. "나는 여기에 오면 자기 집에 돌아온 것과 같네. 내 집에서 친구들이 모여서 밥을 먹는데 어떻게 자네들을 보고 계산하라 하겠는가."

원래 그 5성급 호텔의 90% 지분이 상대방 가족의 명의로 되어 있었다.

'외향적' 비교는 확실히 그들의 부족함을 드러낸다. 하여 그들은 다시 한 번 아버지 대의 혁혁한 명성과 권력 관계를 이용하려는 생각을 저절로 품게 된다. 그들은 이것이 나쁘다는 것을 알고 있으며 또 한 번 더 이용할 때마다 가치가 하락된다는 사실도 알고 있다. 그럼에도 불구하고 이용한다. 그것은 그들이 현실 속에서 유일하게 이용할 수 있는 것이기 때문이다. 때로는 이용하면 직접 이익을 도모할 수 있고 때로는 이용하면 간접적으로 이익을 도모할 수 있다. 때로는 단지 자신들이 보기엔 탁월하나 속으론 아주 취약한 자존심을 지탱하기 위해 이용한다. 만약 그들의 부친이 이미 자리에서 물러났다면, 또는 이미 세상을 떠났다면 그들 마음속엔 당황한 위기감이 생기기 마련이다. 마치 곧 부귀한 생활로부터 포기당하는 응석받이 아이처럼 말이다.

비록 그들은 중국 정치 무대에서 물러났을지언정 여전히 그 변화를 면밀히 주시하고 있다. 항상 남몰래 이런 변화가 자신들의 존재에 유리한지, 불리한지를 분석해 본다. "부패반대", "특권반대" 목소리가 최고조에 달했을 때 그들 중 일부 사람은 마음이 싱숭생숭하여 살며시 해외로 사라진다. 혹시나 자신이 불행하게도 정치적인 제물이 되어 대중 속에 내팽개쳐져서 불만을 토로하는 대상이 될까 봐 걱정한다.

몇 년 전 일부 경제학자들은 "중국 자산가 계층은 많은 것이 아니라 너무 적다. 마땅히 법을 세워 적극적으로 보호해야 한다."고 장황하게 늘어놓은 적이 있다. 그들은 이 말을 듣기 좋아했다. 마치 그들을 대신해서 말한 정의의 선언과 같았다. 일부 법학자들은 서방을 본떠 '사유재산 신성불가침', 이 조목을 국법의 지고무상(至高無上)한 조목으로 확립해야 한다고 제의하였는데 이때도 그들은 감격했으며 중국에 그래도 "지기(知己)"가 있다고 생각하였다.

필자는 우리 헌법과 형법을 통독하지 않았기 때문에 이 조목이 이미 확립되었는지 모른다. 그러나 그것이 설사 확립되었다 하더라도 그들이 아무 근심 없이 잘 지낼 수는 없을 것이라 확신한다.

현재, 모든 사람이 다 알다시피 중국 헌법에 '사유재산 불가침'이라는 조항이 추가 되었다. 이는 몇 년 전 일이다. 그 당시 우스갯소리로 "평민들은 침범을 당할 만한 재산이 없기 때문에 이는 부자들의 재산을 보호하기 위한 법 조항과 같다."고 말한 적은 있으나, 이를 공개적으로 반대한 적은 없으며 속으로 대수롭지 않게 여겼다. 지금 돌이켜보면 그 당시 필자의 그런 태도는 확실히 의식상의 편집(偏執)스러움을 의미하는 것 같다. '사유재산'의 결백 여부에 너무 얽매이고 만 반면에 한 가지 사실을 너무 소홀히 했다. 즉, 만약 중국 헌법에 상기 법 조항이 없을 경우 우선 외자 유치에 아주 불리하다는 사실을 간과한 것이다.

둘째, 설사 당시 그 법 조항이 가진 재산이 형편없이 적은 일반 공민에게 어떤 의의가 있는지를 알아채지 못했더라도 아무튼 작은 관계라도 발생했을 것이다. 예를 들면 오늘날 '철거 분규'처럼 공평을 잃은 공민들이 만약 법에 호소해 권익을 보호하려면 흔히 법정에서 '사유재산 불가침'과 후에 나온 '물권법'에 따라 도리를 따져야 할 것이다.

그들은 중국에서 가장 뭐라고 '말로 표현할 수 없는' 상태에 처한 사람들이다. 그들은 늘 중국에 어느 날 또 '문화혁명'과 같은 동란이 발생하여 그들이 다년간 심혈을 기울여 모은 가산과 사유재산이 순식간에 깡그리 없어질까 걱정한다. 누군가 그들에게 그런 상황은 절대 발생할 수 없다고 보증한다 해도 그들의 우려를 철저히 해소시킬 수 없다. 그들은 중국의 현실을 관찰하면서 종종 무의식적으로 자신에게 가만히 물어본다. 내가 과연 아무 근심 걱정 없이 이 국가에서 영원히 거주할 수 있을까? 이러한 의구심으로 하여, 그들은 인민폐를 강세인 달러로 바꾼 후 국외 은행에 저축한다. 또 외국 여권 1개 또는 여러 개를 수시로 손에 넣을 수 있는 안전한 곳에 보관하고 있다.

그럼, 꼭 떠나야 할 때, 홍콩으로 가야 할까?

허나 홍콩은 이미 조국의 품으로 돌아왔다.

그럼 대만?

'대만독립분자'들은 줄곧 활약 중이다. 때문에 대만으로 간다면 핫뉴스가 되어버릴 수 있으며 그들이 아주 꺼리는 정치적 색채에 물들고 말 것이다.

싱가포르는 너무 작고 가깝다. 일본, 이 국가는 경제가 이미 진부할 정도로 성숙되었기 때문에 경제의 본능적 팽창 외에는 사람을 고무시킬 만한 어떠한 일도 발생할 가능성이 거의 없다. 그들은 그런 진부한 상업사회에 함몰되는 것을 두려워한다. 영국, 이 국가는 귀족 전통이 너무 유구하여 국민 의식 생리상 숭배하는 것은 귀족과 신사이고 부자를 존중할 리가 없다. 하물며 그들이 영국에 들어갈 때 신분은 단지 중국 부자에 지나지 않는다. 프랑스는 비교적 이상적인 나라이다. 그러나 중국인은 프랑스에서 그다지 환영을 받지 못하고 있으며 현재 중국과 프랑스 관계가 괜찮게 발전하고 있음에도 불구하고 중국인은 마지못해 프랑스에 생존이 허락되는 인종이다. 독일어는 배우기 어렵다. 이태리·호주는 경제발전 전망이 낙관적이 못된다. 노르웨이·스웨덴·스위스는 너무 적막하며 그곳 청장년마저 그런 항구적인 고요함과 적막감에 견디지 못하고 분분히 해외로 나가고 있다.

북미와 미국밖에 갈 데가 없는 것 같다. 허나 미국은 너무 민주적이고 평등의식이 너무 강하다. 만약 자기가 부유해진 내막을 알게 되면 혹시 깔보거나 심지어 경멸하지 않을까? 더불어 미국엔 이미 많은 중국인이 거주하고 있으며 그 성분도 아주 복잡하다. '민족운동분자'들이 혹시 자신을 그들이 적대시하는 이동표적으로 삼고 끊임없이 공격적인 교란을 진행하지 않을까?

더구나 중국을 떠나 해외로 갈 경우 도대체 얼마나 많은 외화를 들고 가야 부자로서의 체면 서는 생활수준을 유지할 수 있는가? 명품 차, 별장, 유산을 보유하고 있는 외국 부자들이 얼마나 많은가.

몇 백만 달러면 가능할까?

곰곰이 생각해 보니 확신이 서지 않는다.

마치 공을기(孔乙己: 노신작품)가 회향두(茴香豆)를 세듯이 "정말 많은가? 아니다. 많지 않다"는 느낌이 든다.

그들은 미국에서 '백만장자'란 말은 사실 시대에 뒤처진 표현에 불과하며 진정한 부자로 볼 수 없다는 사실을 잘 알고 있다. 그와 같은 부자는 어느 지역사회든 조금씩 다 있으며 다른 사람과 별반 차이가 없는 생활을 하고 소비도 다른 사람보다 더 사치스럽지 않다. 만약 애써 모은 사유재산을 가지고 미국에 이민 가서 많은 방면에서 다른 사람과 비슷한 생활을 한다면 무슨 의미가 있다 말인가? 그들이 중국에서의 자기감각은 미국에서보다 훨씬 더 강하다! 적어도 중국에서 그들은 지위가 있고 다른 사람들이 부러워한다. 그리고 질투하는 사람이 있고 또 그들의 입에 오르내리지 않는가?

하지만 미국에서는 어떠한가. 그들은 지위가 높은 사람이 되거나 부러움의 대상이 될 가능성이 아주 적다. 심지어 질투를 받고 의논할 대상이 될 자격도 없을 것이다. 이런 것은 생각만 해도 그들을 실망케 한다.

더구나 미국에 가서 그들은 무엇을 할 수 있을까? 미국에서 장사를 한다는 것은 중국에서보다 배로 어렵다. 지난날 중국에서 장사할 때 있었던 각종 편리한 조건들이 없다면 그들도 자신감이 거의 완전히 없어지고 말 것이다.

만약 아무것도 할 수 없기 때문에 아무것도 하지 않으면 재산이 아무리 많다 해도 결국 다 써 버리고 말 것이 아닌가?

자기가 가진 외화가 근심 걱정 없이 놀고먹을 정도로 많을까?

몇 세대까지 버텨낼 수 있을까?

만약 겨우 자기 세대만 감당해 낼 수 있다면 그럼 다음 세대, 그 다음 몇 세대의 운명은 어떻게 될까?

그들은 중국인 후손들이 미국에서 부유한 상류층에 들어서는 것이, 또한 대대로 이런 신분을 유지하는 것이 말처럼 그렇게 쉽지 않다는 것을 잘 알고 있다! 그들의 이러한 마음속 여러 가지 우려, 각종 고민, 근심을 이해한 후라면 혹시 그들의 처지에 대해 약간의 동정이라도 생기지 않을까?

물론, 이렇게 말하면 좀 지나친 동정이라는 느낌이 들고 엉너리를 친다는 의심을 받게 된다. 왜냐하면 중국에는 필경 6~7천만 명의 아직 가난에서 벗어나지 못한 농민들이 있고 갈수록 많아지는 대량의 실업자가 있다. 그리고 '희망사업' 및 자선사업을 통해서도 다 구제할 수 없는 것이며, 학교도 다니기 어려운 가난한 아이들도 많이 있기 때문이다.

에디슨은 이런 말을 한 적이 있다. '만약 부자들의 생활이 가난한 사람이 생각하는 것처럼 그렇게 행복하다면 그들은 진실로 하나님에게 감사드려야 할 것이다.'

사실 필자의 저의(底意)도 그저 에디슨이 한 말과 같은 뜻이다.

'그들'이라 일컫는 남자들은 다소간 우정이란 정(情)이 결여된 남자들이다. 그들 신변에 모인 사람들은 십중팔구는 그들을 이용하려는 의도가 있거나 또는 빌붙어 혜택을 보려는 남녀들이다. 그들은 반드시 그런 자들의 손이 자신이 주의하지 않는 틈을 타서 자기 호주머니에 들어오는 것을 방지해야 한다. 그들은 시시각각 자신에게 그들의 친애하는 정부(情婦)에 의해 부부관계가 파괴되는 것을 막아야 한다고 거듭 타일러야 한다. 다른 남자들에게서 일어나는 경우를 보면, 한 번의 부부관계의 파열은 얼마나 몸과 마음이 지칠 대로 지치고 고생스러운 과정이던가!

사실 그들도 마찬가지다. 돈 있는 사람의 이혼은 돈이 많아 생긴 다른 형태의 고민이다. 교육 수준이 높고 인격적으로 독립정신이 다소 강하고 허영심에 쉽게 매혹되지 않는 남녀들은 보통 그들의 사교범위에 쉽게 접근하지 않는다. 그들도 마음속으로 그런 남자와 여자들의 건방진 태도와 스스로 고결하다고 여기는 자세에 반감을 가진다. 소양이 너무 차이가 나고 문화 수준이 너무 낮은 남자들은 그들과 사귈 기회조차도 없다. 그들의 측근들은 거의 절대적으로 약삭빠른 재치를 지니고 있고 비위를 잘 맞추며 그들 지휘만 따르고 시시각각 충성심을 표현하는 것을 부끄럽지 않게 생각한다. 그들은 자존심과 무자존심, 신분과 무신분, 비열함과 고상함, 우수함과 평범함 사이에 있는 남자들이다. 그리고 젊고 아름다우며 단순함과 파렴치함, 낭만과 방종, 다감과 지혜, 현대와 현실, 천사와 요녀 사이에 있는 여자들이다.

어떤 사람들은 빌붙음의 의미와 이용가치가 너무 선명하기 때문에 그 신변에는 대체로 특별히 우수하지도 평범하지도 않은 남자들, 그리고 행동은 현대적이고 목적은 현실적인 여자들만 모인다. 이는 인류 사회의 기생 법칙에 부합된다. 그들이 아버지 대(代) 권력의 힘과 영향을 이용하는 것과 마찬가지로 그들 자신의 힘과 영향도 종종 직접 또는 간접적으로 다른 사람에게 이용당한다. 때로는 그들은 그런 남자 또는 여자에 대해 혐오감이 생겨 헌신짝 버리듯 차버린다. 하지만 그들의 몸값이 떨어져 특권계층에서 점차적으로 총애를 잃을 경우, 때로는 그런 남자 또는 여자로부터 배반을 당하기도 한다.

그들은 거의 모두 공부를 하지 않은 사람들이다. 특히 소설·시·산문 같은 것은 읽지 않는다. 그들은 천성적으로 문학을 경시하고 작가를 극도로 싫어한다. 만약 그들이 모 작가를 연회에 초청하려 하고 그 작가도 기꺼이 참석하려 할 경우 그는 자신의 필로 그들을 위해 '복무'할 마음가짐을 하고 가야 할 것이다.

그러나 그들은 시사 신문은 읽는다. 그것도 해외 것에 치중한다. 또한 중국에 대한 입장이 애매하거나 심지어 입장이 '반동'적인 신문을 종래로 배척하지 않는다. 그들은 이런 신문을 수집할 수 있는 루트가 아주 많다. 비록 그들이 중국 정치에 대해 많이 알고 있고 그들에게 독특하고 심지어 깊이 있으며 날카로운 견해가 많을지라도 여전히 해외 여론의 중국 정세에 대한 분석, 예측 및 논평은 줄곧 그들의 깊은 흥미를 불러일으킨다. 중국 민간 및 해외에 전파되고 있는 소위 '주워들은' 정치소식·동향·'내막'·'비화' 등등은 사실 그들이 의식적 또는 무의식적으로 제공한 것이다. 그들은 '수출'과 '수출상품 국내 판매'를 보도하는 방식으로 자신 및 자기 가족의 이익에 손해를 주어 자신들을 불편하게 할 수 있는 중국 정계 인물의 이미지를 파괴하고 동시에 자신 및 자기 가족의 이익에 도움이 되고 자신들이 좋아하고 옹호하는 중국 정계 인물을 위해 좋은 소문을 퍼뜨린다.

그들은 일부 기사들이 마음속으로부터 교통경찰에 반발하는 것처럼 '중국공산당기율검사위원회'의 존재에 반발한다. '중국공산당기율검사위원회'가 공평무사한 현대적 포공(包公: 包靑天. 북송 대 청렴한 관리) 이 주재하는 개봉부(開封府)가 아님에도 불구하고 말이다.

그들은 당연히 영화관에 가지 않으며 국산영화도 보지 않는다. 그러나 이런 습관이 있다 해도, 그들이 간혹 연회를 베풀고 스타들을 초대하는 데는 전혀 장애가 되지 않는다.

그들은 골프를 아주 좋아한다. 기분이 좋을 땐 볼링 또는 당구도 친다. 그들 중 어떤 이들은 바둑 및 카드놀이인 브리지 명수이며 또 어떤 이들은 승마술이 비범하여 경마장에서 질주할 수 있다.

만약 외국 축구팀이 중국에 와서 경기를 한다면 그들은 보통 관람기회를 놓치려 하지 않으며 늘 1등 좌석표를 가지고 있다. 하지만 그들은 절대 축구팬이 아니다. 누가 만약 그들을 축구팬과 동일시한다면 그건 그들을 모욕하는 것이다.

국외 심포니 오케스트라·발레단·패션모델 팀 또는 피겨스케이팅 팀이 중국에 와서 연출할 때마다 그들의 그림자를 발견할 수 있다. 그들이 신중하게 지인들을 향해 고개를 끄덕일 때면 마치 "이런데 내가 참석하지 않을 수 있나?"라고 말하는 것 같다.

인생은 고단하고 짧다. 지금 그들도 늙었다. 중국 사람들은 모든 공개 장소에

서 그들의 그림자를 찾아보기 힘들다. 그들은 중국의 모든 문예공연을 마음에
들어 하지 않는다. 외국의 유명한 스타 또는 대가, 세계 일류 문예단체가 중국에
서 공연해도 그들의 감상 욕구를 불러일으키지 못한다. 이미 국외에서 감상했기
때문이다. 만약 문예에 대한 감상 수준을 말하자면 그들은 틀림없이 중국에서
눈이 가장 높은 사람들이다. 그들은 대체로 더는 상업계에서 파도타기를 하지
않으며 좀처럼 집에 틀어박혀 외출하지 않는 '우공'(寓公: 영지를 잃고 남의 나라에 몸
을 의탁하고 있는 귀족)이 된다. 혹자는 중국에서, 혹자는 외국에서 말이다. 사실 그
들은 종래로 상업을 진심으로 사랑한 적이 없다. 이 점은 그들과 중국의 일부 젖
먹던 힘까지 다해서 시장에서 필사적으로 분투하는 상업의 '총아'들과의 가장 크
고 가장 본질적인 차이점이다. 그들은 대체로 정치에 대해서도 이전처럼 관심을
보이지 않는다. 그들은 자기들이 이미 안전하다는 것을, 또 의외로 떳떳하게 안
전하다는 점을 알고 있다. 이로써 그들은 소원을 이룬 셈이다. 당시는 아마 그렇
지 않더라도 지금은 후회하지 않는다.

그들은 지난날 중국이란 큰 무대의 어느 연극 중의 주역이었던 적도 있었지
만, 그 후에는 강 건너 불구경하는 방관자이기도 하다. 그들은 평범한 사람들이
겪어 보지 못한 일들을 겪어 보았고 평범한 사람들이 보지 못했던 진상도 보았
으며 평범한 사람들이 체험하기 어려운 사정도 체험해 보았다. 그들은 '금강의
봄기운은 천지의 끝에서 밀려오고, 옥루의 뜬구름은 예나 지금이나 변화무상하
다(錦江春色來天地, 玉壘浮雲變古今一杜甫)'는 세상사 법칙을 깨달았다.

당시 그들은 모두 단호하게 '개혁개방'을 지지하였다. 모두들 느낌에 '개혁개
방'의 속도가 너무 느리고 사람들 생각이 경직되고 보수적이라고 생각하는 것이
마치 이미 그들의 인내성을 초과한 것처럼 보인다.

그러나 누군가 그들에게 "당신들의 생각엔 어떻게 '고치고(改)' 어떻게 '풀어주
면(放)' 좋은가?"라고 묻는다면 그들은 종종 입을 다물어 버리는데 그 내막을 알
길 없다. 말할 수 없는 것도 말하기 싫은 것도 아니다. 아무래도 말하지 않는 편
이 낫다고 생각하기 때문이다.

사실 그들 모두가 가슴속에 강한 격정을 억누르고 있다. 그런 격정은 열렬한

정치 연설, 후방에서 책략을 세운 후 슬기롭고 유머적으로 대응하는 외교 담판, 전쟁의 최전방에 가서 천군만마를 자신 있게 지휘하는 방식으로 드러내는 것이 더 적절하다. 그러나 오늘, 이는 너무 시대에 뒤떨어진 '동화영웅주의'식 갈망이다. 그들도 벌써 이 점을 알아차렸다. 때문에 그들 마음속 열정의 불꽃도 갈수록 꺼져 간다.

결론적으로 말해 그들의 '말로 표현할 수 없는' 상태는 이런 느낌일 것이다. 한평생 지금처럼 살고 한평생 지금 하고 있는 일을 하는 것을 달가워하지 않을 뿐만 아니라 또 너무 망설이다가 결국 앞이 아득하고 다른 또는 지금보다 더 좋은 삶의 방식, 그리고 지금 하는 일보다 더 만족감을 느낄 수 있는 일을 찾지 못하고 있다.

그들이 보기엔 자신들에 비해 한평생 성실하게 일하고 고생과 원망을 달갑게 받아들이며 영원히 변화를 추구하지 않고 평범한 직업에 종사하는 사람들은 그야말로 신선이 되어 도를 깨달은 사람들이다. 그들도 일반 서민들이 자기 운명과 항쟁할 자격과 능력이 없는 처지를 동정하지만 한편으로 일반 서민들이 현재에 안주하는 '경지'를 아주 부러워한다. 그들의 마음이 영원히 이런 평범한 '경지'에 도달할 수 없기 때문에 항상 어찌해 볼 도리가 없이 '말로 표현할 수 없는' 상태에 빠지게 되는 것이다.

오늘날 그들은 이미 그 당시 그런 상태에서 초월하였으며 그야말로 해탈했다고 말할 수도 있다. 때문에 그들의 시각에서 중국의 만사를 볼 경우 스스로 명료하고 투철하다고 자부하는 사람들에 비해 더 명료하고 투철하다. 또, 그들은 항상 다른 사람과 좀처럼 이야기를 하지 않으며 이야기할 가치가 없다고 생각한다. 만약 그들의 존중을 받아 그들의 친구가 된 누군가가 그들과 한자리에서 중국 정치를 이야기 한다고 하자. 그들이 입만 열면 상대방은 한동안 입을 다물게 된다. 그러한 예지와 치밀함은 당신으로 하여금 자연스레 고개가 수그러지게 한다.

지금의 필자는 당시의 그 '세상 사람들이 다 취해도 나만이 깨어있다', '붓을 총칼로 삼자'라는 식의 내가 아니다. 독자들은 내가 지금 아첨하고 있다고 생각해도 상관없다. 이런 사고의 전환은, 나에 대하여 그저 나의 이미지를 보완해 주는 정도일 따름이다. 그들 중 일부는 남다른 '홍학(紅學: 좌파적 중국학문)' 전문가에 더 가까워 보인다고 생각한다. 왜냐하면 그들은 '중국홍(中國紅)'을 깊이 이해하고 또 '홍(紅)'에서 능숙하게 다른 색을 찾아내기 때문이다. 시대의 전환은 항상 필연적으로 일부 유례가 없는 사람들을 파생시킨다. 그 당시 시대는 그들을 선택하였고 그들은 편승하여 위로 올랐고 그대로 세력을 행사하였다. 원했든 원하지 않았든, 뜻을 이루든 못 이루든, 한마디로 종합하면 그것은 시대의 산물일 뿐이다. 그리고 이미 옛일이 되어버렸다.

정말이지 당시 이 책을 쓸 때처럼 그들이 특권에 의지하여 지내는 것에 대하여 더 이상은 마음에 두지 않는다. 어디까지나 그들의 아버지 대는 신중국의 공신들이었다. 하물며 당시에 그들에게 혜택으로 준 그 돈들은 보상 가치적 측면에서 보면 멀고도 멀었다. 훗날 일부 탐관오리들이 수뢰한 거대한 액수에 비하면 우수리에도 못 미친다. 게다가 자녀가 아버지 대(代) 특권에 의존하는 일들은 지금도 그런 현상이 적지 않다. 오늘날 그 아버지 대는 다른 사람의 아버지뻘에 비하면 또 뭔가? 대수롭지 않다는 것인가? 죽을 각오로 '머리채를 허리춤에 차고 혁명을 했다'는 최소한의 자부심도 없단 말인가! 오히려 냉정하게 그들을 보게 되고 오늘의 각종 권리를 이용하여 사리사욕을 채우는 현상에 대해 각별히 혐오감을 가지게 된다……

지금부터 '그들' 중의 여자들에 대한 이야기를 해 보자. 보건데 여자로서 그들중 열에 일곱 여덟은 행복하지 않다. 그들이 어느 가정의 현모양처가 되기를 바라는 것은 현실에 부합되지 않는다. 그런 요구는 그들을 난처하게만 만든다. 한 남자가 의외로 그녀들 마음속의 좋은 남편이 되었다면 그 남자는 정말로 대단하다. 남자들이 자기에 대한 그리고 자기들이 남자들에 대한 양난의 잣대 사이에 놓여 있을 때 그들의 신분은 아내 혹은 모친이라기보다 동료·사장비서·매니저·주주·'궁중집사' 또는 배후 조종자라 부르는 것이 더 합당하다.

재물과 감정 두 방면에서 그녀들은 남편을 엄격하게 감시하나, 이 두 방면에서 아들딸들에 대해서는 총애하고 방임한다.

그녀들 중의 대다수는 어릴 때부터 비호를 받고 응석받이로 자라났으며 제멋대로이고 자기중심적이다. 또한 우월감이 아주 강하고 관리하기 어려우며 성격이 반골적인 여자애들이다.

그녀들 중 어떤 이는 '문화혁명' 시기에 한껏 뻐기고 과시했으며 심지어 서로 잘났다고, 혹은 모택동에게 충성한다고 치고 박고했다. 당시 그녀들의 무자비하고 잔혹한 행위들은 보통 사람들이 공포감을 느낄 정도였다. 그녀들의 행동은 타인의 운명과 그 가족의 훼멸에 대하여 최소한의 동정심도 없었다. 그러나 자기 운명의 몰락과 자기 가정이 받은 충격에 대해서는 항상 마음에 두고두고 새기고 있다.

그녀들은 어릴 때부터 부모의 구속을 포함한 일체 구속에 대해 거의 반발적이었다. 그들은 자신의 개성과 자유를 방해하는 모든 외압에 대해 반발하였다. 하지만 유독 아버지 대의 권력에 대해서는 그것이 자신들에게 얼마나 중요한가를 깊이 알기 때문에 반발하지 않았다.

그녀들의 사상은 '문화혁명' 속에서 점차적으로 성숙되었다. 이런 성숙의 의미는 '이미 모든 것을 꿰뚫어 보고 있다.' 혹은 '이젠 그 어떤 허상'도 자신을 속일 수 없다고 생각한다는 뜻이다. 중국과 관련된 각종 화제를 담론할 때면 그녀들의 언사는 흔히 정확하고 신랄하고 매몰차다. 그러나 견해는 공정성이 결여되어 있고 심각하지도 못하다.

그녀들이 중국정치에 대한 태도는 혐오하면서도 감히 철저하게 경멸하지 못한다. 왜냐하면 천성적으로 사납고 고집스러운 자신들마저 중국정치의 거대한 관성력의 지배를 벗어나지 못한다는 사실을 누구보다도 잘 알기 때문이다.

그녀들 자신은 꼭 여성 고급간부가 되기를 갈망한 것은 아니다. 더욱이 상업에 종사한 후 거의 모두가 지난날 그런 동경이 있었다고 자조하는 정도다. 그러나 자기 가족 중에 어떤 한 사람이 지위가 높은 요직에 몸담는 것에 아주 신경쓴다. 만약 의외로 그런 사람이 없다면 그녀들은 다른 사람을 저주할 뿐만 아니라 심지어 친인척들의 무기력과 무능을 비웃고 비꼰다.

　그녀들은 장사 방면에서의 수완은 흔히 자신들 형제보다 탁월하거나 적어도 손색이 없다. 그들이 직접 또는 간접적으로 아버지 대(代) 권력을 빌리거나 이용하여 승산 있게, 혹은 자신감 있게, 혹은 자유자재로 행동하는 모습은 형제들마저 진심으로 탄복하고 자신들이 발밑에도 미치지 못한다는 데 대하여 공경하여 마지않는다.

　그러나 그녀들도 자기들 형제처럼 우정이 극히 결여된 여인들이다. 이러한 이유는 그들이 어릴 때부터 문벌관념과 등급차별을 뛰어넘을 수 없는 환경에서 생활하였기 때문에 조성된 것이며, 다른 한 방면으로는 '문화혁명' 중에 아버지 대의 얽히고설킨 정에 의해 조성된 것이다. 자기들 레벨의 계층권 안에서는 '서로 마음이 통하는 지기(知己)'를 찾기 어렵다. 헌데 여자들은 천성적으로 동성'지기'가 없어서는 안된다. 때문에 그녀들의 감정은 신중하게 또 선택적으로 외연하며 시탐적으로 그들의 계층 밖으로 가서 '지기'를 발견하고 친분을 맺는다.

　그녀들이 존중하는 여성은 그리 많지 않다. 그녀들의 존중을 받으며 점차적으로 가까운 친구가 되는 여성은 대체로 중·청년층 유명세를 타는 여인들이다. 또한 다른 사람의 의중을 잘 헤아리고 어떻게 하면 수시로 그들의 생각을 깊이 헤아릴 수 있는가를 잘 알며 자신의 뜻을 버리고 남의 비위를 잘 맞추는 것이 너무 낯간지럽지 않게 아주 적절해야 한다. 사실 그들은 간지러운 아첨을 받아들이는 데에 습관 되어 있지 않다. 그렇지만 조금도 아첨하는 기색이 없고 평등의식이 너무 강하여 그녀들을 일반 친구처럼 대하려는 여인은 틀림없이 그녀들의 큰 화를 자아낼 것이다. 그녀들과 다른 여인들 간에 이런 우정을 맺기는 아주 어렵지만, 일단 맺기만 하면 여성친구를 아주 후하게 대하고 또 의리를 지킨다.

　그녀들은 자신들을 추종한 적이 있는 사람에 대해 책임감이 좀 더 있으며 여자로서 고유한 인정미도 더 늘어난다. 허나 그들에게 미안한 일을 했거나 그들을 해치고 배반한 적 있는 사람에 대해서는 상대가 남자든 여자든 막론하고 그녀들의 타격과 보복은 흔히 그들 형제들보다도 더 냉혹하고 무정하다. 설사 그녀들 스스로 누군가 자기를 해치고 배반했다고 생각한 것이지 사실은 그렇지 않음에도 불구하고 말이다. 그들은 잘못 타격하고 잘못 보복했다는 것을 의식한 후에도 대부분 양해는 고사하고 참회도 않고 가책도 느끼지 않으며 아예 잘못된 김에 끝까지 밀고 나간다.

그래서 우리는 이렇게 말할 수 있다. 그녀들이 거의 공통적으로 이런 성격상 특징을 지니고 있기 때문에 '혁명 후계자'의 '후세대'에 편입되어 정치 방면의 자질교육을 받지 못한 것이라고. 바꾸어 말하면 그들의 선명한 성격적 결함이 정치 방면의 자질교육을 받기에 적절하지 않기 때문에, 또는 솔직히 말해 양성해도 전도가 없는 게 분명하기 때문에 성격상 특징은 공통된 특징인 것처럼 보인다.

가족 내에서 그녀들의 혈육에 대한 의무와 책임 그리고 사랑은 흔히 유달리 감동적으로 보인다. 기왕 가장 소중한 물건을 이 세상 누가 자신들로부터 얻을 수 있는지를 모르고 또 물건처럼 꼭꼭 싸서 방치해 둔 채 가격이 오르기를 기대할 수 없을 바엔 혈육인 친인척간에 충분히 베풀어 줄 수밖에 없다. 이는 비교적 폐쇄적으로 나타나며 가족계통 내부적인 것이다. 이는 다분히 감정 면에서 스스로에게 만족감으로 구현된다. 귀족계층이 정서 방면에서 소농방식(小農方式)과 같은 순환회전이다. 가족 중 누가 병에 걸리면 종종 그녀들로부터 가장 먼저 관심이 오고, 가장 진실해 보이는 듯한 마음으로 가슴 졸여 한다. 누군가가 명예가 훼손되고 장사에 밑지고 만사가 뜻대로 되지 않을 경우에도 항상 그녀들이 가장 격분하고 적극적으로 기꺼이 곤란에서 구제해 주려고 하며 소통을 위해 아래위로 뛰어다니는 노력으로 활약한다. 또 어떤 이의 일이 법과 관련될 경우 도처로 뛰어다니면서 행정조직에게 그들을 구원하라고 호소하는 이들도 바로 그녀들이다.

그녀들은 친인척과 가족에 대한 희생정신이 가장 풍부하다.

그녀들은 패션을 선호하지만 패션모델은 대단히 싫어한다. 간혹 외국 것은 좋아한다.

그녀들은 기본적으로 국산영화는 보지 않지만 영화나 TV화보는 본다. 중국에서 한창 뜨고 있는 여자 스타에 대해 그들은 코웃음을 친다. 그러나 비범한 기질을 가지고 있다고 생각하는 몇몇 남자배우에 대해선 흔히 첫사랑 애인처럼 간주하고 다른 사람들이 비평하는 것을 허용하지 않는다.

그녀들은 보석과 다이아몬드에 각별한 애정을 보이나 보석상인과 가깝게 교제하는 건 아주 꺼린다. 하지만 상인이 통상적으로, 또 무상으로 그녀들에게 예물을 바칠 경우는 다르다. 기사(騎士)가 훌륭한 말을 좋아하듯 그녀들도 명품차를 좋아한다. 하지만 한동안 직접 운전한 후에는 '애정이 변해버린다.' 명품차도 그저 그렇구나 하는 느낌이 왔기 때문이다.

그녀들의 진정 마음속으로부터 숭배하는 예술가는 화가이다. 정말 수집 가치가 있는 예술품은 당연히 그림밖에 없다고 생각한다.

그녀들의 기자에 대한 인상은 작가보다 좋다. 그 전제는 아직 기자에 의해 허물이 들추어진 적이 없어야 한다. 그녀들의 마음속에 '국산' 작가는 기녀(妓女)와 비슷한 존재이며 남의 비위만 맞추고 정권에 기생하며 또 다른 속셈이 있고 분수를 알지 못하는 존재이다. 그녀들도 간혹 책을 본다. 하지만 대부분은 외국 전기문학이며 주인공도 대체로 잘 알려진 여자들이다.

그녀들이 진심으로 존경하는 사람은 중국의 스포츠 선수이다.

실제로 그녀들은 어느 '한 가지' 사물을 장시간 좋아하는 스타일의 여인들은 아니다.

그녀들의 결혼생활은 거의 원만하지 못하다. 한때 그녀들 대부분은 사랑에 목마른 적이 있었다. 또 대부분은 "프란체스카(단테의 신곡. 지옥편. 제5곡: 추남인 남편 대신 시동생 파올라와 사랑에 빠짐)" 콤플렉스가 있었다. 그러나 그녀들이 흠모하는 남자들은 중국 현실 속에 거의 없다. 소설을 좋아하지 않는 그녀들 중에도 적지 않은 이들이 《매디슨 카운티의 다리(The Bridges of Madison County)》라는 단편 미국소설을 읽었고 또 감동되어 눈물이 볼을 적신 사람도 있었을 거라고 추측된다.

그녀들 중 적지 않은 이가 자신의 현재 혼인을 일종의 가정에 대한 의무와 책임으로 삼고 유지하고 있다. 그녀들은 당대 청춘남녀 간의 애정과 자유에 대해 아주 부러워하지만 자신의 실제 나이를 생각하면 이혼하기가 귀찮아 흉내만 낸다. 종종 자신의 그림자를 돌아보고 자신을 연민하며 청춘은 다시 오지 않는다고 탄식한다. 때문에 그녀들 남편이 여색을 밝히는 것을 더더욱 용서하지 못한다.

　그녀들은 가족의 장기적인 풍요로움과 안정적인 삶을 위해 헌신적으로 재물을 긁어모은다. 동시에 점차적으로 자신이 여자라는 사실을 망각하게 되고 성격 특징도 점차적으로 '중성인'과 가깝게 변해 버린다. 그녀들은 영리하고 능력이 있으며 명령을 내리고 실행 시 거만하고 독단적이다. 또한 어떤 생각이 떠오르면 온갖 난제들을 제거해서라도 목표를 달성하지 않으면 절대로 그만두지 않겠다고 결심하며, 이때 그녀들의 목소리와 표정은 매우 날카롭고 사납다. 이럴 경우 자신의 명령을 공손히 듣는 모든 남자들을 첩처럼 만들고 자신은 아주 남자처럼 변해 버린다. 만약 자신의 가문이 남편의 가문보다 현저하게 지위가 높을 경우 그들의 '소가족'에서의 지위는 여왕과 같다.

　빅토리아 여왕은 결혼 후 얼마 되지 않아 남편과 크게 다투었다. 원인은 그의 시부모가 몸이 좋지 않을 경우 자신이 자발적으로 가서 문안해야 하는가 하는 문제를 두고 심각한 분위기가 발생했기 때문이다. 남편은 꼿꼿한 자세로 침실을 나와 자신의 서재에 들어가 문을 걸어 잠가 버렸다. 빅토리아 여왕은 노기등등하여 그의 뒤를 따라와서 신발로 서재 문을 걷어찼다.
　남편은 높은 소리로 "누구야?" 하고 물었다.
　그녀는 "영국 여왕이 왕림하셨다."고 대답했다.
　남편은 문을 열어주지 않았다.
　그녀는 또 문을 걷어찼다.
　남편이 또 물었다. "누구야?"
　또 대답했다. "영국 여왕이다."
　남편은 여전히 문을 열지 않았다.
　결국 그녀가 예절바르고 가볍게 문을 노크하면서 "당신의 친애하는 아내 알베트입니다."라고 대답하고서야 남편은 문을 열고 그녀가 들어오도록 했다.
　이러저러한 희극적 '스토리'는 그녀들과 남편 사이에 일상적으로 발생할 것이다.

하지만 가문이 그녀들보다 낮은 서방님들은 분명 빅토리아 여왕의 남편처럼 그렇게 '권세와 무력 앞에서 굴복하지 않을 수 없을' 것이다. 왜냐하면 그 남편 자신도 왕위를 계승할 자격이 있는 친왕이기 때문에 '왕'의 지위를 그렇게 대단하게 여기지 않은 것이다.

'문화혁명' 중에 그녀들 중 어떤 이는 운명의 쇠락으로, 또 가족관계가 있으면 피해를 봄으로 자기가 가족과 결별하였음을 증명하기 위해, 또 현실에 의해 막다른 지경에 몰리는 등의 원인으로 한때 밑바닥 사회의 남자에게 시집을 갔었다. 그러나 이런 '역사적 착오'는 '문화혁명'이 끝난 후 거의 그들 자신에 의해 당연하게 '시정'되었다. 그리고 곧바로 의연하게 배우자를 찾는 눈길을 집안이 엇비슷한 가정에 던졌다. 하지만 이 한계가 있는 범위 내에서 쌍방이 서로 뜻이 맞는 진정한 사랑을 찾는 것이 그렇게 쉽지 않다. '문화혁명' 후 그들의 혼인을 집안이 엇비슷하다는 큰 전제로 볼 경우 잘 어울릴 것 같으나 이것이 그들에게 원하는 행복을 가져다주지는 않았다. 그러나 이번에는 '역사'적이거나 '정치'적인 죄업이 없으며 완전히 자기들 책임이다.

그래서 우리들은 톨스토이의 《안나 카레니나》 첫머리에 쓰여 있는, 거의 모든 사람들이 알고 있는 그 구절을 연상하게 된다.

"행복한 가정은 대부분 비슷하지만 불행한 가정은 각자 불행이 있다."

그녀들에 대해서는 바꾸어 말하는 편이 더 적절한 것 같다. '행복한 가정은 각자 행복이 있지만 불행한 가정은 대부분 비슷하다.' 그렇다. 비슷한 배경과 비슷한 원인 그리고 유사한 사정으로 인해 그녀들 혼인상의 실패와 가정생활의 불행은 자연히 유사성을 띠게 된다.

그녀들은 당대 중국의 "안나 카레니나"이다. 그녀들 신변에는 대부분 '브론스키'식의 애인이 있으며 그들이 꼭 귀족의 자식이 아니더라도 별로 개의치 않지만 평민의 자식 또한 아님을 확신한다. 그녀들은 자신이 그런 비속한 '착오'를 범하는 것을 허용하지 않는다. 그녀들은 '안나'에 비해 더 현실적이며 애인이 최종적으로 남편으로 '승급'해야 한다고 요구하지는 않는다. 또한, 그녀들은 절대 자살을 선택하지 않는다. 사실상 그럴 필요가 없기 때문이다. 하물며 지금 중국 여성들 속에서 "진짜 사랑한들 뭐하랴?"라는 말이 유행하는데 이러한 관념은 점차적으로 '주류의식(主流意識)' 혹은 '주류경지'로 자리매김하고 있다. 이는 그녀들에게 관점상의 모범을 제공해 주었다.

자신들의 남자 형제에 비해 여성으로서의 성별 열세는 아주 뚜렷하다. 남자들은 자신의 나이보다 훨씬 어린 '가난한 집 예쁜 아가씨' 또는 '문화오락권'의 '예쁜 여자'을 아내로 맞을 수 있는데 이건 별로 이상한 일이 아니다. 후자의 경우이는 아주 행운이고 영광이며 한평생 의탁할 상대가 생긴 셈이다. 그러나 그녀들이 만약 월급을 많게는 몇 백 원에서 천 원 이상을 받는 '하층' 남자들과 부부의 연을 맺을 경우 남자들이 어떻게 남편 노릇을 해야 할지 모를 뿐만 아니라 그녀들 자신의 신분마저 폭락하게 된다. 이는 그녀들이 하나를 돌보다가 다른 것을 놓치는 양난의 처지를 당하게 되는 것이다.

1877년 4월 1일, 꼬마 조지 친왕은 조모 빅토리아 여왕에게 편지 한 통을 썼다.

친애하는 조모에게:
어제 고운 목마 한 마리를 보았는데 돈이 없어서 못 샀어요. 저에게 1파운드만 주실 수 없어요?
                                                              – 손자 조지

여왕은 이렇게 회신했다.

사랑하는 손자에게:
너의 편지를 보고 네가 아직 물건 가치를 잘 모른다는 것을 알았다. 그럼 안 돼요. 너는 이런 점

들을 배워야 해. 이건 인생에서 아주 중요한 것이니깐. 너도 예외가 아니다. 네가 이 점을 확실히 알 때면 장난감을 사기 위해 나에게 편지를 써서 돈을 달라고 하지 않을 거예요

– 너의 조모 빅토리아

며칠 후 그는 또 손자의 편지를 받았다.

친애하는 조모:

조모의 가르침에 깊은 감사를 드립니다. 조모의 편지는 나로 하여금 각종 물건의 가치에 대해 유익한 생각을 하게 했습니다. 생각 끝에 나는 조모의 편지를 2파운드의 가격에 한 수집가에게 팔아 버렸습니다. 그 결과 나는 내가 좋아하는 목마를 사고도 또 1파운드가 남았습니다. 조모님, 내가 이젠 각종 물건의 가치를 알았다고 생각하지 않으세요?

– 당신의 손자 조지

이 일화는 마치 그녀들이 자기 아버지 대의 가치관념 상의 '낡고 오랜 것은 밀어내 버리고 새 것을 내놓는', '가치관 수정'과도 같다. 공평하게 말해 그들의 아버지 대 즉, 지난날 중국공산당 당기 아래에서 중국 인민을 위해 일생동안 '전심전력'으로 '복무'하겠다고 정중하게 맹세했던 혁명노인들의 자기 자녀들에 대한 가르침은 줄곧 혁명가들의 '고생스러운 일에는 자기가 앞장서고 즐거운 일에는 남보다 뒤에 선다.'라는 사상에 부합되는 것이다. 마치 영국 여왕 빅토리아가 손자에게 한 '절약을 영광으로 생각하라'는 가르침과 영향과도 같다.

그러나 공교롭게도 시간이 흐름에 따라 상황에도 변화가 생기고 다음 세대 사상교육 교관을 맡은 사람들은 아버지 어머니 대 뿐만 아니라 또 다른 시대 및 사회를 경험했으며 각양각색의 사람들도 있다.

아버지 어머니 대의 사람들이 맡은 사상교관은 이상주의 색채가 너무 짙다. 이상주의 교육의 성과는 이상주의를 주류 의식으로 삼는 시대에서만 이루어 낼 수 있다. 상업시대는 주류 의식이 현실주의 시대이다. 현실주의에 비해 이상주의는 비록 색채가 찬란하나 내용이 없고 공허하기 때문에 연설가·선동가들에게

적절할 뿐 대다수 사람들의 몸소 실천하는 의지로는 될 수 없다. 그러나 그 대다수 중에는 자연히 늙은 세대 혁명가의 아들·딸·손자·손녀들이 포함된다.

그들은 자기들이 좋아하고 추구하는 물건을 얻기 위해 아버지 대의 경력과 자격을 팔며 때로는 심지어 그들의 원칙과 존엄마저 팔아 버린다. 마치 조지가 자신이 좋아하는 목마를 얻기 위해 2파운드에 조모 빅토리아 여왕이 자기한테 보낸 편지를 팔아 버린 것처럼 '총명'하다. 또한 자기도 여왕처럼 이제부터는 각종 물건의 가치를 다 안 것처럼 여긴다. 일부 앞 세대 혁명가들의 후대가 팔아넘긴 대상은 당연히, 그 무슨 수집가가 아니고 상업시대이다. 상업시대에 필연코 주류 의식으로 될 현실주의의 교환법칙에 팔아넘긴 것이다. 그리하여 앞 세대는 '상해'·'볼가'·'홍기' 같은 차를 타고 다음 세대, 다다음 세대는 '세드릭'·'BMW'·'벤츠'와 같은 고급 수입 자동차를 탄다.

앞 세대는 크거나 작은 사합원(四合院: 북경의 전통 주택양식)에서 거주하고 집을 가능한 한 소박하게 장식하여 인민들 생활수준과 너무 큰 차이가 형성되는 것을 방지한다. 그러나 다음 세대, 다다음 세대는 툭하면 백만 혹은 수백만 원 거액을 던져 호화 저택 또는 별장을 사는데, 장식이 기풍이 없을까, 인테리어도 호화스럽지 못할까 걱정한다. 그것은 그들이 서방 귀족 자산가들의 생활수준을 본받기 때문이다. 아버지 대는 열에 일곱 여덟은 그런 것을 본 적이 없을 뿐더러 혁명가의 정신세계에 사치를 거부하고 검소를 중시하는 중심이 있기 때문에 그 수준을 비교할 이유가 없고 또 그 수준을 비교하려는 성향도 생길 가능성이 적다.

그러나 그들은 그런 것을 보았을 뿐만 아니라 몸소 서방 귀족 자산가들의 호화로운 생활을 체험해 보았다. 정신세계에 기존의 지주가 없어졌거나 원래는 있었으나 이미 무너졌기 때문에 상의할 여지도 없이 제멋대로 한다. 현실 속에 수준을 비교할 목표도 있고 실현할 수 있는 지름길도 있는데 그들이 왜 동경하는 것을 마다하고 추구하지 않겠으며 있는 힘을 다해 실현하지 않겠는가?

페르시아 왕 1세 키로스 대제는 평민 가정에서 태어났다. 그의 아들은 어릴 때부터 제멋대로 했으며 아무 구속도 받지 않았다.

한 번은 아들이 그에게 버릇없이 굴어 그는 "이전에 내가 나의 아버지와 말할 땐 절대 네가 지금 나한테 말하는 것처럼 하지 않았어."라고 꾸짖었다.

작은 키로스는 "아버진 이전에 평민의 아들이었고 나는 키로스 대제의 아들이 잖아요." 하고 대들었다.

그들의 아버지 대는 대부분 가난한 노동자의 아들이거나 목동 출신의 보잘것 없었던 사람들이다. 그러나 그들은 지금 명성이 자자하고 직위가 높고 권력이 크며 말 한마디 혹은 일거수일투족이 국가에 무시할 수 없는 영향을 미치는 사람들의 자녀들이거나 또는 지방 수석관원의 아들딸이다.

이러한 세대와 세대 간 차이 그리고 이로부터 발생되는 사상적·관념적 그리고 물질추구와 정신추구에 따른, 정통적 사상이나 행위로부터의 탈선은 누군가의 주관의지로서 방향을 정할 수 있는 것이 아니다.

사랑에서부터 사상·정당에 이르기까지 모든 사물은 다 생명이 있다. 생명이 있는 모든 사물들을 보면 다 생명주기 현상이 있다. 각 개인의 생명주기는 보통 12~3년이다. 두 개 주기가 교체될 즈음 인간의 건강 혹은 허약한 상태가 뚜렷하게 나타나며 사상의 생명은 인간의 생명보다 훨씬 길다. 이는 정신 생명계의 은행나무이다. 그럼에도 불구하고 죽지 않은 은행나무가 없을 뿐만 아니라 소위 불후의 사상도 존재하지 않는다. 만약 마음을 가라앉히고 차분하게 생각해 보면 일부 위대하다고 할 만하나 오래된 사상이 우리 현대인의 뇌리에서 마치 은하계 한끝의 별 마냥 그 찬란한 빛이 이미 암담해졌다는 사실을 승인할 수밖에 없다. 마치 오늘날 아이들이 '쉬라'는 미국 동화에서 쉬라는 보검을 손에 들고 날개가 달린 흰색 말을 탄 여투사라고 즉시 대답할 수 있으나 동화《바다의 딸》을 쓴 작가가 누군지를 말할 수 없고 또 누구도 그렇게 우아하고 슬픈 동화를 들은 적이 없을 가능성이 높은 것과도 같다.

새로운 사상의 싹은 보통 오래된 사상의 가지에서 성장한다. 그러나 필자는 정당의 생명주기가 몇 년이라고 함부로 말할 수는 없다. 그저 그 부패의 심각성은 분명 그 생명주기와 내재적 관계, 가능하게 필연적 관계를 가진다고만 말하고 싶다. 마치 인체의 건강이 생명주기가 교체될 즈음에 질병의 침습과 위해를 가장 쉽게 받는 것과 같은 도리이다.

최근, 중국공산당중앙·중앙조직부·중앙기율검사위원회는 공동으로 관련 문건을 반포하였는데, 그 내용은 자녀들이 직접 또는 간접적으로 아버지 권력을 빌리거나 이용하여 개인 및 가족의 재산을 도모하는 현상은 다소 제한을 받을 것이다라는 것이었다.

시간의 흐름에 따라 많은 일들이 사람들의 관심과 논의를 받을 가치를 잃고 만다.

권력은 특정 인간의 생명과 함께한다. 우리는 이렇게 생각해 볼 충분한 근거가 있다.

10년, 20년 후 한 사람이 다른 사람과 장사를 하려 한다. 그중 한 사람이 "당신도 이미 알고 있을 겁니다. 저는 모모의 아들 또는 딸입니다."라고 말한다. 또 만약 그의 아버지가 이미 세상을 떠났다고 하자. 상대방은 틀림없이 깜짝 놀라고 상대방의 말이 당돌하며 아무 의미도 없다는 느낌이 들 것이다.

또는 10년, 20년 후 두 청춘 남녀가 서로 상대방에게 매혹되었다고 하자. 그중 한사람이 상대방에게 말을 걸었다. "당신을 알게 되어 정말 기쁩니다. 자기소개를 하도록 허락해 주십시오. 저의 할아버지는 모모입니다." 그 장면은 아주 익살스러울 것이다.

성숙된 상업시대에 정치권력, 더욱이 사람이 죽으면 바뀌는 정치권력은 절대 실제의 이익을 가져다주는 신기한 효과를 격세(隔世)하여 탄생시킬 수 없다. 처칠의 후손과 루즈벨트의 후손들은 지금 모두 영국 또는 미국의 어느 곳에선가 평범한 사람의 생활을 하고 있다는 사실을 알아야 한다. 차이점은 단지 보통 부자 또는 보통 평민이라는 데 있다. 소수 국가에 현존하는 왕실을 제외하고 세계의 모든 이른바 명문 귀족세대의 지속은 거의 전부 내리막길을 걷는 과정이다. 이는 바로 시대적 진보의 법칙이다.

그러나 도적(匪)이란 옛날이나 지금이나 다를 바 없는 것이로다.

한 번은 북경택시 운전기사와 이 화제를 두고 이야기한 적이 있다. 그는 "이 강산은 그들의 아버지가 목숨을 바쳐 싸워 얻은 것이네. 중국 사람들은 반드시 도리에 밝아야 하며 그들의 아들딸들이 덕을 좀 보는 것을 허락해야 하지 않겠는가? 만약 요만한 것도 허락하지 못하면 중국 사람들이 너무 철없이 보이지 않는가? 결론적으로 말해 아들딸들이 아비들의 권력과 지위를 믿고 아주 수월하게 수백만, 수천만 원을 챙겼을 뿐이네. 너무 과분하지 않고 너무 자만하지 않고 너무 탐오하지 않고 적당한 선에서 멈추고, 금후에 다시는 안 그러고 경제를 진짜로 일으켜 세우고 우리 중국 백성들의 생활이 나날이 좋아지고 또, 오늘 대량 퇴직당하고 내일 대량 실업당하는 일이 없고 인심이 흉흉하고 사람마다 위기를 느끼는 그런 상황만 없다면, 그들의 고만한 일에 대해 사실 중국 백성들은 부엉이처럼 눈감아 줄 수 있으며, 바보처럼 아무것도 못 본 척할 수 있다……."고 말했다.

택시기사의 말에 동감을 표시한다. 그의 말은 일반 중국 백성들의 넓은 도량을 반영해 준다. 이런 도량은 이 지구상에서도 찾아보기 힘들다.

그 때문에 몇몇 '아버지'들의 그 아들딸에게 외람되게 한 말씀드리고 싶다. 만약 중국이란 이 근거지에서 사는 것이 아직 고통스런 정도까지 되지 않았다면 사실 수시로 국외로 도망치려고 생각할 필요가 없다. 당신네의 '자기 사람들이', 당신들을 '다치게 하지' 않는 한, 중국 백성들은 당신들 손가락 하나 다치게 하지 않을 것이다. 당신들은 중국에서 유유히 부유한 국민이, 그리고 나아가서 부호가 될 수 있다. 이는 국외에서 부유한 국민 또는 부호가 되기보다 더 현실적이다. 물론 유일한 전제는 반드시 그 택시 기사가 말한 '몇 가지만 하지 않으면'을 명심하는 것이다. 그러지 않을 경우 당신들은 부엉이의 두 눈도 동그랗게 뜰 때가 있다는 점을 알아야 한다. 그때면 부엉이는 날카로운 울음소리를 낸다. 미신에 따르면 이 조류가 잇달아 울부짖으면 불길한 징조라 한다. 정말 쌍방이 모두 원하지 않는 일이 발생될 경우 당신들뿐만 아니라 중국 백성들에게도 좋지 않다!

아미타불, 선재(善哉) 선재라…….

　손꼽아 보니 이 볼품없는 책이 출판된 지도 이젠 14~5년이 된다. 그 사이 중국의 변화는 나날이 새로워졌으며 경제도 비약적으로 발전하였다. 권력의 렌트 추구현상(이권개입행위: rent seeking behavior)도 분명 점점 심해지고 있다. 당시 고급간부들 자신은 권력을 내다 팔거나 가격을 매겨 이권개입을 하지 않았다. 그들은 이런 짓을 할 줄 모른다. 설사 그들이 사심에서 측근을 발탁했다 하더라도 절대 돈을 받지 않는다. 관례에 따르면 당시에도 '관직을 위해 뇌물을 쓰고 다니는' 현상이 존재했다. 물론 그건 그저 선물을 들고 다니는 정도였다. 선물은 분명 돈은 아니며 명품 차·호화주택·별장 등을 선물로 했다는 말은 별로 많이 듣지 못했다. 때문에 당시 '관직을 위해 뇌물을 쓰고 다니는' 현상은 필경 훗날 관직 매매와는 구별된다. 과급·처급 관직을 매매하는 행위는 분명 차단하기 어렵다. 말단관직의 매매행위는 고급간부 행위의 근처에도 가지 못할 것이다. 그러나 오늘날에 이르러, '형제가 함께 수뢰하고', 부자(父子) 부패 팀이 있거니와 관원과 아내 또는 애인과 공동으로 권력형 이권개입 시장을 개척하는데, '국토를 손질하랴 농지를 분배하랴, 정말 바쁘다.'

　관직 매매 정도라면 별 문제가 아니나, 마치 '도처에서 농민 영웅들이 일을 마치고 귀가'하는 정경이다. 그들의 부패는 이미 직접 겪어 보고 해 본 일이며 '시대와 함께 나아가는' 한 종류라고도 할 수 있겠다. 누군가 나에게 반문한 적이 있다. 왜 '반부패소설'을 쓰지 않느냐고? 그래 맞다. 확실히 '반부패소설'을 적게 쓴다. 부패에 의분을 느껴 잡문 몇 편은 쓴 적이 있으나 소설 구상이 불현듯 뇌리에 떠오를 때마다 바로 고개를 흔들어 버렸다. 그것은 권력형 이권추구 방식과 탐오수뢰 수단은 솔직히 나의 제한된 상상능력을 훨씬 초과했기 때문이다. 다소 알았을 때는 입이 딱 벌어지고 할 말을 잃었다. 상상력이 그들의 현실 속 조작 경험에 비해 너무 뒤처지기 때문에 물러설 수밖에 없었다.

　또 하나, 필자를 혼란스럽게 하는 문제가 있다. 한 고급간부가 재직 시 이미 친척 여성의 일자리와 생활을 적절히 배치하여 자신이 퇴직 후에도 고급스런 대우를 누릴 수 있게 했다. 그리고 남들의 주목을 끌지 않는 방식으로 인민폐 천여만 원을 탐오하여 이미 쓸 만큼 장만했음에도 불구하고 왜 굳이 수천만·수억 원까지 끝없이 긁어모으려 하는 걸까?

나중에 점차적으로 깨닫게 되었는데, 그 응어리진 매듭은 단지 '신(信)'이란 생각 여부에 지나지 않았다. 그 사고는 신앙이라는 '신(信)' 그리고 신용이라는 '신(信)' 자의 의미가 아니라 신임여부의 '신(信)' 자이다.

즉, 그들은 정말 '중국특색의 사회주의'가 지속가능하다고 믿는 것일까?

만약 이 점을 믿는다면 자연히 신앙이 있는 관료일 것이다.

신앙이 있는 관료는 그 신앙이 어느 정도의 탐욕을 약화시킬 것이다.

그들의 탐욕이 클수록 그들이 신앙이 없음을 증명해 준다.

고급간부로 승진하기 전에 그들의 가장 통상적인 일은 정치 학습이다. 왜 학습하고 또 학습해도 '중국특색의 사회주의'의 지속 가능성마저 확신하지 않는 걸까?

그들의 머리가 너무 멍청해서 아무리 좋은 주의라도 담을 수 없는 걸까? 아니면 너무 총명해서 자신들이 먼저 그 '특색' 중에서 결함을 발견한 것일까?

사실 모든 탐관들은 관직에 오르는 것을 '생계'로 삼는다. 생계, 생계를 꾸려가는 것이란 사실 더 나은 생활을 위해 어떤 일을 경영해 나가는 것을 의미한다. 양자의 차이점은 심혈을 기울여 경영하는가 아니면 겉으로만 반지르르하게 경영하는가 하는 데 있다. 어떤 경영이든지를 막론하고 출발점은 '나'의 양호한 느낌을 중심으로 하고 '나'의 '이익최대화'를 '기본점'으로 한다. 그 '소아(小我)'로부터 '대아(大我)'로, 자연히 혈연관계가 있는 사람들에게만 확장될 수밖에 없으며 더 커진다 해도 거기서 거기다.

관료를 포함하여 어떤 사람으로 하여금 진심으로 한 제도에 대하여 의문의 여지가 없는 우월성을 신뢰하고 옹호하게 하려면 결코 쉬운 일이 아니다. '학습강화'는 한 방면이고 제도 그 자체의 개혁은 필수적인 것이다.

부패관료들은 예외가 없이 법정에서 "공산당 정치 학습을 소홀히 했다"고 자인한다. 그들은 며칠에 한 번씩 집중하여 한바탕 학습하지만 역시 믿는가, 믿지 않는가 하는 문제를 드러내 놓고 해결하지 못하는데 이것은 깊이 음미할 만한 일이다…….

중국 자산가 계층에서 수가 가장 많이 늘어난 것은 중국의 경제발전 과정에서 기회를 잡은 사람들이다.

인간에 대해서 여러 가지 분류 방법이 있다.

예를 들면 현실형·낭만형·격정형 또는 이성형·우울형·낙관형, 그리고 혈형·혈질·지능지수·유전자에 따른 분류가 있다. 최신 분류방법에는 심장혈관형 또는 암형이 있다. 심장혈관형은 정신이 장기적으로 스트레스 상태에 있는 남녀를 말하며 암형은 근심 등이 가슴에 맺혀 병이 되며 이를 가슴에 묻어 두고 공개하지 않는 남녀를 말한다. 이런 분류방법은 좀 독단적이고 사람을 우울하게 만들기도 한다.

중국 자산가계층에 대해서 필자도 여기서 간단한 분류법 한 가지를 소개할 수 있다. 즉 과시형 또는 은닉형이다. 물론 이런 분류 방법은 그들 중 일부 사람에 게만 적용된다. 이런 사람들도 둘 중의 하나다. 허나 주의 깊게 관찰해 보면 그들의 몸에서 이상의 두 가지 특징을 발견하기가 어렵지 않다.

과시형 – 사람들이 자신들을 '부호'로 인정하지 않을까 걱정한다. 자기의 '부호' 순위에 아주 신경을 쓴다. 인정받거나 인정받지 못하는 것은 마치 그들의 사회 지위와 전체 존엄이 보편적 공인을 받거나 못 받는 것을 의미하는 것 같다. 그들에게서 첫째와 둘째의 차이점은 올림픽에서 금메달 또는 은메달 또는 동메달의 차이라고 할 수 있다. 일반 사람들은 그들이 이미 '부호'가 되었는데 왜 순위를 그렇게 중시하는가 하고 생각할 것이다. 일반 사람들은 정말 이해하기 어려울 것이다. 하지만 그들이 생각건대 이미 '부호'가 된 바엔 왜 1위를 쟁취하지 않겠는가? 마치 시험에 참가한 운동선수들이 모두 금메달을 목표로 경쟁하는 것과 같다. 일반 사람은 그것이 꿈처럼 느껴진다. 그러나 그들은 계단 몇 개에 불과한 것이라 여긴다. 또는 일반 사람들도 계단 몇 개에 불과하다고 생각하는 경우도 있으나 동시에 저도 모르게 그 몇 개 계단은 얼마나 뛰어넘기 힘든가 하고 생각한다. 그러나 그들은 그도 사람이고 나도 사람인데 그가 하는 것을 내가 왜 못하겠는가라고 생각한다.

사람은 어느 정도의 비교심리가 있다. 다시 말하면 사람은 모두 비교목표가 있다. 일반 사람은 대부분 항상 일반 사람들과 비교하고 자기 주변 사람과 비교하지만 그들의 비교목표는 이가성(李嘉成: 홍콩 부호), 곽영동(藿英東: 홍콩 부호), 그리스 선박왕 또는 기타 그 무슨 상업거두들이다. 그 몇 개 계단이 가져오는 그들에 대한 유혹은, 화원별장이 가진 일반 사람들에 대한 유혹보다 백배 강하다. 그들은 중국의 무슨 '왕'으로 불리기를 그렇게도 간절히 바라고 있다.

만약 그들이 자신들의 '부호' 지위가 아직 공인을 받지 못했거나 비록 공인을 받았으나 응당 있어야 할 명단에 오르지 못했을 경우 그들의 심리는 특별히 불균형적이 되고 만다. 마치 모 영화나 TV의 배우 또는 가수가 스스로 자기 이름이 응당 '10대' 또는 '20대' 스타 대열에 있어야 한다고 생각했는데 미역국을 먹은 것과 같다. 이때 그들은 전 사회의 주의를 불러일으키기 위해 매체를 통해 어떤 이벤트성 기적을 낸다. 설사 실제 그들이 받은 공인이 그들이 느낀 것처럼 그렇게 수준이 떨어지고 억울함을 느낄 정도가 아니더라도 그들은 애써 기적을 낸다. 그들은 종래로 유명해지는 것을 두려워하지 않으며 이벤트성 기적이 크면 클수록 좋고 사회의 주의를 불러일으키면 일으킬수록 좋으며 유명해질수록 좋아한다. 그들은 절대로 이름이 나는 데 지치는 것을 두려워할 사람이 아니다. 명성은 대단하나 실제 그렇지 못한 느낌은 불량한 느낌이라고 생각하지 않으며 더구나 그로 인해 부자연스러워하지도 않는다.

어찌된 영문인지 필자 역시도, 상술적인 온갖 꾀를 다 짜내는 출판계 인사로부터 '중국의 발자크'라는 계관을 하사받았다. 한동안 이 글자는 늘 나의 책에 인쇄되었다. 내가 그 '명성' 하에서 '해방'시켜 달라고 요청해도 소용없고 항의해도 소용없었다. 그래서 한동안은 자신의 책에서 이 글자를 보기만 해도 번갯불에 눈을 맞은 듯 두통이 날 지경에 이르렀다. 처음에는 습관이 되었다가 나중에는 마비되었고 나약했던 성격도 내성이 강해져 후엔 그 글자를 봐도 뇌가 아프지 않았다. 그러나 마음속으론 늘 차마 견딜 수 없는 거북함을 느끼곤 했다.

그들은 비서에게 남의 비위를 잘 맞추는 사람들이 그들을 위해 쓴 바의 글, 즉, 명성은 자자하나 실제는 그렇지 않은 볼품없는 문장을 신문에서 오려내 잘 보관했다가 필요할 때 꺼내 활용하라고 신신당부한다─모 신문은 필자가 중국의 누구누구라고 평했다.

중국의 누구누구는 한동안 그들에게 많은 이익을 가져다주었다. 중국의 누구누구란 것의 의미는 바로 공인(公認)되는 것이다. 그렇게 공인됨으로서 가까워지려는 관원에게 쉽게 접근되고 일종의 신용보증서가 되는 것이다. 이로서 은행으로부터 대출도 용이하게 받아내고, 사업적인 합작에서도 서로 다른 좋은 인상으로 보게 된다. 그래서 그들이 명성을 좋아하는 정도는 돈을 좋아하는 정도와 버금간다. 명성은 그들한테서 허(虛)한 것이 아니라 실질(實)의 성격을 가지고 있다. 명성을 위해 그들은 때론 돈에 인색하지 않다. 이는 일종의 선(先) 상업투자 행위로 나타나며 개인 광고행위에서 반영된다.

그들은 지명도가 끊임없이 향상되기를 갈망하고 지명도를 끊임없이 향상시켜야 하기 때문에 그들은 일부 문인·프리랜서·기자, 나아가서 일부 신문과 우호적 관계를 유지하기 위해 애쓴다. 그들이 자신의 명성을 위해 기척을 낼 필요가 있다고 느낄 때 후자들은 부르면 달려온다.

그들은 때로는 자신들의 명성을 위해 감정적으로 일을 처리하기도 하고 재산을 과시하는 것에서부터 시작해 서로 재산을 겨루기도 한다. 심지어 사석에서 서로 비방하고 재수 없는 일을 당하고 사생활을 까발리기도 한다.

은닉형 - 이 유형 사람들은 자신이 '부호'로 알려질까 두려워하며 자신의 이름이 그 무슨 '부호' 순위표에 오를까 두려워한다. 그들은 결코 명성에 시달릴까 봐 두려워서 그러거나 명성은 대단하나 실제는 그렇지 않은 거북함을 견디기 어려워서도 아니다. 그들의 은닉적인 심리는 주로 자신의 동포에 대한 경계의식 때문이다. 시대에 대한 불신임 때문에, 또 예측할 수 없는 중국 장래에 대한 신중한 고려 때문에, 또 중국의 근대·당대 정치가 낳은 자기 보호 본능으로부터 생긴 것이다.

그들은 매체를 멀리 피한다. 매체에 종사하는 모든 사람들, 그리고 매체와 밀접한 관계를 맺고 있는 모든 사람에 대해, 본능적으로 냉담하게 대하거나 조심스럽게 대한다.

일반적으로, 그들은 절대 자발적으로 사회에서 우쭐대며 기척을 내지 않는다. 그들도 암암리에 자신들이 적절하다고 생각하는 방식으로 자신의 사업에 꼭 도움이 되는 일부 관료들과 친분을 맺으며 심지어 그 친분이 아주 두텁다. 평소에는 경솔하게 자신과 그 관료 간의 특수 관계를 다른 사람에게 과시하지 않으며 모든 일에 이용하지도 않는다. 마치 카드놀이를 할 때 어떤 사람이 조커를 잡았을 경우 흔히 다른 카드로 조커를 가리고는 좌우를 둘러보면서 시치미를 떼고 "조커가 누구 손에 있을까?"라고 중얼거리는 것처럼 말이다. 그들은 조커의 가치를 깊이 알기 때문에 결정적 순간이 오지 않으면 던지지 않는다. 그들은 종래로 교제방면에 시간과 정력을 낭비한 적이 없다. 그들의 사업상의 성공은 남의 주목을 끌지 않는 암암리의 성공이라고도 할 수 있다.

그들은 '중국의 누구누구'가 되려는 야망이 없어 보인다. 하지만 그들의 사업적 안목은 '과시형' 사람들에 비해 더 정확하며 상업두뇌의 반응도 더 치밀하고 민첩하다. 과시형은 항상 무엇이든 다 하고 싶지만 무엇을 해야 할지 모르며, 다른 사람이 성공한 것을 보면 자신은 무엇을 잃은 것처럼 멍해 있고 자신의 역부족을 탄식하며 기회를 놓친 것을 후회한다. 그러나 은닉형은 자기가 다음에 무엇을 해야 하는지를 분명히 알고 과감하게, 또 은밀히 행동에 옮긴다. '부호 순위'와 같은 것에 대해서 그들은 코웃음을 치며 그건 믿을 수 없는 것임을 깊이 알고 있다.

그들의 연 수입은 아주 대단하다. 이것이 바로 그들의 자신감이다. 전 중국 사회가 모두 인지하지만 명성만 대단하고 실제는 그렇지 않은 '부호'가 되는 것보다 실질적인 거액의 보유자가 되면 느낌이 더 좋고 더 홀가분하게, 멋스럽게 살 수 있다. 이것이 바로 그들의 인생관이다.

그들은 종종 실체 있는 사업을 운영하지 않는다. 그들은 흔히 명분상의 회사만 가지고 있다. 그런 회사는 보통 사원이 몇 명밖에 없으며 틀림없이 그들이 가장 신뢰하고 그들에게 아주 충성하며 그들과 이해관계가 밀접한 친척과 친구들이다. 그들에게 회사가 존재하는 가장 주요한 가치는 은행 계좌가 있다는 것이다. 계좌가 있으면 금전 이익을 취득하는 것이 아주 쉬워진다.

사실 그들은 자신을 제외하고는 그 어떤 사람도 잘 믿지 않는다. 때문에 그들에게 가장 충성한다고 자인하는 사람도 그들의 '상업비밀'을 잘 안다고 할 수 없다. 그 비밀은 그들의 '블랙박스'로서 대부분 그들이 '크게 실패한 후'에야 철저히 까발려지는 것이다. 거기에서 폭로된 내용은 흔히 자신이 그들에게 가장 충성한다고 여기는 사람들을 아연실색하게 한다. 그 내용에는 틀림없이 그들이 어떻게 자신에게 가장 충성하는 사람들을 이용하는가 하는 줄거리가 있을 것이며 후자들은 문득 자기가 시종일관 '늑대와 함께 춤을 추었다'는 점을 알게 되고 뼈저리게 후회한다. 그때는 후회해도 이미 늦었고 미워해 봤자 헛수고이다. 즉 그들 중 직원이 있는 회사는 자세히 들여다보면, 실제 그들 자신뿐이다.

그들 중 어떤 사람은 심지어 회사 명분도 필요 없다. 금전 이체를 위한 지불 방식조차 상론할 여지가 없다고 거절한다. 그들이 만에 하나의 실수도 없다고 느끼는 방식은 직접 눈으로 돈뭉치를 자신의 트렁크에 넣는 것을 확인한 후 트렁크를 들고 즉시 가 버리는 것이다. 많은 영화에서 우리는 이런 장면을 종종 보게 된다. 이전에는 외국 영화에서 흔히 보았는데 지금은 국산 영화에서도 흔히 보는 일이다. 중국의 일부 시나리오 작가들이 유사한 줄거리를 창작할 때, 또 일부 영화 기획자와 평론가들이 유사한 줄거리의 진실성을 진지하게 연구하고 토론할 때, 사실 중국의 남에서 북에 이르기까지 이런 상황은 대륙 각지에서 한창 발생하고 있는 중이다. 단지 촬영기 렌즈 앞에서 발생하지 않고 그 돈을 넣은 트렁크를 인계하는 쌍방이 배우가 아닐 뿐이다.

만약 그들이 자신 외에 또 누구를 진정 신뢰한다고 한다면 그 사람은 거의 틀림없이 남자가 아니며, 당연히 자기 아내와 딸도 아니고 모친은 더욱 아니다. 두 말할 것 없이 그들의 정부(情婦)이다.

'신뢰'란 항상 일정한 수의 한계가 있는 단어이며 언제 어떤 상황 하에서나 모든 특정 인간에 대해 그 수의 한계가 1보다 작을 수 없으며 오직 1보다 크거나 같다. 또한 절대 제로가 될 수 없다. '신뢰'란 사람의 마음으로 구현되는 본능에 가까운 일종의 욕구이다. 마치 한 사람이 생존하려면 위장은 최소한 빵 한 개 또는 찐빵 한 개와 물 한 사발을 필요로 하는 것과 같다. 정말 한 명도 믿지 못하는 사람은 살아있어도 아무 의미가 없다. 살아있어도 아무 의미가 없다고 생각하는 사람은 금전에 대해서도 축적의식이 결여되어 있다. 그러나 그들 개개인은 사는 것이 아주 의미가 있다고 생각하는 사람들이며 심지어 생활을 사랑하고 생명을 사랑하는 사람들이다.

즉 그들에 대해 말하면, 이 세상에서 여전히 신뢰할 수 있는 이는 아내도 딸도 아니고 더욱이 모친도 아닌, 한 여인이 되는 것이다. 그런 의지를 할 수 있다는 것은 자신들의 정신적 욕망을 유지하기에 충분하다.

이 때문에 그 이름이 공안기관·검찰기형·인민법원의 사건서류에 기재된 후 그들의 '비관적 인생'에 종지부를 찍는 이들도 흔히 여인들이다. 그래서 그들의 서류에는 거의 대부분 여러 가지 욕망의 색채가 차 넘치는 애정 이야기가 기재되어있다. 그 기본 줄거리는 영화 《나일 강 살인사건》, 《백주의 악마》 중의 공모하는 남녀와 비슷하며 기본 주제는 "진짜 사랑한들 뭐하랴?"이다.

그들은 중국 당대에서 활동력이 가장 강하고 계획이 가장 엄밀하며 대담하면서도 치밀한 '회색수입'을 얻는 자들이다. 요즘 세상에서 지난 십수 년간 중국은 아마 '회색수입'을 얻는 자들에게 틈탈 기회를 가장 많이 남겨 준 나라 중의 하나일 것이다. 지금도 여전히 그런 나라 중의 하나이다.

많은 중국 사람들은 '회색수입'이 있다. 이는 중국에서 이미 공개된 비밀이다. 일부는 합법적이고 일부는 합리적이며 일부는 합리적이긴 하나 비합법적이고 일부는 합법적이나 불합리하며 일부는 비합법적이고 또 불합리하다. 간혹 의외로 다른 사람을 대신해 협찬을 유치하고 다니는 남녀들을 접촉하게 되는데 그들은 매년 '수수료 리베이트를 되돌려 받는' 방식을 통해 얻은 '수입'으로 별장 한 개를 살 수 있다 한다. 알려진 바로는 '수수료'의 비례는 최고 40%에 달한다. 심지어 5:5 내지 거꾸로 '4:6'까지 된다.

그들, 즉, 우리가 여기에서 분석하는 '은닉형' 사람들도 당연히 이런 직업을 속속들이 알고 있다. 하지만 그들은 여기에만 전념하지 않는다. 지난 십수 년 이래, 그들도 역시 사업적 이권이 되는 허가문서를 전매하는 '중간브로커'였다. 그들 중 대부분은 일반적으로 거액에 버금가는 허가문서를 직접 얻을 수 없다. 허나 그들의 비밀스러운 조작을 거쳐 허가문서 자체의 가치가 배로 상승한다. 때문에 손에 허가문서가 있는 사람은 흔히 이런 '중간브로커'가 필요할 뿐만 아니라 그들의 존재를 중시하지 않을 수 없다. 그들은 또 일부 밀매상의 합작파트너이기도 하다.

한마디로 말해, 그들의 '회색수입'은 십중팔구는 비합법적 비합리한 방식을 통해 얻은 것이다. 상술에 관해 두뇌가 탁월한 중국 사람이라면 생각해낼 수 있는 모든 이용 가능한 사업적 기회에는 전부 그들의 일처리에 대한 능숙함과 여유로움이 항상 있고 진퇴가 자유로운 그림자가 있다.

그들은 또 고명하고 노련한 '돈세탁' 명수이기도 하다. 그들을 고용하여 '돈세탁'을 목적으로 하는 이들도 당연히 평범한 인물이 아니며 그중에는 권리를 이용하여 사리사욕을 채우는 관료와 회사 이익을 해치고 자기 잇속만 채우는 국유기업 고급 관리자들도 적지 않다.

그들의 존재는 부패와 동고동락하는 관계이다. 부패는 그들의 '대가성 있는 복무'에 의존하여 더 부패한다. 그들 자체의 존재가 부패의 촉진 효모를 뜻한다. 마치 곰팡이와 무좀의 관계와 같은 것이다.

그들의 신분은 각양각색이고 천태만상이다. 어떤 사람은 아주 체면 있는 공직에 있고 어떤 사람은 공직도 필요 없으며 '동종업계'에서 이미 유명인이다. 마치 무림 강호 킬러가 강호에서 큰 명성을 쌓아올린 것처럼 말이다. 누가 그들이 필요하다면 거액의 돈만 내면 '동업계'의 관계망을 통해 추천 받을 수 있다.

설사 이 글을 쓰는 필자가 아주 정통적인 관념으로 사회관계를 확립한 사람일지라도, 오늘 만약 그들의 '서비스'를 받으려 하고 또 거액의 수고비를 낼 수 있다면, 만약 내가 큰돈을 벌 수 있는 길을 그들에게 가르쳐줄 수 있고 또 그들과 공모하여 이익을 얻으려 한다면, 그들을 쉽게 찾아낼 수 있다. 재물을 탐내 사람을 해치고 재물을 약탈하는 일만 아니라면, 그리고 돈 액수가 그들의 마음을 움직일 수 있을 정도로 많고 계획이 아주 치밀하다고 여기고 성공 확률이 높다고 생각한다면 그들은 용기 있고 과감하게 행동한다.

《수호전》에는 《지략으로 생신강(生辰綱: 생일선물을 운반하는 부대)을 탈취하다》는 구절이 있다.

그들 중 어떤 사람은 오용·조개·공손승과 같은 일류 인물들이다.

그들 중 어떤 사람은 유당·완씨 3형제처럼 지략보다 담이 큰 2류 인물들이다.

그들 중 어떤 사람은 백승처럼 그들 중의 단역이며 3류 인물에 속한다.

'고양이는 고양이의 역할을 하고 쥐는 쥐의 길을 간다.'라는 말처럼 일류 인물은 일류의 일을 하고 단역은 단역 역할 중에 기회가 있다. 그들은 일반적으로 한 패거리가 되지도, 서로 간에 분규도 발생하지 않으며 대천세계에서 독주하면서 각자 자기주장대로 한다.

만약 일류·2류·3류 인물들이 서로 결탁한다면 훗날 신문에, 손에 땀을 쥘 만한 '이야기'가 실릴 것이다. 그들이 '탈취'한 '생신강'은 대체로 국유체제에서 오는 돈이다. 당연히 그들은 백주에 칼과 몽둥이를 휘두르면서 공공연히 '탈취'하지 않는다. 그것은 목숨을 내건 악당들이나 할 짓이다. 그들은 이런 악당들과는 같은 부류가 아니며 양자를 동일시하거나 한데 섞어 논해서는 안된다.

그들은 '군자도 재물을 좋아하지만 도리를 지키며 그것을 얻는다.'는 식이며, '지략으로 탈취'하는 데 능하며 적어도 야만적이 아닌 '문명하게 탈취'한다. 목적을 달성하기만 하면 조개(晁盖)의 무리처럼 제멋대로 뿔뿔이 헤어지고 제각기 은거해 버린다. 사태가 안정되고 평화로워지면 다른 낯으로 나타나며 각자 기호에 따라 여유롭게, 멋스럽게 각 사람이 분배받은 '승리의 과실'을 향유한다. 흔히 탐관오리들이 그 일에 참여하고 매수되어 일부러 자기들이 비켜나갈 합리적이고 합법적인 것 같은 기회를 만들어 놓기 때문에 국가의 돈이 분명 '약탈'당한 것인데도 흔히 얼떨떨하게 '유실'의 진정한 원인을 밝히지 못한다. 이른바 '국유자산유실'이라는 이 사실은 그 상당수가 십 수 년 이래 합리적이고 합법적으로 안팎에서 서로 호응하여 '약탈'해 간 것이다.

중국은 너무 방대하여 크고 작은 국유자산이 병존하는데 마치 영원히 분명하게 정리할 수 없는 끝없는 창고와 같다. 또한 '이원화제도'의 시대에 놓여 있기 때문에 公이 私로 전환되었다가 또 私가 公에 예속되기도 했으며 합했다 분리했다 하는 과정에서 일부분이 그들의 호주머니에 들어간다. 만약 누군가가 통찰하지 않고 의심하지 않고 신고하지 않는다면 '유실'은 이미 '유실'된 것이다.

이 '일부분'은 도덕적 비판의 척도에 따르면 '불성실한 노동으로' 교묘하게 취한 것이거나 암암리에 가로챈 것이다. 법원의 판결 내용에 따르면 그 액수가 꽤 거대하다. 그리고 시대발전의 법칙에 따르면 일정한 규칙의 논리 내에서 발생한 현상임을 승인하지 않을 수 없다. 특정 국영기업 및 직장에 있어 그 액수는 흔히 모든 정신 및 육체노동자의 급여보다 많고 심지어 연봉의 합계와 같거나 더 많을 수도 있다. 그러나 국가 전체를 대상으로 보면 새 발의 피다.

그들의 '지혜와 모략'은 사영기업 또는 외자기업에서는 성공하기 아주 어렵다. 국영기업 및 직장에 비해 사영기업주와 외자기업 자본가의 금고는 그들의 머리보다 더 좋은 머리에 의해 잠겨 있으며 그들에 의해 쉽사리 열릴 수 있는 것이 아니기 때문이다.

그들은 대부분 권세와 뒷배경이 없으며, 일단 법망에 걸리기만 하면 누구도 앞장서서 방법을 강구하여 그들을 구조하지 않기 때문에 그 말로는 흔히 '한 번 잘못으로 평생 후회하게 된다.' 때문에 그들은 심리상태가 예민하고 사회·시대·타인을 보는 눈길이 아주 차갑다. 그 차가움 속에 그들 나름대로의 깊이가 있다.

그들은 권세와 백을 믿고 뜻을 이루는 것을 식은 죽 먹기로 알고 성공하는 사람들을 적대시한다. 후자들에 비해 그들 자신의 성공은 너무 큰 모험성과 요행성을 가지며 죽 쑤어 개 좋은 노릇 하는 것이나 마찬가지다. 기회만 생기면 그들은 악의에 찬 말로 후자들의 어머니와 조상 8대까지 욕설을 퍼붓는다. 이런 욕설에는 문자로 표현하기 어려운 질투와 불만이 내포되어 있다. 물론, 뒤에서만 욕을 할 수밖에 없다. 왜냐하면 그들의 존재방식은 후자들과 사귀고 상호 이용하지 않을 수 없도록 결정되어 있기 때문이다. 이럴 때 그들은 내심 의젓하게 동등한 자리에 앉으려 하나 그렇게 해낼 수 없다. 때문에 슬그머니 제 자신에 대해 화를 낼 뿐만 아니라 후자에 대한 마음속 적대감이 또 얼마간 증가한다.

그들이 법망을 벗어나 활개를 치고 다닐 때는 사실 이미 사회의 주목을 받지 못하는 사람으로 되어 있다. 그들은 이러한 존재방식으로 존재할 수밖에 없다. 왜냐하면 그들이 사회의 주목을 받기만 하면 그들의 존재방식의 실체가 사회에 폭로되고 더는 유유하게 존재할 수 없기 때문이다. 그러나 그들 중 일부는 사실상 사회 주목을 받고 사람들의 입방아에 오르고 싶어 한다. 수시로 사회에서 이벤트성 기적을 내고 이미 뉴스로서의 경향을 띤 '부호'들에 대한 질투심은 일반 백성을 초과한다. 그 '부호'들이야말로 이 시대의 기득권자이고 자신들은 아니라고 생각한다. 주목을 받고 인구에 회자되고 싶지만 할 수 없고 할 담이 없기 때문에 그들 가슴속에는 질투로 가득 차 있을 뿐만 아니라, 그들의 논리에 부합되는 냉소주의가 꽉 차있으며 항상 외롭게 지낸다.

권세와 백이 있는 사람 앞에서 그들의 내심은 자괴감(自愧感)을 벗어날 수 없다. 하지만 조금도 그들을 존경하지 않는다. 그런 존경은 표현하더라도 꾸민 것이다. 물가가 좀 올라도 어찌할 바를 모르는 일반 백성 앞에서 그들은 자신이 이미 '부호' 버금가는 사람이 되었다고 우월감을 느끼나 조금도 동정을 느끼지 않는다. 그런 동정이 행동으로 바뀌었다 하더라도 자신이 쾌감을 체험하기 위해서이지 배려심과 무관하다.

비록 그들은 백성을 적대시할 정도까지는 아니지만 백성들의 불행한 처지를 보는 눈길은 차갑다. 그들은 본인이 유죄로 선고되거나 심지어 사형장에 끌려

나가 총살을 당할 때 백성들은 꼭 도로 양편에서 기쁘게 구경하고 박수를 치면서 쾌재를 부를 것이라고 항상 그렇게 생각한다. 때문에 그들은 늘 자기들이 이 시대의 고아이며 사람들의 왕따를 당하고 어느 날엔가는 모든 사람들이 다 미워하는 신세가 될 수도 있다고 생각한다.

그래서 그들의 주변엔 항상 아내도 딸도 아니고 모친은 더구나 아닌 한 명 이상의 여인이 그들과 마음을 통하고 있으며 또 그런 정도의 인간성에 부합된다. 그들 중의 2류·3류 인물 즉, 유당·완씨 3형제와 백승(白勝)형 인물은 자신의 마음속 그 외로움과 불안감을 극복하기 위해 여인이 있어야 한다. 즉 그들은 적어도 한 명 이상의 마음 통하는 여인의 위안이 필요할 뿐만 아니라 또 종종 '중국특색'의 흑사회로부터 보살핌을 구한다. 또한 흑사회만이 그들이 필요한 어떤 보호를 거래하려고 한다. 때문에 누군가가 정말로 그들에게 커다란 위협을 조성할 경우 누군가는 흑사회의 보복 계획에 오른다. 가볍게는 당신의 귀 하나·눈 하나·팔 또는 다리 하나 정도 상해를 입히고, 심각하면 당신의 생명까지 노린다.

'과시형' 사람에 비해 그들은 뽐내거나 소문을 내거나 명성을 날리려 하지 않으며 마치 벽호(壁虎)와 같이 일반 서민 속에 조용히 은둔하여 지내는데 '낯선 사람'이라 할 수 있다. 비록 그들은 '과시형'사람들처럼 수시로 인기척을 내어 사회 주목을 받고 사람들의 혐오와 질투를 불러일으키는 것을 좋아하지 않지만 전자보다 더 큰 위험성을 가질 수 있다. 비록 그 위험성이 주동적이고 적극적인 공격이 아닌 자기방어로부터 오는 것일지라도 그들이 인기척을 내기만 하면 그 기척은 필연코 피비린내를 풍길 것이다.

만약 누가 흥취가 있어 전국 각지 감옥들을 돌면서 취재해 보면 분명히 감금 중인 그들과 동류의 자들을 발견할 수 있을 것이다. 십수 년 동안, 중국은 그들을 무더기로 번식시켰고 또 무더기로 제거하였다. 다행히 총합의 추세는 제거가 번식을 웃돈다. 법률과 제도가 건전하고 완전해질수록 그들도 점점 '영웅이 무용(武勇)을 발휘할 여지가 없게 된다.'

그러나 제거된 사람들은 십 중 육칠은 그들 중의 3류·4류 인물들이다. 그들 중의 일류·2류 인물들은 현 사회에 버젓이 존재하고 있다. 중국 이곳저곳에서 자신의 본분을 지키면서 '부호'와 버금간다고 자인하는 생활을 유지하고 있거나 현지 부유한 사회의 '명망 있는 유지'로 변해 있다. 그들의 부유 정도와 부유해진 경위에 대한 내용은, 타인의 사생활을 정탐하기 좋아하는 많은 남녀들이 장기간 미스터리로 삼고 여러 가지 토론과 추측을 내놓을 것이다. 그들은 자신의 부유도에 대해서는 지난날과 다름없이 입을 다물고 비밀에 부쳐 둔다. 하지만 자신들이 부를 축적하는 과정의 내용에 대해선 그다지 신중하게 회피하지 않는다. 그들은 사람을 매료시킬 수 있는 이야기를 해 일부 사람들의 호기심을 만족시켜 준다. 그런 이야기들은 보통 부동산·주식 또는 있는 힘껏 서로 도운 '운명의 귀인'에 대한 것들이다. 허허실실, 진짜와 가짜, '가짜가 진짜로 될 때엔 진짜도 가짜가 되어 버린다.' 말할 것도 없이 모두 그들 자신을 위해 꾸며 낸 것이며 사실을 부연하여 재미있게 얘기하는 '연의(演義)'성과 희극성을 띤다.

비록 그들의 지능지수가 일류·이류라고 할 만해도 필경 시대가 그들에게 남겨 준 틈새의 기회는 갈수록 적어지는 것이다. 다시 빈틈없이 완벽하게 해 보려해도 정말로 그렇게 쉽지 않다. 그들은 또 냉정하고 현명한 사람들이며 자기가 시대보다 고명하다고 생각하지 않기 때문에 무턱대고 잘난 척하며 변화한 시대와 맞짱 뜨려고 하지 않는다.

이미 그들 대부분은 '강호에서 물러나' 완전히 손을 뗐다. 그들은 현실을 직시하고 있다. 시간의 흐름에 따라 상황도 변하고 세상이 제 마음대로 되지 않는다는 사실을 승인한다. 또 보편적으로 자신이 염파(廉頗: 전국시대 조나라 장수)의 노쇠와 같이 '나이가 들어 옛날처럼 힘을 쓸 수 없다'고 생각한다. '강호에서 물러난' 후에야 비로소 '강호'의 살벌함을 더욱 느끼게 된다. 한편으로 편안하게 '부호'에 버금간다고 생각하는 여생을 향유하고 한편으로는 자신이 요행히 살아남은 것이 기쁘고 위안이 간다. 이 점은 그들로 하여금 진심으로 중국에 감격하게 한다. 많은 기회를 '하사'하여 자신을 성공하게 한 지난 십수 년에 감사를 드리게 한다.

그들은 세뇌와 같은 교화가 그다지 필요 없고 나라를 아주 사랑하는 '애국주의

자'이다.

금전은 그들의 신변에서 '일이 원만히 이루어지는' 역할을 발휘하였는데, 이것도 금전의 역할이 좋게 작용하는 일면이라 말하지 않을 수 없다.

'개혁개방'에 대해 이야기하면, 그들이 그 정책을 지지하는 정서는 말이나 표정 속에 양껏 묻어난다.

'부패'에 대해 이야기하면, 그들은 태도가 애매해질 수밖에 없다. 적어도 언사가 부드러워지고 자신의 재주와 능력을 드러내지 않으며 다소 유보적이다.

그들은 쉽사리 이전에 했던 일을 다시 시작하려 하지 않는다. 금전의 유혹이 예전처럼 그렇게 대단하지 않다. 왜냐하면 지금 그들은 돈이 모자라지 않기 때문이다. 한수를 오판하여 잘못 두면, 현재 이미 있는 것마저 몽땅 잃을 것 같아 두려워한다. 물론 거액의 돈을 얻을 수 있는 기회가 분명히 드러나 있으면 그들도 마음이 움직인다. 그들에게 돈은 여자와 같다. 이미 3처(妻) 6첩(妾)이 있는 남자들은 비록 색을 밝히는 마음이 없어지지는 않겠지만 만약 가산을 탕진하는 모험을 해야 한다면 그들은 절대로 하지 않는다. 모험적인 열정은 이미 시세를 잘 살피는 이지적인 냉정함으로 대체되었다.

어느 해, 남방의 모 중급 도시에서 필자는 '운이 좋게'도 그들 중 한 사람의 집에 손님으로 초청되었다. 그의 집은 시 교외의 풍경이 우아한 곳에 자리 잡은 별장이었다. 호텔로 나를 태우러 온 차는 '벤츠'였다. 정원은 아주 컸으며 노천 수영장도 있었다. 함께 간 현지 작가가 차 안에서 나에게 가만히 귀띔을 해 준 것은 집주인은 사실 아내가 셋이 있다는 것이었다. 아래의 두 아내 중 하나는 젊고 어여쁜 처의 여동생으로서 속칭 '처제'라 부른다. 다른 하나는 외국 자태를 뽐내는 매혹적인 말레이시아 처녀란다. 처제는 그의 집사이다. 말레이시아 처녀는 마사지에 능숙했으며 그의 섹스 파트너이자 또 보건의사 역할도 한다. 그들은 놀랍게도 평등하고 화목하게 지냈으며 장기간 아무 탈 없이 잘 지내고 있다는 것이다.

현지 작가 친구는 그 사실을 가만히 귀띔해주면서 "돈이 있으니 정말 좋구나!" 하고 한탄했다.

높은 담에는 덩굴 식물들이 무성하게 뻗어 올랐고 녹색 잎은 반지르르하며 윤기가 흐르는 것이 7월의 석양 아래에서 반짝반짝 빛났다. 마당 출입문은 유럽식의 양쪽으로 여닫는 철제 울타리형 문이었다. 우리에게 문을 열어준 이는 한 가닥의 하얀 염소수염을 기른 늙은 하인이었다. 명말청초의 마고자를 입었으나 발에는 구두를 신었다.

작가 친구는 또 가만히 이런 이야기를 들려주었다. 늙은 하인은 그의 아내가 시골에서 데려온 먼 친척이다. 아내의 원적은 하북성 창주시 즉 임충(林沖: 수호지에 나오는 인물)이 마초장에 불 지른 그 고을이다. 그 고을에는 아직도 중국 전통 무술세가의 후예들이 살고 있는데, 그 늙은 하인의 무예도 아주 비범해서 여린 버들가지를 창으로 삼아 사람의 가슴도 뚫을 수 있다고 한다. 우선 그가 말하는 대로 들어볼 양이었지만 마음속으로는 그다지 믿지 않았다. 하지만 저도 모르게 그 하인을 다시 보게 되었다.

수영장에는 한 소녀가 한창 2마리의 셰퍼드와 물장난을 치고 있었다. 작가 친구는 그 소녀가 바로 처제라고 알려 주었다.

'벤츠'가 돌아서 별장 현관 앞에 멈춰서니, 주인 부부가 맞아 주었다. 남자 주인의 몸집은 나보다 좀 크고 비만해 보였으며 나이는 나와 비슷했다. 하지만 얼굴에는 주름이 거의 없고 윤기가 돌았으며 뽀얗면서 분홍빛이 돌아 얼굴을 잘 가꾼 여인의 얼굴과 흡사했다. 여주인의 키는 나보다 훨씬 컸으며 슬리퍼를 신었음에도 175센티 정도 되어보였다. 40대 여인이었지만 분을 살짝 바르고 눈썹을 엷게 그리고 입술에 립스틱을 연하게 발라 처음 보았을 땐 30대로만 보였다. 자리에 앉아 다시 보아서야 눈가에 몇 갈래 잔주름이 보였다.

그들의 거실은 이소홍 감독이 최근 찍은 드라마 《뇌우(雷雨)》 중 주 씨 저택의 거실을 연상케 했다. 하지만 대형 TV·오디오·냉장고·금속 테의 벽화 등 현대식 물건의 존재로 주 씨 저택의 객실보다 생기가 있어 보였다. 어색하게 조화되지 않는 것이란 객실의 구석인데 그 곳에는 서로 마주하고 있는 사람 키만한 목조 관음(觀音)과 관공(關公: 삼국지의 관우)이 놓여 있었고 향로마다 향이 모락모락 피어오르는데 그 냄새가 묘하게 향기로웠다.

탁상에는 과일 접시들이 나란히 놓여 있었다. 그의 말레이시아 '첩'은 때에 맞게 나타나 얼굴에 웃음을 가득 머금고 우리 일행 네 사람에게 차를 따랐다. 그는 이제 겨우 26~7세 정도 되었는데 몸매가 늘씬하면서 풍만하고 생김새가 매력적이며 좋은 인상을 남겼다. 얼굴에는 행복한 기색이 넘쳐났다.

그의 아내가 낮은 목소리로 그녀에게 "넌 아이들을 데리고 나가 놀고 있어, 손님들은 내가 접대하면 돼."라고 분부했다. 그녀는 온순하게 몸을 굽히면서 물러갔다. 그 후 우리가 떠날 때까지 얼굴을 다시 내밀지 않았다.

여주인은 비록 40대였지만 조금도 몸이 나지 않았으며 몸매가 늘씬했다. 선천적 유전 때문인지 아니면 후천적 헬스와 다이어트 결과인지는 몰라도 말이다. 그는 직접 우리에게 과일을 깎아 주었다. 남편에 비해 그는 말수가 적었는데 마치 의례적으로 배석한 외교관 부인과도 같았다.

사전에 그녀에 대해 약간은 이해하고 있었는데, 그녀는 중국이 문화대혁명의 '4인방'을 섬멸한 이후의 모 외국어 대학 2기 졸업생이며 영어수준이 꽤 높았다. "인연이 있으면 아무리 멀리 떨어져 있어도 만날 수 있다."는 속담도 있지만 그녀와 그 남편은 도대체 어떤 인연으로 만났는지에 대해서는 나를 데려간 사람조차 아리송해 했다. 어쨌든 그들이 사전에 알려준 바에 의하면 지난 십수 년간 그녀는 줄곧 남편의 고급 참모였단다.

사실 우리가 그의 집에 초대되어 간 데는 어떤 명확한 목적성도 없었다. 그저 현지의 열정적인 세 친구가 그들의 당지 '유명인사'를 사귀어 보라고 제안했기 때문이다. 그 친구들에게 그의 집은 마치 당지의 '구경할 만한 경관'을 뜻하는 것 같았다. 마치 이곳으로 안내하여 '유람시키지 않으면' 그들이 주인의 도리를 다하지 못한 것 같고 나에겐 큰 유감이란 듯이 말이다.

마음속으로 우리들의 방문이 사실 남에게 강요하는 번거로움을 띤다고 생각했기 때문에 불안해서 한동안 주인 부부에게 무슨 말을 걸어야 할지 몰랐다. 다행히 주인은 아주 열정적이었으며 먼 곳에서 찾아온 낯선 손님과 각종 화제를 들어 주동적으로 이야기했다. 그러나 대부분 남북 기후 차이나 현지 풍토인정에 관한 화제들뿐이며 두서가 없고 서로 간에 탐색하는 식이었다. 그러한 담화로는 2~3시간 내에는 서로 간에 한발도 접근하기 어려웠다. 다행히 함께 온 세 사람이 단골손님이었기 때문에 고담준론 중에 수시로 익살이나 유머를 섞어 남을 웃겨 오히려 분위기가 떠들썩했다.

그 사이 그의 처제는 비키니 수영복만 입은 채 온 몸에서 물을 뚝뚝 흘리며 우리 앞을 지나 위층으로 올라갔는데 그 뒤로 2마리의 셰퍼드가 쫓고 있었다. 셰퍼드가 털을 세우고 몸을 몇 번 흔들어 털자 물방울이 우리와 주인 부부의 몸에 떨어졌다. 그들은 자주 봐서 신기하지 않은 듯 서로 웃기만 했다. 나도 아무렇지 않은 척 하면서 무심결에 두 마리 셰퍼드가 웅장하다고 칭찬했다. 주인은 그들을 대신해서 겸손하게 말했다.

"저 놈들이 지나치게 총애를 받아 버릇이 없네."

갑자기 그의 처제가 아래층으로 내려왔다. '비키니 수영복' 위에 소매와 칼라가 없는 엷은 비단 비치가운을 걸쳤는데 가운 벨트는 제멋대로 헐렁하게 매여 있었다. 하얀 목덜미는 가슴의 일부분과 함께 드러나 있었다. 그녀는 여러 사람들에게 노래를 부르자고 떠들어 댔는데 어린 소녀마냥 제멋대로 하는 모양은 천진난만하면서도 구애받지 않는 자유로운 성격으로 보였다. 문득 마음속으로 지나친 총애를 받는 것은 이집 셰퍼드가 아니라 그의 '첩'이기도 한 처제라는 생각이 들었다.

그래서 오디오와 TV를 켰다. 다들 노래 테이프에 맞춰 노래 가락을 뽑았다. 나도 남의 후의를 거절하기 어려워《연륜》의 간주곡을 불렀다. 가장 열렬한 박수를 받은 것은 당연히 그의 처제였다. 주인도 기분이 좋았는지 처제를 불러《오늘 밤 당신을 생각하네》와《한평생 사랑하리》2곡을 합창하였다.

그들이 머리를 가지런히 붙이고 노래 부를 때, 문득《금병매》라는 책이 생각났고 서문경이 떠올랐다. 나이가 나와 비슷하고 '부호'에 버금간다고 자인하는 이 중국 남자가 서문대관인(西文慶)과 비슷한 생활을 하고 있다. 동시에 쉴러(독일 시인. 극작가. 철학자)의 명언이 생각났다. "모든 부정당한 일들이 부러움만 받게 되는 경우라면, 그러한 것들은 점차적으로 단순히 부러움만 받는 상황으로 변해 갈 것이다." 중국에서 수많은 부당하고 비정상적인 일들이 바로 이러하다.

다들 실컷 부르고 나서 다른 세 명 손님 중의 한 사람이 비디오를 보자고 건의 했다. 《레옹(leon: The Professional)》이란 제목의 정판 비디오테이프였다. 주인 부부는 이미 봤다고 하면서 양해를 구한 후 함께 마당으로 수영하러 갔다. 주인의 처제도 이전에 한번 본 적 있지만 우리와 함께 한 번 더 관람하기를 원했다. 중 문자막은 없지만 그녀가 옆에서 설명해 주어 줄거리가 쉽게 이해가 갔다.

함께 온 세 사람은 비디오를 보는 한편 그녀에게 내가 어떤 책을 썼고 어떤 드라마를 창작했는지를 소개하였다. 그녀는 이미 다 봤으며 전부 좋아한다고 말했다. 그것은 그가 본의 아닌 근성의 말을 한다는 생각을 들게 했는데, 그것은 아마 봤다 해도 그녀는 중학교를 다닐 때 《여기는 신기한 토지이다》정도만 봤을 것이기 때문이다.

그녀는 왕삭(王朔. 1958~ 당대 유명 작가)의 소설과 영화, 드라마를 많이 본 듯하다. 손가락을 꼽아 가면서 손금 보듯 했으며 왕삭의 근황을 끊임없이 물어왔다. 보아하니 아주 오래전부터 왕삭을 숭배해 온 것 같았다. 나의 마음은 좀 편하지 않았다. 함께 온 세 친구도 나를 대신해 난감해졌고 일부러 화제를 왕삭에서 양효성으로 돌리려 했다. 그러나 왕삭을 각별히 좋아하는 그녀는 기회를 잡고, 이 북경에서 온 손님으로부터 왕삭을 속속들이 알아보지 않으면 그만두지 않을 기세였다.

그녀에게 왕삭 작품의 어떤 점을 좋아하는가하고 물었다.

그녀는 고개를 갸우뚱하고 잠깐 생각에 잠기더니 아무 생각 없이 왕삭 작품 중의 '생각하는 대로 살아가는 그 진실성'을 좋아한다고 말했다. 이어서 한마디 "그 경지에 이르지 못하는 독자들은 그 진실의 가치를 터득할 수 없을 것이다."

라고 보충했다.

그녀는 자신이 남개대학 중문학과에 붙은 적 있다고 알려 주었다. 그러나 졸업 전에 학교를 떠났고 형부를 도와 사영 포장박스 공장을 관리했다 한다. 그녀의 말에 의하면 공장은 이익이 괜찮았는데 매년 인민폐 50·60만 원의 이익을 남겼다. 그녀는 당시 자신이 '남개대학'을 떠날 때 작은 포장박스 공장을 관리하는데 대학 경력까지 필요 없을 것이라 생각했다고 말했다. 그녀는 당시의 결정을 조금도 후회하지 않았다. 언니와 형부는 그녀가 더 크게 자신을 경영하고 발전하는 데 찬성하지 않았다. 그저 그녀가 할 일이 있으면 된다고 생각하는 것 같았다. 그녀는 자신의 생각도 언니·형부의 생각과 완전히 일치한다고 말했다. 한 주에 한 번씩 공장에 가서 장부를 보고 품질이나 감독하면 족하다고 말했다…….

《레옹》을 다 관람한 후 저녁식사 시간이 되었다. 주인은 1급 요리사를 청했다. 손님을 전문적으로 접대하는 식당이 있었는데 인테리어가 아주 고급스러웠다. 우리가 좌석에 앉을 때는 마개를 딴 술병과 몇 가지 냉채 안주가 밥상에 차려져 있었다.

다들 식사하면서 화기애애하게 이야기하는 바람에 그 한 끼 식사는 2시간 반 정도 걸렸다. 지금 회상해 보면 그때 누가 무슨 말을 했는지 조금도 기억나는 것이 없으며, 나 자신이 무슨 말을 했는지조차 기억나지 않는다. 유독 당시 주인이 한 말 한마디와 열띤 토론만이 아직도 기억에 생생하며 인상이 깊다.

그 주인의 한마디 말은 이렇다. "솔직히 말하면 지난 몇 년간에 내 손을 거쳐 '세탁'된 돈이 어찌 인민폐 1억·2억만 되겠는가!"

당시 그는 말을 마친 후 여러 사람들이 보는 가운데 앞으로 내민 두 손을 천천히 뒤집어 보였다. 마치 자신의 두 손을 전시하는 것처럼. 그의 얼굴 표정에는 자신의 휘황한 성과를 검열하는 듯한 자부심이 흘러넘쳤다. 그 말을 듣고 있는 우리 모두는 경의를 표시하는 기색이었다. 그때 그의 부인이 이마를 찌푸리면서 남편을 힐난했다. "이젠 그만 마셔요. 술만 좀 드시면 허튼 소릴 지껄이시네."

그가 펼치는 논지는 이러했다. "인간은 흔히 가난할 때 금전에 대한 수요의식이 가장 현실적이다. 한 푼도 없는 사람이 꿈속에서 돈을 주웠다 할 때 주운 것은 단지 볼록한 돈지갑일 뿐이다. 한 푼도 없는 사람은 돈의 손자가 될 수밖에 없다. 돈 벌기가 아주 힘든 사람들도 거의 돈의 아들 노릇을 하지 않을 수 없다. 돈 벌기가 그다지 어렵지 않은 사람이나 또 이미 많은 돈을 번 사람만이 금전과 모종의 평등한 관계를 가질 수 있다. 마치 인품과 용모·재능·연령·사회지위와 문벌에 서로 어울리는 부부간 관계와 같다.

그러나 중국에서는 지금 어떤 한 사람이 인민폐 백만 또는 몇 백만 원이 있으면 그 사람은 자신이 금전의 아버지가 된 느낌이다. 만약 천만 또는 수천만 원을 가지고 있으면 자신이 금전의 할아버지가 됐다고 생각한다. 금전의 할아버지가 되고 나면 사람과 금전 간에 가장 우월하고 양호한 관계가 형성된다. 이때 금전은 완전히 당신을 위해 복무하게 된다. 사람은 주인이고 금전은 하인이다.

중국이라는 땅에 있으면 한 사람의 소비 방식은 필경 한정되어 있다. 당신은 자가용 비행기와 요트가 필요 없다. 아름다운 별장 한 채, 명차 한 대를 다 합해도 수천만 원 중의 몇 십분의 일 밖에 되지 않는다. 만약 당신이 소유한 돈이 수천만 원을 초과할 경우 사람과 금전 간 평등 관계는 파괴된다.

다른 사람에게 맡겨 관리하자니 마음이 놓이지 않고 자기가 관리하자니 돈을 위해 속을 썩여야 한다. 가치가 하락될까 걱정되어 당신은 투자를 생각하고 어떻게 하면 돈이 돈을 벌 수 있을까 하고 골똘히 생각하게 된다.

한 사람의 돈이 일정한 한도를 넘을 정도로 많게 되면 돈이 요괴로 둔갑하여 마력이 생겨서 자기들의 언어로써 자기를 이용하여 더 많은 돈을 만들도록 당신을 계속 꼬드기게 된다. 그때 가면 당신은 자기의 소비 수요를 위해 그들을 움직이는 것이 아니다. 당신은 도대체 누구를 위해, 무엇을 위해 돈을 이용하여 더 많은 돈을 만드는지 모른다.

돈은 당신의 생활방식을 좌우하고 돈 가치에 대한 당신의 견해를 좌지우지하기 시작한다. 그리하여 돈이 주인으로 되고 당신은 하인으로 바뀐다. 당신은 부지불식중에 돈의 아들로 변해 버린다. 당신이 돈이 많아져서 1억 내지 수억에 달할 때 사실상 돈의 손자가 되어 버린다. 세계 모든 억만장자들은 거의 다 구제불능이 된 돈의 노복·돈의 손자이다. 그들은 자기들의 돈을 위해 수십 년을 하루같이 속을 썩일 수밖에 없다. 이런 속은 흔히 죽을 때까지 썩혀야 한다. 죽기전에 또 유서를 남겨 자기가 보유한 돈을 후손들에게 분배해야 한다. 심지어 임종할 즈음, 마지막 숨을 거두기 전에 허우적거리며 유서상의 모 조항을 고치고 자기 손도장을 찍어야 한다…….”

그가 태연자약하게 말하고 있을 때 그의 부인을 포함하여 모두들 찍소리도 내지 않고 공손히 듣는 자세를 취했다. 그가 하도 엄숙하고 진지하게 말하고 있었기 때문에 그의 부인마저 그가 화를 낼까 봐 말을 꺾지 못했다. 우리도 당연히 정신을 집중하여 듣는 한편 쉴 새 없이 머리를 끄덕였다. 비록 한평생 돈의 아들 심지어 돈의 손자가 될 운이 없음에도 불구하고 우리는 마치 그의 지적을 거쳐 무엇인가를 문득 깨친 사람들 같았다. 반대로 집 주인은 마치 돈의 할아버지가 된 마냥 더없이 존귀한 자세를 취했다.

그는 나에게 미국 초창기의 대표적 영화 《시민 케인(Citizen Kane)》을 들어본 적이 있는가 하고 물었다.

영화의 주요 내용은, 미국의 신문업계 거두 '케인'이 임종 전에 '나비'라는 단어를 말했는데 많은 사람들은 도무지 이해를 할 수 없었다는 점에 집중되어 있다. 나중에 한 여기자가 우여곡절을 거쳐 끝내 수수께끼를 풀었다. 원래 그가 죽기 전에 생각한 것은 자신이 가난한 어린 시절에 갖고 놀았던 눈썰매였는데 그 눈썰매의 상표가 바로 '나비'였던 것이다.

그는 또 물었다. “당신은 왜 《시민 케인》이란 이 초창기 미국 영화가 반세기 이래 줄곧 10대 명화의 앞자리를 차지했다고 생각하는가?” 그 물음에 멍해졌다. 이 문제에 대해 종래로 진지하게 생각해 본 적이 없었기 때문이며, 얼버무리면서 어디부터 말해야 할지 몰랐기 때문이다. 그는 미소를 지으며 아주 자신 있는 어조로 말했다.

"아마 이런 원인일 거라고 생각하네. 영화 내에서 그 '케인'이라는 신문업계 거두는 옛날부터 지금까지 모든 자본가 중에서 유일하게 죽기 전에 자신이 가진 금전과 조금도 상관없는 일을 생각한 사람이며 죽기 몇 분 전에 금전의 손자라는 자신의 배역에서 벗어난 사람이네. 이런 자본가는 흔히 소설 또는 영화에서만 나타나며 현실 세계에는 거의 없네. 미국인이 바로 이 점을 노리고 시종《시민 케인》을 대표적 영화로 뽑은 것이 아닌가 하고 나는 생각하네. 또한 이것은 '생활 속에서 얻고 생활보다 높다'라는 이론에 부합되지 않는가? 난 별로 아는 게 없네, 공자 앞에서 문자 쓰는 격이네. 난 문외한이고 당신은 전문가네, 난 되는대로 말해본 거니깐 자네들도 되는대로 들어 주게, 웃지들 말게……."

당연히 그의 말에 완전히 찬성하지는 않지만 그의 말에 일리가 있는 것 같았다. "당신의 견해는 아주 독특하네. 영화평론가를 해도 괜찮겠네."라고 말했다. 그는 또 미소를 지으며 겸손하게 말했다.

"그런 생각은 감히 못하네. 내가 금방 한 말은 영화를 평론한 것이 아니라 사람에 대해 이야기한 거네. 구체적으로 말해 자본가들과 그들이 보유한 자본의 관계를 이야기한 거네. 한 자본가의 자본은 자신의 발밑에 깔아 놓은 디딤돌이면서도 사실 등에 짊어진 십자가이기도 하다. 높은 데 설수록 십자가는 더 무겁다. 그래서 '높은 곳의 추위는 감당할 수 없다'고 하지 않는가. 거의 모든 억만장자들은 마지막에 자기가 보유한 금전을 위해 대가를 치르게 되네. 그 대가란 바로 자신들이 보유한 금전을 위해 수십 년을 하루같이 속을 썩임으로 인해 생명이 단축된다는 것……."

함께 온 세 친구 중 한 사람이 참지 못하고 큰 소리로 다른 의견을 주장했다. "자네 말은 완전히 부호 버금가는 사람의 황당한 논조네. 얼마나 많은 사람들이 빈곤 때문에 수십 년을 하루같이, 희망도 없이 돈을 위해 속을 썩이고 있는가! 그것도 마찬가지로 암에 걸리고 생명이 단축되는 것이라네!"

다른 한 친구도 한마디 거들었다. "저 친구 말은 속셈을 다 차리곤 잘난 척 하는 거야! 난 가난에 빠져 걱정하다 죽었다는 말은 들었어도 부유함에 시달리다가 일찍 죽었다는 말은 못 들었어!"

세 번째 친구가 측은한 어조로 말을 이었다. "하느님이시여, 나에게도 억만금의 십자가에 눌리는 고통을 하사해 주십시오."

주인부부를 포함하여 모두들 한바탕 큰 웃음을 터뜨렸다.

외국 유머 하나가 생각났다.

한 사람이 하느님의 불공평을 저주하고 있었다. 하느님이 왕림하여 그에게 어떤 불만이 있는가 하고 물었다. 그는 "왜 당신은 어떤 사람은 그렇게 부유하게 만들고 어떤 사람은 나처럼 가난하게 만들었는가요?"라고 물었다.

하느님은 "사실 가장 귀중한 물건으로 말하자면, 내가 세상 사람들에게 준 것은 거의 비슷하다. 설마 당신은 '시간은 금이다'라는 말을 인정하지 않는 것 아닌가?"라고 반문했다.

하느님의 말이 끝나기 바쁘게 그 사람은 한시라도 지체할세라 소리쳤다. "맞습니다. 나는 인정합니다. 기왕 그것이 같은 값인 바엔 나한테서 백 촌(百寸)의 시간을 회수하시고 부자들한테 가서 금 백 냥으로 바꿔 주십시오. 난 시간 백 촌이 줄어든 것을 개의치 않습니다. 마치 부자들이 금 백 냥이 줄어들어도 눈 하나깜짝하지 않는 것처럼 말입니다."

벤츠가 우리를 싣고 그 화원 별장을 떠날 때 저도 모르게 머리를 돌려 뒤 창문으로 밖을 내다보았다. 고요하고 수은등과 같은 달빛 아래 화원 속의 나무 그림자가 잘 어울려 남국의 부드럽고 아름다운 분위기가 흘러 넘쳤다. 금방 켜진 별장의 다채로운 조명이 서로 어울려 비추며 아름다움과 따스함을 잘 드러내 주고 있었다. 속으로 이 '부호' 버금가는 사람들은 마땅히 지난 시대에 큰 감사를 드려야 한다고 생각했다.

아래 다른 부류 사람들을 이야기해 보자. 그들은 권세와 배경이 있는 것도 아니고, 조금만 늦어도 사라져 버리는 기회를 가진 것도 아니고 더욱이 '회색 잠재력'에 기대어 '회색 부(富)'를 긁어모은 것은 더더욱 아니며 갖은 고생을 다 하면서 강인한 의지로 오뚝이처럼 꿋꿋하게 매진하여 중국 자산가 계층에 들어선 사람들 얘기다.

그들에 대해서는 줄곧 경의를 품고 있다. 그들, 오직 그들만이 '개혁개방'이란 이 거대한 분만대에서 태어난 건강한 신생아이며 또 가장 존경받을 자격이 있다. 그들 중 적지 않은 사람들은 10여 년간에 신생아로부터 '영준한 소년'으로 자라났다.

필자는 우리 중국에서 권세와 배경에 의지하여 '먼저 부유해진' 사람들에 대해 줄곧 비판적 태도를 취해왔다. 단지 이런 비판적 태도는 지금 날카로움에서 온화하게, 격렬함에서 함축으로, 추호의 동요도 없었던 데로부터 이리저리 흔들릴 뿐이다. 바로 앞에서 언급했던 것처럼 중국에는 중국의 특색이 있기 때문이다.

아버지와 할아버지가 관료이면 아들 손자가 이득을 본다. 이는 옛날부터 지금까지 내려오는 중국의 법칙이다. 이 법칙이 태어나게 된 토대는 봉건적인 법률과 권위의 계통적 틀과 거기에 남아 있는 잔유물이다. 민주적 정치체제가 출범하지 않으면 이 법칙을 깨기 어렵다. 일부 공산당원은 스스로 제도를 지키며 그들은 비록 모범적이고 본보기라고 할 만하지만 그것은 어디까지나 개인의 도덕적 완성에 지나지 않으며 법칙이 여전히 법칙의 관성으로 현상적 존재를 초래하는 것을 변화시킬 수 없다. 그로 인해 존재하는 것은 법칙으로 인식할 경우 거의 다 합리적이라는 것이다. 인간은 물체가 자연적인 빛 아래에서 그림자가 생기지 않게 한다거나 바닷물고기에서 비린내를 풍기지 않도록 할 능력이 없다.

링컨은 《미국뉴욕노동자연합회에 대한 회답》 연설에서 이렇게 말했다. "일부 사람이 반드시 부유해질 것이라는 말은 다른 사람도 부유해질 수 있는 것을 의미한다. 이런 부에 대한 추구는 우리 기업과 사업체에 거대한 추진력을 만들어낸다."

일부 중국 사람들도 링컨의 이 말과 비슷한 말을 한 적이 있다. 그러나 만약 링컨의 이 말 중의 '일부 사람'과 권세와 백에 의지하여 부유해진 중국 현재 '일부 사람'을 한데 섞어서 이야기하면 그건 큰 착오다. 그들의 존재는 절대로 '다른 사람도 부유해질 수 있다'는 것을 의미하지 않는다.

그러나 일부 기회를 이용하여 부유해진, 나아가서 이른바 '부호'가 된 사람들에 대해 에머슨은 아주 절묘한 표현을 했다.

"기회란 사실 아무런 규칙성도 없다. 기회는 극소수의 이미 준비된 자에게, 또 한 번에 틀어줄 줄 아는 사람에게만 속할 뿐만 아니라 항상 숙명적으로 그와 인연이 있는 사람에게만 속한다. 기회는 보통 바라볼 수만 있고 가질 수 없을 뿐더러 지극히 우연하게 사람에게 다가온다. 이 점을 부인할 경우, 한평생 룰렛을 지키면서 도박한 사람이 나중에 알거지가 되고 도박장에 단 한번 들어간 사람이 별안간 백만 원을 터뜨리고 간 사실을 분명하게 해석할 수 없을 것이다."

항상 깊은 경의를 표하고 있는 사람들에 대해, 만약 그들에게도 기회 같은 것이 있었다면 그것은 모든 중국 사람에게 똑같이 주어진 '개혁개방'이란 이 기회를 제외하고는 다른 의미상의 기회란 없다.

그들은 나중에 중국 자산가의 일원이 되었는데 대부분은 자수성가와 소자본 장사로부터 점차적으로 발전하여 규모가 확대되는 곡절 많은 과정을 거쳐 이를 실현한 것이다. 그들 중에 많은 사람들은 원래 일반 노동자·농민·군복을 벗고 제대한 하급 군인·심지어 일부는 실업자였으며 한동안은 거의 막다른 길에 이른 사람들이다. 그들의 성공은 '운수대통'의 결과가 아니라 운명에 대항한 결과이다.

그들의 출현과 존재로 인하여, 중국의 '개혁개방'은 다행히 《백만 파운드》 식의 희극과 《흠차대신》 식의 풍자극으로 '편집'되고 '탁자를 치며 놀라서 의아해한다.'는 것과 같은 내용의 줄거리가 차 넘치는 그런 통속적이고 천박한 베스트셀러 소설이 되지 않고 마땅히 구비해야 할 엄숙성과 장중함 그리고 사람으로 하여금 위안을 느끼게 하는 낙관성을 구비할 수 있게 되었다.

그렇지 않을 경우 '일부분 사람들이 먼저 부유해진다.'는 이 말은 일부 권세와 백, '회색 잠재력', 희극적 색채가 반짝이는 '행운의 빗방울'에 의거하여 출세한 사람들에 대한 케케묵은 이야기의 '요약된 내용'이 될 뿐이다.

그들의 출현은 전례가 없는 활약의 선천성을 띠고 있다. 그들의 존재는 시대가 바로 그들의 햇빛이고 그들의 수분이며 그들의 토양이라는 사실을 증명해 주고 있다. 이러한 시대를 그들에게 돌려주기만 하면 그들은 충분하다. 그들은 다른 사람에 비해 더 많은 것, 별다른 것, 그들이 보기에 분수에 넘치는 것들을 요구하지 않는다. 그들에게 최소한의 조건을 주기만 하면 그들은 자신의 분투를 거쳐 성공하게 된다.

중국의 수많은 도시와 향·진(鄕鎭: 중국의 말단행정단위) 그리고 수많은 농촌에서 그들이 개인적으로 부를 향상시키는 행동은 아주 활약적이고 이제 막 한창 일어서는 중이다. 그들은 국외의 타인 제품을 대리 판매하여 사업을 일으켜 세운 것이 아니라, 생산을 통하여, 그리고 도처를 돌아다니며 자기 제품을 판촉하거나 자신의 업종에 있어 기술의 경쟁력을 과시하는 등의 방식을 통해 점차적으로 성과를 이루어 낸 것이다.

그 즈음 절강성 온주에는 '단추 도매거리'가 있었는데 중국 제일의 단추거리로 유명했다. 부동산에 비해 단추의 이윤은 얼마나 하찮은가. 부동산은 극소수 자본이 두둑한 부동산 개발상만이 이익을 챙기게 된다. 반대로 '단추 도매거리'는 수많은 일반 백성들이 앞으로 도래할 상업시대에 집안을 일으켜 부유해질 수 있는 자본 기반을 닦아 놓았다.

한 국가·한 시대가 겨우 열 손가락으로 두 번이면 다 셀 수 있는 정도의 "부호"를 창조해 내었다는 것은 솔직히 별로 자랑할 만한 것이 못된다. 이 점에서 보면 모든 국가, 모든 시대는 거의 비슷하다. 한 국가 또는 한 시대를 놓고 말하면, 많은 가난한 사람들의 운명을 변화시키는 것은 몇 명의 부호를 창조하는 것보다 더 기쁜 일이 아닐 수 없다.

바로 단추 또는 단추와 같은 작은 상품으로 구성되어 번영하는 소규모 상업의 모습은 수많은 권세와 배경 그리고 '회색 잠재력'에 의지하지 않고, 운명의 힘으로 운이 트인 적도 없는 보잘것없는 백성으로 하여금 중국의 작은 사업가로 성장하게 했다. 지금 그들 중 일부는 두각을 나타내 중국 '개혁개방' 이래 최초의 사영 기업가 부류가 되었다. 그들은 '중국 자산가 계층'이란 대오를 강화시켰을 뿐만 아니라, 사람들의 멸시를 받던 정치적 성분도 최초로 다소 변화시켰다. 중국 인민들 스스로 정치적 편견에 대한 혐오심리를 점차적으로 감소시키고 중국 인민들 스스로 그것에 대한 잘못된 견해도 수정했으며 중국의 기타 계층이 자신들과 평화롭게 지낼 수 있도록 변화시켰다.

그들의 자본은 적게는 인민폐 수백만, 많으면 수천만 원에 달한다. 수백만을 가진 사람은 비록 중국 자산가 계층의 최하층 부류에 넣어 논할 수 있겠으나, 필자는 그들을 중국 중산가 계층으로 분류하여 분석하고 싶다. 왜냐하면 자본에 한계가 있고 분명하기 때문에 그들의 몸에서 풍기는 것은 중산가 계층의 특징이 더 뚜렷하기 때문이다.

인민폐 수천만 원을 가진 사람들은 명실상부한 자영업자 또는 사영기업가이다. 그들의 분포 상황은 대개 이렇다. 연해 성(省)이 내륙 성(省)보다 많고 남방이 북방보다 많으며 향진 및 중소형 도시가 대도시보다 많다. 남방에서도 장강삼각주(강소성 일대)와 같이 경제가 발달한 지역에 더욱 많이 분포되었다. 대도시는 그들이 살아가기에 적합하지 않다. 그들의 이 점에 대한 인식도 아주 현명하다. 비록 그들의 눈길도 통상적으로 대도시의 큰 시장을 노려 보긴 하지만 보편적으로 담력과 식견이 결핍되어 있고 파죽지세로 쳐들어가서 점령하려는 자신감이 부족하다. 결국 한마디로 말해 그들은 대도시의 큰 시장에서 한자리를 경쟁할 만한 좋은 품질의 물건을 내놓을 수 없기 때문이다. 그들의 기업은 보통 향진 및 중소형 도시에 둥지를 틀고 발전한다. 그들에게 이런 지역은 노무비가 적게 들고 인정에 익숙하며 각종 관계의 소통도 쉽다. 때문에 그들은 쉽게 '근거지'를 옮기지 않는다. 그들의 제품은 보통 전국 각 향진, 마을 및 중소형 도시에 판매된다. 그들은 이미 자신들만의 상업적 유통루트를 수립하였다. 각 향진·마을과 중소형 도시는 거의 전부 그들의 장기적이고 고정된 또한 큰집 드나들듯이 만만하고 믿을 만한 대리판매자인 것이다.

중국 인구는 방대하나 향진·마을 및 중소형 도시 사람들의 구매력은 여전히 낮으며 그곳의 제품가격은 비교적 싸다. 그들은 여기에서 이익을 챙긴다. 그들의 제품도 간혹 대도시에 들어가지만 흔히 대중시장 매장에 오를 뿐이다. 일용잡화에서 의류·모자·신발·양말에 이르기까지 수 천여 종에 달하며 없는 것이 없다. 대도시 사람들이 대중시장에서 산 싸구려 물건은 십중팔구 그들을 배려하게 된다.

필자의 집 앞에도 작은 거리가 있는데 몇 년 전에 자유 시장으로 개발되었다. 매일 아침 6시부터 10시까지 아주 시끌벅적했으며 여기저기서 물건 파는 소리가 울려 퍼진다.

어느 날 아침 채소도 살 겸 겸사하여 시장에 갔는데 옷을 파는 장사꾼이 핸드마이크에 대고 외치고 있었다. "한 벌에 15원 합니다. 공장에서 직매하는 두터운 모직셔츠와 바집니다. 한 벌에 15원입니다!"

자연스레 걸음을 멈추고 바라보노라니 많은 사람들이 그곳에 모여서 뭔가를 고르고 있었다. 유탸오(油條: 중국에서 아침에 먹는 밀가루반죽튀김)를 튀기고 있던 한 장사꾼이 그 소리를 듣고 튀김기름 가마 안에 유탸오를 던져 놓은 것마저 잊은 채 멍하니 바라보면서 중얼거렸다. "한 벌에 15원? 저 자식은 얼마에 들여온 것일까!" 끝내 유혹을 이기지 못하고 옆 사람에게 자신의 자리를 대신하게 한 후 그쪽으로 달려갔다.

함께 아침 장에 나온 아내가 경고했다. "뭘 돌아봐요, 살 생각 마세요."

"당신 너무 독단적이네. 사고 안 사고는 가 봐야 결정할 수 있잖우."라고 말했다. 아내는 "어쨌든 돈은 안 줄 거야."라고 말했다. 나는 "내 호주머니에도 돈이 있거든." 하고 말했다. 나도 유혹을 못 이겨 아내를 내버려두고 그쪽으로 달려갔다.

나의 소비 수준과 소비 관념을 짐작해 볼 때 우리 집 앞 그 아침장이면 족하다. 내가 1년 사시장철 머리부터 발끝까지 입는 옷, 속옷에서 겉옷까지 대부분 아침 장에서 해결한다. 하지만 가장 받아들이기 어려운 것은 아내의 보살핌과 선의이다. 즉 아내가 나의 옷차림에 함부로 간섭하는 것이다. 우리 내외간에 상호불간섭조약은 아내가 자기와 아들의 옷을 사고 나는 내가 좋아하는 옷을 사는 것인데, 아침 장에서 사온 옷을 입기 좋아하고 아내가 사준 것은 옷장에 걸어 두고 일 년 내내 몇 번 입지 않는다.

　15원에 한 벌씩 하는 모직셔츠는 보건데 품질이 괜찮아 보였다. 옆에서 한창 옷을 고르고 있는 중년부인에게 물었다.

　"너무 싼 거 아닙니까?"

　그는 한 손에 이미 고른 몇 벌 바지를 쥐고 다른 한 손으로 계속 고르면서 머리도 돌리지 않은 채 대답했다.

　"맞아요, 왜 이렇게 싸지?"

　행상인은 불쾌한 기색으로 나를 흘겨보며 한마디 했다.

　"이보게, 너무 싼 것이 오히려 흠인가? 전문 명품 옷만 입는 분인가? 만약 그렇다면 뒤로 비켜서게, 사고 싶은 사람들에게 자리를 내주게."

　"장사하는 사람이 어떻게 그런 말을 해? 당신의 눈엔 내가 전문 명품을 입는 사람 같아 보이는가?" 하고 말했다. 그는 "난 벌써 당신이 그런 사람이 아니라는 걸 짐작했어, 때문에 그렇게 말한 거네! 성내지 말게. 난 당신네 북경 사람들이 옷을 너무 고르기에 일부러 다른 사람들이 들으라고 한 말이네! 당신이 이걸 입으면 꼭 어울릴 거야. 시름 놓게, 아무 문제없네. 날씨가 따스하기 때문에 앞당겨 재고품을 판매하는 것이네. 별다른 뜻이 없네, 본전을 밑지면서 파는 거네.

다만 빨리, 통쾌하게 팔아치우기 위해서네."

그가 건넨 것은 흰색이었다. 아내가 나에게 한 경고도 잊고 통쾌하게 샀다. 아침 장에서 난 종래로 가격을 흥정하지 않는다. 재래시장을 한 바퀴 돌아본 후 20여 분간 아침운동을 하고 집으로 돌아오는 길에, 아침 장은 이미 파장하여 한산해졌고 모직셔츠를 팔던 행상인도 한창 물건을 거두고 있었다. 그의 옆에 다가가서 다시 말을 걸었다.

"남방에서 온 사람이요?"

그는 그렇다고 대답했다.

"어느 성(省)에서 왔소?"라고 물었다. 그는 경계하는 기색으로 되물었다.

"의형제를 맺으려구요? 왜 꼬치꼬치 캐묻는 거요?"

나는 허 허 웃고는 겸허하게 가르침을 구하는 태도로 물었다.

"자네한테 한 가지를 알아보려고 그러네. 이렇게 싸게 팔면 이윤이 남는가?"

"어? 당신 말을 들어 보면 우리 노점상을 아주 동정하는 것 같구려. 당신에게 솔직히 말하지. 그렇게 팔아도 난 이윤이 좀 남네."

"얼마나?"

"한 벌에 겨우 2원정도."

"그럼 공장 측이 밑지는구면."

"공장이 뭘 밑지나. 공장이 우리에게 도매하는 가격은 한 벌에 30원 정도네! 공장은 벌 것을 이미 다 벌었네. 당초에 너무 많이 구입해서 내 손에서 2년이나 잠겨 있었네. 2년 전이라면 한 벌에 15원에 절대 안 팔지. 난 한 벌에 최고 50원까지 팔았어."

"그럼 자넨 밑지지 않았나?"

"당연히 밑지지 않았지. 내가 벌 돈은 2년 전에 거의 다 벌었어."

"공장상표를 바꾸어서 벌었나?"

"에이, 그렇게 말하지 말게. 그렇게 말하면 내가 무안하잖은가? 공장상표를 바꾸는 일은 절대 하지 않았다고 할 순 없어, 허나 다 지난 얘기야. 자 보게, 이 옷의 지금 공장 상표는 ××성 ××의류공장이잖은가. 사실 한 현의 의류공장에서 생산한 거야. 현이라고 쓰여 있으면 값이 떨어지잖아. 그저 요만한 비밀밖에 없어. 또 알려줄게, 이 추리닝 옷감은 그 현의 한 공장에서 생산한 거네. 공장이 파산하자 의류공장에서 그들의 모든 옷감 재고품을 사들였어. 헐값으로 말이네. 그 양은 몇 년을 써도 다 못 쓸 정도로 엄청나. 그 사영 의류공장을 운영하는 사장은 2년 동안에 또 큰돈을 벌었어. 듣자니 공장건물까지 확장한다나. 우리는 오래된 단골 관계라네, 나는 늘 그들의 제품을 사다 팔고 있네."

"알려줘 고맙네."라고 말한 후 몸을 돌려서 떠나려 했다. 이때 그가 나를 불러 세우곤 손에 모직셔츠 상의 2벌을 들고 말했다. "기왕 자네가 마음속으로 우리 노점상들을 동정하는 바엔 아예 끝까지 동정해 주게. 부탁하네, 이 2벌도 사 가는 게 어떤가. 이 2벌만 팔고 나도 가겠네. 25원만 받을 테니 가져가게, 2벌이라 해봤자 난 1원밖에 못 벌어. 25원에 말이네. 형님"

친한 척 "형님, 형님" 부르는 그의 강권에 못 이겨 결국 또 지갑을 열었다……

집 안에 들어서자 아내는 나의 손에 들린 모직셔츠 3벌을 보고 화가 나서 발을 구르면서 눈을 흘겼다.

나는 큰소리로 "아들, 빨리 와 봐, 아빠가 너 주자고 모직셔츠 한 벌을 사왔어!"라고 말했다.

아내가 또 한 번 발을 구르고는 "아들아, 받아서는 안 돼! 먼지가 뽀얀 땅에 며칠 동안 놓았던 거야. 불결해." 하고 말했다.

나는 "당신도 너무하네. 먼지가 좀 묻었다 해서 불결하다니? 당신이 날마다 입는 옷은 먼지가 안 묻어? 세탁기에 몇 번 돌리면 깨끗해질 거야."라고 말했다. 세탁기에 넣고 돌린 후 말리고 보니 졸아들지는 않았지만 헐렁헐렁해졌다.

이 모 성(省) 모 현(縣) 의류공장으로부터, 광동성 모 현 신발공장이 연상되었다. 20세기 80년대 말, 광동에 갔을 때 그 현에 들러 신발공장을 참관한 적이 있다. 그 무슨 공식적인 참관도 아니다. 나는 자기 마음대로 할 수 없는 단체의 공식적 참관을 싫어한다. 그런 참관을 통해 받는 사람과 일에 대한 인상은 흔히 보고를 듣는 식의 상황소개에서 얻어지기 때문이다. 주동적으로 질문한다 해도 그것은 상징적이다. 상호간은 아무 구애 없이 일상적 일을 한담하듯이 이야기할 여유가 없으므로 서로 간 이해와 인식도 아주 개념적이다.

그때 난 혼자서 광동으로 갔고 함께한 사람은 신문사에 다니는 한 친구뿐이었다. 그도 마침 그 현에 가서 취재하게 되었는데 그에게 남방의 현급 도시 생활을 이해하고 싶다고 말했다. 그래서 우리는 약속이나 한 듯이 동행하게 되었다.

그 신발공장 사장의 친구는 이전부터 신문사 친구를 알고 있었다. 그리하여 우리는 그 신발공장을 방문해 보기로 했는데 결국 원래 계획 중에는 없었지만 당연한 일이 되고 말았다. 사장은 나보다 2살 위였는데 47년도 생이었다. 그해 내 나이는 37~8살이고 그는 이미 40살이었다. 그는 용모가 변변치 않았고 반대머리였다.

그에게 식구가 몇인가 하고 물었다. 그는 현재 두 식구가 산다고 대답했다.

"부부가 창업에만 정신을 팔고 아이도 가질 새 없었는가?" 하고 물었다. 그는 얼굴을 붉혔다. 그의 친구가 그를 대신해서 대답했다. "저 사람은 아직 마누라도 없다네!"

내가 어리둥절해하는 표정을 짓자 그는 "자네 내가 사장이 되었다고 전처를 버리고 젊고 아름다운 색시를 얻으려는가 하고 생각하지 말게. 난 전혀 결혼한 적 없네."라고 말했다.

여전히 내가 어리둥절해하자 그의 친구가 그를 대신해서 대답했다. "이전에 저 사람 집 출신성분이 너무 높아서 마을 처녀들이 누구도 시집가려고 하지 않았네."

'성분이 높다'가 무슨 뜻인지 알 수가 없었다.

그는 "'성분이 높다'라는 것은 성분이 좋지 않다는 뜻이네, 저 사람은 지주 아들이여. '지주개새끼'라는 모자를 벗어버린 후에야 출신성분이 시집장가 가는데 그렇게 문제되지 않았지만 그땐 저 사람은 이미 노총각이 되어 버렸고 마을에서 색시를 얻기 어려운 '곤란한 사람'이 되었지."라고 설명해 주었다.

한때 그는 도시에 들어가 날품을 팔았으며 신발 수선 노인을 스승으로 삼게 되었다. 그 신발 수선 노인장을 떠나 혼자서 일을 하게 된 그는 신발 수리에서 나아가 신발을 제작하기 시작하였다. 그 당시 시장에는 신발 양식이 아주 제한되어 있었는데 그가 손으로 직접 만든 신발은 품질이 좋았을 뿐만 아니라 양식도 참신하여 고객이 아주 많았다. 어떤 사람은 돈을 선불하고 주문제작할 정도였다. 그가 만든 신발은 점차적으로 유명해졌고 신망도 높아졌으며 저축도 얼마간 생겼다. 그리하여 가게 하나를 임대하고 제자도 2명 모집해서 개체 신발공장을 차렸다. 그 뒤 제자도 2명에서 4명, 6명, 8명, 10명으로 늘어났으며 그는 정식으로 작은 신발공장을 차리고 설비도 몇 대 도입하였다. 그 후, 다시 말하면 그를 만난 그해엔, 그는 이미 천여평방미터에 달하는 공장건물을 보유하였고 계약직공도 백여 명을 모집했으며 천여만 원의 유동자금도 모았다.

나는 성장과정에서 국외의 화교 친척이 투자하였거나 돈주머니를 풀어 도와주었는지 물었다. 그는 머리를 흔들면서 그런 화교 친척이 있으면 좋았겠지만 아쉽게도 없다고 말했다.

나는 그러면 또 대출을 받았는가 하고 물었다. 그는 대출받은 적도 없다고 말했다. 하지만 당시 집을 팔았다고 한다.

그는 공장을 설립한 후 생산한 최초 신발은 이전에 '해방화(解放靴)'와 비슷한 고무신이라고 말했다. 남방은 장마철이 길고 우기가 되면 마을 곳곳이 질척했기 때문에 그 만여 켤레 신발이 아주 잘 팔렸으며 마을에서 인기가 대단했다고 말했다. 그 당시 '해방화'가 거의 자취를 감춘 것도 잘 팔린 원인 중의 하나라고 한다.

그는 아직도 해마다 '해방화'와 비슷하나 '해방화'보다 양식이 더 간편하고 정교한 고무신을 생산하고 있다고 말했다. 마을에 여전히 수요가 있기 때문이란다. 고무신을 생산하는 목적은 돈을 번다는 것을 떠나서 마을 사람들에 대한 정을 잊지 못해서란다. 환영을 받기만 하면 좀 밑지더라도 계속 생산할 거라고 말했다. 이 말을 할 때 그는 웃으면서 한마디 덧붙였다.

"지금은 밑질 자본이 있으니깐."

지금 그는 주로 구두·운동화·스니커(여행용 신발)를 생산하고 있다. 그는 자기 공장에서 생산하는 신발은 일부가 국내시장에서 판매되고 일부는 동남아로 판매되고 있다고 말했다. 한 화교 친척이 대리 판매한다고 한다. 홍콩·타이·말레이시아 및 싱가포르에서의 판로도 줄곧 괜찮다고 말했다.

저도 모르게 의외의 질문을 던졌다. "금방 자네는 화교친척이 없다고 말했잖아?"

그는 "맞아, 나는 없다고 생각해. 설사 있다 해도 우리 아버지는 '문화대혁명' 중에 자살하였고 늙은 어머니는 머리가 나빠지셔서 기억하시지 못해. 과거에 줄곧 서신 왕래도 없었는데 내가 어찌 누가 진짜 친척이고 누가 아닌지를 알 수 있겠나. 어느 날 갑자기 한 홍콩 사람이 우리 집에 와서 먼 친척이라는 거야. 그를 문밖으로 밀어내고 모르는 체할 수는 없잖은가. 이 일은 저 친구가 잘 알아. 그래, 이게 내가 주동적으로 다른 사람한테 빌붙은 것인가?"라고 말했다.

그의 친구가 옆에서 증명했다. "맞네, 저 사람이 먼저 다른 사람한테 붙은 거 아니야, 다른 사람이 와서 친척이라 한 거야."

그는 또 이렇게 말했다.

"친척이냐 아니냐는 문제가 아니야. 장사에 있어 중요한 것은 성실이야. 상대방이 충직해 보이고 믿을 만하니깐 대리판매 관계와 친척관계를 동시에 인정해 버린 거야. 지금도 우린 아주 유쾌하게 합작하고 있어."

그는 제품선반에서 스니커 한 켤레를 집어 들고 이렇게 말했다. "지금 중국 사람들도 명품에 신경 쓰기 시작했어. 헌데 유명 브랜드 스니커 한 켤레에 적어도 2백여 원을 줘야 하잖아. 내가 만드는 신발은 출하가격이 겨우 80여 원이야. 양식도 명품에 비해 그렇게 차이가 나지 않아. 명품은 2년을 신어도 망가지지 않는다고 하는데 나도 2년을 신어도 망가지지 않는다고 보증할 수 있어. 대부분 중국 사람들은 아직도 명품을 사 입을 처지가 아니야. 싸구려라 해서 꼭 좋은 물건이 아니라고 말할 수 없어. 때문에 이 몇 년 사이 우리 공장 제품은 재고상태로 쌓인 적이 없어."

그는 스니커를 원래 자리에 놓으면 말했다. "80여 원을 달러로 환산하면 십여 달러야. 우리 공장 신발은 미국에까지 수출되네. 미국 사람들의 눈엔 십여 달러가 너무 싸기 때문에 아무도 관심 갖지 않을 거야. 때문에 같은 신발이라도 미국에 가면 가격은 50몇 달러로 표시되네. 미국사람들은 50여 달러도 물건이 좋고 가격이 싼 거라고 생각하네. 하여 난 매년 미국사람들로 부터 20여만 달러를 버네."

"그럼 전부 미국에 갖다 팔면 되잖아?" 하고 물었다.

"나도 달러를 많이 벌고 싶어! 허나 대리 판매하는 그 친척이 혼신의 솜씨를 부려도 한 해에 5~6천 켤레밖에 못 팔아."라고 그는 말했다.

나는 그에게 앞으로 어떤 발전계획이 있는가 하고 물었다. 그는 구체적 계획이 없다고 대답했다. 명확한 목표가 하나 있긴 한데 5년 내에 개인 자금을 2배 즉 2천만 원 이상으로 늘리는 것이라고 했다.

나는 "자신이 있는가?" 하고 물었다. 그는 희미하게 미소를 지으며 홀가분한 태도로 말했다.

"그건 큰 문제가 없을 거네."

또 "어떻게 공장 규모를 발전시키는가 하는 문제를 생각해 본 적이 있는가?" 하고 물었다. 예를 들면 공장건물 확장, 노동자 대량 모집 등등. 그는 잠깐 망설이다가 솔직하게 말했다.

"그러자면 많은 자금을 투입해야 하네. 자기가 애써 저축한 걸 투입하자니 감히 못하겠네. 시장 전망에 대한 추측도 확신이 없기 때문이야. 작년이나 금년은 괜찮았어. 명년도 괜찮을 거야. 헌데 후년엔 어떨지, 정확한 판단이 서지 않아. 고생스럽게 모은 것을 과다 투입할 용기는 아직 없어."

"그럼 대출하면 되잖은가. 자넨 이미 담보할 것이 있잖은가. 대출을 못할까 걱정할 정도는 아니잖아?"

그는 이렇게 말했다. "맞네. 현재 나의 상황으론 대출은 문제가 되지 않아. 내가 입만 열면 현의 여러 은행에서 대출할 수 있어. 그들은 심지어 주동적으로 나한테 성의를 표시할 거야. 그러나 대출은 거저 주는 것이 아니야, 이자를 지불하고 만기되면 원금도 상환해야 해. 우린 사영기업이잖은가, 약정한 기한 내에 상환하지 못하면 또 누군가가 중간에서 담보 서지 않으면 그들은 진짜로 와서 공장을 봉쇄하고 빚을 갚으라 할 거네. 그럼 난 또 얼마나 큰 스트레스를 받겠는가. 난 지금 상황이 아주 좋다고 생각해. 좋고말고. 나같이 마누라 하나 구하지 못한 사람이 뭘 더 바라겠어. 작은 배가 선회하기가 쉽다는 말도 있잖아. 내 말 틀리나?"

이때 그의 친구가 그에게 눈짓을 했다. 그는 연거푸 "알았어, 알았어." 하면서 바로 웃는 표정으로 나와 나의 친구에게 말했다. "저 친구가 나보고 당신들에게 신 한 켤레씩을 주라네. 물론 드려야지. 하지만 스니커가 아니네. 당연히 구두를 드려야지."

그의 공장은 아직도 작은 작업장을 보유하고 있었다. 아직도 손으로 신을 만드는 작은 현장이었다. 십여 명의 청년남녀들은 그가 백여 명 직원 중에서 골라낸 작업태도가 아주 꼼꼼한 사람들이다.

그는 우리를 데리고 그 작은 작업장에 도착한 후 선반에서 구두를 한 켤레 집어 들고 권위 있는 까다로운 눈길로 한참 동안 자세히 확인한 후 흡족한 듯 머리를 끄덕이면서 우리한테 말했다.

"두 분한테 솔직히 말하네만, 대외론 수공 작업장이라고 말하고 있지만 사실 완전히 그런 건 아니네. 그저 더 좋은 가죽을 고르고 가공에 신경 쓴 것뿐이네. 손으로 할 수 있는 부분은 가능한 한 손으로 했을 뿐이네. 수공 효과는 꼭 기계 가공보다 좋다고 말할 수는 없지. 허나 지금 소비추세는 반전되었네. 무슨 물건이나 수공이라 하면 마치 색다른 것처럼 말이야. 이 작업장에서 매년 만들어 내는 신발은 많지 않네. 특대 사이즈나 유아용 사이즈 혹은 양식이 독창적인 것만 만드네. 일부분은 우리 공장 선물로 친구들에게 선물하고 일부분은 특별한 소비

심리 수요가 있는 사람들을 만족시키지. 두 분 마음대로 고르게. 집에 아내에게 줄 것도 한 켤레씩 고르게나."

그의 호의에 대해 나와 친구는 마음으로만 받겠다고 말했다. 어찌 뻔뻔스럽게 손을 내밀고 고르겠는가. 그는 우리 말을 언짢아하면서, 당신 두 분이 오늘 내 이 작은 공장으로 왕림한 건 나를 친구로 생각하기 때문이 아닌가. 기왕 친구로 생각한다면 내가 주는 신발도 거절하지 않는 게 응당하지 않느냐는 것이었다.

우리는 그의 후의를 거절하기 어려워 두 켤레씩 골랐다.

그는 또 "나의 이 신발공장은 작긴 해도 신발은 괜찮네. 정말이야! 양식도 좋고 품질도 좋고, 나는 한마음으로 이 작은 신발공장을 잘 경영하려 하네. '가짜나 저질제품'으로 남을 속일 생각은 전혀 없네. 신용을 잃고 공장이 망하면 앞으로 수십 년을 내가 뭘 하겠는가. 다른 공장을 꾸린다 해도 그렇게 쉽지 않네. 더욱이 이 현장에서 만든 신은 남에게 선물로 내놓을 만하네."라고 말을 이었다.

우리가 현장에서 나와 3성급 호텔 스위트룸처럼 장식한 접대실에 돌아왔을 무렵 그는 또 혼자서 중얼거렸다.

"후, 내 이 작은 신발공장은 국내시장에서 판매 난국을 타개하기 아주 어렵네. 허나 제2 판매경로에서는 신용이 높은 편이네."

그래서 나는 "그럼 자네 주요시장도 포기하지 말아야지. 광고도 많이 내고 홍보도 대대적으로 하고!"라고 말했다.

그는 "만약 주요시장에서 판매 국면을 타개하려면 중앙방송국에 자꾸 광고를 해야 하네. 사실 일반광고는 별 효과가 없네. 또 스타들을 청해 고함쳐야 하네. 난 그럴만한 경제력이 없거니와 야망도 없어. 난 이 정도면 돼. 창업한 것을 지키면서 심혈을 기울여 경영하여 작은 발전을 도모하는 것으로 난 한평생 만족해. 다른 생각은 없어."라고 말했다.

그는 함께 식사하자고 우릴 억지로 붙잡아 두었다.

2층은 그의 사무실 겸 접대실이자 그의 집이기도 했다. 우리는 외식하지 않았고 그는 사람을 시켜 식당에서 요리를 주문하여 그의 집 식당에서 먹었다. 내가 그의 노모에게 인사하고 싶다고 하자 그는 흔쾌히 나와 친구를 안내하여 만나러 갔다. 노부인은 아주 자상해 보였고 정정했다. 우리가 문안을 드리자 그는 두 손으로 나와 친구의 손을 잡고는 친절하게 "내 아들이 오늘 이렇게 된 것도 이 몇 년 사이 각지 친구들의 도움을 받은 덕택이지, 감사하네, 감사해." 하고 말했다. 노부인은 목소리를 낮추고 또 물었다. "오늘도 결혼 상대를 소개해 주려고 왔나?"

그의 친구가 옆에서 얼른 말을 이었다. "맞습니다. 우리는 그 일로 왔습니다."

노부인은 우리 손을 흔들면서 "부탁하네, 두 귀빈께 부탁하네. 이번엔 가망이 보이나?" 하고 물었다.

우리는 서로 눈을 마주치고 어떻게 대답할지 몰라 잠깐 망설였다. 그의 친구가 옆에서 얼른 말했다. "시름 놓으세요! 우리처럼 재산도 있고 사업도 있는 사람이 색시를 못 얻을까 걱정하겠어요. 옛날에 몇 번 실패한 것도 여자들이 어머님 아들을 트집 잡은 것이 아니라 어머님 아들이 여자들을 너무 흠잡아서 그랬어요. 믿지 못하시겠으면 본인한테 직접 물어보세요!"

노부인은 눈길을 아들한테 돌리고 타이르듯이 말했다. "아들아, 지금 네 나이도 적지 않아. 제발 너무 고르지 마. 난 언제 손자를 안아볼까? 간절히 기다리고 있어. 이제 또 몇 년 미루면 늙은이가 돼 버리겠다. 그때 되면 아무리 돈이 많아도 젊음을 살 수 없는 거야."

그는 머리를 극적이며 쓴 웃음을 지었다.

식탁에서 그의 친구는 그가 어떠어떠하게 효심이 있다고 쉴 새 없이 칭찬하였다. 자신의 칭찬에 멋쩍어진 그는 친구의 말을 가로챘다. "세상에는 필경 효심이 있는 자식이 대다수고 불효한 자식이 소수이네. 나는 그 대다수에 속할 뿐이네. 별로 칭찬받을 만한 일이 아니라오."

경영관리에 있어 그는 자기 혼자만의 방법과 경험이 있었다.

그의 말에 따르면 매년 초 그는 몇 만 원을 떼어 내 1년 기한으로 은행에 저축해 놓고 직원들에게 분명히 말해둔다.

"만약 여러분들이 합심하여 질과 양을 보장하면서 당년 이윤지표를 달성할 경우 이 돈은 상금으로 매 개인에게 나눠 줄 것이다. 만약 달성하지 못할 경우 그 돈으로 이윤 부족액을 충당한다."

그는 이 방법이 직원들의 환영을 받고 있다고 말했다. 매년 이윤지표는 기본적으로 달성되었다. 만약 초과 액수가 많을 경우 초과부분에서 몇%를 인출하여 그 예금에 추가시킨다. 공로가 큰 직원은 연말에 최대 5,000원의 상금을 받을 수 있는데 거의 한 해 임금에 상당하다.

그는 스스로 인정하든 인정하지 않든 자신과 그들 간 관계는 사실상 노사관계라는 점을 잘 알고 있다고 말했다. 노사관계란 사실 모순과 통일이란 역설적인 관계로서 통일 중에 모순이 있고 모순 중에 통일이 있는 미묘한 관계이다. 이 관계를 적절히 처리하지 못하면 모순적 성격이 상승하여 계급적 모순으로 변할 수 있다. 만약 군중의 분노를 유발할 경우 자신은 인심을 얻지 못하고 고립에 직면하여 그들이 적대시하는 대상으로 되는 지경에 이를 것이다. 때문에 직원을 항상 보살피고 경솔하게 누구를 해고시키지 않는다. 과실이 있는 사람에 대해선 임금이나 상금 같은 것을 공제하지 않고 몇 마디 비평만 하고 끝난다. 또한 비평한 후 그 일은 지나간 걸로 하고 마음에 새겨두고 차후에 책임을 추궁하는 일이 절대 없다. 때문에 그의 직원들은 그를 떠받들고 항상 진보한 가장처럼 존중해왔다.

그는 직원이 버는 돈은 힘들게 번 돈이고 그 돈으로 식구들의 일상생활을 유지한다고 말했다. 그에게 몇 십 원, 몇 백 원은 별거 아니지만 직원들은 다르다. 그들은 아주 신경을 쓰며 또 신경 안 쓸 수 없다. 공제한 이유가 아무리 정당하더라도 그들의 느낌은 억울한 느낌일 것이다. 때문에 그는 걸핏하면 임금이나 상여금을 공제하는 행위에 대해 아주 반감한다. 그는 또 자신도 이전에 임금과 상금을 공제당한 적이 있다면서 그 느낌은 아직도 기억이 생생하기 때문에 지금 자기 직원들을 이해하고 동정한다고 말했다.

우리가 잔을 들고 그의 경영방식에 찬사를 표시하자 그는 겸손하게 "이런 말이 있네, '거짓말도 여러 사람이 하면 곧이들린다(螳螂误入琴工手, 鹦鹉虚传鼓吏名: 당랑오입금공수, 앵무허전고리명).' 오늘 내가 중국의 조그마한 자본가가 되리라고 당시에 어찌 상상이나 했겠어. '할 줄 모르니 건성으로 한다!'는 백성들의 그 우스갯소리가 딱 들어맞네."

내 친구와 그의 친구는 곧바로 "너무 겸손하구먼, 자넨 할 줄 아네. 잘하고 있어." 하고 말했다.

그가 아무 생각 없이 인용한 그 두 구절 시는, 이 먼 곳에서 온 '벗을 크게 놀라게 했다.' 왜냐하면 그것은 《설교시화(雪桥诗话)》 중 청나라 시인 염고고(閻古古)의 명구였기 때문이다. 옛날 율시를 좋아하는 사람들은 대체로 당시(唐詩)의 현란함을 읊조리고 또 읊조리나 일반적으로 청나라 시인들의 율시에 대해선 꼭 관심을 보인다고는 할 수 없다. 더구나 《설교시화(雪桥诗话)》는 발행량이 아주 제한된 책이다. 염고고는 지명도가 높지 않은 청나라 시인으로서 지금까지 후세에 남긴 완정한 율시는 손가락으로 꼽을 정도로 적다. 필자는 북경 영화제작소 자료실에서 우연하게 《설교시화》를 읽게 되었으며 그중 아름다운 글귀 몇 줄을 베껴 쓴 적이 있기 때문에 지울 수 없는 인상이 남아 있다. 헌데 이 남방 현(縣)성의 개체 신발 공장 사장은 어떻게 자기 뱃속에서 나오는 것처럼 거침없이 인용하는 걸까?

"자네 《설교시화》를 읽은 적 있는가?" 하고 물었다. 그는 피식 웃고는 담담하게 말했다. "어릴 때 읽은 적 있네." 놀라움을 금치 못했을 뿐만 아니라 그를 새로운 안목으로 보게 되었다.

그의 친구는 "저 사람의 조부는 청조 말기 마지막 거인(擧人. 명청(明淸)대 과거 시험중에서 향시에 급제한 사람) 중의 한 사람이네. 그의 아버지는 당시 현에서 서당을 열었었네. 저 사람도 당시에는 현의 꼬마 시인이었네. '문화대혁명'이 저 사람의 대학 꿈을 완전히 망쳐 버렸네."라고 말했다.

그는 낯을 살짝 붉히면서 "그런 이야기는 이젠 하지 마세."라고 손을 흔들었다.

나와 나의 친구가 연구의 의미가 담긴 눈길로 주시하자 그는 잠깐 생각에 잠겼다가 저절로 참지 못하고 또 말했다. "사실 율시와 절구 방면에서 청나라 사람들은 당나라 사람들을 계승하는 데에 큰 기여를 하였다. 그저 전란에 너무 부대끼다 보니 정리에 소홀하여 우리 후세 사람들이 읽을 수 있는 것이 아주 적다. 예를 들면,

一截云藏峰顶塔, 两来船断雨中桥,

不知山寺近, 渐觉远村低,

绝壁垂樵径, 春泥陷虎踪,

石桥今夜月, 应为照长松,

구름이 걸려 봉우리가 탑처럼 숨겨있고, 우중에 오가는 배 끊어졌네.

산사는 가까운지 알길 없고, 마을은 아득히 멀어져 가네.

절벽에 붙은 좁디좁은 길 위의 나무꾼(초부)은 봄날의 진흙 속에 빠진 범 모습처럼 보이네.

돌다리 위에 걸린 오늘밤 달은 장송을 밝게 비추는구나.

이 얼마나 함축적이며 쓸쓸해 보이는 좋은 시고 아름다운 글귀가 아니라고 누가 말할 수 있는가?"

그의 말을 듣고 있는 나와 내 친구는 입이 딱 벌어져서 서로 얼굴만 쳐다보았다. 내 친구는 슬그머니 나를 툭 쳤다. 나는 그의 뜻을 알아차리고 술 한 잔을 가득 붓고 몸을 일으켰다. 그리고 두 손으로 술잔을 받쳐 들고 그를 향해 "천하 중원을 돌아다니면서 진정한 유상(儒商: 유가의 도리를 실천하는 상인)을 찾았거늘 생각 밖으로 눈앞에 있었구려. 자 한 잔 받으시오!"

그는 연거푸 "천만에 말씀입니다."라고 하면서 자기 술잔에도 술을 그득 부은 후 두 손으로 받쳐 들고 몸을 일으켰다. 우리는 서로 건배 잔을 부딪친 후 단숨에 마셔 버렸다. 그는 좌석에 앉아 담배 한 대를 꼬나물고 모락모락 피어오르는

담배연기를 넌지시 바라보면서 즉흥적으로 읊조리기 시작했다.

"어릴 때는 시만 좋아하고 돈을 싫어했지만　　　小时爱诗不爱钱,
지금은 재물만 쫓고 시는 거들떠보지도 않네.　　而今理财不理诗,
인생에는 종래로 변변한 것이 없거늘　　　　　　人生从来无长物
남은 것이란 그저 약간의 시심(詩心)뿐이노라."　尚存几分诗心痴?

다 읊자 그는 머리를 절레절레 흔들면서 "허허, 웃지 마십시오. 너무 용속해 가지고요, 시심이 없는데 어찌 시적 정취가 있을쏜가!"

혼인에 대한 이야기가 나오자 그는 태연자약하게 흉금을 털어놓았다. "나를 위해 신경을 쓰는 사람들이 적지 않네, 정말 많지. 주동적으로 자천하여 오는 여자들도 많네, 아주 많아. 그런데 그런 여자들은 너무 젊고 너무 예쁘고 현대적이야. 한 여자애는 18세도 안되었는데 한사코 내게 시집오겠다고 우겼네. 사 씨할머니의 말을 인용하면 '그게 어디 될 소리냐', 나는 늘 그들이 이 사람을 보고 오는 것이 아니라 내 돈을 보고 온다는 느낌이 드네. 때문에 난 그들과 접촉할 때마다 약간의 경계심이 드네. 자네들을 남처럼 여기지 않으니 나를 도와 분석해 주게, 내 이런 심리가 좀 문제가 있지 않은가?"

내 친구는 "내가 만약 자네라면 아마 자네와 똑같이 생각할 거야." 하고 말했다.

그의 친구는 "자네들 말이 다 틀리네. 완전히 틀렸어. 금전과 미녀는 자고이래 이러하네. 한 남자가 많은 금전을 가지고 있으면 금전은 바로 그 남자 매력 중의 한 부분이네. 그 돈을 보고 그 남자를 사랑하는 여자도 결국 그의 매력의 일부분을 사랑하는 거네. 어쨌든 밤에 당신과 함께 잠자리에 드는 것도 물질적 실체이니깐. 그럼 되잖아. 왜 꼭 여자가 당신 돈을 보고 시집왔느냐 당신을 보고 시집왔느냐를 따지는 건가. 결과는 당신과 같은 거잖아."

그는 눈길을 나한테로 돌리고 이 문제에 대한 나의 견해를 물었다. 나는 이 문제를 깊이 생각해 본 적이 없기 때문에 좀 생각해 보고 말하겠다고 했다.

그의 친구는 그에게 반문했다. "그럼 자네에게 젊지도 않고 예쁘지도 않고 현대적이지도 않은 여자를 소개한다면 자넨 쉽게 받아들일 수 있는가? 자넨 그 무슨 영준한 신사도 아니고 현대적이지도 않고, 전통 관념의 구속을 받고 다른 사람이 이러쿵저러쿵하는 것을 두려워하며 이런저런 생각 다 하는 사람인데 어쩌면 그 여자들이 자네한테 시집가려고 하지 않을지 모르지. 오늘 내가 솔직하게 말하지. 여자가 돈을 좋아하지 오히려 작달막한 키에, 번 대머리, 용모도 별로 볼 데가 없는 자넬 눈에 차기나 한다고는 보지 않을 거네!"

친구의 나무라는 말에 그는 그저 쓴 웃음만 지었다. 그는 "그건 그렇네. 젊지도 예쁘지도 않은 여자를 맞아들인다면 나도 억울하다고 생각하네. 그럼 돈도 헛 많은 것이 아닌가?"

그의 친구는 그를 문초하는 듯했다. "지난번에 다른 사람이 자네한테 중매한 그 다른 현(縣) 여자 말인데, 자네 잘 되어 가다가 나중에 왜 헤어졌는가?"

그는 머리를 숙이고는 "그녀가 나보고 2층을 사치스럽고 근사하게 장식하라고 요구했지." 하고 말했다.

그 친구는 "그게 어떤가? 내가 보건데 그건 완전히 합리적인 요구야. 돈 쓰기 아까 워? 고작해야 몇 십만 원이 아닌가? 자네에게는 극히 적은 액수지. 그 많은 돈을 남겨 뭘 하려고? 자네 수전노가 되고 싶은가?" 하고 말했다.

그는 "돈이 아까워서가 아니야. 내가 만약 2층을 그녀가 요구한 대로 사치스럽게 장식한다면 직원들이 와 보고 속으로 불평등하다고 생각할 거야. 내 돈은 그들에 의지해서 번 것이기 때문에 나는 항상 그들이 마음속으로 날 어떻게 생각하는가를 고려하지 않을 수 없네."

"그 생각도 맞네." 나는 옆에서 말참견하였다.

그의 친구는 분명 술은 좋아하나 주량은 그닥잖은 사람이었다. 겨우 술 몇 잔이 돌았는데 이미 취기가 올랐다. 그는 술기운을 빌어 방자하게 말했다. "맞기는 개뿔! 돈이 많으니 놀이 삼아 불에 태우는 거지 뭐. 스스로 긁어 부스럼 만드는 것이고. 내가 만약 자네라면 이것저것 고려하지 않겠어. 정말 직원들이 질투하는 것이 두려우면 현에서 좋은 택지를 골라 별장식 집을 지으면 되지 않는가?"

그는 "요렇게 자그마한 현성에서 어느 곳에 짓든지 다른 사람들은 내 집인걸 곧 바로 알 것이네. 평범하게 지을 거면 굳이 쓸데없는 짓을 할 필요가 있겠나? 고급스럽게 지으면 또 사람들이 삿대질하면서 수군거릴 거구. '봐라, 저 지주 놈의 아들새끼가 지금 또 지주 계급이 되었다. 지주장원(庄園)에서 살고 있다!' 더구나 나는 매일 어떻게 출근하겠나. 보행? 자전거를 타고? 차라리 지금처럼 공장 2층에서 사는 것이 더 편해. 자가용을 타고 출근할까? 이 손 바닥만한 시골 도시에서 차바퀴가 몇 번 굴러도 도착하는데. 너무 허세를 부리지 않나? 내가 현재 인대(人代)상무위원이라는 점도 잊지 말게. 난 반드시 이미지에 주의해야 하네……."

그의 친구는 두 손으로 귀를 막으면서 연거푸 소리쳤다. "안 듣겠네, 또 시작하네."

그는 가볍게 탁상을 치고는 그의 친구를 주시하면서 심각한 어조로 말했다. "더 마시지 말게. 지금부터 20분간 자네 발언권을 잠시 박탈하네."

이즈음 이 성질이 없어보이던 중국 당대 '소자본가', 아니, '소기업주'가 좀 위엄을 과시하고 있는 듯한 인상을 받았다. 허나 그 위엄을 아주 함축적으로 과시하고 있다. 그가 탁상을 칠 때 손바닥 전체로 치는 것이 아니라 다섯 손가락을 한데 모아서 손가락 끝으로 치고 있다는 점에 유의하게 되었다. 그렇지만 취기가 좀 오른 그의 친구는 마치 경고를 받은 것처럼 눈치 있게 담배 한 대를 꺼내 자기 입을 막고는 더는 입을 열지 않고 조용히 우리 담화를 들었다.

그는 우리에게 이 현의 지도자들이 자기를 아주 배려하고 있다고 알려 주었다. 그에게 줄 수 있는 명예란 명예는 다 주었단다. 이 말을 할 때 그의 말투는 감격에 젖어 있었으며 무의식중에 은혜에 보답하려는 뜻도 드러냈다.

그는 "만약 나보고 가산을 다 포기하고 자신이 십수 년간 애써 모은 돈을 모두 현의 가난한 사람들에게 나눠 주라면 난 그렇게 못하네. 나에게 더 큰 영예를 준다 해도 난 도저히 그렇게는 못하겠네. 지금 난 철저한 배금주의자로 변해 버렸네. 자기 돈을 상실하기만 하면 난 마치 아이를 잃은 엄마처럼 엉엉 울고 말거야. 이런 노래도 있잖아, '세상에서 엄마가 제일 좋아, 엄마 없는 아이는 풀과 같아.' 내가 만약 모든 돈을 잃게 된다면 난 자신이 풀보다도 못한 사람이 될 것 같은 느낌일 거야. 옛날에 난 빈털터리였어. 때론 빈털터리가 되는 악몽을 꾸는데 잠에서 깨고 나면 온몸이 땀에 흠뻑 젖어 있었네. 자네들이 웃을지도 모르겠지만 내 진실한 느낌을 말하는데 돈과 비교하면 나의 노모는 유모 같고 나를 젖 먹여 키운 은혜만 있는 것 같아. 그 은혜는 내가 꼭 갚을 거네.

그러나 돈은 마치 사상이 있고 진짜로 내게 어떻게 인간이 되는가를 가르쳐 주며 결정적 순간에 선뜻 나서서 나를 비호해 주는 나의 어머니와 같은 존재야. 나는 첫 번째 어머니한테 감격해하지만 진짜로 기댈 수 있는 것은 흔히 두 번째 어머니네. 지금 먼저 부유해진 일부분 사람들 보고 가난한 사람을 구제하라고 호소하고 있지 않은가? 앞에서도 말했지만 나보고 나의 재산을 내놓으라면 난 못할 거야. 하물며 누군가 내게 그렇게 강요한 적도 없고. 그러나 나는 오로지 일념으로 이 작은 신발공장을 운영해 나가고 현의 백여 명 사람들의 취업 문제를 해결했네. 매월 그들에게 500~600원의 임금을 지급하는데 국영단위에 비해 더 높네. 이것도 가난한 사람들을 구제하는 것이 아닌가? 또 통상적으로 돈도 기부하고 덕을 쌓고 선행을 하는 좋은 일도 좀 하는데 이것도 배려를 알고 은혜로써 은혜를 갚는 것이 아닌가? 현의 관료들은 날 잘 대해 주고 주민들도 내 이름만 대면 호감을 가지네. 내 이 작은 공장은 이 작은 도시에서 시기상의 적절함(天時)과 지리상의 이로움(地利) 그리고 사람간의 화합(人和), 이 세 가지 유리한 요인을 모두 가지고 있네. 나 자신도 이미 우리 현의 한 인물이 되었어. 이 모든 것들은 어렵게 얻은 것이기 때문에 나는 항상 자신을 단속하고 행동을 신중하게 하는데 이것이 맞는 것이 아닌가? 현명하지 않은가?"

나의 친구는 긍정적으로 말했다. "맞아, 당연히 맞아."

나도 맞장구를 치면서 "현명하네, 당연히 현명하지."

그는 자기 친구를 가리키면서 성토하듯이 말했다. "허나 저 친구는 내 사는 방식이 소탈하지 않고 너무 피곤하다며 돈이 많아 무엇하냐고 풍자하네."

그의 친구는 멍청하니 웃었다. 그 자신도 웃었다. 나와 나의 친구도 자연히 따라서 웃어 버렸다.

그는 갑자기 "두 분은 혹시 당시 절강성의 '바보 해바라기씨'를 팔아 한때 세상에 이름이 널리 알려진 양씨를 아는가?" 하고 물었다.

잘 모른다고 말 했지만 그 사람의 경력에 대해선 좀 알고 있었다. "아마 그가 나중에 이혼했지요?"

그의 친구는 "맞아, 그 일은 확실해."라고 말했다.

"그의 이혼에 대해서 당지 사람들은 어떻게 얘기들 하지?"

이때 그의 친구가 또 참지 못하고 말참견했다. "자넨 아직 결혼하지 않았어. 왜 그렇게 꼬치꼬치 캐묻는가?"

그는 시계를 들여다본 후 웃으면서 친구에게 "방금 20분 지났네." 하고 말했다.

내 친구는 "그 얘기는 아무튼 한동안 회자될 거네. 어찌 그들 당지 사람들뿐이겠는가. 타블로이드 신문에서도 가십거리가 되었네. 어쨌든 그도 유명인사이니깐 거론하지 말라고 할 수 없잖아."라고 말했다.

"듣자니 그 사람 이혼 후 또 결혼했다면서?"
"맞네."
"여자측은 젊고 예쁠 뿐만 아니라 학식도 있어."
"맞아, 대학 졸업생인 걸로 기억하네."
"그럼 지금은 어때?"
"잘 모르겠는데……."

그는 침묵하였다. 혼자서 자신의 심사(心事)에 빠졌다. 몇 분 지난 후 그는 중얼거리듯 혼잣말로 "아무튼 나는 결혼할 거구 아이도 좀 일찍 가질 거네. 그렇지 않으면 난 무엇이 되나? 천만 원이 헛되이 있는 게 아닌가? 좋기는 아들이야. 사실 난 정말 친아들을 가지고 싶네." 하고 말했다. 그의 혼잣말에 우리도 한동안 침묵에 빠졌다.

"자네들한테 솔직하게 말하는데 내가 친아들을 갖고 싶은 마음은 아내를 맞으려는 마음보다 더 간절하네. 금년에 나는 이미 44살이네. 훌륭한 아내를 맞았다 하더라도 꼭 나를 위해 아들을 낳아 준다고 장담할 순 없어…….."

우리는 그가 자신의 재산과 앞으로 재산 승계 문제를 생각하고 있다는 것을 안다. 다들 그의 친구 말을 인용하면, '사는 것이 소탈하지 않고', '아주 피곤하게 사는' 중국 현성(縣城: 현의 행정기구가 있는 소도시)의 '소자본가' 또는 일명 '소기업주'의 걱정을 잘 알고 있다.

그날 우리는 아주 늦게까지 이야기하고 헤어졌다.
그 현성에는 그가 흉금을 털어놓고 함께 깊은 이야기를 할 사람은 그다지 많은 것 같지 않았다. 그의 내심은 사실 아주 고독할 거라는 생각이 들었다. 때문에 먼 곳에서 온 우리 둘에 대해 경계심을 늦추고 속마음을 털어놓는 대상으로 삼았을 것이다. 우리가 작별인사를 할 때 그는 심지어 헤어지기 아쉬워하는 표정을 드러냈다.
예전에 그 신발공장 사장 같이 인민폐 천여 만 원을 보유하고 연수입이 2백여 만 원에 달하는 부자를 만나본 적이 없었다.
그로 인해 또 에디슨의 명언 하나가 연상되었다. "만약 정말 가난한 사람들이 늘 생각하는 것처럼 부자들이 그렇게 행복하다면 그들은 과연 행복한 셈이다."
그는 깊은 인상을 남겼으며 당연히 그 느낌은 좋은 인상이다. 지금까지 나에게 좋은 인상을 남긴 중국 당대 크고 작은 '자본가'는 실제로 아주 적다.

또 다른 성(省) 모 현(縣)에서도 '소자본가' 또는 일명 '소 기업가'를 사귄 적이 있다. 앞에서 언급한 이와 마찬가지로 일체의 권세나 배경 혹은 '회색 잠재력'에 의지하지 않았고 운 좋은 기회도 없었거니와 운명적인 귀인의 도움도 없이 완전히 그 자신의 일편단심 부유해지려는 열정과 돈을 버는 데 일가견이 있는 총명한 계산 그리고 용맹 정진하는 실천이 있었기 때문에 천만 원 이상의 재산을 보유하게 되었다.

그가 살고 있는 현은 아주 빈곤했다. 그는 중학교를 졸업한 후 부역꾼 조류에 휩쓸려 대도시로 들어갔다. 그 후 레인지후드를 씻기도 하고 위험을 무릅쓰고 고층건물 베란다 유리도 닦았으며 잡화시장 청소원도 한 적이 있다. 배도 고파보고 길바닥에서 노숙하면서 업신여김과 모욕도 당해봤다. 한마디로 말해 인생의 막장에서 갖은 시련과 고난을 실컷 맛보았다.

나중에 그는 비교적 고정적인 '직업' – 우체국 문 앞에서 자전거를 지키는 일을 찾게 되었다. 거기에는 외지에서 온 자전거 수리공 한사람이 있었는데 수리공이 자전거를 수리할 때면 그는 옆에서 주의 깊게 봐두었다. 거의 비슷하다고 생각된 그는 늘 다른 사람을 도와 공짜로 수리해 주었다. 사람들은 이 청년이 괜찮다고 생각되어 이것저것 가르쳐주곤 했다. 얼마 지나지 않아 그는 자신도 자전거 수리를 할 수 있다는 자신이 생겨 암암리에 그 지역 '치안'을 책임진 지역관리위원회 노인에게 아첨을 떨며 잘 보였다.

결국 도시 미화를 대대적으로 검사하는 전야에 그의 '은사'는 내쫓기는 신세가 되고 말았다. 자기 '제자'가 음모를 꾸민 사실을 모르는 상대방은 그와 애틋하게 이별하였다. 나중에 그는 그곳에서 자전거를 지켰을 뿐만 아니라 수리도 겸했다. 20세기 80년대 초, 중국 일부 대도시에서는 오토바이가 한동안 유행하였다. 그는 깊이 연구를 거쳐 그 몇 년 내에 또 오토바이 수리기술을 익혔으며 2만여 원의 저축도 생겼다.

당시 한 그의 고향 사람이 큰 호텔에서 잡일을 하고 있었는데 그는 늘 찾아가서 공짜로 목욕을 하였다. 하루는 목욕을 다 하고 호텔 상가에서 한가로이 돌아다니면서 이것저것 구경하다가 한 외국 여인이 얇은 이불을 사는 광경을 목격하였다. 가격은 150달러로 표시되어 있었다. 당시 그는 달러와 인민폐의 환율에 대해서도 전혀 모르고 그저 인민폐로 환산하면 적지 않은 돈이라는 것만 알고 있었다. 그는 판매원에게 이불이 왜 이렇게 비싸냐고 물었다. 판매원은 이불 겉감은 수십 개 꽃무늬 천 조각을 손바느질해서 만든 것이라고 대답했다. 그는 또 그것이 그렇게 비싸냐고 물었다. 판매원은 그를 흘겨보면서 응대하지 않았다. 며칠 후 그는 명함 한 무더기를 인쇄하였는데 신분은 모모 성 '침대용 수공 봉제품공장 영업과 부과장'이었다. 그는 값싼 양복을 사서 갈아입고 역시 노점에서 산 넥타이를 매고 어디에선가 빌린 트렁크를 들고 다시 그 호텔에 나타났다. 그는 상가 책임자를 찾아가서 우리공장에서는 당신들이 팔고 있는 얇은 이불을 전문 생산하고 있는데 백 달러에 구입하지 않겠는가 하고 물었다.

그 책임자는 "당연히 구입하지, 그런 이불은 잘 팔리고 있으니깐" 하고 말했다. 그리하여 그는 그 상가와 계약을 맺었다.

상가 책임자는 100채를 사겠다고 말했다. 그러나 그는 먼저 몇 십 채를 사서 우리 공장 품질이 어떤가를 본 후 다시 이야기하자고 대답했다. 상가 책임자는 그가 '성실'한 사람이라고 생각되었으며 그에 대해 아주 좋은 인상을 가졌다.

사실 그는 갑자기 100채를 구하지 못할 것 같아 마음에 확신이 서지 않았다. 쌍방이 계약을 체결한 후 그는 한 달 후에 먼저 샘플 10채를 납품하겠다고 보증하였으며 즉석에서 '신용보증금' 만 원을 지불했다.

상대방도 아주 성실했는데 관례에 따라 이렇게 해서는 안된다고 급히 말했다. 마땅히 우리 사는 쪽에서 '신용보증금'을 지불해야 옳은 것이다! 상대방은 도리어 그가 판매를 해 보았는지를 의심하는 것 같았다. 그는 웃으면서 자신들 공장에서 새로 내놓은 마케팅 '조치(擧措: 거조)'라고 설명했다. 그 해는 '조치'라는 이 단어가 중국 사람들에게 막 사용되기 시작할 때였다. 상대방은 당연히 그 '조치'를 흔쾌히 받아들였다.

그가 취한 것은 '더 큰 것을 잡기 위해 일부러 놓아주는' 계략이다. '토끼를 아까워하면 승냥이를 잡을 수 없다.'는 속담에서 한 말과 똑같다.

이튿날 그는 고향으로 떠났다.

그가 있는 현의 농촌에는 누에를 기르는 농가가 아주 많았기 때문에 작은 잠사공장도 있었고 소형 비단공장도 있었다. 하지만 기계가 낡고 공정이 낙후했으며 효율도 별로 좋지 않았다.

그는 아주 저렴한 가격으로 잠사와 비단 자투리를 좀 산 후 모든 인맥을 동원하여 샘플을 서둘러 제작하였다. 친지들이 그를 믿지 않자 그는 계약서를 꺼내 보였다. 계약서는 설득력이 있었다. 친지들은 그가 말하는 것이 아주 확실하고 맹세가 성실하여 믿을 만하다고 여겨 새벽부터 밤늦게까지 그를 도왔다.

유독 그의 노모만이 그를 도우려 하지 않았다. "엄마보다 제 아들을 더 잘 아는 사람이 없다."고 그의 모친은 그가 허황한 생각을 하고 있다며, 한 마음으로 착실하게 돼지 몇 마리를 기르는 것보다 못하다고 생각했다. 이 일로 해서 그는 모친에게 크게 화를 냈다. 결국 그의 모친도 '할당량'을 부담하는 수밖에 없었다. 그 며칠 동안 그는 '제품' 품질을 아주 엄격하게 검사하였다. 비단 색상의 조합, 비단조각 형상의 가위질 방법, 땀의 치밀도 등을 일일이 감독하고 모든 일들을 직접 챙겼다. 누군가 재작업해야 할 경우 얼굴을 찡그리면서 친척도 몰라볼 정도로 몰아붙였다. 그의 친누나는 그와 말다툼 후 선불한 수공비 20원을 그의 얼굴에 던지고는 훌쩍거렸고 그의 매형은 팔소매를 걷고 그를 때리려고까지 했다……

한 달 후 그는 보따리 2개를 들고 다시 그 호텔에 나타났다. 상대방은 물건을 확인한 후 뜻밖에 "아, 원래 비단이었나?" 하고 물었다.

이 한마디 질문에 그는 가슴이 두근거렸다. 걱정스러운 어조로 되물었다. "비단……, 비단이 천보다 좋잖아요? 색깔과 광택이 산뜻하고 촉감도 매끄럽잖아요?"

상대방은 눈살을 찌푸리면서 "좋기사 비단이 더 좋지요. 당시 우리 서로 간에 분명하게 이야기하지 않은 탓이지, 이제 와서 가격을 어떻게 흥정하겠소?"고 말했다.

그는 "계약서에 쓰여 있잖소, 원래 가격대로 해야지요."라고 하였다.

"원래 가격? 문제없소, 아무 문제없소." 상대방은 화색이 만면하였다.

괜히 한바탕 놀란 그도 얼굴에 웃음이 가득하였다. 그러나 금방 놀라서 흘린

식은땀이 잔등을 따라 흘러내렸다.

상대방은 또 "어떻게 이렇게 부드럽고 가벼울 수 있소?" 하고 물었다.

그는 속에 명주솜을 넣었다고 대답했다.

"명주솜까지?" 상대방은 믿지 않은 표정이었다.

"진짜 명주솜이 맞아요. 내가 어찌 당신을 속이겠소?" 그는 꿰맨 자리를 뜯어 상대방에게 확인시키려고 하였다.

"필요 없네, 필요 없어. 이렇게 섬세한 땀을 뜯자고? 내가 믿으면 될 거 아니요." 상대방은 즉석에서 '신용보증금' 만 원을 돌려주었을 뿐만 아니라 그와 또 매매계약을 체결하려고 하였다.

그는 "급할 거 없소. 우리 한 번 결산하고 또 계약을 체결하고 이럽시다. 우리 공장 주문량이 너무 많아 그러는데 먼저 나머지 40채를 제 기한에 납품하지요. 그때 다시 계약을 체결해도 늦지 않잖아요." 하고 말했다.

즉석에서 돌려준 만 원과 이튿날에 그에게 지불한 대금 천 달러, 거기에 계약금 2만 원을 받고 나니 당시 그는 마치 이미 부자가 된 듯한 느낌이었다. 그의 '신용보증금'은 그가 예측했던 '이자'를 거두어들였다.

대방의 계약금을 받았고 또 계약으로부터 오는 심리적 압박감도 생겼다. 이젠 친지들 중의 여자들에만 의존해서는 일손이 부족하여 '제품' 납기를 맞출 수 없다. 지금 공장을 세우지 않으면 안된다. 그의 공장은 이런 막다른 상황에서 '탄생'되었다.

중국의 일부 크고 작은 '자본가' 또는 일명 '기업주'들은 성공 후 보통 그들의 성공 과정에서 행한 교활하고 간사한 짓들을 말하기를 꺼려하지 않는다. 당신이 꼬치꼬치 캐묻지 않아도 그들은 말문을 열기만 하면 '대통에서 콩을 쏟아내듯이' 흥미진진하게 이야기한다. 거기에서 그들은 일종의 쾌감을 얻는 것이다. 마치 일부 명인들이 자신과 관련된 진짜 또는 가짜 '토막이야기'를 흥미진진하게 이야기하며 그것이 자신들의 남다름을 충분히 표현할 수 있는 '에피소드'인 것처럼 생각하는 것 같다.

그는 이상의 성공담을 자신의 공장에서 나에게 이야기해 주었다. 지금 그는 몸이 나서 배가 잔뜩 나왔으며 머리카락은 염색하여 까맣고 빛났는데 탄탄한 신체, 정력이 왕성한 중년임을 돋보이게 해 주었다. 그는 멜빵바지에 '보스표' 구두를 신었고 양손 엄지손가락은 멜빵바지의 멜빵에 끼우고 수시로 신축멜빵을 튕기면서 톡톡 소리를 내었다. 그는 활력이 넘쳤고 목소리가 쩌렁쩌렁했다. 입이 특별히 컸고 앞니도 모두 컸는데 그나마 가지런한 편이었다. 그의 직원들, 즉 그를 위해 부를 창조한 사람들, 다시 말하면 자기 고향 농촌에서 모집해 온 젊은 여자들 앞에서 그는 순풍에 돛 단 격으로 모든 일들이 순조로웠다며 득의 만연한 표정으로 자신이 부자가 된 경력들을 거리낌 없이 이야기하였다. 또한 수시로 큰 입을 벌리고 흡족하듯이 큰 웃음을 터뜨렸다.

'공장'이란 것은 초라하기 그지없었다. 네 벽은 아주 얇았고 천장도 차양 기와를 얹었을 따름이다.

총 백 명에 가까운 처녀들이 조업하고 있었는데 나이가 많은 여자는 24~5세로서 젊은 부인 같아 보였고 나이가 어린 여자들은 고작해야 15~6세밖에 안 돼 보였다. 만약 도시에서라면 툭하면 애교를 부릴 귀염둥이 딸이었을 것이다. 그녀들은 2명이 1조씩 탁구대 크기 만한 작업대에 마주하고 앉아 있었다. 작업대 만듦새는 아주 거칠었으며 위에는 낡은 흰색 비닐천이 덮여 있었다. 그러한 작업대, 그러한 '공장'과 그러한 여직원들은 완전히 잘 '어울렸다.'

그들은 정신을 집중하여 물을 끼얹은 듯이 조용하게 바느질을 하고 있었다. 바야흐로 때는 혹서라 햇볕이 차양기와를 뚫고 내리쬐어 비록 일부 창문은 열어 놓았지만 '공장' 안은 견디기 어려울 정도로 무더웠다. 그들 중 일부는 옷이 땀에 흠뻑 젖어 있었다. 또 어떤 여직원들은 더위를 식히기 위해 심지어 윗도리를 벗어젖히고 브래지어만 차고 있었다. 게다가 일찍이 습관된 것처럼 남자들이 '공장'에 나타나도 부끄러워하는 기색이 없었다. 거의 모든 사람이 손가락에 골무를 끼고 테이프를 감고 있었다…….

당시 불현듯 또 다른 두 '사영기업주'의 '공장'에서 본 장면을 떠올렸다. 한 공장은 인조 대리석판을 생산하였는데 전기톱이 윙윙 돌아가며 돌덩이를 톱질할 때 나는 날카로운 소음이 귀청을 찢는 것 같고 머리가 빠개질 정도로 아팠으며 심장 박동도 빨라졌다. 당시 그 '공장'에서 10분도 '참관'하지 못하고 비틀거리며 밖으로 나와 토했다.

그러나 '공장주'는 자신의 노동자들도 처음엔 나처럼 '불량반응'을 보이면서 몇 번 구토했으나 후에 습관 되니 나아졌다고 말했다. 그 말은 당연히 '공장'을 떠난 후 다른 자리에서 한 말이다.

그 '공장'에선 귀에 가까이 대고 큰 소리로 고함치지 않으면 서로 간에 무슨 말을 하는지 알 수 없다. 때문에 그 '공장' 직원들은 전부 농아처럼 손짓으로 의사를 전달 하였다. 그 '공장'에는 돌가루가 자욱하게 날렸으나 농촌에서 저렴한 임금으로 모집되어 온 청년들은 돈이 아까워 마스크마저 사지 않았다. '공장주'도 절대 노동보호용품을 발급하지 않았다.

그 '공장주'에게 기왕 부유해졌는데 돈을 좀 투자하여 '공장' 안에 필요한 소음설비를 설치하면 좋잖은가 하고 건의한 적이 있다. 공장주는 대수롭지 않은 듯이 입을 삐죽거렸는데, 그 표정은 필자의 건의를 아주 우습게 생각하는 것 같았다. 그는 자기는 이미 돈을 많이 벌었다. 자신도 한평생 다 쓸 수 없을 뿐만 아니라 아들 손자까지 부자로 불릴 정도로 넉넉하다. 언젠가 성가시다고 생각되면 '공장'을 훌쩍 팔아 버리면 되는데 투자는 무슨 놈의 투자를 하고 소음설비를 도입해 뭘 하나라고 말했다.

그에게 그럼 자기 직원들에게 장갑·마스크·고무 앞치마 등등 노동보호용품이라도 발급하지 그러냐고 했다. 또 이렇게 대기오염이 심한 환경에서 노동하는데 만약 마스크마저 착용하지 않으면 길게는 몇 년, 짧게는 1년이 지나면 직원들의 폐와 위에 분명히 돌가루 결석이 생길 것이다. 직원에게 매월 목이버섯 반 근씩 이라도 지급하면 비록 폐에는 큰 유익한 효과는 없지만 위·식도·장에는 필경 어느 정도의 이물질 제거 작용이 있을 거라고 말했다.

뜻밖에 그는 언짢은 기색을 보이며 퉁명스럽게 말했다. "그들은 나의 직원이 아니네. 그들은 국가의 부담이네. 내가 그들을 취직시켜 주었으니 국가를 대신하여 의무를 다한 거잖아! 국가가 나한테 감사해야 할 뿐만 아니라 그들도 나한테 감사를 드려야지. 내가 없다면 그들은 거지, 비렁뱅이가 되었거나 도적질 또는 강도질을 했을 거네. 난 그들에게 매월 백여 원의 임금을 지불하네. 만약 그들이 목숨을 아낀다면 그들은 마땅히 스스로 돈을 내서 마스크를 사야 되지 않겠는가. 그들이 돈 쓰는 것을 아까워한다는 것은 그들 모두가 목숨보다 돈을 좋아하는 천한 운명이라는 것을 증명해 주네. 타고난 천한 놈에게 나보고 돈을 내 목이버섯을 사 먹이라고? 웃기네. 나를 '바보'로 아나?"

나는 묵묵히 그의 말을 다 들은 후 젓가락을 놓고 "먼저 실례하겠네." 한마디를 던지고는 자리를 떴다. 그때부터 그 사람을 생각하기만 하면 속으로 욕설을 한바탕 퍼붓곤 했다.

다른 한 '공장'은 도대체 어떤 '공장'인가, 지금 잘 기억나지 않는다. 한마디로 말해 유리와 관련된 '공장'이다. 왜냐하면 '현장' 여기저기에 전부 유리조각이 널브러져 있고, 통로에도 한 오리 한 오리 유리실이 널브러져 있었기 때문이다.

공장주는 나를 안내하여 '참관'하면서 발을 높게 들고 걸으라고 수시로 귀띔했다. 조심하지 않으면 유리에 발목을 벤다고 말이다. 그때 일부 바짓가랑이가 짧은 노동자들의 발목에 피가 줄줄 흐르는 것을 목격했다. 아마 안전을 위해 그들의 바짓가랑이가 전부 짧은 모양이다. 바짓가랑이가 긴 사람들도 다 걷어 올렸다. 맨발에 비닐 샌들을 신은 한 직원은 발에 가제를 감고 절뚝거리면서 선반 사이를 오가고 물건을 옮기고 있었다. 피가 뚝뚝 떨어지는 그들의 발목을 보면서 가슴이 몹시 아팠다.

보다 못해 그 공장주에게도 노동자들을 위해 노동보호조치를 취하라고 건의했다. 허나 그는 나보고 목소리를 낮추라고 말했다.

현장에서 나온 후 그는 나에게 노동자들의 나약한 버르장머리를 키워 주어서는 안된다고 가만히 말했다. '노동자는 역시 노동자다. 고생이 두려우면 하지 말라. 이 돈을 벌려는 사람들이 너 말고도 많고도 많다'라는 말이었다. 그는 "양(梁) 작가님, 내가 마음이 모질어서가 아니요, 노동보호조치를 좀 취한다 해서 큰돈이 드는 것도 아니지만 내 쪽에서 먼저 시작할 수 없어요. 만약 생명 위험이 존재한다면 당신이 건의할 것까지 없소, 나도 생각할 거요. 그러나 생명 위험이 없잖소! 발목은 심장과 십만 팔천 리나 떨어졌소. 당신이 본 그 발목에 피 자국이 남아 있는 노동자들은 금방 이곳에 온 사람들이요. 반년 후 발목에 껍질이 몇 겹 벗겨지고 굳은살이 박이면 그 후엔 유리실에 베일까 두려워할 것도 없고 베였다 해도 피도 안 나고 아프지도 않을 거요. 당신네 도시 사람들도 처음 말 타고 놀 때 아마 거의 다 허벅지를 긁힌 적이 있을 걸요."라고 말했다.

중국에서 지금, 더욱이 몇 년 전에 한 사람이 공장을 설립하기만 하면 그 공장의 명실상부와 관계없이, 그 사람 자신의 돈궤가 가득찰수록, 돈주머니가 불룩해질수록 정정당당한 '사영기업가'로 변신하는 것 같다. 일부 중하급 관원을 포함한 우리 일부 동포는 손에 그런 예모(禮帽: 예절과 체면을 중시하여 대우를 해주려는 마음, 중절모에 비유)를 무한하게 가지고 있고 또 자신의 세력범위 내에서 자신들의 눈에 거슬리지 않는 사람들에게 아낌없이 선사하려고 수시로 준비하고 있는 것 같다. 헌데 그들은 왜 후자를 보면 눈에 들어 하는 걸까.

그 내막은 또 아주 뚜렷하다. 자신의 다른 일부 동포들 즉 '운 좋게' 상기 '공장' 노동자가 된 동포들이 임금 수입 방면에서 심한 착취를 당하고 있는지, 최소한도의 노동보호를 받을 권한이 있는지에 대해선 신경 쓰는 사람이 없기 때문이다.

일부 이미 '사영기업가'란 예모를 쓴 사람들에 대해 필자는 냉혹한 눈빛을 유지하고 그들을 그저 그런 '사영기업가'로만 간주하려 한다. 그들이 그런 '공장'을 가지고 있다 해서 '기업주'로 본다는 것은 너무 추켜 준다는 느낌이 든다.

필자도 다만 스스로의 특유한 방식으로 도의상에서 그들의 비도덕을 비난할 뿐이지 그들이 자신들의 비도덕적인 방식으로 자신의 동포들에 대해 가혹한 착취와 노예에 가까운 고용을 통해 재산을 긁어모으는 행위를 털끝만치도 방해할 수 없다.

중국 일부 지역에서 직접 본 일들은 필자로 하여금 마르크스의 '자본의 원시적 축적'에 관한 논술을 재인식하게 했다. 즉 이성적 인식에서 감성적 인식으로 대

비약을 가져온 것이다.

그런 지방, 그런 '공장', 그런 일부 '기업주'의 마음속에서 《노동보호법》은 거의 전혀 의미가 없는 것이다. 마찬가지로 그런 '기업주'의 무릎에 주저앉은 작은 관리들의 마음속에서도 거의 또는 전혀 의미가 없는 것이다.

심지어 '운 좋게' 고용된 '노동자'들의 머릿속에서도 전혀 의미가 없다. 왜냐하면 그들도 그 지역 일부 '지방관리(父母官부모관: 백성을 직접 다스리는 주(州)나 현(縣)의 지방 장관에 대한 존칭)'를 포함한 작은 관리들이 아주 기꺼이, 때로는 얼굴에 웃음꽃을 피우면서 자신들 '보스'의 무릎에 앉기를 원한다는 것을 아주 똑똑히 봐왔기 때문이다. 그들은 동정과 연민을 얻어내는 데 대하여 희망이나 환상을 품지 않고 있다. 그들은 자신이 '노동자'로서의 그 어떤 권익, 최소한도의 가장 작은 권익마저 쟁취할 엄두를 내지 못하며 또한 자신이 그것을 쟁취할 자격이 없다는 점을 깊이 알고 있다.

이런 일은 생각만 해도 가슴속엔 비애가 차 넘친다. 더구나 직접 가서 체험하고 많이 보고 들어서 익숙해졌기 때문에 더 말할 필요도 없다.

그럼 여기서 위의 얘기는 잠시 멈추고 필자의 연상을 유발시킨 그 공장으로 돌아 가보자.

'공장주'에게 그 처녀들, 즉 그와 같은 현에서 온 여성들이 월급을 대개 얼마씩 받는지 물었다. 그는 자기 공장에서는 정액제를 실시하고 성과급은 실시하지 않는다고 말했다. 두 사람이 매일 이불 한 채를 만들어 내야 한다. 임금은 일률로 150원. 퇴근 시 정량을 완성하지 못한 경우 완성할 때까지 잔업을 해야 한다. 그는 나에게 자신은 숙련되고 손재주가 좋은 노동자만 남기고 손놀림이 둔한 사람은 선후로 다 해고시켰다고 말했다. 그는 칭찬하는 어조로 그녀들 서로 간에도 협력 정신이 있다고 말했다. 만약 어느 두 여직원이 특별 사유로 정량을 완성하지 못한 경우 언제나 몇몇 자매들이 퇴근 후에 남아서 그들을 도와 완성한다고 말했다.

수출가격 150달러 – 임금 인민폐 150원.

만약 이래도 그 사람이 재산을 빨리 모으지 못하고 그 액수도 몇 십 배로 증가시키지 못한다면 그건 아주 괴상한 일이 아닌가?

자신들 국가에서 고운 이불을 구입한 외국 사람이 어찌 이런 이불들이 중국의 그런 '초라한' 공장에서 매월 인민폐 150원을 버는 중국 처녀들이 색깔이 다양한 화려한 비단조각들을 한 코 한 코씩 꿰매서 만들었으리라 생각이나 했겠는가.

그들이 이불의 아름다움과 저렴함에 만족할 때, 그들이 지갑을 열고 기꺼이 구입할 때, 그들이 수공 노동의 성과에 대해 감탄하고 있을 때, 일부 중국 농촌 처녀들의 민첩하던 양손이 매일 수저를 들 때마다 다섯 손가락이 이미 마비되고 손목도 떨리고 있다는 것을 그들은 생각하지 못했을 것이다.

공장주에게 겨울에 공장에서는 어떻게 난방을 해결하는가라고 묻고는 또, 남방의 겨울도 간혹 아주 춥고 손발이 언다고 알고 있다고 말을 이었다. 그도 그건 사실이라고 말했다. 또 자기는 한 달에 공장에 몇 번만 와서 감독이나 하고 평소엔 다른 사람이 자신을 대신해서 공장 사무를 관리한다고 말했다.

"나는 사장이요. 여름에 아무리 덥고 겨울에 아무리 춥다 해도 나한테까지는 미치지 못하지. 걱정 말게, 자신을 욕보게 하는 일 없으니깐."

그는 내 말 뜻을 오해한 것 같았다. 그를 관심해서 물은 것으로 착각한 것 같았다.

"사장님, 이 여직원들은 모두 당신 고향 사람들이오, 당신이 그들에게 주는 임금이 너무 적지 않은가요?" 하고 물었다.

그는 내 말에 전혀 불쾌해하지 않았으며 심지어 티끌만치의 난처함도 드러내지 않았다. 그는 허허 하고 크게 웃은 후 큰 머리를 좌우로 흔들면서 말했다. "적지 않소. 적지 않고말고. 난 조금도 적다고 생각 안하오. 그들이 한 고향 사람이기 때문에 그들을 우선적으로 채용한 거요. 우리 여기 농촌에선 3천 원이면 큰 기와집을 한 채 지을 수 있소. 그들 중 나이가 어린 사람도 3~4년 일하면 결혼 시 집도 생기고 혼수품도 장만할 수 있다. 이런 것들은 그들 부모들이 대신하고 싶어도 못한다. 때문에 나는 이렇게 생각하네. 그들의 친부모를 제외하고는 내가 아마 그들의 인생에서 두 번째 은인일 거라고."

처음부터 마지막까지 우리를 수행한 현의 모 하급관리는 기회를 놓칠세라 말참견했다. "맞아, 맞는 말이요. 전적으로 그렇다 할 수 있지. 그들뿐만 아니라 우리도 그렇게 생각하네. 사실이 그렇기 때문이네."

그 관리의 맞장구치는 말을 들은 후 그의 얼굴에는 거만스런 미소가 피어올랐다. 그는 그 처녀들을 바라보면서 물었다.

"너희들도 나와 진부주임이 방금 한 말을 들었지?"

그 진씨 성을 가진 하급관리는 현(縣)정부 "3차 산업 사무실" 부주임이었다. 여직원들은 쥐 죽은 듯이 침묵하였다.

"왜, 다 벙어리가 되었나? 귀머거리가 되었나? 다 머리를 들고 날 봐!"

그의 얼굴에 미소는 어느새 사라져버리고 목청이 높아졌으며 어조도 매섭게 변했다. 여직원들은 손의 바늘, 실을 놓고 너도나도 머리를 쳐들어 그를 바라보는 모습이 다들 불안한 눈길이었다.

"다시 한 번 묻는다, 나와 진부주임이 한 말 다 들었는가?"
"들었어요……."

대답은 일치하지 않았으며 목소리는 기어들어가듯이 낮고 다들 겁먹은 표정 같았다.

"다시! 일제히 대답해 봐. 나와 진부주임의 말을 들었냐고?"

"들었습니다!"

"응, 이번에 좀 괜찮네. 지금부터 내 말 잘 들어. 다시 한 번 묻는다. 모두 봉급이 오르기를 바라는가?"

다시 쥐 죽은 듯한 침묵이 흘렀다.

"어떻게 된 거야. 또 벙어리, 귀머거리가 되었나? 속으로 생각했으면 생각했다고 대답하고 생각하지 않았으면 생각하지 않았다고 대답해! 도대체 생각한 거야, 생각 안 한 거야?"

"생각하지 않았습니다……."

비록 목소리가 앞서처럼 일치하지 않고 낮고 어색했지만, 분명 그의 얼굴엔 다시 미소가 떠올랐다.

"큰 소리로!"
"생각하지 않습니다."

그의 미소는 고요한 호수의 물결마냥 점차적으로 그의 넓고 납작한 큰 얼굴에 넘쳐났다. 그는 얼굴을 내 쪽으로 돌리고 한 손으로 가볍게 내 어깨를 치고는 정중한 표정으로 말했다.

"들었지요? 저 애들은 착해요. 피고용인이니깐 보스 앞에서 착한 것이 좋지. 착하면 원래 귀엽지 않던 애들도 약간 귀여워 보여. 내가 저 애들한테 은혜가 있고 그들도 은혜를 알고 갚을 줄 알아요. 때문에 우리 관계는 아주 탄탄하다네. 진짜야, 그 관계는 아무도 이간질 시킬 수 없는 거요."

나는 내 어깨에 얹힌 그의 손을 예의 바르게 그리고 가볍게 밀쳐낸 후 정중한 표정으로 "나는 이간질 시킬 마음이 전혀 없어. 그 먼 북경에서 우정을 가지고 여기로 와서 굳이 밉살스런 일을 할 필요가 없잖은가."라고 말했다.

　그는 머리를 뒤로 젖히면서 큰 소리로 웃은 후 "양 작가, 제발 의심하지 말게. 자네는 소설을 쓰고 난 내 공장을 운영하고, 우린 서로 다른 두 갈래 길에서 달리는 자동차네. '우물물은 강물을 범하지 않는다(井水不犯河水)'는 말도 있잖아, 나는 당연히 자네가 그런 저의가 없다는 것을 믿지. 내가 말하는 것은 다른 사람이야, 우리 현의 일부 소인배를 말하는 것이야. 그들은 지금도 도처에서 나를 공격하는 언론들을 유포하고 있네. 날 고향 농촌 여자애들을 착취하여 집안을 일으켰다고 공격한다네. 그들의 공격에 대해 난 조금도 거들떠보지도 않아, 전혀 개의치 않는다네. 현의 각 계층 지도자들이 날 지지하는데 두려울 게 뭐 있어. 누굴 두려워할 게 있느냐 말일세?"

　그 진부주임은 즉시 때를 놓칠세라 참견했다.

　"맞네, 맞아. 외면하는 게 맞아. 자네 이렇게 넓은 도량을 가지고 있는 게 아주 좋아. 자네 매년마다 현에 십 수만 원의 세금을 내고 있는데 이는 자네의 공헌을 증명하기에 충분하네."

　그는 또 이렇게 말했다. 얼마 후 여직원의 업무 정량을 높일 것이다. 원래 여직원 2명이 하루에 이불 한 채를 만들던 것을 여직원 4명이 하루에 이불 3개를 만들도록 한다. 나중에 가서는 여직원 1명이 이불 1개를 만들어야 한다…….

　"지금 해외 주문이 많은 틈을 타서 연말까지 정량을 배로 높인다. 그렇게 되면 난 매년 현에 20만 원의 세금을 상납할 수 있다. 여직원도 상응하게 매월 봉급을 30원 올려 주면 되네. 그러면 매월 봉급이 180원이 되네. 180원이라, 진부주임, 말해봐, 이만하면 대단하지 않아?"

"대단하네, 대단하네……."

진부주임은 연거푸 "대단하네."라는 말을 내뱉은 후 얼굴을 내 쪽으로 돌리며 표창하는 어투로 말했다. "우리 전 현(縣) 사영기업 중에서 저 사람은 으뜸가는 납세자 일세. 해결한 취업인 수도 가장 많아. 우리 현은 크고 가난하네. 농촌인구가 93% 이상을 차지하네. 저 사람의 공장은 현에서 유일하게 수출 상품을 생산하네. 본 현의 경제발전 성과를 말할라치면 각종 보고서상의 한 송이 꽃이라 할 수 있지. 이 꽃이 없다면 우리 현에는 상급에다 이야기할 전형조차 없네. 때문에 저 사람을 앞에 놓고 자네한테 말하네만 현에서는 좀 구슬려서라도 그를 지지하여 이 공장을 계속 운영해 나가야 하네. 만약 그가 정말 그만두겠다 하면 현의 지도자들부터 안달할거야. 우리가 저 사람을 잘 구슬리지 못했다고 책망할거네."

진부주임이 하는 이야기를 들은 당시 아무런 건의도 제출할 수 없었고 그저 입을 다물고 이해한다는 뜻으로 머리만 끄덕였다.

그 사장은 몸 보양을 잘해 포동포동하고 불그스레해진 손으로 가슴을 치면서 다짐하듯이 말했다. "진부주임, 걱정 말게. 나에 대한 현의 관심과 지지를 봐서라도 적어도 몇 년은 더 하고 그만둘 거네. 더군다나 돈이 손을 무는 것도 아니고 많아서 자리를 차지하는 것도 아니잖아. 나라고 왜 이 기회를 잡지 않겠어? 지금 다들 '잠재력 발굴'을 말하고 있잖아, 내가 보건데 저 애들의 몸에서 발굴할 잠재력이 많아."

그는 옆에 있는 15,6세 되는 여자직원의 머리를 쓰다듬으면서 몸을 낮추고 경박하게 물었다. "귀염둥이야, 말해 봐. 내 말 틀리나?"

그 소녀는 얼굴을 붉히면서 아무 말도 하지 않았다. 그녀는 머리를 젖혀 그의 손을 피할 엄두도 못 내고 고분고분 머리를 숙이고 사장의 손이 자기 머리를 쓰다듬게 놔두었다. 그의 손은 소녀의 머리에서 얼굴로 옮겨졌으며 소녀의 볼을 살짝 친 후 나를 보고 웃으면서 말했다. "봤지요? 저 애들은 말을 아주 잘 들어요."

그러나 필자가 본 것은, 그 자신이 그녀들의 운명을 장악하고 또 좌지우지할 수 있는 하느님이라고 생각하는 듯하고 또 그로 인해 항상 특별히 행복해한다는 점이다. 그 와중에 또 그와 그녀들 중 일부의 관계가 분명 다른 오묘함이 있다는 것을 예민하게 눈치챘다.

그는 나를 만찬에 초청했으나 위가 아프다는 구실을 대어 그의 호의를 한사코 거절하였다. 진부주임은 그 사장보다 더 유감스러워 하는 듯 했다.

그 '공장'에서 나온 후 진부주임이 그를 한쪽으로 데리고 가서 무엇이라고 수군거리는 것을 보았다. 그들의 말을 엿듣게 되었는데 대개 뜻을 알 수 있었다. 진부주임은 그를 설득하여 저녁 만찬은 그대로 진행하자는 것이었다. 왜냐하면 사전에 이미 몇몇 사람들에게 알렸기 때문에 청하지 않으면 결례가 된다는 것이다…….

동북에서도 '운 좋게' 농민 출신의 '사영기업주'를 사귈 기회가 있었는데 일찍 사람들을 조직하여 마대를 엮어 큰돈을 벌었다고 알고 있다. 어떤 해에 갑자기 마대가 매우 부족하여 그의 '마대공장'도 그 틈에 생겨났다. 짧은 몇 년 내에 그의 재산도 천만 원을 넘겼다. 섬유마대가 보급될 때 즈음 그는 그 일을 그만두고 회사를 차리고 대외무역을 시작했다. 그래도 한동안은 흥성하여 크게 '운영'하였다.

문인은 부자를 '만나 뵙거나' '대부호'와 조우할 경우 관례에 따라 함께 식사하기 마련이다. 그리고 관례에 따라 '대부호'들은 적극적으로 주인 노릇을 하고 문인들은 공짜 밥을 먹는다. 문인의 친구와 '대부호'의 친구들도 분위기를 띄워서 그 덕을 보게 된다. 일반적으로 문인과 '대부호'가 한자리에 앉게 되는 것은 항상 쌍방 친구들이 알선한 결과이다. 마치 '상대'할 마음이 있는 남녀가 한자리에 앉게 되는 것이 중매쟁이의 업적인 것처럼 말이다. 이런 자리에서 '대부호'들은 유달리 자중하며 더욱더 돈 푼이나 있는 체 한다. 문인들은 흔히 특별히 겸손해 하며 "지능지수가 높은 사람은 상업에 종사하고 지능지수가 낮은 사람은 문학의 길을 간다."는 등 마음에도 없는 얼토당토않은 말을 한다.

그 날 만찬 석상에서 이 '대부호'가 갑자기 "'겨자'가 없다니, 재미없어, 재미없어!"라고 소리쳤다. 속으로 의아해 하면서 '이 대부호가 혹시 시력에 문제가 있는 것이 아닌가, 탁상에 분명 겨자가 있는데'라고 생각했다. 그래서 겨자가 담긴 작은 접시를 그의 턱 밑에 밀어 놓았다. 그는 웃었다. 모든 사람들도 웃었다.

내 옆에 앉은 사람이 말했다. "저 사람이 노란 것을 달라네."

나는 "녹색도 이미 충분히 독한데 또 뭘, 그리고 노란 것도 여기 있잖아요." 하고 말했다. 그래서 노란 겨자가 담겨져 있는 작은 접시도 그의 앞에 밀어 놓았다. 그는 더욱 미묘하게 웃었다. 다른 사람들도 더욱 미묘하게 웃는 게 아닌가.

그는 "철수, 우리 '겨자'가 있는 곳으로 자리를 옮기세." 하고 말했다. 그리하여 다들 분분히 일어나서 그의 뒤를 따라 자리를 떴다. 도저히 영문을 알 수 없는 나는 오리무중에 빠졌다.

차에 오른 후 누군가가 알려 주었다. 그가 요구한 것은 '겨자'가 아니라 '여흥 프로'(중국말 겨자(芥末)와 프로(节目)는 발음이 비슷함)라고. 이전에 그의 혓바닥에 조그마한 이물이 생겼는데 암으로 전환될까 걱정스러워 수술하여 제거해 버렸단다. 그 다음부터 발음이 똑똑하지 못했다. 그 설명을 듣고 나서야 나는 모든 것을 알게 되었다.

우리 일행 8~9명은 3대의 자가용과 1대의 '빵차'에 나눠 타고 줄지어 시가를 떠났다.

"지금 우린 어디로 가는 거요?" 하고 물었다.

그는 "도착하면 알게 될 거요."라고 대답했다.

잠시 후 차는 현(縣)정부에 들러서 몇 사람을 더 태웠다. 모두 세무·공안·사법 등 부문의 관리들이었다. 그 후 마을에 들어선 차 대열은 큰 정원의 대문 앞에 멈춰 섰다. 높다란 문루에 여닫이형 주홍색 대문에는 옥환을 문 짐승 머리가 장식되어 있었고 금빛 찬란한 원형 고리는 반짝반짝 빛났다. 대문 양 켠 담벼락에는 연산유수·화초·새·고기와 벌레들이 그려져 있었다. 대문 양측에는 또 사람 키만한 석조가 세워져 있었는데 하나는 종규(鍾達)이고 하나는 관공(關公: 삼국지 관우를 이름. 중국 민간에서 재물신으로 모심)이었다. 누군가가 설명하기를, 종규는 액땜을 하고 귀신을 잡기 위한 것이고 관공은 주인이 의리를 중시하고 손님과 친구를 좋아함을 보여준다는 것이다. 이 큰 정원은 주변의 누추한 농가와 선명한 대조를 이루고 있었다.

안뜰에 들어서자 본채와 사랑채가 시야에 들어오는데 회색 벽돌과 붉은 기와, 높은 계단과 널찍한 출입문들이 아주 으리으리했다. 출입문과 창틀은 전부 알루미늄 합금으로 만들어졌으며 바닥에는 보도블록을 깔았고 푸른 나무와 붉은 꽃이 온 뜰 안을 장식하고 있었다. 나무 밑 화단 앞에는 한 쌍의 공작새가 한가롭게 왔다갔다 노닐고 있었는데 사람을 보고도 전혀 놀라지 않았다. 지붕 위에 가로로 태양열 집진기가 설치되어 있고 세로로는 높직한 TV 안테나가 세워져 있었다.

또 다른 누군가가 나에게 알려 주었는데 주인은 특별히 동물원의 공작새 사육사를 고문으로 초빙하였으며 사육사는 정기적으로 농촌에 있는 그의 집에 와서 공작새 키우는 방법에 대해 지도를 한단다. 그 정원 면적은 적어도 4무(畝: 200평/무)는 되어 보였다.

여러 방에서 남녀들이 우르르 쏟아져 나와 '대부호'를 에워싸고 한바탕 상투적인 인사말을 주고받았다. 그는 우리한테 그들을 소개해 주지 않았으며 따라서 누가 가족이고 누가 하인인지 분간할 수 없었다.

당연히 셰퍼드도 있었다. 큰 것이 두 마리, 강아지 두 마리와 중간 정도 되는 셰퍼드도 두 마리 있었다. 개들은 본채 뒤에서 달려나와 그를 덮치면서 다정하게 재롱을 피웠다.

서쪽 사랑채의 널찍한 방안에 들어가서 좌석 배열을 새로 정한 후 주빈이 우리를 각자 자리에 앉혔다. 가정요리사 1명과 하인 2명이 한동안 서두른 끝에 푸짐한 요리 한 상이 차려졌다. 술이 몇 순배 돈 후 안뜰에서 누군가가 소리쳤다.

"데려왔습니다."

창문 너머로 바라보니 남녀 한 쌍이 문밖에 와 있었다. 남자는 40대, 여자는 20대가 돼 보였고 남자는 녹색, 여자는 붉은색으로 온몸을 분장했다.

속으로 이렇게 생각했다. 이건 축하연이 아닌가, 헌데 그들의 의상이 어느 유파인지 짐작이 가지 않았다. 묻기도 그렇고 묻고도 싶지 않았기 때문에 무심코 앉아만 있었다.

그들이 방안에 들어서자 주인은 "또 두 분께 수고를 끼치네요."라고 말했다. 녹색 분장을 한 남자는 "별말씀을요, 우린 좋은데요."라고 말했다. 붉은 분장을 한 여자도 "우리를 마음에 두고 있다는 것만으로도 영광스러운데요."라고 말했다.

주인은 웃으면서 즐겁게 말했다. "그럼, 지금 시작하지요."

그리하여 그 남녀 배우는 앞뒤로 나란히 서서 한발은 정(丁)자, 한발은 궁(弓)자 모양으로 준비 자세를 취했다가 홱 몸자세를 바꾸면서 대창하기 시작했다. "이후헤이", 그 한 마디를 듣는 순간 그들이 '이인전(二人轉: 중국 동북 흑룡강성 장춘, 길림 일대에서 유행하는 설창문예의 일종으로 춤·노래·만담·절기 표현을 함께함)'을 부르고 있다는 것을 바로 알 수 있었다.

그들은 제법 잘 불렀다. 누군가 나에게 귓속말로 그들은 '도중에 한 팀이 된' 부부라고 알려 주었다. 이 일대에서 잘 부르기로 이름났으며 매월 수입도 짭짤하단다.

몇 마디 개막사가 끝난 후 '저속한' 가사들이 줄줄이 튀어나왔다.《금병매 발췌본》중에서 삭제한 부분들뿐이었다. 두 개의 네모난 수건이 그들의 손에서 풍차처럼 돌아가고 아래위로 휙휙 날아다녔다.

주인은 정신을 가다듬고 보고 듣고 있었는데 이따금 작은 술잔을 입가에 가져가서는 쪽 하고 한 모금씩 들이켰다. 재밌는 대목에 가서는 큰 소리로 갈채를 보냈다. 손님들도 따라서 잘한다고 소리쳤다. 다들 한결같이 말투가 방종하고 몸매가 요염한 붉은 옷차림의 여인한테 눈을 박고 있었으며 두 눈은 번쩍번쩍 빛났다.

속으로 좌중에 여자들이 없기를 다행이라고 생각했다. 만약 있다 해도 이 남자들의 저속한 품성을 속속들이 알게 되어 금후에 누군가 그녀 앞에서 아무리

성인군자처럼 행세해도 아무 쓸모가 없을 것이다.

불식간에 옛 격언이 생각났다. "좋은 사람을 가까이 하면 좋게 변하고, 나쁜 사람과 가까이 하면 나쁘게 변한다(近朱者赤, 近墨者黑)."

보고 있을러니 심란해지고 듣고 있을러니 얼굴이 뜨거워졌다. 손 씻으러 간다는 핑계를 대고 그 방에서 나와, 마당에서 개와 유희하고 두 마리 공작새와 놀면서 그 가금들의 환심을 사 보려고 했다.

70대 노부인이 마당에서 콩꼬투리를 고르고 있었다. 다가가서 일부러 말을 걸었다. 알고 보니 그녀는 '대부호'의 모친이었다.

"집에서 이미 요리사와 하인을 고용했는데 어르신이 왜 이런 일을 하는가?" 하고 물었다.

노부인은 "늙을수록 한가롭게 지낼 수 없네. 아무래도 일을 찾아서 해야지." 하고 말했다.

"이젠 어르신의 아드님도 출세했는데 만년에 얼마나 행복하겠어요?"라고 반문했다.

노부인은 "그렇게 행복한 줄 모르겠수다."라고 말했다.

"이래도 만족하지 않으십니까? 도대체 어떤 생활을 하고 싶은데요?"라고 물었다.

노부인은 길게 한숨을 쉬고는 말했다. "인간은 만족도 지나치면 행복을 느끼지 못하네. 보게, 고용한 사람까지 다 합해야 겨우 6~7명인데 방은 13~4칸이나 되네, 얼마나 허전한가. 밤이 되면 사람이 살지 않는 방은 전등을 켜지 않아서 아주 캄캄해. 마음이 편할 수 있나. 또 모든 방에 전등을 켜자면 사람이 살지 않는데 전기를 그저 낭비하지 않는가?"

"당신의 아들은 이젠 1~2천만 원을 가지고 있는데 전기세 몇 원을 아까워합니까?" 하고 말했다.

노부인은 "난 일생동안 아껴 쓰는데 습관 되어서 그래요." 하고 말했다.

"저 '이인전'을 부르는 두 분은 늘 옵니까?" 하고 물었다.

노부인은 한 달에 몇 번은 청해 와서 부른다고 말했다.

"답답하시면 왜 가서 함께 듣지 않으세요?" 하고 또 물었다.

노부인은 "그게 사람이 부를 거요? 그게 어디 사람이 들을 거요? 내가 아들 친구들과 함께 그런 걸 들을 수 있어요?" 하고 말했다. 노부인은 또 길게 한숨을 쉬고는 말했다. "참견할 수 없네. 아들이 저렇게 듣기 좋아하는데 난들 무슨 방법이 있겠소? 처음엔 며느리도 관계했는데 나중엔 관계하지 않고 함께 듣는 거야. 나도 이젠 생각을 넓게 하네. 집에 앉아 귀로 듣는 게 밖에 나가 많은 돈을 쓰면서 오입질을 하는 것보단 낫지 않소? 오입질을 하다가 잡히면 얼마나 망신인가?"

노부인은 나에게 되물었다.

"선생이 보건데 우리 집이 혹시 해방 전 지주로 변한 거 아니오?"

웃으면서 해방 전에 살아보지 못했기 때문에 비교할 방법이 없다고 말했다. 그리곤 노부인 자신은 어떻게 생각하는가 하고 반문했다.

노부인은 자기는 산동 사람인데 그 당시에 동북으로 도망쳐 왔다고 한다. 자신은 산동의 몇몇 지주의 집이 어떠하다는 걸 직접 눈으로 보았다고 한다. 해방 전 동북 지주들의 집도 보았다고 한다. 지금 자신의 집 상황이 해방 전 지주의 집에 비해 10배는 더 으리으리하다고 했다. 그것도 큰 지주 집과 비교해서 말이다.

노부인은 평소에 아주 갑갑해 하는 게 분명했다. 내가 자기와 한담하기를 원하는 것을 보고 흥에 겨워 이야기했다. 그는 목소리를 낮추고 나에게 가만히 물었다. "선생, 말해보시게. 만약 또 한 번 성분을 나누면 우리 집이 대지주로 분류되는 거 아닌가? 허나 우리 집은 돈만 있고 땅은 없는데 대지주로 분류되면 우리 손자나 손녀들이 너무 억울하지 않나?"

"어머님, 만 시름 놓으세요. 중국에서 다신 예전처럼 성분을 나누는 일이 없을 겁니다. 지금 국가의 정책은 일부 사람들이 먼저 부유해지는 것을 허용한답니다." 하고 말했다.

노부인은 또 물었다. "만약 문화혁명을 다시 일으키면 어쩌는가?"

"터무니없는 생각일랑 하지 마십시오. 그 한번의 '문화혁명'에서 우리 중국 사람들은 고통을 겪을 대로 겪었습니다. 두 번 다시 일으키지 않을 겁니다."라고 말했다.

노부인은 눈을 가늘게 뜨고 나를 한동안 바라본 후 '논의'조로 말했다. "그건 확정적이지 않네. 그 몇 해에 이 마을에서도 한 집안을 구박했네. 옛날 지주였는데 지주라 해도 작은 지주였네. 마을 사람들은 할일이 없어 한가하니깐 그 집 남녀노소 할 것 없이 모두 밀 타작마당에 몰고 가서 비판하고 투쟁했네. 지금 난 이 뜰 안을 나가지도 않네. 어른이나 아이들이나 할 것 없이 곱지 않은 눈길로 날 보네. 마치 우리 집이 망하기를 바라는 것처럼 말이야."

노부인의 뇌리에 세상사와 인심을 보는 나름대로의 계통적인 논리가 있다고 느껴졌다. 절대 뒤엎을 수 없는 관점, 그것은 쉽사리 바뀔 수 없는 것이다. 노부인은 이전에 누군가가 그의 주홍색 대문에 똥을 바르고 자기 집 뜰 안에 죽은 고양이를 던진 적이 있다고 말했다. 그래서 아들이 화가 머리끝까지 치밀어 술을 잔뜩 마신 뒤 엽총을 들고 노기등등해서 마을을 오르락내리락하면서 큰 소리로 욕설을 퍼붓고 또 공중에 공포를 몇 방 쐈다고 했다. 그러자 마을 사람들은 두려움에 떨었고 온 마을이 혼란스러워졌다. 노부인은 또 자기 아들이 담 벽에 전기 철조망을 가설하고 집 지키는 사람도 2명을 더 고용할 타산이라고 말했다.

노부인은 나보고 아들을 타일러 그렇게 못하게 막아달라고 부탁했다. "그렇게 되면 우리 집이 무엇이 되는가? 민중과 너무 동떨어지지 않는가?" 노부인은 아주 걱정스런 표정을 지었다. 꼭 그의 아들에게 권고해 보겠다고 대답했다.

노부인이 갑자기 "어! 내 반지가 어디 갔지? 금반지가 또 손에 없네?"라고 말했다. 몸을 일으켜 자리를 뜬 노부인은 어린 하녀를 불러와 자신을 도와 이곳저곳 반지를 찾기 시작했다.

'이인전'을 구경하는 사랑채에서는 한창 길게 뽑아대는 "이후에이" 소리와 웃음소리가 흘러나오고 있었다……. 날이 어두워지자 '대부호'는 시내에 돌아가지 않았고 손님들만 아주 흡족하듯이 그 으리으리한 정원을 떠났다.

돌아오는 차에서 여러 사람에게 물어봤다. 이런 저속한 내용의 '이인전'을 2시간이나 허비하면서 들을 가치가 있는가. 듣는 게 그렇게 신나는지?

다들 나를 위선자라고 비판했다. 사람이 이 세상에 온 것도 일종의 조화로서 채소든 익힌 음식이든 아니면 자극적인 것이든 한번쯤은 맛보아야 한다고 말했다. 안 그러면 헛산 거 아닌가? 관념을 변화시키려면 우선 사는 법부터 바꾸어야 한다. 비린내 난다고 입에 대지 않으면 결국엔 자기를 억울하게 하고 자기에게 푸대접하는 것이다. 스스로를 박대하는 것은 자각하지 않는 죄이다. 등등 만신창이 되도록 비평을 받았고 중과부족으로 당해내기 어려웠으며 반박할 마음도 없었다.

방금 전 노부인에게 그를 대신하여 그의 아들을 설득해 보겠다고 대답했으나 기회가 없어 권고하지 못한 일이 생각나서 노부인의 말을 그대로 여러 사람에게 전달하고 이후에 나 대신 그를 설득하기를 바랐다. 다들 또 내가 쓸데없는 걱정을 한다고 빈정댔다. 사실 안전을 위해 전기철조망을 설치하고 집 지키는 사람을 고용해야 한다. 돈도 있겠다. 돈 있는 사람들의 특별한 생활방식을 거절할 이유가 있는가. 등등.

아마 1995년 2월 구정 때 즈음이었을 것이다. 그 '부호' 집이 폭파당했다는 소식을 들었다. 다섯 식솔 중에서 2명이 죽고 한 사람이 상했단다. '대부호'와 그의 마누라는 폭사하고 14살 되는 아들은 중상을 입고 중증 불구가 되었다. 범인은 그가 고용한 집 지키는 사람이었다. 그 젊은이와 여종이 부정한 관계를 맺었는데 그 자신도 여종과 부정한 관계를 맺고 있었다. 결국 이것이 화근이 된 것이다.

또 금광을 경영하는 한 사람을 알고 있었는데, 들은 바에 의하면 이미 인민폐 3천만 원 이상의 재산을 가지고 있었다. 그에게는 귀염둥이 딸이 하나 있었는데 영화 학원 또는 희극 학원 연기학과를 지원하여 장래 스타가 되기를 열망하였다. 어느 해 그녀는 북경에 와서 이 사람 저 사람 찾아다니다가 결국 친구의 친구를 통해 나를 소개받았다.

그가 부자가 된 과정은 그렇게 '명예'롭지 못했기 때문에 그 비밀을 엄밀히 감추고 누설하지 않는다고 추측한다. 그야말로 "수단과 방법을 가리지 않고 탈취했다"고 해도 과언이 아닐 것이다.

그의 고향 산에는 금광이 있었는데 그는 금광을 찾는 데 아주 풍부한 경험을 가지고 있었다. 하지만 돈이 없어 독자적으로 채굴하지 못하고 다른 사람을 대신하여 금광을 찾고는 '경비'를 좀 벌었다. 그는 위탁한 사람을 대신하여 금광을 찾을 때 불의(不義)의 마음을 품었다. 두터운 광물이 있다고 추측되는 곳은 일부러 에돌아 팠다. 다른 위탁한 사람에겐 금맥이 얇은 곳만 알려 주었다. 1년 후 그 산의 금맥이 두터운 곳은 똑똑하게 그의 마음속에 새겨졌다. 그 후 돈 있는 사람들을 널리 사귀었다. 현지의 돈 있는 사람은 사귀지 않고 의도적으로 먼 성(省)의 돈 있는 사람만 사귀었다. 마침내 광동의 재력 있는 한 사람이 그의 설득 하에 마음이 동했고 진심으로 투자하여 그와 공동으로 채굴하였다. 그는 이전의 계략에 따라 다른 사람의 돈을 가지고 산 하나를 거의 만신창이가 되도록 캤으나 금이 나오지 않았다. 그는 동업자에게는 내가 무슨 토지신도 아닌데 아무리 산에서 금 캐는 경험이 많다 해도 파는 곳마다 금이 나올 수 있겠는가? 당신은 아직도 금을 가질 생각을 하는가? 만약 그렇게 생각한다면 돈을 더 투입하여 계속 파야 한다고 말했다.

돈을 한 번 투입하면 10만, 20만 원을 투입해야 하는 데에 상대방은 마음이 서늘해졌고 결국 그와 계약을 파기하고 '관계를 끝냈다.' 이는 그의 예상대로 들어맞았으며 그의 음모도 끝내 실현되었다. 그는 식은 죽 먹기로 채굴작업을 대규모로 시작했고 금광도 연이어 드러났다. 당시에 광산은 관리가 부족하고 신경을 쓰는 사람이 없었다. 금광석 한 트럭에 순도가 높을 경우 10만 원 내지 20만 원까지 팔 수 있었다. 이때사 그 광동의 부자는 속임수에 빠졌다는 것을 알고 달려와서 시비를 따졌다. 허나 그는 '본바닥 사람'으로서 집안에 형제가 많았고 가족 중에는 목숨을 내걸고 싸움질하는 불량배도 많았다. 결국 그 광동의 부자는 한바탕 얻어맞은 후 목숨만 겨우 건지고 도망가다시피 갔으며 다시는 시비를 따지러 올 엄두를 못 냈다.

이상의 이 '역사'는 필자가 전화상에서 꼬치꼬치 캐물어서야 친구의 친구가 얼버무리면서 나에게 알려준 것이다.

3천만 원 재산을 가진 남자가 나에게 건넨 훈제명함 장에는 '××호텔 동사장'

및 '××금은방 총경리'라고 쓰여 있었다. '금광 채굴법' 실시 후 그는 금광 캐는 일에서 손을 뗐다. '동사장' 및 '총경리' 뒤에 의외로 묶음표가 인쇄되어 있었다. 묶음표 안에는 '사유(私有)'라는 두 글자가 쓰여 있었다. 글자는 다른 글자와 크기가 같았으나 잉크 색은 눈에 확 띄게 유달리 검었는데 중점을 강조하려는 뜻이 역력하였다.

그는 필자가 만났던 '대부호' 중에서 가장 유별난 한 사람이었다. 왜냐하면, 다른 사람은 자기 기업 또는 회사 성격을 이야기할 때면 솔직히 말하지 않고 엉뚱한 이야기를 하는가 하면 또 말을 얼버무려 버린다. 분명 '사유' 성격이지만 늘 말하기를 꺼리는 모습을 드러내 좀 눈치 있는 사람이라면 그건 물어보지 말아야 할 개인 비밀임을 직감하게 된다.

그러나 이 사람은 어떤 심리에서 나왔는지 몰라도 '사유'란 두 글자를 자기 명함 장에 인쇄하였다. 이는 일부 사람들이 명함 위에 특이한 묶음표, 그 안에 '정(正: 중국에서 일반적으로 직위를 과시하기 위해 일부 사람들이 더 첨가하는 단어다. 처장이면 처장이지 굳이 正자를 더 첨가하는 의미) 처장', '정(正) 국장' 또는 '정(正) 처장에 상당함', '정(正) 국장에 상당함' 및 어떠어떠한 '수당'을 향유한다는 등의 글자를 인쇄한 일들을 연상시키게 한다. 사람 심리란 어떤 방면에서는 정말로 괴상한데 의미가 있을 뿐만 아니라 재미도 있다.

그의 귀염둥이 딸은 외모도 그저 그렇고 기질도 없어 보였다. 보건데 영화대학 또는 희극대학 연기학과에 입학하여 스타가 되려는 것은 진짜 자기 주제를 모르고 하는 생각 같았다. 그리고 지혜 측면에서도 둔한 처녀인 것 같았다.

솔직하게 단념하라고 권고했으나, 그는 "나는 친구의 소개로 자네를 찾아왔네, 내 딸 앞에서 그런 저주를 말아 주게. 난 돈이 있으니깐 어떻게든지 딸의 소원을 이루어줄 것이네. 솔직하게 말해보게, 내 딸을 배치하는 데 얼마면 되겠어? 얼마라도 괜찮아, 난 낼 수 있어."

인내심을 갖고 그에게 이건 돈으로 해결할 문제가 아니라고 알려 주었다. 영화대학에는 나의 친한 친구가 몇몇 있다. 희극대학에도 내가 아는 사람이 있다.

허나 이 두 학원은 모두 전 중국 최고의 예술대학이고 또 당신의 딸이 지망한 것은 연기학과이다. 배우가 되려면 선천적 조건도 필요하다. 선천적 재능 부족은 면접이란 이 고비도 넘길 수 없다고 얘기해 줬다.

뜻밖에 그는 화를 내면서 내 말을 뚝 자르고는 큰 소리로 떠들어 댔다. "왜 돈 문제가 아닌가. 나도 세상 물정을 모르는 사람이 아니네. 전 중국의 동에서 서로, 남에서 북으로 난 거의 다 돌아다녔어. 무슨 일이나 다 돈 문제라니깐. 왜 북경만 아니라고 하는가? 북경은 중국 수도가 아니란 말인가? 내 보건데 북경에서 핵심적 문제는 역시 돈 문제야. 그저 당신네 북경 사람들은 돈 문제를 공개석상에 내놓고 말하지 않을 따름이네. 당신네 북경 사람들은 너무 뒤처졌어. 아직도 돈 문제를 똑똑히 몰라."

후에 그의 말투는 반박식에서 훈계식으로 변했다. 이른 아침부터 아직 세수도 하지 않았고 아침밥도 먹지 않은 판에 한바탕 불청객의 훈계부터 들으니 마음속에 얼마나 울화가 치미는지 몰랐다.

그는 또 호되게 말했다. "때문에 당신네 북경에선 왕보삼(王寶森: 북경시부시장. 1995년 부패혐의로 자살함)같은 사람이 나오잖아."

"여보게, 소리를 낮춰. 이웃들이 들으면 우리 집에서 싸움질하는 줄로 알겠어." 하고 말했다.

완곡한 어투로 기꺼이 도와주고 싶지만 힘이 모자란다고 말한 후, 거의 굽실거린다할 정도로 공손하게 그에게 양해를 구했다. 의의로 그는 노발대발하면서 자기 딸을 끌고 밖으로 걸어 나갔다. 나가면서 자기가 들고 온 선물 백에 발이 걸렸는데 불만을 발산하듯이 발로 선물 백을 걷어찼다. 그는 밖으로 걸어 나가면서 투덜거렸다.

"북경은 어찌 된 영문인가? 북경이 뭐가 대단한가? 인민폐가 북경에선 돈이 아니야? 난 그렇다고 믿지 않아!"

한여름이라 아래위층 이웃들은 천장에 난 주방 공기창으로 그의 분에 찬 한

마디, 한 마디 말들을 똑똑히 들었다. 난감하기 이를 데 없었다.

그가 문을 나선 후 곧바로 전화기를 들고 나를 소개한 친구의 친구에게 한바탕 욕을 퍼부어 버릴까 생각했다가 결국은 전화를 걸지 못했다. 몸을 돌렸다가 땅바닥에 넘어진 선물 백이 한눈에 들어오자 분통이 터져 그의 뒤를 쫓아가 돌려주려 생각했다가 귀찮아서 그것도 그만두었다. 더구나 그것은 '제비집' 계열의 보양식품이라 돌려주지 않았다 해서 탐욕스럽다고 할 수는 없다.

그 후에 속으로 그 부호가 면전에서 거절당한 적이 거의 드물 것이리라는 생각이 들었다. 비록 내가 완곡하게 거절하였으나 필경 그것도 거절인 것이다. 더구나 그의 딸 앞에서 거절한 것이다. 때문에 '대부호'도 당연히 악에 받칠 만하다.

중국에서 돈은 특급 통행증과 같은 물건이다. 마치 일부 '스타', '거물급 스타'들이 지나친 총애를 받아 버릇없는 것처럼 부자들도 모두 버릇없는 것 같다. 다행히 극히 일부지만 그들이 돈으로 해결할 수 없는 일도 있다.

그렇지 않으면 97년도 중앙TV방송국 춘절(설)의 디너쇼 중 한 단막극의 대사, 즉 돈만 있으면 귀신도 부릴 수 있다는 말이 현실로 되어 버리지 않는가? 그 부호 중에 어떤 남자들은 재능도 없고 무능하고 인품이 모자라다. 특히 인품 방면에서는 더더욱 그들의 지난 일들을 차마 언급할 수가 없다.

어떤 남자들은 단지 자신의 청춘을 밑천으로 삼고 십수 년을 하루와 같이 기꺼이 외국 돈 많은 귀부인의 '양아들' 또는 이른바 '노리개'가 되었다가 끝내 '득도'하여 유산을 계승한 후 금의환향하며 변신하여 귀국 후 부자 행세를 한다.

어떤 여자들은 예쁜 용모와 요염한 자태에만 의지해서 육체를 자본으로 자기 몸을 해외 돈 많은 영감에게 팔아 그들의 '소실' 또는 이른바 '첩', '작은 마누라'가 된 후 고급 별장에서 살고 명차를 몰고 다니면서 돈을 물 쓰듯 하는 부귀한 생활을 누린다.

그러나 분명한 것은 우리가 상기 부류의 남자와 여자를 논할 때 관념의 작용이라는 문제가 존재한다는 것이다. 도덕규범의 관습법에 따라 세인에 대해 설교하자면 전통적 논리는 대개 이러하다. 만약 한 남자가 각 방면으로 모두 정상에서 있을 뿐만 아니라 또 아주 젊다. 헌데 그가 한 노파의 여생의 종속물이 되기를 원한다면 우리 세상 사람들은 질문할 필요도 없이 속으로 저 사람은 꼭 무슨 의도가 있는 사람이라고 생각한다. 또한 만약 그 노파가 아주 많은 돈이 있다면 우리 세상 사람들은 약속이나 한 듯이 일치한 결론을 내린다. 그는 돈을 탐내고 있다고.

이에 우리 세상 사람들은 만장일치로 그런 모습을 하찮게 여긴다. 그와 노파 사이에 꼭 일종 '비도덕'한 거래가 달성된 것이라고 생각한다. 따라서 그를 대하는 우리들 사상의 관점은 의심할 바 없이 '심판'에 가까운 성분이 개입되었다. 그리고 그의 남자로서의 '도덕적 자격'도 우리들 관념의 벌패(罰牌)에 의해 감점을 당한다.

하지만 상대방이 노파가 아니라면? 만약 여자와 남자가 연령이 어울린다면 어떨까? 그러면 우리 세상 사람들의 사상 관점에는 의심할 여지도 없이 질투의 성분이 더 많이 포함될 것임에 틀림없다. 가령 수양으로 질투와 열등감을 극복한 사람이라 할지라도, 대개 속으로는 인정하여 그 실재는 잘 어울리는 '행운의 결합'이라고 간주할 수 있다.

또 만약 그녀가 명문귀족의 후대라면 어떨까? 그리하여 '비도덕'한 '거래'는 흔히 '행운의 결합'으로 인정될 뿐만 아니라 미담으로 전해질 수도 있다.

만약 여자 쪽이 돈이 많고 명문귀족의 후손일 뿐만 아니라 예술가이거나 또는 비록 예술가는 아니나 예술을 사랑하는 여자라면 상황은 어떻게 되는 걸까? 이때 거의 예외 없이 미담은 일화로 승화하고 책에 기재될 것이며 소설가 또는 극작가의 창작 소재로 될 것이다.

같은 일일지라도 여자가 노파가 아니거나 돈이 많은 외에 기타 '바람직'한 면이 있기만 하면 세상 사람들의 태도는 순간순간 변한다.

위대한 소설가 스탕달의 《적과 흑》이 출품된 이래 남자든 여자든 물론하고 세상 사람들은 모두 그 프랑스 작은 도시의 목공의 아들 줄리앙 소렐(Julien Sorel)에 대한 동정심으로 차 넘친다. 그러나 줄리앙이 시장의 아내인 드 레널 부인을 사랑하게 된 것은 사실 평범한 외도가 아니다. 최근 말대로 하면 운명을 개변시키려는 시도와 환상이 전혀 섞이지 않았다고 말할 수 없다.

그러면 세상 사람들은 왜 줄리앙을 동정하는가? 그것은 드 레널 부인이 노파가 아니기 때문이다. 때문에 한 청년이 '상류사회'에 몸담기를 간절히 바라는 야심이 애절함으로 시작되어 비극적으로 끝나는 사랑 이야기에 의해 포장된 후 다른 뜻을 갖게 되었고 세상 사람들의 이해 척도에 의해 포용된 것이다.

같은 논리를 전제로, 우리 세인들은 또 루소와 몇몇 귀족 부인간의 '부정한 치정관계'를 상당히 포용한다. 《참회록》에서도 아주 자세하게 기술하였는데 그는 그녀들의 돈을 쓰고 그녀들의 후한 경제 원조를 받았으며 동시에 그들과 '친애(親愛)'하는 의존성 '거래' 관계를 유지하였는데 그녀들 서로 간에 시샘할 정도였다. 요즈음 말로 표현하자면 '돈 많은 부인에게 달라붙은' 것이다.

다행히 그 귀부인들의 연령은 가장 많은 사람이라 해도 젊은 루소의 어머니 나이에 못 미치는 정도로 희롱질을 해도 될 정도에 그쳤고 그의 할머니뻘이 될 정도로 많은 나이는 절대 아니었다.

이렇게 보면 오직 한마음 한뜻으로 '두각을 나타내려'는 남자들, 더욱이 청년들과 일부 돈이 많거나 신분이 고귀하고 권세가 있는 여인들 간 관계에서 연령 차이를 대수롭지 않게 우리 세상 사람들이 받아들일 수만 있다면, 우리는 이런 세태로 귀결되는 '추악한 인식'의 범위에서 벗어나야 한다.

우리는 수시로 우리의 '사상적 관점' 및 '관념적 척도'를 시정할 준비가 되어 있어야 한다. 또한 필자는 세상 사람들이 이러한 포용에만 그쳐서는 부족하다고 생각한다.

27~8세의 한 중국 청년이 중국 '개방' 초기에 자기 머리카락을 기괴한 스타일로 지지고 금방 중국에서 유행하기 시작한 '두꺼비 안경'이라고 불리는 선글라스를 끼고 역시 중국에서 금방 유행하기 시작한 붉은색 또는 노란색 나팔바지를 입은 후 하루 종일 북경호텔 등 큰 호텔의 문어귀에서 서성거리다가, 일부 중년 이상 된 외국 여인들을 지켜보면서 운이 좋게 그녀들에게 접근하여 그녀들과 사귄 후 자신을 외국으로 데려가기를, 또 운 좋게 상류 중국인으로 되기를 기대한다……

이러한 세태, 이러한 청년에 대해 우리는 도대체 어떻게 대하고 어떻게 논해야 하는가?

'도덕'과 '부도덕'의 규범으로만 한정하지 않는 편이 좋다고 생각한다.

왜냐하면, 기왕 우리가 줄리앙과 여인들의 관계에 대해 동정하고 루소와 여인들의 관계를 에피소드 정도로 대하는 이상 사실 우리는 그런 세태, 그런 청년들에 대해 너무 신랄하게 질책하지 말아야 한다. 사회와 그 본인에 대해 말하면 그가 부호로 되는 것이 '건달'로 변하는 것보다 천배 낫다.

반대로 돈을 소유하는 것을 인생의 최고 목표로 삼는 일부 여인들이 자신의 청춘 미모를 도박 밑천 또는 자본(본전)으로 삼아 돈 있는 남자 또는 거상과 거래하고 막대한 이익을 얻는 세태 속에서 우리는 인생관의 옳고 그름만으로 이를 구별하기는 아주 어렵다. 이런 세태는 갈수록 '보편'적으로 존재하며 우리의 평론도 갈수록 곤혹과 난처함에 빠져든다.

필자는 다음과 같은 여인을 알고 지낸 적이 있다. 그녀는 20세기의 60년대에 태어났으며 70년대 후기 대입시험에서 떨어진 후 사회에서 방황하며 헤매고 다녔다. 1983년 23세 때 그녀는 한동안 홍콩의 한 영세 사업가가 '기르는' 대륙의 첩질을 했다. 24살 중반에 그녀는 또 한 번 '인생 보트'를 갈아탔다. 25살 중반에 와서 그녀는 물찬 제비마냥 늘씬하고 아름답게 변했으며 그래서 또 한 번 '운반체'를 바꿨다. 그의 인생은 25살 중반에서부터 변화가 발생했다. 상대방이 그녀에게 별장을 사 주겠다고 했으나 그녀는 거절했다. 상대방이 명품 차를 사 주겠다 할 때도 그녀는 거절했다. 그녀는 자신이 장사를 하겠으니 투자를 해 달라고 요청했다. 이는 56~7세 된 반늙은이의 예상과도 딱 들어맞았다. 왜냐하면 그 태국 화교 상인은 한창 중국에서 투자 대리인을 물색하고 있는 중인데 일이 잘 되지 않았던 것이다. 만약 자신의 '첩'이 자신을 대리한다면 한시름 놓을 수 있었던 것이다. 그래서 서로는 계약을 체결하고 이윤을 반반 나누기로 했다. 그는 먼저 인민폐 2백만 원을 투자하여 남방 모 도시에 호텔을 세웠다. 그녀는 경리(經理: 관리책임자. 혹은 대표)직을 맡았는데 제법 경영을 잘 했다. 그가 중국에 오면 그녀는 그의 '준 부인'이었고 그가 출국하면 그녀는 자신을 위한 '준 남편'들을 찾아 감정과 생리 수요를 만족시켰다. 1년 후 그 화교 상인은 그녀가 잘 경영하여 일정한 성과를 거둔 것을 보고 인민폐 5백여만 원을 추가 투자하여 규모가 상당한 의류회사를 세웠으며 그녀는 그 공장 경리직도 겸임하였다.

그녀는 30여 살 되는 해에 끝내 트집을 잡아 그 화교상인과 사이가 틀어졌다. 그 당시 그녀 자신의 비자금은 거의 인민폐 천만 원에 달했다. 계약에 따라 그 반늙은이, 아니 당시 이미 60대가 되었으니 진짜 늙은이가 된 그는 시원스럽게 그녀에게 3백만 원을 보상해 주었다. 그의 본처 및 성인이 된 아들딸들이 중국에서의 스캔들에 대해 다소 꿰뚫어 보고 정중하게 가족회의를 소집하여 그를 '도와'주었기 때문이었다. 또, 그는 그녀로 인해 가정 분규를 일으키는 것을 원치 않았고 그녀가 헤어지자고 제의한 것이 자기가 생각하는 바와 꼭 들어맞은 것이었다.

이 상황의 전반적 과정에서 금전 관계는 당연히 본질적 관계이다. 이 점은 서로가 다 잘 알고 있었으며 쌍방도 솔직히 말하는 것을 꺼리는 것은 아니었다. 여기서 우리가 새겨 볼만한 것은 그는 자기가 이용당했다고 생각하지 않았으며 특히 자기가 손해를 보았다고 생각하지 않는다는 점이다. 왜냐하면 그 6~7년 동안 그가 중국에 올 때마다 항상 다른 사람의 의중을 잘 헤아리는 미녀가 동행하고 잠도 같이 자면서 그와 함께 즐겨 주고 또 인민폐 천여만 원을 벌어 주었기 때문이다. 사실 그도 그 무슨 손실을 입은 것이 없었다. 그는 못내 아쉬워하면서 그녀와 헤어졌다.

그녀도 자신이 손실을 보았다고 생각하지 않았다. 25살 중반에 그녀가 그에게 '달라붙을' 때 그 자신은 아무것도 없었고 겨우 십여 평방미터 되는 작은 방밖에 없었는데 그것도 임대한 것이었다. 30여 살에 이미 천만 원 이상을 소유한 '돈 많은 부인'이 된 그녀는 자신이 아주 운이 좋다고 생각했다. 당시 자신의 몸을 '주식(종자돈)'으로 한 '합자' 결정은 얼마나 고명하고 정확하며 의의가 있는 것인가. 그것은 25살 중반에 아무것도 없는 여인, 고졸 경력밖에 없는 여인을 놓고 볼 때 자신의 청춘과 미모, 다시 말하면, 자신의 '선천적 자원'을 '주식'으로 성공적인 '합자'를 하여 신속히 자신을 돈 많은 여자로 만들 수 있는 것은 이것 외에 기타 아무런 수단도 없기 때문이다.

"솔직히 말씀해 보세요. 그래 기타 수단이나 방법이 있어요?"

겨울철 어느 날 오전, 우리 집 거실에 비쳐드는 따스한 햇볕 속에서 그녀는 일부러 천진난만한 척 하면서 두 눈을 크게 뜨고 날 지켜보면서 질문했다. 그의 눈에는 생각이 단순한 여고생과 같은 솔직함이 담겨져 있었다. 놀랍게도 그런 단순함이 여인의 능숙한 연출기교인지 아니면 그의 실제 학력의 한계로 형성된 것인지 판단할 수가 없었다.

"정말이네요, 다른 어떤 방식이나 방법이 없군요." 하고 나는 말했다.

"선생님은 모르실 거예요. 이전에 내 꿈은 작가였어요."

그는 조롱기가 다분한 웃음을 지었다. 그녀가 비웃는 대상이 그 자신이 아니라 나를 포함하여 이미 작가가 된 사람이라고 생각했다.

"그래요?"

'그래요'라는 세 글자를 내뱉고는 다음 무엇을 말하면 좋을지 몰랐다.

북경 모 신문사에 근무하는 나와 친한 여기자가 2번이나 전화로 방문시간을 예약해 왔기 때문에 그의 안면을 봐서 자택에서 최고급의 예의로 이 여자를 영접하게 된 것이다.

"꼭 그녀를 만나 봐요. 그녀가 많은 신 개념을 가져갈 것이고 당신의 기존 관념은 와르르 무너져 버릴 거예요."라고 그 기자 친구가 전화에서 내게 이렇게 말한 것이다.

여기자에게 내가 집에서 접대할 손님 상황을 좀 소개해 달라고 요구했다. 예를 들면 그녀는 어떤 직업에 종사하는지, 나를 꼭 방문하려는 목적은 무엇인가?

그녀는 어떤 협조를 받기를 원하는지? 만약 그녀가 즉석에서 도움을 요구하여 그것이 나의 능력을 벗어난다 해도 최선을 다해 도와주어야 하는지 등등.

"왜 그런 것들을 물어요? 그녀는 직업이 없어요. 그녀는 직업이 필요 없어요. 줄곧 풍족한 환경에서 고귀한 생활을 보냈어요. 솔직히 말해 주지요. 그녀는 인민폐 천만 원 이상 재산을 가진 대부자인데 당신에게 무슨 도움을 바라겠어요. 그저 당신과 낯이나 익히고 그냥 문학 창작이나 인생 같은 것을 이야기하자고 그러는 거지, 그 외에는 기타 아무 목적도 없을 겁니다……."

기자 친구는 거듭 나의 근심을 없애 주려는 듯 했다. 그녀의 말투는 자신과 그녀 간 관계가 범상치 않음을 암시해 주고 있었다.

그러나 그녀가 '돈 많은 부인'으로 살게 된 방식과 방법에 대해서는 기자 친구가 사전에 나에게 알려준 것이 아니라, 그녀 자신이 내 맞은편 소파에 앉아 가느다란 손가락에 긴 여성용 담배를 꼬나물고 입으로 담배연기를 내뿜으면서 흥미진진하게 말해 준 것이다. 이야기할 때 그녀는 눈을 가늘게 뜨고 마치 회의록을 구술하는 듯했고 얼굴엔 여전히 여고생 같은 단순한 솔직함이 어려 있었다. 이때에도 그것이 도대체 능숙한 연출 기교인지 아니면 그녀의 진짜 본성 혹은 성격인지 판단하기 어려웠다.

그녀는 또 "선생님은 혹시 아세요? 내가 20여 살 먹고 아직 미취업 처녀이던 시절 선생님은 《신기한 토지》를 써서 이름을 날렸어요. 그때 내가 선생님한테 편지도 쓰고 전화도 했어요. 또 '북경영화제작소'에 가서 선생님을 찾은 적도 있어요."

나는 여전히 "그랬어요?" 하고 반문했다.

"당시 선생님한테 편지를 쓴 여자애들이 꼭 많았을 거예요. 선생님은 당연히 기억하지 못하지요."

"내 기억력은 확실히 나쁩니다. 헌데 그때 '북경영화제작소'에서 날 만났어요?" 하고 물었다.

그녀는 긍정적으로 머리를 끄덕였다. "그 당시 선생님은 '북경영화제작소' 마지막 줄 2층짜리 작은 건물에서 살았어요. 그 건물은 아주 낡았는데 대각선 쪽엔 '북경영화제작소' 초대소가 있었구요. 그날 내가 '북경영화제작소' 초대소에 가서 한 여배우를 방문하였는데 나중에 문뜩 선생님도 '북경영화제작소' 뜰 안에 살고 계신다는 것이 생각났습니다. 그때는 여름이었는데 저녁 무렵 나는 층집 앞에서 시원한 바람을 쐬는 사람이 있기에 다가가서 선생님이 몇 층에 사시는가 물어보았어요. 그는 주위를 두리번거리더니 손가락으로 가리키면서 '양효성 선생이 저기 있잖아요.'하고 알려 주었어요. 그가 가리키는 방향으로 보니 선생님은 멀지 않은 곳에서 한창 유모차를 밀고 있었는데 대머리에 반바지를 입고 있었어요. 위에는 러닝셔츠를 입고 있었는데 긴 아래 깃을 반바지에 밀어 넣지 않아 마치 아래옷을 입지 않은 것 같았어요. 당시 그 모습은 나에게 유달리 따분한 감을 주었어요. 선생님을 만나려 했던 생각도 무미건조한 것 같아 다가가서 말을 걸지 않았어요……."

"맞아요, 그 사람이 바로 나요." 하고 말했다.

그녀는 "당시에 왜 대머리를 했어요? 마치 금방 석방된 노동교화를 받은 죄인처럼 말이에요. 개성을 강조하기 위해서예요, 아니면 사회에 불만이 있어서 그랬어요?" 하고 물었다.

"모두 틀렸습니다. 그저 그해 여름이 너무 더웠기 때문이지요."라고 대답했다.

그녀는 말머리를 돌려 "선생님은 돈에 대해 어떻게 봅니까?"라고 물었다. 그녀의 이 물음에 멍해진 나는 잠시 생각에 잠겼다…….

그녀는 "생각하지 마세요. 즉시 대답하세요. 즉시요!" 하고 말했다.

나는 여전히 망설이면서 말했다. "특별히 독특한 견해는 없어요. 그저 돈이 사람에게 중요하다고 생각할 뿐입니다."

"어느 정도로 중요한데요? 생각하지 말고 즉시 대답해 주세요."

나는 눈살을 찌푸리면서 말했다. "내 집에서 날 심문하는 것 같네요."

그녀는 빨간 입술을 살짝 벌려 가지런하고 하얀 이를 드러내면서 아주 매력 있는 웃음을 지었다.

"토론하면서 즐기자는 것뿐이에요. 가르침을 청한다 해도 되고요. 선생님은 돈과 권력 그리고 예술 3가지 중에서 어떤 추구가 가장 영구하다고 생각하십니까?"

"예술일걸?" 하고 말했다.

그녀는 "틀렸습니다. 사실 저는 오늘 선생님과 이 화제를 이야기하려고 찾아온 것입니다. 저는 선생님이 쓴 책《인멸》을 읽어 보았습니다. 선생님은 마치 금전을 추구하기만 하면 도덕·정신·영혼 모두가 만회할 수 없이 타락하는 것 마냥 금전을 비판했었습니다. 나는 이런 생각이 들었어요. 이 작가님은 정말 안빈낙도(安贫乐道)하면서 사는지? 아니면 겉과 속이 다르게 다른 사람 앞에서 일부러 꾸미는 건지? 제가 너무 솔직히 말하는 것 같은데 혹시 선생님 화 나셨나요?"라고 말했다.

"화나지 않았어요."

이런 여인 앞에서 어찌할 도리가 없었다. 필자는 안빈낙도를 주장하지 않았으며 그 책《인멸》도 돈을 비판한 것이 아니라 금전만능·배금주의 인생관을 비평한 것이라고 말했다.

그녀는 어쨌든 다 같은 것이라고 말했다. 양효성 선생님 당신이 기왕 돈이 사람에게 중요하다고 승인한 이상 사람이 아주 중요한 것을 추구하는데 무얼 탓하는가? 어느 누가 사람 마음속의 돈에 대한 추구 열정이 어느 정도 내에서 당연한 것이고 어느 정도를 초과하면 배금주의라고 명확하게 구분할 수 있는가?

그녀는 또 이렇게 말했다. 사람이 죽으면 일생동안 추구하던 권력도 따라서 상실된다. 설사 세습 제도를 수립하였다 하더라도 세대가 바뀌는 충격을 피하지 못할 것이다. 천자가 바뀌면 아래 신하들도 모두 바뀐다, 당신이 세습인지 아닌지 누구도 상관하지 않는다. 사람이 죽으면 그가 일생동안 추구해 오던 예술도 금전화 될 것이다. 혹은 다른 사람이 경매하거나 혹은 자기 후손이 돈으로 바꾸게 되며 혹은 아무런 가치가 없거나 혹은 백만 원, 천만 원 가치에 상당할 것이다. 당신네 작가·극작가들은 너나없이 자신의 작품이 고가에 경매되기를 간절히 바라지 않는가. 만약 가격이 저렴하면 속이 부자연스럽고 불복하고 아주 고통스럽지 않은가. 아무런 가치가 없다면 아주 실망스럽고 허전하지 않은가. 전체적으로 보면 당신네들도 금전을 추구하는 것과 무엇이 다른가. 그저 당신네들은 간접적으로 매니저를 통해 목적을 달성할 뿐이지. 허나 예술재능은 보통 유전되지 않는다. 예술가의 후손들도 저속한 사람들이 흔하디흔하다.

그녀는 계속 말했다. 인간의 금전에 대한 추구는 오히려 크게 다르다. 권리(權利)에 비해 금전은 사람의 쇠망에 따라 소멸되지 않는다. 예술에 비해 금전은 후대에게 남겨주어 계승할 수 있는 실물이다. 금전은 예술품을 소장하는 방식을 통해 가치를 보존하거나 상승시킬 수 있다. 허나 예술품이 금전으로 변할 수 없다면 누가 예술을 거들떠보겠는가.

또, 세상에서 금전만이 후세에 길이 빛나고 영원히 시대에 뒤떨어지지 않는 물건이라고 말했다. 미국에서 백 년 전의 예금증서 1장을 발견했는데 지금까지 유효하다. 별것 아닌 십여 달러가 이미 수천만 달러로 변했다고 말했다.

그녀는 부자들의 상투적인 그 말, 즉, 가난하여 남은 것이란 돈밖에 없다는 말을 믿지 말라고 했다. 그 말은 부자들이 일부러 자신을 조소하고 가난한 사람과 자신을 놀려서 즐겁게 하자는 말이다. 그녀는 또 일부 기자·문인·사회학자들은 그 말을 곧이 듣고 아주 그럴듯하게 부자들을 구해주자!고 호소하는데 얼마나 익살스러운 일인가!라며 말을 이었다.

그녀는 계속해서 말했다. 난 지금 부유해졌고 돈도 있어요. 그리고 예전에 가지지 못했던 충실감을 느끼지요. 헌데 난 왜 공허하다는 느낌이 들지 않을까요? 그저 단지 이따금 적막하고 단조로울 뿐이지요. 그래서 외국 관광을 하며 마음껏 즐기고 돈을 물 쓰듯이 쓴답니다. 그래요! 당신네 문인들은 공허하고 적막할 때가 없는가요? 가난한 사람은 없는가요? 나의 공허함과 적막은 당신들에 비해, 또 가난한 사람들에 비해 아주 고급스럽지요. 만약 내가 20가지 방식으로 정신적 공황을 해소할 수 있다면 당신네들은 과연 몇 가지 방식이 있는가요? 가난한 사람들은 또 몇 가지 방식이 있는가? 때문에 결국 사람은 돈의 이점을 추구하기 마련이고 돈의 장점을 아무리 말해도 끝이 없다. 왜 세상 사람들은 진위를 전도하려 하고, 이 점을 한사코 회피하려는지 모르겠어요.

그녀는 또 자신이 금전을 취득한 경험에서 체면이 없고 입에 담을 수 없는 수치심을 느낀 적이 조금도 없다고 말했다. 만약 남자의 학식과 재능이 자본이라면 여자의 청춘과 용모는 왜 원시발행주(종자돈)가 될 수 없는가? 권력을 추구하는 한 사람이 국장이 되려고 하는데 목적을 달성하여 국장이 되기만 하면 그 수단이 얼마나 비열한지와 관계없이 그가 성공했음을 의미하지 않는가? 또한 시간이 지나면 일부 사람은 여전히 그의 환심을 사려 하고 빌붙는다. 권력 투쟁 시 상대방이 우위를 차지하면 나는 하위를 차지하고 권력을 얻은 사람은 항상 다른 사람이 권력을 상실함을 전제로 한다. 여자가 자신의 청춘과 용모, 좀 더 솔직히 말해, 자신의 육체에 의지하여 모든 사람들이 인생에서 아주 중요하다고 인정하고 내심으로 많으면 많을수록 좋다고 생각하는 금전을 추구하여 얻었다 한다면, 그는 다른 사람의 이익을 해치지 않았고 사회에 화근도 남기지 않았는데 나쁠게 있는가?

그녀는 자신의 경력을 책으로 쓸 타산이라고 말했다. 이 책을 통해 자신과 같은 여인들을 위해 사회에 공정한 평가를 호소하고, 자신의 금전관과 여인의 도덕관을 서술할 것이며 각종 세속적 편견이 자신과 같은 여자들에게 뒤집어씌운 도덕적 오점을 씻어버리겠다고 말했다.

마지막으로 그녀는, 탈고 후에 지도를 좀 해 달라고 부탁했다. 내 수준이 낮고 관념도 경직되고 보수적이어서 중임을 맡을 것 같지 못하다고 나는 정중히 말했다.

그녀는 "선생님, 거절하시지 마세요, 날 도와 출판사를 연계해 달라는 것도 아녜요, 내가 도서번호를 사서 자비로 출판하면 되잖아요. 또한 가장 좋은 종이를 쓰고 일류 인쇄 공장을 찾아서 인쇄할 거예요……."라고 이야기했다

그녀가 떠난 후 내 머릿속은 아주 혼란했다. 줄 곧 나 자신만이 옳다고 생각했던 관점이 그야말로 유례없는 '폭격'을 받았음을 인정한다. 그러나 마침내 흐지부지될 정도로 무너지지는 않았다.

소파에 앉아 조용히 생각했다. 그 여인의 논리에는 확실히 틀린 곳이 있다. 헌

데 어느 곳이 틀렸을까? 갑자기 그 까닭이 생각나지 않았다. 저녁에 아내가 퇴근해 집에 오자, 그 여인이 방문한 일과 그녀가 나에게 한 수 '가르침'을 준 것을 아내에게 들려주었다.

"그녀의 관점이 틀렸나요?" 확신을 갖지 못하는 투로 나는 물었다.

아내는 "이거 뭐 물어볼 필요가 있어요? 당연히 틀렸지." 하고 말했다.

또 "그럼 어느 점이 틀렸나?"라고 물었다.

아내는 멍해지더니 금방 답하지 못했다. 아내는 잠깐 생각에 잠기더니 말을 이었다.

"이렇게 말할게요. 만약 우리 아들이 딸애라면 당신은 그 여인과 같은 방식으로 돈을 추구하기를 바라나요? 만약 딸이 기어코 그렇게 하겠다면 당신은 아버지로서 어떻게 하겠어요?"

"나는 때릴 거요. 만약 때려도 안된다면 딸과 부녀관계를 단절할 거요."라고 말했다.

아내는 "그럼 되잖아요. 그 여인의 말이 여기가 잘못된 거요." 하고 말했다.

저녁을 먹으면서도 계속 그 생각에 잠겼다. 저녁식사 후 아들을 피해 아내를 옆방으로 데리고 들어간 후 가만히 물었다.

"방금 전 화제를 또 말하는데, 만약 아들을 딸이라 가정할 때 몇 년 후 그에게 천만 원이 생기고 우리에게 별장과 명품 차를 사 주고 또 우리를 위해 집사와 기사를 고용해 준다면 우리는 어떻게 하게 될까요? 그녀를 계속 사람으로 보지 않고 그런 딸을 인정하지 않을 거요?"

아내는 한동안 말문이 막혀 있다가 나를 한쪽으로 밀면서 말했다. "당신은 정말 짜증나요. 허튼 생각을 하지 않으면 누가 당신에게 죄를 묻기나 한답디까? 무엇이라 하면 그대로 말하네요. 그건 다른 일이잖아요!"

나는 "왜 다른 일인데." 하고 반문했다.

아내는 "귀찮게 굴지 말아요. 당신과 잡담할 시간이 없어요, 난 가서 그릇을 씻어야 해요." 하고 돌아섰다.

침대에 누워 있다가 문득 무엇인가 깨달은 듯이 생각이 일었다. 사실 그 여인
은 필자를 자연스럽게 우리 세인들의 의식 속으로 유도하여 가장 은밀한 사적
비밀에 접촉하게 만든 것이다. 상업시대는 이런 사적 비밀을 점차적으로 폭로하
게 하고 나중에 가서는 완전히 공개화시킨다. 완전히 공개된 수치(羞恥)는 더 이
상 사람에게 수치로 작용하지 못한다. 그것은 먼저 공정하고 합리적인 것처럼
변했다가 사람들이 세태를 판단하는 저급한 관념 속에서 인정받는다. 그 다음
습관화되었다가 사람들이 세태를 논평하는 고급 논리 속에서 거의 흠잡을 데가
없을 정도가 되면, 세상 사람들이 마음속으로 자연스럽게 받아들일 수 있는 수
준으로 완벽하게 보완된다.

우리 세인들에게는 그 진리 같은 의미심장한 말도 아마 크게 맞지 않을 것이
다. 그 말인즉 사람의 '자아(自我)'와 외부 영향 간의 관계는 '나는 생각한다. 고로
나는 존재한다.'이다. 그러나 실제 상황은 '나는 갈망한다, 고로 나는 존재한다.'
이다.

상업시대는 바로 인성(人性: 인간의 본성)이라는 선천적 약점을 통해, 우리 세인
(世人) 중의 일부를 특가상품으로 변화시켜 버렸다. 상업시대에 인간의 이런 이
화(異化)는 금붕어의 변종보다도 간단한 일이다. 금붕어 한 마리가 변종하려면
적어도 2세대를 교잡해야 가능하나 사람은 어떤 구체적 일의 승패를 통해서도
그 삶의 방식과 인생에 대한 태도를 충분히 완전하게 변화시킬 수 있다.

아내는 비록 나를 도와 직접 그 여사의 논리를 반박할 돌파구를 찾지 못했으
나 분명 우리 아들을 예로 삼는 사상 방식을 통해서 그 여사의 그럴듯한 논리체
계는 동요하게 되었고, 상대방이 지닌 '현대'적인 관념 중에 극히 중요한 윤리원
칙, 즉, 인간이 인간으로서 마땅히 구비해야 할 '수치심'이 결핍되었다는 것을 발
견하였다.

자연계에 환경보호 조치가 필요한 것처럼 세상 사람들에게도 윤리적 원칙이
필요하다. 보편적인 세인들의 자존심과 의식은, 남자 또는 여자가 자신의 육체

를 팔아 금전에 대한 점유욕을 만족시키는 그런 '실천'을 찬성하지 않는다. 아무리 '실천'의 성공률이 높고 식은 죽 먹기로 돈을 얻을 수 있는데다가 바다사자가 공을 머리로 받는 것처럼 멋있어 보여도 말이다. 인류가 이러한 윤리원칙 및 최소한의 자존심과 의식을 완전히 포기하기만 하면 인류의 행위현상도 동물과 별반 차이가 없는 정도로 내려앉게 되고 말 것이다.

수치심(羞恥心)이란 이런 사물이다 – 아끼면 생기고 포기하면 없어진다. 상업시대에 수치심의 상실은 자그마한 알코올 화염으로 물 한 병을 증발시키는 것보다 더 쉬우며 또 고통도 없고 흔적도 남지 않는다.

원래 인류는 그 가장 은밀한 개인 비밀이 있는데 즉, 자신의 본능적 수치심을 상실해 버리려는 그러한 시도는 유래가 깊다. 이는 우리의 오래된 의식 속에 동면하면서 시종 '정당한 이유'를 찾은 후 가장 철저하게 윤리 원칙적 측면을 배반하려고 시도하고 있다. 우리의 일부 같은 류의 인간들은 줄곧 우리 자신들이 의식하는 '최후 역할'을 발동시키려고 기회를 엿보고 있으며, 발동하기에 부족한 것이라고 한다면 그것은 단지 '정당한 이유'라는, 그것뿐이다. 이 이유가 나타나기 전까지 우리 일부 인류들은 수백, 수천 년 이래 '지칠 줄 모르고' 그것을 창조해 왔다. 예를 들면 자신의 육체를 자본으로 삼은 그 여사와 당당하게 말하는 그녀의 논리가 그러하다.

우리들 중 일부분 세인들은 수치심을 완전히 버려야만 인류가 더욱 현대적이고 진보적이며 문명화된다고 믿는 것 같다. 그러나 또 다른 일부 인간들은 내심 스스로 수치심을 가지고 있다는 것을 다행으로 여긴다. 수치심과 공존해야만 더욱 현대적이고 진보적이며 문명화된다고 여긴다. 인류의 윤리원칙은 이 두 가지가 상호 대치하면서 그 틈새가 갈수록 커지는 의식의 간격 사이에서 차츰 이러지도 저러지도 못하는 난처함과 위기성을 나타내고 있다. 하지만 분명한 것은 그 기초가 흔들리고 있음을 느낀다는 것이다. 마치 지진 발생 전 평형한 대지의 떨림처럼 말이다.

오늘날 중국에서, 필자의 의식은 두 번째 부류의 동포 쪽으로 쏠림을 표명하며 또한 그 여사의 성공을 아주 기쁘게 생각하지만 그녀의 논리는 반대한다. 솔직히 말해서 그 반대엔 그렇게 자신감이 있는 것이 아니다. 왜냐하면 나중에 안 것이지만, 그녀의 생일과 외국 노파의 유산을 물려받은 그 남자의 생일에 일부 고관 귀족 및 사회 유명 인사들이 가서 축하하고 함께 즐겼으며 그들과 사귄 것을 영광으로 생각했기 때문이다. 백 년 후, 아니 50년 후, 아니 20년이 지나면 그때 세태가 도대체 어느 사회의식의 조류를 지지할 것인가가 명백해질 것이다. 아마 지금으로선 단정하고 결론을 내리기엔 너무 이르다.

하지만 한 가지만은 비교적 자신 있게 단언한다. 그것은 바로 인류 문화적이고 예술적인 성과가 그 여사가 경멸하면서 말한 것처럼 전혀 가치 없는 것은 아니다. 개인 재산의 저축과 가족 재산 계승에 있어 사회에 행복을 가져다주는 것을 고려하지 않는다면 그것도 단순한 개인의 일에 불과하다. 이것이 바로 파산한 모 억만장자가 고층건물에서 뛰어내려 죽은 경우 중국 또는 외국에서 그저 뉴스 센세이션 효과만 조성할 뿐이며 사회적 슬픔을 자아내기 어려운 원인이 된다.

만약 어느 날 우리가 이 같은 선택에 직면했다고 하자―자신의 빵 일부를 절약해 남기거나 자신의 저축 일부를 기증하든지, 아니면 우리가 계승하고 감상하는 것들과 정신적으로 즐겼던 모든 예술을 상실하든지 말이다. 아니, 모든 것까지 필요 없고 그중 한 가지만 하여 음악 또는 미술 또는 문학을 상실하든지 두 가지 중에서 선택한다고 하자. 늙은이부터 어린애까지 어느 나라 사람이냐에 상관없이, 그리고 수많은 세상 사람들 누구라 할 것 없이 모두 자신의 빵 일부를 기여하고 아낌없이 호주머니를 열 것이라고 생각한다. 주식시장에서 폭등하는 그 어떤 주식도 이보다 더 많은 사람을 매혹시킬 수 없을 것이다.

이에 베토벤과 관련된 에피소드 한 가지가 연상된다. 연로한 베토벤은 시력이 감퇴하고 귀가 멀었다. 어느 날 그는 길을 가다가 갑자기 마음속에 음률이 차 넘쳤다. 하여 몸을 웅크리고 앉아 작은 돌 하나를 주워서 땅바닥에 빠른 속도로 오선보를 그렸다. 때마침 장의행렬이 지나갔는데 베토벤은 그들의 앞길을 막고 있었으며 그 자신은 그것을 전혀 몰랐다. 행렬 중 한 사람이 베토벤을 알아보고 큰 소리로 외쳤다. "저분은 온종일 우리를 위해 아름다운 음악을 창조하는 사람이야! 우리 방해하지 말고 마저 쓰게 하자구." 그리하여 장의 행렬은 쥐 죽은 듯이 베토벤을 반 시간 넘게 기다렸다…….

중국이든 외국이든, 과거든 현재든 아니면 미래를 막론하고 주관적 사고로 보면 일반 상황 하에서 장의행렬은 인내심 있게 한 부자가 몸을 일으켜 길을 비켜주기를 기다려 주지 않을 것이며, 또 자신의 육체를 자본으로 삼아 출세한 여인을 그렇게 인내심 있게 기다려 주지 않을 것이다.

또 어릴 때 보았던 만화책 《귀부인의 낙향》을 연상했는데 아마도 입센의 희극을 바탕으로 개작한 것이다. 너무 오래된 옛 일이라 기억이 명확하지는 않지만…….

버나드 쇼는 "가난한 사람의 딸은 그들의 밑천이다."고 말한 적이 있다. 의심할 바 없이 우리는, 버나드 쇼가 한 이 말에서 가난한 사람들에 대한 깊은 동정과 연민을 느낄 수 있다. 그런데 이런 동정과 연민이 겨냥한 것은 바로 가난한 사람들 자신의 수치심마저 보호될 수 없다는 것, 이것이 바로 불행이라는 의심할 여지가 없는 현상이다.

귀부인은 바로 그런 가난한 사람의 딸이었다. 그녀는 창녀였었다. 그녀의 금의환향으로 인해 고관과 신사들 그리고 명사들은 자신들의 영접이 변변치 못할까 안절부절못하고 제때에 찾아뵙지 못할까 걱정하며 아첨하고 사귀려는 마음을 경건하게 표현하지 못할까 근심한다. 그러나 귀부인의 수치심은 이러한 사람들의 포위 속에서 오히려 쥐처럼 자신의 영혼을 갉아먹고 있었다.

마침내 어느 날, 무도회에서 그녀는 그들에게 냉정하게 말했다. "내가 이번에 돌아온 것은 절친한 지인의 후사를 처리하기 위해서입니다. 그녀가 죽은 지 오래 되었으니 당신들도 아마 일찌감치 잊어버렸을 겁니다. 당신들은 자신의 열정으로 나에게 그녀가 당신들의 기억 속에 여전히 살아 있음을 증명해 주었습니다. 그녀가 바로 옛날 내 자신입니다."

그녀는 한 사람, 한 사람 가리키면서 말했다.

"당신은 존경스럽고 옷차림도 깔끔한 신사지요. 당신은 옛날 나의 이 두 눈에 아주 반하지 않았나요? 그때 당신은 온 하루 동안 그 눈길을 독점했는데 고작

금화 하나를 줬지요. 나중에 당신보다 더 존경스러운 노 백작이 금화 10개를 내고 진종일 그 눈길을 독점하였어요! 그리고 당신, 겉으로 그럴듯한 시장 선생, 당신, 피둥피둥 살찐 술장수, 심지어 우리의 영혼을 관할하는 신부인 당신을 포함하여, 당신들은 모두 내 육체의 서로 다른 곳곳을 좋아했었고 모두 싸구려 가격으로 당신들의 욕망을 채웠었지요. 그러나 오늘 나는 하느님 앞에서, 그리고 당신네 존경스러운 부인들 앞에서 최고 이자로 그 돈을 돌려줄 겁니다. 내가 당신들에게 내 육체를 팔았던 그때는 정말 최고로 절박하여 부득이하였지만 그것은 또 가장 수치스러운 일이었어요."

귀부인은 많은 사람들이 주시하는 가운데 아니나 다를까 그렇게 했다. 그녀는 겉으론 그럴듯한 고관·귀인과 보기에 아주 교양 있어 보이는 그들의 부인들을 향하여 금화를 무더기로 뿌렸다.

귀부인은 떠나기 전에 무덤 하나를 만들고 비석을 세웠다. 비문은 이런 내용이었다. 이곳에 가장 불행한 여인이 묻혀 있다. 그녀는 자신의 육체를 다 팔아버리고 영혼도 붕괴되어 죽어버렸다……

당시 이 이야기는 어린 나의 마음을 강하게 뒤흔들었다. 나는 그 만화책을 보고 눈물을 흘렸었다.

오늘날 중국에서 적잖은 여자들이 자신을 자본으로 삼아 간단하게, 또 신속하게 귀부인으로 신분이 상승되기를 갈망한다는 것을 알고 있다. 그녀들은 흔히 일각도 지체할세라 자신을 위해 크게 광고를 하고 기회를 창조한다. 만약 그녀들이 자신을 소매 또는 도매하여 거액의 수입을 얻게 되면 자신이 한 일이 도리에 맞으며 그럴듯하다고 내심 기뻐한다. 만약 그녀들이 자신을 고가에 경매하기로 결정하고 목적에 도달하면, 그것은 화가가 한 폭의 좋은 그림을 그린 것에 비교되는 것이며 음악가의 노래가 널리 유행되어지는 것에 버금가는 것이며 작가가 역작을 완성한 것보다 백배 즐거운 일이다. 이때 만약 당신의 눈길에 동정의 뜻이 좀 담겨있다면 그것은 그녀들을 모욕하는 것이다. 그녀들은 오직 자신들이 '성공'하기 전에 그런 동정이 필요할 뿐이다.

'아동영화제작소'에 근무하는 내 동료의 한 친구는 부부가 다 배우였다. 정확하게 말하면 서커스 배우였다. 그들의 외아들은 기질이 좋고 외모도 출중한 젊은이였다. 대학 졸업 후 모 회사에 취직하여 사귄 약혼녀는 아주 예뻤는데 역시 대학 졸업생이었다. 부모는 그들을 위해 기쁜 마음으로 혼사를 준비하고 있었다. 어느 날 갑자기 내 동료는 사무실에서 그들의 전화를 받았는데 마치 재난에나 봉착한 어투로 혼담이 깨졌다고 알려 주었다.

나는 "왜 물 건너갔는가?" 하고 물었다.

상대방은 캐딜락 때문이라고 대답했다. 그것도 리무진이 아니라 소형이란다. 한 '부호'가 그 처녀에게 캐딜락 한 대를 사 주었는데 그녀는 조금도 주저하지 않고 아주 감동하여 '부호'의 품에 안겨 '정부(情婦)'가 되었다. 내 동료는 도리(道理)로써 그 처녀를 잘 설득해 마음을 돌리게 해 보라고 말했다.

하지만 그는 말했다. "설득해도 소용없었다네. 상대방 말인즉슨, 우리가 만약 '벤츠'를 사 준다면 고려하겠다 하네. 지금은 상업시대인 만큼 모든 것이 경제법칙에 따라 다루어진다면 혼인도 당연히 경쟁해야 하며 당신네들이 경쟁력이 없으면 자신을 원망할 수밖에 없다고 말했네."

그 청년은 뜻밖의 충격을 받고서 정신이 오락가락해졌는데, 어쩌면 곧 정신병원에 들어가게 될 수도 있을 것이라고 한다……. 동료는 수화기를 놓고 우리 얼굴만 쳐다보았고 다들 한동안 묵묵히 말이 없었다. 남자는 연거푸 담배를 꼬나물고 여자는 연달아 차를 마셨다.

이러한 여인들에게 바로 그러한 이론과 논리가 필요하다. 그러한 이론과 논리는 바로 그녀들 중 성공한 자에 의해 총화(總和) 되고 보완되어 계통화 되고 또 적극적으로 보급된다.

필자의 눈으로 직접 사회와 세태에 대해 관찰하여 얻은 결과는 이러하다—목적 달성 여부는 그녀들 상호간에 존중하는가 혹은 깔보는가 하는 전제이다. 자신을 자본으로 하여 모은 재물의 정도는 상대방으로부터 받는 경의(敬意)와 정비례한다. 액수가 크면 받는 정중한 마음도 자연히 그녀들을 초월하여 전 사회에 확장되며 일부 고관 귀족과 일부 사회 명사와 예술가 심지어 각종 언론으로부터 먼저 호감과 성원을 받는다.

　중국의 신생 자산가 계층 중에는 확실히 이러한 등한시할 수 없는 여인들이 일부 존재하고 있다. 그녀들은 돈 많은 '부인' 또는 돈 많은 '언니' 혹은 재력가 '여동생'이 되기만 하면 사회적 에너지가 특별히 비범해진다. 그녀들의 주소록에는 대개 필요 시 자신들을 충분히 보호해 줄 수 있는 몇몇 관원들의 핫라인 전화번호가 있다. 그들은 일부 자신들이 아주 잘 아는 관원들의 비서를 언급할 때면 말투가 아주 친밀한데 마치 '절친한' '친구'를 얘기하는 것 같다. 물론 여기에는 허풍을 떨고 명의를 빌어 허장성세로 남을 속이는 성분이 섞여 있다. 하지만 다 그렇다고는 판단하지 말아야 한다. 혹여 당신이 어느 식당의 특별실에서 그녀와 그들이 함께 한창 산해진미를 맛보는 장면을 목격할 수 있으니깐……

　필자도 그런 장면을 목격한 적이 있지만, 중국에서는 예부터 지금까지 다 그렇다고 생각하니 그다지 이상하게 여기거나 깊이 개의치 않았다. 그러나 그녀들은 몇몇 사람들이 식후에 화제로써 생각한 것처럼 그렇게까지 많지 않다. 사실 중국 신생 자산가 계층에서 그녀들의 수는 전부 다 합해도 기껏해야 한 계층성분을 구성하는 머릿수에 불과하다. 설사 자신을 자본으로 자기 명의 하에 인민폐 천만 원 이상을 모은 그녀들이라 할지라도 총 인원수는 인민해방군보다는 적다. 여인의 청춘과 용모는 '특가상품'일 뿐만 아니라 또한 출시속도가 빨라 그녀들의 의지와 무관하게 막무가내로 가치가 하락되는 패션 '상품'이기도 하다. 이런 '상품'에 대해 새로운 것을 좋아하고 옛 것을 싫어하는 부호형 남자들은 항상 현명하게. 또 영원히 자신을 지배 위치에 놓는다. 때문에 그녀들 대부분은 남자를 주체로 하는 계층의 종속물에 불과하다. 비록 그들 중 대부분은 호화로운 주택에 살고 명품 차를 몰고 금은보석으로 온몸을 장식했지만 사실 부자형 남자들의 덕을 보는 여자에 불과하며 자신은 명실상부한 여성 부자가 아니다.

　여기서 그녀들에 대해 특별히 논하는 것은 그녀들이 실제 보유한 돈 액수나 개인 자본을 모으는 독특한 방식과 방법 때문이 아니라, 그녀들이 그렇게도 뿌듯하게 여기는 '이론'과 논리 때문이다. 사실 그녀들의 존재는 그다지 관심을 갖거나 분석, 비평할 가치가 없다. 그러나 그녀들의 '이론'과 논리가 끼치는 우리

사회 윤리원칙에 대한 충격, 기존 윤리원칙에 대한 파괴성 그리고 우리 일반 사람들의 의식의 질과 가치 관념에 대한 영향과 경멸이, 비로소 이들을 필자가 엄중하게 대하는 원인이다.

우리가 제1장을 마무리할 즈음, 다시 말해 중국 자산가 계층에 대해 지루한 분석을 진행할 때, 언급한 바의 그러한 일부 사람들을 결코 잊어서는 안된다. 그들 인즉슨, 스스로 갖은 고생을 마다하지 않는 창업 정신과 성실한 정신 그리고 성실한 육체적 노동에 의거하여 부유해졌을 뿐만 아니라 또 다른 사람을 함께 이끌어 가난에서 벗어난 사람들이다. 그들은 공익사업과 자선사업 그리고 사회복지사업에 열성적이며 줄곧 어떤 양심을 가지고 위에 열거한 사업을 지원한다.

이런 사람은 확실히 존재한다. 그들의 몸에서 구현된 것은 '중국특색'을 가진 가장 칭찬할 만한 것들이다. 그들은 자신들이 몸담은 이 중국의 신생 계층에 대해 인격적으로 다소간 '인자(仁)'한 경향이 있다.

그 외에 그러한 기회를 잡은 자들 중에 주로 자신의 지식적 성과 또는 한 가지 기술적 장기에 의거하여 '사장'이 된 지식분자가 있다. 그들 중에는 젊고 유능한 이가 적지 않다. 그들은 자신이 지식인이라 해서 꼭 '인자(仁)'한 면과 '선량(善)'한 면에서 중국 신생 자산가 계층의 질을 향상하려고 하는 것은 아니다. 우리도 그런 높은 품격 기준에 의해 한 계층에 대한 것을 무조건 강요하고 논해서는 안된다. 그들의 후계자들은 틀림없이 '예의'와 '지혜', 그리고 '신용' 면에서 이 계층의 질을 크게 향상시킬 것이다. 즉 이 계층의 뚜렷한 단점을 다소 상쇄시키고 또 점차적으로 사회에 자신의 우월한 점을 증명할 것이다. 그들의 성공한 가치는 또 일반 중국 지식인에 대한 격려이다.

일반 중국 지식인들은 중국 역대 봉건사회제도 하의 문인이 가진 의식적인 병폐를 너무 많이 답습하고 계승하였다. 그들은 흔히 벼슬길 추구를 자신의 평생 노력의 목표로 간주한다. 이 추구만이 가장 자신의 합리화에 맞고 광명정대하며 후세에 명성을 날리고 조상과 가문을 빛낼 수 있는 전도라고 여긴다. 벼슬길이 뜻대로 되지 않고 좌절당하기만 하면 혹자는 안빈낙도하여 헌 책 더미 속에 박혀 스스로 묘미를 즐기는가 하면 혹자는 도(道)나 선(禪)을 빌어 '색공(色空)'을 중얼거리나 마음은 여전히 과거(科擧)에 가 있다. 이 병폐는 신중국 건국 이후, 오늘에 와서도 여전히 중국 지식인의 뇌에 영향을 미치고 있다. 그 다양한 세태는 여전히 남김없이 드러나고 있으며 때로는 아주 추하고 혐오감을 느끼게 한다. 때문에 중국 당대 지식인들의 거동은 옛날 '문인'들과 흡사하며 뼈 속은 완전한 '지식인'이 아니다. 이 역시 '중국특색'이며 전통적인 '태기(胎記: 태어날 때부터 지니고 있는 것)'다. 중국 옛 문인들은 상업을 경시하고 싫어한다. 이는 그들의 케케묵은 관점이다.

지금, 중국에서 지식인들이 계속하여 무작정 정치권을 향해 자신들의 각종 사회적 대우를 요구하기보다는 장사하는 법을 터득하고 자신의 지식에 의거하여 '상업계'에서 퍼덕거리는 것이 나을 것 같다. 솔직히 '상업계'가 지식인을 익사시킬 수는 없다. 중국 지식인들은 보통 선천적으로 담이 작기 때문이다. '상업계'에서 익사한 사람들은 전부 함부로 날뛰고 법을 어기며 무모하게 행동하는 자들이거나, 몇 푼 남은 밑천을 다 걸고 올인하여 최후 승부를 가리는 자들이다. 지식인 출신의 '사장'의 출현이나 신생 자본가들의 출현은 같은 지식인 부류에게 유익한 교육이다. 적어도 그들에게 이 세계의 법칙은 무수한 일들 중에서 '관료'만이 대단한 것이 아니며 또, '다른 것은 다 저급하고 오직 공부만이 고급스러운 것이' 아님을 일깨워 준다.

또 일부 여성은, 우리가 앞에서 언급한 자신을 '원시발행주(종자돈)'로 삼고 육체투자를 한 여인과 다르며, 가문이 뜨르르한 고대광실의 따님도 아니고 사기에 능숙한 사기꾼은 더더욱 아니다. 즉, 그녀들은 원래 아주 평범한 보통 여자들이었다. 심지어 문화수준이 별로 높지 않으며, 아주 작은 소규모의 영세 상업으로부터 시작하여 십수 년을 부지런하고 성실하게 그리고 신중하게 일을 해서 마침내 인민폐 천만 원 이상에 달하는 개인재산을 소유하였다. 내가 그녀들에 대해 깊은 경의를 품고 있다는 것은, 그녀들의 옷차림은 화려하지 않으며 소비 방면에서도 돈을 물 쓰듯 하지 않는다는 점에서 드러난다. 그들은 여전히 사치를 거부하는 생활을 하며 여전히 노동부녀로서의 일부 신성하고 귀중한 본성을 유지하고 있다. 때문에 사회적 눈길로는 그녀들의 정확한 재산 정도를 평가하기 아주 어렵다. 그녀들이 비교적 믿음이 가고 자신들에 대해 우호적이라고 생각하며 영원히 자신들을 음해하지 않고 또 자신들의 사업에 해를 끼치지 않는 사람에 대해서만, 자신들이 보유한 재산을 가만히 알려주며 또 그러한 자들과 기꺼이 금전에 대한 견해를 비교적 솔직하게 토론하기를 원한다.

필자도 타산적으로 어찌할 정도에 이르지 않는다는 믿음을 그녀들에게 주었기에 또, 영원히 그녀들의 사업에 해를 끼치는 부도덕한 일을 할 리 만무하다. 이런 상호 호의에서 그녀들도 나를 알게 된 것이 일종의 인연이라 생각하는 것 같다. 인연이 서로 맞으니 그녀들이 알려준 실제 사정들에는 부를 과시하는 성분이 내포되어 있지 않았으리라 믿는다. 그녀들은 나에게 부를 과시할 필요가 없다. 그녀들은 가장 간단하고 편리한 방식이 아닌 가장 어려운 방식으로 개혁개방 후 상업시대에 평범한 여인들을 위해 명예를 세웠다. 그녀들은 대도시에 살지 않는다. 그녀들은 약간 외진 성(省)의 교통이 편리하고 경제 발전이 활성화된 중소도시에서 머무르고 있으며, 오직 다른 사람의 소개를 통해서만 그녀들을 만날 수 있을 것이다. 만약 당신이 그녀들 앞에 서기만 하면 저도 모르게 그 평범함과 소박함에 놀랄 것이다. 그렇다. 대도시는 그녀들이 생활하기에 적합하지 않다. 대도시에는 미녀들이 구름같이 모여들고 모든 기회는 기회를 장악한 형형색색의 남자들이 자신들이 총애하는 미녀들에게 '하사'하였다. 그녀들은 자신의 분수를 잘 알고 있기 때문에 대도시로 경솔하게 자신들의 자그마한 사업의 촉각을 내밀지 않는다. 그녀들은 아주 쉽게 만족감을 얻는다. 각별히 신중하며 보수적이라고도 할 수 있다. 이 두 가지는 마침 그녀들의 작은 사업이 자신들의 제한된 세상에서 살아남도록 보장해 주었다. 긍정적 측면에서 볼 때 '보수(保守)' 이두 글자는 온건함으로 이해할 수 있다.

또한 우리는 일부 장애인들을 언급하지 않을 수 없다. 그들이 인민폐 천만 원이상 개인재산을 가진 부자가 된 것은 중국 '장애인연합회'의 존재 덕분이라 할 수 있다. 사업 초기 그들은 서로 다른 정도기는 하나 모두 직접 또는 간접적으로 '장애인연합회'의 도움을 받았다. 공평하게 말해서 '장애인연합회'는 확실히 중국 장애인들을 위해 적지 않은 일을 했다. 경제일보 출판사에서 출판한 필자의 《자백(自白)》이란 책 표지 사진은 출판사가 단체사진에서 오려낸 것이다. 원래 사진에서 필자 맞은편에 앉은 이는 바로 1급 장애인이다. 그 사진 장면은 그의 어렵고 힘들었던 창업 경력을 진지하게 듣고 있는 것이었다. 그는 10여 명의 장애인을 조직하여 자그마한 복장 공장을 시작했다. 10여 년의 노력과 분투를 거쳐 그는 한 그룹회사의 CEO가 되었고 개인재산도 인민폐 7천만 원을 상회(上廻)했다. 신체는 불구지만 의지만은 건전한 이 사람 앞에서는, 누구든지 기회란 분투하려는 기개를 동반해야만 비로소 진정한 기회가 된다는 사실을 인정할 수밖에 없다. "죽을 지경에서 살아났다."라는 말도 확실히 일말의 도리가 있다. 당시 그의 이야기를 듣고 나서 속으로 감개가 무량했다. 사실 우리 대다수 정상인들의 처지는 '죽을 지경'이라고까지는 말할 수 없으며 그저 탐탁하지 않은 날들을 되는 대로 살아갔을 뿐이다. 때문에 사실 우리 대다수 정상인들은 진짜로 '분투(奮鬪)' 했다고 말할 수 없다. '분투' 이 단어는 우리 중국 사람들의 입에 너무 많이 회자(膾炙)되었기 때문에 원래의 중량감을 거의 상실하였다.

우리는 또 다른 일부 사람들도 언급해야 할 것이다. 그들은 유명배우·감독·독립 프로듀서·스타가수 등등 '비정규 출연(부업)' 풍조가 '연예인 브로커'를 등에 업고 만리장성 안팎과 중국 곳곳에서 성행하는 시대이자 일부 이른바 출판업 '2차 수단(이거도: 二渠道.중국공산당은 출판물을 통제함. 신화서점 외의 민간도서 출판의 경로를 의미)'의 황금시대에 거점을 선점하고 '위풍'을 떨친 '도서출판업자'들로서 그 수가 많지는 않다. 내가 알기로는 그들 중 어떤 사람은 당시에 책 한 권에 인민폐 백만 원의 이득을 보았다. 일부 이른바 '합자'를 한 영화 대작도 전문가가 볼 때는 절반만 투자해도 그 수준은 능히 찍을 수 있다. 프로듀서와 도급인을 포함하여 연예계의 소수 '유명인'들은 모두 이렇게 해서 부유해졌다. 이는 분명 재능과 명성에 의존하여 국외 돈을 버는 것이므로 벌지 않으면 자신이 손해고 절약해도 의미 없는 것을 절약하는 격이다. 중국의 명배우 및 감독의 '합작' 계약상의 몸값을 올리는 것은 좋은 면이다. 나쁜 면은 이 몸값이 국외에서 오는 돈에 의해 조금씩 높아져 갈수록 국내 영화를 위해 몸값을 인하시키려면 쉽지 않다는 것이다. 그들은 갈수록 뚜렷한 난감함에 직면하였다. 즉 국내에서는 비싸서 초청할 수 없고 국외에서는 통상적으로 잘 써주지 않는 것이다. 게다가 신인들이 거듭 나타나고 사람은 끊임없이 교체되는 마당에 몸값이란 것은 2~3년간 내버려 두면 값이 떨어지기 마련이다. 이 난감은 그들의 위기를 뜻한다. 그들이 어떻게 의식을 조정하여 위기를 극복하는가 하는 것은 완전히 그들 자신의 일이다. 예측컨대 5년 후면 북경의 명인 식당들이 늘어날 것이며 주인은 대체로 그들일 것이다. 음식점을 개업하는 것은 거의 그들의 공통된 제2직업이다. 다행히 그들은 이미 부유하기 때문에 어떻게 살더라도 아주 멋지고 윤택한 생활을 보낼 수 있다.

앞서 말한 내용을 종합하면 중국의 새롭게 일어난 자산가 계층은 벼와 피가 함께 뒤섞여 있는 것 같은 계층이라는 것을 알 수 있다. 이 계층은 또 1세대와 2세대로 나눌 수 있다. 1세대는 비교적 운이 좋다. 왜냐하면 그들 앞에는 '원시축적' 단계의 수많은 눈부신 기회들이 놓여 있었기 때문이다.

그것은 뚜렷한 혼란성을 가진 기회이다. 그 혼란성은 그들에게 수단과 방법을 가리지 말고 심지어 야만적인 방식으로 단단하게 기회를 사로잡도록 꼬드긴다. 이런 기회는 시대의 발전 과정에서 흔히 백 년에 한 번 만나기도 힘들며 또 일반적으로 전환 시기에 나타난다. 그들은 본능적으로 이것을 느낀다. 그들의 출세는 신화와 같은 색채를 띠는 동시에 서로 차이가 나는 너절함도 있다. 그들은 준비가 안된 상태에서 총망하게 사업에 뛰어들기 때문에 경험과 준비가 부족하고 소질이 낮다. 이는 무정하고 냉혹한 결과를 초래한다. 즉, 기회는 단 한 번만 그들을 도와줄 뿐이다. 이 기회는 그들을 부자로 만들어 줄 뿐이고 충분히 능력을 발휘할 수 있는 걸출한 상업 엘리트 혹은 사업을 지속적으로 발전시키는 대 기업가로 만들지 못한다. 그들의 공연은 이미 끝난 셈이다. 그들의 사업은 거의 모두 수세에 놓이게 되거나 심지어 쇠락하는 퇴보에 빠진다. 그들 중 대다수 사람들은 더 이상 새로운 성과를 이루기가 어렵다.

　2세대의 소질은 1세대에 비해 많이 우수하고 준비도 충분하다. 제2세대는 그들의 몸에서 적지 않은 경험을 총화하였고 또 많은 교훈을 받아들였다. 허나 2세대에게 주어진 기회는 크게 줄었다. 불완전한 시기의 혼란은 이미 지나갔고 법과 규칙도 점점 완벽해지기 시작했다. 질서라는 규범의 제약 하에서 상업은 현실주의적 이야기만 '창작'한다. 결론적으로 이런 이야기의 품격은 기본상 '정통극' 구조로서 더는 신화를 창조하지 않는다. 성숙한 상업시대는 신화를 거부한다. 특히 익살극과 부조리극을 배격한다. 이는 제2세대의 큰 뜻과 원대한 포부에 대한 준엄한 도전이다.

　대략 10년 전, 다시 말하면 1세대의 무질서한 대합창의 저력이 거의 소진되어가고 2세대가 그 틈을 타 무대에 등장할 무렵 경제학계의 일부 사랑스러운 인사들은 한동안 아주 흥분했었다. 그들은 열정이 충만하여 대륙의 이가성 또는 곽영동 또는 동호운(董浩雲: 1911~1982. 홍콩. 세계 7대 선박왕. 현대의 鄭和라 일컬음) 심지어 록펠러가 나타날 것이라고 단언했다. 지금에 와서 보면 이 단언은 너무 일렀고 또 너무 급하게 낭만적으로 내려진 것이라고 하지 않을 수 없다. 현재 세계적 대재벌들은 거의 전부 반세기 전에 이미 태아 모양을 갖추었다. 발자크는 "한 귀족의 탄생은 3세대에 걸쳐 교육, 양성해야 한다."고 말했다. 같은 이치로 실력 있는 가족기업그룹은 아마 적어도 2세대의 노력을 거쳐야만 기반을 닦을 수 있을 것이다.

　주관적이든 객관적이든 막론하고, 우리 스스로 냉정하고 신중하게 얘기해 보자면 이 중국 신흥계층에서 앞으로 20년 내에 곤붕(鯤鵬: 장자에 나오는 큰물고기와 큰새) 형의 큰 인물의 탄생을 예측하는 것은 그리 쉬운 일이 아니다. 아마도 정보화시대를 꿰뚫어 보고 있던 마윈(馬雲: 전자상거래 '알리바바' 창업자) 정도일 것이다.

　앞으로 상당히 긴 시간 동안 이 계층의 전반적 행위는 아마 자신의 부유도를 공고화하고 제고시키는 제한된 범위 내에서만 펼쳐질 것이다. 이것을 제외하고 그들의 존재가 중국경제에 갖는 의의와 역할, 그리고 영향은 틀림없이 제한적이고 미미할 것이다. 극소수를 제외하고 전반적으로 보면 이들은 자유롭고 근심걱정이 없고, 중국사회의 보편적 근심과 고민을 염두에 두지 않는 계층이다. 때문에 거의 틀림없이 사회문제에 대한 참여의식은 아주 냉담하고, 오히려 가장 신봉하는 태도는 '자신과 무관한 일이면 거들떠보지도 않는다.'는 자신을 보전하기 위한 명철보신(明哲保身)에 매우 능숙한 계층이다.

그들이 가진 정치적으로 가장 적극적인 태도는 바로 '안정'에 대한 본능적 심리경향이다. 이 점에서 그들은 중국의 현재 그 어느 계층보다 더 진실할 것이다. 동시에 심리적으로 가장 동요의 위협을 받지 않는 계층이기도 하다. 왜냐하면 그들 중 상당수의 일부 사람들은 만일의 경우를 위해 다른 국적의 여권을 소지하고 있기 때문이다.

이 계층의 형성은 '빈부 격차가 심하다'는 중국 당대의 아주 민감한 화제를 표면 위로 이끌어 내었다. 그러나 우리가 냉정하게 객관적으로 분석해 보면, 중국의 가난한 자가 가난한 원인은 사실 그들이 부유해졌기 때문에 가난해진 것이 아님을 차분하게 승인해야 한다. 다시 말하면 '퇴직' 노동자는 그들의 출현으로 인해 '퇴직' 당한 것이 아니며 실업자도 그들의 출현으로 인해 실업한 것이 아니다. 그들이 지금 부자가 아니더라도 퇴직자는 여전히 퇴직당하고 실업자는 여전히 실업당할 것이며 가난한 자는 여전히 가난할 것이다. 이러한 시대의 모든 불행은 주로 '체제(體制)의 변화'에 의해 조성된 것이다. 이런 준엄한 상황 하에서 운명에 심대한 타격을 받는 것은 줄곧 서민 백성들이다. 겉으로 보건데 그들 대부분은 '체제 내'의 '케이크' 분배에 참여하지 못한 것 같다. 그들은 대체로 각자 한몫의 '체제 내'의 '케이크'가 '체제 밖'에서 유통되는 과정에서 부유해졌다. 유통과정, 특히 '체제 내'에서 '체제 밖'으로 유통되는 과정에 "케이크"의 가치는 배로 증가된다. 이것은 상업의 신통력이며 그들은 이 과정에서 이익을 얻는다. 국가는 우리 대다수 사람들이 '체제 내'에서 분배하도록 지배하나 그들 소수 사람에 대해서는 '체제 밖'에서 분배하도록 지배한다. 국가는 단지 '케이크'를 분배할 때 '케이크'가 아닌 기회를 분배하게 된다. 상업시대에 기회는 케이크에 비해 더 귀중하며 특권도 유통될 수 있다. 특권이 '체제 밖'에서 유통되면 역시 기회로 변하며 그런 기회가 생기면 바보가 아닌 이상 모두 부유해질 수 있다.

정말 에머슨(1803~1882. 사상가. 시인)이 말한 "전쟁 중이나, 정부기구 안에서나, 문단에서와 마찬가지로 상업에도 천재가 있다. 누구도 우리에게 이 사람 또는 저 사람이 좋은 행운을 만날 수 있다고 알려주지 않는다. 그것은 각 개인의 구체적 조건 중에 있는데 그것이 바로 상업 자체가 당신에게 알려줄 수 있는 내용의 전부이다"는 말과 같다.

금전의 '성장'은 오직 금전의 '종자(씨앗)'에만 의존할 수 있다. 권력이 금전의 종자로 변하는 것은 지식과 근로가 금전의 종자로 변하는 것과 비교하면 어찌 백배만 쉬우랴! 이 사실에서 출발하여 우리는 '권력과 금전거래'의 손이 간접적으로 개개 중국 서민들의 호주머니에 뻗쳤다는 결론을 내릴 수밖에 없다.

많은 중국 사람들의 이 신흥 계층에 대한 견해는 흔히 너무 낭만적이고 천진하다. 그것은 바로 너무 많은 사회자선과 사회공익의무를 이 계층에 기탁하려 하기 때문이다. 도리 상에는 당연한 이치처럼 여겨지는 것으로 그들이 부유해졌기 때문에 마땅히 본보기를 보여야 한다는 것인데 이런 기대는 너무나 이상주의적이다.

자선은 자애심에서 나온다.

공익의무의 열정은 사회책임감에서 온다.

한 사람이 금고에 돈을 넣는 동시에 이 두 가지 귀중한 물건도 함께 넣는다고 말할 수 없다. 부자의 마음, 특히 중국의 종교적 감정의 교화를 적게 받은 부자들의 마음은 확실히 그들 자신의 금고의 역할과 비슷하다. 그들의 금고에 없는 것들은 그들 마음속에도 없다. 있게 하려면 한 과정이 더 필요한데 이 과정은 그들이 부자가 되는 과정보다 길고도 길다. 아마 우리가 기대하는 것이 그들의 다음 세대 또는 다다음 세대에 가서야 구현될 수도 있다. 만약 우리가 아직도 진화론을 믿고 있다면 중국 부자들의 심성도 결국 진화될 것이라는 점을 확신해야 한다.

듀이는 《민주주의와 교육》이라는 책에서 세인들에게 경고한 적이 있다. "상업상의 일이 자체 범위 내에서 이상적인 문화가 될 수 있다는 생각은 아주 황당무계하다. 만약 누군가가 사회에 복무하는 것을 그 자체의 취지로 삼을 수 있다고 느낀다면, 또 그것이 사회적 양심을 대표하기를 희망한다면, 마치 그것은 한결같이 자기를 본보기로 자기선전을 하는 것처럼 되는데 그렇다면 그 사람의 머리는 너무 단순한 것이 아닌가!"

물론 우리는 매월 형편없는 퇴직금을 받는 노인이 자선을 하거나 사회공익 의무를 이행하는 경건한 행동에 매우 감격해 한다. 그러나 어느 부자가 아주 냉담하고 지나치게 인색하다고 해서 분개하고 증오할 필요는 없다. 왜냐하면 자애심과 사회책임감은 바로 가장 광범위하고 가장 평범한 대중의식 속에 존재하기 때문이다. 세계는 줄곧 이러했다. 결코 부유하지 않기 때문에 허세를 부리고 잘사는 티를 낼 자격이 없다. 잘 산다고 뽐내는 심리는 반드시 자애심을 상쇄할 것이다.

동시에 자애심이 있는 부자도 있다는 사실을 승인해야 한다. 당신의 자애는 가난한 아이 한 명을 위해 책가방 하나를 기증하는 것으로서 구현되나 그들이 서슴없이 호주머니를 열면 천 명의 아동을 위해 아름다운 학교 한 개를 지을 수 있다. 이 방면에서 양적인 것은 거대한 질적 변화를 가져온다. 보통 우리가 알기로는 미국에는 약 6백만 개의 민간 자선기구가 있으며 그중 90% 이상은 개인이 돈을 기부한다. 그리고 그 90% 이상의 90% 이상은 자산가 계층과 중산가 계층이 기부한다.

미국의 부자들 모습과 중국의 부자들 모습은 서로 다르다. 미국의 부자들도 태어나면서부터 하느님이 인간 세상에 파견한 자선사절이 아니다. 미국, 이 나라에서는 부자들에 대한 요구가 가난한 사람들에 대한 요구보다 많이 엄격하다. 중국의 일부 관료들이 중국 부자들에게 준 '관심'은 중국의 가난한 사람들에게 준 보살핌보다 많고도 많다.

콩 심은 데 콩 나고 팥 심은 데 팥 난다.

미국의 법률과 언론 매스컴은 거의 시시각각 감독의 눈길로 부자들을 지켜본다. 중국 법률은 중국 부자들에 대해 중국 평민들과 똑같이 엄격하다고 장담할 수 없다. 조사 연구를 하지 않았으면 발언할 권한이 없다. 그러나 어떤 새벽시장 혹은 야시장에서 징세원들이 노점 상인들을 흉악하게 대하는 것을 종종 목격하였다. 또 중국 부자들이 중국의 일부 세무공무원·공안·검찰·법원 관료들과 호형호제하고 관계가 절친하다는 사실도 알고 있다.

또 하나의 명백한 사실은 중국 일부 매체들의 부자들을 향한 눈길이 흔히 감독하는 식이 아닌 아첨하는 식이라는 것이다. 심지어 어떤 경우에는 '매춘' 식이다. 부자가 돈을 내기만 하면 그들은 기뻐 날뛰고 정신없이 부자들을 위해 떠들어 댄다. 그리고 서슴없이 지면을 개설하여 부자들의 명품 차와 그들의 애완동물을 선전하고 심지어 그들의 하품·그들의 재채기·그들의 고뿔까지도 생동감 있게 이야기한다.

한때 이 계층은 고소비를 자랑스럽게 생각하고 또 그런 허영심에 만족하였다. 그들의 고소비 열광병은 한때 확실히 그들의 느낌에 따라가던 모종 상품의 가격을 터무니없이 인상시켰다. 그로 인해 수많은 시민들은 큰 해를 입었다. 하지만 지금 그들 중 일부 사람의 열광병은 기본적으로 발작되어 지나갔다. 그것은 벼락부자가 된 계층이 항상 얻는 병증이다. 그들은 그럴 권리가 있다. 지금은 상업도 현명하게 수많은 시민의 구매력에 관심을 돌리고 있으며 맹목적으로 그들의 느낌에 따라가지 않는다. 그들의 소비심리도 다소 정상적으로 변했으며 상업은 점차 성숙되어 가고 중국의 다수 시민들도 과거의 나쁜 감정을 항상 마음에 두고 있을 필요가 없다.

부자들은 부자들만이 쉽게 걸리는 병이 있다. 그들은 어떻게 하면 자신의 병을 고칠 수 있는가를 다른 사람보다 더 잘 안다.

마지막으로 특별히 관찰할 것이 좀 남아 있다. 그것이 바로 중국 일부 관료와 중국의 신흥자산가 계층 간의 관계이다.

세인들의 눈엔 이런 관계가 때론 너무 친근하게 보이고 심지어 너무 친애하다고 말할 수 있다. 이는 세인들을 어리둥절하게 만들며 '공복(公僕)'이란 두 글자에 다른 의미가 있지 않는가 하는 의구심까지 생기게 한다.

이건 좋지 않다. 아주 좋지 않은 것이다. 자산가 계층에서 보면 별로 나쁠 것이 없다. 그들은 그런 관계를 좋아하며 마음속으로 그런 관계에 의존하고 또 자신만이 그런 관계를 보유할 자격이 있다고 생각한다. 그러나 관료들에게는 아주 나쁘다. 그들의 '공복' 이미지를 손상시키기 때문이다.

일부 관료들의 자녀들은 바로 이런 관계를 통해 국외에 이민 가거나 정착하고 국민의 신분마저 버리며 어떤 이는 심지어 전자(前者)로부터 장기적으로 집과 생활비를 제공받고 이성관계를 유지하기도 한다. 이 때문에 이런 관료들이 뻔뻔스럽고 대담하게 '애국' 논조를 늘어놓을 때면 정말 그들을 대신해 부끄러움이 앞선다. 중국의 평민과 그 자손들은 중국을 등지고는 기타 발붙일 나라가 없다. 그렇다면 그들이 당신들보다 나라를 사랑하지 않는다는 말인가?

기본적 감정의 중심은 청렴한 정치와 관련된다.

줄곧 친소(亲疏)가 뒤바뀌고 당(党)의 취지에 어긋난다.

이런 기풍은 즉시 단속해야지 조장해서는 안 된다.

《좌전》에는 "권세가 너무 과하면 백성은 살아남지 못하니, 실패하지 않을 수 있겠는가?(重而无基 能无弊乎)"라는 글귀가 보인다. 重은 권세를 말하고 基는 서민을 지칭한다.

다행히 우리 공산당은 자아반성하고 스스로 검열을 잘 하고 있는 중이다.

지금 이 장을 다 쓰고 나니 중요한 몇 마디를 보충해야 할 것 같다. 우선 반드시 언급해야 한다고 느낀 것은 이 책을 쓸 때 필자의 시야는 확실히 제한되고 좁았다는 점이다. 때문에 당시 자신에게 좀 객관적이 되자고 거듭 자성했지만 실제 쓰는 과정에 여전히 주관적 색채가 농후했다. 비록 당시의 일부 자산가 인물들을 접촉했지만 그저 일반적 접촉에 지나지 않았고 심층 조사연구는 이루어지지 않았다. 때문에 이 글 속의 그들은 대표성이 아예 없다고 말할 수는 없지만 분명 에누리된 대표성이 있다. 이전에 좀 긴 시평성(時評性) 잡문《93 단상(斷想)》을 쓴 적이 있는데 이 장문에서 당시 즉, 1984년을 포함한 그 한 시대를 '탐욕스럽고 저속하고 추잡한 시대'로 묘사하였다. 그러나 지금도 당시에 표현한 문구를 거두어들이고 싶은 생각은 없다.

또한 이 책을 쓸 때도 똑같은 시야로 20세기 90년대를 보았음을 승인한다. 기왕 시대 자체에 대해 싫어하는 견해를 가지고 있는 이상, 필자의 글 속 그 시대 '자산가'들에 대한 묘사도 당연히 좋을 리가 없으며 거의 모든 면에서 사랑할 만한 점이 부족하고 투기에만 능숙한 사람들로만 비춰졌을 뿐이다.

　　그렇지만 20세기 90년대는 필경 중국의 체제전환 시기의 첫 10년과 두 번째 10년이 교체되는 시기이므로 설사 내가 주장한 것처럼 '탐욕스럽고 저속하고 추잡한 시대'라 할지라도 시대에 깊은 통찰력을 가진 자라면 꼭 그 탐욕스럽고 저속하고 비열한 형형색색의 세태 배후에서 각종 존경할 만한 사물이 싹트고 있음을 발견하였을 것이다. 필자 역시 그것을 완전히 읽어내지 못한 것은 아니다. 사실 당시에는 그에 대한 전망이 비관적이었다. 마치 잡초가 무성한 곳에서 자란 아름다운 꽃봉오리를 자연스레 감상은 하지만, 그들이 오색찬란하게 피어나리라고는 그다지 믿지 않았던 것처럼 말이다.

　　필자는 중국 역사를 읽든 외국 역사를 읽든 막론하고 독서의 착안점을 모두 정치와 문화의 진화와 발전에 둔다. 정치 방면에서는 어떻게 점차적으로 민주화된 길을 가고, 문화 방면에서는 어떻게 민주주의 사상으로 한 국가의 공민들을 동화시켰는가를 살펴본다. 때문에 필자의 사유방식에 큰 영향을 미친 것은 서양의 계몽문학이었는데, 이는 그 무슨 계몽가가 되려고 망상을 가져서 그런 것이 절대 아니다. 그와 반대로 그것은 직접 '문화대혁명'을 겪었고 그 10년간 암흑 속의 전횡을 이를 갈 정도로 극도로 증오하기 때문이다. 또한 중국의 그 10년 전의 10년 중에 있었던 수많은 '정치운동'과 '정치사건'을 이해하면 이해할수록 더욱 혐오감을 느끼기 때문이다.

　　그러나 한 국가의 역사도 경제적 측면에서 상대적으로 집중하여 총화 개괄할 수 있기 때문에 서방에는 일찍부터 《세계경제사》, 《서양경제사》 또는 모 국가의 '경제사' 등 고전적 서적들이 있었다. 솔직히 말해 이런 서적들을 만져 본 적도 없다. 만약 어떤 한 사람이 자기 국가가 '계급투쟁방침'에서 '경제건설중심'으로 전환하는 시기에 대해 견해를 발표하려 할 경우 그런 책들을 보지 않는다면 시야가 제한되고 경박하기 마련이다.

　당시 한 친구는《쇼핑가이드》라는 신문의 편집을 한 적 있는데, 그가 전화로 새 근무 주소를 알려줄 때 아주 이상하게 생각했고 이어서 그렇게 생각하지 않는다는 견해의 말들을 한바탕 해댔다.

　"쇼핑하는 데 신문에 가이드까지 낼 필요가 있는가?"
　"중국에 그런 신문을 볼 사람이 얼마나 있나?"
　"그런 신문을 어디서 나오는 돈으로 편집하고 기자들의 봉급을 지급할 수 있는가? 자네 봉급은 아주 적지?"

　마음속엔 그 친구에 대한 동정이 차 넘쳤다.
　그러나 사실 그해《쇼핑 가이드》의 판로는 아주 좋았고 한때 북경에서 광고수입이 가장 좋은 신문사 중의 하나로 뽑혔다. 그리고 그 친구도 만족할 만한 봉급을 받았다. 당시, 그 뒤 컴퓨터의 보급과 핸드폰의 보급 그리고 관련된 모든 파생 문화 제품의 광범위한 시장 전망에 대해서도 큰 회의를 품었었다.
　자신이 저소비자─《저소비도 멋지다》라는 잡문을 쓴 적이 있다─이기 때문에 그때에는 영락없는 경제적 보수주의자였다. 이 점은 아주 확신한다. 당시 필자의 안목으론 중국 경제가 오늘과 같은 거대한 성과를 거두리라고는 근본적으로 예측하지 못했다.
　또한 겨우 13~4년 후 중국에 우후죽순마냥 입을 딱 벌리게 할 만큼 수없이 많은 부자들이 용솟음쳐 나오리라고는 더욱 상상도 못했다. 그리고 그들의 재산은 툭하면 인민폐 수 억·십 수 억·몇 십 억 심지어 백 수십 억 원에 달했다. 이 책속에 언급된 당시 자산가 계층 사람들과 오늘날 자산가 계층 사람들을 비교해 볼 때 그야말로 멧돼지와 물소와 코끼리처럼 서로 비교가 되지 않는다.
　그리고 그 뒤 13~4년 만에 중국에 권력과 금전거래의 결탁 등 손을 맞잡고 행동하는 부패한 현상이 나타나는 것이 당시에 비해 더하면 더했지 못하지는 않으리라는 것을 전혀 예측하지 못했다. 일부 관료들의 탐오와 수뢰한 액수도 툭하면 수백만 원 수천만 원에 달했다. 심지어 어떤 사람은 관직에 오른 지 수년 만에 탐오한 액수가 수억에 달한다. 신문 보도에 따르면 북경시만 해도 2009년 한 해에 검찰청에 의해 공소된 백만 원 '이상(以上)'을 탐오한 관료가 144명에 달한다. '이상', 이 두 글자의 상상 공간은 아주 크다. 144명이라는 숫자도 정말 사람을 깊이 반성하게 한다. 이건 물론 일망타진한 숫자가 아니다. 그럼 그물망 밖에서 탐오하고 있는 관료들의 수는 도대체 얼마나 될까?

2010년 2월 5일자 《북경만보》는 상업부 순시원(巡視員: 순행감찰원) 곽경의가 탐오·수뢰한 죄가 드러났다고 보도했다. 액수로 말하면 겨우 인민폐 천만 원 정도에 불과하여 대중의 관심을 불러일으키기엔 부족하다. 그러나 그 탐오수뢰 수단은 사람으로 하여금 깊이 반성하게 한다. 그 보도 제목은 '곽경의식 입법부패(立法腐敗)'였다. '입법부패'란 무엇인가? 즉, 입법·법률해석·법규 감독의 권한을 장악하기만 하면 탐욕을 만족시키기 위해 그 법을 손바닥에 올려놓고 노는 것을 말한다.

여기서 우리는 아주 저속한 수준의 문제를 하나 상기하게 된다–한 탐관 또는 탐관 무리가 도대체 얼마나 탐오하면 중국 대중들의 분노를 불러일으킬 수 있는가?

인민폐 수천만 원은 아닌 것 같다. 이 금액은 흔히 듣는 액수이다.

인민폐 수억도 아니다.

그럼 십 수억 아니면 수십억?

솔직히 말하면 그것도 부족하다. 기껏해야 우리를 좀 놀라게 할 따름이다. 그렇게 많은 돈을 탐오해서 뭘 하나? 설마 손자 손녀들의 부유한 생활을 위해 탐오하는 방식으로 일괄 도급하려고 하는 건 아니겠지?

이 방면의 부패자수와 그 액수에 대해 이미 완전히 마비되었음을 승인하지 않을 수 없다. 여기서 마비란 완전히 어찌할 도리가 없음을 의미한다. 마치 '80後(80년대 출생자)' 혹은 '90後(90년대 출생자)'들이 '자기중심'적으로 가치관 등을 언급할 때 조금도 이상하지 않은 것처럼 말이다. 한 가정에 그런 '귀염둥이'가 하나밖에 없는데 그들이 어찌 '자기중심'이 되지 않을까?

이전에 많은 사람들에게 부패에 대한 느낌을 물어본 적이 있는데 대부분은 웃어넘겼다. 깊이 감추고 말하지 않는가 하면 하나같이 성깔이 없는 것인지 이미 모두가 마비된 듯하였다. 만약 어느 날, 모 신문이 전면 표제로 – 모 탐관(貪官)이 탐오한 돈 인민폐 100억을 외국 은행으로 도피시켰다는 뉴스를 보도하더라도 짐작건대, 아마 반드시 일반 중국 공민들의 강렬한 심리적 반응을 불러일으킨다고는 할 수 없을 것이다.

'문화혁명' 기간에 유행한 소설이 하나 있었는데 제목은 《금광대도(金光大道)》였다. 그 책에서 다른 사람보다 잘살기를 소망하는 한 부농의 명언은 이렇다. "돼지는 앞으로 파헤치고 닭은 뒤로 파헤친다. 집안을 일으켜 부자가 되는 데는 각자 방법이 있다."

한 친구가 이런 말을 한 적이 있다. "예를 들어 탐관들을 돼지에 비유한다면 백성은 닭이다. 그들은 목숨을 걸고 탐오하고 백성들은 목숨을 내걸고 돈을 번다. 모두 더 잘살기 위해서이다. 그들은 앞으로 자기들 것을 파헤치고 우리는 뒤로 우리 것을 파헤치자! 그들이 가만가만 우리 카드 속의 돈만 떼어가지 않는다면 탐오하든 말든 그들 마음대로 하라지. 결국은 인민이 간부를 관리하는 것이 아니라 당이 간부를 관리한다. 하물며 관리하고 싶어도 못하는 데야. 누가 만약 그들이 어떻게 앞으로 파헤치는가에 너무 관심을 두어 자신의 뒤로 파헤치는 일을 지체할 경우 그것은 시간을 허비하는 것이 아니고 뭔가? 이 이치를 이해했다면 그런 일들은 마음을 가라앉히고 차분하게 대처해야 한다."

'차분', 이 얼마나 적절한 표현인가!

여기에서 '개혁개방' 초기에 나타났던 일종의 '예지'적 논조, 즉, '부패도 개혁개방의 윤활유다.'라는 말이 연상된다. 만약 한 국가의 대다수 공민이 부패에 대해 아주 고급스러운 차분함을 함양하고 또 특히 '선진'적인 이론을 도출해 낸다면 이건 다행이라 할 것인가 비애라 할 것인가.

그러나 부패에 대해 성깔이 있는 중국 사람도 있다. 그들은 보통 인터넷 상에서 성질을 낸다. 어쨌든 약간이나마 그런 성질이 있는 동포들에 대해 마음속으로부터 경의를 표시한다. 그것은 마땅히 화를 내야 하는 사람과 일에 대해 성깔이 있는 사람은 적어도 사람 같기 때문이다. 그렇지 않으면 진짜 닭이다.

앞의 원문에서 '상업시대는 신화를 거부한다.'는 표현을 했었다. 지금 와서 보면 그 말은 필자가 쓴 글 중에서 가장 어리석고 상식이 없는 말이라고 승인할 수밖에 없다.

인류의 역사가 증명해 주다시피 바로 상업시대에 신화가 잇달아 창조된다. 이렇게 말하는 데는 그 어떤 조소의 뜻도 없으며 솔직히 긍정적인 말이다. 모든 과학과 문예 그리고 모든 발명과 창조는 대체로 상업 행위를 통해 그 가치와 의의를 실현한다. 상업 행위의 자극과 운영이 없다면 카메라·촬영기·유성기·녹음기·자동차·기차·선박·비행기 등은 오늘처럼 보편적으로 인류를 위해 복무할 수 없을 것이다. 더욱이 모든 의료진단과 수술 그리고 각양각색의 약품은 오늘처럼 광범위하게 우리의 생명을 구조하지 못할 것이다. 또한 우리는 《2012》 및 《아바타》 등 심금을 울리는 영화도 보지 못했을 것이다. '상업의 손'의 추진이 없었다면 컴퓨터 및 그로부터 파생된 모든 상업상품이 신화처럼 사람과 사회와 세계의 관계를 유례없이 긴밀하게 만들 수 없을 것이고 빌 게이츠도 빌 게이츠가 될 수 없었을 것이다.

'개혁개방' 30년 이래 중국에서도 상업 신화가 빈번히 출현하였다. 적지 않은 민영 기업가의 성공 경력은 다소 신화적 색채를 띠고 있다. 알고 있는 사람 중에서 마윈(馬云: 알리바바), 이서복(李書福: 길리자동차그룹), 진광표(陳光標) 등의 인물에 대해 아주 탄복한다.

마윈과 그의 팀이 만들어낸 '알리바바'란 네트워크 세계는 그 이름만큼이나 신화적 색채를 띤다.

이서복, 이 민영 기업가는 뜻밖에 자기 공장에서 자동차를 생산해 냈다. 그의 꿈을 실현하기 위해 용맹 정진하는 정신에 내심으로 탄복한다.

마음속으로 가장 존경스럽고 사랑하는 기업가는 진광표이다. 기업가·자산가 그리고 자선 활동가 신분을 한 몸에 지닌 이 인물은 중국에서 확실히 아주 기특한 본보기이다.

성공한 기업가가 되는 것은 결코 쉬운 일이 아니다. 동시에 사회에 환원하는 것을 잊지 않고 자선사업까지 돌보니 당연히 존경받을 만하다. 그리고 다른 사람이 자신의 허풍을 오해하든 말든 아주 그럴싸하게 자원하여 자선활동가의 사명을 짊어졌다. 그럼 최고로 사랑스러운 것이 아닌가!

중국에 진광표 하나로는 너무 부족하다. 중국은 많은 진광표가 필요하다. 이것이 그가 그렇게 허풍떨며 자선사업을 진행하게 된 본심이라고 본다. 필자는 2009년도 '전국 우수인물 평가위원회'의 평가위원이었는데 진광표가 만장일치로 당선된 후 모든 평가위원들이 저도 모르게 일제히 박수를 쳤던 기억이 있다. 만약 장래에 중국에서 우수한 인물들을 위해 소상을 세운다면 진광표가 그중 한 사람이어야 한다고 생각한다. 보건데, 만약 진광표의 현재가 없다면 중국 사람들의 중국에 대한 자긍심이 크게 떨어진다고 본다.

중국 민영기업이 중국 경제발전에 기여한 점은 취업 인구의 고용 면에서든 국세와 지방세에서 차지하는 비례 방면에서든 막론하고 큰 공헌을 하였다는 점이다. 이것도 당시 이 책을 쓸 때 필자의 안목으로 미처 예견하지 못했던 부분이다.

'개혁개방' 30년 이래 민영 기업은 항상 권력과 손을 잡기를 원했고 탐관들은 흔히 한 손을 우호적으로 민영 기업가에게 내밀고 다른 한 손은 민영 기업가의 금고에 내밀었다. 만약 민영 기업이 권력의 손에 의거하지 않고 스스로도 한걸음 한걸음 착실하게 걸어갈 수 있다면 권력과 돈 거래는 크게 줄 것이다. 이는 아직까지는 역설(paradox)이다. 하지만 사회의 진보는 보통 역설을 제거하는 과정이기도 하다.

중국엔 아직까지 많고 많은 역설이 존재한다.

필자는 앞으로 달라지기를 바란다.

마지막으로, 최근에 쓴 문장으로 이 장을 보충하려고 한다. 거기에서 중국의 과거·현재 그리고 미래에 대한 필자의 기본 견해를 표명하였다.

《사회주의 시장경제(상업시대)를 굽어보다》

세계의 역사는 시종 한 인간이 빵과 버터를 찾아다닌 것에 대한 기록이다. 《인류의 역사》

사회주의 시장경제(상업시대)를 내려다보면 종종 중국과 그의 관계가 마치 '재혼'한 남자와 그가 집안에 맞아들인 후 붉은 면사포를 벗겨 주고 사랑하면서도 각종 의심이 생기고 낯설면서도 유혹되고 큰 희망을 품으면서도 완전히 믿을 수 없는 신부와의 관계와도 같다는 느낌이 든다.

붉은 면사포와 '신부' (붉은 면사포 : 중국전통혼례식에서 신부가 얼굴을 가리는 붉은 수건)

자기 손으로 '신부' 머리 위 붉은 면사포를 벗겨 주었다. 면사포는 아직도 내 손에 쥐어져 있다. 그 순간 나는 놀라운 표정으로 짙은 화장을 한 그녀의 얼굴을 바라보았다. '그녀'의 아름다움은 자신의 바람과 상상을 훨씬 초월하였다. '그녀'는 유혹이 넘치는 얼굴로 날 향해 생그레 웃는다. 분명한 것은 '그녀'는 아주 섹시하였고 사람의 넋을 앗아갈 정도로 미모의 여인이란 것이다.

한편 '그녀'의 아름다움은 너무 요염스럽게 보여 자신도 모르게 '그녀'의 성품에 큰 의심이 생겨난다. 하물며 예전에, 다시 말하면 '그녀'가 아직 이 집에 시집 오기 전에 이미 '그녀'에 관한 스캔들을 많이 듣고 있었다. 그래서 '분홍색 얼굴에 발그스레한 볼', '화용월태(花容月態)'를 지켜보면서 모든 의심이 근거가 없는 것이 아님을 느낀다.

사실 '그녀'도 꽤 허영심이 많고 방탕하였다. 경박하고 지조가 없고 권세나 재물에 빌붙는 소인배이며 또한 완전한 배금주의자였다. '그녀'를 현모양처로 길들이려면 두말할 것도 없이 상당히 긴 '과도기'가 필요하다. 모순과 다툼 그리고 충돌이 가득찬 '길들이기 단계'가 필요하며 '그녀'를 다스릴 수 있는 출중한 능력과 심리적인 인내력 방면의 실력이 필요하다. 때로는 심지어 '그녀'의 비위를 맞춰

쥐야 한다. 최종적으로 '그녀'를 존경받는 '현모양처'로 다스리고 길들이기 위해, 또, 예전의 많은 원칙을 포기하고 예전의 많은 사상적인 방법을 변화시켜야 한다. 설사 예전에 보기엔 자랑스럽고 후세에 길이 빛날 수 있는 좋은 원칙이며 좋은 사상의 본보기라 할지라도 말이다.

그래서 '그녀'의 유혹에는 흉악함이 보인다.

그래서 '그녀'의 웃는 얼굴이 거짓 매력으로 장식된 함정처럼 보인다.

섹시하면 자연히 성욕도 왕성하다. 성욕이 왕성하면 자연히 자신의 성적 능력을 자극하고 부추기게 된다.

그래서 후회되는가? 아니! 누가 매혹적이고 한창 꽃다운 나이인 성숙한 여성을 앞에 두고 '그녀'를 색시로 맞은 것을 후회하겠는가?

단지 아래 몇 가지 방면에서 정말 자신이 서지 않을 뿐이다. 자신이 정말 '그녀'를 다스릴 수 있을까? 정말 '그녀'의 방탕하고 산만한 성격을 단속할 수 있을까? 사실 넉넉하지 않은 가업으로 정말 '그녀'의 영화(榮華)를 탐내고 가난을 혐오하고 부를 추구하는 심리를 구슬릴 수 있을까? 정말 '그녀'와 자신이 화목한 가정을 일구고 부부가 서로 공경하고 사랑하면서 백년해로하기를 기대할 수 있는가? 정말 '그녀'가 솔선수범하여 성과도 있고 교양도 있는 다음 세대 및 다다음 세대를 가르쳐 낼 수 있을까? 만약 '그녀'를 다스릴 수 없고 단속할 수 없고 구슬릴 수 없다면 어쩌면 좋은가? '그녀'의 뱃속에 혹시 다른 사람의 '잡종'을 임신하지 않았을까? 그 자식이 출생 후 자기와 전혀 닮지 않고 성인이 되면 집을 훌쩍 떠나 버리고 그로부터 집을 잊고 부친을 버리고 할아버지와 등지며 부친과 할아버지에 대해 그 어떤 책임감, 의무감 및 최소한의 혈육의 정도 없는 불초한 자식이라면 어떤 말로를 보게 되는가?

사회주의 시장경제(상업시대)를 지켜보면서 종종 중국과 그의 관계가 마치 '재혼'한 남자와 그가 집안에 맞아들인 후 '그녀'를 대신해 붉은 면사포를 벗겨 주고 사랑하면서도 각종 의심도 생기고 낯설면서도 유혹되고 큰 희망을 품으면서도 완전히 믿을 수 없는 신부 간 관계와도 같다는 느낌이 든다.

이런 관계는 중국과 상업시대의 '결혼 첫날밤'을 지새우는데 근심과 기쁨을 뒤섞이게 한다.

"낭자, 우리 백조가 되어 함께 훨훨 날아봅시다(愿为双鸿鹄, 奋翅起高飞〈西北有高樓〉: 실명. 古詩)"

라고 일부러 말하고 싶지만 한편으로는 그녀가

"복숭아나 살구꽃도 봄바람에 의지하여 꽃을 피울 줄 알건만,
난 왜 그때 그대를 붙잡지 못하고
지금 여기서 그리움과 원망 속에서 살아가는가
(沉恨细思, 不如桃杏, 犹得嫁东风(長先. 宋.〈一叢花〉)"라고 할까 봐 두렵다.

이미 5천여 세월을 살아온 중국이라는 이 '남자'의 기나긴 경력에서 1949년 10월 1일은 자신의 마음속에 새겨 둘 만한 '혼인'이었다. '전처'가 그에게 남긴 기억은 그렇게도 지워지지 않았다. '그녀'는 아름다운 '이상주의' 유전자를 가지고 있다. 왜냐하면 '그녀'는 마르크스라 불리는 유태인이 평생 정력으로 종사한 '공산주의'에 관한 사상 속에서 태어났으며 반세기 전 중국의 몇몇 뜻있는 젊은이들이 서양을 방문하여 중국 부친을 위해 그녀를 찾아왔기 때문이다. 마르크스는 '그녀'와 중국의 '중매인'이다.

청년 주은래의 시가 당시 그들의 원대한 포부를 보여준다.

大江歌罢掉头东 큰 강 향해 부르던 노래 멈추고 고개 들어 동쪽을 바라보네
岁觅群科济世穷 오랜 세월 동안 고난한 인민의 세상을 구하려 하네.
面壁十年图破壁 긴 시간 수련한 정신으로 이제 그 벽을 깨뜨리려 하니
蹈海翻江亦英雄 강물을 뒤집기 위해 바다에 몸을 던지는 것 또한 영웅이 아니던가!

그들은 중국이란 이 부친을 위해 미증유(未曾有)의 '이상적인 배우자'를 맞아 오려고 하며 중국의 아들딸들을 위해 위대한 모친을 모셔 오려고 했다. '그녀'는 새로운 시대를 열만큼 획기적이라고 할 만했다. '그녀'의 그러한 젊음은 인류 역사에 조금도 오염되지 않아 오점이 없었다. 또 그로 인해 아주 자랑스럽게 생각하는 풍채는 당시의 중국 아들딸들로 하여금 중국 고대 전설 속의 돌을 녹여 하늘을 메운 창세여신이자 신모(神母)인 여와(女媧: 중국신화 속 인간을 만든 여신. 복희의 아내)를 연상케 한다. '그녀'는 추호의 동요와 일말의 두려움도 없이 자신이 '우뚝 솟기' 전의 모든 세기와 전쟁을 선포하였다. 이기지 못하면 차라리 죽는 편이 낫다고 생각하는 아테나(전쟁의 신)와 같은 정신 기개는, 가난하고 낙후하며 가혹한 착취와 압박 제도를 통치 수단으로 하는 이 중국이란 국가의 모든 아들딸로 하여금 자신을 맹목적으로 숭배토록 하였다. 그래서 아들딸들은 '그녀'를 위해 결사의 각오로 싸움에 임하고 물불을 가리지 않고 앞사람이 쓰러지면 뒷사람이 그 뒤를 이어 나가고 목숨을 기꺼이 바치려 하며 분골쇄신도 달갑게 받아들인다.

'그녀'의 절반은 러시아, 아니 정확히 말하면 '소련' 혈통이다. '그녀'는 '소련'에서 전 세계를 향해 '그녀'가 존재하는 획기적이고 위대한 의의를 증명했기 때문이다. 중국 사람들은 '그녀'를 중국에 맞아 오기 위해 5천만에 달하는 아들딸의 생명을 대가로 지불했다. 그중 대부분은 중국의 가장 우수하고 가장 탁월한 아들딸이었다. 이와 비교할 때 중국 역사상 일체가 새로 태어남을 바라고 부국강민을 추구하고 '영원히 일어서기'를 추하는 비장한 분투는 모두를 무색하게 할 정도였다. 이와 같이 비교해 보면 세계의 모든 국가와 모든 민족은 한 가지 성질의 분투에 대해서는 아주 용이한 것처럼 보인다.

중국, 이 천고의 '남자'는 이번 '혼인'이 가져다 준 10년 동안 '밀월'에 얼마나 기뻐하고 열광했던가!

중국은 확실히 '그 뒤 일어섰다!'

'그녀'로 인해 중국은 생기가 넘쳐 보였었다. 그러나 '소련'에서 그녀의 획기적인 성공은 그녀의 사고방식을 '소비에트모델화' 시켰다. 그 후 '그녀'는 중국을 유도하여 '소련'의 또 다른 복제품으로 만들어 놓았다. 정치에서 경제에 이르기까지 '소련'에서 일어났던 것들이 중국에서 하나도 예외 없이 재현되었다. '소련'에서는 일어나지 않았던 것들도 중국에서 관성처럼 발생하였다. '그녀'는 중국으로 하여금 '소련증후군'에 걸리게 했다. '스탈린 신화'의 파멸에 따라 '소련'에서는 '소련증후군'이 전면 폭발하였는데 중국에 대해 말하면 이는 거대한 위기를 의미한다.

문화대혁명은 모택동이 소련과 유사한 사건이 중국에서 발생하는 것을 방지하기 위해 취한 응급수단이다. 그 목적은 당연히 자구의식에서 비롯된 것이다. 그러나 수단이 틀려서 목적을 달성할 수 없었다. 결국 자기유린, 자기학대와 다를 바 없었으며 중국을 10년 동안 '대참사'에 빠뜨려 놓았다. 따라서 중국과 '교조적 사회주의' 또는 '교과서식 사회주의'의 '혼인'은 유지되기 어려웠다.

중국은 전통적 교조와 교과서식 '사회주의'와 작별하고 개혁개방으로 방향을 바꾸게 된다. 이것도 마치 '아내를 내쫓는' 것처럼 중국의 몸에 씌워진 낡은 방식을 내쫓은 것이다.

'아내를 내쫓다'도 자구의식에서 비롯된다. '인민공사'와 '대약진', 그리고 '문화혁명'은 '그녀'가 '갱년기'에 들어선 후 '내분비 혼란'과 '중추신경계통 장애'가 가져온 결과이다. '문화혁명'이 끝날 무렵 '그녀'는 분명 '갱년기' 후 병으로 비실비실거리고 기력이 마음을 따라주지 못하는 모습이었다.

'아내를 내쫓는' 행동은 피할 수 없는 선택이며 또 유일하게 현명한 선택이다. 하지만 마침내 '그녀'는 중국이 '일어서는' 과정에 큰 공을 세웠다. 만약 '그녀'가 정말 사람이었다면 공로의 '절반은 나에게 있고 절반은 당신에게 있다'고 칭송할 자격이 있는 것이다.

십수 년 전 중국 지식인들이 천안문 광장 앞에서 '소평 동지, 안녕하십니까(小平, 你好).'라고 쓴 플랜카드를 펼쳐 들었을 때 이는 한 강력한 정치적 인물에게 "중국을 위해 부탁합니다. 서둘러 주십시오."라고 보내는 긴급한 호소의 뜻이 내포되어 있었다. 노신 일기의 마지막 몇 페이지에도 "서둘러 주십시오."라는 글자가 씌어져 있었다.

이는 중국 내란이 금방 평정되고 방치되거나 지체된 일들이 처리를 기다리는 중이라 해야 할 뿐 아니라 확실히 잠시도 늦출 수 없고 '촌각을 다투면서 서둘러야 한다.'는 뜻이었다.

20세기 80년대 초, 필자는 적극적으로, 또 자발적으로 '개혁개방'의 선봉이 되었다. 비록 중국이라는 이 오래된 장기판에서 내가 맡을 역할이 없음에도 말이다. 스스로 장기알 통에서 장기판으로 뛰어올라가 억지로 '차·말·포'의 졸로 가장하였다. 열정·성실·정의를 위해 조금도 주저하지 않고 용맹 정진하였으며 언행이 신중하고 지나치게 소심하여 중, 노년들에게 '이단'으로 보여도 개의치 않았다. 그 무슨 개인의 야심을 실현하기 위해서가 아니라 단순히 시대의 사명과 감화를 받고 마음이 움직였기 때문이다. 그해 필자는 30대 열혈 남아였다. 일부 큰 사건들을 겪었다는 생각은 드나 사실 나와 동일 세대 사람들과 별다른 경력은 없었다. 상당히 성숙되었다고 생각했으나 사실 머리가 아주 단순하였다. "천하의 흥망성쇠(興亡盛衰)는 백성에게도 책임이 있다"고 하는데 적극적이고 자각적으로 중국 '개혁개방'의 선봉으로 되는 것이 나라 진흥의 책임과 시대의 사명을 더욱 잘 구현할 수 있는 것이 아닌가?

신중국 성립 이후의 중국에서 '운동(정치적 집단행동·행위)'은 아주 빈번하였다. 작년에도 운동, 금년에도 운동, 아침에도 운동, 저녁에도 운동, 또 매번 운동은 항상 국가 운명과 긴밀히 연결되었다. 때문에 중국인의 머릿속에는 점차적으로 한 가지 논리가 형성되었다. 마치 그 운동이 잘못된 것이 아니라 정확하다면, 망치지 않고 잘 되기만 하면, 중도에 포기하지 않고 끝까지 진행되기만 하면 그로부터 중국은 꼭 국태민안하고 대단히 번창하는 것처럼 말이다.

때문에 당시에 '사상해방'을 '운동'이라 부르고 '개혁개방'도 '운동'으로 이해되었던 것이었다. '문화혁명' 후 중국 지식인에 대해 최초로 '직무상의 칭호'를 평가하던 그 해에 많은 친구들이 날 찾아와 자기를 도와 '자기신고평가서'를 작성해달라고 했다. 지금 돌이켜보면 그들은 나이를 불문하고 모두 날 보고 중요한 조목 한 개를 빼놓아서는 안된다고 요구했다. 즉 '개혁개방' 운동을 운운하는 표현문구이다. 얼마 전 회사 자료실에 가서 옛날 신문을 훑어보던 중에 당시 신문 상에 늘 주목을 끈 전단의 큰 제목도 '개혁개방운동'이라는 것을 발견하였다. 기왕운동이라고 했으니 시간이 그렇게 길지는 않겠지? '운동', 이 두 글자는 일반 중국 사람들로 하여금 '개혁개방'이 시간적으로 짧을 것이라는 추측을 하게 한다. 일반 중국인들은 그것이 10여 년 동안 지속될 것이라 절대 생각하지 못했을 것이다. 또 10여 년이 지난 지금에 와서 보면 그것에 관한 사상 방향이 여전히 금방 시작한 듯한 단계에 놓여 있으리라 절대 생각하지 못했을 것이다.

당시 간행물·라디오·텔레비전·관원·지식인 및 문화인 그리고 국영기업의 관리자에 이르기까지 가장 많이 하는 말 중의 하나가 '진통(陳痛)'이란 단어이다. 당시 중국 사람들이 '아픔'을 말할 때 사실 '퇴직' 노동자를 제외하고 진짜로 '개혁개방'에 의해 상한 사람이 없다. 당시 '아프다'고 말한 것은 아주 과장된 것이며 적어도 당시 부패는 지금처럼 엄중한 정도가 아니다. 당시 빈부격차도 지금처럼 서슬 푸른 정도에 이르지 않았으며 당시 노동자들의 퇴직도 지금처럼 많은 정도가 아니며 당시 '아픔'이라고 말한 것은 심리적 인내력이 아주 약했기 때문이다. 지금은 정말 많고 많은 사람들이 아픔을 느끼지만 '아프다'고 말하지 않는다. "말을 할 듯 말듯하다가 말고 고작 '상쾌한 가을이구나.' 한마디 뱉고 만다." 확실히 각 방면의 인내력이 증강되었다고 볼 수 있다.

많은 중국 사람들이 '개혁개방'이라는 큰 깃발 아래 정치 무대와 멀리 떨어진 변두리에 서서 자기 국가를 위해 있는 힘을 다해 북치고 고함을 쳤다. 사실 외친 것은 미래가 아닌 과거이며 그의 '전처'와의 생기발랄하고 기쁨이 넘쳤던 짧은 '밀월'이다. 그렇다. 그것은 중국의 꿈에서 가장 아름다운 추억이다. 그 밀월은 일반 중국 사람들의 의식 중에 유토피아식의 환상적인 광채를 남겨두었다. 사실 많은 중국 사람들의 소망은 그저 자신들이 있는 힘을 다해 북치고 고함칠 때, 어떤 한 사람 혹은 몇 명의 가장 믿음직하고 중국 운명을 지배하는 능력과 권위가 있는 인물이 자신들의 머릿속에 간직된 그 아름다운 추억을 직접 20세기 80년대 초의 '개혁개방' 뒤에 편집해 넣음으로써 역사와 현실이 교묘하게 결합된 완벽한 《중국 이야기》를 구성하는 것이다.

이 기대치가 조금도 크지 않은 것 같지만 사실 역사는 재현될 수밖에 없다.

'개혁개방'이 중국과 '재혼'한 '신부'라는 것을 알지만, 의외로 그가 '상업시대'라는 또 다른 이름이 있다는 사실을 아는 중국 사람은 참으로 적다.

지금 '그녀'는 이미 중국의 '신방'에 들어갔다. '그녀'의 붉은 면사포는 이미 중국의 손이 '그녀'를 대신하여 천천히 벗겨 주었다. '그녀'는 신혼 침대 모퉁이에 걸터앉아 유혹에 찬 눈길로 중국을 향해 요염하게 웃는다.

'그녀'는 마치 "중국이여, 내 본명은 '상업시대'이다. '개혁개방'이란 이름은 당신이 일방적으로 부르는 호칭일 뿐이다. 나는 괜찮다. 로마에 가면 로마법을 따라야 한다고, 당신이 어떻게 불러도 난 괜찮아. 당신, 이 5,000여 살을 먹은 '재혼 남자'는 도대체 금후 나와 오래도록 살 타산인가? 그렇게 생각한다면 이제부턴 내 말을 들어야 해! 예전에 살던 것처럼 살면 안 돼!"라고 묵묵히 묻는 것 같다.

세계를 바라볼 경우 20세기 말엽에 '상업시대'는 중국이 맞아들일 수 있는 유일한 '신부'라 할 수 있다. 또한 오늘 이후 세계 '결혼소개소'의 서류고에는 '상업시대'라는 이런 부류에게 '시집가기를 기다리는 자'들만이 존재할 것이다. 모든 국가들은 그들이 어떠한 주의를 신봉하든지, 어떠한 체제를 견지하든지, 그리고 원하든 원하지 않든 상관없이 나중에는 '상업시대'와 '결혼'하게 된다. 그저 시간 문제이다. 일찍 '상업시대'를 맞아들인 국가는 '그녀'로 인해 국가의 태평함이 어지럽혀진 적이 없고 '이웃이 불안해'하는 일도 벌어지지 않았을 뿐만 아니라 오히려 이득이 많았다. 이에 대해선 중국도 세계를 바라보면서 분명하게 알게 되었다. '전처'와 재결합하여 다시 굳은 맹세를 하려고 결심한 경우 외에는, 사실 중국은 별다른 선택의 여지가 없다. 하지만 과거로의 회귀, 이는 수많은 중국인의 의향과는 빗나간다.

과거가 좋다는 사람은 과거로 돌아가고
현재가 좋다는 사람은 현재에 남아있고
장래가 좋다는 사람은 나를 따라 앞으로 나가자.

중국은 당연히 이것이 노신(魯迅)의 입에서 나온 말임을 알고 있다.

역사는 일찌감치 상인에 대해 나쁜 평판을 내렸다.

상업 활동은 인류사의 기본 내용이다.

'지구촌', 이 단어는 중국 고유의 말이 아니고 외부에서 전해져 들어온 도래어(渡來語) 이다.

우주에서 지구는 매우 작은 존재다. 비록 지구를 '촌'이라 부르지만 인류는 자신의 존재가치, 즉, 가장 근본적 문제에 대해 극히 겸손한 미덕을 구현하기 시작하였다. 그러나 《시간약사(時間簡史)》란 책의 천재적 작가이자 걸출한 이론 물리학자 스티븐 호킹의 관점에 따르면, 이렇게 극도로 겸손한 미덕은 의심할 여지 없이 역시 극도의 과장을 의미한다. '촌'이 적어도 지구를 수십억 배 과대 포장했다는 것이다.

필자는 늘 이런 생각에 잠기곤 한다. 만약 내가 소학교 또는 고등학교·대학교 역사 교사라 하면 첫 수업시간에 학생들에게 무엇을 가르칠 것인가? 아마 꼭 이렇게 말했을 것이다. 인류 역사에 기재된 모든 중요한 사건, 특히 가장 놀라운 사건들, 예를 들면 정권 교체와 전쟁 등은 사실 인류사 중에서 가장 작은 장절에 불과하다. 기나긴 인류 역사에 비교해 볼 경우 마치 '지구촌'과 전체 우주 간 관계와 같은 것이다.

예를 들어 한 사람이 기억할 수 있는 것은 흔히 타인의 생명여정(生命旅程) 중 아주 특수한 날과 아주 특수한 사건이다. 시간적 개념에 대해 말하자면 특정한 모 사람에 대해, 그런 날과 사건들은 타인의 생명여정의 대부분 내지 전부의 내용을 의미할 수 있다. 어떤 한 사람이 20살 되는 그 해에 무기징역을 선고받은 결과가 바로 그렇다. 허나 하느님도 모든 인류를 감옥에 가둬 넣거나 전체 인류에 대해 무기징역을 선고할 수도 없는 것이다.

그럼 인류는 그 많고 많은 시간에 무얼 하고 있는가?

한 학생이 만약 자신이 배운 역사 속의 그런 대사건의 발생 원인과 연도 및 종료된 시간의 배경을 줄줄 외울 수 있지만 상기 문제에 대해 멍해서 어떻게 대답하면 좋을지 모른다면 정말 역사를 헛배운 것이라고 생각한다.

인류는 더 많은 시간에 무얼 하고 있는가?

역사를 가르치는 한 교사가 만약 매일 해마다 교실에서 어떤 대사건을 막힘없이 줄줄 외우고 생생하게 이야기하더라도 제기된 문제에 대한 해답을 근본적으로 등한시한다면 그건 역사의 진상을 '왜곡'하는 일을 하는 것이라고 생각한다. 이는 적어도 가장 가소로울 만큼 단순하고 동시에 당연하고도 지극히 황당하고 잘못된 이해를 초래할 수 있기 때문이다. 마치 하나하나의 대사건을 '편집'하고는 그것이 곧 인류사회 발전의 전부인 듯 이야기하는 것이다. 그런 모든 대사건들을 전부 합하더라도 인류 역사 중 시간 총합의 1%에도 미치지 못할 수 있다.

따라서 우리는 이런 결론을 얻을 수 있다. 99%의 시간 속 인류 역사의 진상은 사실 그 무슨 놀라운 대사건이 발생하는 상태가 아니었다는 것이다. 구성, 전개가 변화무쌍한 장편소설이 아니라 일상적으로 진행되는 아주 평범한 상태이다. 바로 이 때문에 이미 문자화된 역사가 지워 버렸거나 배제한 것들은 오히려 인류의 진실한 역사의 진상에 가장 접근하는 것이다.

톨스토이는 '역사'라는 이 두 글자에 대해 아주 적절한 해석을 한 적이 있다. 그는 "역사는 국가와 인류의 전기이다"라고 말했다. 볼테르는 "고대 역사는 그저 인구에 회자하는 우화일 뿐이다."고 생각했다.

예술은 사람들이 무엇을 구현했다는 것을 이야기하고, 문학은 사람들이 무엇을 느꼈다는 것을 이야기한다. 종교는 사람들의 신앙이 무엇인가를 이야기하고 철학은 사람들이 무엇을 생각하는가를 이야기해 준다. 역사는 사람들이 과거에 무엇을 했는가 하는 것을 이야기해 준다.

이 점에 있어, 흄머는 역사에 대해 그렇게 여기지 않는다는 태도를 취했다. 그는 '인류는 모든 시대와 모든 지역에서 매우 일치한다. 역사는 이 특수한 방면에서 우리에게 그 무슨 신기한 것을 알려주지 않았다.'고 말했다. 여기서, 그가 역사 속 인류의 '매우 일치한' 면이 깊이 감추어지고 언급이 회피되는 것에 대해 불만을 품고 있음을 알 수 있다.

로우스는 휴머의 질의에 대해 "세계의 역사는 시종 한 사람이 어떻게 빵과 버터를 찾아 다녔는가에 대한 기록이다."고 대답했다. 그의 말에 약간의 일리가 있다고 본다. 그저 러시아 사람들이 찾아다닌 건 '감자와 소고기'일 따름이다.

중국 사람들이 찾는 것은 단순하고 소박한 '입쌀밥에 콩나물 볶음이다.' 동시에 "어떻게 하면 많은 집들을 마련하여 세상의 가난한 사람들 얼굴이 활짝 펴지게 할 수 있을까 하는 것이다."

어렸을 때 여자애들이 고무줄놀이를 하면서 외치던 노래가 생각난다.

외할머니가 물어요, 뭘 먹었니?
입쌀밥에 콩나물 볶음이죠!
할아버지가 물어요, 맛있는가?
보름에 한 번밖에 못 먹는데 왜 맛이 없겠어요!

민요에 반영된 중국 농민들의 의식(衣食)에 대한 요구는 도시 여자애들의 '입쌀밥에 콩나물 볶음'의 소망보다도 더 소박하다.

우리 집 땅 2무(畝:1무 200평)가 있지요, 거기에 고구마를 심지요
온 식구 식량은 모두 그걸로 해결하지요!
가을이면 고구마가 익고
고구마를 가득 실은 수레가 데구루루 우리 집으로 굴러가면
온 집안사람들 기쁨에 겨워 웃음꽃을 피우네!

로우스가 '직시한' 것은 단지 인류가 물질적인 방면에서만 '추구'했던 것에 불과하다. 그러나 이런 '추구'의 '내용'은 이미 '빵과 버터'의 최초의 소망을 초월했다. 인류는 지구상에서 거의 가장 사나운 강장동물로 변해 버렸는데 끊임없이 자원을 소비하고 끊임없이 상품을 창조하며 끊임없이 상품을 소비한다.

99%의 시간 속에서 인류는 생멸하고 대를 이어 번식하며, 농공업 종사를 비롯하여 모든 직업에 종사하는 그런 행위들은 결국에는 '상업'의 '조정' 아래에 놓이게 된다. 때문에 '상업'이 인류 역사에서 가장 기본적이고 가장 중요한 활동이 아니라면 적어도 가장 기본적이고 가장 중요한 활동 중의 하나임은 틀림없다고 할 것이다.

인류의 상업 발전의 맥락과 궤적에 따라 인류 역사를 정리하고 인류 역사의 온갖 풍파와 진퇴를 진술하는 것은, 종교적 관점과 문화적 관점 그리고 왕조 교체의 대사건을 통해 역사를 전개하는 방법에 비해 더 법칙에 부합될 수 있다. 계급투쟁과 왕조 교체는 의심할 바 없이 계급모순의 격화와 완화 그리고 왕조 교체의 승패에 영향을 미친다. 계급투쟁이 왕조 교체에 미치는 영향은 왕조 교체가 계급투쟁에 미치는 영향에 비해 크고 깊다. 그 차이점을 비유하자면 왕조 교체가 계급투쟁에 미치는 영향은 때로는 태풍이 해양에 미치는 영향과 같이 비유된다. 허나 계급투쟁이 왕조 교체에 미치는 영향은 계절 변화가 기상에 끼치는 영향과 같다. 결국 태풍은 역시 기상반응의 일종이다.

인류 역사상 장사(商)에 종사하는 것은 가장 평판이 나쁜 직업 중의 하나였다. 동서고금에 수많은 위인과 명인들이 모두 상업을 혐오하고 상인을 업신여겼다. 예를 들면 플라톤·아리스토텔레스·베이컨 등등. 그들은 상업·무역·상인을 혐오하다가 한걸음 더 나아가서는 금전 및 재부를 혐오하였다. 또는 바꾸어 말하면 그들은 자신이 처한 시대에 미친 듯이, 탐욕스럽게, 수단을 가리지 않고 도덕적 비난에도 불구하고 금전을 추구하고 재산을 긁어모으는 현상을 너무 많이 보아 왔기 때문에 금전과 재부에 대한 혐오와 질시로부터 더 나아가서 모든 상인들을 혐오하고 질시하고 무역을 혐오하고 심지어 상업까지 혐오하고 질시하게 된 것이다. 흥미로운 것은 그들의 언론 중에 공통적인 비유가 있었는데 바로 상인들을 '부유한 백치'에 비유한 것이다. 그들의 수양과 교양으로 볼 때 이런 비유가 증명한 혐오와 경시는 더 해석할 필요가 없는 것이다.

그러나 그들처럼 위대한 인물 중에 일부는 그 현자들의 관점에 찬성하지 않았다.

예를 들면 몽테스키외. 그는 "무역과 상업은 순박한 풍속을 부패하게 만들었다. 이것은 플라톤이 비난한 부분이다. 그러나 우리는 거의 통상적으로 상반되는 사실을 볼 수 있는데 무역과 상업은 한창 야만적인 나라들을 갈수록 우아하고 온화하게 만들고 있다."고 말했다.

또 에머슨은 "우리는 다 상업을 저주하고 있다. 하지만 금후 역사학자들은 상업이 미국을 건립하고 봉건제도를 분쇄해 버렸다는 것을 볼 수 있을 것이다. 또한 노예제도도 소멸해 버렸다."고 말했다. 에머슨의 상업에 대한 높은 찬양은 베이컨 등이 상업에 대한 혐오와 질시정도와 대비되는 것 같다. 심지어 그는 "이 세계의 '가장 위대한 진보'는 바로 이기적이면서 흥정하는 상업의 출현이다."고 말했다. 그는 심지어 또 일반 세인들이 모든 죄악의 근원이라고 꾸짖는 금전을 찬양했다. 그는 "금전, 가식적으로 생활 속에서 가장 무료하다고 여기고 공적 장소에서 이야기하면 얼굴이 붉어지는 이 물건의 실제 작용과 그 법칙은 오히려 장미꽃마냥 아름답다."고 공공연히 말했다.

가장 상업을 혐오하는 목소리는 확실히 일부 지식인들의 입에서 나왔다.

《무원칙의 생활》의 작가 헨리 데이비드 소로(1817~1862. 미. 사상가. 문학가)는 이렇게 불평을 털어 놓은 적이 있다. "이는 상업의 세계이다. 여기서는 떠들썩하는 소리가 끝없이 가득차 있다. 나는 거의 매일 밤마다 자동차의 시끄러운 배기 소리에 깨어난다. 그 소리는 나의 꿈결을 망가뜨려 놓았다. 이 세계에는 이젠 휴식이 없다. 만약 당신이 한 번이라도 한 사람이 휴식하는 것을 본다면 그건 아주 다행한 일이다. 이 세계에는 일·일·또 일, 일을 빼놓고는 아무것도 없다. 나는 정말 노트를 사 가지고 자신의 생각을 적기조차 어렵다. 어디가나 금전의 지배를 받고 있다. 누구라도 내가 길옆에 잠시 멈춰 선 것을 보면 당연하게 임금을 계산하는 중이라고 생각한다! 만약 누군가가 베란다에서 떨어져 불구가 되고 백치가 되었다면 그의 평생 유감은 틀림없이 더는 상업에 종사할 수 없다는 것이다. 이 지구상에서 부단히 발전하는 상업과 시가(詩歌)·철학을 비교할 수 있는 것이란 아무것도 없다. 심지어 생활 그 자체와 서로 대립되는 것임에야!"

그의 말은 맞다. 시가는 가장 유구하고 고전적인 문학 장르로서 전 세계에서 거의 자취를 감추었다. 이는 상업의 급속한 발전과 아무 관계가 없다고 말할 수 없다. 비록 1996년 노벨문학상은 한평생 시를 쓴 아일랜드 여성에게 수여되었지만 이미 '진귀한 동물'에 속해 버린 것 같은 시인들의 몰락한 심정을 격려하기는 어려운 것 같다.

소로는 하느님이 아니다. 만약 그가 옳다면 조금의 주저도 없이 자신이 처한 상업시대에 대해 무기징역을 선고하고 감옥에 처넣었을 것이다. 만약 이 세상에 시대를 가두는 감옥이 있을 경우에 말이다. 그것을 할 수 없기 때문에 그는 자신의 책을 통해 상업시대를 '무원칙적인 생활'이라고 선포한 것이다.

다른 한 사람이 날카롭게 그와 맞서서 말했다. "나는 다른 그 무엇이 상업보다 더 철저히 혁명적 태도와 대립되는지 모르겠다. 상업은 천성적으로 그런 폭력적 감정과 인연이 없다. 상업은 온화함을 좋아하고 서로 악수하기를 좋아하며 의식적으로 분쟁을 피한다. 상업은 양보하고 절충한다. 일부 절대적으로 필요한 상황의 강요를 제외하고는 상업은 종래로 극단적인 해결 방법을 모색하지 않는다. 상업은 사람들로 하여금 상호 독립되게 하고 개인의 중요성을 아주 높게 평가하며 중시한다. 상업은 사람들을 유도하여 자신의 일을 처리하게 하고 이런 일들을 어떻게 적절히 처리할 수 있는가를 가르쳐 준다. 상업은 사람들로 하여금 우호적 관계를 추구하고 신중하게 전쟁을 피하도록 한다." 이렇게 말한 사람은 알렉시 드 토크빌(1805~1859. 프. 역사가. 정치사상가)이다. 그가 쓴 《미국의 민주주의》는 《무원칙의 생활》보다도 더 유명한 책이다.

소로는 《무원칙의 생활》에서 또 "사람이 자기 수요를 초과하는 금전을 획득하는 각종 방식은 거의 예외 없이 타락을 가져왔다. 때로는 자기를, 때로는 다른 사람을 타락시켰다."고 말했다.

그러나 플루타르코스는 "금전을 정확하게 사용하면 무기를 사용한 것보다 더 큰 성과를 이룰 수 있다."고 말했다.

소로의 인생관과 세계관은 중국의 도가사상·불교사상과 상통하는 일면이 있는 것 같다. "중국 고대 철학가들은 모두 금전과 재부 방면에서 거의 아무것도 없었으나 마음속 및 정신생활은 넓고 크고 풍부한 인물들이었다. 우리가 만약 그들을 더 깊이 요해하고 배운다면 한 사람이 살면서 그다지 많은 것이 필요 없음을 느낄 수 있을 것이다. 세계도 근본적으로 그렇게 많은 재부가 필요 없다." 고 말했다. 그는 인간이란 안빈낙도(安貧樂道)해야 한다고 열렬히 주장하고 있다. 또한 열정에 찬 모습으로 세인(世人)들에게 "빈곤을 화원 속의 화초처럼 생각하고 성인처럼 가꾸어라!"라고 가르친다.

그는 또 "사람은 복지원(濟貧院: 빈민구제원)에서도 그런 생활을 사랑해야 한다. 왜냐하면 복지원에서 생활하는 사람도 유쾌하고 영광스럽고 존엄이 있을 때가 있기 때문이다. 석양이 복지원의 창문에 반사될 때 부잣집 창문에 비춰지는 것과 마찬가지로 밝다. 복지원 문밖 적설도 부잣집 문밖 적설과 마찬가지로 초봄에 녹을 것이다……."

하지만 평생 사상이 열정적 감정으로 충만했던 이 '외국인'은 어리석은 사람처럼 이런 전제를 피해 갔다. 세인들은 모두가 다 노자·장자 또는 소로가 될 수 없다. 그렇게 되면 세인들은 십중팔구 굶어 죽었거나 또는 집단적으로 먼 조상들이 거주했던 동굴로 돌아가서 은거했을 것이다.

평화가 오래 유지될 경우 상업시대는 자연히 잉태하게 된다. 상업시대가 이미 잉태된 경우 대다수 세인들의 상태는 상업시대의 가치 관념에 따라 생활하고 행동하는 것 외에 또 다른 어떤 상태에 따라 생활하고 행동할 수 있단 말인가? 그는 또 이렇게 말했다. "옛 것을 찾으라. 그곳으로 돌아가라. 만물은 변하지 않는다. 변하는 것은 우리 자신이다. 자신의 생각을 보류하기만 하면 하느님은 당신이 사회가 없어도 살 수 있도록 보장해 줄 것이다. 만약 내가 온종일 다락방 한 구석에 거미처럼 숨어 있어야 하는데 생각할 수만 있다면 나에겐 세계가 마찬가지로 큰 것이 아닌가?"

상업시대를 혐오하는 모든 사상가들 중에서도 소로는 가장 극단적이고 가장 치열한 한 사람이다.

만약 소로가 지하 세계에서 영혼이 있어 자신이 추앙하고 바다를 건너 좋아했던 중국도 한창 '상업시대'에 들어서 있다는 것을 본다면, 그의 눈엔 정말 창녀처럼 보였던 이 시대를 꼭 껴안고 미친 듯이 뻑뻑 소리를 내 가면서 입 맞추는 장면을 보면 틀림없이 몹시 슬퍼했을 것이다.

이는 그의 잘못이다. 왜냐하면 그는 일반 중국인들도 서방인처럼 향락과 사치, 금전과 재부를 좋아한다는 사실을 몰랐기 때문이다. 사실 '상업시대'는 절대다수 중국인들에게는 이 시대를 선택한 것에 잘 부합된다. 한 중국인이 타락하여 복지원에 들어간 경우 그가 바다 건너에서 상상한 것처럼 그렇게 복지원 생활을 사랑하지는 않을 것이다.

그러나 우리는 너무 진지하게 그를 반박할 필요가 없다. 에머슨(1803~1882. 미. 시인. 철학자)이 한 말은 소로에게 들려 줄 적절한 인용이기 때문이다 — "전도사와 일부 도덕가는 사람들이 재물과 부를 갈구하는 방면에서 공통점이 있다고 꾸짖었다. 허나 만약 사람들이 그들의 말처럼 그들을 이해하고 진짜로 재물과 부에 대한 추구를 중지할 경우 이 도덕가들은 숱한 어려움을 무릅쓰고 사람들의 가슴속에 다시 욕망의 불길을 지펴놓을 것이다. 그것은 가능한 한 권세욕에 대한 불길일 것이다. 만약 인류의 욕망이 티끌만큼도 없을 경우 문명은 쇠퇴하고 말 것이다."

에머슨과 소로 두 사람 중에 필자는 에머슨의 사상을 더 받아들일 수 있다. 비록 에머슨처럼 확고하게 그리고 선명한 기치로 설명하지는 못하더라도 조금은 찬미의 뜻을 갖고 상업시대의 위대한 점을 설교할 수는 없잖아 있다. 그렇지만 소로에 대해 반감을 가지는 것은 아니다. 그저 그가 고지식하다 할 정도로, 그리고 솔직하고 단순하다 할 정도로 고집스럽다고 생각한다. 그의 솔직한 고집 중에 아주 귀여운 맛도 없지 않다. 필경 그는 사상가이고 여타 많은 말들은 아주 지혜롭다. 예를 들자면

"남아도는 재물로는 남아도는 물건밖에 살 수 없다."
"사람의 영혼이 필요한 것은 돈으로 살 필요가 없다."

"사치한 생활이 낳은 열매는 전부 사치하다."

마찬가지로 상업시대에 대해 줄곧 온화한 비판적 태도를 취한 베이컨도 아주 날카롭고 심각한 명언들을 남겼다.

"금전과 재부는 비료와도 같다. 만약 민중이 이득을 얻을 수 있다면 토지에 뿌리는 것처럼 말이다."
"토지는 비료가 없다 해도 그냥 토지다. 비료는 토지에 사용되지 못하면 악취만 풍길 뿐이다."

아리스토텔레스 자신이 살고 있던 그곳은 이미 상품 화폐 시대가 상당히 발달한 고대 그리스의 현실이었는데, 아리스토텔레스는 빈부의 격차가 심한 현상에 대해 크게 우려하고 귀족과 부자들의 호사하고 탐욕스러운 생활을 날카롭고 무정하게 비판하였다. 그것은 지금 와서 보면 중국에 대해 여전히 경종의 의의를 가진다.

그는 "이것이 바로 부자이다. 즉, 과도한 낭비와 저속함, 무절제함에 빠지기 쉬우며 사소한 사건을 위해 거대한 자금을 뿌리고 사치스러우나 무미건조한 장면을 장식하여 배치한다. 이렇게 하는 목적은 단지 자신의 부를 자랑하고 다른 사람들이 부러워한다고 생각하기 때문이다."고 말했다.

그는 또 "부자들은 안하무인이다. 부를 소유한 후 그들은 이지(理智)를 잃었고 세상의 모든 쾌락이 자기에게 속하는 것처럼 생각하며, 부와 금전은 모든 사물을 가늠하는 유일한 가치표준이 되었다. 또한 그들은 금전으로 모든 것을 살 수 있다고 환상한다. 총체적으로 부가 가져온 전형적 특징은 부유한 백치인 것이다."고 말했다. 오늘, 상업시대를 껴안고 입맞춤하는 중국에서 우리는 거의 수시로 도처에서 아리스토텔레스가 신랄하게 풍자한 부자들을 볼 수 있지 않는가?

후세의 역사가들은 한때 강성했고 상업이 번영했던 고대 그리스 제국의 멸망 원인을 분석할 때, 사회재부의 분배가 극도로 불공평했다는 것과 귀족과 부자들의 극도의 사치와 탐욕이 주요한 원인이라고 지적했는데 그 근거는 아주 충분한 것이다.

버나드 쇼(1856~1950. 아일랜드극작가. 1925. 노벨문학상)의 상인에 대한 비판적인 몰인정과 신랄함도 그 당시 영국에서 이름이 났다. 한 번은 연회에서 살이 피둥피둥 찐 한 거상이 버나드 쇼 앞에 다가와서 일부러 말을 만들어 가면서 물었다. "버나드 쇼 선생, 당신은 왜 늘 이렇게 말라 있는가요. 만약 외국인들이 당신의 이 모습을 보면 우리 영국에 기근이 든 줄로 알겠어?"

버나드 쇼는 그의 풍풍한 배를 흘끗 쳐다보고는 쌀쌀하게 말했다. "그럼 당신의 이 모습을 보면 우리 영국이 왜 기근이 들었는가를 알 수 있겠네요!"

또 한 번은 버나드 쇼가 바닷가에서 거액 재산을 가진 부동산 투자가를 만났다. 그는 버나드 쇼를 존경하였고 버나드 쇼가 자신한테 기념으로 사인을 해 주기 바랐다. 버나드 쇼는 지팡이로 모래 위에 자기 이름을 쓰고는 쌀쌀하게 말했다. "그럼 이걸 받으십시오. 좋기는 당신이 어떻게 땅과 함께 긁어 가는지 좀 배워야 하겠네요."

이 두 가지 에피소드는 당시 거의 모든 사람들이 알고 있었을 뿐만 아니라 후세에 널리 전해졌다.

버나드 쇼는 또 이렇게 말한 적이 있다. "일체 문명의 기록은 바로 일부 금전이 더욱 힘을 가지고 자극적 수단으로 사용함으로써 실패한 기록으로 간주한다."

그의 말에는 두 가지 의미가 내포되어 있다. 첫째, 상업과 인류 문명, 더욱이 자본주의 문명은 뗄 수 없는 관계이다. 전자는 거의 후자의 '전체 기록'에 일관되어 있다. 둘째, 그러나 이런 관계는 본질적으로 또 실패한 것이다.

그러면 왜 또 실패했는가?

그의 말은 이어진다. "대다수 일반 백성들은 치부할 평등한 기회가 없었고 소수 욕심에 눈이 먼 자들은 아주 제한된 기회 속에 손쉽게 백만장자가 되었다. 사람들을 놀라게 한 것은 그들의 덕행과 그들의 부의 형성과정은 선명한 대조를 이룬다는 것이다. 따라서 사람들은 이 상업시대가 도대체 우리가 찾는 구세주가 맞나 하고 생각하고 회의를 품게 된다."

버나드 쇼가 처한 시대에서, 그의 분노에 찬 지적과 비판을 포함한 회의는 나름대로의 이치와 근거가 있다.

부자들의 사회재부(社會財富)에 대한 탐욕스러운 점유와 수탈에 비해서, "통계에 따르면, 가난한 아이 한 명을 양육하는 데 누더기를 포함해 겨우 2실링만 소요된다."고 말했다.

필자는 외화에 대한 상식이 부족하다.

1파운드가 10실링에 맞먹는지?

그 당시에 그의 이러한 통계는, 오늘날 중국에 기세가 등등하여 사람을 짓누를 만큼 빈부격차가 심한 현상과 중국의 수많은 가정에서 얼마 되지 않는 돈을 지불할 수 없어 학교를 다니지 못하는 가난한 아이들을 연상시킨다.

다행히 우리에겐 분명 '희망공정'이 있다.

버나드 쇼·아리스토텔레스·소로 등, 그들이 자신이 처한 세기와 시대에 본 것은 원시적인 상업이었다. 원시 상업은 확실히 사악성(邪惡性)을 가지고 있다. 에머슨 등이 상업시대의 공적과 은덕을 찬양하지만 사실은 자신들의 예견성에 보다 더 자신하고 있는 것이다.

우리가 바라본 현실은 상업이란 이 자본주의 문명의 '배우자'가 지금 또 확실히 많은 방면에서 잘못을 고치고 올바른 길에 들어섰다는 것이다. 당시 요염하고 방탕하며 허영에 들뜨고 탐욕스럽던 '신부'는 자본주의 문명을 잘 부양하고 있으며 경시하고 얕잡아 볼 수 없는 능력으로 전체 자본주의 체제를 보호하는 '현모양처'로 수련되었다.

바로 '그녀'의 이런 변화로 인해 20세기 세계는 기쁘게 받아들이는 태도로 그녀를 대하기 시작한다. 상업은 세계문명 기록에 의해 더욱 긴밀하게 관류(貫流)되어 미래를 열 것이다.

중국 사람들의 마음속에 '상인'이란 어떤 존재인가?

상업은 중국인의 의식형태 속에서 지금까지 '뛰어난 신부'가 아니었다.

일부 객관적이고 공정한 경제학자를 제외하고 전 세계 거의 모든 지식인들은 과거에 모두 다소 상인을 멸시하는 태도를 가졌다. 경제학은 중요한 학과로서 근대에 와서 흥성하기 시작했다. 이전 고전경제학자들이 종사한 경제학 연구와 분석은 세인들의 중시를 그다지 받지 못했다. 그의 처지는 흔히 철학보다도 못했다. 고전경제학의 매력은 대량의 사회학적 사상성을 포함한 데 있다. 고전경제학의 부족함은 흔히 사상성이 경험성과 법칙성보다 크기 때문이다.

세계 각국과 비교해볼 때 중국은 아주 오래전 시기부터 상업을 경시하고 멸시하는 나라였다. 중국의 지식인들은 옛날에 '선비(土)'라 불렸다. '선비'가 '관청과 정사에 참여하니', '사대부(土大夫)'가 된 것이다. 벼슬길이 순탄하지 않은 자는 '문인'으로 자처하고 허풍을 떨었다. 중국 5,000년 역사 중 왕조 교체와 흥망성쇠 과정에 '선비'와 '문인'들은 적지 않은 역할을 담당했다. '사대부'가 된 자는 직접 역할을 수행했다. 그렇지 못한 자는 간접적으로 역할을 발휘했다. 중국 5,000년 역사는 또 '선비(土)'와 '문인'들이 대대로 써내려간 것이다. 조정에 의해 승인된 것은 '정사(正史)'라 불리고 승인받지 못한 것은 '야사(野史)'라 부른다. 그리스 사상이 상공업이 이룩한 도시국가의 문화 산물이었다면, 중국 문화의 연원은 비록 공상(工商)과 무관하지 않더라도 본질상 '사관문화(史官文化)'이다.

여기, 생전에 그 이름이 중국 사람들에게 잘 알려지지 않았고 죽은 후에도 중국 사람들에게 잘 알려지지 않았으나 오히려 사상이 아주 심오했던 당대 중국인의 사상적 단안(斷案)이 있다. 그는 고준(顧準: 상해인. 사상가. 역사학자. 경제학자. 중국 최초로 사회주의시장경제이론을 제창한 자)이라 부른다.

'선비'라도 좋고 '문인'이라도 좋고 흔히 모두 과학기술면에 문외한인 '과맹(科盲)'들이다. 화학·물리는 말할 나위도 없고 십 중 칠팔은 각 업종 생산에 대한 최소한의 상식도 아는 게 하나도 없다. 때문에 백성들은 그들을 "책만 읽고 일을 하지 않아서 농사일을 모른다."고 비웃는다.

그러나 그들 자신은 득의양양해서, "모든 게 다 하잘것없고 오직 공부만이 최고다", "책 속에 옥과 같은 미인도 있고, 책 속에 황금으로 지은 집도 있다."고 말한다.

그들은 이공과(理工科) 책을 읽지 않는다. 황제가 그런 것들을 시험 보지 않기 때문이다. 장원(狀元)·거인(擧人: 명청(明淸)대 과거 시험 중에서 향시에 급제한 사람)의 급제 여부는 시를 잘 짓는가, 글이 아름다운가로만 본다. 좋은 시 한 수, 좋은 문장 한 편으로 장원이나 거인에 급제하기만 하면 장래에 재상이 되거나 '중서(中書: 재상급)'가 될 수 있다. 이 관직은 서방의 총리 또는 부장과 비슷하다. 심지어 황실에 들어가 벼락출세하여 황제의 사위가 될 수도 있다.

예를 들면 진세미(陳世美: 중국 전통극《진향련(陳香蓮)》중 과거에 장원 급제한 후 조강지처를 버린 남자)가 그렇다. 향시에 급제하는 것은 고대 중국의 '선비'와 '문인'들의 지고한 소원이다.

서방의 경우에는 시를 잘 써서 얻을 수 있는 최고 명예는 그저 궁궐에서 봉한 '계관시인' 칭호일 뿐이다. 또 단순히 글만 잘 쓴다면 운 좋게 궁궐에서 주최하는 연회에 참가하라는 청첩장 한 장이 날아오고 끝이다. 예를 들자면 푸시킨이 그렇다.

물론 중국 고대에 과학기술의 발명이 없었던 것이 아니다. 있기는 있다. 예를 들면 '4대 발명'이 그것이다. 이는 모두 숙련공의 공헌이지 지식인들의 성과가 아니다. 중국 고대 지식인들 중에도 당연히 과학자들이 있다. 그러나 그들의 과학적 성과는 황실 서고에 수납되어 방치되거나 또는 황궁 안의 장식품이 될 뿐이며 민간에 보급되어 생산력으로 전환되기 어려웠다. 그들 자신 및 국가에 '경제효율'을 가져오기는 더욱 어려웠다. 만약 에디슨이 중국 사람이라면 한평생 천여 가지 발명을 할 수 없었을 것이다.

과거제도는 중국 지식인들로 하여금 문과를 중시하고 이과를 경시하며 상업과 모든 업계를 경시하게 만드는 전통적 심리를 부여했다. 또 그들의 전통적 지향은 '관청에 나아가고 정치에 참여하는' 것이었다. 중국 역대 군왕의 치국사상도 서로 다른 정도지만 결국 그들의 각종 '고견'의 영향을 받았기 때문에 과학을 발전시키고 상업을 번영시키는 '입체적 국책' 방면으로 확장할 수 없었다. 당연히 과학의 발전과 상업 번영의 전제는 국가의 전반적인 정세 안정이다. 중국은 내전이 끊임없이 일어나는 국가로서 만약 농업 생산이 계속 이어질 수만 있다면 군왕들도 근심걱정이 없었다.

《상군서·농전(商君书·农战: 춘추전국시대 법가인 상앙(商鞅) 글모음)》 중에는 이런 말이 있다. "국가가 흥성할 수 있는 것은 농업을 중시하고 전쟁을 중시하기 때문이다.(国之所以兴者, 农战也)"

국가가 강대해지려면 농업을 중시하고 군비를 충분히 마련하면 별 문제 없다는 뜻이다. 농업으로 국가를 부양하는 이런 대표적 국책은 심지어 신중국 초기 '사회주의' 시기에도 그 심원한 역사의 영향으로 볼 수 있다. 즉, "굴을 깊게 파고 식량을 비축하자"와 꼭 같다.

그럼 상업에 대한 태도는 어떠한가?

《사기·화식열전(史记·货殖列传)》에는 이런 속담이 있다. '千金之子, 不死於市.' 그 뜻은 천금을 가진 자식들은 저잣거리에서 죽지 않는다 이다. 《사기·화식열전(史记·货殖列传)》에는 또 이렇게 말했다. "부를 추구할 때 농업은 공업에 이르지 못하고 공업은 상업보다 못하며 비단에 수를 놓는 일은 시장에서 장사하는 것보다 못하다."

'시장에서 장사한다(依市门)'는 당연히 여자가 집 문간에 기대어 웃음을 팔고 사창행위를 하는 것을 말한다. 이는 상업의 부정적인 면이다. 상업에 대한 조소를 보면 전체를 엿볼 수 있다.

중국의 전통적 의식 형태에 근거하면 사랑과 혼인에 대해 추구하는 것이 있는 여자라면 상인에게 절대 시집가지 않는다. 그래서 중국에는 이런 말이 있다. "훌륭한 여자는 장사치의 첩이 되지 않는다."

이 말 뜻은 아주 명백하다. 당신은 훌륭한 여자인가? 그럼 상인의 첩 또는 소실이 되는 것을 수치로 생각해라. 그 수치는 '첩'이 되는가, 안되는가가 아니라 어떤 사람의 '첩'이 되는가 하는 것이다. 장사치의 첩이 되면 당연히 한평생 한을 품게 된다.

오늘날 중국 여성들이 '부호를 따라다니는 것'을 유행으로, 시류로, 영광으로 생각하는 현상을 상상하면 여성들이 마침내 전통 문화의 속박을 벗어난 것에 대해 어떻게 논했으면 좋을지 모르겠다.

《홍루몽》 중에 이런 장면이 묘사되었던 것 같다. 한 시녀가 잘못을 저질렀다. 또는 진짜로 잘못을 저지르지 않았으나 주인의 미움을 받아 곧 다른 사람의 '첩'으로 팔리게 되었는데 그녀는 사전에 상대방이 상인이라는 사실을 알고는 한을 품고 자결해 버렸다…….

중국 '선비'와 '문인'들의 의식 형태가 사회와 시대 또는 여성들에 대해 미치는 영향은 분명히 '온화'하다. 흔히 스스로 말하는 정도로만 그칠 뿐인데 금전과 재부에 의거해 사회와 시대 그리고 여인들에 대해 거대한 호소력을 행사하는 상업과 어찌 비교가 되랴? 때문에 실제 상황을 보면 중국의 일반 여성들은 서방 여러 나라 여성들과 별반 차이가 없으며 권세와 재부는 과거에서 지금까지 그녀들이 모두 의존하기 좋아하는 것이었다. '남자는 재능이 출중하고 여자는 용모가 아름답다'는 이 옛 격언은 거의 언제나 '남자는 재산이 많아야 하고 여자는 용모가 아름다워야 한다.' 또는 '남자는 권력이 있어야 하고 여자는 용모가 아름다워야 한다.'는 것을 의미하였다. 일반 평민들도 '선비'와 '문인'들의 수다를 별로 마음에 두지 않았으며 기회만 있으면 상업에 빌붙으려 하지 않는 자가 없었다.

상업은 확실히 아무도 필적할 수 없는 관성력을 가지고 있다. 때로 이런 관성력은 확실히 사람들로 하여금 상업을 아주 증오하게 한다.

우리는 역사를 펼치고 자세히 돌이켜보면 알 수 있다. 항일 당시 남경이 재난을 당하기 전 상해는 벌써 적에게 함락되었다. 일본 군대는 송로(淞瀘) 방향으로부터 만행을 저지르면서 다가오고 있었다. 헌데 함락 직전의 남경에선 일부 상인들이 여전히 마지막 거래를 상담하고 있었고 상가의 깃발은 여전히 펄럭이며 창녀들은 여전히 손님을 맞고 있었다. 그래서 중국 시사(詩詞)에 '상업과 여자는 망국의 한을 모른다(商女不知亡國恨).'라는 구절이 나타나게 된 것이다.

이는 상업의 추함이라 할 수 있으며, 또한 상업의 보수적인 면이라고도 할 수 있다. 상업은 바로 이런 현상이다. 즉, 자기 머리 위 하늘이 무너지지 않고 발아래 땅이 꺼지지 않기만 하면, 또 서두르기만 하면 아직 늦지 않은 경우 두 상인은 각자의 금전적 이익을 쟁취하기 위해 마지막 거래를 성사시키려고 노력할 것이며 절대 그 기회를 헛되이 놓치지 않는다.

마크 트웨인이 말한 것처럼 '상인은 금전을 만나면 즉시 금전과 한 덩어리로 되어 버리는 동물이다.'

셰익스피어의 희극 중에 한 상인이 아주 절묘한 말을 인용했다. '금전이 나를 향해 손을 흔들기만 하면, 《성경》과 지옥 그리고 나의 어머니도 나를 돌려세울 수 없다.'

만약 당신이 상인들과 이 대사를 담론하면 그들은 아마 그것이 바로 훌륭한 상인의 본색이라고 생각할 것이다. 그들은 어쩌면 이렇게 반문할지도 모른다. 이것이 바로 상업 원칙이다. 상인이 그렇게 하지 않으면 어떻게 성공할 수 있는가?

그러나 세상에는 상업보다 더욱 강대하고 더욱 권위적인 사물이 있다. 그것은 하느님이 아니라 정권(政權)이다.

1949년 10월 1일 이후로 상업은 중국에서 전례 없이 엄격하게 금지되었다. 하지만 이전 5,000년 이래 상업은 단지 재해의 파괴, 전란의 분쇄, 가렴주구의 타격을 받았을 뿐이다. 즉, '광야의 불꽃이 다 타 소진되지 않았으니, 봄바람이 불면 또 다시 살아난다.'의 비유가 적절할 것이다.

그렇다. 공적과 과실에 대해 어떻게 논하든지 관계없이 인류 역사상 상업은 모 정권에 의해 전면 금지된 적이 한 번도 없다. 이 공산정권은 '적색 성'이며 혁명적이며 '포악한 행동' 방식으로 탈취하였으며, 이는 가장 광범위한 중국 인민 대중의 가장 광대한 이익을 경건하게 대표하는 것이 되었다. 모택동의 말대로 하면 '한 마음 한 뜻으로 인민을 위해 복무한 것이다.'

그것은 인류 역사상 일종의 가장 새로운 정권이었다. 그것은 그렇게도 젊고 위풍당당하였고 그렇게도 과감하고 그렇게도 급진적이었다. 그가 막 건국되었을 때 온몸은 상처투성이였으며 산하의 도포에는 용감하게 희생된 장병들의 선혈과 대항한 형제들의 선혈이 물들어 있었으며, 아직 채 흩어지지도 않은 초연 속에서 막 펄럭이는 승리의 기치 아래, 위엄 있는 목소리가 거세게 전 세계를 향해 "지금부터 자산계급과 자본주의 그리고 자산계급자본주의와 연대관계로 발생하는 일체 사물과는 공존할 수 없다!"고 선포하였다.

이 점에서 중국의 신정권은 역사상 유례가 없는 영웅적 기개와 비범한 자신감을 드러내었다. 허나 그의 영웅적 기개와 비범한 자신감에는 또 낭만적 색채가 넘쳐흘렀다.

손오공이 여의봉을 들기만 하면 (금후분기천균봉: 金猴奮起千钧棒)
만리 하늘도 맑아지노라.　　　　(옥우징청만리애: 玉宇澄清万里埃)

모택동의 이 구절의 시는 당시의 웅대한 포부를 가장 잘 반영하였다.

실사구시적으로 공정하게, 역사를 존중하는 태도로 말하면 이 요람 중의 신정권은 확실히 서방세계의 호시탐탐한 적의와 저주를 받았었고 서방 자본주의 진영은 확실히 이들을 '공산주의 악마'로 보았다. 그의 존재로 인해 서방세계는 위협을 느꼈고 크게 불안해했다. 서방의 적의와 저주는 중국공산당의 경계심을 배로 증가시켰고 꾸준히 경계하게 만들었다.

때문에 모택동은 근심걱정에 싸여 시시각각 모든 공산당원에게 자각시켰다. 정권을 공고히 하는 것은 정권을 탈취하는 것보다 더 어렵다!

소련에서 레닌은 공인(工人)계급을 향해 연설을 발표했다. 자산계급은 죽은 사람처럼 관에 넣어 땅 밑에 파묻을 수 없다. 그 시체는 우리 사이에서 썩고 악취를 풍기며 대기를 오염시키고 또 시시각각 우리 생명을 해치려고 시도한다.

중국에서 모택동은 신중국 정권에게 엄숙하게 훈계하고 가르쳤다. "총을 든 적들이 소멸한 후에, 총을 들지 않은 적들이 여전히 존재한다. 그들은 필연코 우리와 죽기 살기로 투쟁할 것이므로 우리는 절대 이런 적들을 경시해서는 안된다. 만약 우리가 지금 이렇게 문제를 제기하고 인식하지 않으면 큰 착오를 범할 것이다."

그는 또 "무산계급은 자신의 세계관에 따라 세계를 개조해야 하며 자산계급도 자신의 세계관에 따라 세계를 개조해야 한다. 이 방면에서 사회주의와 자본주의 사이에 누가 이기고 누가 지는가 하는 문제가 진짜로 해결되지 못했다."고 말했다.

아마 상업이 초기 자본주의의 자산계급에 가져다 준 이익은 방대하지만 광범위한 대중에게 가져다 준 이익은 아주 적었을 것이다. 아마 자산계급이 자본의 독점이라는 이 '법보(法寶)'를 이용하여 수많은 대중 특히 무산계급에 행한 착취가 너무 야만적이고 탐욕스럽고 인간성이 없었을 것이다. 아마 중국의 신정권이 이 점에 대해 극도로 미워했기 때문에, 상업을 통해 새로운 자산계급이 만들어지고 자본주의 온상이 부활할 것이라고 간주하여 그것을 송두리째 제거하지 못할까 걱정하였을 것이다.

당시 소련이 그러했고 중국도 그랬다.

자본주의 전(前) 시대에 혜택을 입고 남아 있는 상인들은 금전의 유혹 앞에 습관 되었고 신정권의 감시와 단속 하에서도 의외로 간덩이가 부어 크게 제멋대로 하였다.

예컨대, 소비에트 정권 수립 초기, 모든 모스크바의 각 공민들에게 매일 3냥의 호밀빵이 정량 배급되는 상황 하에서 주로 옛 지주와 부농으로 구성된 식량가게 점주들이 서로 결탁하여 사재기를 하여 높은 가격에 팔아먹었다.

그래서 레닌은 직접 그들을 단호히 타격할 것에 관한 '특별법령'을 반포했다. 그러한 사실이 밝혀진 경우 일률로 총살시켰다. 소련 혁명 후 잔혹한 2차 대전 전쟁 기간에 식량가게 점주들의 법령을 무시한 활동이 여전히 창궐했고 스탈린도 직접 레닌과 같은 법령을 반포하여 무자비하게 진압하였다. 한 번에 몇 사람을 총살하는 것에서부터 많으면 한 번에 수십 명을 총살시켰다.

신중국 성립 초기에도 불법식량 가게 점주들이 다른 성(省) 상인들과 결탁하여 국가와 쟁탈전을 벌여 재해 구제미를 매점매석한 후 벼락부자가 되려는 행위를 시도하는 일이 발생하였다. 또 저질 포목과 솜으로 6·25 한국전쟁의 참전 중공군들에게 제공할 가짜 군복·군화를 제조한 일도 있었다 -그 말로(末路)는 가히 짐작할 수 있다. "사람은 재물 때문에 목숨을 잃고, 새는 먹이 때문에 죽는다.(人爲財死,鳥爲食亡)"는 말이 딱 맞다.

이런 현상들은 마치 '탐욕스럽지 않은 상인이 없고 간사하지 않은 상인이 없다'는 사례를 증명해 주는 것 같았고 중국에선 결국 상인에 대한 '쓰레기청소 식'의 제거를 초래 하였다. '개조'가 '제제'가 되었고 '유도'가 '금지'로 되었으며 '관리'가 '독재'로 변했다.

1957년 이후 '쓰레기'는 철저히 제거되었다. 신정권은 '청결해졌다.' 중국에는 상업(商)이 없어졌다.

이는 뿌리에서부터 착수된 철저한 제거책이었다. 새로운 자산계급의 번식을 우려하고 자본주의 '온상'의 부활을 걱정하였기 때문에 '쇠빗자루로 깨끗이 쓸어 버렸다.'

인민 생활의 모든 필수품은 거의 전부 국가에서 배급표 형식을 통해 평등하게 분배하였다. 양식·기름·천·솜·성냥·전등·사탕·담배·술·차 등과, 설을 쇨 때 쓰는 고기·물고기·계란 등등도 당연히 포함된다. 각 개인의 생활의 질은 평등에 가까우나 동시에 가장 낮은 수준으로 제한되었다.

중국공산당 공화국은 자신의 처리방법에 대해 만족스럽게 생각하는 것 같다. 사람이 사는 데 이만큼 있으면 되잖은가? 이 이상 다른 것이 필요하다면 그건 너무 사치한 것 아닌가? 사람이 사치스러워지기만 하면 공화국은 근심걱정에 빠질 것이다.

모든 수요에는 배급제를 실행하므로 상업이 필요 없게 되었다. 최근 배급증표 수집가가 믿을만한 통계를 내 보았는데 가장 많을 때 공화국은 76가지 배급표를 발행한 적이 있었다.

'배급표 시대'에 18급 이하 간부의 특별대우는 매월 설탕가루 반근에 콩 1근이 더 있는 것이었다. 때문에 평민들은 그들을 '설탕콩 간부'라 불렀다. 그저 설탕가루 반근에 콩 한 근이 많았기 때문에 진짜 내심 감복할 수밖에 없었다 -공화국은 간부와 백성을 거의 동일시한다고 말이다.

'배급표 시대'의 출현은 도대체 자연재해가 원인인지, 많은 인구로 인한 물자 자원의 결핍으로 부득불 시행한 국책인지, 아니면 공산주의의 '수요에 따른 분배' 원칙에 대한 일방적인 소망이 있어, 성공을 바라는 간절한 마음으로 '단번에 목표에 도달하기' 위한 실천으로 인해 조성된 것인지? 둘 중의 하나라고 딱 결론을 내릴 수 없는 것 같다. 공화국과 동년배라는 신분으로 필자는 '배급표 시대'를 상기해 보았는데 2가지 원인이 다 있다고 생각된다.

하지만 약간은 긍정적인 면이 좀 있다. 국내에 상업이 없고 국제 경제관계에서 '해외원조'만 있고 '대외무역'이 거의 없는 나라가 물자가 부족하지 않다고 말하면 오히려 이상한 것이다.

거의 없다와 완전히 없다는 다르다.

중국의 거리에서 소련의 승용차가 달린 적이 있다. 하얼빈에서는 시 1급 지도자만이 승차 자격이 있었다. 소련, '큰형님'과의 관계가 경직된 후 그것들은 귀하게 되었으며 서로 간 신분차이를 나타내는 표지가 되었다. 필경 '수입 차'이고 '상해'표보다는 고급이었기 때문이다. 또한 이후 더 이상은 '수입'을 하지 않았다.

백성들이 누렸던 '대외무역' 성과도 그저 쿠바의 적설탕과 그 아이들이 먹었던 브라질의 꿀에 절인 대추 정도였다. 구정에 상가 물품 판매대에는 조선의 '명태'가 오른 적이 있다. 그건 모두 중국 인민들이 절약하여 남은 특급 입쌀, 밀가루, 콩, 면화 및 천으로 바꿔 온 것이다. 동시에 바꿔 온 것은 아시아―아프리카―라틴아메리카 반제국주의 국가들의 '큰형님' 식 정신적 지도자라는 국제 지위였다.

쿠바의 적설탕으로 인해 당시 많은 중국인들이 간염에 걸렸다.

브라질의 꿀에 절인 대추로 인해 수많은 백성의 아이들이 위장에 기생충이 생겼었다.

조선의 '명태'는 그래도 맛 좋은 물고기였는데 살이 두텁고 가시가 적었다. 이 또한 설날에만 살 수 있었다.

그러면 상업이 어느 정도까지 깡그리 제거되었을까?

필자가 거주하는 5천여 가구로 구성된 단지에는 다 합해 상점 4개, 식당 3개밖에 없었다. 상점 4개 중에서 2곳은 간장·식초·짠지·성냥·소금 같은 물건만 팔았고 상점마다 판매원 3~4명이 있었다. 내 생각엔 매일 영업액이 5~60원을 초과할 것 같지 않았다. 다른 2곳은 규모가 비교적 큰 종합 상점이었지만 그곳도 종업원이 십 수 명에 불과하다. 식당 3곳은 점심과 저녁에만 만두, 사오빙(燒餠 소병: 구운 밀가루전병)을 팔았고 고기나 설탕소를 넣은 찐만두는 거의 판 적이 없었다. 고기와 설탕이 부족했기 때문이다. 판매원의 임금은 21원에서 36원 사이였고 한평생 일해서 퇴직할 때야 50여 원을 받을 수 있었다. 그런 상점과 식당들은 예외 없이 전부 국영이었기 때문에 모두들 '국가' 월급을 받는 것이다. 그들 사이에 자리잡은 이발관도 국영이었다. 그런 곳들에는 늘상 '금일정치학습'이라는 간판이 걸려 있었다.

사람들의 임금이 이미 최저수준에 한정되고 물질생활에 대한 수요도 최저수준으로 제한되었기 때문에 5천여 가구에 상점 4개, 식당 3개가 그나마 족한 것 같았다. 설 전후를 제외하고 판매원들은 흔히 아주 한가로웠다. 좀 바쁘다는 것도 간장·식초·짠지 매대 판매원이었다. 그녀들은 흔히 중학교 또는 고등학교를 졸업한 여학생들이었다. 그들은 금방 취직하였기 때문에 당연히 가장 기본적인 서비스부터 시작했다. 장시간 꾹 참고 일해서 중년에 들어선 여자들만 천(布) 매대·신발·모자 매대·일용백화 판매대에 설 자격이 있다. 그곳의 고객은 시종 뜨문뜨문 간간이 찾아온다. 그녀들의 몸에는 간장과 식초 및 짠지 냄새가 더 이상 묻어나지 않는다. 만약 금방 취직한 처녀가 의외로 그런 판매대에 서 있다면 말할 것도 없이 그녀는 무슨 '신분'이 있거나 '백'이 있을 것이다. 그러나 그 '신분'이 그리 높지 못하고 '백'도 그리 크지 못할 것이다. 그렇잖으면 그녀는 '상업전선'으로 분배되어 오지 않았을 것이기 때문이다.

비록 '상업전선'도 다른 직종과 마찬가지로 영광스럽다 할지라도 운 좋게 대형 백화상점에 분배된 사람, 스스로 불만이 없다고 느끼는 자를 제외하고 십 중 칠 팔은 마지못해 간다.

중학교·고등학교 졸업생의 최고 이상은, 비교적 큰 국영공장에 배치되어 매월 18원을 받으면서 견습생에서부터 시작하는 것이다. 선반·드릴·밀링·평삭은 '으뜸' 직종이다. 견습생이 수습기가 만료되어 선반에 서게 될 경우 영국 황실 해군사관이 군함에 오른 것처럼 영광스럽다. 만약 중등 기술학교를 졸업하지 않았고 '백'도 없을 경우 국영기업의 큰 공장에 들어간다는 것은 하늘의 별 따기와 같다.

채플린의 명화《모던 타임즈》중에 많은 노동자들이 자동화 생산라인에서 숨돌릴 새 없이 바삐 도는 명장면이 나온다. 헌데 20세기 60년대까지 중국에는 사실 채플린 시대의 공업 자동화라인이 몇 개 없었다.

하얼빈 모 공장의 한 엔지니어는 당시 기계를 개조했는데 노동력의 절반 이상을 감소시킬 수 있었다. 그런데 이 좋은 일이 나쁜 일로 되어 버렸다. 문제는 삭감된 노동자들을 어디에 배치하는가였다. 결국 가치 있는 도면은 서랍에 들어가 버렸고 그때부터 관심을 갖는 사람이 없었다.

사실 당시에 각종 조짐이 보여주다시피 중국공산당이 새로운 취업국면을 개척하는 것은 이미 매우 긴박하고 잠시도 지체할 수 없는 일이었다. 또 경공업의 개척국면은 비할 바 없이 넓었으나 이는 시장경제의 인도와 번영 그리고 상업의 추진역할이 필요했다.

그러나 상업은 이미 송두리째 뽑혔다. 시장경제는 자본주의로 여겨져서, 사회주의와 배치되는 '함정'으로 간주되었다. 중국공산당에선 한창 규모 면에서 전례가 없는 계급투쟁과 노선투쟁이 무르익어가고 있었다.

나의 유년시기 중국

당시 집에서 중학교 모교까지 도보로 반 시간 정도 걸렸는데 주민단지 네다섯 곳을 가로질러야 했다. 헌데 이 길에 중등규모 상점이 1개밖에 없었다. 말이 중등이지 영업면적은 겨우 5~600평방미터에 불과하다. 게다가 큰길을 따라 걸어야 지나칠 수 있었다. 만약 지름길을 선택해 주민단지를 질러갈 경우 종업원 2명이 경영하는 작은 상점 하나밖에 없다. 한 사람은 나이 많고 한 사람은 젊은이였다. 남자는 50대, 여자는 겨우 18~9세 정도 되어 보였다. 사람의 마음을 설레게 하는 고운 자태를 가진 그 처녀는 머리채를 굵게 땋았고 큰 눈에는 항상 우울한 빛이 흘렀다. 지금 돌이켜보면 당시 소년인 내가 그녀를 남몰래 사모했다는 생각이 든다. 호주머니에 각전 몇 푼이 있기만 하면 '행복'이라는 두 글자로 묘사할 수 있는 그런 심정을 안고 상점에 들어가 콩사탕을 샀다. 2전이면 새끼손톱보다 별로 크지 않은 콩사탕 다섯 알을 살 수 있었다. 식탐이 나서가 아니라 그녀의 멍하고 쓸쓸한 기색이 어린 얼굴 표정과 수심에 찬 한 쌍의 큰 눈을 보기 위해서였다. 판매대에는 대개 서너 근의 콩사탕을 담을 수 있는 유리병이 놓여 있었는데 두 달이 걸려도 다 팔리는 것 같지 않았다. 그 상점도 물론 국영이었다. 만약 그녀의 운명에 뜻밖의 행운이 없을 경우 아마 한평생 그 작은 상점에 '박혀' 있어야 할 거라고 생각했다. 그런 상황에서 그녀가 왜 쓸쓸하고 멍하고 우울해하지 않겠는가? 그러나 사실 그녀는 운이 좋은 셈이다. 필경 여자이기 때문이다. 만약 남자라면 연애하고 배우자를 찾기조차 어려울 것이다.

그러나 상업은 완강하게 자신의 존재를 증명하고 있다. 공화국의 관리가 약간이라도 느슨해지면 가만히 있지 않고 자신을 드러낸다.

등교할 때 거치는 한 십자로 입구의 길거리에는 늘 할아버지·할머니들이 작은 장사를 하고 있었다. 그들은 노점을 벌이지 않았는데 노점을 벌이면 너무 눈에 띄기 때문이다. 그들은 한 사람도 예외가 없이 전부 바구니를 팔에 끼고 있었다. 바구니는 헌 천 또는 신문으로 덮었는데 안에는 콩사탕, 해바라기씨, 작은 열매들, '아그배', '머루', '꽈리' 등등 먹거리가 담겨 있었다. 콩사탕은 상점에서 근(斤)들이로 산 후 다시 소매한다. 기타 다른 것은 모두 자기 집 마당에 심은 나무 또는 식물에 열리는 것들이다. '아그배'는 소과 중에서 가장 작은 것으로 크기는 와이셔츠 단추만하다. 작은 사발 하나 분에 3전씩 판다. 3전짜리 장사란 지금은 상상할 수 없는 일이며 그 누구의 구입 열정도 불러일으키기 어렵다. 알아

220

야 할 것은 당년에 영업허가증을 취득한 얼음과자 장수가 얼음과자 1개를 팔아야 마진이 겨우 7리(厘: 중국 최하위 화폐단위. 각(角)분(分)리(厘)가 남는다. 만약 하루에 10사발을 판다면 총 30전을 버는 셈이다. 당시 30전은 토마토 5근, 또는 오이 5근, 가지 5근, 배추 10근, 간장 1근, 비누 1개 반을 살 수 있는 돈이다. 가을야채 한철에는 심지어 토마토 또는 오이를 무더기로 살 수 있다. 이해해야 할 것은 당시 금방 취직한 견습공 매일 임금은 60전도 안되었다는 점이다. 그리고 농민이 아침부터 저녁까지 일해도 아마 노동점수 20점도 따지 못했을 거다. 가을이면 또 자기 집 밭에 심은 옥수수를 따서 팔 수 있다. 그들의 '소비자 왕'은 물론 주로 어린이와 소년소녀들이다. 그 십자로는 마치 어린이와 소년소녀들의 '길거리상가'와 같은 존재였다.

그러나 할아버지 할머니들은 늘 경찰들에게 쫓기는 신세였다. 경찰의 그림자를 발견하면 그들은 바구니를 끼고 피한다. 경찰이 떠나면 사면팔방에서 다시 언제 그랬냐는 듯이 모여든다. 그들은 연세가 많았기 때문에 경찰도 어찌할 방법이 없었다. 공화국은 소상인의 존재에 아주 반감을 가지며 미관을 해치고 도시 체면을 깎는 현상이라고 여겼다.

어린 나도 그곳에서 한 노인으로부터 월병 한 개를 산 적이 있었다. 그때는 추석이 한 달 가량 지난 후였는데 그 월병을 보고 나는 군침을 흘렸다. 호주머니를 다 터니 9전이 나왔는데 그 돈으로 월병을 샀다. 노인은 나에게 팔아서 1전밖에 못 번다고 말했다. 실제 그러했다. 월병은 이미 아주 굳어 있었다. 아마 그의 가족이 명절에 나눠준 것인데 노인이 먹기 아까워 남겼다가 끝내 팔아버린 것이 아닐까하고 추측했다. 딱딱한 월병에 잇몸이 찔려서 잇몸에서 피까지 났다.

상업은 중국에서 마치 보도블록 사각타일 틈새에서 밖으로 힘차게 흙을 밀쳐내며 자라나고야 마는 작은 잡초 풀과 같다. 이윤의 구동력은 참으로 세상에서 몰아낼 수 없는 힘이다.

그 십자로의 현상은 그저 내 이 어린 아이의 눈으로 본 상업의 연약한 싹이었다. 그러나 성인들 사이에서 '거래'는 더 형형색색이었다. 모든 구매권은 사실 암암리에 금전의 매매 또는 물품 교환이 진행되고 있었다. 마치 세인과 공화국에 이런 진리를 증명하는 것 같다–하늘이 무너지지 않으면 상업도 소멸되지 않을 것이다. 그래서 공화국은 엄격한 '배급표투기금지법'을 반포하였다.

1974년, 상해에 가서 대학을 다녔는데 놀랍게도 상해에는 '자본주의 꼬리'를 철저히 베어 버리지 않았다는 사실을 발견하였다. 개인의 영세 일용품 가게나 난전 상품 매대는 공화국의 '쇠 빗자루에 의해 깡그리 청소'되지 않았다. 보아하니 중국 남북 역사영향의 차이점을 고려한 원인으로 공화국의 일 처리는 공평하지 못했다. 남방에 대해 상대적으로 관대했다. 때문에 당시 필자는 북방을 대신하여 심한 차별적 답답함을 느꼈었다. 특히 상해의 일부 교외 현(縣)들, 예컨대 가정(嘉定), 보산(寶山), 천사(川沙) 등지 농민들이 멜대로 야채·닭·계란·드렁허리·게·자라 등 물건을 짊어지고 시가를 형성한 장면은 마치 영화 속 구(舊)중국 남방 교외 현의 장면과 별로 큰 차이가 없는 것 같다.

이것도 아마 '개혁개방' 이래 백성들에게 정책을 주기만 하면 남방 민간 영세 상업의 사슬이 신속히 구성되고 물고기가 물을 만난 것 같은 그 원인인 것 같다. 남중국에서 상업은 시종 가만히 휴양하면서 예기를 길렀다고 말할 수 있다. 그 뿌리는 사람들의 마음속에 있었다. 사람들의 뇌리에, 그리고 사람들의 의식 형태 속에 시종 사람들의 생활에 대한 기탄과 희망이 함께 뒤엉켜 있었다. 이는 실제 중화인민공화국의 '쇠 빗자루'로도 쓸어버리기 힘든 것이고 또 공화국의 역량이 미치지 못하고 근본적으로 철저히 제거할 수 없는 것이다. 마치 일찍이 중국 소년선봉대 단가에서 불렀던 "준비되었는가? 항상 준비하고 있자!"와 흡사하다.

1976년, 장춘교(張春橋: 문화대혁명을 주도한 강청. 왕홍문. 요문원. 4인방)는 모택동의 환심을 사기 위해 자신의 장편대론 문장《자산계급의 법권을 논함》을 썼다. 수백만 권의 소책자로 인쇄된 후 인민들에게 널리 배포하고 전국이 진지하게 학습할 것을 요구하였다. 장춘교의 이 장편대론 문장에서는 모든 영세 수공업자, 소매상인을 자본주의의 '예비군' 및 '별동대'라고 선포했으며 조건이 적응되기만 하면 그들은 함께 일어나 움직이며 '자본주의 부활을 추진하기 위해 자본주의와 멀리서 서로 호응하고 맞장구를 친다.'고 판단하였다. 그는 이런 사람들은 "내심 갈망하는 것은 공유제나 사회주의가 아닌 사유제도와 자본주의이다."고 단정하였다. 그는 '그들'에 대해 더욱 엄격한 독재방식을 취해야 한다고 주장하였다.

그의 문장은 모택동의 찬양을 받았다. 그것은 그의 문장이 모 주석의 사상 "무릇 적이 반대하는 것은 옹호해야 하고 적이 옹호하는 것은 반대해야 한다."에 부합되기 때문이다. 국제와 국내의 '적들'은 일치되게 상업시대를 옹호하였기 때문에 공화국은 단호히 반대해야 했다.

또한 아래와 같은 부분을 언급할라치면, 모택동은 과연 영수(領袖)였다. 그는 농업에 관심을 가졌는데 직접 농업 '8자 헌법'을 제정하고 "수리(水利)는 농업의 동맥이다"라는 아주 전문가적인 '최고지시'를 내렸다. 그는 또 공업에도 관심을 가졌는데 '10대 관계'를 나열한 후 전문적으로 논술했다. 그렇지 않을 경우 '공업 대약진'도 실행하지 않았을 것이다. 단지 농업에 대한 관심에 비해 '공업 대약진'은 너무 문외한이었다. 하지만 그는 상업만은 결코 이야기하려 하지 않았다. 무슨 상업가치·이윤·마케팅·매매 그리고 돈 등에 관해 듣기만 해도 이맛살을 찌푸렸다. 그의 지고한 두뇌에는 이런 '잡다한 일'들을 담으려 하지 않는 것 같다. 그 자신은 '공급제' 생활을 아주 즐겼었다. 중국은 땅이 넓고 생산물과 자원이 풍부하여 '대외무역'이 근본적으로 필요 없다고 생각했다. 외교는 정치인데 왜 장사와 함께 분류하는가? 어느 나라가 우리에게 우호적이면 그들이 요구하는 것이 우리에게 있다. 매 사람마다 한술 적게 먹고 한 벌 적게 입고 조금씩 쓰고 그들에게 주면 되잖은가?

장춘교는 '사상' 상에서 모택동에게 아부했을 뿐만 아니라 누구보다도 모택동의 이런 개성을 철저하게 이해하고 있었다. 그의 소책자는 남의 비위를 맞춘 산물이었다. 그 결과 장춘교의 소책자는 전국에서 또 한 번 '자본주의 꼬리 베기' 운동을 일으켰다. 상해 '소홍기(小紅旗)' 잡지 《학습과 비판》은 인민대중의 언어를 도용해 사설을 발표했는데 "과감히 칼을 대서 피를 보아라, 피가 안 나오면 손을 떼지 말고 피를 보아도 손을 떼지 마라."고 말했다.

상해시위원회 창작단체는 소설을 포함하여 소규모 자영생산자를 단속하는 내용을 반영한 문예작품을 내길 바랐다. 복단대학 창작학과 학생으로서 나는 요구에 따라 상해 예원상가에 가서 생활을 체험하고 소재를 수집하였다.

당시 중국 대지에 소규모 생산자가 존재할 리 만무했다. 의혹을 피드백하니 소상인도 소생산자 부류에 속한다는 대답이 왔다. 예원상가에서 생활 체험을 한 곳은 형지를 파는 매장이었다. 즉 백지에 인쇄한 베개, 옷깃을 자수할 때 쓰는 수본이었다. 한 장에 5전이었는데 장마다 여러 가지 다른 디자인이었다.

상가의 책임자 동지는 상황을 소개할 때 상가 밖에서 일부 사람들이 밀매하고 있는데 한 장에 4전이라고 했다. 이는 분명 공유제와 대항하는 것이 아니고 뭔가. 자본주의 '예비역'과 '별동대'들이 얼마나 날뛰는가. 책임자 동지는 나보고 상가 치안관리자와 함께 '대표되는 놈'을 잡으라고 요구했다. 어느 날 저녁, 대개 8시 반부터 9시 사이에 대표되는 놈이 잡혔다. 그 과정은 특무나 '적의 보초병'을 붙잡는 것과 비슷했다. 그때 상가 부근은 아주 시끌벅적했는데 거기에 산책하는 남녀들도 함께 뒤섞여 그야말로 사람들로 북적거렸다. 제일 처음 우리 시야에 나타난 목표는 청년 남성으로서 한쪽 다리를 약간 절뚝거렸다. 상가 치안관리원은 "봤지? 잘 감시해요. 범인을 잡고 장물을 압수해야 합니다."고 말했다.

그는 사람들 사이를 빠져나가면서 수시로 여성들을 가로막고는 신비스럽게 무엇인가 말했는데 어떤 여성들이 그의 뒤를 따라갔다. 얼마 지나지 않아 그의 뒤에는 7~8명이 따라 나섰다. 그래서 우리도 가만히 뒤따라갔다.

그는 그녀들을 사람이 드문 곳으로 데리고 갔다. 그곳에는 핸드백을 든 처녀가 가로등 밑에 서 있었다. 틀림없이 한패거리였고 그 남자를 기다리는 중이었다. 상가 치안관리자는 또 "그들은 많은 경험까지 가지고 있소. 참 교활하지."하고 말했다.

남자가 여자들을 그 처녀 옆에 데리고 가자 그 처녀는 천을 땅에 펴 놓은 후 핸드백에서 한 묶음의 자수 수공 본을 꺼내서 벌여놓고 여자들 보고 고르라 했다. 아마도 당시 자수 수공 본을 각별히 좋아하는 상해 여자들만이 1전을 아끼기 위해 먼 길도 마다하지 않고 기꺼이 한 사람을 따라갔다.

수 명의 상가 치안관리원들이 고함치면서 일제히 달려 나갔다. 과연 범인을 잡고 장물도 압수하게 되었고 게다가 한 쌍을 잡았다.

여자들은 놀라서 사방으로 흩어졌다. 그 처녀는 놀라서 울음을 터뜨렸고 수공본을 돌려주고 자기를 풀어달라고 애걸했다. 허나 그들은 자본주의 '예비군'과 '별동대'인데 쉽게 풀어줄 수 있겠는가? 아마 그 처녀의 눈물은 거짓 아니면 일종의 전술로 여겨졌을 것이다! 그 청년은 별로 당황해 하는 기색이 없었고 오히려 과감하게 행동하고 용감하게 책임지는 기개를 보여줬고 그 처녀보고 무서워 말라고 위로했다. 하늘이 무너져도 자기만 믿어 라는 말까지 했다.

그들은 상가 치안관리소에 연행되어 심문을 받았다. 사실 그 일이 오늘날 발생해도 위법이다. 당시 중국 사람들의 법률의식이 어디 그리 높았는가? 더군다나 당시 사회 주류 의식형태는 그들을 '별종'으로 여겼다. 사회 주류 의식 형태가 '별종'으로 인정한 그들이 죄가 없을 리 있는가? 심문자는 그들이 죄가 있다고 생각했고 그들 자신도 자신들이 '죄'가 있다는 것을 모를 리 없을 것이다. 그들이 교활하게 변명하거나 발뺌하지 않고 숨김없이 자백했기 때문에 심문은 순조롭게 진행되었다.

그 청년은 다리에 장애가 있었기 때문에 우대 대상으로 되어 농촌에 내려가지 않고 도시에 남았다. 주민위원회에서는 그를 종이박스를 도배하는 작은 공장에 배치하였는데 그는 가려고 하지 않았다. 그는 예술을 좋아했는데 화가가 되는 것이 꿈이었다. 그 처녀는 그의 결혼상대로 그를 아주 사랑했다. 그들은 돈이 필요했다. 그들의 앞에 놓인 문제는 우선 자신의 힘으로 자신을 먹여 살릴 수 있는가 하는 현실적 문제였다. 그 다음은 결혼하여 부부가 될 수 있는가 하는 문제였다. 그래서 그는 스스로 수공 본을 설계하고 그렸고 그녀는 그를 도와 백지에 그것을 베끼고 시장에 나와 판 것이었다.

심문이 끝난 후 그들을 하루 구속하기로 하고 이튿날 그들이 소속된 주민위원회에 통지하여 상가와 공동으로 현장에서 비판대회를 열기로 했다.

치안관리원들이 밤참을 먹으로 간 틈을 타서 그들을 놓아주었다. 치안관리원들이 돌아와 그들이 어디 갔는가 하고 물었다.

놓아주었다고 승인했다.

왜 놓아주었는가 물었다.

그들이 가엽게 느껴져서 그랬다고 말했다. 또 그들이 자본주의 부활과 무슨 관계가 있는지 이해가 가지도 않았다.

"자네, 이 대학생님아. 자네 머리가 너무 단순하네. 최소한의 정치 각오도 없단 말이야! 큰 백지 한 장에 몇 전 하는가? 겨우 8전이네. 4등분 하면 자수 본 한 장에 겨우 2전이네. 헌데 그 자식이 얼마에 파는가? 4전에 팔아. 그럼 한 장에 2전을 버는 셈이지. 열 장이면 2십 전, 백 장이면 2원이네, 그러면 한 달에 60원을 버는 거네."

나는 이렇게 대꾸했다.

"상가에서도 한 장에 5전 하잖아요. 그 사람보다 1전 비싸잖아요. 그 사람은 수본을 참신하게 설계해야 다른 사람이 사려고 할 겁니다. 그리고 또 먹지로 한 장씩 베껴야 하구요. 그는 노력을 바쳤으니깐 1전이라도 벌어야 하잖아요. 그리고 그가 하루에 백 장을 팔 수 있다고 봅니까? 백 장이라 칩시다. 그래도 한 달에 겨우 60원밖에 안돼요. 그래 가지고 자본가가 될 수 있다고 생각합니까?

그들은 나를 엄숙하게 비판하였다. 내 사상이 더욱더 잘못됐다고 말했다.

첫째, 한평생 상가에서 일한 판매원이 한 달에 겨우 임금 60원을 받는다. 그 사람은 나이도 어리고 사회에 그렇다할 공헌도 하지 않았는데 무엇 때문에 한 달에 60원을 벌어야 하나. 그런 사람의 존재로 사회주의의 노동에 의한 분배원칙이 파괴되잖는가?

둘째, 그의 행위가 그래 사회주의 상가의 기반을 무너뜨리는 것이 아니고 뭔가?

셋째, 만약 그런 사람을 다스리지 않고 제멋대로 하게 놔둔다면 수많은 그런 사람들이 자발적으로 뭉쳐 자수 본에서 또 다른 것으로, 60원을 벌던 데서부터 백 원 심지어 천 원까지 벌게 될 것이며 그렇게 되면 사회주의를 위해 복무하기를 원하지 않는 사람들이 오히려 부자가 되잖은가? 전심전력으로 사회주의를 위해 복무하는 대다수 사람들의 적극성이 풍자스럽게 되고 충격과 타격을 받게 되잖는가?

장춘교의 소책자를 광범위하게 설교하기 위해 확실히 각종 형식의 '학습반'을 개최했었다. 혼자서 속으로 저들 중에 아마 '학습반'에 참가하여 '세뇌'당한 사람이 있을 거라고 생각했다.

스스로 의례적인 대화로는 그들을 이길 수 없겠다고 생각해 잘못을 인정하고 입을 열지 않았다. 게다가 그들의 말에 완전히 도리가 없다고는 생각하지 않았다. 모종의 의식 형태가 모 시대 모 사회단계의 주류 의식 형태가 되었을 경우 그것은 마치 교리가 교도들을 겨냥한 것과 마찬가지로 진리에 가까워진다. 한 사람의 사상과 주류 의식이 서로 위배되고 또 시대의 흐름에 역행하는 역할을 맡으려 하지 않을 경우 그는 자신에 대해 회의와 검토를 진행할 수밖에 없다.

그 후, 이미 '잘못된 일'을 했기 때문에 예원상가에 계속 남아있기 무엇하여 다시는 가지 않았다…….

草木百年新雨露(초목백년신우로) 초목은 백년 만에 싱그러운 비와 이슬을 맞고
一旦云开复见天(일단운개복견천) 구름이 걷히면 하늘이 다 보이네!

이 두 글귀는 《수호전》 첫머리 시의 구절이다.
원래 시 앞 네 구절의 순서는 이렇다.

纷纷五代乱离间 분분히 오대(五代)의 혼란이 가고
一旦云开复见天! 구름이 걷히면 하늘이 다 보이네!
草木百年新雨露 초목은 백년 만에 싱그러운 비와 이슬을 맞고
车书万里旧江山 책을 실은 수레는 옛 강산을 찾아가는 구료

필자는 말이 궁하거나 생각이 무딜 때면 아무 생각 없이 이 시를 인용하여 20세기 80년대 초 중국에서 단단한 장벽을 뚫고 발아하는 국면을 묘사하곤 했다. 앞뒤를 전도하여 글을 썼지만 그래도 얼마간의 견해를 밝혔다는 생각이 든다.
만약 그 국면을
"노래기는 몸이 잘려도 여전히 꿈틀거릴 수 있다.(百足之虫 死而不僵: 백족지충

사이불강)"에 비유하거나 또는 좀 활기차게,

"문득 밤사이 봄바람 부는가 싶더니,
온 나무마다 배꽃이 피어난 듯 눈이 내렸네.
(忽如一夜春风来, 千树万树梨花开. 홀여일야춘풍래천수만수이화개)"

에 비유하더라도 조금도 과장한 것이 아니다.

'노래기' 비유는 사실 부정적 의미가 담기지 않았다. 상업이 쉽게 소멸되지 않는 원인도 바로 그것이다.

《수호전》제1회는 주로 이런 이야기를 썼다. 인종 황제가 전전태위(殿前太尉) 홍신을 강서성 신주 용호산에 파견하여 장 도사에게 조서를 전해 역병을 퇴치하도록 했다. 헌데 그 태위가 '복마전(伏魔殿)'에 잘못 들어가 전 내에 가두어 두었던 36명의 천강성과 72명의 지살성 총 108명의 마귀를 놓아주었다.

작가는 끔찍한 필치로 이렇게 썼다. "동굴 안에서 갑자기 우지직하는 우렁찬 소리가 들려왔다. 소리가 사라지자 한 가닥의 검은 기운이 동굴에서 솟아오르면서 신전 모퉁이 절반을 뒤집어 놓았다. 검은 기운은 하늘로 치솟아 오른 후 공중에서 백여 가닥의 금빛으로 변하면서 사면팔방으로 흩어져 갔다."

이런 표현은 20세기 80년대 초 상업이 중국에 '우뚝 솟아오르는' 국면과 다를 바 없다고 생각했다. 중국에는 자고로 36종, 72업이라는 말이 있는데 다 합하면 마침 '108'이 된다.

당시 홍 태위와 용호산의 진인과 도사들은 모두들 놀라서 '아연실색하고 어찌할 바를 몰랐으며 얼굴색은 흙색이 되고 끊임없이 죽는 소리를 했다.' 이 장면도 당시 '상업공포증'에 걸린 일부 사람들에 대한 묘사와 얼마나 흡사한가. 다르다면 홍 태위가 '실수로 요괴를 놓아준 것이다.'

그러나 중화인민공화국은 경직화된 것을 재검토하고 교조를 수정했으며 체제를 전환시켰다. 대담하고 자신 있게 조롱에서 상업을 놓아주었다. 범이면 산으로 풀어 주고 용은 바다로 가도록 내버려 두었다. 그야말로 '108'업종이 마치 '물고기는 넓은 바다에서 마음껏 놀고, 새는 높은 하늘에서 자유로이 나는' 격이다.

국외 과학자들은 이런 실험을 했었다—수컷과 암컷 두 마리의 도마뱀을 해부한 뒤 말려서 가루로 만든 후 촉심에 한데 꼬아서 점화시켰다. 그 결과 초 2개의 불꽃이 서로 흡인하여 무지개를 형성하고 각양각색의 빛을 반짝였다.

사실 중국의 민간 연예인들은 일찍부터 이 현상을 이용하여 재주를 부렸었다. 헌데, 국외 과학자들은 이런 현상을 빌어 생물의 재미있는 성(性)적 현상을 설명하였다.

상업 행위와 이윤의 목적은 돈을 벌자는 데 있으며 도마뱀이 서로 흡인하는 현상과 같다. 이런 관계 속에서 상업 행위는 줄곧 수컷의 행위특징을 구현하였다. 설사 어떤 상업 행위가 여자가 행한 것이라 할지라도 여전히 수컷의 행위특징을 뚜렷하게 나타낸다. 이윤의 손이 닿거나 심지어 이윤의 냄새를 맡기만 해도 그의 '뿌리'는 꼿꼿하게 발기한다. 그는 충동을 억제하기 힘들고 욕망이 강하며 영원히 만족을 못 느낀다. 목적을 달성하기 위해 그는 흔히 일각도 지체하려 하지 않으며 행위도 때로는 저속하고 상스럽다. 심지어 조잡하고 폭력적이기도 하고 아주 비루하다. 법규의 단속을 받지 않는 상업은 거의 다 이렇다.

20세기 80년대 초, 중국에서 상업의 이미지가 바로 이와 같다. 갖가지 방면에서 '문화(교양)'가 없음을 드러내고 있는 상업은, 사람들로 하여금 혐오를 느끼게 하는 특징을 드러낸다.

이윤은 항상 암컷의 특징을 드러내고 있다. 그 자체가 맡은 것은 '유혹자' 또는 노골적으로 말하는 '결탁자' 역할일 수밖에 없다. 그는 상가 곳곳에서 암컷 냄새를 풍긴다. 마치 동물이 자신의 세력범위 내에서 오줌을 싸는 것처럼 말이다. 그는 상업의 행위로 하여금 끊임없이 자신의 냄새로 자극 받도록 한다. 그는 도처에서 아양을 부리고 영원히 사람을 자극하기 때문에 상가에서 영원히 '세력범위'를 넓히고 '근거지'를 점령하는 악전고투를 벌인다. 깃발이 나부끼고 여기저기서 고각(鼓角)이 울려 퍼지며 네 것이니 내 것이니 하며 서로 빼앗고 이쪽에서 잃으면 저쪽에서 얻고 한쪽은 강공하고 한쪽은 굳게 지킨다. 인류의 모든 술책과 모략이 더는 진정한 전쟁을 통해 반영되지 못한다는 것이 밝혀진 후, 전부 크고 작은 지속적인 상업전쟁에 활용되었다. 끊임없이 돌격하고 쉼 없이 전투하면서 전역(戰域)은 지속된다.

이는 작게는 개인과 개인, 크게는 회사와 회사, 기업과 기업, 그룹과 그룹, 국가와 국가, 동양과 서양에 이른다. 그 상황은 매번 비할 바 없이 참혹하다. 살상 대상은 생명이 아니라 상품이다. 포로의 전리품은 군대가 아닌 금전이다. 함락되는 것은 도시나 국가가 아니라 상가 소속지역이다. 멸망하는 것은 정권이 아니라 경제 기초이다. 바로 '북소리는 우레 같고 깃발은 세찬 바람을 일으킨다.' '장군이 싸움에 능하면 황제는 장성을 쌓을 필요가 없다'는 격이다.

수입은 사람들의 희비를 결정하고 금전은 가정의 길함과 걱정을 결정하며 경제는 국가의 강약을 결정한다. 이른바 '확고한 도리(硬道理: 경도리)'란 아마도 이런 것들을 말하며 결정성은 더 이상 상의의 여지가 없다.

상업 행위와 이윤의 목적을 더 미세한 분말로 갈아서 말린 후 백 년을 보관하더라도 그들의 뼛가루를 넣어 점화한 불꽃은 여전히 친밀하게 상호 흡인할 것이다. 상업은 거의 육체를 초월한 '성교(交媾: 교구)'를 할 수 있고 또한 쾌감이 절정에 도달할 수 있고 동침하지 않고도 임신할 수 있는 '성행위'이다.

20세기 80년대 초, 중국에서 '권토중래'한 상업의 '첨병'은 '암거래상'들이었다. 즉 '투기꾼'들이다.

그들은 주요하게 이러저러한 원인으로 공화국 체제의 귀여움을 받지 못했으며, 심지어 신임과 환영을 받지 못하고 공화국 체제 밖으로 배척당한 일부 사람들로 구성되었다. 당시 그들은 '투기'와 '밀매' 외에는 별로 선택할 것이 없었다. 그들은 그 뒤의 '직업을 버리고 장사에 뛰어든' 사람들과는 다르다. 후자들이 '장사에 뛰어든 것'은 일종의 '이익을 보고 생각이 바뀌는' 행위 즉, 일종의 포기를 구체적로 나타낸 것이다. 십중팔구는 자발적으로 공화국 체제를 이탈하였거나 심지어 호주머니에 '돌아올 때 표'를 사 넣고 '장사'에 뛰어들어 한번 통쾌하게 놀면서 금화나 한두 줌 벌어보자고 생각한 것이다. 그러나 '암거래상'과 '투기꾼'들

십 중 칠팔은 흔히 '어쩔 수 없이 양산박으로 도망친' 격이다.

출신성분의 질이 낮았기 때문에 상업에 종사하는 행위는 '투기'와 '밀매'라는 가장 초급적이고 원시적인 측면에 제한되었다. 그러나 '투기'와 '밀매'는 또한 상업의 전통적인 경험이다. 이윤은 이런 과정을 거치면서 배로 불어난 것이다. 에머슨이 말한 것처럼 "상업의 기교는 바로 한 가지 물건을 여유 있는 생산지에서 고가에 팔 수 있는 다른 지방으로 가져가는 것이다."

이전에 중국은 국가만이 이 '기교'를 운영할 권력과 자격이 있었다. 방식은 계획경제와 통일구매 그리고 통일판매였다. 이는 국가적 방식의 절대적 독점으로 나타났다. 이 독점법칙을 무시하는 모든 사람과 행위는 죄가 되었던 것이다.

이 '기교'는 정말 아주 간단하다. 간단한 일이라 해도 위험이 없다. 라고는 말할 수 없다. 때로는 심지어 아주 큰 위험을 무릅써야 한다. 예를 들면 가산을 모두 탕진할 수도, 빚이 산더미같이 생길 경우도 있다.

그러나 체제 내 중국사람 대다수는 이런 위험을 무릅쓰려 하지 않았다. 또는 뒤집어 말하면 '부족해도 균등하게 나눠 갖는' 체제는 대다수 중국 사람들의 이런 위험을 무릅쓰려는 충동을 대대로 퇴화시켜 버렸다. 그리고 체제 내 중국 사람들은 체제 밖에서 위험을 무릅쓰지 않으면 안되는 자신의 동포들을 그렇게도 깔본다. 한편으로 속으로는 갈수록 불룩해지는 그들의 지갑을 부러워하고 한편으로는 그들의 매번 '식은 죽 먹기'로, '큰 힘을 들이지 않고 해 내는' 그 '수월함'을 시기하며 또 내심으로는 그들의 '소양'이 자신보다 못하다고 멸시하면서 깔보는 투로 말한다. '그들은 도대체 어떤 사람들이야!'

그러나 10년이 지난 오늘 그들 중의 상당수는 부유해졌다. 어떤 사람은 심지어 '큰 부자'가 되었으며 기적처럼 부호가 되었다. 적어도 가난에서 벗어났다.

상업 기회는 어디에 있는가?

상업 기회는 몇 단계로 나뉜다. 무질서한 단계에서 기회가 가장 많고 희극적

색채가 매우 짙으며 가장 기꺼이 기회를 일부 지능지수가 그다지 높지 않은 두뇌를 가진 자들에게 던져 준다. 또 이 단계에서만 비록 일부이지만 사회 가장 밑층에서 태어났으나 속셈에 능숙한 사람들이 벼락부자가 될 가능성이 있다. 이 단계는 때로는 길고 때로는 짧다. 이는 일단 종료되기만 하면, 그리고 한 페이지를 넘어가기만 하면 영원히 넘어가 버리고 만다. 그 다음부터는 아주 총명하고 또 상업의 수하에 들어오려는 뜻을 세운 극소수의 사람들만을 향해 미소를 짓는다. 설사 아주 총명한 사람일지라도 종종 아주 인색하게 대한다. 질서 있고 성숙한 상업시대는 오히려 사람에게 후하게 대하지 않으며 돈을 목숨처럼 아끼고 아주 인색하다.

상업의 무질서한 단계에서는 흔히 수년이면 자본가 한 명을 탄생시킨다. 그러나 질서 있고 성숙한 상업시대엔 수천, 수백만 가정에서 몇 세대 동안 자본가 한 명을 배출하기 어렵다. 설사 적지 않은 관원·석사·박사·작가 및 교수 등 신분이 있는 사람을 배출하였더라도 말이다. 누군가가 재치 있고 타고난 상업 두뇌가 있고 운이 좋을 뿐만 아니라 상업 가치와 전망이 상당히 좋은 어떤 창조적 발명의 직접 또는 간접적 특허 보유자인 경우는 다르다.

"그들은 다들 도대체 어떤 사람들이었는가!"

오늘에 와서도 우리는 여전히 종종 이런 말을 들을 수 있다. 그 말은 불평을 뜻하는 외에 다른 그 무엇을 의미하지 않는다. 불평 중에 그 당시의 멸시와 경시는 그렇게 오래가지 않았다.

수많은 사람들의 경우를 볼 때, 수많은 기회들은 일차적이거니와 그 많은 일들은 반복될 수 없다. 많은 사회 단계는 학생들의 1교시가 45분인 수업처럼 짧다. 많은 시대적 특징은 기이하고 다채로워 눈이 부시고 또 환상적이다. 만약 당신이 그 광채에 눈이 부셔 눈을 가리고 몸을 돌린다면 그와의 인연은 빗나가고 만다.

상업시대는 가장 일찍, 혹은 비교적 일찍 극도로 흥분되어 모든 것을 아랑곳하지 않고 상업의 그림자에 뛰어드는 사람들에게 가장 크고 가장 많은 실익을 준다.

이것이 바로 공평원칙이다.

그는 이제까지 이 한 가지 원칙만 견지해 왔다.

당시의 '암거래상'도 좋고 '투기꾼'도 좋다. 그들은 중국의 상업시대 복귀와 중국인의 상업의식을 깨우치는 데 있어 공이 없는 것은 아니다. 그리고 그것을 자세히 분석하면 그들의 행위는 많은 사람들이 상상하는 것처럼 심각한 결과를 초래하지 않았다. 목적을 달성하기 위해 뇌물을 준 것은 사실인데 기실 그때 작은 관료나 작은 권력자에게 돈이나 좀 넣어 준 것뿐이다. 당시 그들은 아직 일정한 규모를 이루지 못했다. 그들의 신분이 자신들을 높은 직위의 관료들에게 접근하기 힘들게 만든 것이다. 또한 그들은 수십만, 수백만을 꺼내 높은 관료 또는 높은 권력자를 매수할 재력이 모자랐다. 나중에 상업 분야에 나타난 돈과 권력 거래의 부패한 현상과 비교하면 그들의 행위는 오히려 단순해 보이고, 그다지 추잡하거나 보기만 해도 섬뜩하다든지 고의로 과장하거나 날조해서 듣는 사람을 놀라게 하는 것 같지 않다.

20세기 80년대 후반 무렵의 어느 해, 모 중앙서기처 서기가 작가 몇 명을 요청해 세태의 민심과 관련하여 '이야기'를 나눈 적이 있었다. 필자는 좀 늦게 도착했는데 지도자 옆에 빈자리 하나가 있고 또 그가 나를 향해 친절하게 손을 흔들었기 때문에 걸어가서 앉는 수밖에 없었다.

발언할 차례가 되자 나는 민간에서 전해오던 구두운문 몇 수를 읊었다. 그중 한 수는 "10억 인민 중 9억이 장사하고 그 외 1억은 성장 중이다."라고 했다.

지도자는 웃으면서 농담조로 말했다. "동지들, 이건 너무 과장한 것이 아닌가. 내가 보건데 중국의 상업은 아직 그 정도까지 발달하지 않았어. 심지어 상당히 긴 시기 내에 불가능할 거야. 허나 만약 세계 평화 국면이 허용한다면 국민개상(國民皆商)이 국민개병(國民皆兵)보다 좋을 것이라고 확신하네."

필자는 말을 계속 이었다. "국영이 자영업자보다 못하고 졸업장이나 전공이 있는 사람이 오토바이를 타고 저울을 멘 사람보다 못하고 출근하는 사람이 전매하는 사람보다 못하고 전매하는 사람은 '거간꾼'보다 못하며 '거간꾼'은 또 사기꾼보다 못하며 사기꾼은 '문서 허가권'을 손에 넣을 수 있는 사람보다 못하다."

그는 아주 진지하게 이를 들었으며 큰 관심을 가졌다. 내가 한마디 하면 그는 한마디를 노트에 옮겨 적었다. 나는 중도에 말을 멈추고 말했다. "만약 지도자 동지께서 적으시면 난 말하지 않겠습니다."

그는 웃으면서 말했다. "작가 동지, 너무 긴장하지 말아요. 당신을 '우파 언론'으로 내몰지 않을 테니깐. 내가 노트에 적는 것은 수시로 꺼내 보고 생각하기 위해서네. 오토바이를 타고 저울을 멘 사람들은 무얼 하는 사람들인가?"

"장사꾼들이죠. 그들은 지금 횡재해서 자전거를 타지 않습니다. 새총을 대포로 바꾸듯이 오토바이를 타고 다닙니다."라고 대답했다.

그는 "이건 우리가 기뻐할 만한 일이야. 내가 예측컨대 멀지 않은 장래에 그들은 또 한 번 새총을 대포로 바꿔서 승용차를 타고 다닐 거야. 그때 가면 그들은 당신네 작가들보다도 돈이 많을 거야. 당신네 작가 동지들은 질투하지 않을까?" 하고 말했다. 그의 물음에 작가 친구들은 모두가 한바탕 웃어 버렸다.

나는 또 "그들은 구호도 있답니다."라고 말했다.

그는 "어? 말해보게, 말해보게"하고 말했다.

나는 그들의 구호는 '오토바이를 타고 저울을 메고 등소평을 따라 '혁명'하자! 등소평만 변덕이 없다면 뒤도 보지 않고 끝까지 '혁명'하자.'라는 것이라고 말했다.

그는 "이 구호가 괜찮구먼. 경제를 발전시키는 것은 '개혁개방'의 급선무네. 작금의 중국을 말하자면 혁명에 못지않은 일이지. 중국이 부강해지려면 오토바이에 저울을 메고선 당연히 안되지. 백성들에게 느슨한 정책을 적용하는 것은 우리 중국 정책의 한 방면에 불과하네. 국영이 자영업자보다 못하고 출근하는 사람이 전매하는 사람보다 못한 지경에 이른다면 당연히 걱정되지.

허나 동지들, 만약 출근하는 사람이 꼭 전매하는 사람보다 강하고 국영 수입이 자영업자보다 높게 만들도록 국가에 요구한다면 아마 비현실적이다. 지구상에 많은 국가들은 자영업에 종사하는 사람들이 국영업체를 위해 복무하는 사람보다 보편적으로 수입이 높네. 이는 상업시대의 새로운 차별현상이네. 국가의 사명은 자영업자의 생계를 도모하는 열정이 꺾이지 않도록 하고 다시 낡은 체제에 들러붙지 않도록 보증해야 할 뿐만 아니라 또 국영업체에 출근하는 사람들의 수입이 자영업자 전매꾼보다 너무 낮지 않도록 해야 하는 것이네. 그렇게 되면 국영업체에 출근하는 사람들이 매우 실망할 거네. '거간꾼'은 또 누가 '거간'을 하는가, 무엇을 '거간'하는가, 성격상 합법적인가를 봐야 하네. 국가 간부가 손에 권력이 있다고 '거간꾼'질을 한다면 그건 불법이야. 전 세계 어떤 국가에서든지 모두 불법이야. 자본주의 국가에서도 마찬가지로 불법이야. 사기 치는 사람과 함께 법률의 제재를 받아야 해. 그리고 '문서 허가권'을 거래하는 행위는 틀림없는 권력과 돈 사이의 거래 방식으로서 부패한 현상이네. 꼭 결연히 반대해야 하네.

동지들, 백성들 속엔 생계를 도모하고 스스로 잘살아보자는 거대한 적극성과 에너지가 매장되어 있네, 우린 그걸 낮게 평가해서도 안되고 깔봐서도 안되네. 정책이 딱 들어맞기만 하면 상당히 많은 중국 사람들이 신속히 부유해질 거네. 그러나 우리는 국영기업과 사업단위에서 임금을 받는 수많은 사람들의 수입을 현저하게 제고시켜야 하네. 헌데 그렇게 쉬운 일이 아니네. 솔직히 말해 아주 어려운 일이네. 경험과 시간이 필요하네. 우린 경험이 너무 적어. 그리고 시간은 백성에게 속하네. 백성들을 너무 오래 기다리게 해서는 안되네."

그 말은 지금까지 들은 말 중에서, 중앙지도자 동지가 한 가장 숨김없는 연설이었으며 깊은 인상을 남겼다.

10년이 지난 오늘, 중국의 크고 작은 국영기업 상황은 더욱더 걱정스럽고 많은 봉급생활자 계층의 생활수준도 갈수록 악화되었으며 공화국이 직면한 사명은 더욱 막중해졌다.

그러나 객관적이고 공정한 중국 사람들은 어렵지 않게 이건 '개혁개방'의 결과가 아니라 공화국의 오랫동안 쌓여 온 고치기 어려운 고질적인 우환의 전면적인 '발작'의 결과라는 공통된 인식을 가질 수 있다. 심지어 모든 책임을 공화국 전임 지도자들에게 밀어붙여서는 안된다. 그것도 불공평하기 때문이다. 한 국가의 경제발전도 어떤 한 사람이 부자가 되는 것과 마찬가지로 외부 조건이 필요하며 또 기회가 필요하다. 중국은 과거에 이러한 외부 조건과 기회를 가지지 못했다. 마치 세계가 동서 냉전시대에 처했고 중국은 일방적으로 '개혁개방' 국책을 내놓을 수 없었던 것처럼 말이다.

그러나 만약 20세기 50년대부터 중국이 상업의 '민간농원'을 송두리째 뽑지 않았다면 어떻게 되었을까? 만약 10년 '문화혁명'이 일어나지 않았다면 어떻게 되었을까?

10년이 지난 오늘, '오토바이를 타고 저울을 멘' 중국 상업시대 초기의 '풍운아'들은 상당수가 이미 부유해졌다. 그들은 자기 산업에 속하는 부동산·자동차·가게 또는 식당 등을 보유하였다. 그들은 은행에 상당 액수의 돈을 저금해 놓고 있다. 인민폐 백만 원일수도 있고 2백만 원 또는 더 많을 수도 있다.

1949년 10월 이후 계급성분을 구분할 때 그들은 '소업주'로 확정되었다. '얕은 물에 들어간 자는 고기나 새우를 잡을 수 있고 깊은 물에 들어간 자는 곤이나 용을 잡을 수 있다.' 상업 흐름의 초급 단계는 혼탁한 얕은 물이었다. 그들이 매년 '그물'에서 얻는 것은 '물고기와 새우'였다. 오랜 세월을 겪어 티끌 모아 태산이 되었다. 그들은 상업시대의 기득권자였다. 설사 아침식사 노점상이라 할지라도 만약 10년간 순조롭게, 요령 있게 장사한다면 그 발전도 가히 짐작할 수 있다.

그 외 또 일부분 사람들은 비록 그렇게 크게 발전하지는 못했으나, 여기 한 조리, 저기 한 갈퀴로 10여 년간 십 수만 또는 수십만 원을 긁어모았다. 그들은 지쳐서 심신도 허약해지고 야심도 줄어들었다. 그래서 그들은 또 갖은 방법을 다써서 체제 내로 돌아가려 한다. 만족할 만한 한직을 도모하거나 아예 한직을 돈으로 사서 녹을 먹는 사람으로 변신한다.

극소수 사람들은 자신의 비범한 총명과 패기, 담력과 식견, 모험정신과 좋은운, 하늘이 준 좋은 기회를 바탕으로 최초의 상업화 조류에 따라 더 깊고 먼 '해역'으로 헤엄쳐 갔다. 그들은 사람들이 부러워하는 부유한 상인이 되어 '곤룡'의 등에 걸터앉았는데 한 번의 곤두박질로 십만 팔천 리를 가는 솜씨를 가진 듯하다. 그러나 상업계는 무정하고 풍랑은 세차며 사태가 변화무쌍하기 때문에 '곤룡'이 비록 크지만 그다지 쉽게 다스릴 수 없다. 다음 세기에 그들의 결말이 도대체 어떤지는 지금으로선 결론을 내리기 좀 이르다. 논쟁할 여지가 없는 사실은 중국 상업시대의 초급 단계에 그들은 기적처럼 가장 큰 기득권자가 되었다는 점이다. 적어도 지금은 그렇다.

물론 또 일부이나 '전매'를 하던 사람은 지금도 여전히 '전매'를 하고 있고, '밀매'를 하던 사람은 지금도 여전히 '밀매'를 하고 있다. 시종 발전할 기회와 운이 없었다. 그러나 식구를 벌어 먹이기에는 충분하였다. 때문에 계속해 나갈 수밖에 없다. 특히 어떤 사람은 초급 단계의 혼탁한 상업화 조류 속에서 돛대가 꺾이고 배가 침몰되어 비참한 결말을 보았다. 중국 어느 감옥에 가서 조사해 보면 그런 사람들이 갇혀 있는 것을 적잖게 발견할 수 있다.

그들의 이야기와 전기는 모두 중국 상업시대 초기 단계 역사에 기재되었다. 그 몇 페이지 역사에는 너절함·사기·도박성 및 기이함이 넘쳐난다. 성공한 자들은 사람들의 충심에서 우러나오는 경의를 불러일으킬 수 없다. 실패자들도 사람들의 동정을 얻어낼 수 없다. 그들 중에 극소수만이 과거 몇 페이지 역사 속에서 오늘 이 세대로 넘어올 수 있으며 어떤 상업 영역에서는 여전히 성과를 거두고 있는 것 같다.

"모든 것은 지나간 일, 천하의 걸출한 인물을 꼽아 보려면, 지금의 세월을 보아야 하리."

오늘날, 상업시대의 깊고 넓은 '해역'에서 '풍운을 타는' 사람들은 이미 다른 부류의 '신세대'이다.

그들은 젊지만 박학다식하며 풍부한 장사경험을 갖고 있다. 그들은 소박한 외모를 하고 담담하게 아마 자신만이 알고 있을 원대한 포부를 드러내지 않고 감춘다. 그들은 적어도 대학, 심지어 박사 혹은 '박사후(後)' 학력을 가지고 있거나 '외국에 유학 갔다 돌아온' 외국기업 또는 외국 상인의 전권대리인이다. 그들은 외국어에 능숙하고 자신을 잘 '포장'하며 자기 사업에 도움 되는 사람들을 널리 사귀며 특히 상부노선을 잘 걷는다. 그들은 상법에 정통하기 때문에 누군가 그들을 사기 치려고 한다면 그건 어림도 없는 일이다. 그들이 상업법규의 약점을 노리는 행위는 전혀 티가 나지 않으며 자연스럽고 완벽하다. 그들은 두 손으로 자신들의 지갑을 꼭 누르고 두 눈은 시시각각 상업계를 둘러본다. 기회를 포착하면 그 반응속도는 마치 날렵한 독수리가 토끼를 잡는 것처럼 민첩하다. 그들 중 어떤 사람은 과학연구 분야에 뛰어난 신인으로서 종이 한 장이 황금 만 냥에 버금가는 특허 보유자이다. 과학연구에 종사하는 선배들에 비하면 과학연구와 시장경제를 긴밀히 결합시키는 그들의 두뇌는 선배들이 제아무리 머리를 써도 발밑에 미치지 못할 정도로 빠르게 돌아간다. 그들이 갖춘 소질은 10년 전 '오토바이를 타고 저울을 멘' 사람들과는 비교도 안될 정도로 높다.

그들의 출현은 상업 영역에서 기존에 활동하고 있는 자들을 무정하게 배척하여 도태시키고 자신들의 주인공 지위를 확립하여 공고히 한다. 비록 전자의 존재가 허락되어도 겨우 '군중' 배역에 지나지 않는다.

그들의 출현은 중국의 상업시대를 제2단계로 진입하도록 추진하였다. 즉 '돼지는 앞으로 파헤치고 닭은 뒤로 파헤치며' 나쁜 사람과 좋은 사람이 한데 뒤섞여 구성이 복잡하던 것에서 혼돈이 점차적으로 구분되고 계층이 점차적으로 분명해지는 단계, 즉, 주로 '투기'와 '밀매'를 통해 시장을 활성화시키던 데서 주로 신제품·신재료·신기술로 시장을 풍부하게 하는 단계, 기본상품에 대한 수요를 만족시키던 데서 유명 상품에 대한 수요를 만족시키는 단계, 무질서에서 질서가 잡히기 시작하는 단계로의 진입이 그것이다.

신기술·신소재·신제품은 상업 생명력을 강하고 활력 있게 보장하는 3대 요소이다. 20세기 80년대 말에서 90년대 초 그 몇 년 동안 중국의 상업시대는 가장 난장판이었다. 상업은 방법과 수단을 가리지 않고 오로지 돈을 버는 데만 정신이 팔리고 다른 것은 아무것도 생각하지 않는 탐욕성도 남김없이 드러냈다. 바로 그 십수 년간 '짝퉁제품'이 곳곳에서 득실거렸고 통제 불능한 지경에까지 이르렀다.

그 십수 년간은 중국 상업시대 제2단계의 시작이었고 중국 상업시대 제1단계의 종료였다. 겉보기에는 제2단계의 시작이었으나 본질상에서는 제1단계의 종료였다. 그것은 본질상에서는 제2단계가 아닌 여전히 제1단계의 고조기(高潮期)였기 때문이다.

　바로 이 절정이 앞 '상황'의 중지를 선포했기 때문이다.

　제2단계의 고조(절정)는 도대체 어떠한가, 상업시대라는 이 대문호는 우리에게 도대체 어떠한 큰 모순, 거대한 충돌, 어마어마한 내용, 장엄한 광경, 대단한 희문(戲文: 중국 전통극)과 웅장한 공연을 보여줄 것인지 우리는 눈을 비비고 기다리는 수밖에 없다.

　중국 사람들은 장미가시에 도대체 얼마나 많이 찔리는 경험을 해 보았는가? 에머슨의 말처럼 "상업은 장미꽃처럼 아름답다." 그의 말에는 장미꽃을 가지려면 그 가시도 같이 가져야 한다는 뜻이 담겨 있다.

　이 세상에는 가시가 없는 장미가 재배된 적이 없다. 이 세상 어느 나라에도 에머슨이 칭찬한 것처럼 그토록 '아름다운' 상업시대가 아직 나타나지 않았다.

　상업이란 이 장미의 가시는 때로는 정말 독소를 품고 있다. 그 가시에 찔리면 그 아픔이 말벌에 쏘인 것보다 더 심각하다. 그 냄새가 사회에 넘쳐나서 사회는 마치 대형 도매시장이나 거래소로 변한 것 같다. 헌데 많은 사람들은 사실 대형 도매시장이나 거래소와 비슷한 사회에서 가급적이면 살기를 원하지 않는다. 이는 확실히 상업시대가 사람으로 하여금 혐오를 느끼게 하는 면이다.

　한비자는 이런 말을 한 적이 있다. "어부들은 손으로 뱀장어를 잡고 부녀자들은 누에를 친다. 이익이 생기는 일이면 악도 잊는다." 뜻인즉 뱀장어는 뱀과 비슷하고 누에는 뽕나무벌레와 비슷하다. 사람들은 뱀을 보면 놀라고 뽕나무벌레를 보면 소름끼쳐 하지만 이익이 있는 일이라면 모두 맹분(孟賁: 춘추전국시대 위나라 용사로 큰 용맹을 지님)처럼 용감해진다.

　고문(古文) 중에 또 "장인이 관을 만드는 것은 사람들이 죽기를 바라는 것이 아니며 이익이 있기 때문에 더러운 것도 잊는다."라고 했다.

　누에와 뱀장어를 기르는 것은 노동자들이 생계를 도모하는 수단이므로 사실 크게 책망할 수가 없다. 게다가 누에를 자주 보아 온 부녀들과 뱀장어들을 자주 잡아 본 어부들은 누에나 뱀장어가 아주 무섭다고 생각하지 않는다. 심지어 남방 여자들은 누에를 '보배누에'라고까지 불렀다. 백성의 생계 도모와 상인들의 이익 도모는 아주 큰 차이가 있다. 그렇기 때문에 비록 한비자의 말을 인용했지만 그의 관점을 찬성하는 것은 아니다. 단지 중국 고대 지식인들의 이익에 대한 견해를 소개한 셈이다.

필자의 관점은 사람은 생계를 위해 용맹해진다는 것이다. 사실 그것이 법을 어기지 않고 사람을 해치지 않기만 하면 존경스러운 것이다. 상인이 이익을 도모하기 위해 용맹해진다면 그것도 마찬가지로 존경스러운 것이 아닐까? 이 문제는 구체적으로 분석해야 한다.

예컨대 관(棺) 가게를 경영하는 사장이 만약 온종일 역병이 돌고 세상 사람들이 많이 죽기를 바란다면 그에 대해 좋은 인상이 생길 수 없다. 물론 그 고문의 원래 뜻은 이런 사장을 가리키는 것이 아니라 관을 만드는 장인을 가리킨다. '사람이 죽는 것을 싫어하지 않는다.'는 그 구절도 그저 자신의 직업이 죽은 사람과 긴밀한 연관이 있어도 별로 개의치 않는다는 뜻일 것이다.

그러나 현실 생활 속 많은 상인들의 심리는 분명 관 가게를 경영하는 사장들과 마찬가지로 온종일 역병이 돌고 세상 사람들이 많이 죽기를 바란다.

셰익스피어의 희극 《베네치아 상인》은 그들에 대한 골수에 사무친 묘사이다.

자신을 이롭게 하는(체리) 것은 상업의 원칙이요,

투기는 상업의 지모(智謀)노라!

어제도 그렇고 오늘도 그렇고, 예로부터 모두 그렇다.

1861년, 영국에 이민 간 한 일본 사람이 어느 날 아침 신문을 읽다가 영국 왕자가 병이 위독하다는 뉴스를 보게 되었다. 그는 큰돈을 벌 기회가 왔다고 아주 기뻐했다. 다음 날 그는 런던과 부근 도시를 돌아다니면서 저렴한 가격에 검은색 옷과 검은색 천을 사들였다. 며칠 후 왕자가 세상을 뜨고 영국 전체가 비통한 분위기에 빠졌을 때 그는 고가에 검은색 옷과 천을 팔아 버렸다. 이 한 번의 되팔기 장사에서 그는 약 9천만 엔을 벌었다.

상업 이윤은 거의 항상 상인들의 투기행위와 더불어 끊임없이 그들의 돈궤에 흘러들어갔다. 투기에 능숙하지 않은 상인은 상인이 될 자격이 부족하다. 적어도 좋은 상인이 아니다.

상업의 이기(利己)원칙은 흔히 사회와 인심의 정리(情理)원칙과 완전히 정반대이다. 그것은 때론 사회와 인심의 정리원칙에 해를 끼치는데 건달이 소녀를 강간하는 것과 같은 도리이다.

상인과 상인 간 경쟁은 때로는 기상천외의 일들을 만들어 내어 사람들로 하여금 입이 딱 벌어지게 한다.

또 한 사례가 있다. 20세기 70년대 미국에서 한 상인은 이런 광고를 냈다. 자신의 공장에서 생산하는 만능접착제를 사용하여 한 서커스 배우를 머리가 아래로 향하게 로비의 돔형지붕에 반 시간 부착시켰다. 그는 이 광고를 통해 자신이 시급히 팔고자 하는 접착제의 믿음직한 성능을 증명하려 했다.

그의 경쟁사도 뒤질세라 자신의 공장에서 생산하는 만능 접착제로 한 소녀를 비행기 날개에 부착시켰다. 비행기는 만 리 고공에 날아오른 후 또 다른 비행기의 카메라 렌즈 속에서 한바탕 재주넘기를 표현했다.

상인은 흔히 이익에 이끌려 파리가 음식물을 핥아먹는 것처럼 인이 박혀 있다.

역시 20세기 90년대 초에 미국에서 발생한 일이다. 두 명의 미성년 소녀가(소녀니까 당연히 미성년이다. 그들은 아직 법이 정식으로 판결할 나이가 안되었음을 말한다.) 대량의 마약 밀수에 가담했는데 국외에서 체포되어 재판에 회부되었다. 비행기에서 내리자마자 그들은 인파에 포위되었다. 신문기자 외에도 적지 않은 영화제작사·잡지사·TV프로그램 도급인이 서로 뒤질세라 앞을 다투어 계약을 맺으려 했다. 그들의 범죄경력을 영화 혹은 TV프로로 찍거나 베스트셀러로 쓰려고 했던 것이다. 그들은 기쁘기 그지없었다. 비행장을 나서기도 전에 몸값이 이미 수백만 원으로 껑충 뛰어올랐다. 마치 세계챔피언 또는 금방 달나라에서 돌아온 사람 같았다. 이 황당한 일은 미국 조야를 놀라게 했으며 대중의 분개를 불러일으켰다. 허나 이런 일은 '합법'이라는 전제하에서 발생하였다. 더 이상 참을 수가 없었던 대중들이 시위데모대를 조직하여 상인들이 이익을 추구하는 뻔뻔스러운 행위에 항의하고서야 정부 당국이 나서서 상인들을 제지하였다.

때문에 미국에는 상인들을 풍자하는 유머가 있다. 한 도서출판업자가 책 한 권을 출판한 후 대통령에게 증여하였다. 얼마 후 그는 대통령이 읽어 보았는가 하고 탐문했다. 대통령 비서가 회답했는데 대통령이 아주 재미있어 하더라는 것이다. 그래서 그 후 이 책을 대량 재판할 때 속표지에 이런 구절을 한 줄 추가하여 인쇄했다. '대통령이 아주 재미있었다고 말한 책,' 다른 한 도서출판업자가 이를 모방하여 새 책 한 권을 대통령에게 증여하였다. 대통령은 지난번 교훈을 받아들여 "재미없다"고 말했다. 하지만 "재미없다"는 네 글자도 광고가 될 수 있었다. 출판업자는 이 책을 재판할 때 속표지에 이렇게 썼다. '대통령이 보고 재미없다고 말한 책,' 세 번째 도서출판업자는 앞 두 출판사가 성공한 것을 보고 아는 사람에게 부탁하여 대통령에게 억지로 책 한 권을 보냈다. 이번에 대통령은 아예 책을 보지 않았다. 결국 이 책의 속표지에는 이렇게 인쇄되었다. '대통령이 보기도 싫어하는 책.'

상인은 때론 어떤 사람, 어떤 일을 이용하여 큰돈을 벌려고 하며 흔히 목적을 달성하지 않으면 절대로 그만두지 않겠다고 맹세한다. 그래서 아주 파렴치한 행동도 서슴지 않는다.

공정하게 말하면 세계에서 미국의 상업은 상당히 성숙되고 법제화되었기 때문에 상당히 규범화되고 문명화된 상업이라 할 수 있다. 문명이라는 '장미'의 '가시'는 때론 이러이러하게 다른 사람으로 하여금 반감을 가지게 하기도 하고 사회로 하여금 부끄러움을 모르게 한다. 따라서 상업은 '고치기 어려운 나쁜 습관의' 일면이 있다고 말할 수밖에 없다.

중국에서는 상업시대의 초급 단계에서 지금까지 황당한 일과 평범한 일 그리고 추잡한 일들이 헤아릴 수 없이 많았다.

예를 들면 동물원에서 범을 임대해 내어 우리에 가두어 놓고 고객을 접대한 일이다. 또 신문에 실린 바에 의하면, 모 도시의 한 상가에서는 개업식 날에 이벤트 효과를 조성하기 위해 헬리콥터 1대를 임대하여 '선녀가 꽃을 뿌리는' 식으로 공중에서 수만 원의 인민폐를 뿌리려고 계획하였다.

우리 중국의 일부 지도자들은 방비를 조금만 소홀히 해도 상인들에게 이용당하는 경우가 비일비재하다. 그들과 상인들이 악수하는 사진을 상인의 접대실에 걸어 놓고 허장성세로 남을 속이거나 직접 제품 광고전단지에 인쇄하여 다른 형태의 판촉원을 만든다. 때문에 국가는 공문을 발송하여 전면 금지시키는 수밖에 없었다.

또 이런 일을 알고 있다. 모 '개인기업가'가 상층 인사와 친분을 맺으려는 목적으로 모 사회공익활동을 위해 인민폐 150만 원을 협찬하였다. 조건은 그저 하나였는데 이름을 신문에 내고 TV에 나오는 것이다. 단 반드시 모모 지도자 옆자리에 앉아야 한다는 것이다. 모든 길을 순조롭게 잘 소통시켰는데 그 전날 밤 오입질을 하다가 북경시 공안기관에 구속되었다. 당시 호주머니에는 이튿날 오전 청첩장이 들어있었다. 그리하여 활동을 취소하는 수밖에 없었다. 그 모모 지도자는 전화에서 화를 내면서 책망했다. '날 어떻게 보고 하는 수작이냐. 지금 우리 동지들은 어떤 사람인가를 알아보지도 않고 돈을 받는단 말인가?!'

이 역시 공익을 위해서다. 중간에서 자기 배를 불리는 관료들은 상업을 더욱더 사랑하게 되는데 백성에 대한 냉담함과 무관심과는 이미 선명한 대조를 이루었다.

또 다른 한 신문에 실린 바에 의하면 한 장사꾼 부자가 만찬석상에서 유명인사들 앞에서 사람을 놀라게 하는 발언을 했다. 모 부시장도 별거 아니다. 내 전화 한 통이면 반 시간 안에 내 앞에 나타날 것이다. 감히 1분도 지각 못할 것이다. 말이 끝나자 그는 휴대폰을 꺼내들고 '지시'했다. 부시장은 과연 반 시간도 되지 않아 도착했다!

TV방송국에 근무하는 한 기자 친구는 이런 이야기를 들려주었다. 한번은 그가 외지에 출장 가서 나이트클럽에서 소일하고 있는데 마침 한 부자가 스타 여가수에게 꽃을 바치는 장면을 목격했다. 여가수가 무대에서 아직 내려오지 않았는데 한 사람이 그 부자에게 꽃을 주면서 또랑또랑하게 말했다. "이 꽃은 저쪽에 앉으신 **부시장이 당신에게 드리라 한 겁니다. 그리고 당신을 위해 노래 한곡 신청하셨습니다……."

지구촌의 추악상(醜惡相)

전 세계에서 매음·밀수·마약매매·유흥업의 거센 발전과 문화의 색정화(色情化), 그리고 뇌물 관련 스캔들은 전부 상업과 밀접한 관련이 있다. 십중팔구는 합법경영의 미명하에 진행된 것이다. 한국의 전임 대통령마저 과거 상업의 포로가 된 사실이 드러나 전 세계가 주시하는 가운데 피고석에 서게 되었고 결국 사법적 처리를 받게 되었다.

그 당시 한국 전체가 격분해 하지 않았던가!

당시 한 택시기사는 두 눈을 크게 뜨고 차를 비뚤비뚤 인도로 몰고 갔다. 경찰이 와서 조사해 보니 기사는 술 한 방울도 입에 대지 않았으며 심한 정신적 타격을 받고 그랬던 것이다. 그는 자신들의 전임 대통령이 원래 재물을 갈취하고 거액의 돈을 받은 인간이라는 이 증거가 확실한 사실을 받아들이기 어려웠던 것이다.

누군가가 한국 사람들에게 상업시대를 계속 원하는가 하고 묻는다면 당연히 원한다고 대답할 것이다.

이성적인 국가, 이성적인 민족은 상업시대가 아무리 백 가지, 천 가지 나쁜 점이 있다 해도 여전히 다른 시대가 사람들에게 줄 수 없는 백 가지, 천 가지 좋은 점이 있으며 역시 사람들의 유일한 최적의 선택이라는 것을 잘 알고 있다.

대통령이 거금을 수수했으면 그냥 사법처리하면 될 것 아닌가!

한국인에게 대통령은, 유고가 생기면 그때마다 또 선거를 하면 되나 한국인들의 자본주의에 대한 선택은 번복할 수 없는 것이다. 그 기반이 흔들리기만 하면 다시 회복하는 데 적어도 20년 이상 시간이 걸린다. 이 점을 한국 사람들은 잘 알고 있다.

세계에서 대부분의 민주화 정도가 높은 국가의 공민들도 이 점을 잘 알고 있다. 번영하는 경제적 국면이 도래한 시대에서, 이런 국가들의 보통 사람들의 입장은, 하느님(구세주)이 세상에 내려와 순례 한 번 하는 것과 같은 것이다. 그럼 대통령은 그들에게 어떤 존재인가. 보통 사람들이 비교적 인정하는 공복에 지나지 않는다.

정말로 토크빌이 《미국의 민주》 제2권에서 언급한 "민주사회에서 다른 무엇이 상업보다 더 위대하고 휘황찬란한지 알 수가 없다. 상업은 대중들의 주의력을 이끌어 갔고 대중들의 물질생활과 정신수요에 대한 상상력을 풍부하게 해 주었으며 모든 왕성한 정력을 흡인해 갔다. 누구든지, 또 어떠한 편견이든지 사람들이 상업을 통해 치부하려는 소망을 제지할 수 없으며 민주사회에서 일체 거액의 부의 취득은 상업의 성장에 의지해야 한다."는 말과 같다.

그러나 오래 동안 상업을 멀리한 중국 사람들에게는 상업이란 이 '장미'는 아무래도 너무나도 기이하고 다채로우며 난잡하고 무질서하고 겉만 화려하고 경박하게 보였다. 상업은 사람들의 욕망을 부풀리고 사람들의 마음을 탐욕스럽게 만든다. 상업은 마치 '되감는 비디오장치'로 나비가 번데기로 되돌아가는 역겨운 과정을 방영하는 것처럼 부패한 현상을 사람들에게 방영한다.

희망하는 것과 이미 직면한 것이 완전히 별개의 일 같아 많은 중국 사람들은 막막함·곤혹·실의·뼈저린 뉘우침 그리고 울분에 빠진다. 자신의 사랑하는 아들을 유혹하여 나쁜 길에 들어서게 한 창녀를 저주하는 그런 언어로 상업시대를 저주한다. 그러나 이러한 일련의 상황들은 주요하게 몇 년 전의 일 같다.

수년 전, 중국의 혼탁한 초급 단계의 상업은 확실히 '가시'가 많고 '꽃봉오리'가 적었다. 지금, 그의 '가시'는 공화국의 법에 의해 일부가 잘려나갔고 당시의 일부 '꽃봉오리'는 꽃으로 피어났다.

지금은, 보통 중국 사람들은 이미 비교적 침착하게, 현명하게, 객관적으로, 차분하게 상업시대를 바라볼 수 있다.

누군가가 일반 중국인에게 "이 상업시대란 것이 상도(常道)를 약간 벗어나 보인다 하여 '새 신부'를 다시 국경 밖으로 내쫓아야 하는가?"하고 물어본다면 어떨까?

아마 일반 중국인들은 잠시 생각해 본 후 이렇게 너그럽게 대답할 것이다. "'그녀'를 남겨두게! 세상에 어디 결함 없는 '며느리'가 있는가? 앞으로 천천히 교육하면 되겠지."

이런 생각과 대답은 모두 민족이 성숙되었음을 뜻한다. 또한 이런 성숙은 상업시대에 대한 과도한 이상주의적 기대를 바꿔 놓았다고 할 수 있다.

중국은 걸핏하면 이상주의적 사상의 기이한 현상에 빠져들기 쉬운 민족이다. 반대로 서방인들은 상업시대의 본질에 대해 다소 꿰뚫어 보고 있다.

《민주와 교육》의 작가 듀이는 이렇게 말했다. "상업의 일들은 자체 범위 내에서 '자발적'으로 이상적인 문화가 될 수 있다. 상업은 사회를 위해 복무하는 것을 상업 그 자체의 취지로 삼으며 더불어 사회의 이익과 양심을 대표할 수 있다. 하지만 이와 같은 사고는 아주 황당한 생각이다. 선생님들이여! 우리는 상업의 공헌을 인정함과 동시에 그것을 선량한 것이라 생각해서는 절대 안된다. 왜냐하면 이건 사실에 부합하지 않기 때문이다. 우리는 상업에 마구를 채워야 한다. 그 잔등에 걸터앉을 때면 박차 달린 승마화를 신어야 한다. 오직 이런 상황 하에서만 상업은 이기적 원칙 하의 욕망을 자제하고 자신을 만족시키는 동시에 사회에 보답할 것이다."

듀이의 이 말은 오늘의 중국인, 특히 오늘의 중국 수뇌부들에 대해 아주 크게 참고할만한 의의가 있다.

상업과 관련된 모든 법규·법령의 목적은 상업을 더 잘 다스리고 가능한 한 사회에 행복을 가져다주는 '말안장'과 '고삐'로 만드는 것이다. 동시에 사회복지의 궁극적 목표에 따라 용감하게 나가는 '박차(拍車)'가 되도록 끊임없이 격려해 주는 것이다. 우수한 기수와 승마용 말 사이엔 늘 '둘이 하나로 합치'는 듯한 최적의 경지가 형성된다. 이 역시 국가와 상업시대 간의 최적의 조합이기도 하다.

세법은 상업 법규·법령 중에서 가장 중요한 법이다.

밀은 《공리주의》란 책에서 이렇게 말했다. "상인은 똑같은 물건을 팔 경우 모든 고객으로부터 똑같은 돈을 받으며 고객의 지불능력에 따라 가격을 조정하지 않는다. 이에 대해 세상 사람들은 공평하다고 여긴다. 그러나 이 원칙에 따라 세법을 제정할 경우 사람의 인도주의와 사회적 편리함에 대한 느낌이 서로 화합하지 못한다. 국가는 부자들에 대해 몇 가지 높은 세율을 특별히 제정해야 한다. 왜냐하면 우리가 냉정하게 분석해 보면 국가라는 이 기계는 줄곧 가난한 사람보다 부자들을 위해 더 충실하게 복무해 왔기 때문이다.

루소는 《정치경제학》 저서에서 아주 명백하게 말했다. "만약 부자들이 사치를 과시하려는 허영심으로 수많은 사치품에서 큰 만족을 얻을 수 있다면 그들이 사치를 누릴 때 지출을 좀 늘게 하는 것이 바로 이런 세금을 징수하는 충분한 이유가 된다. 세상에 부자들은 존재하며 그들은 자신들이 가난한 사람과 다르기를 바란다. 국가도 이런 차이를 근거로 하는 세원보다 더 공평하고 더 믿음직한 세원(稅源)을 설계해 내지 못한다."

이 세상의 경제가 발달한 많은 국가에서는 일찍부터 이렇게 했다.

중국은 어떻게 시작할 것인가?

시간을 좀 더 달라.

만약 한 시대가 부자 한 명을 '만들어' 내기 위해 적어도 3명 내지 수 명의 가난한 자를 만들어 내는 대가를 치른다면, 그것이 상업시대이든 아니든 막론하고 사상이 있는 사람들이 극구 칭찬할지라도 결국에는 망하고 말 것이다.

러스킨은 《여기까지》라는 책에서 이렇게 말했다. "기왕 가난한 사람이 부자들의 재산을 점유할 권리가 없다는 사실을 사람들이 오래전부터 알고 있는 바엔 마찬가지로 나는 부자들도 가난한 사람의 재산을 점유할 권리가 없다는 도리를 천하에 알리고 싶다."

국가재산을 병탄(倂呑)하고 나눠 먹고 수단과 방법을 가리지 않고 탈취하여 물 쓰듯이 낭비하는 일체의 사람은 국가뿐만 아니라 인민에 대해서도 죄를 저지르는 것이다. 빈곤 조성죄와 가난한 사람의 재산을 점유한 죄인 것이다. 그 도리는 아주 명백하기 때문이다. 그 부분의 재산은 원래 노동자에 의지해 축적했기 때문이다. 국가는 본래 그 부분의 재산으로 일부 가난한 사람들을 구제하고 일부 빈곤현상을 소멸시킬 수 있었다.

버나드 쇼는 그의 소설 《바바라 소령》의 머리말에서 이렇게 말했다. "금전이 소수 사람들의 손에 대량 축적될 경우 그들에게는 아무 가치도 없으나 다른 일부분 사람들에게는 만약 생계도 유지할 수 없을 정도로 적은 양이 주어질 경우 저주의 대상으로 변해 버린다."

이런 현상은 흔히 "4사람에게 매일 3실링을 주고 10시간 내지 12시간의 고된 노동을 시키는 한편 또 다른 한 사람에게는 불로소득의 기회를 주어 식은 죽 먹기로 천 또는 만 파운드를 벌 수 있게"하기 때문에 나타난다.

이건 사람들이 진심으로 옹호하는 건전하고 성숙된 상업시대의 특징이 절대 아니다. 건전하고 성숙된 상업시대의 기본적 특징은 일반 사람들이 자신들의 넉넉한 생활을 유지하는 데 필요한 돈을 그다지 어렵지 않게 벌 수 있어야 하고, 반대로 소수 사람들이 이보다 더 많은 돈을 벌려면 아주 어려워야 한다.

지금 중국에서는 상반되는 현상을 도처에서 볼 수 있다. 이런 현상을 제거하려면 중국은 수만 개의 노를 일제히 저어 중류(中流: 長江 지명)에서 거센 물결을 일으켜야 한다. 고개를 돌려 봐도 되돌아올 곳이나 기댈 언덕은 없다.

상업시대의 모든 부정적 폐단은 상업의 끊임없는 발전에 의해서만 치료 가능하다. 이 점에 대해서는 오랜 세월을 걸어 온 국가가 우리에게 증명해 주었다. 마치 얼음과 눈이 뒤덮인 곳에 서서 어디로 갈 건가를 결정해야 하는 사람이 반드시 간단하게 생각해야 하는 것처럼 말이다. 즉, 어디에서 밥 짓는 연기가 피어오르면 바로 그 곳이 계속 나아가야 할 방향인 것이다.

그러나 상업이란 이 연기는 언제나 시대의 앞부분에서 모락모락 피어오른다. 상업은 자기 뒤에다 도로표지를 세워 두지 않는다. 상업은 언제나 용맹정진하며 항상 불씨를 가지고 간다. 당신이 만약 불씨가 필요하다면 그를 따라가는 수밖에 없다.

마치 개인이 국가의 공민인 것처럼 국가는 인류의 공공재산이다. 인류가 상업시대에 들어서기만 하면 어느 국가의 '공민'이라 할 것 없이 전부 '감각에 따라 나아갈 뿐이며' 다른 천체로 이전할 수도 없다.

중세기 로마 교회는 '면죄부'를 배포한 적이 있다 – 이는 하느님도 자금을 모은 적이 있다는 것을 말한다. 종교가 상업에 종사하고 돈에 의지해 속죄하는 행위는 고금과 중외를 막론하고 거의 비슷하다.

상인은 상업의 세포이다. 상업은 인류사회의 동맥이다.

사실 상업은 지금까지 인류의 표상적인 활동일 뿐만 아니라 인류의 의식 형태에 영향을 미쳐 왔다. 상업 그 자체가 바로 가장 유구하고 가장 실질적인 의식 형태의 변종인 것이다.

그로 인해 정치는 경제를 닮아 갔다.

그로 인해 외교는 대외무역을 닮아 갔다.

그로 인해 경제학은 치부경(致富經)을 닮아 갔다.

그로 인해 거의 모든 사람의 영혼은 절반이 상인처럼 변해 갔다.

그로 인해 상인은 마크 트웨인이 말한 그런 사람으로 변했다. "만약 금전이 나를 향해 손을 흔들면《성경》이든 지옥이든 모친이든 막론하고 모두 나를 돌려세울 수 없다."

그로 인해 도덕관념은 대대로 변화하고 발전한다.

그로 인해 인문적 원칙은 더더욱 눈부시게 변했다.

그것이 가장 고전적인 것이든 아니면 현대적인 것이든, 또 가장 저속한 것이든 아니면 우아한 것이든 막론하고 상업은 제멋대로 모든 예술에 대해 가격을 매겼다.

그는 법이 자기 주위를 맴돌도록 만들어 놓았다. 오늘 자기를 위해 한 조목 고치고 내일 또 한 조항 고쳐 놓는다. 그래서 가장 두터운 법전을 가지고 있는 미국의 변호사들마저 변호사질하기가 너무 어렵다고 감개하여 탄식한다.

상업은 백방으로 우리가 매일 흡입하는 공기와 매일 마시는 물을 정화시키는 것에 이르기까지 우리를 위해 주도면밀하게 복무한다. 동시에 조금도 부끄러운 줄도 모르고 우리에게 손을 내밀어 돈을 요구한다.

당신은 한 세트에 몇 만 원씩 하는 변기가 필요 없을지 모르지만 필요한 사람이 있다. 수요가 있으면 이윤이 있기 마련이다. 따라서 상업은 합법적으로 그것을 생산한다. 당신은 백 퍼센트 금으로 만들어진 수도꼭지가 필요 없을지 모르지만 그걸 요구하는 사람이 있다. 수요가 있으면 이윤이 있기 마련이고 상업은 합법적으로 그걸 생산한다…….

그는 또 그림동화 속의 국왕만이 잘 수 있는 그런 황금침대도 만들어 낸다.

그는 또 달에서 묘지를 개발한다……. 앞으로 달에서 관광코스도 개발해 낼 것이다.

사람들은 지구상의 상품이 이미 너무 많다고 느껴질 것이다. 하지만 내일 상업은 또 다른 신기한 물건들을 보여줄 것이다.

상업은 이미 인간의 두뇌 속과 인간의 마음속까지 개발했다. 인간의 사상(思想)과 사람의 정신(精神)도 사실 상업의 주주가 되었다.

어느 누가 감히 상업시대를 거절한다고 강경하게 말할 수 있는가? 인간은 거절할 자격도, 거절할 자본도 없다. 인간이 매일 생각하는 것 절반 정도가 상업시대와 연관된다. 그것이 조금만 흔들려도 수많은 사람들의 운명과 생활은 더 이상 원래 상태로 되돌아가지 못한다.

물리학자는 말한다. 사람은 엔트로피(entropy: 다시 가용할 수 있는 상태로 환원시킬 수 없는, 무용의 상태로 전환된 에너지의 총량)의 감소자이다.

화학자는 말한다. 사람은 탄소 원자의 산물이다.

생리화학자는 말한다. 사람은 핵산과 산의 상호작용하는 기구이다.

생물학자는 말한다. 사람은 세포의 집합체이다.

천문학자는 말한다. 사람은 행성 간에 태어난 아이이다.

그리고 상업시대가 말한다. 나는 인류의 유모이다. 과거, 현재도 그렇고 앞으로도 역시 그렇다.

미래를 말할라치면, 확실히 아주 관심이 가는 최후의 화제가 생겨난다. 인류가 더 이상 '그녀'의 젖을 빨지 않으면 어떻게 되는가?

이 화제는 너무 무겁고 너무 멀다. 잠시 토론을 미뤄놓자!

등소평의 사고방법이 아주 실질적인 방법이라 할 수 있겠다—만약 우리의 지혜가 부족하면 다음 세대에게 남겨 주어 해결하도록 하는 것도 괜찮다…….

2장

당대 '매판(買辦), 가 계층

매판(買辦:comprador)
중국에 상주하는 외국상관(商館)·영사관 등에서 중국 상인과 거래 중개 수단으로 고용한 중국인. 명代에는 조정·관청에 필수품을 납품하는 어용(御用)상인을 지칭. 제국주의와 밀착하여 자국의 이익에 위배되는 행위자를 가리켜 반민족적이라는 뜻으로 변질·확대되어 매판자본(comprador capital)이란 용어를 낳았다.

무엇보다 먼저 필자를 망설이게 한 것은 어떻게 그런 중국 사람들 즉, 타국 상
업기구나 재벌 그리고 크고 작은 자본가의 경제이익을 대표하여 중국에서 고용
되어 복무를 하고 있는 중국 사람들에게 적절하면서 부정적이거나 폄하의 의미
가 없는 칭호를 사용하는가 하는 것이다.

　최초에, 필자의 창작 심리는 '매판'이라는 이 단어를 아주 배척했었다. 왜냐하
면 모택동은 자신이 쓴 《중국사회 각 계급분석》에서 이미 자신의 시종 일관적
인 계급 및 계급투쟁사상을 근거로 당시 중국의 '매판'가들을 전 중국 인민의 '공
적(公敵)'으로 선고하였기 때문이다. '공적'이라 부른 이상 그와 전 중국 인민 간
의 관계는 당연히 네가 있으면 내가 없고 내가 있으면 네가 없는 적대적인 관계
인 것이다. 그 후 모택동은 여러 편의 글에서 자신의 그 하느님 같은 선고를 거
듭 천명하였다. 때문에 몇 세대 중국 사람들의 의식 중에 '매판'이란 단어는 소위
'四害(4해: 모기. 파리. 쥐. 바퀴벌레; 질병을 전염시키는 곤충. 1958년 중앙정부의 4해 퇴치
운동)'처럼 아주 쉽게 강한 반감을 불러일으키는 단어이다.

　근대 중국문학사(史)와 중국영화사(史)에서 형상화한 '매판'식 인물은 고도로 예
술화되었든 아니면 고도로 개념화되고 도식화되었든 관계없이 전부 밉살스럽고
얄미운 사람들로 표현되지 않은 것이 없다. 그들은 외국 자본가를 '아버지'로 삼
고 '젖을 주는 사람이 어머니이다'라는 인생신조 하에 이익만을 추구한다. 그들

은 자신의 서양 주인을 위해 충성을 다하며 곁에서 세심하게 시중드는 한편 있는 힘을 다하여 계책을 꾸미고 그들의 앞잡이 노릇을 한다. 반대로 민족의 이익을 팔아먹을 때는 그렇게도 파렴치할 뿐만 아니라 당연한 이치로 알고 내심 편안해 하며 유다만큼의 불안감마저 없다.

과거에는 대륙의 중국인 외의 중국인들마저 그들에 대해 정도의 차이는 있으나 경멸과 혐오의 감정을 가졌었다.

예를 들면 홍콩 액션영화 스타 이소룡의 시리즈 영화에서 적대관계에 있는 외국 암흑가 조직에는 항상 형상이 비열하고 사람을 분노케 하는 중국 통역이 따라다닌다. 또한 그 외국 암흑가 조직의 뒤에는 항상 외국 재벌세력이 있다. 그 중국 통역은 사실 간접적으로 외국 재벌세력을 위해 복무하는 것이다. 혹은 충실한 군사(軍師)로서 호가호위하는 것이다. 존엄을 보호하고 모욕을 거부한다든가 잔인함을 겨루는 표면적 상황의 줄거리 뒤에, 또 다른 주요 내용이 밀접하게 연관되어 깔려 있고 풍부한 변화를 보여준다. 즉 외국 재벌세력 또는 특정된 모외국 자본가 혹은 상인이 중국 은행 또는 중국 기업을 무너뜨리고 중국 도심지 상가를 점유하려고 시도하는 것이다. 적어도 경제적 효과와 이익이 좋은 중국 매장 또는 식당을 밀어내려고 한다. 영화에서 이소룡은 흔히 점차 상대방의 탐욕스러운 야심을 간파하게 된다. 그래서 그가 가진 중국의 쿵푸 능력도 비교적 단순하게 협기로 약자를 돕고 강자를 다스리는 개인적 영웅주의 이외의 뜻을 가진 듯하다. 그는 상대방에게 본때를 보여줌과 동시에 상대방들의 충실한 앞잡이를 통쾌하게 징벌하는 것도 잊지 않는다. 그는 여러 편의 영화 속에서 그런 앞잡이들을 '철저히 해결'해 버린다. 그것은 흔히 마찬가지로 연기에 능숙한 연기자가 맡는 배역일 뿐이나 이소룡 시리즈물의 다음 속편에도 나타난다. 거기서 또 앞잡이 역을 맡고 지난번 촬영 시보다 더 가증스럽게 연기한다. 결국 이소룡은 그를 또 한 번 죽여 버리지만 그는 다음 편에 또 나타난다. 마치 죽여 버릴 수도 없고 누군가 '철저히 해결'하려 해도 해결할 수 없는 것처럼 말이다.

과거 시대에 그것은 비교적 성공적으로 도식화되고 통역이라는 신분을 구실로 한 소'매판'의 사라지지 않는 망령이었다.

노사(老舍: 1899~1966. 북경. 만족. 작가)의 저명한 연극 《찻집》에서는 사필의 묘사 기법으로 늙은 유곰보와 젊은 유곰보 2세대 인물을 묘사하였다. 늙은 유곰보는 전문 '뚜쟁이'질을 해서 수수료를 챙기는 놈으로서 부자와 가난한 사람 사이에 끼어들어 사는 인신매매자였다. 극에서 그는 기근을 피해 도망가는 부녀들의 딸들을 성공적으로 청조(淸朝)의 늙은 태감(환관)에게 팔아넘겼다. 나중에 그는 두 도주병 형제가 은화로 매수한 사형집행대에 의해 머리를 잘렸고 그것은 도주병의 머리로 가장되어 상을 받는 데 이용된다.

그 후에 그의 아들인 젊은 유곰보가 극중에 등장할 때 실제 신분은 '매판'이었다. 젊은 유곰보는 외국으로 도망가 몇 년간 돌아다니다가 귀국 후 한마음으로 기생집을 열려고 동분서주한다. 그의 포부는 외국인의 투자를 끌어들여 중국에서 '기생집 체인점'을 열고 나아가서는 '기생 국제 트러스터' 즉, '성매매그룹회사'로 성장하는 것이었다.

모순(茅盾) 선생의 《자야》에서도 '매판' 이미지를 형상화하였는데 이소룡 시리즈 영화 속의 중국 통역과 노사 선생의 《찻집》 중의 젊은 유곰보에 비해 몇 등급 향상된 '매판'이다. 높아졌다 하지만 사회적 지위와 신분이 상승되었을 따름이고 본질은 조백도(趙佰韜: 자야에 나오는 매판금융자본가)라 부르는 상하이탄, '공채장의 마왕'이었다. 《자야》에서는 그를 "40대이고 보통 체격에 얼굴은 삼각형, 움푹 들어간 눈은 부리부리하다"고 묘사했다. 또 그는 "거래소 큰손으로서 각종 공채를 모두 사들인다.", "그 외에도 각양각색의 여자들도 사들인다."고 썼다. 그는 민족자본가 오손보를 유인하여 주식에 손을 대게 한 후 계책을 꾸며 오 씨를 '묶어' 버렸다. 그가 막다른 지경에 몰렸을 때 그는 마침내 본색을 드러내고 그의 회사와 공장을 양도 받겠다고 들이댄다. 실제 그는 뒤에서 '서양 상인들과 결탁하여 중국 공장에 장기대여금을 대출해 주었다.' 오늘날 표현대로 하면 외국상인이 민족기업을 합병시키거나 절대적으로 지배한 것이다. 옛 상하이탄에서는 조백도 같은 사람들을 중간브로커라 부른다. 사실 서양세력을 떠나면 그들은 성공하기 어렵다.

'매판'이라는 이름 하의 일부 중국 사람들은 역사적으로 악행이 널리 전해졌기 때문에 필자 연령대의 일반 중국 사람들에게 준 인상은 의심할 바 없는 '사악한 부류'였다. 필자는 신중국이 성립된 후에 태어났기 때문에 자연히 신중국 성립 전의 '매판' 인물과 접촉한 적이 없다. 이 편견은 후천적으로 머릿속에 형성된 것으로서 '정치사상' 교화의 결과이다. 확실히 '매판'이라는 단어는 어릴 때부터 어른이 되기까지 인지범위 내에 있었으며 언제나 상업 속성의 개념이 아닌 정치 속성의 개념을 의미했다. 물론, 과거든 아니면 지금이든 중국에서 '매판'을 일종의 상업현상으로서 정치적 색채를 완전히 벗어나서 이해하는 것은 취할 바가 못 되는 관점이라는 것을 잘 알고 있다. '개혁개방'은 우선 먼저 중국 정치 강령상의 큰 조치였으며, 중국 신생 '매판'가 계층은 마침 이런 거대한 배경 하에서 탄생하고 형성되었으며 또한 오직 이런 대 배경 하에서만 탄생되고 형성될 수밖에 없다.

과거의 '매판'가 인물들이 대륙에서 거의 자취를 감췄기 때문에 그들 중 한 사람도 취재할 수 없었고 따라서 그 자신들의 역사적 공과(功過)에 대한 설명도 들을 수 없게 되었다. 이것이 바로 이 장에서 가장 쓰고 싶었던 부분이다. 만약 그들이 직접 자신들에 대해 설명한다면 우리가 '매판'이라는 단어에 대한 당대 일반 중국 사람들의 전통적인 인지상의 편견을 바로잡는데 도움이 될 거라고 확신한다.

양무운동(洋務運動: 1861~1894:서양문물을 이용하여 부국강병을 이루려 하였다)"이 있었기 때문에 시대적 요구에 의해서'매판'가가 생겨난 것이다.

만약 우리가 '양무운동'도 나라를 위해 기여한 면이 있다고 인정할 경우 지난 날 매판가들도 아마 과실만 있다고 할 수 없을 것이다. '양무운동'의 파산으로 혁명기운이 대두되고, 내란이 오래 동안 지속되어 전쟁이 끊이질 않았으며 나라가 강대하지 않고 인민이 부유하지 않으며 강산은 상처투성이고 도처에 갈 곳 잃은 피난민들이 가득하였다. 이런 열악한 역사 조건 하에서 과거의 '매판'가들도 외국 자본가에게 바짝 빌붙어 사리사욕에 눈이 어두워 의리를 저버리고 국난의 틈을 타 횡재하는 사람이 될 수밖에 없었다. 국제 비즈니스에서 그의 긍정적 행동과 적극적인 역할은 나타나기 아주 어렵다. 그들 중 이런 소망을 가진 사람(그런 사람이 반드시 있다고 확신한다)들은 명예와 절의의 청백함을 지키기 위해 혼탁함에서 벗어날 수밖에 없었고 그런 최초의 소망은 단념해 버렸다.

그래서 필자는 '매판'이란 단어는 본래 평판이 나쁜 단어가 아니라 적어도 중립적인 단어가 되어야 하고 상업사전 중의 단어여야 한다고 생각한다.

어떠한 사물이든지 그 존재의 필연성이 있다. 임의의 필연성의 존재는 모두 조건의 판이함에 따라 서로 다른 역할을 나타낸다. 중국의 과거와 현재의 '매판' 계층에 대한 표현이 그 예라 할 수 있다.

최신 버전의《신화사전》을 찾아보면 '매판' 조목에 대한 해석은 이러하다. "식민지, 반식민지 국가에서 외국 자본가를 대신하여 본국 시장에다 제품을 판매하고 자원을 약탈하며 경제침략활동을 진행하는 대리인이다."

지금 중국은 당연히 식민지·반식민지 국가가 아니다. 그러면 '매판'이라는 표현은 고유한 것을 지칭하는 것으로써 오늘에 와서 일부 중국인들을 지칭하기에는 부적절하다.

식민지·반식민지 국가에서 외국 자본가들은 제품을 내다 팔고 자원을 사들이는데 의심할 바 없이 서로 다른 정도의 강박성과 야만성을 가지고 있다. 그들의 대리인이 된 사람은 당연히 본국 사람들이 적대시하는 대상이 되며 조금도 이상할 게 없다.

그래서 이 장절의 표제를 처음에 잠시《중국대리인 계층》이라 정했었다.

그러나 바로 그렇게 되면 어법상 문제가 존재한다는 것을 의식했다. 즉, 중국을 대리하는…… 사람들 계층이라는 뜻이 되어 버리기 때문이다. 또 '대리인'이라는 세 글자에 따옴표를 달아 보았으나 뒤바뀐 뜻은 별로 돌아오지 못하고 오히려 더 애매하게 되어 버렸다. 그래서 다시 그 표제에 몇 글자를 더 추가하여《외국상업기구·다국적기업·자본가의 중국에 대한 중국대리인 계층》이라고 수정했다. 이렇게 수정, 보완하니 뜻이 좀 완전해 보였다. 그러나 표제처럼 보이지 않고 문서상의 조례용어 같은 느낌이 들었다.

결국, 지금 이 간결한 표제《중국 '매판'가 계층》을 계속 사용하기로 결정했다.

생각건대 과거에도 '대리', 지금 와서도 '대리', 기왕 같은 '대리'인 이상 전부 '매판'이라 부른들 무슨 상관이 있겠는가?

과거에도 '매판', 오늘도 '매판', 세상은 변화무쌍하고 시대는 진보한다. 전제가 다르고 조건도 다르며 사회적 배경이 다르고 존재의 의의와 성격도 다르다. 지금은 옛날에 비할 바가 아니다. 그러나 외국과 본국 사이에서 맡은 상업역할과 상업운영방식은 역시 아주 유사한 공통점이 있다.

따라서 아래와 같이 그 관점을 자세히 설명한다.

첫째, 모택동의 과거 '매판'가 계층에 대한 권위적인 판결을 완전히 받아들이지 않는다. 혹은 더 적절하게 말해서 과거에는 전부(100%) 받아들였지만 지금은 적어도 50%의 인지범위에서 받아들이지 않는다. 과거에는 그의 계급 및 계급투쟁의 역사관을 전부 인정하는 동시에 받아들였던 것이다. 지금은 최고 50% 정도의 인식범위에서만 그의 계급 및 계급투쟁의 역사관에 다소 합리성이 있다고 이해한다. 역사관 측면에서 그와 일치하지 않고 사상 또한 크게 배치되기 때문에 더는 과거 '매판'가 계층에 대한 권위적 판결을 전부 받아들일 수 없게 되었다.

둘째, 최신버전《신화사전》에서 "매판"이란 단어에 대한 주해 또한 완전히 받아들일 수 없다. 경제적 개발도상국과 선진국 간 경제 활동에서 이 활동이 정부 측 독점에서 부분적으로 민간 분야로 이전하기만 하면 '매판'가들이 필연적으로 탄생할 뿐만 아니라 또 계층도 필연적으로 형성될 것이다. 사실, 고대 중국에 바다를 끼고 있는 각 성(省)의 대외통상 번영 시기에 이미 중국 '매판'가들이 존재하였다. 나라가 평화롭고 국민의 생활이 안정되기만 하면 그들은 민족이익을 해치지 않는다. 반대로 그들은 오히려 '매판'의 적극적인 상업역할을 발휘하게 된다. 더 자세히 말해 식민지 · 반식민지 역사 중에 그 식민통치가 상대적으로 문명하고 특별히 야만적이지 않을 경우 '매판'가들의 역할은 역시 이분법에 의해 객관적으로 분석할 필요가 있다.

이상과 같은 사상을 바탕으로 최종적으로 결정한 표제에 대해 마음이 좀 든든해졌다.

그렇다. 필자는 다만 '대리인'을 '대리인'이라고 평론했을 따름이다. '매판'이라는 단어를 잠시 인용하였다 해서 '매판' 이름 하의 모든 중국 사람들에 대한 필자의 태도가 모택동의 《중국사회 각 계급에 대한 분석》의 논술과 《신화사전》 상의 주석과 일치한 것임을 뜻하는 것은 절대 아니다.

일생에서 처음으로 만난 '매판'가, 혹은 현재 유행하는 표현을 적용한 소위 '후매판가'는 당시 북대황(北大荒: 흑룡강성 삼강평원을 일컬음) 지식청년이었던 상해인이었다.

아마 1985년 즈음이었을 것이다. 우연한 기회에 그를 사귀게 되었다. 같은 북대황 지식청년 이어서인지 혈육의 정이 즉각 발동하였다. 처음 만났는데 오랜 친구를 만난 것 같은 기분이었다. 며칠 후 그는 북경영화제작소에 위치한 작고 초라한 내 집을 방문하였으며 우리는 지식청년 시기 각종 비슷한 경력을 담소하였는데 아주 의기투합되고 즐거웠다. 그날 본래 그에게 점심식사를 대접하려 했는데 그는 자기가 오늘 찾아온 이유를 얼버무리면서 말했고 그에 대한 나의 태도는 감출 수 없을 정도로 냉담해졌다.

그는 자신이 지금 홍콩과 대만 몇몇 출판업자의 대리를 하고 있는데 자기와 연계하여 나의 소설을 홍콩과 대만 두 지역에서 출판하기를 원했으며 또 나보고 국내 청년작가들을 대상으로 홍콩·대만 두 곳 저작권을 자신에게 의뢰하게끔 설득해달라고 부탁하였다. 그가 얼버무리면서 말할 때 두 눈에는 섬광이 번쩍였는데 나를 위해 주동적으로 복무하겠다고 요청하는 것이 아니라 나한테 거액의 돈을 빌려 달라고 함부로 지껄이는 것 같은 느낌이었다. 내 입장에서는 그가 돈을 빌려가서 아주 불명예스럽고 정당하지 못한 일을 할 것 같았다.

자기 성의와 신망을 믿지 않을까 걱정했는지 그는 또 정중하게 홍콩·대만 두 곳 출판업자들이 그를 대리인으로 위임한다는 정식 위임장을 꺼내 나한테 보여주었다. 보지 않았더라면 몰라도 그걸 보자 갑자기 경계심이 생겨났고 그에 대한 태도는 더 냉담해졌으며 주인으로서의 예의로 표정을 얼마간 감추려 해도 그렇게 되지 않았다.

이때는 중국작가협회에 가입한 지 겨우 1년밖에 안 되었는데, '작가협회'에 가입했다는 것은 정치적으로 진보를 극단적으로 요구하는 사람이 당에 가입한 것과 같은 그런 엄숙성을 가진다고 할 수 있다. 따라서 이는 절대 불가능한 일이며 추호도 상론의 여지가 없다고 대답했다. 당시 '절대'라는 두 글자를 유달리 강조하면서 말했다.

그는 이렇게 말했다. "그래도 상의나 좀 해 보세. 자네 이미 문집 2권을 내놓지 않았나. 국내 원고료는 많아야 천 글자에 20원이잖아."

당시 원고료 기준은 확실히 그랬다. 그는 말을 이었다. "홍콩·대만에서 책을 내면 작가는 출판 인세를 가질 수 있고 한 권을 더 출판하면 국내 3~4천자 분량에 상당하는 원고료를 더 가질 수 있는데 왜 고려해보지 않는가?"

나는 또 정색해서 말했다. "이는 돈 문제가 아니라 중국 작가의 원칙 문제이며 품성문제일세. 당당한 대륙 작가로서 어찌 자기 책을 홍콩·대만 출판업자에게 넘겨줄 수 있는가?"

그는 또 이렇게 말했다. "그들은 자네 책을 거저 출판하려는 것도 아니잖은가? 방금 내가 분명히 말했잖은가! 자넨 출판 인세를 나눠 가질 수 있다고."

이에 이렇게 응대했다. "작품을 발표하면서 국내 간행물 회사로부터 이미 원고료를 지불받았고, 책으로 펴낼 때도 국내 출판업자들에게서 원고료를 받았네. 비록 많지는 않지만 아주 만족하네. 헌데 자넨 나를 꾀어서 홍콩과 대만 두 곳에서도 출판해서 원고료를 더 챙기라고 하는데 날 어떻게 보고 하는 말인가? 내가 그럴 사람인가? 그리고 자네도 대륙의 중국 사람인데 왜 홍콩과 대만 도서출판업자들의 대리인질을 하는 건가? 이대로 가면 자넨 적어도 정당한 직업에 종사하지 않는 거네. 오히려 자네가 잘 생각해 봐야 하네.

사정없는 거절과 과격한 훈계에 그는 말문이 막혔고 얼굴이 붉으락푸르락했다. 그는 한동안 어리둥절해서 난감한 표정을 지었다. 결국 우리는 불쾌하게 헤어졌다. 물론 그에게 식사라도 하고 가라고 만류하지도 않았으며 그는 화가 잔뜩 나서 돌아갔다.

나중에 필자는 소설 《궤양(潰瘍)》에서 이 에피소드를 썼다. 그 소설은 《문회월

간(文匯月刊)》에 발표되었다.

　지금 돌이켜보면 당시 너무 '좌편향적'이었지만, 그 당시 일부 정통적 사상을 가진 중노년의 눈에는 필자가 불행하게도 '사상에 아주 극단적인 자유화 경향이 있는', '가끔 잘못된 견해와 언론을 퍼뜨리는' 청년작가였다. 나중에 안 일인데 중국선전부와 문화부에 접수된 서류 중에 나에 대한 검거 요구 혹은 적발, 비평하는 《보고서》가 5~6통이나 되었다. 그리고 오리무중에 빠져 자신이 모르는 것만 해도 대개 5~6통은 더 되었으리라 짐작한다.

　필자 스스로를 분석해 보면, 당시 그 일에서 자신이 너무 '좌편향'적으로 나온 것은 분명 자기를 보호하려는 심리가 작용한 것 같다. 그러나 객관적 원인은 비록 중국이 이미 '사상해방운동(思想解放運動)'을 진행하였지만 전체 중국사회는 여전히 '좌'적 사상에 휩싸여 있었다는 점이었다.

　복단대학 동창으로 함께 다닌 스웨덴 유학생 심·맥은 나를 찾아 몇 번이나 북경영화제작소에 왔었다. 그가 스웨덴 대사관에서 제2비서직을 맡은 연고로 의외로 안전부와 북경영화제작소 보안처를 놀라게 했던 적이 있었다…….

　국내작가가 홍콩·대만 신문에 '문화혁명'을 규탄하는 문장을 쓴 것이 생각 밖으로 문단에서 사상적으로 심각하고 소문이 분분한 '사건'이 될 줄이야…….

　홍콩·대만 출판계, 특히 그 언론계 사람과 거래하려면 보통 사전 혹은 사후에 본사 지도자에게 보고해야 했으며 적어도 '통지'해야 했다. 동의를 거치지 않고 '제멋대로 접촉'할 경우 '비정상' 접촉으로 의심받을 가능성이 아주 컸다.

　막 '작가협회'에 가입한 필자가 어찌 '사사로이' 자신의 문집을 홍콩·대만 출판업자의 '대리인'에게 줄 수 있단 말인가?

　비록 이상의 객관적 원인을 배제하더라도 당시에 뇌리 속 깊은 곳에는 여전히 홍콩·대만 출판업자의 '대리인'질을 하는 것은 극히 불명예스러운 일이라는 생각을 했다. 이런 '불명예스러운' 편견은 바로 '매판' 두 글자와 《신화사전》의 주석이 서로 일치한다는 인식의 관점에서 비롯된 것이다.

　그날 저녁 아내와 그 일에 대하여 논하게 되었는데, 하찮게 여기는 어투로 '매판'이라는 단어를 입에서 꺼냈다. 당시 아내도 내가 거절한 것에 대해 아주 찬성했었다.

필자의 《또 추석이 돌아왔다》의 작품 속에 등장하는 '수씨(老隋)', 즉, 실제 흑룡강성 생산건설병단 문예처 최 간사도 이 일을 안 후 아내와 마찬가지로 거절한 데 대해 아주 찬성했다. 이 점에 대해서도 《궤양》에서 언급하여 썼다.

획일된 의식 형태의 조건 하에서, 인식하는 비밀번호를 가득 저축한 두뇌는 일부분의 일에 대해 거의 항상 같은 반응을 보인다.

그 후 대략 1985년도 말 또는 86년도 초, 아성(阿城) 등 몇몇 청년작가들의 작품집이 먼저 홍콩·대만 두 곳에서 출판되었고 별로 비난을 불러일으키지 않았다. 의외로 전국 각 신문의 문예판은 서로 다투어 축하와 같은 문장으로 보도하였다.

홍콩·대만 출판업자 대리를 했던 그 지식청년 전우는 단지 반년 앞당겨 조작한 연유로 필자의 집에서 실없이 필자의 독선적인 '사상교육'을 받고 난관에 부딪쳤다. 만약 그가 아성과 같은 사람들이 먼저 출판한 뒤에 찾아왔더라면 매우 감지덕지하고 대단히 기뻐하면서 이 '후 매판'의 요구에 응했을 것이다.

당연히 그는 다시는 우리 집에 찾아오지 않았다. 하지만 스스로 좋은 기회를 놓친 것을 별로 후회하지는 않는다. 그때 그 전우에게 고약한 태도를 취했던 일을 생각할 때마다 그의 호의에 미안하다는 생각이 들곤 할 뿐이다.

모든 잘못은 경외 '대리인' 또는 소위 '매판', 이 단어에 대한 선입견 때문이었다.

지금은 국내 그 어느 작가도 경외 출판업자의 '대리인'에 대해 집 문을 닫아걸지 않을 것이라 장담할 수 있다. 그것은 상당한 외화 원고료 수입을 의미할 뿐만 아니라 경외 독자들을 보유했음을 의미한다. 자기·타인 그리고 중국 현대문학에 대해서도 모두 좋은 일이다. 이런 좋은 일들은 흔히 '후 매판'들의 존재로 인해 더욱 순조롭게 좋은 일로 되어간다.

일부 새로운 현상에 대한 인지에 있어 어떤 사람은 빨리 받아들이고 또 어떤 사람은 좀 늦게 받아들인다. 필자는 줄곧 늦게 접수하는 부류에 속했으며 줄곧 '가장 빨리 게를 먹는 사람'이 되지 못했다. 다행히 최소한의 터득 능력을 갖추고 있었기 때문에 새로운 현상이 존재하기만 하면 수차례 반복적인 인지를 거쳐 그 것의 적절성을 이해하고 그것의 역할의 긍정적인 면을 발견하기만 하면 더는 고 집스럽게 그의 '적'이 되지는 않는다.

두 번째 접촉한 '매판'식 인물 역시 당시 북대황 지식청년 이었으며 그 역시 상 해 사람이었다.

그 당시 북대황에서 도시로 돌아온 지식청년들은 '회고전'을 주최하려 했는데 필자가 '준비위원회 위원'이었다. 한 모금기부회에서 그를 알게 되었다. 그의 신 분은 서방의 한 다국적기업 주중대표였다. 더 정확하게 말하면 상해 주재 '대리 인'이었다. 혹은 적어도 '대리인' 중의 하나였다. 그의 말에 의하면 상해에서 건 설 중인 한 빌딩이 바로 그가 '대리'한 공로였다고 한다. 그 공로로 인해 외국 사 장은 그의 능력을 높이 평가해 주었다. 능력을 알아주었기 때문에 그의 보수도 아주 높았다. 당연히 그 보수는 인민폐가 아닌 달러였다. 그는 자신이 외국 보스 의 파견을 받고 북경호텔에 머물면서 '전권대리인'의 신분으로 북경대표처를 설 립하는 일을 하고 있다고 말했다.

그는 그 자리에서 즉시 '회고전'을 위해 천 달러를 기증했다. 모두들 그의 후덕 함에 감지덕지했다. 그가 외국 보스를 위해 복무하는 것이 불명예스러운 일이라 고 생각하는 이는 한 사람도 없었다. 오히려 그를 부러워했다.

대륙의 중국인이 새로운 사물을 받아들이는 속도는, 사실 일부 사회학자들이 분석하고 예상한 것보다 훨씬 빠르다. 이는 상해 사람들에 대한 나의 인지수준 을 감성적으로 끌어올렸다. 상업시대의 도래에 따른 신속한 반응과 비교적 짧 은 모순적 시기 그리고 강한 적응성을 보이는 것은 전 중국에서 광주 사람과 복 건 사람을 제외하고는 아마 상해 사람이 제일일 것이다. 상해 사람 중 상당수가 거의 모두 선천적으로 '매판'이 될 수 있는 두뇌와 재능을 가지고 있다고 생각한 다. 또한 그들도 달갑게 매판이 되려고 한다. 만약 상해시 여론조사를 실시한다면 그들의 이상적인 취업소원은 아마 첫 째는 사장이고 그 다음은 '매판'이 되는 것일 것이다.

당대 중국에서 상해와 북경은 고급적인 '매판'인물을 '생산'하는 가장 중요한 도시이다. 북경이 고급적인 '매판'을 '생산'할 수 있는 것은 수도의 지위와 경성이란 울 안 권세 배경의 우월성의 덕을 보기 때문이다. 상해가 고급적인 '매판'을 '생산'할 수 있는 것은 도시의 역사 유전자 그리고 상업냄새가 농후한 '상하이탄 문화'가 대대로 내려오면서 끼친 영향 때문일 것이다.

상해인을 광주인·복건인과 비교해 볼 경우, 후자들은 비록 이미 성공한 '매판'이지만 무슨 영문인지 그들이 그저 '아르바이트 청년'이라는 느낌만 준다. 그들의 몸에서 '노동청년'의 어떤 선천적 유전 특징을 영원히 벗어버릴 수 없는 것 같다. 상해인들은 분명 해외 상인들의 '아르바이트 청년'에 불과하지만 항상 자신들의 후천적인 기질 즉, 어디에서 모방해 왔는지 모를 소위 '선비상인의 기질(儒商氣質)'–만약 세상에 정말 이런 것이 있어, 들을라치면 기괴하고 뜻이 아주 모호한 기질을 품고 있을 경우–을 통해 당신에게 자신이 아주 대단한 '매판'이라는 것을 밝히려 한다.

만약 광주인과 복건인을 진짜 '매판'이라 할 경우, 어떤 정부 부문과 그곳의 공무원들을 언급 시에 그들의 말투는 흔히 대충대충이거나 냉담하다. 마치 자신이 무관심해 하는 것처럼, 또는 자신과 아무런 관계가 없는 사람을 말하는 것처럼, 바로 마치 젊고 건강한 사람이 요양원과 그곳의 보건사를 말하는 것처럼 말이다.

상해 '매판'들은 어떤 정부 부문과 그곳 공무원들을 언급할 때, 특히 일부 관례에 따라 자신들의 '매판' 행위를 관리, 감독하는 정부 부문과 일부 자신들의 '매판' 수속 상 필수적인 인감을 장악한 공무원을 언급할 때 대체로 조심스럽게 말하며 가능한 한 또 마땅히 최소한의 경의를 표한다. 마치 이를 통해 자신들은 법을 지키는 사람이라는 것을 함축적으로 암시하는 것 같다. 그들의 '매판' 행위가 아무리 규칙에 부합하고 그들 마음속에 진짜로 경의를 품고 있지 않더라도 말이다. 북경 '매판'들은 그러한 정부 부문과 그 공무원들을 언급 시 마치 매년 압박을 받아 어느 날인가 '혁명'이라도 일으킬 듯이 불현듯 격분해 하거나 또는 마치 자신의 모교나 자신의 친척어르신, 또는 '절친한 친구'를 언급하는 것처럼 대한다. 그들은 늘 자신들이 그런 곳에 가면 마치 처갓집에 간 것처럼 총애와 환영을 받고 또 그 공무원들과 서로 편하게 대한다고 큰소리친다.

만약 상해 '매판' 1명과 북경 '매판' 1명이 한자리에 앉고 또 다른 사람 몇몇이 동석하였다고 하자. 상해 '매판'들의 사교원칙은 항상 다른 사람들에게 자신들은 공무원들 보다 한 등급 낮은 사회인물로 자처한다는 그런 인상을 주려 한다. 그러나 북경 '매판'들은 다른 사람들에게 자신들은 사실 공무원들보다 몇 단계 더 높은 사회인물 임을 알리려고 애쓴다. 그들이 공무원들과 접촉할 수밖에 없는 것은 참으로 부득이한 노릇이며, 만약 그러지 않을 경우, 흥!

광주와 복건 시민들은 일부 작은 '매판'들을 논할 때 마치 지역사회 골목의 작은 음식점 주인처럼 이야기하고 그들을 일반인으로 대할 뿐이지 그다지 '인물'로 보지 않는다. 해외 큰 상인의 '전권대리인'을 논할 때만 말투에 심리적 색채가 드러난다. 그러한 심리적 색채에 포함된 것은 부러움이 더 많다. 관련된 존중심은 설사 있다 해도 그 정도가 아주 미미하다.

"그들은 고급 승용차를 타고 큰 집에서 살며 보수도 상당히 많이 받는다!"

해외 큰 상인의 '전권대리인'에 대한 좋은 말이라 해도 그저 그런 것에 불과하다. 그들 시민들에게 더 말해보라 해도 정말로 더 할 말이 없다. 상해 시민들은 설사 작은 '매판'들을 이야기할지라도 마치 어떤 '인물'처럼 이야기한다. 말투에 드러나는 심리적 색채는 어느 정도 관계되어 있다는 것과 약간의 질투심이 비친다. 좋은 인상을 남긴 사람에 대해서는 문득 익숙한 표정을 짓는데 마치 자기가 부르면 바로 달려올 것만 같다. 나쁜 인상을 남긴 사람에 대해서는 몇 마디 비꼬는 말을 덧붙이는데 마치 당첨되지 말아야 할 이웃이 1등에 추첨된 것처럼 말이다. 이는 그들의 마음속에서 작은 '매판'의 사회지위가 필경 작은 식당주인보다 높다는 것을 설명해 준다. 비록 '매판'은 작지만 반드시 해외 상인과 관계를 맺고 있다. 그 관계는 상해인들이 지금 유달리 중시하고 행운이고 복이라고 생각하는 것이다. 좀 큰 '매판'에 대해 이야기하다 보면 상해인들은 자연스럽게 경건한 마음이 생기며 마치 '상해주재영사'를 이야기하는 것 같고 또 어떤 자부심을 느끼며 같은 상해 사람으로서 자신도 당연히 영광스럽다고 생각하는 것 같다.

북경인들은 크고 작은 '매판'에 대하여 마음속에서 우러나오는 경의가 부족하다. 여기서 말하는 이들은 당연히 북경 토박이다. 북경 토박이의 의식 속에는 태어나서부터 '1등 시민'이라는 심리 경향이 있는 것 같다. 이런 심리 경향은 모든 사람들에 대해 못마땅해 하는 태도로 나타난다. 황제 근처에서 살면서 그들은 별의별 고관과 환관들을 많이 보아 왔던 것이다. 더군다나 '매판'인데야? 늘 그들이 마음속으로는 크고 작은 '매판'을 '가짜양놈', '유곰보' 따위로 생각할 것이라고 여긴다.

한번은 이런 일에 봉착했다. 교외로 가는 도로에서 차 사고가 발생했다. 도로 소통을 책임진 교통경찰 2명이 십여 분 간격으로 차 한 대씩 통행시키고 있었다. 그날 친구를 동행하여 모 TV 드라마 제작진을 대신하여 야외 배경을 선정하러 가는 길이었다. 친구의 차는 지붕이 캔버스로 된 지프였는데 한 대에 인민폐 4만 원가량 했다. 교통이 막혀서 길게 늘어선 차량 행렬 속에서 그 '저렴'한 차는 특별히 눈에 띄었다. 친구 차 뒤에는 아주 호화로운 '벤츠'가 서 있었다. 친구와 함께 차에서 내려 담배를 피울 때 보니 '벤츠' 기사는 선글라스를 쓴 단발머리의 젊은 여인이었다. 피뜩 보니 학생 헤어스타일로 이발한 고등학교 남학생처럼 머리카락이 아주 짧았다. 그녀 옆자리에는 40대 남성이 앉았는데 빳빳하게 다려진 양복에 넥타이를 맸고 넥타이에 낀 핀은 반짝반짝 빛났다. 친구 차 앞에는 또 3대의 차가 서 있었다. 즉 십 수분 간격으로 차량 1대를 통과시키는데 그 '벤츠' 차의 순서가 되려면 아직도 50분가량 기다려야 했다.

'벤츠' 차 안 남녀의 인내심은 끝내 시련을 이겨내지 못했다. 여 운전기사는 차에서 내려 좀 화가 난 듯이 교통경찰을 향해 걸어갔다. 그녀가 입은 짧은 치마는 짧은 머리카락처럼 유행스러웠다. 하이힐이 아스팔트 도로를 디딜 때마다 탁-

탁-하는 소리가 났다.

그녀는 교통경찰 앞에 다가가서 더 이상 참을 수 없다는 듯이 내뱉었다. "다음엔 우리 차를 통과시켜 주세요, 우리는 ××회사 북경주재기구에서 나왔습니다!"

듣고 보니 그 ××회사는 분명 해외 모 그룹 이름이었다.

친구는 그쪽을 향해 입을 삐죽 내밀고는 "보게, 우릴 앞질러 가려고 하네. 미녀가 나서니 혼자라도 두 사람보다 낫네."하고 말했다.

"소리를 낮추게. 그들이 들으면 얼마나 기분 나빠하겠는가. 저 사람들이 '벤츠'를 탄 게 안 보이는가?"하고 말했다.

뜻밖에 그 30대 교통경찰도 호주머니에서 선글라스를 꺼내 태연자약하게 낀 후 굳은 표정으로 그 여자를 머리부터 발끝까지 한번 훑어본 후 냉랭하게 말했다. "아가씨, 저쪽으로 비키시오. 내 눈앞에서 얼씬거리지 말고. 공무집행에 방해되니까요."

여자는 잠깐 멍해 있다가 오히려 선글라스를 벗어 들고 대단한 낭패를 당한 것 마냥 그 교통경찰에게 눈을 부릅뜨고 보면서 아무 말도 하지 못했다.

그 교통경찰은 그녀를 거들떠보지도 않고 손을 저으면서 또 차량 한 대를 통과시켰다.

'벤츠'에 앉아 있던 남자가 차에서 내리더니 그 교통경찰 앞으로 성큼성큼 걸어가서 책임을 추궁하듯이 말했다.

"저 여자의 말을 못 들었나?"

교통경찰은 얼굴을 돌려 그 남자를 힐끗 쳐다본 후 다시 젊은 여자를 노려보면서 엄숙하게 말했다.

"금방 내가 한 말을 못 들었나요? 저쪽으로 비키세요. 공무를 방해하지 말고."

선글라스가 두 눈을 가렸기 때문에 그 경찰이 당시 젊은 여자에게 어떤 눈길을 던졌는지 볼 수 없었다.

젊은 여자의 얼굴엔 난처한 기색이 어렸고 그걸 가리려는 듯 다시 선글라스를 끼면서 퉁명스럽게 말했다. "저 분은 우리 사장이예요. 우리 ××회사 북경주재기구 전권총대리인 이란 말입니다!"

교통경찰은 얼굴을 찌푸리곤 쌀쌀하게 대답했다. "저 사람은 내 사장이 아니 잖아요. 설사 중앙정부 수장(首長)의 차라도 이곳에선 내 지휘에 복종해야 하오!"

그 남자는 뜻밖에 호주머니에서 선글라스를 꺼내 쓰고는 교통경찰을 노려보면 서 큰 소리로 말했다.

"난 중요한 사무를 처리해야 하네. 지체되면 자네가 책임져야 하네."

교통경찰은 목청을 더 높이지 않았으나 여전히 쌀쌀했다.

"당신은 자기 외국 상사에게 어떻게 해석하면 좋을지 모르겠지요. 그럼 내가 한 수 가르쳐주지요. 교통사고가 발생하여 돌발성 불가항력이 생겼다고 말하세 요."

그는 말하면서 한편으로 손을 흔들어 다음 차량을 통과시켰다. 그 남자는 화 가 나서 말조차 하지 못했다.

그 자리엔 또 다른 교통경찰이 있었는데 그는 시종 교통체증으로 길게 늘어선 차들의 옆을 왔다 갔다 하고 있다. 나와 친구도 저쪽에서 일어난 1대2의 대화를 똑똑하게 들을 수 있는데 그도 당연히 들을 수 있었다. 그가 건너가지 않은 것은 그의 동료가 교통경찰의 존엄 및 그 당시 권위를 잘 보여 주었고 또 마음속으로 자기 동료를 지지하였기 때문이라고 생각했다.

그 '전권총대리인'은 갑자기 기세 사납게 팔을 흔들면서 고함쳤다.

"교통경찰이 뭐가 대단한가. 자긴 뭐 대단한 인물인 줄 아나. 외국 교통경찰도 이런 체면쯤은 세워 준다고."

그러나 기어코 이 체면을 세워 주려 하지 않는 그 교통경찰은 팔뚝을 수평으 로 들고 하얀 장갑을 낀 손으로 그 남자를 가리키면서 위엄 있게 말했다.

"말을 조심하십시오. 당신은 이미 공무집행을 방해하였소!"

다른 차들에서도 사람들이 머리를 내밀고 구경하고 있었다. 그중 한 사람이 소리쳤다. "외국 사람을 위해 일하는 게 무슨 대단하다고 그래. 우리 뒤에 차들 도 모두 인내심 있게 기다리는데 당신 차는 앞에 있으면서 왜 급해 하나. 그 다 음 차례가 당신 차가 아닌가!"

그 '전권총대리인'은 계속하여 발을 구르면서 소리쳤다.

"내일 당신네 국장을 찾아갈 거야. 당신이 끝까지 책임지게 할 거야."

젊은 여자도 옆에서 맞장구를 쳤다. "옳아요! 저 사람을 절대 용서할 수 없어요."

다른 한 교통경찰은 하얀 장갑을 낀 손을 치켜들면서 여러 사람들의 의분에 찬 분위기를 제지시킨 후 '전권총대리인' 앞으로 걸어가서 '착'하고 차렷 자세 후 아주 표준적인 거수경례를 했는데 그 자세가 아주 멋졌다. 그는 손을 내리면서 얼굴을 여자 쪽으로 돌리고 예의바르게 말했다.

"아가씨, 죄송하지만 당신의 어법상 오류를 시정하도록 허락해 주십시오. 기왕 '전권'이라고 강조한 이상 왜 뒤에 쓸데없이 '총'이란 글자를 붙이는지요? 구태여 '전권'을 강조할 필요가 있습니까? 그렇잖아도 지금 사칭하는 일들이 많은데 당신의 어법 오류는 우리로 하여금 당신 두 사람의 진실한 신분에 대해 의심을 갖게 합니다. 제 말이 틀립니까?"

젊은 여자는 입을 벌리고 무엇이라 반박하려다가 결국 아무 말도 하지 못했다. 한동안 두 입술을 다물지 못하고 있었다.

그 교통경찰은 또 '전권 총대리인'을 향해 말했다.

"선생, 첫째, 당신에게 귀띔하고 싶은 것은 당신이 외국여권을 취득했든 안했든 관계없이 객관적 상황은 당신의 차가 중국 도로에 서 있다는 것입니다. 당신이 직면한 것은 중국 도로에서 발생한 교통사고와 2명의 중국 교통경찰입니다. 때문에 당신이 마음속으론 우리를 얼마나 업신여기든지 상관없이 지금 이 시각 외국 교통경찰이라면 당신을 어떻게 대할 것인가라는 그 상상을 버리고 우리 두 중국 교통경찰의 소통 지휘에 복종하고 협력해야 합니다.

둘째, 당신도 알고 있을 거라 생각하는데 외국에서 차사고가 발생한 경우 외국 교통경찰이 사고 후 할 수 있는 일은 우리 이 두 명의 중국 교통경찰이 하는 일과 별반 다를 바 없습니다.

셋째, 저길 보십시오, 몇 리 밖의 안개도 아직 걷히지 않았습니다. 우리가 일부러 도로상의 차량간격을 통제하는 것도 추돌사고를 방지하기 위해서입니다. 만약 당신이 급한 용무가 있다면 우리에게 요약해서 진술해야 하지 않겠습니까.

예를 들면 어디로 가는가, 누굴 만나는가, 십여 분을 지연할 경우 후과가 얼마나 엄중한가. 선후순서를 따르지 않겠다면 그럴 만한 이유가 있어야 하지 않겠습니까!"

뜻밖에 그 '전권 총대리인'은 잠깐 멍해 있다가 난폭하고 거만하게 고함쳤다. "나는 대답을 거부하네. 이건 우리 회사 1급 상업비밀이네. 나의 최고 사적비밀이란 말이네. 당신들은 알 자격이 있는가?"

자기 동료보다 구변이 더 좋은 그 교통경찰은 돕고 싶지만 힘이 모자라다는 듯이 어깨를 으쓱하고는 몸을 돌려버렸다. 그리곤 우리 차 앞에 걸어와서 손을 흔든다. 친구는 서둘러 차에 올라탔다. 자기 차가 마땅히 특별한 배려를 받아야 한다고 여기는 그 남녀의 옆을 지나갈 때 친구는 머리를 차창 밖으로 내밀고 쾌재를 부르듯이 그들을 향해 "빠이!" 하고 한마디 던졌다.

그 장면을 회고해 보니 쌍방 3남1녀는 모두 선글라스를 썼고 대화가 오가는 동안 비록 선글라스로 그들 각자의 눈을 가리고 각자의 눈길이 검푸른 색 안경알 뒤에 가려져 방관자들이 그들 쌍방의 심리를 꿰뚫어 볼 수 없었으나, 그 안경알 자체가 마치 쌍방 각자의 심리 의미를 충분히 표현해 주는 것 같았고 쌍방의 눈길보다 더 풍부한 내용을 반영해 주는 것 같았다. 마치 영화의 실제 촬영현장을 보는 듯한 느낌이 들었다.

친구는 차를 몰면서 말했다. "아주 제격이네. 참으로 놀랍네, 놀라와."

무엇이 놀랍든가 하고 물었다.

그는 북경 교통경찰 중에 의외로 말머리가 그렇게 날카롭고 조금의 빈틈도 없이 도리를 말하는 훌륭한 인물이 있는 것을 보고 놀랐다고 말했다. 그는 또 이후엔 교통경찰을 감히 업신여기지 못하겠다고 말했다.

이어서 그는 아주 신랄하게 '전권 총대리인'을 풍자하고 비꼬았다. "잘난 척 하긴! 그 저 '벤츠'를 타고 운전기사가 남자 같지도 여자 같지도 않은 계집일 따름이지."

그는 자신이 종합한 분석에 의하면 북경이든 외지이든 막론하고 젊고 예쁜 여자 운전기사를 고용한 사람은 설사 신분이 각양각색이라 할지라도 품격 상에서는 사실 동일 유형의 남자들이며 모두 호색한이라고 말했다. 또한 그의 비판은 한 사람으로부터 광범위하게 뻗어나가 그는 거의 모든 해외 상인의 '대리인'들이 대체로 중국에 대해 동일한 죄행 −조국의 경제이익을 해친 죄− 을 저질렀다고 말했다. 그 구별 점은 단지 어떤 죄행은 이미 폭로되어 법의 제재를 받았고 어떤 죄행은 아주 또는 비교적 은밀하게 감추어져 지금도 여전히 잘난 체하고 남들 앞에서 뽐내고 있다는 것이다. 그러나 어느 날엔가는 법의 무정한 심판을 받을 지도 모른다……

그는 입에서 나오는 대로 거침없이 말했고 이는 당연히 과격하게 비방하는 말들이었다. 물론 근거도 모두 허무맹랑하고 확실한 증거가 없는 사람이나 일들이었다. 나는 가만히 웃으면서 듣기만 했고 '광범위하게 타격하는' 그의 주장에 동의하지는 않았으나 '매판'들을 위해 변호하기는 싫었다.

점심에 우리는 작은 식당에 들려 밥을 먹었는데 뒤에 몇몇 차주들도 우리 뒤를 따라 식당에 들어섰다. 모두들 도로에서 그 장면을 목격한 방관자들이었기 때문에 서로 인사를 하기 마련이었다. 우리 차가 떠난 후 그 남녀는 아주 체면이 깎였다고 생각해서인지 입에서 계속 더러운 욕을 퍼부었다고 그들은 우리에게 말해주었다. 두 교통경찰 중 한 사람−우리 차를 통과시킨 경찰이 아니라 먼저 그 경찰−은 그들의 욕설 속에서 '벤츠'를 도로 아래로 운전해 내려간 후 차 키를 자기 호주머니에 집어넣어 버렸다. 이렇게 되자 그 남녀는 어찌할 도리가 없었고 결국 겸손하게 차 키를 돌려달라고 간청했다. 그러자 그 교통경찰은 이렇게 말했다 한다. "차 키는 당연히 돌려줄 것이다. 그러나 당신들이 근무를 방해하였으므로 먼저 당신들의 진실한 신분을 증명할 수 있는 증거서류를 봐야겠다……."

"맞춰 보게, 후에 어떻게 되었을까? 그 남자는 간청해도 소용없자 할 수 없이 증명을 꺼내 보였어, 얼굴이 새빨개진 망측한 꼴이 얼마나 역겨웠는지 몰라. 본래 그 남자는 그 무슨 국외 대기업의 '전권 총대리인'이 아니라 다른 성(省) 회사의 북경주재사무소 운전기사였어. 공휴일에 차가 놀고 있으니깐 계집을 데리고 어디로 놀러가는 길이었어. 그 아가씬 아무 증명도 소지하지 않았어. '창녀'였었는지도 모르지……."

우리에게 '마지막 장면'을 알려준 그 사람은 생동감 넘치게 이야기했는데 아주 고소하게 여기는 모습이었다. 그들은 밥을 먹으면서도 여전히 그 일에 관해 담론했는데 마치 당일 특종뉴스 목격자 같은 느낌이 들었다.

"젠장, 나는 벌써부터 그 개 같은 연놈들이 정직한 남녀가 아니란 걸 알아봤어!"

"에이, 그렇게 말하면 안되지, 선입견적 타격면이 너무 넓잖아. 그 남자가 운전기사라는 이유로 그가 단정하지 않다고 생각해서는 안 되지."

"기사면서 무슨 '전권 총대리인'으로 가장하는가! 외국 명의를 도용하여 우리 중국 교통경찰을 억누르려 하는가 말이야? 쉬는 날에 북경을 떠나 차를 그 도로에 몰고 가고 게다가 비서 같지도 통역 같지도 않은 것이 미니스커트를 입고 하이힐을 신고 선글라스를 쓴 젊은 계집을 데리고 말이야. 분명 어디론가 방탕한 짓 하러 가는 거지 뭘! 자네들 말해 봐, 업무를 보는데 왜 꼭 북경을 떠나야만 하는가? 우리 같은 사람도 조금만 생각해도 의심이 가는데 온종일 한 도로에서 근무하는 우리 북경 교통경찰 동지를 겁줄 수 있다고 생각하나?"

"허허, 뭐 우리 북경? 교통경찰 동지? 자네 아주 자랑스러워하고 있네그려. 옛날에 교통경찰이란 말만 나와도 분통이 터져했잖아? 오늘은 웬일이지?"

"사실 내가 보건대 말이야. 그 두 교통경찰은 벌써 그들이 어떤 한 쌍이고 무얼 하러 가는지 속으로 다 알고 있었을 거야. 그저 그들과 시시콜콜 따지고 싶지 않았을 뿐이지. 처음부터 그들이 욕을 하지 말아야 했어! 그러면 차도 압류당하지 않았을 테고. 다음은 그들 차가 통과할 차례였는데!"

"허장성세(虛张声势)로 교통경찰에 맞서다니, 그래 싸지."

"맞아! 듣고 싶은 말이야, 싸지!"

"난 그런 외국인 '대리인'들이 제일 눈에 거슬린단 말이야. 도대체 무얼 대리한단 말인가? 누구의 이익을 대리 하냐고? 외국인이 자기 나라와 장사하는데 오히려 중국인들을 물색하여 그들의 이익을 대리하게 한다. 그러면 당신의 역할은,

자기들의 국가와 동포들 앞에서 무엇이 영예스러운 게 있다고? 걸핏하면 외국 명의를 내걸고 상위층의 중국인마냥 자기 동포들 앞에서 득의양양해 하는가? 자식, 잘난 체하긴!"

"어이, 나에게 지릅뜨면서 말하지 말게, 나는 아니네!"

"그럼 차를 압류당한 그 남자도 아니잖아!"

"그 사람도 아니기 때문에 그 일이 불명예스럽다고 생각하네. 만약 맞는다면 그게 멋진 거지! 보는 사람도 짜릿하고! 마음도 후련하고!"

그리하여 그들은 화제를 바꾸어 중국 '매판'식 인물에 대해 너나없이 한마디씩 비방하기 시작했다. 그 말들은 전부 무례함 그 자체였다.

비록 그 일로부터 오랜 시간이 지났지만 여전히 종종 상기하곤 한다. 매번 상기할 때마다 항상 쪼개고 까부셔서 곰곰이 생각해 보면 분석할 만한 가치가 내포되어 있다고 본다.

'벤츠'를 운전했던 그 기사를 생각하면 정말이지 공연히 일을 만든다는 생각이 든다. 가정도 있고 처자식도 있는 사람 같아 보이는데, 그래 북경을 떠나 무얼 하러 가고 싶으면 가면 되는 거 아닌가. 회사에서 관여하지 않고 마누라가 의견이 없고 자기가 교통 규칙을 위반하지 않으면 교통경찰도 간섭할 이유가 없지 않는가! 하지만 그는 기어코 많은 사람들이 주시하는 가운데 스스로 튀어나와서 조건과 시기가 자기에게 별로 유리하지 않는 '주어진 상황' 속에서 그 무슨 해외 대기업의 '전권 총대리인'으로 가장하여 일순간의 허영심을 만족시키고 신분을 높여서 도대체 어떤 사람들에게 보라고 그러는지? 결국은 국산차를 운전하는 자기 동포들에게 보라고 하는 짓이 아니고 뭔가?

그 계집아이도 이상하다. 분명 그 남자와 같은 유형의 병에 걸렸다. 면허증도 없고 신분증도 없어 가지고 '벤츠'를 몰고 직성을 푼다! 직성을 풀려면 풀면 되고 교통경찰을 만나면 눈치 있게 굴어야지. 기어코 분위기 파악 못하고 거만하게 나서서 '배려'를 요구하고 가짜 신분을 만들어 뒤에 국산차를 모는 남자들의 눈길이 자기한테 쏠리도록 하려는 걸까. 두 명의 교통경찰을 속여서 그들의 '벤츠'

274

를 먼저 통과시킨다고 치자. 그 1~2분간의 허영심 만족으로 기분이 그렇게도 좋단 말인가?

만약 그 여자가 퇴짜 맞는 난관에 부딪치지 않았다면 그 남자도 나서서 흥분하여 위세를 떨 지경에까지 이르지 않았을 것이다.

그 남자가 관원으로 사칭한다 해도 관원 같아 보이지는 않는다. 그 여자가 남자도 여자도 아닌 꼴불견의 모습을 하고 있었기 때문에 그 남자는 관원을 더는 사칭할 수 없다. 기어코 사칭한다면 사람들로 하여금 너무 쉽사리 관원의 부패와 타락을 상상케 할 것이다.

국내 모 큰 회사 사장을 사칭한다면 어떨까? 피사칭자의 지명도가 너무 높아 말이 끝나기 바쁘게 바로 정체가 탄로 날 것이다. 반대로 작은 회사 사장을 사칭한다면 지명도가 전혀 없어 헛수고할 가능성이 있다. 두 명의 교통경찰이 마음속으로부터 경의가 생겨 팔목상대하지 않는다면 자신의 일순간 문득 발작한 허영심을 만족시키기 어려울 것이다.

그리하여 해외 큰 회사 '전권총대리인'을 사칭하는 것이 그 '주어진 상황' 하에 대중 앞에서 가장 연기할 가치가 있는 인물이 된 것이다. 기왕 '외국(外)'과 '큰(大) 회사'라고 한 바에는 '전권'뿐만 아니라 '총'대리이다. 이런 명색(名色)은 일부 중국 사람들의 마음속에 중국의 청장·국장을 우습게 여기고 심지어 시장, 성장들과 비견하고 신분 대소를 비교할 수 있는 인물을 상기시킨다. 정말 이런 인물이라면 당연히 비범한 것이다. 때문에 한번만 사칭해도 일순간 심리도 아주 우월해진다. 줄곧 별로 우월해질 수 없는 사람도 한번쯤은 이런 우월감이 몸에 붙었으면 하고 상상하기 마련이다. 기회만 있으면 이런 환상은 곧 은밀하게 발작하며 따라서 머릿속에 이런 환상이 없는 사람으로선 절대 이해하기 어려운, 기괴하고 황당한 생각이 생겨난다.

만약 그 남자 같지도 여자 같지도 않은 '계집'이 동행하지 않았다면 운전기사 선생은 어리석은 생각까지는 하지 않았을 것이다. 남자의 기괴하고 황당하고 우습고 가소로운 행위는 흔히 여자에게 잘 보이려는 허영심을 만족시키기 위한 데서 비롯된다.

자신이 우월한 인물이라고 환상하는 이런 연기는 설령 즉흥일지라도 충분히 많은 관중이 필요하다. 만약 막혀 늘어선 차량 중에 앞에는 '롤스로이스', '캐딜락'이 있고 뒤에는 'BMW', '링컨'이 있었더라면 그 남자는 어리석은 생각을 안했을지도 모른다. 공교롭게도 한 줄로 늘어선 차들이 전부 일반적인 가격의 낡은 국산차들뿐이었다. '산타나', '푸조', '제타'밖에 없었으며 유독 내 친구 차가 새것 같아 보였는데 그것도 4만여 원밖에 하지 않는 캔버스 지붕을 한 지프차였다. 그래서 그 남자의 '벤츠'가 마치 학이 닭 무리 가운데 우뚝 선 것 같이 유달리 시선을 끌었다. 그의 어리석은 생각도 틀림없이 그 자신으로 하여금 유아독존을 느끼게 하는 '주어진 상황'의 '격려' 하에 만들어지게 된 것이다.

그 2명의 교통경찰을 생각하니 기품이 확실히 자랑스러울 정도로 신중하고 존엄이 있었다. 그들의 언행도 마찬가지로 연기하는 듯한 느낌도 있었다. 당신은 '벤츠'를 몰기 때문에 특별한 중시를 받아야 한다고 생각하지 않는가? 우리 눈엔 '벤츠'가 한 대의 자동차에 불과하다. 마치 의사의 눈에 모든 환자는 똑같은 환자인 것처럼 말이다. 당신이 '전권총대리인'으로 자칭하지 않는가? 무슨 외국 회사 간판을 내걸려고 하지 않는가, 무슨 '중요한 비즈니스'로 우리를 억누르려 하지 않는가? 허나 우리는 당신을 인물로 대하지 않겠다. 도로에서 우리야말로 진짜 하느님이다. 하느님 앞에서 사람은 다 평등하다. 지금은 당신 신분이 아무리 높더라도 하느님보다 높을까?

남의 불행을 고소하게 여기는 그 남자들의 말 속에 남김없이 드러난 쾌감은 바로 그들이 '매판'식 인물이 두 명의 교통경찰의 손에 놀아나는 전 과정을 한바탕 '조롱'한 것이다. 실제 '놀아난 것'은 가짜 '매판'에 불과했기 때문에 그들의 쾌감은 더 이상 클라이맥스를 이루지 못했다.

한편으로 '매판'인물은 중국 현실 속에서 가는 곳마다 총애를 얻었는데 이는 '중국특색(中國特色)'이다. 다른 한편으로는 그들은 현실 속에서 수시로 동포들의 마음속 잠재된 곳에서 우러나오는 각종 반감에 찬 소란을 야기하는 것 같기도 하는데 이 또한 중국의 특색이다. 일반 중국 백성들은 '매판'형 인물들에 대해 잘 경멸하지 못한다. 왜냐하면 그들은 '매판'형 인물들의 중국 사회에서의 현실적 지위가 자기들보다 몇 등급 더 높으며 그 등급은 한평생 초월할 수 없다는 것을 똑똑히 알고 있기 때문이다. 하물며 경멸을 표시할 기회도 없는데야. 비록 마음속으로는 그렇게 하고 싶지만 정말 명실상부한 큰 '매판' 인물을 접할 기회가 생긴다면 그들의 마음속에 원래 경멸을 표하려 했던 생각이 마치 불 속의 얼음마냥 순간적으로 녹아 버리고 그 대신 생기는 것은 흔히 서로 비교해 보면 부족한 듯한 열등감이다. 이런 열등감의 지배로 인해 심지어 자신이 운이 좋다고 생각하거나 아첨 또는 비위를 맞추기 위해 급급하다. 일반 중국 백성들은 대체로 작은 '매판'인물에 대해서만 경멸의 눈길을 던지지만 작은 '매판'들은 그런 것에 전혀 개의치 않는다. 그들은 괴이한 것을 보고도 놀라지 않으며 그 괴이한 것은 기필코 실패한다는 자신감 있는 모습을 보이고 더욱더 잘난 체하며 자기들을 경멸하는 것으로 쾌감을 얻으려 하는 동포들로 하여금 오히려 톡톡히 경멸당한 것 같은 느낌이 들게 한다.

한 쪽의 '중국특색'은 인화(印花)처럼 '매판'형 인물들의 한쪽 볼에 인쇄되어 있다.

다른 한 가지 '중국특색'도 인화처럼 '매판'형 인물들의 다른 한쪽 볼에 인쇄되어 있다.

한쪽 면에서 '매판'형 인물들의 얼굴을 볼 경우 그 인화는 득의 만연한 '춘풍득의(春风得意)'와 같은 의미의 중국 속담으로 구성되었다는 느낌이 든다. 다른 측면에서 '매판'형 인물들의 반대쪽 얼굴을 볼 경우 그 인화가 또 마치 '냉온자지(冷暖自知: 물을 마시는 자가 찬물인지 뜨거운 물인지 안다)'란 중국 성어로 구성된 것 같다. 만약 정면에서 그들의 얼굴을 직시할 경우 마치 서로 판이하게 다른, 양쪽이 서로 대칭되지 않는 두 얼굴을 맞붙여 놓은 것 같다. 이 반쪽은 전적으로 그들의 외국 보스를 위해 생겨났고 표정도 전적으로 그들의 외국보스를 위해 만든다. 이 반쪽 얼굴은 일반적으로 근육이 비교적 부드러우며 표정도 세밀하고 풍부하다. 이 반쪽 얼굴은 흔히 생동하고 다른 사람의 의중을 잘 헤아리는 얼굴로서 언제 어디서나 충실하고 믿음직하며 겸손하고 신중하며 근면하고 성실하며 고생과 원망을 달갑게 받아들이고 명리를 따지지 않으며 사심 없이 공헌하는 등의 모습을 보이는데 마치 그 반쪽이 중국 '노동모범(劳动模范: 중국공산당·국무원. 각 성급 및 그 예하단위에서 수여하는 전국적인 모범노동자에게 주는 최고영예의 칭호)'의 얼굴과도 같다. 나머지 반쪽은 전적으로 자기 동포들을 위해 생겨났으며 표정도 자기의 동포들을 위해 짓는다. 다른 반쪽 얼굴의 근육은 웬 영문인지 경직되어 있고 표정도 생기가 없이 흐리멍덩하고 변화가 적다. 다른 반쪽 얼굴은 필요시 항상 애매한 표정을 짓는다. 그 표정은 마치 일종의 무언의 자백과도 같다. 그 자백 논리의 의미는 또 이런 것 같다.

"나를 존중해 달라. 나를 건드리지 말라. 나를 존중하는 것은 ……를 존중하는 것과 같다. 나를 건드리는 것은 ……을 건드리는 것과 같다."

여러 정황 하에서 그들은 자신들이 대리하는 외국공사가 곧 접촉하게 될 중국 관원들에 대해 능숙하게 앞 반쪽 얼굴을 '가동'한다. 그러나 그들은 절대 나머지 반쪽 얼굴의 표정으로 자신들의 외국 보스를 대하지 않는다. 만약 그들이 그런 착오를 범했을 경우 그들의 '매판' 생애도 끝장날 수 있다. 두 반쪽 얼굴은 마치 두 개의 신경계통의 통제를 받는 것 같다. 사실상 그들의 중국적 심리는 온갖 중국식 희로애락과 고뇌에 싸인 근심이 항상 가능한 한 다른 반쪽 얼굴의 낯가죽 밑에 감추어져 외국보스 앞에서 쉽게 폭로하지 않는다.

중국 당대 '매판'인물들은 중국이란 조국과 외국 사이에 끼여 비록 신분이 우월하지만 흔히 현실 속에서는 가로설 수밖에 없다. 이런 존재의 태도는 사실 아주 피곤하다. 어느 한쪽으로도 치우치지 않으려면 고도의 기교와 뛰어난 알선 그리고 성사시키는 협상 능력이 필요하다. 조국 또는 조국의 모 지방의 경제이익과 그들이 충성하는 외국 보스들의 경제이익 간에 갈등이 발생하고 쌍방이 서로 양보하지 않을 경우 그들의 입장은 난처할 수밖에 없다.

도리로 보면 만약 우리가 '매판'형 인물 성격의 존재가 일종의 상업 기능적 인물의 성격이라고 승인할 경우 그들에 대한 평론은 간단하고 수월해진다. 하지만 사실은 완전히 그렇지 않다.

일본에는 '매판'형 인물이 있는가? - 우리가 여기서 말하는 것은 일본 사람으로서 일본 국내에서 중국 상업이익을 '대리'하고 중국의 상업이익을 위해 복무하며 때로는 심지어 본국 상업이익과 치열한 경쟁을 벌이는 일본 사람…….

과거에는 당연히 없다.

들은 바에 의하면 지금은 있다.

그러나 이러한 일본 사람은 그래서 일본 현실사회에서의 지위가 우월해졌는가?

많은 일본 사람들에게 이 문제를 제기했었다.

그들이 서슴없이 한 대답은 모두 '아니다'였다.

우리는 그들의 말을 믿지 않을 그 어떤 이유도 없다.

실제로 이해한 바에 의하면 중국 상업이익을 '대리'하고 중국 상업이익을 위해 복무하는 일본 사람은 일본에서 사회적 지위가 고귀해지거나 신분이 우월해질 수 없을 뿐만 아니라 통상적으로 경시 당한다. 그들 일본 대리인의 사회적 지위와 신분은, 일본 상업이익을 '대리'하고 일본 상업이익을 위해 복무하는 중국 사람과 비교하자면 일본에서는 '2등 국민'에 가깝다.

만약 한 일본인이 감히 일본 사람들의 손짓을 아랑곳하지 않고 또 외국(중국 또는 기타 국가와 관계없이) 경제이익을 대신하여 본국에서 위풍을 떨치고 승승장구하여 시장을 점령한 후 승부를 겨루며 있는 힘을 다해 경쟁할 경우 꼭 많은 일본 사람들의 민족적 심리의 일치된 배척을 받을 것이 뻔하다. 때론 이런 심리상의 배척과 경시는 심지어 공개적인 포악한 행동도 유발할 수 있다. 그 예로, 한 일본 친구는 일본에서 이전에 한국의 한 그룹 일본 대리인이 자기 동포들에게 구타당한 사건이 발생한 적이 있다고 알려 주었다.

미국에서도 대체로 비슷하다. 한 미국인이 자신이 기타 국가, 특히 중국 경제이익의 대리인이라 해서 몸값이 배로 증가하고 상층 미국공민이 되는 그런 일은 절대 있을 수 없다.

영국·프랑스·이태리·오스트리아의 '매판'형 인물은 본국에서, 즉, 모 중국 '매판'형 인물이 중국에서 담배를 얻어 피우는 것 같은 행동을 하지 않는다. 그들 자신이 먼저 우월해질 수 없다. 그들의 동포도 그들이 외국 경제이익의 '매판'이라 해서 절대 각별히 존중해 주지 않는다.

　실제 상황을 볼 때 경제선진국에는 그들 본국인이 타국 경제이익을 '대리'하는 그런 '매판'인물이 거의 존재하지 않는다. 사실 타국과 거래하는 그들 본국 상인들이 있을 뿐이며 또한, 타국 그룹의 상업기구엔 그들의 자국에서 모집한 직원만이 있으며 후자는 흔히 임시직이다. 그들은 여전히 떠나려 하며 가능한 본국을 위해 복무하는 직업을 우선적으로 선택한다. 엄격하게 말하면 이상 두 부류 사람들은 사실 '매판'에 속하지 않는다.

　중국은 경제선진국에서 장기적으로 중국의 경제이익을 위해 기꺼이 여러모로 애쓰고 충성을 다하기를 원하는 '매판'인물을 물색하기란 더욱 어렵다. 설사 누군가가 중국을 위해 그런 역할을 맡으려 한다 해도 흔히 직업을 구하기에 절박한 사람의 일시적 대책 또는 중국에 대한 우호에서 비롯된다. 그들의 개인적 사회지위 내지 개인적 운명을 개변하려는 의식과는 털끝만한 관계도 없다. 왜냐하면 그들이 보기엔 일이 뜻대로 되지 않고 공연한 헛수고를 하는 꼴이며 실현될 가능성이 별로 없다고 보기 때문이다. 당연히 그들 자신은 절대 '춘풍득의'할 정도까지 아니며 더구나 그들 본국인은 거의 없다.

　중국대륙의 일부 크고 작은 자본가들은 중국에서 '적색'이라 불리든 아니면 '회색'이라고 불리든 관계없이 사실 경제 선진국가의 사람을 자신의 '매판'으로 고용할 능력이 전혀 없다. 그런 중국 자본가는 아직 일정한 역량을 형성하지 못했거나 아직 근본적으로 태어나지 않았다. 다른 나라에서 대리상으로 불리며 우월한 신분으로 중국 상품을 대리할 뿐이다.

　때문에 외국 자본가는 대체로 중국 대륙의 어느 자본가가 아닌 중국 정부와 거래를 한다. 이 거래관계에서 그들이 '대리'하는 것은 우선 그들 자신의 경제이익인데 이것은 대전제이다. 그들은 이 대전제 상에서 절대 서슴없다. 그들 자신이 굉장한 경제이익을 얻을 수 없다면 그들은 '대리'하지 않을 것이다. 그 다음은 자기 나라의 경제이익을 해치지 않는다. 이는 흔히 그들이 자발적으로 준수하는 원칙이다. 마지막으로 합법적인 범위 내에서 그에 알맞게 중국의 경제이익을 '대리'한다. 법이 주도면밀하기 때문에 모든 것은 규정대로 처리하면 된다. 그래서 '대리' 두 글자는 또 공적인 일은 원칙에 따라 공정하게 처리함을 뜻하며, 중국에서 내포하고 있는 의미와는 천양지차로 다르다.

중국 '매판'형 인물들은 흔히 이렇지 않다. 왜냐하면 그들은 자본가가 아니라 완전한 '매판'이기 때문이며 따라서 자신의 경제이익은 '대리'성 서비스를 통해서만 취득할 수 있다. 얼마나 취득할 수 있는가 하는 것은 완전히 외국 자본가를 위해 기여한 정도에 의해 결정된다. 심지어 그들의 외국 보스가 그들의 '대리'성 서비스에 만족하는가에 의해 결정된다. 만족하지 못하면 그들의 '매판' 신분은 금지된다. 그리고 그 신분은 그들에게 많은 것을 뜻한다. 또한 그들 중에 대다수는 거의 모두 중국 경내에서 가장 최상의 생활방식을 영위한다. 때문에 그들은 시시각각 자신에게 '우선 먼저 최선을 다해 자신의 외국 보스를 위해 중국에서 최대 경제이익을 도모해야 한다.'고 귀띔해야 한다. 그것을 해내면 집도, 자동차도 생기고 높은 봉급을 탈 수 있다. 그들 외국 보스는 그들의 공로를 장려할 때 흔히 후하다. 만약 그들이 확실히 성과가 뚜렷할 경우 그 장려는 심지어 별장과 명품 차일수도 있다. 일반 사람들이 기대할 수는 있으나 이루기는 어려운 이런 거대한 이익의 유혹 하에서 그들의 '대리'성 서비스는 흔히 자발적이고 적극적이며 그 누구의 재촉 따위는 필요 없다. 때로는 목적을 달성하기 위해 심지어 수단과 방법을 가리지 않는다. 그들 중 일부는 이전에 외국 보스를 위해 계책을 꾸미고 자신들의 외국 보스에게 어떻게 하면 교묘하게 탈세하고 '합법'적으로 탈세할 수 있는가, 그리고 어떻게 중국 관원들에게 뇌물을 주고 어떻게 중국 언론을 매수하고 구슬려서 자신들을 위해 선전하는지 방법을 가르쳐 주기도 한다.

일부 경제 저개발국 또는 후진국에도 중국에 대한 공적 또는 개인적 경제이익을 위해 복무하는 그 국가의 '매판'형 인물이 탄생하였다.

이전에 베트남의 '매판'형 인물을 본 적이 있는데 그는 중국 모 부처 산하 모 회사의 베트남 '대리인'이었다. 그가 중국에 와서 업무를 보고하는 기간에 그 회사 사장을 모시고 식사를 했다. 그 사장은 필자의 한 지식청년 전우의 형님이었다. 때문에 후의를 거절할 수 없어 초청에 응해 동석하게 되었다.

식사는 '왕부(王府: 북경 자금성 주변 번화가)'에서 했는데 일곱 사람이 인민폐 만 2천 원을 소비했다.

그날 평생 처음 '왕부'에 갔으며 지금까지도 다시 간 적이 없다. 좌석에서 베트남 '매판'은 지식청년 전우의 형님에게 아주 공손한 태도를 취했으며 수시로 황공한 모습을 드러냈다. 심지어 지식청년 전우의 형님이 묻지 않으면 그는 주동적으로 입을 열지 않았다. 마치 자신이 이번 초대의 주인이 아니라 그저 어느 손님의 비서나 운전기사이고, 속으로 자신은 동석할 자격이 없으며 한마디라도 잘못 말하면 누군가의 불쾌함을 자아낼 것 같은 분위기였다. 그 자신은 거의 아무것도 먹지 않았으며 좌불안석해 하면서 침묵했다.

식사가 끝나고 복무원 아가씨가 그에게 가격을 제시하는 것을 듣고 깜짝 놀랐다. 속으로 그를 대신해 끝없이 우는 소리를 했다. 베트남이 얼마나 빈곤한 국가인가 하고 생각했다! 그는 이 한 끼를 평생 잊지 못할 것이고 매번 추억할 때마다 놀라서 부들부들 떨 것이 아닌가?

지식청년 전우는 이상해서 나에게 물었다. "자네 이마에 웬 땀이 이리 많아?"

머리를 숙이면서 귓속말을 했다. "식은땀일세. 우리 베트남 친구를 위해 흘린 거네."

지식청년 전우는 껄껄 웃더니 귓속말을 했다. "자네 너무 오버하지 말게. 저 사람은 우리 중국의 '매판'질을 하면서 벌써 벼락부자가 되었고 오래지 않아 베트남의 부자가 될 거야. 그리고 마누라 외에 또 애인 2명까지 여자 셋을 데리고 산단 말이네."

그리곤 냅킨 한 장을 내 손에 밀어 넣으면서 이마의 땀을 닦으라고 귀띔했다. 당시 흘린 땀은 당연히 식은땀이 아니었고 베트남 사람을 위해 흘린 것도 아니었으며 그저 농담에 불과했다.

땀을 닦고 있을 때 친구는 또 귓속말을 했다. "저 사람 지금 모습이 신분이 아주 낮은 것처럼 보이지만 베트남에선 한 인물 하네. 하노이 일부 관원들마저 저 사람을 얕보지 못하네."

식사가 끝난 후 그는 또 손님들을 데리고 노래방에 가서 소일했는데, 계속 함께할 인내심이 없어 택시를 타고 집으로 돌아와 버렸다.

차에서 문득 이런 생각에 잠겼다. 비즈니스는 정말 신기한 손이다. 중국과 베트남이 화해한 지 겨우 몇 년밖에 안 되는데 베트남에 벌써 중국 '매판'역을 하여 벼락부자가 된 베트남 '부호'를 만들어 내다니.

생각이 여기에 이르자 또 다른 나라 경제이익을 대신해 중국에서 '매판'역을 맡은 일부 중국 사람들이 떠올랐다. 그들은 자기 외국 보스들 앞에서 어떻게 했을까?

세계에 평화가 찾아온 이 시기에 경제적 실력은 더욱더 한 나라의 부강함을 가늠하는 주요 기준이 되고 있다. 유일한 기준이라 해도 과언이 아니다. 경제 강국에서는 그들 국민이 발전도상국가의 경제이익을 대신해 '매판'역을 하는 것에 대해 영광으로 생각하지 않으며 이는 논쟁의 여지가 없는 사실이다. 서방, 특히 유럽에서는 각국 사람들이 동방, 즉, 아시아 각국의 경제이익을 대표해 '매판'역을 하는 것을 영광으로 생각하지 않으며 이 역시 논쟁의 여지가 없는 사실이다.

서방과 동방, 유럽과 아시아, 나라와 나라 간 경제실력 차이의 요인을 제외하고 그 다음으로 비교적 주요한 차이의 요인으로 가능한 것이라면 서방과 유럽 각 백인국가의 백인 선생과 여사들이 오랜 세기 동안 시종 '지구촌'의 일등 공민으로 자처하는 것일 수 있다. 이 의식은 그들의 머릿속에 아주 완고하게 뿌리내렸다. 철저히 해소하려면 적어도 반세기라는 시간이 필요하다. 이는 그들의 뿌리 깊은 대단한 우월감이다. 그들은 단지 돈만을 위해 자신들의 우월감의 '순결성'을 파괴하려고 하지 않는다.

그들은 아마 아시아인의 '매판'역을 맡아 본국인의 돈을 버는 것을 하찮게 여길 수도 있다. 더군다나 그들이 일정한 업무능력과 업무에 최선을 다하는 정신만 있으면 본국을 위해 복무하는 수입으로도 아주 근사한 생활을 할 수 있다.

일본의 경제실력은 중국에 비해 강하지 않다고 말할 수 없다. 하지만 서방국가들에서 일본의 경제이익을 위해 복무하는 유럽인은 매우 드물다. 이로부터 볼 때 '매판'형 인물은 식민경제의 역사라는 시험관 속에서 배태하였기 때문에 어느 정도 '시험관 애기'와 같은 유전자를 답습할 수밖에 없다. 또한 '서양인 우월'이라는 장기적 편견 하에서 형성된 세계 대문화의 배경 하에서 서양 보스에게 고용되기 때문에 조상을 이탈하고 '서양'을 아버지로 섬기려고 할 수밖에 없다. 서방이 선진적으로 발달하고 동방이 낙후한 현실 속에서 서방경제를 위해 복무하기 때문에 서방경제에 바짝 빌붙어 개인의 이해득실을 따질 수밖에 없다.

그들은 정세를 잘 살피고 후방에서 책략을 세우며, 입장과 원칙 그리고 관점 및 방식·방법이 이미 완전히 서양화된 중국 사람이다.

그들 심리의 안전보장은 서방 영주권이다.

그들의 최대 인생목표는 어느 부유한 국가로 이민 가는 것이다.

그들의 가장 절박한 소망은 어느 날인가 서양인들이 자신을 완전한 서양인으로 간주해 주는 것이며 이날이 빨리 오면 올수록 좋다고 갈망한다. 물론 우선은 그들의 서양 보스가 하루빨리 자신들을 그렇게 대해 주는 것이다. 다른 중국 사람이 중국 내 불합리한 현상과 부패를 이야기하면 분개하는 것처럼 그들은 국외 인종차별 현상을 이야기하면 불만이 많다.

중국의 '매판'형 인물들은 30여 년간 대가 끊겼다가 20세기 80년대 중반에 와서 기사회생하였다. 20세기 80년대 초, 오랜 세월 꾹 잠겼던 국문의 빗장이 활짝 열리고 서양인과 수입품이 밀려들어오면서 권토중래(捲土重來)하였다.

당시 일부 중국 사람들은 어쩌면 그토록 가련하고 저속하고 비참하였던가!

관원들 간에 한 번의 출국 기회를 쟁취하기 위해 흔히 셰퍼드·사냥개마냥 서로 물고 뜯는다. 과학기술 인원들은 국외에서 국내에 희소한 컬러TV를 가져오기 위해 출국 전에 트렁크에 기를 쓰고 라면을 밀어 넣는다.

당시 신문에 이런 글이 실린 적이 있다. 단체로 해외 시찰을 떠난 한 엔지니어가 국외에서 몇 주간 라면만 먹었는데 결국 방부제에 중독되어 타향에서 절명했다는 것이다.

또 '북경영화제작소'에서 홍콩에 파견한 한 대표단은 귀국 시 호텔 냉장고 내 미니어처 양주·음료수·광천수 등을 싹쓸이하였는데 화가 치민 접대측이 '북경

영화제작소'에 편지를 보내 정중하고 엄숙하게 질책했다.

서양인들은 외국 슈퍼마켓에서 산 저가 스타킹 한 묶음만 가지고 허영을 추구하는 중국 처녀를 얼려 침상으로 유혹할 수 있었다. 일부 중국 여자들이 서양인에게 접근하는 동기는 아주 간단하였으며 어떤 것도 아랑곳하지 않았다. 만약 자신을 데리고 출국만 한다면 조금도 마음에 두지 않고 그를 위해 백번이라도 몸을 바치기를 원했다.

신문에는 또 이런 글을 실었었다. 한 중국 소년이 다른 중국 소년을 살해하였는데 살인 동기는 그저 상대의 몸에서 T셔츠를 벗겨 낸 것 때문이었다.(사실 그것은 진짜 외국 브랜드가 아니었다)

당시 '북경영화제작소'는 서방의 한 국가를 협조하여 영화를 촬영했는데 운 좋게 팀에 들어간 '북경영화제작소' 직원은 매일 10달러의 보조금을 받을 수 있었다. 국내 촬영 팀 직원의 보조금은 많아야 겨우 인민폐 5~6원이었다. 달러와 인민폐 간 가격차는 한때 '북경영화제작소' 사람들의 마음을 혼란스럽게 하고 의론을 분분하게 만들어 놓았다.

'북경영화제작소'의 노배우 우양(于洋)은 한 젊은 여배우가 자신에게 한 말을 들려주었다.

"내 보기엔 유럽 남자들은 누구라 할 것 없이 모두 멋지고 매력이 있으며 섹시하다. 유럽 남자들과 비교하면 아무리 잘생긴 중국 청년도 내 눈엔 못생겼다. 중국 사람의 눈에 아주 추하게 보이는 유럽 늙은이한테 시집갈지언정 절대 우리 중국의 영준한 청년한테 시집가지 않겠다!"

결국 그녀는 추호의 주저도 없이 유럽 늙은이한테 시집갔으며 남편을 따라 서양으로 갔다. 그로부터 진흙으로 만든 소가 바다로 들어가듯이 함흥차사로 감감 무소식이었다.

당시 한 남자는 어떻게 하여 출국기회가 생겼는데 상대방은 그에게 중국 내에 아내가 있어야 한다고 하였고 아내와 동행한 출국은 안된다는 요구를 제시해

왔다. 사실 그에게서 이민 동기가 있음을 발견하고 금방 이혼했다는 사실을 뻔히 알면서도 이런 난제를 제출한 것이었다. 그러나 이 난제는 그를 곤경에 빠뜨리지 못했다. 높은 학력도 특기도 없고 호주머니에 돈도 얼마 남지 않은 이 40대 용모가 평범한 다른 성(省) 남자는 '마샬 고무풍선(장미빛 미래계획)'을 던졌는데, 여느 북경 여성이 자신이 요구하는 아주 짧은 시일 내에 그와 결혼하면 얼마 후 그녀를 국외로 데려가겠다는 것이었다. 이 소식은 순식간에 꼬리를 물고 확 퍼졌고 매일 그가 머무는 여관에 찾아오는 북경 여성이 끊길 새 없었다. 그중 한 사람은 필자가 알고 있는 북경 모 잡지사의 여성 편집인이었다. 결국 그는 그녀를 마음에 들어 했고 그녀는 나를 찾아와 거액의 달러를 빌려 달라고 했다. 그 남자가 절박하게 필요로 했기 때문이었다.

불쌍하게도 당시 진짜로 달러를 만져본 적이 없었다. 탁자 유리판 밑에 달러·마르크·프랑이 한 장씩 끼워져 있었는데 모두 액수가 큰 지폐였다.

그녀는 그 지폐들을 가리키면서 간청했다. "그럼 이것이라도 빌려줘 고비를 넘게 하면 안되나요? 저는 조금씩 모을 수밖에 없네요, 남편을 위해 도처에서 돈을 빌리는 중이에요."

"그럼, 그와 이미 결혼했나요?" 하고 물었다.

"결혼하지 않았으면 그를 위해 이렇게 속을 끓일 필요가 있나요?" 하고 그녀는 말했다.

갑자기 내심 비애를 느꼈다. 서른한 두 살에 아직 미혼인 그녀는 외모가 얌전하고 성격이 온화하며 두뇌가 단순하지 않은 여성이었는데!

또 물었다. "그 사람을 진심으로 사랑해요?"

"더 말할 것도 없지요!" 하고 그녀는 대답했다.

마치 이런 논리에 부합되는 것 같았다. 이제 곧 유럽 모 국가에 가서 생활할 중국 남자가 설사 용모나 조건이 평범할지라도 일부 두뇌가 단순하지 않은 중국 여자들의 눈에는 출중해 보인다.

나는 유리판 밑에서 그 세장밖에 없는 '외화'를 꺼내 그녀에게 보여주면서 말했다. "모두 가짜요. 한 친구가 인쇄공장에 근무하는데 그 공장에서는 국외로부터 고급 칼라복사기 한 대를 구입하려 했고 국외에서는 바로 복사샘플 그림첩을 보내왔어요. 이 외화는 그가 그림첩에서 오려낸 후 나보고 가지고 놀라고 준 거요. 생각해 보세요, 만약 진짜라면 이렇게 공공연히 유리판 밑에 넣을 수 있겠어요?"

그녀는 지폐들을 훑어본 후 곧바로 실망과 낙담의 표정을 지었고 눈시울을 붉히면서 울상이 되고 말았다.

"신중하게 고려해보세요. 얼리지 말고!"라고 나는 말했다.

그녀는 "생각할 필요가 없어요. 나는 이미 30살을 넘겼고 이젠 젊지 않아요. 이후에 나를 국외로 데려갈 남자를 또 몇이나 더 만날 수 있겠어요?" 하고 말했다.

그녀는 결사의 각오로 싸움에 임하는 모습이었다. 말 속에는 젊은 여자들 앞에 놓인 허다한 출국 기회에 대한 강렬한 부러움과 심지어 질투, 그리고 자신은 비록 기회가 눈앞에 놓여 있지만 목적을 달성하기 어렵다는 그 억울함과 슬픔이 드러났다.

그녀는 당연히 사기 당했다.

그 다른 성(省)의 남자는 결혼증명을 취득한 후 순조롭게 출국하였다.

그녀는 4천여 달러를 빚졌고 그 남자로 인해 한동안 "국내에서 남편에게 버림받은 여인"으로 살아야 했다.

4천여 달러, 당시 인민폐로 환산하면 거액이었다……

그 후 그녀는 북경에서 사라졌다. 어떤 사람은 그가 심천으로 갔다 하고 어떤 사람은 해남으로 갔다 하고 어떤 사람은 그가 이미 결혼했다 하고 어떤 사람은 아직 독신이라고 했지만, 결론적으로 그 후에 다시는 만나지 못했다.

20세기 80년대 초기부터 중반까지, 중국 사람들의 이런 형형색색의 외국숭배 심리가 폭넓게 확장되는 세태의 활극이 끊임없이 상연되며 허영과 경박함이 난무하는 세월 속에, 해외의 대·소상인과 크고 작은 자본가들은 중국을 바라보면서 자신들의 '대리인'을 절박하게 찾고 물색하였다.

마치 한쪽은 젊은 여자가 추파를 보내며 학수고대하는 마음이고 한쪽은 꽃의 자취를 찾아 급히 달려오는 형국이다. 그야말로 시기상의 적절함과 지리상의 이로움을 다 갖추었다. 이 때문에 양쪽이 포용하면 흔히 배가 잘 맞는다.

　당시 북경의 크고 작은 식당과 큰 호텔 앞 그리고 홍콩·대만·외국의 대소상인과 여러 부류의 자본가들이 자주 드나드는 곳과 자주 놀러 다니는 곳에는 거의 매일 상대에게 자기를 추천하려는 중국남녀들이 모여들었다. 경비들은 그들을 꾸짖고 내쫓았는데 마치 높은 계단에 올라온 거지를 꾸짖고 불법 노점을 벌인 소상인을 내쫓는 분위기였다. 그런 중국 사람들은 수치와 부끄러움을 몰랐으며 나름대로 존엄을 가지고 있는 동포들의 얼굴을 들 수 없게 만들었다.

　이 장면은 주식시장이 발광했던 시기 증권거래소 내 장면과 흡사했다. 그런 중국 남녀들은 당시 해외 대·소상인과 자본가들을 마치 상승세가 무서운 '우량주'로 간주했던 것이다.

　한편, 상대방의 두 발이 중국 대문에 들어서기만 하면 아래 두 가지 점에 대해 깊이 깨닫게 된다.

　첫째, 세계에서 인구가 가장 많은 이 나라는 확실히 자신들을 진심으로 환영한다. 그 열정은 자신들이 추측한 것보다 적어도 10배나 뜨거우며 그들이 오기 전에는 근본적으로 상상조차 할 수 없었다. 심지어 어떤 성·시(省·市)에서 중국인의 열정이 너무 과분한 나머지 몸 둘 바를 모르고 송구할 정도에까지 이른다. 해외 상인과 자본가로서 세계 여타 지방에서는 이런 진심 어린 환영과 열정적인 대우를 받을 수 없다. 중국이 그들에게 약속한 상업 우대정책에 대하여 성실하게 맹세한 것과 중국 시장의 거대한 잠재력과 광대한 전망은 그들로 하여금 크게 분발토록 하고 대단히 감격하게 했으며 신뢰도는 배로 증가하였다.

　둘째, 중국인의 진심과 열정은 별개이고 중국인의 업무효율 또한 별개의 것이다. 중국인의 허례허식은 그들을 골치 아프게 하고 속수무책으로 어디부터 손을 댈지 모르게 만들어 놓았다. 신문에 이런 기사가 실린 적이 있다. 한 외국 상인이 중국에서 숨 돌릴 새도 없이 2개월간 바삐 돌다가 결국엔 102개의 도장을 날인한 공문서만 가지고 씩씩거리면서 귀국해 버렸다. 102개 도장을 찍은 후의 절차도 완비하지 못한 채로 말이다. 그 자신은 2만여 달러의 숙식비를 지출했고 중국 접대측은 인민폐 3만여 원의 접대비를 썼다. 이는 세계 기타 국가에서는 그들에게 누가 그렇게 열정적으로 접대하지 않지만 일을 처리하는 효율은 매우 빨랐던 상황과 정반대였다. 설사 일이 성사되지 못하더라도 왜 안되는지 그 원인을 똑똑히 알 수 있다. 그러나 중국에서 그들이 "왜" 하고 물어도 명확한 대답을 얻을 수 없다. 그들과 거래한 거의 모든 중국 사람들은 만면에 웃음을 띠고 "걱정하지 마십시오, 문제없어요."와 같은 말만 되풀이한다. 문제는 일처리 속도인데 그들의 인내심을 초과할 정도로 느렸다.

이해력이 뛰어나고 현상 속에서 법칙을 발견하고 경험을 총화하는 데 능한 해외 상인과 자본가들에게 중요한 것은 어떤 중국 사람을 자신들의 '대리'로 선택해야 하는가 하는 것을 빨리 이해하는 것이다. 정확하게 선택해야만 중국에서의 사업은 신속하게 개척되고 원활하게 발전시킬 수 있다. 그들 자신도 본래 상업 경험이 풍부하게 있는 사람이다. 그런 경험은 세계 각국 상인, 자본가와 거래하는 협상에 너무 국한되었고 중국에서 활용하려니 별로 효험이 없었다. 중국에서 그들이 왕래해야 할 사람들은 우선적으로 관원이었다. 중국의 일부 관원들은 탐욕스러우면서 겉으론 흔히 정직하고 그럴듯한 모습으로 가장한다. 말끝마다 '개혁'이요, '개방'이요 하면서도 사상은 경직되고 방법은 교조적이었다. 분명 '공적'인 명의를 빌어 자기 잇속을 채우면서도 속생각을 깊이 숨기고 누설하지 않는다. 만약 이득이 손에 들어오지 않으면 질질 끈다. 이와 같이 중국 관원들과 거래하는 경험과 지략은 그들이 중국에서 단시간 내에 쉽게 배워 내고 요령을 장악하여 자유자재로 운용할 수 있는 것이 아니었다. 이러한 현묘한 이치를 이해하고 나면 대체로 홍콩·대만·화교 상인과 자본가들이 주는 깨우침을 받는다. 보건대 일부 중국 관원과 왕래하려면 자신보다 이런 환경에 '능숙한' 중국 사람을 초빙하는 것이 상책이다.

그래서 그들은 우선 세 가지 부류의 중국 사람들에게 물색의 눈길을 던진다. 중국 관원 자녀로서 해외에 오래 거주하였으나 중국 대륙에 두터운 인맥 배경이 있는 중국인 혹은, 비록 '개혁개방' 이후 처음 국외에 나갔으나 상업에 종사하려고 결심하고 외국의 '현명한 군주'를 만나기를 갈망하는 중국인이다. 그들 중 어떤 사람은 중국 관원의 자녀이기도 하다.

중국 관원의 자녀를 '대리인'으로 초빙하면 좋은 점 한 가지는 연줄(關係)을 대기 때문에 도장을 찍는 일이 흔히 즉석에서 아주 쉽게 이루어진다는 점이다.

두 번째 부류는 해외에 오래 거주하였으나 중국 대륙에 두터운 인맥배경이 있고 중국인에 대한 진심과 열정 외에 또 다른 따뜻한 혈육의 정이 있다. 후자들의 두터운 인맥 배경은 때로는 오히려 전자들의 관운의 벼슬길을 촉진하는 데 이용될 수 있다.

세 번째 부류의 중국인은 흔히 그들이 앞 두 부류 중국인을 물색하려 하나 당장 물색하지 못한 긴급한 상황에서 '당분간 써 보자'라는 태도를 갖고 초빙하는 경우이다. 세 번째 부류 중국인은 초빙되기만 하면 거의 모두 저도 모르게 '지우의 은혜(知遇之恩)를 평생 잊지 못하는' 감격을 드러낸다. 그들을 초빙한 사람들은 이는 훌륭한 '대리인'의 한 가지 조건이 될 수 있다고 생각한다. 물론 만약 그들이 동시에 중국 관원 자녀라면 금상첨화인 것이다.

이상 세 가지 부류 외에 네 번째 부류 중국인이 있다. 그들이 물색한 것이 아니라 중국 현지에서 그들에게 성공적으로 자천한 중국인이다. 이 부류 중국인의 성분은 아주 뒤죽박죽인데 계명구도(鷄鳴狗盜)한 모리배가 있는가 하면 재주가 있는데 때를 만나지 못했다거나 많은 능력이 있음에도 중국의 현실 속에서 최소한의 인정도 받지 못하고 능력을 정상적으로 발휘할 수 없는 사람들도 있다. 계명구도한 모리배라 해도 뛰어난 위장수단이 있을 것이다. 그렇지 않으면 한눈에 간파되고 말 것이다.

중국 '개혁개방' 초기단계에 '매판' 대열에 들어선 인물들은 그 대열이 기본적으로 이 네 가지 부류 중국인들로 구성되었다. 그들의 수는 계층을 구성할 정도에 이르지 못했으나 '대열'로 부르기에는 적절했다. 냉정하게 말해 그들 중에는 천성적으로 '매판' 재능과 능력을 구비한 인물이 적지 않았다. 당시 그들 중 일부는 재능과 능력을 유달리 뛰어나게 발휘하였다.

모두 지나간 일이로다!

십여 년이 지난 오늘, 여전히 중국 1세대 '매판'가의 '꼬락서니'를 하고 있는 사람은 얼마 되지 않는다. 일부는 적시에 용퇴하여 편안하게 '매판'성과를 누리고 유유자적하는 부자가 되었다. 또 일부는 인생 도중에 따로 길을 개척하여 소자본가·소사업주·사장으로 변신하였다. 일부는 시대의 뒤안길로 도태되었다. 필경 십수 년 전에 비해 중국 상업은 상당히 규범화되었다. 현재도 여전히 베테랑 '매판'인물은 진짜로 '큰 물결이 모래와 자갈을 씻어 낸' 후처럼 각종 '시련'을 거친 걸출한 사람들이다. 간부 자녀인 경우 도장을 찍는 재주만 가지고는 안된다. 재주가 있는데 때를 만나지 못한 사람은 일정한 권력을 부여받았다. 설사 당시의 좀도둑이라 해도 중국 상업시대와 해외 보스의 양면적 도태상황에서 계속 임용될 수 있으며 또한 기회를 꽉 잡기만 하면 잘못을 고치고 올바른 길로 가며 그로 인해 전도가 있는 사람으로 변한다.

이 점으로부터 논하면 '매판'현상은 일부 중국 사람들의 운명을 변화시켰을 뿐만 아니라 그들의 소양도 제고시켰다. 심지어 시대가 인간에 대해 갈수록 많이 요구하는 '가르침'의 요소를 제외하면 중국 '지도자'에 비해 외국 보스가 그들 소양에 대해 제공하는 '육성(育成)'과 개조는 더욱 성공적이다. 그것은 고용관계가 사람의 소질에 대한 평가기준을 특히 엄격하게 관리하고 인정을 봐주지 않기 때문이다.

해외 상업대군이 연이어 들어와 중국의 현시대로 하여금 구세대 '매판'형 인물을 대량 도태시키고 있을 뿐만 아니라, 또 끊임없이 후세대 '매판'형 인물을 번식시켜 해외 상업대군의 인재수요를 만족시킨다. 결론적으로 번식된 양이 도태된 양보다 많았으며 따라서 그들의 수량은 십수 년 전의 산만한 대열에서 지금은 상대적으로 안정된 계층으로 발전하였다. 그러나 여전히 중국의 계층분류로 보면 아주 작은 계층에 지나지 않는다.

제2세대 '매판'인물들의 자질은 제1세대에 비해 훨씬 뛰어나다. 그들의 문화 정도는 보편적으로 높은데 국내 유명대학의 졸업증도 보유하고 있다. 그중 적지 않은 사람은 외국에 유학을 갔다 왔고 국외 학위까지 가지고 있다. 그들의 영어 구사 수준은 뛰어나다. 그리고 모두 컴퓨터를 숙련되게 사용한다. 또한 현대적 상업기획·홍보·광고포장 및 마케팅 기획 방면에서 중국과 서양의 장점을 융합한 새로운 사고와 새로운 관념 그리고 새로운 방식·방법이 있다. 중국인이 늘 입에 달고 있는 '서양의 장점을 받아들여 중국에 도움 되게 한다(洋爲中用).'라는 말을 그들에게 표현한다면 바로 '중국의 장점을 받아들여 외국에 도움 되게 한다(中爲洋用)'로 표현할 수 있을 것이다.

1997년 원단(元旦)에 즈음하여 친구의 초청을 받고 북경 '매판'형 인물들의 친목 활동에 참가한 적이 있다. 물론 그들은 '매판'이라 자칭하지 않는다. 그 활동에서 초청장에 인쇄한 전문은 '해외상사 북경주재대리인 친목회'였다. 정면에는 영어로 인쇄하였고 뒷면에는 중문으로 인쇄되었다. 북경에 거주하는 20년 동안에 중·영 두 나라 문자로 인쇄된 초청장을 두 번밖에 받은 적이 없다. 다른 한 번은 십수 년 전 미국대사관에서 '북경영화제작소' 일부 사람들을 초대하여 미국 영화를 관람할 때 보낸 것이었다. 그 초청장에도 정면에 영문을 인쇄하고 뒷면에 중문을 인쇄하였다.

친구에게 왜 중문을 뒷면에 인쇄하였는가하고 물었다.

그는 "자네 너무 민감하게 의식하지 말게. 이 초청도 일부 국가의 중국 주재 대사관과 북경 주재 상업기구에 보내기 때문에 영문을 정면에 인쇄한 거야."라고 말했다. 이어서 그는 '대리인'과 '대리인'들을 위해 서로 사귀고 우의를 맺는 기회를 창조하는 것이 그 목적 중의 하나라고 말했다.

그럼 두 번째 목적은 무엇인가 하고 물었다.

친구는 이렇게 대답했다. 일부 국가의 대사관 관원과 북경 주재 상업기구의 외국 사람들이 금후 중국 당대 '대리인'들 단체의 기품을 느껴 볼 장소와 기회를 창조하는 것이다. 만약 이번 '친목회'가 성공적으로 이루어지면 앞으로 외국인이 중국에서 일류 '대리'인재를 선발할 수 있는 고급 '용역시장'이 될 것이다. 그러면 '대리인'과 서양 보스 간 선택과 피선택은 양방향이다. 이는 우리 중국 사람들에게 유익하다.

"자네와 같은 중국 당대 '매판'형 인물에게는 유익하겠지" 하고 나는 말했다.

그는 서로 알고 있어 더 설명할 필요가 없다는 듯이 웃었다.

초청장 한 장이 그들의 다양한 의식과 갖가지 심리를 반영해 준다. 속으로 인정할 수밖에 없었다. 두 가지 목적을 합하면 확실히 '친목회' 준비자들의 뛰어난 발상을 보여 주었다.

장소는 큰 호텔을 선택하지 않고 금방 개업한지 얼마 안되는 식당의 크지도, 작지도 않은 2층을 도맡았다. 택시를 타고 목적지에 도착했을 때 식당 앞에는 이미 30여 대의 승용차가 주차해 있었고 교통경찰이 책임지고 정차 위치를 지휘하고 있었다.

예쁘장하게 생긴 식당 복무원 아가씨들이 문 앞에 마주보면서 한 쌍, 문 안쪽에 한 쌍이 다소곳이 서 있었다. 식당 규정에 따라 짓고 있는 직업성 미소였지만 그 속에는 충심으로 우러나는 흠모가 다소 흘러나왔다. 그들의 사장도 사전에 그들에게 오늘 오시는 분들이 비록 관원이 아니지만 관원들도 때로는 공손하게 대하는 사람들이니 잘 대하라고 신신당부했을 것이다.

내 초청장을 본 복무원의 미소 속에는 의아해하는 기색이 비쳤다. 그 복무원의 인도 하에 2층으로 올라갔다. 그곳에는 많은 남녀들이 와 있었는데 저마다 고귀하고 신사다운 품격을 풍기고 있었다. 남자들은 전부 양복에 넥타이를 매고 여자들은 전부 패션을 입고 있었다. 그중 몇몇은 가슴과 등을 드러낸 서양식 연회복을 입었다. 그들과 비교하면 나는 그날 정말 되는대로 입고 있었다. 가장 초라한 것은 바로 솜바지를 입고 집을 나설 때 구두에 앉은 먼지를 닦지 않은 것이다. 속으로 분위기와 맞지 않는다고 생각하고 조용히 한쪽 구석에 가서 고독하게 앉았다. 남자들의 연령은 보통 35세를 넘었는데 37~8세가 많았다. 여자들은 더 젊었는데 평균연령이 절대 35세를 넘지 않았다. 남자와 여자들은 모두 늠름하고 자신감에 차 있었다. 솔직하게 말해 남자들은 모두 멋스럽고 여자들은 거의 모두 미녀라 부를 만 했다. 만약 내가 방관자라면 아마 연예계 사람들이 집회하는 것으로 생각했을 것이다. 만약 그들을 국외에 파견하여 민족 풍채 국제 평가대회 같은 데 참가시키면 아무리 못해도 중국을 위해 2등상쯤은 따올 것이라 생각했다.

사회자가 축사를 했다. "여러 신사숙녀분들, 오늘 이 자리에 모인 사람들은 전부 '총책임자'급 '대리'들입니다. 중국 관직에 비교할 경우 대개 국급(局級)에 상당하지요."

좌중은 웃었다.

사회자는 축사에서 '중국' 두 글자를 말할 때 마치 외국인이 그 두 글자를 말하는 것처럼 중국 밖에서 중국을 말하는 듯한 인상을 주었다.

그는 말을 이었다. "우리 이 국급 각국 상사·기업계(商社·企業界) 대리인들은 평소 서로 사귈 기회가 많지 않습니다. 오늘 먼저 기회를 한 번 만들었고 금후 이런 기회를 더 많이 가질 겁니다. 우리 각자 중국에서 더 큰 성과를 취득하기 위해 서로 간 친목은 필연적일 뿐만 아니라 필수적인 것입니다. 그 의의는 향후에 더 뚜렷하게 나타날 것입니다. 오늘은 우리가 이후 해마다 기념할 만한 가치 있는 날이라고 감히 말할 수 있습니다."

그의 짧막한 축사는 열렬한 박수를 받았다.

외국인도 십여 명 와 있었는데 당연히 하얀 피부의 유럽인이었다. 그 외 홍콩인 몇 명이 보였는데 기질 면에서 '매판'들과 구분할 수 있었다.

이때 내 친구는 나를 발견하고 옆에 다가와 앉았다. 그는 저 몇몇 홍콩인도 보스가 아니라 같은 '대리인'이라고 알려 주었다. 원래는 그들에게 초청장을 보내지 않으려 했는데 그들이 소식을 들은 후 주동적으로 전화를 걸어 와 자신들도 참가하겠다고 간절하게 요청했다고 한다.

한편으로는 친구의 말을 들으면서, 저 사회자는 왜 외국을 외국이라 하지 않고 "우리 이 국급 각국 상사·기업계 대리인"이라고 말하고 또 우리 "각자가 국내에서"라고 하지 않고 "중국에서"라고 말하는 걸까 하고 생각했다. 순수한 입버릇인지 아니면 그런 표현방식이 그들 사이에서 '서로 마음이 통해서', 즉 스스로 터득해서 느껴야지 말로 전할 수 없는 은밀한 의미를 내포하고 있는 것일까? 또는 친구가 비난한 것처럼 그들을 보는 나의 안목에 편견이 다소 남아 있어 속으로 너무 민감하게 생각하는 것은 아닐까? 만약 순수한 입버릇이라면 대다수 중국 사람들의 입버릇과 불일치하는 표현방식이 그들 심리의 그 어떤 특별한 것을 반영하지 않았을까? 그리고 이 특별한 것이 '순수'한 것을 그다지 '순수'하지 않게 만들어 놓지 않았을까?

한창 허튼 생각을 하고 있는 동안 사회자는 또 유창한 영어로 무엇인가 한바탕 말했고 먼젓번보다 더 길고 열렬한 박수를 받았다. 십여 명의 외국인들은 한편으로 박수를 치고 한편으로 서로 회심의 미소를 교류하였다.

영어는 한마디도 알아듣지 못했기 때문에 친구에게 그가 무슨 말을 했는가 하고 물었다. 친구는 그가 한 말을 전해 주었다. 각국 친구들의 왕림을 환영합니다. 이는 '친목회'의 영광입니다. 중국에는 '둘째 며느리를 맞이해 봐야 맏며느리가 무던한 줄 안다'는 말이 있습니다. 외국 친구들이 비교를 통해 아래와 같은 객관적이고 공정한 인상을 취득하기를 바랍니다. 즉 오늘 밤 이곳에 모인 중국 신사숙녀는 모두 국제적인 기준에 도달한 중국 사람입니다.

나는 낮은 목소리로 말했다. "저 사람은 말이 너무 번지르르하네? 어떻게 소상인들이 시장에서 늘 하는 말을 이런 자리에서 인용하는가?"

친구는 불안해하면서 말했다. "자넬 너무 민감하다고 비평했더니 어째 더 민감해졌는가? 유머일 뿐이네, 유쾌한 분위기를 조성하기 위해서지."

그는 또 정중하게 나를 타일렀다. "자네 꼭 내 체면을 세워 주게. 절대 흥을 깨는 실례되는 언행을 해서는 안되네."

그에게 그렇게 하리라 보증했다. "내가 그렇게 철없어 보이는가? 내가 언제 밉살스런 일을 한 적 있나?"

사회자가 축사를 마친 후 외국인 두 명이 초청에 응해 연설을 했다. 그들이 한마디 하면 친구도 귓속말로 한마디 번역해 주었다.

한 사람이 말했다. "오늘 이 자리에 오신 모든 중국 선생과 여사들은 저에게 아주 좋은 인상을 남겼습니다. 비록 한분 한분과 담화해 보지는 못했지만 여러분들의 매너와 기질에서 여러분들이 우수하다는 인상을 받았습니다. 본인 스스로와 내가 대표하는 회사는 우수한 중국인과 친구로 사귀고 우의를 맺기를 원합니다. 여러분들은 내 말이 진심이며 추호의 가식도 없음을 믿어주기를 바랍니다……."

다른 한 사람도 말했다. "내가 받은 인상은 처음 분과 같습니다. 이토록 매너도 좋고 기질도 우수한 중국인들이 외국 회사를 위해 많이 복무한다고 생각하니 기쁘기 그지없습니다. 지금은 경쟁 시대입니다. 누가 실력이 있으면 누군가는 당연히 인재를 흡인하기 마련입니다. 만약 누가 인재라면 당연히 실력이 있는 경제그룹을 위해 복무하려고 할 것입니다……."

두 외빈의 연설도 열렬한 박수를 받았다. 또 두 명의 '매판'여사가 앞으로 나가 그들과 각기 포옹하고 뺨을 댔다. 포옹과 뺨을 대는 동작도 우아하고 예절이 있었으며 조금도 과분하지 않고 경박하지도 않았다.

그러나 느낌은 '친목회'가 아니라 특별한 '상품' 품평회 같았고 두 외빈의 칭찬을 받은 것이 마치 '유명 브랜드' 시장 지위를 얻은 것 같았다.

속으로 자신에게 거듭 주의시켰다. 너 이 중국 사람은 너무 민감해서는 안 된다. 넌 이 자리 모든 우수한 중국 남자 여자와 마찬가지로 심리적 만족과 심정적 유쾌함을 보여 주어야 한다. 외국 사람이 이 많은 중국 사람을 칭찬하는데 넌 중국인으로서 자긍심을 느껴야 맞다. 그러나 그 느낌을 완전히 해소할 수는 없었는데 일종의 어색한 느낌이었다.

그렇다. 앞에서 진술한 바와 같이 그들, 다시 말하면 외국인을 위한 '매판가' 남녀동포들은 확실히 품위가 있고 기질이 우아하다. 바로 그렇기 때문에 나의 중국심(心)은 실의에 빠졌다. 그들이 만약 외국인을 위해 복무하는 '매판'이 아니라 중국 각 업종을 위해 복무한다면 중국으로선 얼마나 다행스러운 일인가? 왜냐하면 전 중국 내에서 그들의 수는 소 계층을 형성할 정도로 많았기 때문이다. 뒤집어 다시 생각해 보고는 자신의 '이상주의'적 사고방식을 비웃었다. 누가 감히 그들이 중국을 위해 복무할 경우 그들의 상사가 꼭 외국 보스보다 더 잘 그들의 능력과 재능을 발휘할 수 있게끔 한다고 장담할 수 있는가? 그들의 외국 보스들은 그들이 능력이 있고 재능이 있다 하여 질투하지 않지만 바꾸어서 그들의 상사가 능력자를 시샘하는 중국인이라면 그들은 상사의 속박에서 벗어나지 않으면 영원히 해방되지 못할 정도로 억눌린다. 또한 그들의 직접적 이익으로부터 살펴보면 중국에 과연 몇 개 업체가 30대 중국 여자, 40대 중국 남자들을 위해 집을 사 주고 차를 제공해 주고 매월 2~3천 달러의 봉급을 줄 수 있단 말인가? 이렇게 생각하니 두 번째 외국인이 한 말이 아주 성실해 보이고 일말의 도리가 있어 보였다. 중국은 일부 직업의식이 투철한 중국인의 근무조건을 만족시키지 못하지만 외국인은 만족시킬 수 있다. 따라서 그들은 외국을 위해 복무하러 간다. 이건 당연한 도리가 아닌가? 또한 외국인이 일부 자신들이 우수하다고 생각하는 중국인을 도와 먼저 부유해지는 것이 의미 있지 않은가? 이 얼마나 좋은 일인가?

분위기의 영향을 받고, 또 기왕 온 바엔 마음을 편히 가지고 관념을 바꾸어 기분을 같이하자고 작심하였다. 그러니 유쾌해지는 듯 했고 엄숙하게 얼굴이 굳어 있지 않으니 친구는 그제사 안심하고 몸을 일으켜 다른 친구를 응대하러 갔다.

이어서 뷔페가 시작되었다. 중국인·외국인·홍콩인들은 한 손에 접시를 들고 다른 손엔 술잔을 받쳐 들고 삼삼오오 친절하게 담화했다. 아마 십여 명의 외국인이 있는 원인인지 몰라도 중국 '매판' 신사와 '매판' 여사들은 어떻게 된 영문인지 약속이나 한 듯이 모두 영어로 담화했다. 외국인과는 물론 서로 간에도 영어로 담화했다. 대륙 중국인이 이미 이러하니 몇몇 홍콩인들도 국어 표준말을 실습할 수 있는 기회를 포기할 수밖에 없었다. 결국 간혹가다 몇 마디 중국말이 들리는 정도였다.

일순간 영어권 국가의 '살롱'에 온 듯한 느낌이 들었다. 심지어 자기 조국에서, 조국의 수도 북경에서 중국인이 대다수인 자리에서 일종의 '인종차별'을 받는 느낌이 들었다. 헌데 그 감정은 주로 중국 동포들로부터 나온 것이다. 비록 그들이 절대 의식적으로 그런 것이 아님에도 불구하고 말이다.

다문다문 누군가 마이크를 잡고 노래를 불렀다. 몇몇 외국인은 중국말로 중국노래를 불렀는데 중국 신사와 여사들은 영어로 불렀다. 어떤 이는 중국노래를, 어떤 이는 외국노래를 불렀다. 외국인과 중국인은 아주 빨리 친해지고 '친목을 다지는' 노래 가락을 번갈아 가면서 함께 불렀다. 이 이방인이 재미있다고 느낀 것은 '외국인'들은 일부러 자신들이 중국노래를 좋아한다는 것을 증명하려 했고 우리 중국 선생들과 여사들을 요청해 같이 노래를 불렀다는 것이다. 그저 이런 상황 하에서만 다행으로 우리 중국인이 중국노래를 부르는 것을 들을 수 있었다. 좋아하는 것은 좋아한다 치고 '외국인'들이 중국노래를 부를 때 모두 약간의 어색하며 자신이 없는 듯한 느낌을 주었다. 그들이 노래를 부르다가 곡조를 놓치거나 발음이 정확하지 않아 다른 사람들의 웃음거리가 될까 걱정한다는 것을 알 수 있었다. 우리 중국 선생들과 여사들은 기어코 영어로 외국노래를 불렀다. 비록 중국노래도 선곡했지만 중문자막을 보면서도 여전히 영어로 불렀다. 부를 때 홀가분함과 신중함이 뒤섞이고 표정 속에는 자신감이 가득 찼는데 마치 발음이 정확하고 유창한 영어로 노래를 부름으로써 모두들에게, 물론 우선은 십여 명의 외국인들에게 자신들은 상대방이 생각하는 그런 중국인이 아니라는 것을 증명하려는 듯했다.

친구는 다시 내 옆으로 돌아왔다.

그는 느낌이 어떤가 하고 물었다.

느낌이 아주 좋다고 말했다. 참가해봤던 연회 중에서 분위기가 가장 온화하고 낭만적인 친목활동이라고 말했다. 그리고 몇 번을 참다가 끝내 참지 못하고 그에게 가르침을 청했다.

"왜 모든 중국인들은 중국말로 담화하지 않고 게다가 중국말로도 노래하지 않는가?"

그는 이렇게 대답했다.

"그들이 이젠 거의 중국 사람이 아니니깐!"

모두 중국 사람이 아니라고? 그럼……. 그들은 어디 사람인데…….

갑자기 '어처구니없을 만큼 괴이한' 꼴이 되어 자신의 귀에 혹시 문제가 생기지 않았나 의심까지 했다.

친구는 귓속말로 말했다. "자넨 정말 모르는 건가, 아니면 모르는 척하는 건가? 저 사람들 중 어느 누가 외국 영주권이 없나? 때문에 자넨 그들을 순수한 중국 사람으로 대해선 안되네. 마땅히 '준 서양인'으로 봐야지. 하물며 그들 중 상당수는 이미 외국 국적을 취득하려고 결심했네. 어떤 사람은 영주권 연한이 만기가 되지 않았을 뿐이지 연한이 차면 국외로 이주할 거네."

나는 잠시 멍해졌다가 중얼거렸다. "그럼 내가 외국인과 준 외국인 간의 친목활동에 참가한 거네."

친구는 "그럼 무엇인 줄 알았어? 만약 일반 친목활동이라면 내가 왜 자넬 여기까지 끌고 왔겠어. 내게 속은 것처럼 생각 말게, 자네한테는 유익하고 해롭지 않아. 적어도 창작 소재를 풍부히 할 수 있잖아……." 하고 말했다.

나는 "그건 그래, 여긴 먹을 것, 마실 것 다 있고, 흡연도 허락하지. 또 노래도 들을 수 있고. 난 손실이 없지. 그러나…… 사회자가 축사에서 자신을 포함한 중국인을 여전히 중국 사람이라 말하잖아? 지금 자네가 오히려 그들을 순수한 중국 사람으로 보지 말라고 하니, 논리적으로 갑자기 헷갈려서 그래." 하고 말했다.

"그건, 한마디로 다 설명하긴 힘들어……."

친구는 슬쩍 나를 당기면서 자기를 따라 회의장 밖으로 나가자고 했다.

우리는 복도로 나와 다시 소파에 앉았다. 친구는 담배 한 대를 꼬나물고 나를 주시하면서 양복 호주머니에서 증명서 하나를 꺼내 나에게 건넸다. 펼쳐보지 않았다. 외국어를 모르니깐 봐도 모르기 때문이었다. 대신 나는 마음으로 알아차렸다는 듯이 '그린카드(영주증)'인가 하고 물었다.

그는 머리를 끄덕였다.

나는 "어느 나라인가?" 하고 물었다.

그는 "물어볼 필요가 있나? 내가 어느 나라 상인을 위해 복무하면 우선 먼저 그 나라 그린카드를 취득하는 거지." 하고 말했다.

또 물었다. "그럼 나도 자넬 순수한 중국 사람으로 보면 안되겠네? 그저 '준 외국인'으로 봐야겠네?"

그는 "맞네. 예컨대 자네가 날 한 대 때리면 '준 외국공민'을 때린 거나 마찬가지네. 비록 중국 법률상 특별한 의의가 없지만 그 의의는 나의 느낌에 있지."

그의 표정은 아주 정중했는데 더 없이 정색했다.

웃으면서 주먹으로 그의 가슴을 쳤다.

그는 손바닥으로 내 주먹을 막으면서 엄숙하게 말했다. "'준 외국공민'과 트집을 부리지 말게."

나는 그린카드를 그에게 돌려주면서 가차 없이 말했다. "아우, 자네 한 말도 앞뒤가 모순되네. '준 외국공민'이면 아직 외국공민이 아니란 걸 증명하네. 아직 아닌데 으쓱해 하긴. 보기엔 그 그린카드가 오히려 자넬 '준 중국인'으로 만든 것 같네."

그는 이마를 찌푸리면서 말했다. "자네 날 풍자하는 건가?"

절대 풍자하려는 뜻이 없으며 그저 이해할 수 없어 그런다고 말했다.

그는 담배를 한 모금 깊이 빨아들인 후 뱀 모양의 연기를 내뿜으면서 까놓고 말했다. "자네 느낌이 맞아. 내 말은 앞뒤가 모순되네. 난 인정하네. 자네 이번엔 쓸데없이 민감한 게 아니네. 사실 내 심정도 늘 갈등하고 모순되네. 외국인을 위해 복무하기 위해 외국인들 앞에서 우린 평등을 얼마나 갈망하는가. 특히 그린카드 취득 후 이런 평등을 얻으려는 의식은 흔히 갈수록 강해지네. 한 중국 사람이 외국국적을 취득하기 전 외국인 앞에서의 평등의식은 일반적으로 이런 사상으로 구현되네. 네가 외국 사람이면 어떻고 내가 중국 사람이면 또 어떤가. 우린 평등하네. 이 지구상에서 모든 사람의 존엄은 평등하네. 자네 조심하게, 나이 중국 사람의 존엄을 건드려서는 안되네. 맞나 틀리나?"

나는 "맞네."라고 대답했다.

그는 계속해서 말했다. "그러나 내가 영주권을 취득한 후 외국 사람들 앞에서 생각이 바뀐단 말일세. 보통 이렇게 바뀌네. 즉, 당신이 외국 사람이라고? 그래 나 이 어른도 오래지 않아 외국 사람이 된다! 나는 분명 이미 영주권을 취득하였고 분명 오래지 않아 외국 사람이 되는데 당신은 아직도 날 '준 외국인'으로 보지 않는가? 당신은 일부러 영주권이 나에게 가져다 준 또 다른 존엄과 맞서는가? 일부러 나를 멸시하는가? 그럼 나의 영주권이 나에게 가져다 준 또 다른 존엄이 당신 눈엔 아무런 의미도 없단 말인가? 아무 의미도 없다면 내가 왜 우여곡절을 겪으면서도 구태여 취득하려 하겠는가? 이런 변화를 자넨 이해할 수 있는가?"

"그럴 수 있다"고 대답했다.

그는 또 말을 이었다. "때문에 외국인 앞에서 우린 더 기괴하고 필연적인 비뚤어진 심리가 생기네. 즉 어떻게든 외국인에게 내 영어발음이 당신, 즉 외국인보다 더 정확하지! 내가 영어로 부르는 노래가 당신이 부르는 것보다 더 듣기 좋지! 내가 식사할 때 칼과 포크를 잡는 자세가 당신보다 더 우아하고 서양적이지! 내가 당신보다 서양의 예의풍속을 더 많이 알고 있지! 라는 것을 증명하려 한단 말이네. 한마디로 내가 당신, 즉 외국인보다 더 외국적인 외국인이라는 거네! 내 말 뜻에 이해 가는가?"

"이해하네."

그는 또 "그러나 흔히 우리가 외국 사람보다 더 외국 사람답다는 느낌이 한창 좋을 즈음, 현실은 또 한 번 우리를 풍자하지. 또는 우리 자신이 우리 자신의 양호한 느낌을 파괴했다고 말할 수 있네. 예컨대 우리 담화 중에 자신 또는 상대방의 입에서 불쑥 '우리 중국 사람'이 어떠어떠하다는 말이 튀어나왔다고 하세. 그래서 우리는 자신이 몇 개 나라의 영주권을 가지고 있던지, 자신이 몇 개 나라 말을 하든지 관계없이 중국인으로 운명이 정해졌다. 또 예컨대 우리가 영어로 외국인과 담화할 때 그는 비록 우리가 오래지 않아 외국 국적을 취득한다는 사실을 알고 있지만 여전히 '당신네 중국 사람'은 왜라고 물을 수 있다. 그리고 우리도 습관적으로 '우리 중국 사람은' 어떠어떠하다고 대답했을 것이다. 이 일문 일답에서 우리 자신은 우리와 그들 간 차이점을 인정하였다. 실제 우리는 중국을 논할 때 외국을 논하는 것처럼 논할 수 없다. 또한 중국인을 언급할 때 항상 '그들 중국사람'이라고 말한다. 만약 기어코 그렇게 말한다면 우선 먼저 우리를 혐오하는 것은 바로 다른 사람이 아닌 우리 자신이다. 이 점에서 우리는 늘 싱가포르인이나 말레이시아, 태국의 중국인 후예들을 부러워한다. 싱가포르인은 곧 싱가포르인이기 때문에 그들을 중국인이라 부르면 그들은 화를 낼 것이다. 마찬가지로 말레이시아나 태국의 중국인에 대해 그들의 실제 말레이시아 및 태국 국적을 존중해 주어야 한다. 이 점을 존중하지 않는다면 무의식중에 상식을 모독한 것과 같다. 우리 그 외국 회사의 새로 초빙한 여직원이 모 태국 상인을 소개할 때 잘난 체하면서 상대방을 '화교상인 모 선생'이라 말했더니 즉시 '아니요, 나는 태국 상인이요' 라고 바로잡았다. 잠시 후 그녀가 상대방을 또 '화교상인 모 선생'이라고 소개했더니 결국 상대방은 성난 얼굴빛을 드러내면서 정중하게 말했다. '아가씨, 한 가지 일깨워 줘야겠소. 태국의 화교상인은 우선은 태국인이고 그 다음에 화교인 것이오. 때문에 나는 화교상인이 아니란 말이오.' 결국 나중에 그녀는 우리 외국 보스로부터 호된 꾸지람을 받았소.

당시 나는 출국비자 수속을 밟을 때 조그마한 어려움에 봉착했소. 그 대사관의 외국 관원이 중국말을 잘한다는 사실을 사전에 알고 있었기 때문에 중국말로 그에게 해석할 수 있었소. 그러나 나는 일부러 내 영어 수준을 과시하려고 했는데 당시 내 외국어 수준은 형편없이 낮았지. 결국 상대방은 중국말로 나에게 한마디 쏘아붙였소. '이따위 짓 그만하지' 당시 나는 그를 지켜보면서 멍해지고 말았소. 영어는 물론 중국말조차 잊어버린 것 같았소. 출국 후 나는 영어를 공부하려고 작심했소. 왜냐하면 금후 자신이 낮은 영어수준으로 외국 사람과 대화 시 외국인이 또 중국어로 나에게 '이따위 짓 그만하지'라고 소리칠까봐 두려워서. 지금 내 영어 수준은 아주 높아졌고 더 이상은 외국 사람들이 나를 향해 '이따위 짓 그만하지'라고 소리치지 않았소. 그러나 나는 자신이 오래지 않아 외국인이 된다는 느낌뿐만 아니라 '중국인 후예'라는 느낌도 찾을 수 없었소. 내가 여전히 순수한 중국인이라는 잠재의식이 늘 머릿속에서 작용하여 마치 태기 같은 것이 피부 에서가 아닌 의식 속에서 존재하고 있지……."

친구의 몇 마디 말을 듣고 나니 그에 대해 다소 이해가 되었을 뿐만 아니라 심지어 동정심까지 생겨났다.

"자신이 중국인이라는 것을 잊고 외국인들이 자신을 완전한 외국인으로 받아주기를 바라는 것이 자네에게 그렇게도 중요한가?" 하고 물었다.

그는 묵묵히 담배를 두 모금 빤 후 쓴웃음을 지으면서 말했다. "그렇다네, 아주 중요하지! 외국인을 위해 복무하고 외국 국적을 얻는다, 다시 말해 자기 외국 보스와 같은 국적을 땄지만 자신의 보스는 영원히 같은 국가 사람으로 대해 주지 않는다. 이런 느낌은 어쨌든 좀 억울하지. 중국인이 우리를 중국인으로 대해 주지 않는 건 대수롭지 않아, 때로는 오히려 그러길 갈망하지! 외국 국적은 우리에게 자신의 동포들 앞에서 신분이 우월하다는 느낌을 주지. 그러나 중국인이 우리를 중국인으로 보지 않고 외국인도 마찬가지로 우리를 외국인으로 대하지 않는다면 우리는 무엇이 되는가? 물론 외국인도 일부 중국 사람을 존경하지. 그러나 그들이 존경하는 사람들은 흔히 현대 과학기술분야에서 큰 공적을 세운 사람이나 의학자, 교육자, 사회학자, 역사학자, 또는 극소수 예술가들이지. '개혁개방' 이후 외국인, 특히 서양인들은 당연히 중국 사람을 공개적으로 차별하지 못하네. 그들의 중국 본부에서 그들은 그래도 우리를 겸손하게 대하네. 그러나 우리는 항상 그 겸손함 뒤에, 시종 어떤 고질적인, 오만한 우월감이 숨어있는 듯한 느낌이 들어. 이는 우리에게 일종의 무형의 심리적 압박이네. 그래서 우리는 본능적으로 그런 무형적이고 유연한 심리 압박과 저항하려고 시도하지. 그것이 무형이고 유연하기 때문에 우리의 저항은 항상 반발하여 되돌아와 오히려 우리를 아프게 하지. 우리의 솔직한 심정으론 하루 속히 외국인과 똑같은 외국 감각 속으로 들어가는 것이 아주 자연스러운 생각이고 도리에 맞는 생각이지.

왜냐하면, 우리 중 대다수 사람들은 앞으로 외국에 가서 생활할 타산이거든. 우리가 주동적으로 외국인과 똑같은 외국 감각과 융합되려고 할 때 우리의 희망과 시도는 마치 막무가내로 반발해 되돌아오는, 보이지 않은 그물에 막혀서 되돌아오는, 자기 구역에서 스매시(smash) 당한 데드볼(dead ball) 같네. 때문에 우린 늘 우스갯소릴 하네. 누가 만약 진짜로 좋은 감각을 얻으려면 융합만으로는 안된다, 아마 억지로 '꽂아야' 한다고. 꽂는 방법은 외국인과 결혼하는 길밖에 없네. 이 말은 가장 먼저 우리들 중 일부 여사들의 입에서 나왔지. 그러나 우리들 중 일부 남자들은 무자비하게 그녀들을 풍자하고 그런 걸 얻을 생각은 단념하라고 말하네. 그런 건 외국인이 너희들에게 '꽂'는 것으로서 너희들은 꽂히는 일방이고 음미당하는 일방이라고 말하네. 결국은 외국 남자들이 중국 남자들과 같은 중국적 감각을 얻게 되네. 그들이 얻은 것은 역시 여인들의 느낌뿐이네. 웃지 말게. 이런 비유는 비록 지나치게 신랄한 점이 있으나 매듭이 어디에 있는가를 설명해 주네. 그래서 여자들은 그 논리를 인정하지 않고 되받는데, 너네 남자들이 능력이 있으면 어디 생색을 써 외국 마누라를 얻어 와보라고. 그러면 너네도 서양을 '꽂'은 느낌을 얻을 게 아니냐?

정말이지, 난 지금까지 결혼하지 않았네, 북경에 예쁜 여자가 없어서 그런 건 아니야. 내 주변에 얼마든지 있네! 난 외국 마누라를 얻을 타산이기 때문이야. 난 이렇게 생각하네. 외국 국적이 있고, 외국 마누라도 있는데 외국 사람이 날 외국인으로 대하지 않을 수 없겠지?"

나는 "그럼 더 미루지 말게, 세월은 사람을 기다리지 않네. 서둘러 자네 목적을 실현하게."라고 말했다.

그는 한숨을 쉬면서 쓸쓸하게 말했다. "말이야 쉽지, 나는 이미 잘생긴 중국 청년이 아니네. 외국 처녀들의 눈에 나는 그저 외국인을 위해 복무하는 중국의 고급 '아르바이트생'에 불과하네. 그들이 좋아하는 사람은 중국의 학자형 남자·예술형 남자 심지어 일반 중국 남자들이네. 거 외국 처녀들이 중국 농민들에게 시집간 일도 있잖아? 그녀들은 다만 우리와 같이 외국인을 위해 상업성 복무를 하는 중국 남자들을 좋아하지 않는 것 같아. 왜냐하면 그녀들은 외국 사람들 중에 우리와 같은 사람이 너무 많다고 생각하기 때문이야. 중국 남자에게 시집가고 싶어 하면서 왜 좀 특색이 있는 중국 남자는 싫어할까? 중국에서 우리는 특색이 있는 중국 남자들이라고 할 수 있고 그 특색은 분명 얻기 어려운 거네. 그러나 외국 처녀들의 눈엔 우리가 너무 평범해 보이고 너무 특색이 없어 보이는 거네. 심지어 정반대로 우리의 특색은 우리를 위해 점수를 더하는 것이 아니라 오히려 우리 몸값을 깎아 버리네. 때문에 외국 처녀를 아내로 맞이하는 것은 분수에 넘치는 욕망이 됐네. 만약 금후 운 좋게도 좀 부유한 외국 과부를 얻는 것도 괜찮은 일이지."

그는 자신을 조롱하듯이 웃고는 한 손으로 귀밑머리를 살짝 누르면서 건너편 벽거울을 들여다보았다. 거울 속의 그는 비록 이미 젊은이가 아니지만, 용모가 당당하고 외국이든 중국이든 막론하고 여전히 중년 여성을 정복할 수 있는 실력이 있어 보였다.

그는 또 나를 보면서 물었다. "내 머리에 흰 머리카락이 보이나?"

"좀 있긴 한데, 많지 않아."

"눈에 잘 띄이는가?"

"어쨌든 이런 조명 아래에서, 이 정도 거리에선 한 눈에 보이네."하고 말했다.

"어, 자네 혹시 머리 염색할 때 알레르기가 있는 사람이 어떻게 하면 알레르기가 없게 하는지 그 방법 알고 있나? 난 이전에 한번 염색해 보았는데 알레르기가 있어 얼굴이 퉁퉁 붓다가 두 주일 후 가라앉았어. 그 후부터 감히 염색하지 못했네."

"나도 한번 염색해봤어. 알레르기 반응이 있더라구. 얼굴도 퉁퉁 붓고, 내가 알기로는 아직까지 알레르기를 방지할 수 있는 새 염색약품이 발명되지 않았어." 하고 말했다.

그는 기가 죽어 물었다. "그럼 우리처럼 염색할 때 알레르기 있는 사람은 금후 반평생 머리가 희어지는 것을 보고만 있어야겠네?"

"아마 그럴 거네." 하고 대답했다.

그는 한숨을 쉬고는 스스로 연민하는 투로 말했다. "난 아직 45세도 되지 않았어. 자네 모를 거네. 외국 회사에서 외국 보스를 위해 충성하는 사람이, 더욱이 한 중국 남자가 머리가 너무 일찍 희어지면 그건 큰일이야. 나이가 분명 늙지 않았는데 외국 보스는 속으로 늙었다고 생각하지."

그 순간 그의 표정은 다소 자괴감을 느낀다는 인상을 주었다.

그를 위안하는 어투로 "나이 들면 또 그만한 장점이 있지. 나이 먹는 것도 일종의 자격이고 일종의 자본이야."라고 말했다.

그는 또 한숨을 쉬면서 말했다. "그건 '중국특색'이야. 일반 외국 보스들은 그래도 젊은 부하를 좋아하네. 만약 자네가 그보다 더 늙어 보이면 그는 속으로 어색할 거야. 만약 자네 때문에 보스가 정말 어색함을 느낀다면 자네가 그를 위해 충성할 날도 얼마 안 남았어……."

한동안 어떤 말로 그를 위로했으면 좋을지 몰랐다.

"우리 보스는 이제 겨우 38살이야. 그리고 내 외화 저금은 아직 아무런 뒷걱정

없이 외국에 가서 정착할 정도로 많지도 않아."

　나는 목소리를 낮춰 물었다. "그럼 자넨 그 액수가 얼마나 돼야 마음이 든든하다고 생각하나?"
　그는 말을 얼버무렸다. "어쨌든 상당한 액수가 돼야지?"
　그의 표정에는 낙심과 자비감(自卑感)이 비쳤을 뿐만 아니라 그야말로 장래를 의식해서인지 의기소침해졌다. 당시 그의 모습을 보면서, 《홍루몽》 중의 습인(襲人)에 관한 이야기가 한 토막 연상되었다. 습인이 주동적으로 보옥에게 몸을 허락한 후 하루는 또 보옥에게 애교를 떨었다. 뜻밖에 그 무렵 보옥은 무슨 일로 고민하고 있는 중이라 화가 나서 그녀의 앞가슴을 걷어찼다. 그 뒤로 습인의 마음속엔 '영원한 상처'가 남았고 '작은 부인'이 되길 갈망했던 정신적 기대도 크게 식어버렸다. 때로는 자포자기(自暴自棄)하여 혼자서 고민에 빠질 정도에 이르렀다.
　한동안 뭐라 말했으면 좋을지 몰라 담배를 꼬나물었다. 그가 오히려 무거운 침묵을 참지 못하고 또 말을 꺼냈다.

　"그들 중 남자들은 나이가 40대에 가까워지면 마음속으로 불안해지기 시작하네. 40대를 넘으면 그 불안한 느낌이 특히 갈수록 기세가 등등해지네. 마치 중국의 공무원이 오로지 공명만을 추구하다가 머지않아 퇴직할 나이는 다가오는데, 아직 성공하지 못한 남자들의 심리와 비슷한 것이네. 그저 쌍방의 인생여정을 결정하는 권리의 주체가 다르기 때문에 그들에게 그런 불안감은 거의 20년을 앞당겨 온 거야. 그 여사들은 그런 살기등등한 심리적 압박을 잘 느끼지 못하네. 왜냐하면 그 여사들의 나이가 그들 남자들의 나이에 비해 평균 10살 정도 어리기 때문이야. 또한 여자들이기 때문에 자신들의 장래를 생각할 때 남자들처럼 아버지로서, 또 남편으로서 가정경제의 책임감을 부담할 필요가 없기 때문이야. 그들은 다만 장래에 좋은 서방을 만나기만 하면 소위 인생의 행복을 자신의 손아귀에 단단히 틀어쥔 거나 다를 바 없으니깐."
　"그녀들이 남편을 고르는 기준은 어떤 조건들이 있는가? 우선 외국인이어야 하는가?" 하고 물었다.

그는 "꼭 그런 것은 아니야. 그들 중 대다수는 좀 부유한 외국 남자에게 시집 갔으면 하네."라고 말했다.

"이 말도 이해는 가네. 그건 상당히 많은 중국 미혼여성들의 공통된 이상이니까."라고 말했다.

그는 "그녀들이 외국 남자들에게 접근할 수 있는 기회가 비교적 많고 또 여자로서의 조건도 우월하기 때문에 그 이상은 그다지 허황한 것도 아니고 실현하기도 그다지 어렵지 않네. 마땅히 당연하고 아주 현실적인 인생 결정이라고 봐야겠지. 또한 그녀들 대다수의 인생에 큰일이고 기정사실이지."라고 말했다.

"그런 줄도 모르고……. 난 또 그녀들이 신랑감을 고르는 눈길이 먼저 자네 같은 사람들의 몸에 떨어질 줄 알았네."라고 말했다.

그는 연이어 머리를 좌우로 흔들면서 완전히 부정하듯이 말했다. "아니, 아니, 자네가 추측한 것과는 완전히 달라. 사실 제일 먼저 그녀들의 선택대상에서 소외되는 것이 우리 이런 남자들이라고. 왜냐하면 그녀들도 '대리인'이기 때문에 '대리인'이란 어떤 시대적 배역인지 잘 알고 있어. 그렇기 때문에 그녀들은 우리를 대단한 인물로 보지 않아. 그들은 우리와 같은 중국 남자들의 인생여정과 속셈을 너무나 잘 이해하고 있지. 또한 같은 인생여정과 귀착점이라 해도 그녀들은 우리보다 더 쉽게 실현할 수 있다는 자신감도 있어."

"자네 방금 또 중국 사람이란 걸 인정했네?" 하고 말했다.

그는 "날 더 비웃지 말게. 평소 만나기도 힘든데. 기왕 기회가 있어 얼굴을 맞대고 앉았는데 마음껏 이야기나 나누세……." 하고 말했다.

그가 흉금을 털어놓고 이야기할 시간과 진지하게 자신의 하소연을 들어줄 친구가 절실히 필요하다는 점을 읽을 수 있었다.

필자는 그의 친구다.

속으로 지금은 나의 태도가 하소연을 들어줄 좋은 대상이 되어야 한다고 생각했다.

"자네도 눈치챘겠지. 그녀들은 다 소양이 속되지 않고 남자들에게 매력이 있는 여자들이라는 걸. 우리 같은 남자들이 설령 그녀들의 남편이 된다 해도 그녀들이 그렇게까지 부끄럽게 생각할 정도는 아니잖아. 유감스러운 것은 그녀들이 우리들에 대해 거의 손금 보듯 하고 그녀들에게 우리는 신선감이 너무 없다는 거야. 이런 상황 하에서 사랑은 원동력이 모자라지. 하물며 그녀들은 모두 신선함을 지나치게 요구하는 여인들인데. 그녀들은 모두 이런 자본과 자격이 있어. 가장 중요한 것은 여자들이 신랑감을 찾을 때 흔히 일종의 안정감과 안전감을 찾는다는 것일세. 우리의 저의는, 우리가 '혼인' 이 두 글자를 가늠하는 사고방법은 우리한테 시집오면 자신들의 향후 인생에 진짜로 안정감과 안전감을 가져다 줄 수 있는가 하는 의구심을 그녀들로 하여금 갖게 하네. 물론 우리 중에 누군가가 이미 2~3백만 달러를 저축했다면, 아니면 적어도 1백만 달러라도 있다면 그건 별개로 얘기해야지. 우리 중에는 아직 이런 남자가 없어. 저축이 가장 많은 사람이라야 겨우 3~40만 달러가 있지. 3~40만 달러를 가지고선 그녀들이 얻으려는 그런 안정감과 안전감을 살 수 없어. 대륙의 중국 사람을 말하자면 이만하면 꽤 '부자'인데도 말이야. 마찬가지로 사실 우리도 그녀들을 아내로 맞아들이려 하지 않아. 사람은 누구나 자기 자신을 정확히 아는 것이 중요해. 그녀들과 같은 마누라가 있다면 우리도 남편으로서의 안정감과 안전감을 상실할 수 있어. 왜냐하면 우리가 그녀들의 속셈과 소망을 손금 보듯이 잘 알고 있으니깐. 설사 그녀들이 이미 우리의 아내가 되었다 하더라도 언젠가는 돈 있는 외국 놈한테 얼리어 도망갈 수 있으니깐. 때문에 우리와 그녀들은 기껏해야 친구로 될 수밖에 없고 서로 이성적 지기(知己)일 뿐이지. 상대방이 도움이 필요하기만 하면 친구로서의 의무만 다할 뿐이지. 심지어 애인은 될 수 있어, 오늘 여기에도 몇 쌍은 애인 관계야. 관계가 아무리 확고부동하고 감정이 아무리 한결같다 해도 애인은 어디까지나 애인인 거야. 그들도 사람이니 감정적 수요와 생리적 수요일뿐이지. 그러나 결혼은 이성적으로 대하지 않으면 안될 일이지. 기왕 서로 남편과 아내로는 부적절하고 한순간 충동으로 결혼했다가 부부관계도 오래가지 못하리라는 것을 잘 알고 있는데 고의로 저지를 필요가 있겠어? 아닌가?"

머리를 끄덕이면서 맞장구를 쳤다. 또 만약 내가 '대리인' 중의 일원이라면 남자든 여자든 막론하고 생각이 대개 같을 것이라고 말했다.

그러고 나서 그에게 물었다. "그럼 그녀들 중 외국인들에게 시집가려고 하지 않고 국외에 이민 가려고도 하지 않는 여자들이 중국 남편을 고르는 선결조건은 무엇인가?"

그는 "그들 중 일부는 가장 찾고 싶은 대상이 스타·영화감독·가수·음반제작자·체육스타·화가야."라고 말했다.

"서예가는?" 하고 반문했다.

그는 고개를 가로저으면서 "그녀들은 서예가에 대해 별로 흥취가 없어."라고 대답했다.

나는 왜 그런가 하고 물었다.

그는 이렇게 말했다. 상세한 것은 자신도 잘 모른다. 왜냐하면 서예가에게 시집갈 가치가 있는가 하는 문제를 그녀들과 토론한 적이 없기 때문이다. "예상해 보자면 서법예술이 너무 오래되고 너무 색채가 없기 때문이 아닐까? 자네는 소설가이니깐 사람을 전문 연구하지 않나. 자넨 나보다 여성에 대해 더 연구하고 분석해 봤을 것 아닌가. 특히 중국 당대 여성은 전통 예교의 속박 및 '동방 숙녀'의 규범에서 벗어난 지 얼마 되지 않아 가슴속에 '인기 있는' 사물에 대한 동경과 추구가 가득찼지. 세상에 신선한 물건과 유행 현상이 많아서 두 눈으로 이루 다 볼 수 없는데 언제 서법 같은 데 각별한 애정을 보이겠어?"

또 "그럼 작가는?" 하고 물었다.

그는 한참 주시하다가 싱긋 웃으면서 "자네 정말 내 대답을 듣고 싶은 건가?"라고 반문했다.

그렇다고 말했다.

그는 느럭느럭한 투로 말했다. "솔직히 말하지, 그녀들은 소설을 보지 않네. 이렇게 말하면 너무 극단적인 것 같은데 그럼 그들이 소설을 그다지 보지 않는다고 하세. 그러나 그녀들이 책을 아예 보지 않는다는 뜻은 아니네. 그들 중 대부분은 중고생·대학생 시절에 소설을 아주 좋아했어. 대학을 졸업한 후 특히 정식으로 '대리인'이 된 후 소설과는 완전히 손을 끊었지. 시간적 원인도 있겠지만 완전히 시간적 원인만인 것도 아니야. 사실 그들 중 상당한 일부분은 지금도 책을 읽는 좋은 습관이 있어. 하지만 그들 중에는 당대 중국 작가들이 쓴 소설을 읽는 사람은 적어. 일반 외국소설조차 읽지 않아. 그들은 소설을 읽는 것은 원래 초·중생·고교생·대학 1~2학년 학생들의 '특권'이라고 생각하며, 게다가 시민 계층의 글 깨나 알고 좀 여유가 있는 여성들은 지식인이 소설을 보는 것은 만화 현상이라고 여긴다네.

그녀들의 학력은 비교적 높고 누구도 그녀들이 지식인이 아니라고 부인할 수 없네. 그들이 늘 읽는 것은 외국에서 번역한 사회학 저작들이네. 예를 들면 몇 년 전 국내에서 출판한 《대추세(大趨勢: 미국. 미래학자. 나이스비트)》가 있네. 그 외 《레이건전》, 《부시전》, 《아이아코카전》 등등 전기도 읽네. 그녀들은 틈만 나면 영문 신문도 펼쳐 보는데 당대 중국 작가들이 쓴 소설만은 보지 않는다네. 간혹 어떤 소설이 쟁의를 일으키면 그들은 사거나 빌려서 펼쳐 보네. 중국문학 평론 가들의 문장 혹은 입에서 가장 값싼 어휘는 '심각(深刻)'이네. 허나 그녀들은 자 신들이 종래로 좀 심각하다 할 만한 중국 당대 소설을 읽어 본 적이 없다고 여기 네. 그들 중 일부는 늘 이렇게 대답하네. '넌 그 책을 읽었나? 느낌이 어때?', '읽 었어. 그저 심각한 척 하는 그런 정도야.' 그래서 다른 한 사람은 펼쳐보지도 않 는다. 내가 이렇게 솔직하게 말하는데 자네 개의치 않겠지?"

개의치 않는다고 말은 했으나 속은 그다지 편치 않았다.

"자넨 그녀들이 자네 소설에 대해 어떻게 평가하는지 듣고 싶지 않은가?"

바로 그를 제지시키면서 "말하지 말게. 좋든 나쁘든 난 알고 싶지 않아."

그는 웃었다.(그 웃음 속에 장난기가 비쳤다) 웃고 난 후 아주 허물없는 모습을 보 이면서 말했다. "우정이 중요하지. 어찌됐던 자네한테 한마디는 흘려야지. 그녀 들은 자네가 선천성 심리폭로증에 걸렸고 좀 수다스럽다고 생각하네."

저도 모르게 얼굴을 약간 붉히면서 "나한테로 말을 돌리지 말게. 자네 아직 내가 제기한 문제를 대답하지 않았어."라고 반문했다.

그는 "좋아, 자네가 난감하게 굴지 않겠네. 그럼 방금 자네 문제에 대답하겠네. 내 보기엔 허영심이 없는 여자는 가장 진실하지 못한 여자야. 그녀들은 신랑감으로 국내에서 '스타'급 남자를 골랐으면 하는 바램인데 우선 허영심이 그렇게 만든 거야. 그 다음은 장래 가정경제의 기초를 고려하는 것이야. 현재 국내 스타들 그리고 음반제작자와 화가들은 수입이 아주 높은 사람들이네. 그녀들의 수입도 적지 않은데 저축도 상당해. 양측이 결합한다면 국내에서 평생 일류 수준의 생활을 보증 받을 수 있어. 웃지 말게, 자네가 그녀들에 대해 웃는다면 그건 크게 틀린 거네. 그녀들은 모두 아주 이성적인 여자들이야. 자네 같은 남자보다 더 이성적이야. '스타'급 남자들도 분류하잖아? 그녀들은 '5성급' 남자들한테 시집가려고까지 공상하지 않네. 그런 남자는 전국에 손꼽힐 정도로 적으니깐. 그녀들은 그저 '4성급', '3성급' 내지는 '2성급' 남자들한테 시집가고 싶어 해. 물론 스타급 곁에도 못가는 남자들에겐 단 한번이라도 시집갈 것이 못된다고 생각해. 자네 금방 안에서 녹색 치파오(旗袍: 중국 여자들이 입는 원피스)를 입은 여자를 보았지?"

나는 잠깐 회상에 잠겼다가 머리를 끄덕이면서 인상이 있다고 말했다.

그는 "그녀는 작년에 연예계 한 '3성급' 남배우와 한동안 열렬한 연애를 했어. 나중에 불쾌하게 헤어졌어. 왜냐하면 상대방이 자기보다 더 현대적이고 성 관념도 더 개방되었고 자신보다도 혼인의 구속의식이 더 옅었기 때문이야. 그녀는 그와 다른 여자들의 애매한 관계를 더 이상 참을 수 없었던 거야."라고 말했다.

그는 계속해서 말했다.

"그녀들 중 또 다른 일부 여자들은 외교관·과학자·학자·유명한 교수에게 시집가고 싶어 해. 그녀들의 저축은 앞서 말한 부류 여자들보다 배로 많아. 그녀 자신의 저축만으로도 중국에서 평생 넉넉한 중산계급 생활을 하는 덴 아무 문제도 없네. 때문에 그녀들이 신랑감을 고르는 눈길은 남자들의 사회적 지위를 첫자리에 놓고 고려하네. 자격이 있고 자본이 있으면 경제요건을 제2위에 밀어 놓는 것이지. 향후 시대에 중국 외교사무의 빈번함과 활성화와 더불어 중국 외교관의 국제적 지위는 갈수록 높아 갈 거야. 외교관 부인이 되어 중국과 외국 2곳에서 생활한다면 얼마나 멋진 일인가? 과학자의 부인도 괜찮지, 기회만 생기면 남편을 따라 출국하여 학술강연을 하고 학술교류도 할 수 있지. 외교관과 과학자 부인에 비해 사회과학 학자들 부인의 느낌은 좀 차이가 있지. 과학은 제1생산력이다. 이 점은 전 세계가 모두 인정해. 그러나 사회과학이 도대체 생산력과 관계가 있는지, 얼마나 큰 관계가 있는지는 전 세계에 아직 통일되고 명확한 설명이 없어.

어느 업종이 생산력과 직접적 관계가 없다면 그 업종이 존경을 받는 정도가 제한되어 있어. 전 세계가 모두 마찬가지야. 그녀들은 이 점에 대해 아주 분명히 알아. 사회과학 학자들에게 시집가는 것은 그녀들의 선택 중 차선의 하책이야. 사회과학 학자들은 자연과학자들의 연구 영역에 비해 더 대중화되었기 때문에 쉽게 대중들 사상계몽의 우상이 될 수 있네. 일반적으로 사화과학 학자들은 인심을 살핌에 있어 마치 자연과학자가 업무에 조금도 소홀히 하지 않는 것처럼 아주 꼼꼼하고 세밀하다. 헌데 이런 여자들은 큰 단점이 있네. 항상 다른 사람이 자신들에 대해 분석하기를 바라네. 마치 다른 사람이 자신들의 특별한 방식을 중시하고 있는 것처럼, 만약 자신을 분석하는 사람이 남자라면, 또 아주 정확하고 투철하게 분석한다면 그녀들은 그 남자에 대해 공경해 마지않으며 신처럼 받든다네. 이 점에선 자연과학자들이 분명 사회과학 학자들보다 뒤떨어져.

까놓고 말해 소위 우열이 서로 상쇄된다는 것은 그녀들은 이미 남자가 돈을 얼마나 버는지, 언제면 공공주택을 분양받는가 하는 것은 별로 마음에 두지 않는 여자들이라는 것이야. 그녀들이 자신이 다년간 모은 저축으로 사는 것은 아내로서의 우월감인 거야. 오늘 여기에 온 여자들 중 한 사람이 모 대학 사회심리학 부교수한테 시집갔어. 그의 아내가 된 다음부터 입만 열면 '사회심리학 시각에서 본다면……'라고 말해. 그래서 다들 농담으로 그녀를 남편의 지도를 받는 연구생이라고 말했어. 그녀 남편은 그녀보다 7살이나 어려, 이제 28살이야. 전형적인 학문이 깊은 어린 남편이지. 그녀는 비할 바 없이 행복해, 온종일 남편을 마치 아이가 엄마를 그리워하는 것처럼 자신에게 애틋하다고 칭찬해. 사실 아마 그럴 거야. 좀 있다가 자네도 한눈에 그녀가 보일거야. 어느 여자의 얼굴에 웃음이 가득하고 가장 온정이 넘치면 틀림없이 그 여자야……."

"그들이 시집가려고 하는 남자 또는 이미 시집간 남자들은 일반 남자가 아닌가 봐!" 하고 반문했다.

그는 "자네 이 말은 아무 도리가 없어. 자네 속으로 질투심이 생긴 거지? 한 여인이 기질하면 기질이 있고 용모하면 용모가 있고 문화하면 문화가 있고 돈하면 상당한 액수의 돈이 있어, 모든 조건을 다 갖추었는데 왜 일반 남자를 남편으로 삼는데? 그녀들은 자격도 있고 자본도 있어. 한마디로 특권이 있어야 비교적 고급스러운 물건을 가질 수 있네. 고급 신랑감을 포함해서 말이네! 바꾸어서 보면 남자들도 그렇지 않은가? 이는 인류사회의 법칙이야. 고금중외로 줄곧 그래왔어!"라고 말했다.

갑자기 '친목'회장에서 노랫소리가 흘러나왔다.

하늘에 태양,
물속에 달님.
어느 것이 더 둥글고 어느 것이 더 밝은지
나는 알 수 없어, 알 수가 없네…….

일부 남녀는 중문, 일부 남녀는 영문으로 합창하고 있었다. 필자가 쓴 드라마 《눈 도시(雪城)》 중의 삽입곡이었다.

그는 말했다. "자네 지금 기쁘지?"

"나도 기분 나쁘다고 한 적이 없어."라고 말했다.

노랫소리가 멈추자 그는 나를 연회장으로 데리고 들어가 여러 사람에게 소개해 주었다.

홍콩인들을 포함한 십여 명의 외국인들은 삽시간에 나를 에워싸고 분분히 나에게 명함장을 건넸다. 이어서 문제를 하나하나씩 제기했다. 몇몇 홍콩인들은 문제를 제기하지 않았으나 친구로 사귀고 싶다는 소망을 표시했을 뿐이다. 그 소망도 거의 단순히 의례적인 것이었다. 문제를 제기한 것은 전부 외국인이었다. 열 가지 문제 중의 6~7가지는 중국 당대 문학과 관계가 없는 것이었고 심지어 상업과도 무관하였다. 비록 그들이 모두 상업계 외국인이었지만 그들이 알고 싶어 하는 것은 중국 작가들의 중국 현실에 대한 태도 그리고 중국의 미래에 대한 감각에 불과했다. 이때 남녀 동포 몇몇이 나서서 적극적으로 통역을 맡았고 또 몇몇은 이렇게 격려했다. "근심 말게, 속으로 생각하는 대로 말하면 돼. 저 사람들은 기자가 아니야, 자네 말을 외국 신문에 폭로하여 자네가 국내에서 수난을 겪는 일은 절대 없을 거야."

필자는 그 무슨 근심 같은 것은 전혀 없었고 어떻게 대답하더라도 어디까지나 개인 견해일 뿐이고 쌍방이 원해서 한 것이다. 그러나 여기에 온 목적은 기자회견을 하기 위해서가 아니었다.

한순간 그 장소에 대해 거북한 감정이 치올랐다. 그 '말로 표현할 수 없는' 혼란스러움은 마치 내가 그 신사숙녀 동포들처럼 외국인의 의식과 느낌 속에 전력을 다해 융합되려고 하나, 흔히 일이 뜻대로 되지 않고 도저히 융합될 수 없는 것과 같은 기분이었다. 건성으로 몇 마디 응대하고 위가 아프다는 구실을 대고 친구의 불쾌한 기색에도 불구하고 총총히 나와 버렸다.

집으로 돌아오는 길에 이런 생각을 했다. 그 '친목' 활동의 주역 또는 이른바 주체인사는 그 풍채가 늠름한 남성 동포도 아니고 자태가 아리따운 여성 동포도 아니며 심지어 말을 묘하게 잘하고 분위기를 잘 띄우는 여성 사회자도 아니라 그 열두 명의 외국인, 더 정확하게 말해서 5명의 미국인·2명의 프랑스인·2명의 영국인·1명의 이태리인 그리고 나머지 3명의 국적을 모르는 외국인이었다. 피부색을 보면 유럽인임에 틀림없었다. 그들은 모두 키가 훤칠하고 눈알이 파랬으며 얼굴은 빤빤하게 면도질을 잘 했다. 거동이 점잖고 사람들에게 깍듯하고 시원시원하게 대했다.

우등하다고 인정받는 사물은 중심사물이 되기 마련이다. 사람도 마찬가지이다. '친목' 활동이 마치 전적으로 그들을 위해 주최된 것 같은 느낌이 들었다. 참석한 여성 동포들의 활동은 분명 '오작교'의 색채를 띤다. 남성 동포들의 분위기는 '오늘 난 출연하게 된다.'는 그런 뜻이 있다. 여성동포들은 모두 훌륭하게 귀빈들에게 자신의 매력을 보여 주었고 모든 남성 동포들은 대화의 기회를 잡고 그들에게 철썩 달라붙어 영어로 쉼 없이 말한다. 그들 모두가 상대방에게 상업대리 방면의 걸출한 재능을 자천하고 있을 것이라 추측한다.

국경을 뛰어넘은 사랑 이야기가 과연 몇 쌍이나 사람들의 소원대로 잘 되고 있을까? 얼마나 되는 남성 동포가 봉급이 더 높은 외국회사로 '옮겨'가고, 또 얼마나 많은 이가 그의 전임 외국 보스에게 갑작스럽게 '해고' 당하는 걸까?

속으로 그들의 행운을 비는 동시에 자연스럽게 나의 친구에 대해 감격하기 시작했다. 초대되어 함께 한 2시간이 낭비라고 여겨지지 않는 것은 생각 밖의 '감성적 인식'을 얻었기 때문이다.

손가락을 꼽아 헤아려 보면 지난 수십 년간, 그리고 동서남북에서 비록 십여 명의 중국 '매판'형 인물들과 접촉했지만 그들을 잘 이해했다고 말할 수 없으며 또 그들을 이해하려는 생각도 없었다. 그러나 친구는 나에게 그들의 단체적 풍채를 일람할 수 있는 기회를 마련해 주었다. 지난날 중국 남방에서만 2명의 여성 '매판'형 인물과 겨우 접촉했으나, 친구는 나에게 2개 이상 강화반 수에 달하는 그녀들을 가까이에서 '훑어 볼 수' 있는 절호의 기회를 마련해주었다. 이 2시간 동안 마치 커다란 어항 속의 각종 열대물고기를 살펴보듯이 그들을 관찰하였다. 그 관찰은 무슨 엉큼한 심리에서 출발한 것이 아니라 단지 연구적 성격을 띠었을 뿐이며 이는 또 직업적 습관이 그렇게 만든 것이다. 솔직히 말해 처음에는 그들에 대해 반감이 컸으나 집으로 돌아오는 길에 그 편견이 점차적으로 자연스럽게 수정되었고 마지막엔 하나도 남지 않고 깡그리 없어졌다.

과거에 대다수 중국 사람의 사상방법은 항상 옳고 그름, 정확과 착오, 존경과 비열 사이에서 대립하였다. 항상 둘 중의 하나였기 때문에 세상일은 간단하게 구분되었다.

그래서 개개의 중국 사람들은 개념화되어 분류를 당했다. 사람의 이치에 맞는 공리주의는 실사구시적으로 인정받지 못했을 뿐만 아니라 걸핏하면 치열하고 때로는 냉혹하다 할 정도로 말과 글에 의해 죄상이 폭로 당했다.

'개혁개방'이 중국 사회에 가져온 진보 중의 하나는 '사람들이 자신의 적절한 공리를 선택할 권리를 알게 된 것이다.'

'절대원칙' 측면에서 개인의 선택과 개인의 추구는 국법을 위반하지 않고 사회 공공이익을 해치지 않고 타인의 개인이익을 해치지 않기만 하면, 또 '상대원칙' 면에서 사회 일반적 윤리원칙을 더럽히지 않기만 하면 사실상 최대한도의 자유를 누리는 것이다.

특히 스스로를 감동시키는 것은 '매판'형 인물인 친구가 면전에서 한 솔직한 자기 표명이었다. 그를 통해 그들이 갖가지로 개인적 득실을 따지는 행위는 특이한 것이 아니라, 사실 우리 각 개인이 평소에 비일비재로 행하는 행위와 다를 바 없다는 것을 알게 됐다. 차이점은 단지 우리가 맡은 것은 그들이 맡은 시대적 역할이 아니고, 우리는 그들과 같은 특수한 처지에 처해 있지도 않으며, 그들이 직면한 모순에 직면하지 않았기 때문이다. 그 상황 밖에서 바라볼 때 우리는 분명 그들이 너무 튀는 행동을 하면서 따지는 공리주의를 관용하거나 허용하지 않는다는 것이다. 그러나 그들이 보기엔 그것이 합리적일 뿐만 아니라 현실적이다.

모 유행가의 가사를 인용하여 묘사한다면 즉, 2시간 동안 그들의 호흡을 호흡하면서 그들의 느낌을 느꼈으며 그들의 동경(憧憬)을 동경하면서 그들의 실의의 실의 속으로 빠져들었다. 사람의 계층은 서로 다르고 따라서 그 계층 간의 꿈도 다르다.

필자도 이전에 작가에서 '매판'으로 변신할 수 있는 기회가 있었다.

아마 1992년도였을 것이다. 저명한 작가 몇 명과 함께 고향 하얼빈에 가서 빙설제를 참관했는데 대만 상인들과 한 호텔에 투숙하게 되었다. 같은 귀빈으로서 함께 활동하는 시간이 적지 않았다. 하얼빈시 정부에서 주최하는 환영회에서 우리 몇 명의 작가들과 대만 상인들은 서로 뒤섞여 앉게 되었다.

석상에서 당시 북대황(北大荒) 지식청년 출신의 부시장은 술잔을 들고 자리에 있는 북대황 지식청년 전우들이 건배하자고 건의했다. 말이 떨어지자 사람들이 술잔을 들고 우르르 일어섰다. 공안·공상·재정·국내무역·대외무역·경제위원회·계획위원회·은행·언론·구청장·구청위원회서기·시위원회 비서장·성위원회 선전부 부부장 등 각계각층이 다 있었으며 모두 권력을 장악한 각 부서의 정(正)과 부(副)의 우두머리들이었다. 하얼빈은 북경·상해·천진보다 작았으나 당시 하향(下鄕) 지식청년은 3개 대도시보다 적지 않았으며 거의 전부 북대황 지식청년이었다. 그래서 나중에 '하얼빈 현상'이라 불리는 북대황 지식청년 권력 '계층'이 형성되었다. 다들 '전우'였기 때문에 그들은 당연히 나에게 더 친절하게 굴었다. 결국 환영회가 끝난 후 대만 상인들은 나에게 자신들의 하얼빈시 투자 대리인이 되어달라고 진심으로 유세하기 시작했다. 다른 몇몇은 무슨 영문인지 심용 누이에게 각별한 믿음을 보이면서 그에게 북경투자 대리인이 되어달라고 유세했는데 그 열정은 나보다 조금도 뒤지지 않았다.

설득 공세는 전후로 1년 넘게 지속되었다.

그들이 약속한 권한은 이러했다. 첫째, 그들을 대리하여 투자항목을 고찰한 후 제출한다. 둘째, 그들을 대리하여 투자규모와 금액을 결정하여 타당성보고서를 제출한다. 투자계획이 토론되어 결정되기만 하면 그들이 위임한 총경리(CEO. 최고경영자)와 같은 배역이 되는 거고 적어도 부총경리직을 얻을 수 있었다. 보수는 당연히 흥정이 가능했다. 지분 방식도 좋고 높은 커미션을 요구해도 좋다. 자가용은 즉시 생길 것이고 체면 서는 사무실도 말할 필요가 없다. 왜냐하면 체면이 서지 않으면 그들 자신이 먼저 신분이 실추된다고 생각하기 때문이다…….

자가용은 내가 갖고 싶어 하는 것이다. 총경리직도 나는 잘 할 수 있다.

그러나 그 다음 직책도 용맹정진하고 백절불굴의 정신으로 부담해야 한다. 부지선정·부지매입·시공·공장건물 건설 감독·직원 모집·설비 도입·제품생산·광고 홍보·마케팅·시장경쟁 책략……. 이 과정은 위아래 관원의 두터운 배려와 지지가 필요하며 어느 일방 혹은 어느 한 방면의 협조가 원활하지 않으면 잘하려니 하는 것은 꿈도 꾸지 말아야 한다. 이 과정은 또 각양각색의 지역 불량배와도 접촉해야 하는 일인데 그들을 잘 구슬리지 못할 경우 편안한 날을 보낼 생각을 말아야 한다.

세상에! 생각만 해도 두피가 갈라질 지경이다.(머리에 쥐가 내릴 지경이다)

그 당시 심용 누이와는 늘 통화를 했는데, 어떻게 하면 대만 상인들의 투자 적극성에 부정적 영향을 끼치지 않고 우리 두 사람에 대한 그들의 호의에 냉대하지 않으면서 완곡히 사절하겠는가 하는 내용들이었다.

최후에는 그들에게 감사편지를 썼다. 편지내용은 이러했다. "나의 당시 지식 청년 전우들은 이미 크고 작은 관원이 되었습니다. 지금은 홀로 작가가 되었기 때문에 우리들의 관계가 당시처럼 친밀한 것입니다. 그래서 그들과 우호적으로 지낼 수 있는 방법을 알고 있습니다. 헌데 신분이 바뀌기만 하면, 어떻게 그들과 사귈지 모르거니와 그들의 친밀감도 당시보다 못할 겁니다. 그렇게 되면 필연코 당신들에게 큰 경제손실을 가져올 것입니다. 본인은 그 후과책임을 부담하기 정말 곤란하며 그 후의 이해관계에 손을 대기는 더욱 곤란합니다……."

그렇게 되어 그 일은 흐지부지 마무리되었다.

심용 누이의 거절 과정은 더 간고했는데 마지막에 그녀는 아예 질질 끄는 전술을 썼던 것으로 알고 있다.

우리 두 사람이 창작을 포기하고 '전권대리인'질을 하지 않은 것은 그런 배역이 불명예스럽다고 생각하거나 상업을 경멸하는 편견이 장난을 친 것이 아니라 단지 우리가 글 창작에 열중하였기 때문이라고 생각한다. 이것도 이해득실을 따져본 후 포기한 것이라고 인정하지 않을 수 없다.

만약 내가 포기한 것이 '전권대리인'이 될 수 있는 기회의 포기가 아니라 창작일 경우 내가 '이화(异化)'되었다는 증명을 결코 할 수 없다고 생각한다. '이화'를 논할 경우 사실 창작이 나에 대한 '이화'가 오히려 더 깊다고 생각한다.

'전권대리인'이 되는가 아니면 계속 창작을 하는가 하는 선택 사이에는 그 무슨 옳고 그르다는 사회 평판의 차이가 존재하지 않는다. 일은 단지 우리 개인에게 좋은가 나쁜가? 적절한 가 부적절한가만이 관계된다.

우리 스스로에 대해 이렇기 때문에 당연히 똑같은 관념으로 나의 '매판' 친구를 대하게 되고 또 당연히 대등한 관념으로 '매판' 동료들을 대하게 되는 것이다.

상업과 문학, 그리고 기타 여러 인생의 선택 기로에는 고하와 우열 구별이 없다.

상업과 문학이 시대 상황에 없어서는 안된다는 의의는 같다. 아니, 이 말은 틀리다! 문학은 없어도 되지만 상업은 없어서는 안된다. 작가는 없어도 되지만 '매판'은 없어서는 안된다.

발전도상국의 상업은 필연적으로 법칙에 맞게 '매판'형 인물을 만들어 낸다. 그들이 계층을 형성할 정도로 많을 때 필연적으로 발전도상국의 사회의식형태에 무시할 수 없는 영향과 충격을 가져온다. 어느 한 시기는 긍정적 영향과 충격이 좀 더 뚜렷하고, 어느 한 시기는 부정적 영향과 충격이 좀 더 크다.

보기엔 '개혁개방' 초기에 긍정적 영향과 충격이 좀 더 뚜렷하였다. 좋은 사람과 그렇지 않은 사람이 뒤섞인 단계에서는 부정적 영향과 충격이 좀 더 많았다. 큰 물결이 자갈과 모래를 씻어내고 침몰선은 갯가 옆으로 밀려나는 현 단계에서 긍정적 영향과 충격이 다시 뚜렷해지기 시작했다.

그들의 갖가지 '매판'식 독특한 심리상태와 개인 이해득실을 따질 때 특유의 모순이 반영된 '매판' 의식에 대하여 우리는 구태여 질책과 비판을 할 필요가 없다.

그들은 그러한 의식을 많이 가지고 있을 수밖에 없다.

그렇지 않으면 오히려 사람들이 이해가 안된다.

중국 당대 '매판'형 인물은 마치 중국이란 이 우리(窩와)속의 '매판 알둥지'같다. 적절한 조건과 온도 하에서 부화되며 부화를 촉진하는 선결조건은 시대의 조건이고 온도는 다국 경제가 바야흐로 발전하는 역할이며 그들을 도와 날갯짓을 연습시키는 것은 그들의 '외국인 감독'이다.

그들은 마음속으로 늘 '둥지에 대한 미련'을 갖고 있다. 그러나 배운 것은 서양식 비상(飛翔)재주이고 모두 '서양 새'가 되고 싶어 한다.

그들은 '서양감독'에게 감격하며 이른바 '사은(師恩)을 잊지 못한다.' 그러나 마음속으로는 항상 '배반'할 생각을 한다. 왜냐하면 그들은 완전한 '서양 새'로 인정받지 못하고 있기 때문이다.

그들은 중국에 대한 관심보다 더 세심하게 각자 '대리국'의 정치와 경제 바로
미터에 관심을 돌리고 있다. 그것은 이민 가려는 이상향의 나라에 마음이 자주
동하기 때문이다.

　　그들의 중국 전통문화, 즉, 예를 들면 음식문화·복장문화·민속문화·연극문
화 내지 민간예술 등에 대한 관심은 옛 것에 대한 흥취보다 더 많다. 그들의 생
각은 이렇다. 많이 이해할수록 유익할 것이다. 언제가 외국에 가면 자신의 '중국
특색'을 더해 줄지도 모른다. 기왕 철저히 서양화할 수 없을 바엔 선명한 '중국특
색'도 자신을 도와 외국에서 '사랑스러운 중국이민'으로 만들어줄 수 있잖은가!
이런 생각은 그들 심리상에 영원히 결합시킬 수 없는 분열을 증명해 준다.

　　당대 중국에서 그들은 가장 으뜸으로 '중국에 몸을 두고 세계를 바라보는' 중
국 남녀들이다. 그들이 보편적으로 털어놓는 푸념은 '대리인' 노릇을 하기가 갈
수록 힘들다는 것이다.

　　실제 그렇다. '대리인'의 특수한 직권은 그들의 서양 보스에 의해 갈수록 약화
되고 있다. '전권'은 과거의 휘황찬란함처럼 이미 역사가 되었으며 더 이상 과분
하게 바랄 수 없게 되었다.

　　"초기단계"에 서양 보스들은 그들에게 일만 성사시키도록 요구했고 방식·방
법에 대해서는 너무 관여하지 않았다. 일을 성사시키는 데 쓰는 경비도 도급성
격을 띤다. 도급은 그들이 좋아하는 방식이다. 지금은 '중국특색'의 방식·방법
은 더는 남에게 자랑할 것이 못된다. '외국인'들도 숙련되었고 자유자재로 운용
할 수 있다. 이는 의심할 바 없이 그들 '대리인'의 '특기'를 무시하거나 심지어 냉
대를 받게 만들었다. '도급'성격의 '보조관리'의 기획도 외국 보스에 의해 쉽게 채
택되지 않는다. 서양 보스들은 갈수록 더 영리하게 돈 계산을 한다. 그들은 보스
의 돈을 더 이상 손 크게 쓰지 못한다. 개인이 거기에서 득을 보기는 거의 불가
능하다.

　　때문에 솔직히 그들은 늘 '회고' 심리를 가지고 있다. 대다수 사람들은 늘 자신
에게 가장 많은 이익을 가져다줬던 '좋은 날'들을 그리워한다.

　　확실히 중국 당대 '매판'가들의 '대리' 직권의 범위는 갈수록 작아지고 있다. 그

들의 서양 보스들은 지난날 한창 때 부여했던 직권들을 조금씩 회수하고 있다. 중국 비즈니스가 국제 비즈니스와 갈수록 통합되어 감에 따라 그간 운영방식과 세관절차도 갈수록 규범화되고 투명화 되며 법제화되어 갔다. 이전에 '대리인'들이 통달했던 경로를 서양 보스들도 통달하기 시작했다. '대리인'이 통달하지 못한 경로를 서양 보스들은 벌써 통달했을 뿐만 아니라 자신감이 있다.

이전에 막 처음 온 서양 보스들은 아랫사람에게 묻는 것을 부끄러워하지 않고 허심탄회하게 그들로부터 가르침을 받았다. 지금은 '제 집에 돌아온 것처럼 마음이 편안해진' 서양 보스들은 길을 잘 알아 차를 가볍게 몰듯이 지시를 내린다. 어떻게 생각하면 어떻게 진행한다! 만약 그들이 조금이라도 의심스러워하면 서양 보스들은 얼굴을 찌푸리면서 "난 다 알아, 그런 수작 그만해."라고 한다.

그것은 바로 그들이 가장 짧은 시간 내에 '말로 전수하고 몸으로 직접 가르치며', '하나를 보면 열을 아는' 식으로 자신의 서양 보스들을 가르쳐 중국의 '그런 수작'을 알게 만든 것이라고 할 수 있다. 서양 보스들은 지금 그들이 가르치는 '속성반'을 졸업했다. 그들은 수준 있게 가르쳤으며 '서양 학생'들은 빨리 또 훌륭하게 배웠다.

이는 호랑이가 고양이를 스승으로 모신 우화를 연상시킨다. 고양이는 호랑이에게 나무에 오르는 수를 가르쳐 주지 않았다. 때문에 호랑이가 능력을 믿고 스승을 괴롭힐 때면 고양이는 바로 나무에 기어올라 높은 곳에서 호랑이가 어찌할 수 없는 모습을 내려다본다. 그리곤 여전히 자기 '스승의 존엄'을 지켜 간다.

그러나 그들은 한 수도 보류하지 않았다. '중국특색'의 '그 수작'을 남김없이 전부 전수하였다. 때문에 '호랑이'는 더 이상 제자이길 원하지 않으며 보스의 본래 모습을 회복하기 시작하고 그들은 울분을 참을 수밖에 없다.

이는 또 중국의 '새를 다 잡고 나니 활을 거두고, 토끼를 잡고나면 사냥개를 잡아먹는다(兔死狗烹)'는 고사성어를 연상시킨다. 중국 시장은 마치 큰 삼림과 같아 수천 마리 새들이 동시에 서식할 수 있다. 때문에 서양 보스들은 손에 익은 '활'을 버릴 정도까지는 아니며 더욱이 그들을 '잡아먹을' 정도에 이르지 않았다. 그러나 갈수록 그들을 '중국 측 고용자'처럼 대한다.

대다수 중국 사람들이 생각하고 보건대, '대리인'도 좋고 '중국 측 고용자'도 좋고 본질적으로 별로 차이가 없는 것 같다. 그렇지만 그들의 직감은 차이가 크다. '대리인'은 신임을 받음을 의미하고 '전권'은 총애를 받는다는 것을 의미한다. '중국 측 고용자'는 고용되는 것밖에 안된다. 그 속의 괴로움을 그들은 한마디로 이루 다 말할 수 없으며 말하려 하다가도 그만둔다.

그렇다. 중국 당대 '매판'들은 특정한 시기 내에서 일부 사람들만 '잘나간 것'이었다. 지금 그들의 '행운'은 종점에 다다랐으며 향후 더는 별로 큰 작위(作爲)가 없을 것이다. 마치 모종의 '특별수당'을 한번 지급한 후 전례를 좇아 계속 지급하지 않는 것과 같다. 이미 이득을 얻은 것은 얻은 것이고 이득을 얻지 못한 것은 더 이상은 같은 대우를 기대하지 말아야 한다. 설사 이득을 얻은 것이라 해도 그건 다 지나간 일이다.

그러므로 중국 당대 '매판'가 계층은 작은 계층이며 시대의 간지에서 속성된 계층이다. 과거에는 야심만만했으나 지금은 그 야심이 시대의 양쪽에 눌려 납작해진 계층이다. '아직 큰 뜻을 이루지 못했으나' 이미 큰 재능을 발휘할 여지가 없게 된 계층이다. 뒤를 이을 사람이 없는 계층이다.

앞으로는 이 속성된 소 계층은 점점 위축되어 갈 뿐 확대되지는 않는다. 그 대신 일어서는 것은 한 무리, 한 무리의 '중국 고용자들'이다. 그것은 그들이 '매판'처럼 총애를 받은 적이 없기 때문에 심리적으로 고용당한 것이 억울하다고 생각하지 않는다. 이는 오히려 그들과 서양 보스들의 관계를 단순하고 명료하게 결정하였다.

즉, '개혁개방' 초기에 외국기업 또는 회사는 중국에 진출하는 문제에 있어 아주 신중했으며 지금처럼 뒤질세라 앞을 다투어 승승장구하듯 투자하지는 않았다. 당시 그들은 흔히 먼저 한두 사람을 중국에 파견하여 면밀히 고찰하였다. 말이 '고찰'이지 실지 '정찰'이었다. 마음속에 확신이 없으면 경솔하게 중국에 간판을 걸 엄두를 내지 못했다. 때문에 그들이 필요한 '대리인'들은 진짜로 '전권대리'

였다. 호텔에 투숙하고 비행기 표를 예약하고 렌터카를 임대하는 일마저 '대리'가 도맡아 했다. 그렇지 않으면 사기당하고 헛돈을 쓸까 봐 걱정되기 때문이다. 이 때문에 당시 '대리'들은 흔히 한두 사람뿐이고 통역도 겸직해야 했으며 또 평소에 고정된 사무장소가 없었다. 좀 손이 큰 외국 보스는 그들을 위해 호텔이나 여관에 장기간 방을 전세 내 주었다. 좀 깍쟁이인 경우 그들의 '대리'들은 집에서 바다 건너 지시를 받고 매월 교통보조를 받는다. 오늘과 달리 명색이 이름 깨나 좀 있는 외자기업 또는 외국회사는 흔히 오피스텔 한층 심지어 반 채 또는 전체를 전세 낸다. 과거와 오늘 그리고 외자 기업·외국 회사 그 자체 혹은 그들의 중국 '대리'를 막론하고 북경·상해·광주·심수 등 대도시에서의 처지는 모두 역사적 변화가 발생하였다. 정말로 "진나라 시대의 달, 한나라 시대의 변방이라(秦时明月, 汉时关: 당대. 왕창령(王昌齡)《출새시: 出塞詩》)"고 말한 것처럼, 같은 국화이지만 서로 다르다고 할 수 있다.

이후에 다른 어떤 자리에서 한 외국상인이 모택동의 '어록가'를 부르는 것을 들었는데 그는 가사를 좀 뜯어고친 후 이렇게 불렀다. "우리 외국 사람은 종자와 같고 중국 도시는 토지와 같다네. 우리는 어디 가면 어디 사람들과 한 덩어리가 된다네. 중국인들 사이에서 뿌리를 내리고 꽃을 피운다오."

맞다. 많은 외국 기업과 회사들은 이미 중국에서 '뿌리를 내리고 꽃을 피웠다.' 그들의 많은 '중국지역'·'북경지역'·'상해지역'·'남방지역' 임원들도 중국통이 되었다. 그렇게 높은 위치에 앉을 수 있는 토박이 중국인은 없다고 말할 수 없지만 반드시 많지는 않을 것이다. 끄떡없이 앉아 있는 자는 분명 탁월한 자임에 틀림없다. 당시의 첨병식의 '대리'들은 십중팔구는 이미 역사무대에서 물러났다.

객관적으로 말해, 그들은 외자 기업과 외국 회사들을 위해 공을 세웠을 뿐만 아니라 중국과 많은 중국 사람들을 위해서도 기여하였다.

그들은 가장 일찍 서양적 사고와 서양적 시각으로 자기나라 중국 사람을 대한 자들이며 또 가장 일찍 본국에서 '서양풍'을 체득하고 받아들인 사람이기도 하다. 그들의 몸에서 '서양풍'에 대한 과격한 민족주의 과민반응이 가장 적었고 당시 중국 사람들에게 흔치않은 객관적이고 현실주의적 입장이 다분했다. 당시의 중국에 대하여, 그것은 고질적인 '약소국 병'을 치료하는 '민간요법'이었다.

'귀국파'들은 후에 국외에서 중국에 유익한 각종 참신한 사상을 가져왔지만 그들은 '귀국파'이기에 앞서 의식적이건 무의식적이건 간에 지구의 다른 북반구 인류의 보편적 가치관을 전파하였다. 오늘에 와서 볼 때 만약 당시에 우리 중 일부 사람이 사상적인 면에서 그들의 영향을 다소 받았다면 그런 영향은 괜찮은 것이다. 적어도 우리가 어떻게 너그럽게 대하는가를 알게 했다.

진정 현대화된 중국이 만약 한마음으로 공자에게서 현대 국가사상을 찾으려 한다면, 그것은 행동과 목적이 서로 반대되고 나무에 올라가 물고기를 구하는 격이다. 보건대 진정 현대화를 희망하고 '거대한 경제체제'에만 만족하지 않으려면, 중국은 오늘날에도 당시와 마찬가지로 역시 많은 다른 나라의 사상적 영향력의 촉진이 요구되어야 할 것이다……. 그들은 중국 당대 중산가 계층에서 갈수록 무시할 수 없는 비중을 차지하고 있다.

3장

당대 중산가 계층

중국영화사 대표단을 따라 일본에 가서 체류하는 10일 동안에 일본에서 초빙한 임시통역 중에는 여성동포 한 명이 있었다. 그는 20세기 80년대에 남편을 따라 일본에 건너갔는데 그를 통해 일본에 정착했다. 남편은 모 대학 교수로 초빙되었고 그녀 자신은 통상적으로 일본 각 문화단체를 위해 자료 번역자를 맡았다. 그녀 아들은 일본에서 중학교를 다니고 있었다.

서로 좀 익숙해지자 그녀에게 자신의 가정이 몇 년이 더 걸려야 일본 중산가 계층에 들어갈 수 있는가하고 물었다.

그녀는 질문에 아주 의아해하면서, "우린 이미 중산층이에요!"라고 대답했다.

그녀의 대답에 어리둥절해지기는 마찬가지였다. 왜냐하면 일본에 오기 전 몇몇 일본 친구에게 유사한 문제를 제기한 적이 있었다. 그들 중 소수 사람만이 진지하게 생각한 후 자신을 일본 중산가 계층 중의 일원이라 할 수 있다고 자신 있게 말했다. 반면 대다수 사람들은 골똘하게 생각한 뒤 아니라고 대답했다. 왜냐하면 일본 젊은 세대 중에 집을 살 정도로 경제실력이 있는 사람은 아주 제한되어 있다. 차를 사려 해도 여러 해를 저축해야 한다. 자기 집이 없을 뿐만 아니라 자가용도 없는데 중'산(産)'가 느낌을 어디서부터 이야기하지? 몇몇 중년의 일본 친구는 집을 살 때 빌린 대출금을 아직도 상환하지 못했다고 솔직하게 말했다. 일본에서 대학 정교수 월급은 보통 40~50만 엔이다. 월급으로 50만 엔을 받는 교수는 대체로 베테랑 노교수이다. 설사 일본 중소형 도시에서 일반 상품주택 한 채를 사더라도 적어도 6~7천만 엔이 필요한데 교수 한 명의 십여 년 수입과 맞먹는다. 일본의 개인 주택은 유산으로 물려받았거나 혹은 전 가족이 모은 돈에다 대출금을 합해서 산 것이다. 당대 일본에서 40대 이하 부부가 개인주택을 보유하는 것은 사실 한계가 있으며 대다수는 임대주택에서 산다. 한 일본 남자의 인생단계는 대체로 이렇다. 30대에 보통 봉급을 30~40만 엔을 받는데 이때에 비로소 자가용을 살 수 있다. 40대에 들어서면 봉급을 보통 40~45만 엔을 받는데 이 단계에 승진경쟁이 가장 치열하고 임금이 오를 기회가 적다. 50대가 되면 봉급이 50만 엔 안팎에 도달할 수 있는데 집을 사는 일이 현실로 변하기 시작한다.

일본에서 이런 부동산 광고를 본 적이 있다. 50대 전후 일본 부부가 각기 손가락을 펴들고 교외 작은 별장을 가리키고 있다. 눈에 확 띄는 멘트는 '배로 노력해 일하면 저 집은 당신 것이 될 것이다.' 옆에는 또 도표가 그려져 있었는데 매월 얼마를 저축하고 몇 년을 모으면 면적이 얼마인 집을 살 수 있다고 명백하게 표기하였다.

한 젊은 일본 친구가 그것을 보면서 말했다. "보게, 저것이 우리 인생 약도야."

어디 일본뿐이랴! 인류가 현세기에 들어서면서 거의 전 세계 평범한 사람들의 인생은 모두 도표화된 운명을 면할 수가 없다.

일본의 부동산은 여전히 비싸며 모든 일본 사람들이 50세 후 순리대로 작은 집 한 채를 장만할 수 있는 것이 아니며 적지 않은 일본 사람들은 임대한 집에서 생을 마감한다. 한 일본인이 진짜 주택과 자가용을 보유했고 대출을 전부 상환하고 봉급을 50만 엔 정도를 유지할 때만이 자신이 중산층이라는 느낌이 올 것이다. 그리고 이런 자기 위안의 느낌과 함께 그의 인생은 황혼의 만년에 들어선다.

일본뿐만 아니라 전 세계 일반인 특히 남자들은 대체로 그런 느낌을 얻기 위해 '배로 노력해서 일한다.'

중산층이 된다는 느낌은 자산가를 제외한 거의 모든 인사의 꿈이다.

아리스토텔레스의 제자가 그에게 물었다. "선생님, 가장 간단한 한마디 말로 인생을 개괄할 수 있습니까."

그는 잠시 생각에 잠겼다가 따분한 말투로 대답했다. "보편적인 인생을 말하자면 인생의 4분의 1로 성장 및 학습하고 인생의 4분의 2로 배운 지식과 기능에 의지하여 돈을 벌고 마지막 인생의 4분의 1로 그 돈을 쓰는 것이다."

일본의 부동산업자들은 새로운 판촉수단을 내놓았다. 억 엔 대의 건물 한 채에 미녀 한 명을 배치하였다. 그 판촉대상은 바로 일정한 액수의 돈을 모았으나 인생의 4분의 3을 전부 '배로 노력하여 일하는' 과정에 소모하여 인생의 행복을 잃어버린 보토리(홀아비)들이다. 물론 미녀들은 자원한 것이었다. 어느 보토리가 집을 사기만 하면 그녀들은 동시에 그의 젊은 부인이 된다.

자산가 계층도 좋고 중산가 계층도 좋다. 소위 무산가 계층도 좋다. 전통적 계층 분류법에 따르면 사유재산에 대한 보유 정도를 우선적으로 하여 구별을 전제로 삼지 기타 다른 것을 조건으로 하지는 않는다.

위에서 자신이 일본 당대 중산가 계층의 일원이라고 생각하는 통역 여사는, 부부가 모두 대학 고등교육을 받은 지식인이고 봉급도 모두 높지도 낮지도 않은 중등 수준이며 직업은 또 문화와 관련되는데 이래도 중산층의 일원이 아니란 말인가? 라고 아마도 그렇게 생각하는 것 같다. 자신이 중산층 일원이 아니라고 한 그 몇몇 일본 친구들은 전통적 계층 분류법에 따라 자신을 객관적으로 평가한 것이다.

여기서 중국 당대 중산가 계층에 대해 전통 계층분류법 즉 사유재산의 보유현황을 전제로 논하기로 결심했다.

만약 자신이 거주하는 건물조차 전부 '국가소유'인데 자신을 중'산'가라 하는 것은 좀 억지스럽다. 전 세계 각국 중산가들이 거주하는 집은 적어도 자기 소유이고 동시에 그들은 자가용도 장만한다. 이는 최저표준이다. 이 최저표준은 세계적 관례범위에서 아직도 유행되고 있다. 물론 여기에 상당한 액수의 저금이 따라야 한다.

필경 중국 상황은 좀 특별하다.

신중국 건국 이후 30여 년간 중국은 시종 공유제 국가였다. 모든 중국 사람들은 도시에서 생활하든가 아니면 농촌에서 생활하는데 각각 임금과 노동점수를 제외하고 또 거기에 각자의 생명 및 간단한 일상 생활물품을 더하고는 기타 거의 아무것도 가진 게 없었다. 중국은 지난 30년간 줄곧 세계에서 임금이 가장 낮은 나라였다. 자료에 따르면 월평균 임금이 6달러 이하였다. 그래서 거의 포괄적으로 말해 과거 중국 사람은 전부 무'산(產)'가였다.

유'산' 현상은 최근 십여 년 사이에 형성된 것이다.

'산(產)'에 관해 우리는 우선 당연히 건물을 말해야 할 것이다.

중국은 근년에 도시 주민의 거주 조건을 개선하기 위해 더러운 거리와 좁은 골목들을 대거 철거했다. 그리고 예전에 거주 조건이 열악했던 많은 사람들이 새집으로 이사 갔다. 이 과정에서 소수 사람들은 여러 채의 주택을 교묘하게 얻었다. 허나 그들 중 대다수가 보유한 것은 단지 거주권으로서 재산권이 아니다. 또 이런 사람들은 여러 채의 장기 거주 자격이 있는 주택을 보유한 것 외 임금 수입도 별로 많지 않으며 물질생활 수준도 일반시민과 대체로 비슷하다. 때문에 그들을 중국 당대 중산가라 할 수 없으며 우리가 논하는 대상에 속하지 않는다.

'주택제도개혁' 이래 일부 도시 사람들은 업체에서 분양하는 공공주택 거주권 내지 재산권을 사들였다. 그러나 집안에 저금해 놓은 돈 전부를 썼다. 집은 생겼으나 이후 생활은 극히 어렵다. 그들도 당연히 중국 당대 중산가라 할 수 없다.

일부 관리 및 고급공무원은 손에 쥔 직권을 이용하여 여러 채의 공공주택을 '합법' 또는 불법적으로 점유하였다. 신문에 실린 바에 의하면 어떤 사람은 심지어 6~7채의 천 평방미터에 가까운 주택을 점유한 후 가만히 판매하거나 혹은 공개적으로 임대한다. 그야말로 이른바 합법적으로 국가이익을 찬탈하고 힘을 들이지 않고 재물을 얻는다. 그들도 중국 당대 중산가 계층으로 분류할 수 없으며 탐관오리로서 별도로 논해야 한다.

또 일부 사람은 여전히 공공주택에 거주하고 있으나 자가용은 없다. 연간수입이 'santana(폭스바겐과 합작한 차)' 2~3대와 맞먹는다. 그들은 별다른 해석이 필요 없이 마땅히 중국 당대 중산가 계층에 속해야 한다.

　중국 당대 중산가 계층은 수입에 따라 주로 아래 몇 가지 유형의 사람과 순서로 조합된다.

　첫째, 이·삼류 연예계 스타. 비록 영화가 먼저 있고 나중에 TV가 있었으나 중국 영화산업은 저조하고 부진하여 굴기(崛起)가 아주 어렵다. 그들 중 매년 운 좋게 영화를 찍을 수 있는 사람은 그리 많지 않다. 반대로 주로 드라마 제작라인 사이에서 자기 연기를 판매하러 뛰어다닌다. 중국 TV드라마 '제작업'은 지금도 열기가 하늘을 찌르는데 마치 1958년 '대약진'을 방불케 한다. 이 기세는 그들로 하여금 '미취업' 심지어 '실업'의 처지를 면하게 하고 그들 모두가 중산가 계층의 부유한 생활을 할 수 있도록 도와준다. 전 세계 중산가 계층 중 명단의 맨 처음을 차지하는 것도 당연히 그들 몫이다.

　스타라 하면 이·삼류라 해도 연간수입이 중산가 계층의 으뜸이다. '이·삼류', 이 지칭은 좀 금기를 어기는 것 같고 또 불경스러운 감을 준다. 그러나 글을 쓸 때 마음속에 절대 부정적이거나 혐오하는 뜻이 없으며 그저 일류에 비유해서 말했을 뿐이다. 일류 '스타'에 대해서는 중국 당대 자산가 계층 장절의 마지막 부분에서 별도로 언급했다. 그들 중 일부는 재산이 인민폐 수천만 원에 달하는데 지금 이 중산가 계층 장절에서 언급하게 될 '스타'들은 절대 그들과 비교할 수 없다. 때문에 섭섭하겠지만 '이·삼류' 지칭으로, 본 장에서 언급하게 될 '스타'들을 칭할 수밖에 없다.

　그리고 대략 20세기 60년대 초, 중국 영화계의 당시 중국 청년감독들은 예술 친목 성격의 단체를 구성하고 '이류당'으로 자처했다. 후에 바로 그들이 적지 않은 우수한 영화들을 제작해 냈다. 일류도 좋고 이·삼류라도 좋고 계층을 논하려면 우선 당연히 경제적 지위에 착안해야 할 것이다. 그들의 출연료는 이·삼류이지만 연기능력까지도 이·삼류 수준이라고 할 수 없다. 출연료는 주로 투자자와 프로듀서가 조종하여 정하기 때문에 소매하는 속에서 '매매'이며 시세에 따라 가격이 오르고 물이 불어나면 배도 올라가는 격이라 연기 평가의 권위적 의미가 없다. 그들 중 중·노년 배우들은 연기도 잘하고 예술품행도 단정하지만 흔히 보조역밖에 배역되지 않으며 출연료도 줄곧 매스컴에서 뜨겁게 다루어 명성을 날린 젊은 '스타'에 비해 많이 적다. 설령 그렇다 해도 북경 현재 보편적 시세로 따지면 회당 대략 5천 원 안팎이다. 10회, 20회 정도 찍으면 그 수입이 상당하다. 만약 집안에 특별히 무거운 경제 부담이 없다면 생활은 자연히 부유하다.

이 '이·삼류' 중 일부는 '개체'이다. '개체'는 전부 '신세대'이다. 게다가 '개체'라 해서 모두 진심으로 예술을 추구하고 발전하기를 원한다고 생각하면 큰 착오다. 사실 그들은 모두 좀 괜찮은 예술단체에 소속되었으면 하고 생각한다. 그러나 그런 예술단체의 대문은 이미 사람이 꽉 차있고 여러해 전부터 꼭 잠겨 있다. 만약 "참깨야, 참깨야 문을 열어라."라고 하려면 문화부급의 추천이 있거나 중앙정부 수장(首長)급 결재 또는 두터운 인맥관계를 통해 누군가가 알선하거나 또는 연기재능을 인정받아 그런 문을 지키는 예술부문 우두머리들의 인재를 사랑하는 마음을 움직여야 한다. 그들은 대체로 예술학원을 졸업한 후 원래 성·시로 돌아가기를 원하지 않으며 오직 한마음으로 북경에 진을 치고 주둔하는 자이다. 또는 다른 성(省)에서 홀몸으로 수도에 들어와 '겉으로만 번지르르한 언행'에 의지하여 하루속히 국면을 타개하기를 바라며 하룻밤 사이에 이름을 날리고 사람마다 모두 아는 젊은 '연예계 강호의 협객'이 되기를 희망한다. 북경은 필경 수도이므로 연예사업이 성공하여 북경에서 인정을 받았다는 것은 전국적 인정을 받은 것을 뜻한다. 마치 패션설계로 성공하여 파리에서 인정을 받으면 전 세계의 인정을 받는다는 것을 의미하는 것과 같다.

북경 예술부문에서 그들을 받아들이기 전 그들은 마치 수도 북경의 '연예 유랑아' 같은 존재다. 허나 독자가 '유랑아' 세 글자만 보면 측은한 마음이 생기는데 그러면 독자 여러분은 큰 착오를 한 셈이다. 이런 '유랑아'는 우리가 TV '사회프로' 특집프로그램에서 보는 그런 머리카락이 흐트러지고 얼굴에 땟물이 흐르며 옷이 남루한 유랑아와는 다르다. 전혀 반대로 그들은, 특히 그녀들은 젊고 예쁘고 용모와 자태가 아름다우며 귀여운 천사 같은 '유랑아'들이다. 그들의 생활 형태는 '독신 중산층 여성'의 특징을 가지고 있다. 수도 북경의 각양각색의 귀인과 유명인 그리고 부자들의 큰손은 흔히 사면팔방에서 그녀들에게 뻗쳐 서로 다투면서 그녀들을 보살핀다. 독자 여러분이 짝사랑에 빠져 측은하게 여기고 있을 때 그들이 촬영 현장에도 없다면 아마 어느 큰 호텔 싱글룸에서 귀인 혹은 유명인 아니면 부자들과 먹고 마시고 한담하고 있을 것이다. 그들 중 상당한 일부는 이미 북경에 5~60만 원 내지 백만씩 하는 건물을 구입했으며 또 자가용도 있다.

한번은 어느 드라마 제작진의 모 감독을 찾아갔는데 마침 부감독이 6~7명의 젊은 여배우들을 '면접'하고 있었다. 그는 그녀들 중에서 한두 명을 선발하여 배역을 맡기려고 생각하는 것 같았다. 그녀들은 각종 자세를 취하고 한 줄로 앉아 있었는데 춘화추월(春花秋月)의 운치마냥 각자 아름다움을 자랑하고 있었다. 옆에서 그들이 묻고 대답하는 것을 들었는데 아주 재미를 자아냈다.

"이쪽 분, 자기소개를 하세요."
"저는 개체(個體: 소속되어 있지 않은 개인)입니다."
"남방 '개체', 아니면 북방 '개체'?"
"예전에는 남방 '개체', 지금은 북방 '개체'입니다."
"상세하게 말하세요."
"예전에는 상해 '개체', 지금은 북경 '개체'입니다."
"북경 '개체'가 된 지 몇 년 되나요?"
"막 2년을 좀 넘었습니다."
"상해 '개체'는요?"
"그건 깁니다. 5~6년이 됩니다."
"5~6년이라? 금년에 나이가?"
"26살입니다."
"그럼 배우 양성소를 졸업하지 않았겠네요?"
"시험에 합격했었는데 나중에 스스로 포기했습니다. 배우는 타고난 자질만 있으면 된다고 생각합니다. 연기학과를 4년씩이나 다닐 필요가 있겠습니까? 그 사이 얼마나 많은 영화, 드라마를 촬영할 기회를 놓치게 됩니까!"

부감독은 연이어 머리를 끄덕였는데 그녀의 말에 도리가 있다고 생각하는 것 같았다.

생각건대 북경 한 곳에서만 이러한 여성 '개체' 배우를 전부 합하면 북경 전체 거리 청소부의 총 수보다 적지 않을 것이다.

그녀들은 북경의 독특한 '풍경'이며 북경에 있는 구름처럼 많은 미녀 중의 미녀이며 '북경특색'의 중산가 계층 중 아주 편안하고 다채롭게 살아가는 부류이다. 한 번은 그녀들 중 이전에 몇 번 본 적이 있는 한 여자를 만났는데, 북경에 와서 어떤 드라마를 촬영했는가 하고 물었다. 그녀는 한동안 배역을 연기하지 않았지만 이미 북경 사람이 되었다고 대답했다. 그럼 파견되어 왔는가 하고 물었다. 그는 고개를 가로저으면서 미소를 지었다. 또 결혼했냐고 물었다. 그녀는 이번에도 고개를 가로저었다. 속으로 어리둥절하여 지금 어디에 거주하는가 하고 계속해서 묻는 수밖에 없었다. 그녀는 아시아게임 선수촌에 살고 있는데 자기가 산 집이며 면적은 150㎡란다. 가격이 얼마냐고 물었더니 그녀가 대답하기를 "비싸지 않아요, 겨우 한 평방에 만 원 정도 하는데요."

그래서 저도 모르게 기억을 더듬어 보았는데 그녀가 영화, 드라마를 몇 번 출연하지 않은 것 같았다. 이제 더 물어보기가 멋쩍었다. 그녀는 자기 차가 주차장에 있다며 나에게 "태워드릴까요?"라고 물었다. 그러면서 최근 '혼다' 한 대를 샀는데 운전하는 새 맛이 아직 살아 있어 같은 방향으로 가는 친구들을 태워다 주길 좋아한다고 대답했다.

"괜찮아요. 집도 멀지 않으니 걸어가는 것이 좋다"고 말하고 그녀와 헤어졌다.

그녀들은 중국 당대 TV드라마 제작과정에서 비록 중요한 배역은 아니지만 절대 없어서는 안될 '부품'이다. 관중들이 드라마의 강건하고 힘찬 남성미를 외치지만 또한 수도 북경은 다른 것을 좋아한다. 그것은 연예계 미녀에 대한 수요로서 끝이 없는 것 같다. 소위 강경파 소생들은 그것의 수요 앞에서 흔히 개탄 정도나 할 처지밖에 안된다. 이는 오늘에 와서 '아들보다 딸 낳기를 바란다.'는 명문구에 새로운 주를 달아 놓았다.

그녀들의 존재로 인해 일부 이·삼류 감독들은 영화나 드라마 제작이 다망해진다. 역설적으로 말해 후자들의 존재로 인해 그녀들의 생태는 유달리 활약적으로 보인다. 요컨대 그녀들이든 아니면 그녀들을 '조합'하는 이·삼류 감독, 프로듀서이든 막론하고 모두 중국 당대 드라마를 위해 주야로 쉬지 않고 돌아가는 생산라인에서 바삐 돌고 있으며, 당연히 경제라는 큰손으로 컨트롤한다.

필자가 《연륜》, 《인멸》을 개편한 드라마 창작에 발을 들여놓고부터 2년 넘는 기간 동안에 얼마나 많은 사람들이 가죽가방을 겨드랑이에 끼고 가방에는 계약서와 선불금을 넣고 우리 집 불청객이 되었는지 모른다. 그들이 극본을 찾는 그 긴박함은 마치 해산에 임박한 임신부가 산파를 찾는 것과 흡사했다. 보건데 드라마 '제조업'의 '대약진'은 보건식품 생산 업종에 버금가는 업종이 되었고 단번에 중국의 이윤창출 업종 중 '준우승'을 차지할 정도였다. 중국 부동산 산업이 저조한 틈을 타서 그를 대체한 것이다. 비록 투자비용이 갈수록 늘어나지만 부동산 산업과 비교하면 중국에서 여전히 소규모 투자에 속한다. 만약 대성공하면 그 이윤은 최고로, 투자금의 몇 배가 된다.

기업이윤에 대해 말하자면 그 이윤은 부동산 산업뿐만 아니라 보건식품 업종, 석유 업종도 초과한다. 투자자들이 귀찮게 굴던 시절에 항상 적으면 수백만 원에서 많으면 수천만 원에 달하는 자금이 동화효과(애니메이션 효과: 현실의 상태에서는 일어날 수 없는 것이지만 기록을 재생시키는 영화의 기능에 의해 처음으로 실현된 형상)마냥 몸 주변을 에워싸고 감도는 느낌이 들었다. 만약 가질 욕망이 있었으면 양손을 내밀기만 하면 내 몫으로 돈다발 십여 개 정도는 받을 수 있었다. 주로 소설을 '정통'창작으로 하는 필자로서는 그것은 환상적인 유혹이었다. 어떤 입장에 서게 되면 강한 자기 통제력에 의해서만 비로소 막아낼 수 있다.

때문에 이렇게 말해도 무방하다. 중국 중산가 계층 중 '중산의 꿈'을 가장 빨리 실현하고 개체 경제특징이 가장 선명한 부류의 사람들은 바로 중국 당대 드라마 제작라인에서 만들어낸 것이다. 영화산업 분야에서 중국은 의심할 나위도 없이 여전히 '제3세계'에 속한다. 그러나 드라마 산업을 말할라치면 중국은 명실상부한 '초강대국'으로 대접받기에 추호도 부끄럽거나 부족한 점이 없다. 이 산업의 불꽃 튀는 듯한 '대약진'은 중국 중산가 계층 중에서 윤택하고 다채롭게 생활할 수 있는 사람을 '제조'해 냈을 뿐만 아니라 이 업종 중의 기타 근무 인원의 수입도 보장하여 제고시켰다. 또한 그들이 중산가 계층으로 매진하도록 발걸음을 다 그치고 격려하고 추진하였으며 동시에 광고 산업을 이끌었다.

우리는 중국드라마 '제작' 업종의 '대약진'에 감사할 충분한 이유가 있다. 1958년의 '대약진' 운동은 중국 사람들로 하여금 '쓸데없이 부산을 떨던 대로부터' 시작하여 '부산을 떨다가 가난해지는 것'으로 끝났다. 이번 드라마 '제작'업종의 '대약진'은 '한 줌'의 중국 당대 중산가를 속성시켰다. 중국 신생 중산가 계층은 너무 편중된 것이 아니라, 오히려 시대라는 이 '차량'의 '정원 수'에 크게 미치지 못한다. 설사 현재 도시인구의 10%로 계산하더라도 4~5천여만 명 정도가 될 것이다. 건물과 자가용을 보유해야 한다는 최저 기준으로 계산하면 천만도 안될 것으로 추측된다. 한 국가, 특히 한 국가의 도시인구를 대비하여 말하면 중산가 계층은 적어도 10분의 3에 도달해야 '제2세계'의 느낌이 들 것이다. 다시 말해서 '빈곤추방국가'의 느낌을 찾을 자격이 있다. 이를 전제로 문제를 보면 중산가 및 중산층 가정이 한 개 늘어나면 반무산가(半無産者) 및 그들 가정 한 개가 적어진다는 것을 의미한다.

인류사회 진보의 최종 물질적 목표는 반무산가와 무산가 가정이란 현상을 철저히 제거하는 것이다. 즉 사람마다 최저한도의 '재산'을 보유하였다고 말할 수 있는 것이다. 그 '재산' 축적방식이 합법적이고 사회에 해를 끼치지 않기만 하면 모두 사회와 시대 자체에 대한 일종의 위안이며 사회와 시대 그 자체의 공덕이기도 하다. 일부분 사람들이 먼저 '재산'을 축적하도록 촉구한 업종이, 드라마 '제작' 라인이든 아니면 텔레비전 제조라인 또는 신발업·보건품 심지어 간장·발효두부 생산 업종이든 관계없이 전부 무방하다. 이 점에서는 해가 없으며 유익하다.

그러나 부정적 영향이 매우 심각하고 사람이 더 이상 참을 수 없는 정도까지 과장하는 것은, 우리가 TV에서 흔히 보는 시원스럽지 않고 질질 끄는 대목이나 또는 비록 시원스럽고 제작도 훌륭하나 각본가와 연출가가 사람들에게 도대체 무엇을 알리려는지 알 수 없는 TV드라마에 불과하다. 시간이 지날수록 이런 드라마는 줄어드는 것이 아니라 반대로 더 많아진다. 왜냐하면 사회체제가 진보한 일종의 대가로써 필연코 이른바 사상적 의식상태가 대중문화의 운반체로부터 점차적으로 해소되어 최소한도로 되면, 누구도 그것을 통해 대중들에게 무엇인가 알리려고 시도하지 않으며 심지어 제작자들도 점차 전달할 만한 사상이 없어지고 대중들은 더 받아들일 것이 없는 것 같다. 이때 대중문화는 일종의 단일한 기능 즉, 대중오락 기능만 남는다. 차이점은 그저 건전한 것, 또는 불건전한 것 또는 저속한 취향의 것이냐는 것이다.

필자는 종종 이런 전화를 받은 적이 있다. 역시 드라마 극본을 급히 찾는 사람들이 우리 집에 걸어 온 전화였다. 지금 기억을 더듬어 아래에 몇 자 정리해 보니 독자들이 판단하기 바란다.

"우리를 위해 극본을 써 줄 수 없어요?"

"어떤 걸요?"

"당연히 절대적 기조여야 하죠."

"그건 무슨 말인데요?"

"지도자가 보면 좋아하고 시상을 결정할 수 있는 거요."

"지금은 시장경제시대란 말입니다. 경제효율은 고려하지 않아요?"

"우린 그 따윌 고려하지 않아요. 이번에 우린 수백만 원을 투입하는데 지도자가 마음에 들어야 상을 주거든요. 우리가 바라는 건 실적입니다!"

중국 당대 TV드라마 '제작' 업종의 그 불꽃 튀는 '대약진' 같은 기세는 경제이익이라는 큰손뿐만 아니라 실적성 이익이라는 큰손에 의해서도 추진된다.

두 큰손의 추진은 경제적 큰손 하나의 추진보다 더 잠재력이 있다. 경제이익이란 큰손은 가치가 없다고 여기면 더는 추진하지 않는다. 그러나 실적성 이익이란 큰손은 언제라도 가치가 없다고 여기지 않으며 언제라도 실적이라고 생각한다. 때문에 거의 언제든 실적의식을 원동력으로 추진하기만 하면 언젠가는 실적성 이익 방면의 보답을 받게 되어 있다.

게다가 지도자도 끊임없이 관념적 사고를 바꾸어 간다. 어떤 부문의 지도자가 거듭 엄숙하고 진지하게 역설하는 것을 직접 들었다. "지도자의 취향을 짐작하여 감각을 찾는 행위를 삼가라. 금후 지도자가 영화 또는 드라마를 긍정할 때 우선 광범위한 대중이 즐겨 보는가? 어느 정도로 좋아하는가? 왜 좋아하는가를 상세하게 이해해야 할 것이다. 광범위한 대중이 보기를 원하지 않고 좋아하지 않는 원인에 도리가 있으면 지도자는 더 이상 경솔하게 긍정하지 않을 것이다!"

진솔하게 말해, 실적이란 이 큰손의 정력적인 추진 하에서 '생산'해 낸 드라마 '제품'은 적어도 절반 이상은 수준급이다. 단지 때론 그 수준의 의미를 부여하는 정도가 재미있는 정도보다 더 크고 양자의 균형 정도가 비례를 상실했을 뿐이다.

아무튼 두 큰손이 공동으로 추진하는 한 중국 당대 드라마의 불꽃 튀는 '대약진' 같은 상황은 여전히 '동방불패'의 기세를 보일 것이다. 그러면 이미 이득을 봐서 중산가 혹은 중산층 가정이 된 사람은 그 계층의 경제기반을 더 견고하게 다진다. 아직 중'산'가가 되지 못했다면 기회를 단단히 움켜쥐고 하루빨리 '재산'을 축적하면 중'산'가가 될 희망이 있다. 기회는 놓치기만 하면 다시 오지 않는다. 비록 이제 막 한창 때이나 언제인가 쇠락의 처지에 빠지고 그로부터 사정이 점점 나빠져 더는 중국 당대 중산가 계층의 성장을 위해 공헌할 수 없을지도 모른다. 세계적 범주에서 볼 때 한 국가가 먼저 전자산업·가전산업·기전산업 그리고 경공업과 중공업 또는 기타 모 업종에 의해 중산가 계층을 잉태하고 성장시킨 것이 아니라 의외로, 드라마 '제작' 업종으로 형성된 경우 그 전망은 그다지 믿음직스럽지 못한 것이다.

TV드라마 '제작' 업종의 또 다른 수혜를 받은 이들은 자연히 한 부류의 드라마 시나리오 작가들이다. 북경의 드라마 회당 보편적 가격은 인민폐 만 원에서 만 오천 원이다. 이건 가장 높은 것이 아니다. 알기로는 일부 시나리오 작가들은 회당 2만에서 2만5천을 받을 수 있다. 작금 세계에서 중국은 틀림없이 TV드라마 시나리오 작가 종사자가 가장 방대한 나라일 것이다.

둘째, 연간수입이 TV드라마 시나리오 작가 버금가는 사람으론 가수들을 뽑을 수 있다. 십여 년 전은 가수들의 '황금시대'였다. 최초 그들의 출연료는 5천 원인데 그 당시 대학교수들의 월급은 인민폐 백칠팔십 원이었다. 후에 가수들의 출연료 즉, 노래 한 곡 또는 두 곡을 부르는 데 받는 가격은 해마다 인상되어 5천 원에서 만 원 내지 2만·3만·4만까지 올라갔다. 알기로는 '돈벌이 공연'의 질풍노도가 중국대지를 휩쓸고 있던 세월에 영화배우가 가수를 대신하여 특별출연할 경우 하루에 십여만 원에 달하는 출연료를 요구한 적이 있었다. 그런 '돈벌이 공연'은 마치 '전격전'마냥 신출귀몰하고 속전속결하였다. 그런 공연은 마치 옛날 영화관과 영화관 사이 '바이시클링(bicycling)'과도 같았다.

당시 한 친구는 '연예인 브로커'들의 의사소통을 위해 쌍방으로 의사전달을 해주는 직원이었는데, 직접 '연예인 브로커'들이 가수들에게 돈을 나눠주는 장면을 목격한 적이 있었다. 그 장면을 묘사해 주었는데, 한 묶음(열 다발)의 십 원짜리 돈이 탁자에 가득 놓여 있었으며 가수는 큰 가방의 지퍼를 연 후 4단으로 쌓인 십여 묶음의 돈을 —당시 그는 윗몸을 내 탁자에 엎드린 후 좌우 양팔을 쭉 폈다가 가운데로 끌어안는 자세를 취하면서— "이렇게 몽땅 가방에 들어갔단 말이야! 그 '연예계 브로커'는 그녀를 아주 배려했는데 그녀가 길에서 강탈을 당할까 걱정되어 나를 보고 비행장까지 호송해 주라고 당부했네. 그녀는 돈이 든 가방이 무거웠던지 차에 오르내릴 때 나보고 들어 달라고 부탁했어! 솔직히 말해 그녀를 살해하고 돈을 가로챈 후 멀리 도망갈까 하는 나쁜 생각도 했었네. 허나 삼엄한 법망과 아내와 아이를 생각하니…….에이, 마음이 있어도 담이 없었네!"

당시 그의 두 눈에는 섬광이 번쩍였는데 매번 그 일을 회상할 때마다 살기에 휩싸인 것처럼 느껴져 온몸이 떨렸다.

당시 가수들이 한 성(省)이나 도시로 가서 '돈벌이 공연'을 할 때마다 마치 그 성과 도시가 진동하는 듯한 큰 이벤트 같았는데 공안들까지 출동하여 질서를 유지하였다. 입장권 가격은 5~60원에서 160원~200원까지 했다. 당시 중국 인민들은 성실했을 뿐만 아니라 세상 물정을 잘 몰랐기 때문에 '연예계 브로커'들에게 매수된 비정규 신문에서 떠들어 대고 꼬드기기만 하면 곧바로 아주 쉽게 '유행 따라 이성을 잃어 머리가 뜨거워'졌다. 반달 또는 한 달 치 봉급으로 입장권 한 장을 사기 위해 길게 줄을 서고서도 천재일우로 지극히 운이 좋다거나 보람이 있다고들 생각한다. 잘 보고 듣고 난 후에는 실망하여 왕왕 욕지거리를 퍼붓기도 한다.

이런 현상으로 인해 홍콩 스타들도 대륙을 바라보면서 가슴이 두근거리고 부러워한다. 그래서 홍콩의 일부 인기 스타들도 한창 잘나가는 기회를 틈타서 대륙에 와서 '통쾌하게 한 번 해본다.' 홍콩에서는 한편으로 이미 한물간 스타들도 대륙에 와서 지난날의 꿈을 상기하고 다시 한 번 휘황한 빛을 내기 위해 뛰어다니며 과거에 누렸던 인기의 양호한 느낌과 감각을 찾기도 한다. 그 출연료는 입을 열기만 하면 인민폐 2~3백만 원이며 또 세금 후 가격이라고 사전에 언명한다. 직설적으로 말하면 가장 일찍 무대에 '등장'하고 바로 인기를 한 몸에 안은 가수들이 당시 번 것은 중국 인민들의 '이성을 잃은' 바보 돈인 셈이다. 또 바꾸어 말하면 중국 백성들이 당시 그들에게 아낌없이 '찬조'하여 자'산'가 또는 중'산'가로 만들어 주었다. 마치 한 사람이 여러 사람을 도와주는데 처음엔 자신이 좀 부유한 것 같았는데 나중엔 도와줄 수 없게 되고 자기가 되려 가난뱅이가 되는 것과 비슷하다. 또는 여러 사람이 한 사람 또는 많게는 여러 명을 도와주는데 비록 모두들 가난하지만 그 한 사람 또는 몇 사람은 이득을 봐 부유해지는 것과도 유사하다.

사회심리학 측면에서 분석하면 민중, 특히 청소년들이 스타를 숭배하는 것은 방황하는 심정을 기회를 찾아 표출하고 억눌린 감정을 털어놓기 위한 곳을 찾고 있는 인류의 실태(失態)적 현상이다. 인류라고 말하는 까닭은 이런 현상이 거의 세계적이기 때문이다. 당시에 일본에서 소녀들이 성룡을 숭배했으나 접근할 수 없어 절망 끝에 자살까지 했다. 중국 대륙에서는 소녀들이 유덕화나 이명을 짝사랑하다가 실성했다. 대만에서는 수많은 뭇 남성들이 가수 등려군(鄧麗君)에게 연애편지를 썼었다. 본성이 의기소침한 '피터'형 소년에서부터 '피터'형 소년들의 부친에 이르기까지, 서방에서 동방에 이르기까지, 전 세계 약 십분의 일의 청소년들은 성장기에 다양한 모양으로 평소의 균형 상태를 상실한 적이 있으며 자신들의 부모들을 혼란케 하고 동서남북을 구별할 수 없게 만들어 놓았다. 도대체 오존층에 구멍이 생겨서 그렇게 되었는지 아니면 지구의 자전속도에 변화가 발생하였는지 또는 태양과 달이 궤도를 벗어나서 그렇게 되었는지 현재로서는 알 방법이 없다.

그러나 후에 '구소련'이 하룻밤 사이에 해체되고 동구 루마니아에 쿠데타가 일어나 차우체스쿠가 피살되었으며 유고슬라비아에서 군벌이 할거하고 각국 인질들을 억류했다. 또 일본 '옴진리교'가 지하철에 독극물을 뿌렸고 대만 여대학생들이 집단 출가하였으며 심슨이 아내를 살해한 미스터리 사안이 미국 조야를 놀라게 했다…….

20세기 80년대 중 · 후기에, 이런 세계적 대사건 · 역사적 센세이션(sensation) 등은 변화무쌍하게 끝없이 이어졌다. 《시스터 액트(Sister Act)》 · 《권력과 광기(The mad-ness of Kings)》가 인류에게 던지는 충격파도 세계가 미친 듯이 노호하는 것에 비하면 아직 그 위압하는 힘이 한참 부족하다.

어느 날 갑자기 지구촌 자체가 안절부절못하여 어쩔 바를 모르는 지경에 이르렀다가 모두가 다 숙연하고 냉정해지게 되었다. 이 냉정이 있은 후, 미국 할리우드는 시기적절하게 전 세계를 위해 스릴러 거작, SF 거작, 멜로물 거작 등을 앞다투어 내놓았다. 그래서 20세기 90년대 초부터는 그야말로 전 세계가 —소수의 내전을 하는 나라를 제외하고— 나머지 모든 나라는 다투어 '엉클 샘'이 제작한 성인 '애니메이션'을 보는 몇 년이라고 말할 수 있다.

미국 영화는 마치 지구촌의 '갱년기증후군'을 겨눈 '진정제' 같았다. 그 자체가 광분할수록 대다수 관람자는 더 온순해지고 머릿속에 광분하는 원시적 충동도 더욱 없어진다. 그 원시적 충동은 영화 속 그의 발광에 흡수되었기 때문이다. 미국사람은 영화의 애니메이션식 꿈을 활용하는 데 능숙하여 본국인과 여타 세계인들을 다소간 애니메이션적으로 변화시켰다.

애니메이션화된 인류는 아주 용이하게 선무(宣撫)할 수 있고 또 가장 쉽게 길들일 수 있다. 그래서 마이클 잭슨도 더는 발광하지 않았고 의외의 고전적 품격으로 아주 고전적인 동화 같은 가요를 부르기 시작했다. 또한 '현대 요녀' 마돈나는 한마음으로 귀엽고 똘똘한 아이를 낳고 싶어 했으며 또 혼신의 힘을 쏟아 자진하여 여신과 같은 신민(臣民)의 사랑을 받는 모로코 왕후 역을 맡았다. 그리고 거듭 자신은 더는 말썽을 부리지 않고 지난날 잘못을 철저히 고쳐 '나쁜 여자애'에서 '얌전한 처녀애'로 되겠다고 언론계를 향해 경건하게 표시했다.

바로 이런 지구촌의 대 문화적 조류가 충동적 야단법석을 떨다가 차분하게 변하는 배경 하에서 중국 당대 가수들도 바람이 많이 조용해졌다. 하물며 이전에 먼저 무대에 '등장'한 가수들은 벌써 '연예계 브로커' 들이 인솔하여 중국대륙 중소형 도시에서 빗질하듯 몇 번이나 순회하여 '돌아다녔다.' 중국 인민들도 더는 그들을 위해 호주머니를 털어 '헛돈'을 쓰려고 하지 않는다.

현 단계에서 '후발주자'들이 유명해지고 성공하려면 그다지 쉽지 않다. 그들이 유명해지고 성공해도 세인들의 반응이 아주 미지근하며 심지어 아주 냉담하다. 박수소리가 낮아지고 꽃다발도 적어졌다. '스타를 숭배'하는 현상이 거의 사라졌고 심리적 결함이 있는 숭배자들도 적어졌다. 그들은 지금 침체기에 처해 있으며 속으로 공통적으로 부르는 노래는 '나를 잊지 말아 다오'이다.

유행가의 내용도 거의 한 가지 테마 즉, '사랑'만 남았다. TV·녹음기에서부터 노래방 또는 택시에 이르기까지 우리가 늘 듣는 힘없고 골골거리는 잠꼬대 같은 소리로 부르는 것은 단지 눈물·마음·너의 얼굴·나의 슬픔·언제 다시 밀회할까·서로 포옹하는 그날에 지나지 않는다……

꿈속에서 꽃을 보는 듯하고, 십 년 세월이 한 페이지 같다. 중국의 몇 세대 가수들 중에는 우리가 추억할 만한 이름들이 적지 않다. 일부 유행가는 고전이라 할 만하다. 어떤 이는 노래를 잘 부를 뿐만 아니라 품행도 좋고 마음도 선량하다. 한 부류 가수가 부른 일부 노래를 아주 좋아하는데 그 노래들은 나 개인에게 아주 좋은 기분과 즐거운 시간을 가져다주었다. 그런 기분과 그런 시간 속에서 묵묵히 그들에게 감격했었다. 비록 한 번도 현장에서 직접 그들의 노래를 들은 적이 없고 어느 가수와 특별히 친한 관계가 아니지만도.

과거 책 한 권을 사는 것보다 훨씬 싼 값으로 녹음테이프를 사서 그 속의 노래가 대부분 자신이 듣기 좋아하는 것이라면 그 돈은 진짜 가장 쓸 만한 가치가 있다고 생각한다. 10년 전 녹음테이프 발행이 성황을 이룰 때 한 개에 6~7원에 팔던 생각이 난다. 앞뒤 양면에 노래 십여 곡이 수록되었는데 돈을 기타 어떤 방면에 더 잘 쓴다 한들 이 보다 더 오래도록 간직할 수 있는 것을 구입할 수 있단 말인가?

유명배우도 좋고 유명가수도 좋다. 이는 사람들이 부러워하는 직업이면서도 사실 '실업' 또는 '미취업'율이 높은 직업이기도 하다. 이 두 가지 직업에 종사하려면 적어도 작가들보다 더 큰 심리적 인내력이 있어야 한다고 생각한다. 왜냐하면 작가와 비교해서 그들은 언론의 이러쿵저러쿵 비평하는 소리를 다 듣기 때문이다. 또 '적막(寂寞)' 두 글자는 작가에 대해 흔히 '실업' 또는 '미취업'을 뜻하지 않는다. 작가는 적막 속에서 글을 쓰기 때문이다. 그러나 배우와 가수는 몇 년간 적막하기만 하면 아마 영원히 적막할 수도 있다. 작가는 늙을 때까지 글을 쓰며 칠팔십 살이 되어도 계속 펜을 잡고 쓰면 쓸수록 심오하고 정묘하다. 소수 유명 배우도 이런 행운이 있긴 하다. 가수는 절대 이런 행운이 없다. 반드시 자신이 젊을 때 인기를 얻어 이름을 떨쳐야 하며 단숨에 사업이 정상에 도달해야 한다. 그들이 직면한 것은 '음반시장'이라 불리는 시장게임법칙이기 때문에 보통 대기만성이란 한자를 배척한다. 냉정하게 논하면 그들의 수입이 너무 높아서가 아니라 일반 중국 사람들의 수입 수준이 너무 낮기 때문이다. 만약 한 나라 유명 가수들의 경제적 지위가 중산층에 도달하지 못했다면 아마 그 국가는 참 우울하다는 것밖에 달리 증명할 것이 없다.

때문에 줄곧 가수들이 중국 당대에 먼저 중'산'가가 되는 것에 대해 질투하거나 샘을 내는 것은 아니다. 반대로 그들을 대신해서 기뻐한다. 그들이 중'산'가가 된다 해도 단지 반무산가, 나아가서 무산가의 생활에서 벗어났음을 의미할 뿐이다. 만약 그들이 35세, 늦어도 40세 전에 벗어나지 못한다면 아마 평생 벗어나기 어려울 것이다. 왜냐하면 그들은 노래 외에는 기타 어떤 특기가 거의 없기 때문이다. 때문에 우리는 가수가 중'산'층이 되어 가는 것을 보면 질투하거나 시샘할 것이 아니라, 적어도 고무적으로 제창(提唱)하는 선량한 심경을 드러내어야 한다.

그러나 그들 중 일부가 걸핏하면 거액을 요구하고 한 번에 인민폐 백만 원 정도의 개런티를 받아야 만족하는 행위에 대해서는 확실히 마음속으로부터 경멸하고 혐오한다.

대략 십 년 전, 모 텔레비전 생산 공장은 연말 전체 사원총회를 소집하여 모범 근로자들을 표창했다. 동시에 당시 잘나가는 스타가수 한 명을 귀빈으로 초빙해 함께 모여 즐길 때 직원들을 위해 노래 한두 곡을 부르도록 했다. 그녀가 TV에서 두 눈에 눈물을 머금고 아주 애틋하게 '세상을 더 아름답게 만들자'라는 노래를 부르는 모습은 텔레비전 제조공장 간부들과 직원들에게 깊은 인상을 남겼기 때문이다. 그들은 일방적인 소망으로 그녀가 후의를 거절하지는 않겠지 하고 생각했다. 물론 그들은 그녀를 위해 거액의 출연료와 귀한 선물을 준비해 두었다.

하지만 의외로 그녀는 이렇게 말했다. 갈 수도 있고 노래도 부를 수 있다. 그러나 많아도 두 곡만 부르며 출연료는 인민폐 10만 원 이상이어야 한다. 한 푼이라도 적으면 안된다!

이는 그녀를 위해 준비한 출연료의 3배를 훨씬 넘는 금액이었다.

그들은 또 다른 관계를 통해 그녀를 동원했으나 그녀는 10만 원을 안 주면 안된다고 고집했다. 돈만 알고 다른 것은 본 체도 하지 않았다. 이렇게 되니 그녀를 무엇이라 해야 할지 모르겠다.

그래서 텔레비전 제조공장 지도자는 원래 생각을 바꾸어 가수를 한 명도 초청하지 않고 원래 가수를 청하는 데 쓰려 했던 돈을 전부 상금으로 모범 근로자에게 나누어 주었다. 이 결정은 전 회사 직원의 지지를 받았다. 가수는 없었지만 친목회에서 직원들은 너나없이 한 자락씩 노래를 부르면서 그런대로 떠들썩하게 즐겼다.

당시 이 에피소드를 전해 들은 후 텔레비전 제조공장 간부들의 현명한 결정에 갈채를 보냈다. 그 일이 있은 후 그 가수의 얼굴을 한 번도 보지 못했다. 그녀의 이미지가 TV에 나오기만 하면 곧바로 채널을 바꾸거나 아예 TV를 꺼 버린다. 신문에서 그녀의 사진 또는 이름을 발견하기만 하면 즉시 넘겨 버리거나 아무데나 던져 버린다. 또 다시는 그녀의 노래도 듣지 않았는데 음조가 허위적이고 가식이라고 느껴졌기 때문이다.

'연예계 브로커'와 후에 가요계에 등장한 콘서트 기획자들은 한데 섞어 논해서는 안된다.

'돈벌이(이벤트) 공연'도 '순회공연'과 한 묶음으로 동일시해서는 안된다.

당시 전자의 '거역할 수 없는 세찬 기세'로부터 종종 '메뚜기 떼 재해(황재: 蝗灾)'를 연상했는데 그런 '시대적 대행동'이 마치 공연의 본업과 아무 관계가 없고 '융단 폭격'식의 금전 흡수 같았다. 지금 그런 '시대적 대행동'으로 인해 자산의 원시적 축적을 성공적으로 완성한 '연예계 브로커'가 있는가 하면 수천만 원을 저축한 스타가수도 있다. 그러나 지금 그런 '시대적 대행동'은 이미 적멸했다. 마치 '문화대혁명'과 '대약진'이 적멸된 것처럼 말이다. 중국 민중으로 보자면 또 한 번 '학비'를 내고 자신들이 당시 우르르 몰려가서 무턱대고 흥분한 것이 얼마나 우스운 일인가를 알게 했다. 아마 상처를 입은 후 진짜로 성숙된 것 같다. 아무튼 지금 중국 사람들은 늙은이에서 젊은이에 이르기까지 냉담하고 귀찮아져서 누구 또는 무엇에 대해 진정으로 흥분해 하지 않는다. 설사 간혹 흥분한 모습을 보인다 해도 그것은 '소년은 근심의 맛을 모르지만 시를 쓰기 위해 근심이 있는 척 한다(少年不知愁滋味: 소년부지수자미, 为赋新词强说愁: 위부신사강설수)'와 같은 이치다. 중국 가요계의 '후발주자'들을 살펴볼 때 가창에만 의지해서 자산가가 되려면 그야말로 '안개 속에서 꽃을 보고 물속에서 달을 건지는(雾里看花水中撈月: 무리간화수중로월)' 격이며 정신상의 아이스크림으로서 상상만 해 볼 뿐이다.

그들은 노래를 통해서만 중산가가 될 수밖에 없다.

대중가요가 세계적 범주에서 일어나고 유행하는 것은 우리 인류의 심령 발전사에서 필연적 단계이다. 우리는 현대적일수록 더 노래를 부르고 싶다거나 다른 사람들이 우리 심정을 우리에게 불러 주기를 바란다. 우리가 현대적인 것이 유쾌해서 이러는 것이 아니라 우리가 현대적인 것으로 인하여 우울해져서 이러는 것이며 달리 방법이 없어 이러는 것이다. 우리 현대인의 마음에 대해 말하면 여타 풍격 있는 가곡이 아니라 바로 대중가요가 예배당에서 중얼거리는 기도와 비슷한 역할을 가지고 있다. 대중가요를 부르는 가수들은 정치적 의식 형태를 위해 노래를 부르는 경우를 제외하고, 일반적으로 보면 마치 우리 마음을 안무해 주는 《크리스털 버드》식 젊은 신부, 네르루도프형 참회자 그리고 아리땁고 다른 사람의 의중을 잘 헤아리는 '수녀 여동생'이었다. 그들은 반복적으로 수다스럽게 우리 마음속의 작은 비밀과 작은 느낌들을 노래한다. 그리고 우리 현대인의 감정세계의 일부인 통속적인 것과 재미있는 것과 재미없는 것 사이에 있는 평범한 작은 이야기들을 노래한다.

우리는 숱한 경우 속에서, 또 많은 상황에서 본래 이런 것들이 아주 필요했다. 만약 덮어놓고 이런 노래의 가사가 아주 노골적이고 너무 천박하다고 불평하는 것은 도리에 맞지 않다. 그들이 노래하는 것이 바로 기본적으로 우리 현대인 마음속의 진실한 상태이기 때문이다. 거기에는 이미 사소한 작은 비밀과 미미한 느낌 그리고 재미있는 것과 고리타분한 것 사이에 있는 작은 이야기만 있기 때문이다.

인류의 심리는 역사에서 전례가 없이 대중화되고 있다. 그들은 번거로운 것을 귀찮아하지 않고 잠꼬대 소리처럼 우리를 위해 부르고 또 부른다……

그렇다. 우리는 숱하게 많은 경우에서, 또 여러 상황에서 그것이 얼마나 많이 필요하였던가! 이와 같을진대 우리가 그들이 우리를 위해 노래를 불러서 우리보다 먼저 중산가가 된 것에 대해 불평을 토로한다면 우리 자신이 얼마나 추해 보이는가?

'개그맨'과 단막극 배우 그리고 프로그램 진행자들도 우리가 생각하는 것처럼 그렇게 편안하고 안일하게 살아가지만은 못한다. 행복한 사람은 모두 비슷하지만 불행한 사람은 각자 불행이 있다. 알고 있는 그들 가정은 당연히 다른 사람들의 동정을 받을 만한 그런 불행은 없다. 하지만 동시에 그들의 우환도 그들을 억누르고 있다는 것을 알고 있다. 우리 중국 사람들이 지금 거의 만담(相聲: 중국에서는 상성이라 한다)을 안 듣지 않는가? 그래서 만담하는 배우 중 적지 않은 사람은 정세를 잘 살핀 후 단막극을 연기하러 옮겨 갔다. 그 뒤 우리 중국 사람들은 단막극도 잘 보지 않았다. 그래서 만담에서 단막극 쪽으로 이동한 배우와 원래 줄곧 단막극을 연기하던 그들은 모두 당황스럽고 막연해져 어떻게 하면 좋을지 몰라 했다. 만약 지난날 우리에게 웃음과 유쾌한 시각을 가져다 준 사람들이 지금도 의외로 중산가가 되지 못했다면, 지금도 의외로 반무산가 내지 무산가 처지에서 하루 세 끼 생활필수품을 위해 걱정한다면 우리와 이 시대는 그들에게 좀 미안한 것 같다. 다행히 지난 최근 몇 년간 우리 중국 사람들은 웃기를 좋아해서 단막극 연기를 보고 박수를 쳤었다.

아미타불, 선재, 선재(善哉)라!

최근 몇 년이 아닌 지난 몇 년간 그로 인해 그들은 집과 자가용 심지어 별장과 명품 차까지 장만했다. 보아하니 무슨 일이든지 절제 있고 끊임없이, 끈기 있게 해 나가는 원칙에 따라야 하는가 보다. 웃음과 박수소리를 포함하여 만약 우리가 몇 년 전에 절제 있고 꾸준히 끈기 있게 해 나가는 장점을 알았더라면 지금도 여전히 웃음소리와 박수소리를 비축해 놓고 더 많은 '코믹'형 연예인 중산가를 '배양'해 낼 수 있었지 않은가?

중국 당대 중산가 계층 중 경제지위가 세 번째 경우에 해당하는 사람으로는 대개 명성이 크지도 작지도 않은 화가와 서예가가 있다. 대가(大家) 수준의 화가·서예가는 그림 한 폭에 십 수만·수십만·백여만 원 한다. 글자 하나가 북경 4환 이내 주택 1㎡ 가격에 상당하다. 여기에서는 대가의 언급은 생략한다. 설사 그들이 실제 중산층 생활을 한다 해도 그것은 단지 개인 생활의 검소한 태도를 반영할 뿐이며 억지로 중산가 계층으로 분류시켜 이러쿵저러쿵해서는 안 된다.

화가와 서예가의 그림과 글자는 그들의 지명도와 관계있다. 시·산문·소설과

시인·산문가·소설가와의 관계에 비해 아주 다르다. 화가·서예가는 지명도가 높을수록 그들의 그림과 붓글씨의 소장가치도 더 높다. 이른바 소장가치란 개인 소장에 대해 말하는 것으로 사실 화폐의 가치보존 및 가치 상승방식이다. 화가, 서예가의 지명도가 크다 해서 그 그림과 글자가 당연히 상등품이라 할 수 없다. 그러나 경매활동에서 문제를 이렇게 보는 사람은 없다. 대가들의 자그마한 초도 또는 스케치가 지명도가 없는 화가의 완벽한 작품보다 가격이 몇 배 높을 수 있다. 또 가령 그림 2폭과 글자 2폭이 있는데 하나는 대가들이 그리고 쓴 것이고 다른 하나는 보잘것없는 사람이 그리고 쓴 것이다. 만약 같은 가격을 매겼다면 사람들은 누구의 그림과 글자를 살 것인가?

정황은 가능하게 이럴 것이다. 사람들은 대가들의 그림과 붓글씨를 보면서 속으로 이건 정말 평범하다. 허나 속으로 생각할 뿐이지 자신의 감상 수준이 낮다는 것이 폭로될까 걱정되어 경솔하게 입 밖에 꺼내지 못할 것이다. 설령 그 그림과 붓글씨가 분명 대가들의 상등품이 아니고 심지어 분명 대가의 손에서 나온 하등품일지라도 말이다. 반대로 보잘것없는 사람의 그림 또는 붓글씨를 보면서 속으로 정말 괜찮다! 정말 훌륭하다! 돈이 있으면 사고 싶다고 생각한다. 그래서 걸음을 멈추고 주시하면서 오랜 시간 떠나려고 하지 않는다.

만약 사람들의 지갑에 돈이 넉넉하게 들어있다면 결과는 흔히 이렇다. 여러 차례 망설이고 고려한 끝에 역시 대가들의 그림 또는 글자를 산다. 만약 대가들이 이미 연세가 있고 얼마 지나지 않아 그 그림과 글자가 유작이 된다면 사람들의 선택은 거의 망설임과 고려가 없이 즉시 결정하게 된다.

이런 상황 하에서 사람들의 가치의식에 대해 말하면 대가들의 그림과 글자는 흔히 '최고상승주'와 비슷하다. 반면 무명의 그림과 글자는 '위험주'와 흡사하다. 표시가격이 높을수록 위험도 높다. 가격이 낮을 때만이 사람들은 가치상승의 의식을 버리고 단순히 자기 취미를 위해 지갑을 연다.

이와 동시에 지명도가 크지도 작지도 않은 화가와 서예가들은 경제방면에서 중산가 계층에 속하게 되어 있다. 그것은 그들의 주요 수입원이 그림과 글자이기 때문이다.

소설가는 아무리 저명해도 대가급 화가나 서예가들과 같은 행운이 있을 수 없다. 독자와 평론가들이 일부 저명한 소설가들의 작품을 하나도 옳은 데가 없고 한 푼의 가치도 없다고 평하는 것은 일일이 헤아릴 수 없이 많을 정도이다. 아마 필자가 글을 한 단락 쓰고 있을 때쯤에도 중국과 외국의 크고 작은 신문에서 모 작가와 모 작품이 한창 그런 무자비한 평을 당하고 있을 것이다.

소설은 소장품이 될 수는 있다. 그러나 사람을 고무시키고 유혹할 만한 소장 가치가 없다. 다시 말해 사람들이 책 한 권을 살 때 그 책의 가격 외에는 기타 어떠한 가치의식도 포함하고 있지 않다. 오직 두뇌가 비정상인 사람만이 책을 살 때 가치보존과 가치상승의 기괴한 생각이 스친다.

소설가는 거의 젊을수록 좋다. 그것은 독자들이 젊어지고 있기 때문이다. 젊은이들은 자신과 같은 세대 사람이 쓴 책을 보기 좋아한다. 화가와 서예가는 의사처럼 나이가 들수록 지명도가 더 크다. 왜냐하면 원본 그림과 원본 글자는 유일한 작품이기 때문이다. 물건은 적을수록 귀한 것이다.

전 중국에서 중국 고전 인물을 전문적으로 그리는 동양화가 중에는 그 수준이 범증(范曾: 1938. 7~ 북경대예술원 원장. 사상가. 미술가. 작가)에 못지않은 사람이 적지 않으며, 직접 그런 그림을 본 적도 있으며 그런 일부 청·중년 화가들과도 사귄 적이 있다.

심지어 진일비(陈逸飞: 1946. 4 ~ 2005. 4. 절강영파인. 서양화가)처럼 여성 인물을 전문으로 그리는 초상화 화가 중에도 그 수준 및 재능이 진일비와 동등한 예술 차원에 있는 사람이 적지 않다. 그저 그들의 그림이 국외 갑부에 의해 매입되어 소장되지 않았기 때문에 지명도가 아직 높지 못하고 경매가격이 아직 높지 못하며 수입도 유명화가와 비교할 수 없을 뿐이다.

바로 이러한 화가들이 자신의 그림재능에 의지하여 중국 당대 중산가 계층에 들어갔다. 그들 중에는 국화(國畵: 동양화)를 그리는 사람이 있는가 하면 유화를 그리는 사람도 있고 인물을 그리는 사람이 있는가 하면 조수·화초·곤충을 그리는 사람도 있고 풍경·정물을 그리는 사람도 있다. 고전화풍에 능한 사람이 있는가 하면 현실주의 화풍과 현대파 화풍에 능한 사람도 있다.

그들 중에는 청년보다 중년이 많다. 청년 화가는 전 세계 어디에서나 그림에만 의지해서 중산가가 될 수 없다. 영화·드라마 연기자나 가수, 소설을 쓰는 사람은 모두 젊은 나이에 하룻밤 사이 이름을 날리면 그 후 평생 잘나갈 행운이 있다. 그러나 화가는 그런 행운을 얻기 어렵다. 어떤 사람이 젊었을 때 주식투자·선물거래·발명창조 또는 기타 상업투기를 통해 벼락부자가 나올 수 있으나 화가는 젊었을 때 그림만 가지고는 불가능하다.

그들 중 서양화가는 근래에 와서 동양화가보다 뚜렷하게 많아졌다. 일부는 최초에 동양화를 전공했으나 최근에 유화를 그렸다. 이렇게 거문고의 현을 새로 바꾸는 사람은 주로 청년 화가들이다. 아쟁을 버리고 거문고를 선택하는 것은 중년 화가들에게는 쉽지 않을 뿐만 아니라 '한단사람의 걸음걸이를 흉내 내는 한단학보(邯鄲学步)《장자·추수(莊子·秋水)》, 전국(戰國) 시기 연(燕)나라 사람들이 조(趙)나라의 수도 한단(邯鄲)에 가 보니, 사람들의 걸음걸이가 멋있어서 배우기 시작했는데, 결국 제대로 배우지도 못하고 오히려 자신의 원래 걸음걸이도 잊어버려 기어서 돌아갔다는 고사에서 유래함)' 모험을 해야 한다. 청년 화가들만이 이런 모험을 할 수 있다. 많은 청년 화가들로 하여금 이렇게 거문고 현을 바꾸게 한 원인은 동양(중국)화의 국제적인 예술지위가 급격히 하강하고 국내 그림애호가들의 마음속에서도 찬밥신세가 되기 시작했기 때문이다. 이 두 가지 현상은 동양화가 상업경매활동 중에서 가격에 직접적 영향을 미쳤다. 청년 동양화가들이 자신들의 향후 물질적 생활수준을 염두에 두고 거문고 현을 바꾸는 것은 현명한 행동이다.

이상 두 가지 현상을 유발한 주요 원인은 그가 없으면 아마도 십 수 년 이래 동양(중국)화의 '공연'성 그림이 범람하여 해를 끼칠 정도에 이를 수 있기 때문이다. TV에서 각종 명목 하에 거행되는 다양한 문화 활동 중에는 동양화가들이 현장에서 그림을 그리는 '공연' 항목이 거의 빠질 수 없다. 때로는 한 폭의 그림을 몇 사람이 합작한다. 저 사람이 산을 그리면 나는 구름을 그리고 세 번째 사람은 계속해서 나무를 그리고 네 번째 사람이 이어서 사람을 그린다. 심지어 흔히 다섯 번째 서예가가 붓을 날려 시를 짓는다. 이런 합작은 반시간 내에 종료된다. 만약 다섯 분이 모두 지명도가 있으면 겉으로 보기에 그 합작이 가치를 배로 올리는 것 같다. 예술적 가치든 상품적 가치든 막론하고 장기적 시각에서 볼 때 유화에 비해 중국화의 독특하고 뜻과 운이 서로 통하는 시적 풍격은 바로 이렇게 망가진 것이다. 긴 세기 이래 그 독특하고 뜻과 운이 서로 통하는 시적 풍격은 중국 사람뿐만 아니라 특히 서양 사람에 대해 '기법' 두 글자로 형용할 수 없는 모종의 신비감을 가지고 있으며 동시에 중국 사람만이 가질 수 있는 두터운 문화적 신비를 가지고 있다. 때문에 중국 어휘에서만 '독화(讀畵)'라는 단어를 찾아볼 수 있다. 중국화 대가는 때론 선풍도골(仙風道骨)의 인간으로 간주된다. 사실상 그렇기 때문에 이전 왕조의 중국화 대가들은 늘 후세에 길이 빛난 대시인이나 대사상가와 미담으로 전해진 우정을 맺고 있다.

십여 분 내에, 반 시간 내에, 길어도 2시간 내에 현장에서 그림을 그리는 '공연'은 그럴 때마다 중국화의 품격을 크게 왜곡시켰다. 그것은 이미 세계적으로 가장 간단하고 쉽게 배울 수 있는 '기법'으로 그릴 수 있는 그림 유형이 된 것 같다. TV에서는 또 '강의'를 한다. 새 한 마리·꽃 한 송이·포도 한 송이·물고기 몇 마리 등 눈만 있으면 다 볼 수 있다시피 농담(濃淡: 진함과 엷음)이 맞추어진 몇 획의 먹으로 '구성'되었을 뿐이다. 이는 대중화하여 '보급'되고 있음을 뜻한다. 어떤 그림 유형이 그렇게 쉽게 대중화될 수 있기 때문에 사람들이 상품가치를 포함한 그 예술가치의 경중에 대해 점차적으로 대수롭지 않게 여기는 견해가 형성되는 것을 바로잡기 어렵다.

중국화의 '대중화'는 유행가의 유행 즉, 그것이 사람들의 의식에 호소한 결과는 현저한 차이가 있다. 후자는 유행할수록 작사와 작곡 그리고 가창자의 지명도는 더 높아진다. 전자는 '대중화'될수록 대중 속에서 추상화되고 그 예술적 매력은 감소한다.

물론 중국화는 특허가 없고 특권이 되지 말아야 한다. 대중화도 좋은 일이므로 대중화를 반대하지 않는다. 단지 중국화가 처한 환경에 대한 '괜한 걱정(杞人憂天: 기인우천)'이 현장 '공연'에 대해 반감을 갖도록 했을 뿐이다.

유화도 좋고 중국화도 좋지만 화가가 중산층에 들어가지 못한다면 중국 당대 중산가 계층을 논할 가치가 없다고 생각한다.

생활수준이 이미 중산층에 도달하였거나 근접한 중산층 화가들은 그 회화작품이 중요한 예술경매활동과 '연결'될 수 있는 것이 그다지 많지 않다. 그들의 회화작품도 이젠 화랑에서 볼 수 있는데 가격은 모두 중산가 계층의 예술품 소장의 경제실력을 고려했다. 자신의 지명도가 크게 증가하기 전까지 그들은 본 계층의 배려에 의존할 수밖에 없다. 예전에 모 화랑에서 가격이 2만 원 하는 인물 유화를 본적이 있는데 당시 완전히 미혹되었다. 아주 잘 그렸다고 생각했지만 그때는 아무 주저 없이 2만 원을 주고 자기가 좋아하는 유화를 사서 집안에 걸어 놓을 정도로 여유가 있지 못했다. 2만 원이면 내 남동생과 여동생 온 가족이 3년 생활할 수 있는 돈이다. 그저 그 그림 앞에서 오랫동안 서성거리면서 속으로 감상했을 뿐이다. 노래 한 곡에 출연료 몇 만 원을 요구하는 가수나 20회 분량의 드라마에 출연하고 인민폐 6~70만 원내지 7~80만 원의 출연료를 요구하는 스타 '실력자'에 비하면 2만 원 가격으로선 그 유화가 너무 손해 보고 화가 본인도 너무 억울하다고 생각한다. 그러나 '인기가수'의 출연은 그들을 섭외한 콘서트 주최자에게 '인기가수'보다 더 상당한 경제적 효과와 이익을 가져다준다. '스타급' 탤런트가 주역을 맡으면 드라마 투자자에게 투자보다 높은 수입을 가져다준다. 화가의 그림 가격과는 비교가 안된다.

외교계에는 '약소국에는 외교가 없다'는 명언이 있다. 전쟁시대에는 특히 그러하다. 상업시대에 그 명언으로부터 이런 결론을 얻을 수 있다. '예술품은 곧 상품'이다. 물론 처음 명언은 좀 독단적이고 후자의 결론도 편파적이라는 것을 면하기 어려우나 기본적으로 이렇다.

예술이 완성품이 된 후 그 가격은 흔히 경매장에서 '징을 한번 쳐서 가락을 정(一錘定音: 일추정음)' 해야 인정을 받는다. 경매장에서 봉을 쥔 집행관은 세계에서 가장 권위 있는 예술 감정사가 된 것 같다. 물론 그는 아니다. 그는 흔히 상품가격에 대해 반응이 기민한 사람에 불과하다. 그 기민함은 또 아래 방면에서 표현된다. 언제 봉을 내리치면 시기상조이고 언제 봉을 적기에 내리치지 않으면 좋은 기회를 놓친다는 것을 안다. 종종 그 어떤 예술품이든지 그들의 눈에는 모두 같으며 모두 상품일 따름이라는 의심이 생긴다. 나아가서 늘 이런 생각을 한다. 설사 줄곧 부동산만 경매한 사람일지라도 예술품의 최저 가격을 사전에 알려주기만 하면 그도 매수자들의 표정변화를 통해 어떤 가격에서 낙찰해야 하는가를 알 수 있다. 여기서 그가 부동산을 몇 번 성공적으로 경매한 경험이면 충분하다. 그럼 매수자들은 어떤가? 그들은 예술에 대한 열광 때문에 번호패를 빈번히 드는 것일까? 그들이 꼭 봉을 쥔 사람보다 예술 감정능력이 더 높을까? 아마 꼭 그렇다고 말할 수 없을 것이다. 그들 중 대다수 사람은 일부 예술을 열광하는 부자를 제외하고 십중팔구는 모두 상업투자 목적에서 출발한 것이다.

지명도가 크지도 작지도 않고 있는 듯하나 없는 화가들은 중대한 예술경매활동에 대해 자신의 역부족을 개탄할 수밖에 없다. 그들의 동경심은 마치 작은 마을 가난한 아이가 서커스천막을 보면서 손가락을 깨물면서 입장권 한 장을 얻었으면 하는 바램과 같다. 회화작품이 중대한 예술경매활동에 참가할 수 있는 기회는 그들이 지명도를 제고시키고 인정을 받을 수 있는 가장 중요하고 직접적인 기회이다.

국외에서 만약 한 대부호가 진심으로 재능이 있으나 아직 지명도가 없는 화가를 도우려 할 경우 그가 경매현장에 나가 번호패를 들고 고가에 그의 그림을 사면 된다. 만약 진심으로 재능이 있으나 아직 지명도가 없는 화가를 도우려 할 경우 두 부호가 경매현장에서 서로 치열한 경쟁을 연기하면 도움을 받은 화가는 기필코 선풍적 뉴스의 '초점인물'이 될 것이다. 그 후 그의 회화작품의 상품가격은 그때마다 경매에서 인정을 받을 수 있다. 설사 그 두 대부호가 경매가 끝난 후 진짜로 그에게 돈을 주지 않거나 그의 그림을 갖지 않더라도 말이다. 이는 상업시대의 말할 나위도 없는 미미하지만 현묘한 계책이자 작은 비밀이다.

기왕 중대한 예술경매활동과 '통합'될 수 없다면 우리 중산층 화가 친구들은 개인 그림 전시회를 주최하여 인정을 받고 명예와 이익 두 방면 인정을 받는 길밖에 없다. 그러나 개인 그림 전시회는 쉽게 예술재능 및 성과 방면의 인정을 받을 수 있으나 동시에 상업적 가격의 인정을 받기는 그다지 쉽지 않다. 왜냐하면 개인 그림 전시회에 참가하는 사람들은 대부분 그림 감상자나 애호가고 투자하는 소장자가 아니기 때문이다. 투자 소장가들은 그래도 경매현장의 그런 경매결과를 더 믿는다.

그러나 우리 중산층 화가들은 따로 길을 개척한다. 즉, 민간경로를 통해 그림을 돈으로 바꾼다. 이 경로는 적지 않은 민간 브로커들을 파생시키기도 한다. 그들의 에너지는 '자영업 도서판매업자'에 못지않다. 그들은 현재 그 경로를 세계에까지 확장했다. 알려진 바로는 중국 중산가 화가들의 회화작품은 동남아와 유럽에서 적지 않은 중산층 가정의 가장 사랑하는 물건이다. 그들은 선뜻 수백에서 수천 달러를 꺼내 그림 한 폭을 사서 집안에 걸어 놓는다. 그것은 그들이 이 세상에서 살 수 있는 가격이 가장 낮고 가격에 비해 수준이 가장 높은 그림이다. 그것은 국외 대다수 화랑에서 판매하는 회화 수준보다 훨씬 높다. 반면 가격은 흔히 그런 그림에 비해 몇 분의 일, 심지어 십분의 일 정도밖에 안 된다.

세계에서 중국만이 매년 민간경로 즉, 다시 말해 순수한 개인관계의 경로를 통해 대가 작품 버금가는 그림을 대량 '수출'하고 있으며 또 중국에만 이렇게 저렴한 가격으로 자기 회화작품을 팔려는 화가들이 있다. 중국의 일류 유명배우와 이른바 '실력자'들 그리고 일류 스타가수들은 국외 동류업 종사자와 비교하면 이·삼류 수준밖에 안된다. 그러나 중국의 이·삼류에 분류되는 화가들의 공력과 조예는 국외에서 거의 일류라 할 수 있다. 때문에 중국 사람으로서 당신이 만약 지명도가 어중간한 중년 화가가 주택을 사고 자가용도 구입했다는 말을 들으면 굳이 심리적 불균형을 이루어서는 안된다. 그 이유는 첫째, 그들은 대체로 외국인의 돈을 벌어서 집 또는 차를 장만한다. 둘째, 그들의 그림은 중국에서 '수출'하는 품질이 상등급인 상품 중의 하나로서 우리 '중국'은 이 큰 브랜드에 떳떳하다. 셋째, 그들의 수익방식은 '박리다매' 방식일 수밖에 없다. 마치 중국의 장난감이 국외로 '수출'하면 질이 좋고 가격도 저렴한 것과 마찬가지다.

다른 한 부류의 화가들은 앞에서 말한 화가들과는 좀 차이가 난다. 주로 외국 관광객이 중국에 온 후 꼭 가보는 성·시(省·市) 화가들이다. 그러한 성, 시 회화예술 분야에도 숨은 인재가 수두룩하다. 그들의 그림은 주로 외국 관광객에게 파는데 가격을 인민폐로 수백 원에서 1~2천 원까지 부른다. 보통 비싸야 3천 원을 초과하지 않는다. 다른 성(省) 비행장에서 범 '호(虎)'자를 본 적이 있는데 가격이 천팔백 원이었다. 그것은 비행장 등 그런 곳에서 본 가격이 가장 높은 외자 서법이었다. 또한 한 서양 노부인이 즉석에서 사 갔다. 그 '호'자는 길이가 약 2 미터, 폭이 약 80센티 정도 되는데 필적이 포만하고 붓끝이 힘찼으며 표장이 정교했다. 2백여 달러면 국외에서 한 달 전화요금에 상당한다. 이런 화가들의 그림 판매에 관한 부분은 어쩌면 해당 성·시 여행사 단체에 예속되거나 작가가 직접 가이드와 관계를 형성한다. 물론 후자들은 항상 중개료를 뗀다. 관광성수기에는 그들이 매월 최고 7~8폭의 글과 그림을 파는데 만 원은 쉽게 번다. 그들의 서법은 본 성·시에서 아주 추앙을 받는다. 그들의 그림은 대체로 중국화이다. 타 성·시 화가들 중 유화에 걸출한 사람은 적다. 사천·절강·길림·요녕성에 좀 많은 편인데 대체로 본 성·시 미술학원을 졸업했다. 그들은 자신보다 나이가 많은 당지 중국화파 동료들과 자웅을 가릴 자신이 형성된 듯하다. 그러나 제각기 '시장수요'가 있고 각자 실력이 있으며 짧은 몇 년 사이에 누구도 상대방을 도태시킬 수 없다. 그들은 '지방군'이기 때문에 수도의 화가들처럼 체면을 소중히 여기지 않으며 흔히 예술가의 신분을 뽐내지 않는다. 큰 호텔·작은 여관·모 기업의 접대실·모 회사 사장의 사무실 그 외 일부 생활조건이 좀 부유한 가정집 등등에서 그들의 회화작품 및 서예를 발견할 수 있다. 돈만 주면 그들은 누구나 차별 없이 대한다. 그들은 흔히 아주 대범한데 자기들과 관계가 좋은 친구 내지 친구의 친구까지 자기 그림을 마음에 들어 하면 때로는 무상으로 선뜻 증여한다.

그들은 당지에서 중산가 겸 지역명사로 비교적 넉넉한 생활을 보낸다.

중국 당대 중산가 계층 중 경제지위가 네 번째 경우에 속하는 사람은 자영업의 독자회사 법인대표이다. 그런 작은 회사는 주로 국내무역·도매를 주 품목으로 한다. 옷·모자·신발로부터 술·담배·차에 이르기까지, 건축자재·장식자재에서 부터 보건상품에 이르기까지 그리고 자영업 중소형 상가·식당·여관·저렴한 노래방 등의 사장 그리고 국내 일부 식품 판로가 좋은 지방 대리상들이다. 필자의 한 지식청년 전우는 저렴한 노래방을 도급해 가지고 몇 년 사이에 수백만 원에 달하는 재산을 모았으나 나중에 형을 선고받았다. 죄상은 매음과 도박을 조직하여 수수료를 받은 이유이다. 다행히 마약은 팔지 않았다. 만약 그가 마약을 팔았다면 엄격한 수사에 걸려들 것이며 그러면 몇 년 형을 받는가 하는 게 문제가 아니고 목숨마저 보존하기 어렵다. 중국은 아편전쟁을 겪은 경험이 있어 마약범죄는 최고형으로 다스린다.

또 한 지인은 모든 수단과 방법을 가리지 않고 A시 모 음료를 대리하는 권리를 획득했는데 몇 년 사이에 집 세 채와 자동차 2대를 샀다. 그는 직접 나에게 말했다.

"국가 철밥통을 든 사람과 거래하기가 가장 쉬워요. 만 원으로 넘어가지 않으면 십만 원이면 안 넘어갈까? 10만 원으로 넘어가지 않으면 여자 한 명을 더 붙여주면 고분고분 넘어갈 것이 아닌가요? 관료주의라는 둥, 틀거지가 있다는 둥 그런 수작은 듣지도 말아요! 돈과 여자만 있으면 무슨 주의(主義)든 입맛대로 아무렇게나 가지고 놀 수 있어! 아무리 틀거지가 있는 사람이라도 당신 앞에선 겸손하게 대할 겁니다!"

후에 그 음료공장 판매부 주임이 바뀌어서야 그의 대리판매권이 회수되었다. 얼마 지나지 않아 그는 또 아주 잘 팔리는 담배를 대리 판매했다. 인구가 2백만 명에 달하는 도시 대리판매권을 독점한다 할 경우 그 이익은 말하지 않아도 뻔하다. 그러나 푸짐한 이익의 전제는 필경 대리판매 형세가 아주 호황이어야 한다. 매출상황이 저해를 받고 판로가 부진하면 의도한 이익을 얻을 수 없을 뿐만 아니라 종종 공장에서도 태도를 바꾸어 대리판매권을 회수해 간다. 냉정하게 말해 그들의 푸짐한 부당이익은 사실 혼신의 힘을 다 쏟아낸 결과이고 돈을 많이 벌었다고 자만하지 않고 못 벌었다고 낙심하지 않으며 하루도 해이하지 않고 심혈을 기울여 경영해서 일궈 온 것이다. 물론 관리에게 뇌물을 주는 수단도 포함해서 말이다.

말하자면 재밌다. 그 A시 문화국 부국장이 그를 나에게 소개해 주었다. 각

성·시 문화국은 모두 가난한 부서이나 한 사람이 문화와 좀 관련 있으면 웬일인지 체면을 목숨처럼 여긴다. 경제 형편이 곤란해도 기어코 주인의 도리를 다하려고 애쓴다. 정 그렇다면 말리지 않겠으니 가격이 싼 작은 식당에 가서 되는대로 한 끼 때우자고 제의했다. 그 부국장은 그럴 수 없다고 생각한 듯 했다. 그렇게 대충 때울 거면 차라리 초대하지 않는 게 더 낫다고 했다. 기왕 이 도리를 아는 바엔 그가 성의를 표했고 호의를 마음속으로 받은 셈치고 각자가 편하게 아예 그만두자고 말했다. 그러나 그는 그럴 수 없다고 고집했다. 서로를 잘 아는 친구가 자기에게 편지를 보냈는데 잘 보살펴 주라고 부탁했단다.

나는 아이도 아닌데 구태여 보살필 필요가 없다고 극구(極口) 사양하여 말했다.

그는 "적어도 밥 한 끼는 먹어야 하지 않겠는가, 그렇잖으면 우리 그 친구에게 어떻게 말하겠는가? 이번 식사는 아무리 못해도 수준이 좀 있는 식당에 가서 먹어야 한다네!"라며 문화국이 아무리 가난해도 먼 데서 온 손님을 수준 있는 식당에 초대해서 식사할 정도의 수표는 발행할 수 있다고 말했다. 한편 그는 또 절약할 수 있으면 절약해야지! 라면서 문화를 위해 꼼꼼하게 계산하는 것은 문화간부의 미덕이라고 말했다. 그래서 상대방의 뜻을 따를 수밖에 없었다. 그날 저녁 A시의 가장 특색이 있는 식당에서 그 자영업 음료 대리판매상을 알게 되었다.

"나는 문화가 없어요, 74기 중학교 졸업생이지요! 하지만 내 이 문화가 없는 사람은 종래로 문화가 있는 사람을 얕잡아 보지 않아요. 나는 어떤 사람이건 다 친구로 사귄답니다!"

그는 솔직하면서도 동안(童顔)이었다. 좌정한지 얼마 지나지 않아 강호의 정취가 풍기는 자백을 몇 마디 했는데 그 말을 듣는 필자는 얼굴이 약간 붉어졌다. 마치 자신의 앞자락에 죄와 치욕을 상징하는 '주홍 글씨'가 쓰여 있는 것처럼 느껴졌다.

그 친구와 부국장을 제외하고 또 문화국의 한 청년과 A시 일보사의 한 여기자가 함께 있었다. 술이 세 순배 돌자 그는 '경험을 전수'하기 시작했는데 대리판매의 비결을 이야기했다. 옆에서 듣고 있자니 머리가 핑 돌았으나 흥미 있는 척하지 않을 수 없었다. 그 모습이 그를 격려했는지 그는 더 쉴 새 없이 말했다. 부국장과 기자 그리고 그 문화국의 청년은 정말로 흥미 있어 하는 줄로 알았다. 때문에 손님의 기분을 존중하여 그의 말을 잘라서 화제를 돌리려 하지 않았다. 결국 그는 스스로 술을 부어 마셨고 곧 바로 취해 버렸다.

헤어질 때가 되어 그가 휘청휘청하면서 몸을 일으켜 나가려고 하자 문화국의 청년은 급히 앞으로 나서서 그를 부축했다. 그는 청년을 밀치면서 자기가 취하지 않았으니 부축할 필요가 없다고 말했다. 문화국 청년이 낮고 다급한 목소리로 그에게 "돈은, 계산할 돈은? 자네 돈을 잊어먹고 가져오지 않은 건 아니겠지? 정말 그렇다면 자넨 부국장의 체면을 너무 깎아."라고 하는 말이 귀에 들려왔다. 부국장과 그 여기자는 못 들은 척 했다. 분위기로 못 들은 척 할 수밖에 없었는데 아주 난처했다. 이 난처함은 완전히 자신이 완강하게 거절하지 않아서 조성된 것이라 생각했다.

당시 문화국 청년이 아예 그의 호주머니에 손을 집어넣어 지갑을 꺼낸 후 그가 제대로 서 있는지는 보지도 않은 채 그를 뿌리치고 계산하러 가는 것을 보았다. 요즈음 앳되고 새파란 청년들이 자주 부르는 "기분대로 가자, 계산하는 손을 꼭 잡고……"라는 노래가 생각나 모든 것이 우습게 여겨졌다.

A시를 떠나기 전 3~4일 동안 그 대리상은 거의 매일 묵고 있는 호텔로 전화를 걸어 왔다. 자기가 정말 너무 바쁜데 아무리 바빠도 어떻게 해서든지 나를 데리고 A시 교외의 무슨 곳에 가서 한번 놀겠다고 했다. 그러나 떠날 때까지 한 번도 그를 만나지 못했고 마지막 전화를 걸어와서는…….

"형, 난 지금 바빠요. 너무 바빠요. 탐관오리와 지역 불량배 양쪽으로부터 압박을 받고 있어. 다들 내가 횡재한 것을 죄를 지은 것처럼 여기니, 원, 참! 그러나 나는 위임장이 있단 말이에요, 합법적인 대리판매예요. 형! 나 돈깨나 벌자니 정말 쉽지 않네요."

그는 전화 저쪽 편에서 몹시 분개하여 닥치는 대로 저주하고 욕설을 퍼부었으며 남을 비방하는 말을 한껏 발설했다. 마음에 거슬리는 일에 봉착한 것 같았다. 그에게 마음을 너그럽게 가져라, 지금 누구나 돈 벌기 쉽잖다고 권할 수밖에 없었다.

"아니요, 어떤 사람은 나보다 쉽게 버는데요!" 그는 전화통 저쪽에서 큰 소리로 욕을 퍼부었다. 도대체 누굴 욕하는지 알 수가 없었다.

그는 지금까지 만나 본 사람 중에서 현실에 대해 가장 맹렬한 비난 태도를 가진 중산가로서 마치 전 중국 모두가 자기와 맞서는 것 같았다. 또 가장 전형적이지 못한 중산가라고 생각했다. 왜냐하면 내가 접촉했던 중산가들은 보통 현실에 대해 중용적 입장이며 온화한 태도를 취했기 때문이다. 어디까지나 모두 '개혁개방' 시대를 만났기 때문에 중산가가 될 수 있었다.

이상 언급한 중산가들, 즉, 중국 당대 중산가 계층 중에는 '성분'이 복잡한 부류가 뒤섞여 있어 개괄하여 설명하기가 쉽지 않다. 마치 할머니의 버들고리 속 잡다한 물건과 요즈음 아이들의 가장 신식 완구를 한데 엎어놓은 것처럼 사람의 환심을 사는 것도 있고 반감을 사는 물건도 있다. 그들의 재산은 인민폐 2~3백만에서 5백여만 원까지 다양하다. 일반적으로 5백만 원을 초과하지 않는다. 그것은 그들이 각고의 노력을 기울여서 경영한 소규모 사업에서 추측할 수 있는데 적어도 2~3백만 원 정도는 된다. 마찬가지로 '개혁개방' 발전과정의 변화로부터도 유추해 낼 수 있다.

그들을 중국 당대 중산가 계층의 '4방면군(四方面軍: 중국공산당주력군대 중, 장국도가 영도하는 부대. 호북. 하남. 안휘성 중심)'에 분류하는 것은 그들의 연간수입이 평균으로 하면 약 2~3십만 정도 되기 때문이다. 이것은 제1그룹의 유명배우와 제2그룹의 유명가수의 연평균 수입보다 적고 제3그룹의 화가들의 연수입보다 높다.

그러나 다른 것은, 제1, 2, 3그룹 사람 중 상당한 일부분은 여전히 회사가 있는 공유(국유)체제 내 재직인원으로서 당연히 여전히 공공주택에 거주하고 '공무(국유)적' 봉급을 타면서 공공의료를 향유하고 있다. 이 상당한 일부분 사람들의

직함은 기본적으로 2급 이상이다. 상당히 적지 않은 일부는 1급이다. 중국 1, 2
급 예술직함의 복지수혜, 다시 말해 임금·주택·공공의료 대우는 국가의 관련
정책조문의 규정에 따라 처급 또는 부국급이다. 이 부분 공유제 내 복지는 경제
학용어를 인용하면 '무형자산'이라 말할 수 있다.

'4방면군'은 이 '무형자산'이 절대 없다. 하물며 중산가가 된 화가들도 동시에
자신들이 명사라는 것을 느낄 수 있음은 더 말할 필요가 없다. 하지만 '4방면군'
은 이런 느낌도 절대 없다. 그들의 좋은 점(利)과 나쁜 점(弊폐) 그리고 장점(優)과
단점(劣)을 서로 보충한 후 제3그룹인 화가 뒤에 배열하였다. 왜냐하면 느낌도
모종 '무형자산'으로 간주할 수 있다고 생각했기 때문이다. 무형이기 때문에 그
가격을 짐작하기 어렵다. 그들은 전체 중산가 계층에서 중산가 느낌을 가장 중
요시하는 사람들이다. 하지만 그것은 중요시할수록 잡기 어렵다. 때문에 그들은
중국 당대 중산가 계층 중에서 가장 중산가 같지 않은 부류이다. 만약 서양의 중
산가 계층의 특징으로 그들을 비교하면 그들은 더욱 중산가 같지 않다.

서양문화·영화·텔레비전 속의 중산가들이 우리 중국 사람에게 남긴 깊은
인상 중에 비교적 보편적인 것이 '온정과 겸양 정신은 풍부하나 갖추어야 할 원
칙이나 투쟁성향은 부족한 계층'이라는 총체적 형태이다. 이 총체적 형태는 결코
전부 예술적 가공이나 미화된 것이 아니며 사실 기본적으로 그렇다.

왜냐하면, 서방 중산가 계층의 성분은 주로 지식인 가정이며, 소상인·소기업
주 가정으로 구성된 것이 아니기 때문이다. 때문에 서양인의 의식 중에 중산가
가정은 존중을 받고 자산가의 재산은 흠모를 받는다. 단지 서방문학에서 쓴 그
런 '문화정취가 있는 자산가가정'은 흠모를 받을 뿐만 아니라 동시에 존경도 받
는다. 그래서 18~19세기 서방 각국의 자산가들은 단지 흠모를 받는 데만 만족
하지 않았다. 그러나 어떻게 하면 존경도 받을 수 있는가를 몰랐기에 무슨 귀족
작위를 취득하는 것은 곧 꿈속에서 바라는 일이 되어 버렸다. 경제지위 방면에
서 중산가 계층에 들어선 소상인과 소기업주들도 흔히 중국 사람처럼 '아들이
훌륭한 인물이 되기를 바라는' 마음이 절박하며 중산가가 되기만 하면 모두 아

들에게 열심히 공부하고 유명대학에 진학하여 집안의 고급 지식분자가 되라고 격려하며 그리하여 자신이 중산가 계층에 있다는 신분과 느낌을 원만히 이룬다. 서방 중산가 계층의 지식화는 적어도 2세기가 넘는 역사를 가지고 있다. 때문에 이 계층은 아주 강한 '흡수여과'성과 '물동량'을 갖고 있다. 그는 적극적으로 경제 지위 방면에서 이미 중산가가 된 모든 사람을 받아들인다.

그러나 또 적극적으로 계층의식을 통해 후에 진입한 자의 부조화적 특징을 본능적으로 개조한다. 이 점은 중국의 '발을 깎아서 신발에 맞춘다(削足適履: 삭족적리)'는 속담으로 표현하면 아주 적절하다. 당신은 이 점을 비평할 수 있으나 현실 앞에서는 인정할 수밖에 없다.

때문에 서방에는 '전통 중산층 가정' 또는 '보수 중산층 가정'이라는 표현방식은 있으나 '전통 자산가 가정' 또는 '보수 자산가 가정'이라는 조어는 없다. 이와 관련하여 예전에 모 외국 작가와 연구한 적이 있었다. 그는 만약 중문판 서양소설에서 '전통'과 '보수' 그리고 '자산가 가정'을 한 뜻으로 연결하면 그건 틀림없는 오역이라고 말했다.

그는 서방 각국에서 자산가 계층은 근본적으로 '전통'이라고 말할 만한 것이 없다. 사회 최하층의 민중도 계층개념상의 '의식전통'을 지키기 어렵다. 오직 중산가 계층의 '의식전통'만이 가장 선명하며 또 흔히 가장 표현이 뚜렷하고 매우 진중(鎭重)하다고 말했다.

그는 또 중요한 언급을 했는데, '자산가 계층은 보수적일 수 없다.' 그들이 자산가가 될 수 있었던 것은 바로 종래로 보수란 그 무엇에 안주하려고 하지 않았기 때문이다. 그들은 천산갑(穿山甲) 마냥 앞에 황금이 있기만 하면 산에 막히더라도 그 산을 뚫고 나아간다. 또한 황금으로 변할 수 없는 물건은 본 체도 하지 않는다고 말했다.

그러나 중산가 계층은 흔히 그렇거니와 의심할 바 없이 보수적이다. 그것은 세계라는 자동차 바퀴의 회전을 위해 갈수록 금전이란 '베어링'의 내성(耐性)마모력에 의지하기 때문이다. 자산가 계층은 기타 모든 계층이 상적(相敵)할 수 없는 금전력을 갖고 있다. 때문에 그들은 갈수록 세계 주역으로 부상하고 있다. 중산가 계층은 그런 금전실력을 가지고 있지 않기 때문에 계층의식 측면에서만 아주 집착스럽게 보수적 역할을 맡고 있으며 이런 자태로 자신의 사회 존재를 증명하고 강조한다. 동시에 신중하고 체면 있게 자기 계층의 존엄을 지킨다.

예를 들면 영화가 비루하게 처음 탄생한 후 그것을 가장 경멸한 것은 중산가 계층이었다. 그때 만약 한 중산층 가정의 아가씨가 의외로 영화를 보러 갔다면 마치 오늘날 그녀가 마약을 흡입한 것처럼 부모들은 놀라고 치욕을 느꼈을 것이다. 나중에 돈을 투자하여 영화가 비루한 아동에서 대단한 거인으로 성장하도록 지원한 것이 바로 자산가 계층이다.

자산가 계층은 아주 민감한 눈길로 금전이 빛을 내는 것을 발견했을 때 아무 주저 없이 일체의 편견을 버린다. 마치 마크 트웨인이 자기 소설 중의 자산가 인물을 통해 말한 것처럼 말이다. '금전이 나를 향해 손을 흔들 때면 지옥이든 성경이든 아니면 나의 모친이든 막론하고 누구도 나를 불러 세워 돌아서게 할 수 없을 것이다.'

때문에 서방에는 줄곧

"모험적인 자산계급",

"보수적인 중산계급",

"분노하는 무산계급"이란 말이 있다.

또 영화로써 논한다면, 무산 계층은 그것을 좋아하든 반대하든 상관없이 중산계급처럼 본 계층의 의원대표인물을 통해 의회에서 그것을 금지하라고 호소할 수도 없으며 또 자산가 계층처럼 금전적 실력을 통해 그것을 강대하게 만들어 자신의 금전게임에서 자유자재로 가지고 노는 인형으로 변하게 할 수도 없다. 무산 계층은 자신이 싫어하는 사물에 대해 보통 분노만 할 뿐이다.

그러나 중산계급적인 혹은 이 책 속의 표현방식을 인용하면 중산가 계층의 '보수'는 인류사회의 발전과 진화과정에 관성력(慣性力)만을 뜻하는 것이 아니다. 혹자는 이렇게 말할 수 있다. 인류사회의 발전과 진화는 사실 모종 관성의 끊임없는 견제가 필요하다. 그러지 않고 자산가 계층의 금전실력으로 덮어놓고 자신의 회전속도를 올리다가는 그 후과는 상상도 하기 어렵다.

중국의 중산가들은 중국 근대 역사에서 종래로 그 무슨 무시할 수 없는 계층을 형성한 적이 거의 없으며 그 어떤 사회적 영향력도 거의 없다. 또한 중국 당대사회에서 이 계층은 새로 태어났기 때문에 그 무슨 그렇다 할 만한 계층적 의식전통이 근본적으로 없다. 마치 3살짜리 아이가 배가 고파 울고 배부르면 웃고 오줌 싸면 보채고 부드러운 손으로 만져 주면 편안해 하고 몇 번 다독여 주면 고분고분 잠자는 것과 같다. 그 계층의식의 본능은 고작해야 이런 그저 그렇다는 용속(庸俗)한 반응을 보일 뿐이다. 중국 당대 자산가 계층과 비교할 때 비록 모두 신생계층이고 비록 후자의 계층규모가 전자보다 훨씬 작지만 의식의 발육은 오히려 그보다 많이 빠르다. 후자는 거의 성격이 고집스러워 순종하지 않는 교활한 소년과 같다. 그는 늘 사나이다운 표정을 짓는다. 그 표정에는 '난 왜 이렇게 또는 그렇게 할 수 없는가.'라는 기색이 어려 있다. 비록 대다수 경우는 속으로 생각한 것을 입 밖으로 꺼내지 않지만은 말이다.

중국 당대 중산가 계층이 여전히 '의식의 백치(白痴)' 같은 단계에 있기 때문에, 소위 중산가의 계층감각이란 것이 이 계층의 극소수 사람들에서만 나타나기 때문에, 또 소상인과 소기업주로 구성된 중산가 계층 부류는 중산가 계층의 그 우월한 것 같으면서도 우월하지 않은 감각을 일시적으로 붙잡을 수는 없지만 또 그것을 보유하려고 아주 신경 쓰기 때문에, 그들은 자신이 으레 그러려니 생각하고 모종의 감각을 인정하고 지속적으로 실습하며 또 그것을 형식화한다. 모종의 감각을 인정하고 지속적으로 실습하려면 참조가 필요하다. 그들은 당연히 사회 밑바닥으로 가서 참조하지는 않는다.

그래서 정리와 사리에 맞게 자산가 계층으로 가서 참조한다. 하여 그들 중 적지 않은 사람은 주색에 빠진 방탕한 생활, 호화롭고 사치한 생활, 정신적으로 방자하고 속된 즐거움을 좋은 것인 양 감각으로 삼는다. 또한 이런 감각에 사로잡히기만 하면 그 속에 빠져서 벗어날 수 없거나 벗어나려고 하지도 않는다. 그들은 이 감각을 탐닉할 때 속으로 이렇게 생각한다. '자산가들이 무슨 대단한 게 있는가? 그들이 가진 차는 이 몸도 있다. 그들의 차가 고급이라면 내일 이 몸도 고급 차를 한 대 바꿀 수 있어! 그들이 여자를 즐기고 있는데 이 몸도 놀고 있지 않는가? 그들이 두고 있는 정부(情婦)도 이 몸이 한창 물색 중이야!

이런 허세 섞인 비교 속에서 그들의 심리는 큰 만족을 얻으며 자신이 흡사 중산가에서 자산가가 된 것처럼 상상한다. 언젠가는 자산가가 되는 것이 그들의 인생목표이다. 마치 백성들이 꿈에서라도 중산층의 생활을 하고 싶어 하는 것처럼 말이다. 하층민들은 자신과 그런 꿈과의 거리가 너무 멀며 몇 세대라는 시간이 흘러야만 가까이할 수 있을 정도로 멀다는 것을 잘 안다.

그러나 그들의 생각은 많아야 한 발짝 정도이고 몇 보 차이만 있다고 여긴다. 서민들의 말로 하자면 마치 '조금만 힘쓰면' 그렇게 되는 것처럼 말이다. 사실 나날이 성숙되어 가고 있는 상업시대이지만 중산가에서 자산가가 되는 것은 '잉어가 용문을 뛰어넘다(鯉魚躍龍門: 리어약용문)'는 동화 속의 묘사보다 결코 더 쉽지 않다. 왜냐하면 소상인과 소기업주의 경제적 욕망의 노력이 넘쳐날 때 자산가들 손에 있는 자본도 기적처럼 분열증식하기 때문이다. 분열증식현상은 항상 팽창현상보다 더 자극적이다. 전자의 법칙은 하나 더하기 하나에 또 하나를 더하는 것이고 후자의 법칙은 둘이 네 개로, 네 개가 여덟 개로, 여덟이 열여섯 개로 변한다…….

성숙된 상업시대의 경제 지렛대는 그 지렛목이 영원히 자산가 계층 쪽으로 치우친다. "미국에선 매일 백여 명의 백만장자가 파산하며 또 백여 명의 백만장자가 탄생한다…….” 이 말은 전 세계에 널리 퍼졌다. 이에 사람들은 상업시대의 게임법칙이 상대적으로 안정되기만 하면 누구라도 자산가가 될 수 있는 기회가 많다고 확신한다.

그러나 이런 사고는 큰 착오다. 소위 '백만장자'는 미국에서 사실 표준적인 중산층의 사회경제적 지위를 뜻할 뿐이다. 그러면 앞에 그 한마디 말이 폭로한 것은 바로 이런 현상이다. 미국에서 매일 발생하는 파산 또는 성공에 관한 사업적 에피소드는 주로 중산가 계층에서 전개된다.

자산가는 거의 처음부터 끝까지 자산가이다.

중산가는 거의 대대로 중산가 이다.

양자 간의 순환적 전환은 그 확률이 대략 몇 퍼센트를 초과하지 않는다. 이는 이미 2백여 년의 자본주의 역사에 의해 증명되었다. 그것은 상업시대의 철석같은 법칙이다.

때문에 일본과 같이 경제가 급속히 발달한 국가에서 당신이 만약 100명의 고등학생에게 어른이 된 후 무슨 소망이 있는가 묻는다면 90명 이상의 고등학생은 중산층 가정을 이루는 것이라고 성실하게 대답할 것이다.

그러나 미국에서 당신이 들을 수 있는 대답은 대체로 이렇다. 우리는 미국 집에서 살면서 우리나라 돈을 벌고 일본차를 사고 일본 마누라를 얻는 것이며 중국 사람처럼 중국에서 일하고 중국에서 소비하는 것이다……

미국의 집은 아주 널찍하며 달러는 항상 강세를 유지하고 미국 임금도 높다. 일본 자동차는 저렴하며 일본 마누라는 집안에서 비서처럼 '어진데' 이는 미국 여자들은 근본적으로 가능할 수가 없다. 중국에서 중국인의 업무 처리상황은 느긋한데 많은 나라 사람들이 부러워 마지않는다. 설사 매월 2천 달러만 벌더라도 중국에서 소비하면 번지르르하다……. 이는 미국인이 총결해 낸 금세기 내의 가장 이상적인 중산계층의 생활 형태이다.

성숙된 상업사회는 사람을 부추겨 이성을 상실하게 하는 것이 아니라 더 현실적이 되라고 가르친다.

중국에서는 동일한 문제에 상당히 많은 다른 대답이 돌아온다. 즉, CEO나 사장, 적어도 매니지먼트 또는 '보스'와 같은 인물이 되겠다는 것이다. 사실 그들의 대답은 한마디로 말하자면 자본가가 되겠다는 것이다. 설사 대답하지 않아도 마음속으로 바라는 것도 그런 것이다.

중국의 상업시대는 아직 충분한 시간적 성숙단계를 거치지 않았기 때문에 중국 청소년들은 인생에 대한 현실적 사상이 아주 결핍하다. 거기에 좋은 점이 있다면 청소년 시기 사상이 낭만적이지 못하면 이후 낭만적이 될 기회가 생기기 어렵다는 것이다. 나쁜 점은 현실적 사상에 비해 낭만주의에 너무 오랫동안 감싸여 있으면 인생을 조롱당하게 된다는 것이다.

중국 당대 중산가 계층 중의 일부분 소상인과 소기업주들이 자산가 계층 생활에 대한 갈망과 동경은 우리 일부 청소년의 심리와 비슷하다. 그들의 중국 당대 자산가 계층 생활 형태에 대한 상상은 심한 맹목성과 주관적 허구성을 띤다. 만약 중국 당대 자산가들의 생활이 모두 아주 황당하고 매우 방탕하며 대단히 부패하고 극도로 타락하였다고 생각하면 사실에 부합되지 않는다.

그러나 솔직하게 털어놓으면 그들이 성공하는 초기단계에 그들 중 적지 않은 사람들이 확실히 주색에 빠져 방탕한 생활을 했었다. 이것은 의심할 여지가 없는 사실이다. 극도로 사치하고 부패한 생활이란 그 내용이 그저 주색잡기에 좋은 술과 안주를 더했을 뿐이다. 수십 세기 이래, 유달리 '혁신'적인 스타일을 찾아내지 못했다. 패션의 예를 들면, 헐렁했다가 꽉 끼고 길었다가 짧아지고 다시 조였다가 헐렁해지고 짧았다가 길어지고 했을 뿐이다. 아주 황당하고 매우 방탕하고 대단히 부패하고 극도로 타락한 생활은 또 다른 일종의 아주 고달픈 생활이다. 정상적인 체력과 정력을 가진 사람은 사실 그런 방탕한 생활의 고달픔을 감당하기 어렵다.

때문에 그들은 마음껏 체험하고 나면 아주 진저리 나 한다. 그들은 현재 오히려 점잖은 신사처럼 변하고 있다. 비록 여전히 향락이 충만한 생활을 보내고 있지만 그 향락의 방식과 내용도 이전과는 크게 다르다. 게다가 이는 바로 그들 생활의 '고급'스러운 부분이다. 이 '고급'스러운 상황은 오래 전에 백성들의 시야에서 떠나갔고 또한 중국 당대 중산가 계층의 눈길이 미칠 수 있는 것이 아니었다.

언젠가 그들 중 한 집에서 정말 완전히 금으로 만들어진 욕조 수도꼭지와 보이는 곳마다 순은으로 된 손잡이를 본 적이 있다. 그리고 30여 명을 수용할 수 있는 가정 영화관도 갖추어져 있었다. 만약 한 중년 남자가 하루 휴가를 보내는 데 서로 다른 시간대에 3명의 젊고 아름답고 대학학력을 가진 여인이 시중들고 영화를 볼 때에도 수시로 관람후기를 교류하기 위해 그녀들 중의 한사람이 옆에 함께 있다면 그는 기어이 그 무슨 큰 식당에 가서 한 끼 먹고 또 애인 몇을 둘 필요가 있을까?

그러나 자산가들의 성공 초기의 생활 흔적은, 중산가가 '감각'을 포착해 내지 못하는 부분이 있었는데 이는 중산가들에게 아주 깊은 인상을 남겼다. 그 인상은 일부 신문잡지의 폭로와 상세한 묘사로부터 비롯되고 당시의 사회에 만연한 화젯거리였다. 어쩌면 그들이 많이 보고 들어서 은연중에 영향을 받은 것일 수도 있다. 그때 그들은 아직 중산가가 아니었다.

그들의 모종 '감각'에 대한 실습과 모방은, 바로 그러한 일종의 옛날 영화 같이 시기가 지난 인상을 주는 영화 '원판(原版)' 같은 것이 되었다. 때문에 그들 중산가 중 어떤 사람은 한 번에 수백만 원의 재산을 벌기가 분명 쉽지 않은데, 씀씀이는 '거리낌이 없고' 심지어 미친 정도라고 말할 수 있다. 그들은 아마 자신들이 실습하고 모방하려는 자산가인 '본보기'들은 사실 벌써부터 돈을 무턱대고 물 쓰듯이 쓰지 않는다는 것을 모른다. 자산가들의 정상을 벗어난 행동은 이미 지나갔다. 이들은 아주 필요할 때만 대수롭지 않은 듯이 사치를 즐겨 본다. 게다가 자산가들의 사치스러움은 중산가들을 아연실색하게 만든다. 그들의 실습과 모방 내용은 먹고 마시고 화류계를 드나들고 또 도박에다 가장 '유행'하는 한 가지를 더한 것에 지나지 않는데 그것이 바로 '마약'이다.

이 느낌은 중산가 계층의 생활원칙과 가장 화합할 수 없는 것이다.

정상적인 중산가 중에 종종 어떤 사람은 반감을 가지고 이렇게 말한다. "그들도 중산가 인가? 그들도 중산층에 끼어들 자격이 있는가?"

게다가 자산가 중 어떤 사람의 눈길이 만약 무심코 그들의 행위를 목격했다면 흔히 코웃음을 친다. 먹고 마시고 화류계를 드나들고 도박하는데 고작 돈이 얼마 들겠어? 또 '마약'을 복용한다고? 그럼 거지가 될 마음 준비나 하라지!

그리고 하층백성들은 혐오 섞인 말을 한다. "그 봐라! 지금 다 어떤 사람들이 부유해졌는지?"

중국 당대 중산계층 중 앞 세 '부류' 사람들은 흔히 식사를 초대받는 사람이고 심지어 관리들의 초대까지 받는다. 흔히 예물을 선사받으며 때로는 심지어 관리들의 예물도 받는다. 그중 여'스타'와 서예가들이 이런 기회를 만날 확률이 가장 높다. 그렇지만 제4부류 중의 일부는 흔히 다른 사람을 초대하여 식사하며 다른 사람에게 변변찮은 선물이나 후한 선물을 증정한다.

그들은 어렵게 돈을 버나 씀씀이가 많다. 명분이 바른 고급 '감각'을 얻으려고 신경을 쓰지만 결과는 거의 바라는 것과 반대이며 심지어 그 '감각'을 위해 끔찍한 대가를 치러야 한다.

중국에 현재 진행 중인 법률적 안건엔 그들과 관련된 많은 '삼언이박(三言二拍) = 중국 명(明)대의 소설집인《醒世恒言(성세항언)》·《警世通言(경세통언)》·《喻世明言(유세명언)》과《初刻拍案驚奇(초각박안경기)》·《二刻拍案驚奇(이각박안경기)》' 식의 비극적인 이야기가 기재되어 있으며 감옥에는 후회해도 늦어버린 과거에 운 좋게 중산가가 된 많은 범죄자들이 갇혀 있다.

이는 중국 중산가 계층이 입에 담고 싶어 하지 않는 곤혹스러움이자 스스로 숨길 수 없는 당대 '자백'이며 다른 일종의 '중국특색'이다.

생각건대 중국에서 매년 적어도 수백 명의 그들과 같은 중산가가 파산하고 매년 적어도 수백 명의 '후배'들이 중산가 계층으로 진입하고 있다.

중국 당대 중산가 계층 중 일부의 소상인과 소기업주 즉, 소위 중산층 '느낌'을 근본적으로 알고 싶지도 않고 실습은 더욱 하고 싶지 않은 그들, 일부 한평생 근면하고 시종일관 심혈을 기울여 사업을 경영해 온 그들, 일부 검소함을 영광으로 생각하고 사치를 치욕으로 생각하는 그들, 일부 매일 5백 원을 벌었다면 매일 3백 원 이상을 써버릴 정도까지 되지 않은 그들만이 중노년에 자신의 그 무렵 중산가적인 경제지위를 위해 든든한 기반을 닦을 수 있다. 그때가 되면 그들은 중산가의 '본보기'와 같은 존경을 받을 것이다. 그때가 되면 그들은 중산층의 계층의식 중 가장 우량하고 또 가장 바람직한 몇 가지가 무엇인가를 깊이 알게 되고 또 최선을 다해 그것을 발휘할 것이다.

그때가 되서 그들이 아들딸에게 들려주는 한 사람이 어떻게 반무산가, 심지어 무산가에서 중산가로 되었는가와 관련된 자서전적 색채를 띤 이야기만이 후세대에 이야기할 가치가 있으며 그것은 또 후세대가 눈시울이 붉어질 정도로 깊은 감동을 받을 만한 이야기라고 본다.

아마 그들의 아들딸들은 충심으로 그들에게 말할 것이다. "우리가 중산층 자식이 될 수 있도록 바친 각종 노력에 감사를 드립니다. 부모로 인해 우리 인생에 더 현실적인 목표가 생겼습니다. 우리도 우리 자식들이 중산층 자식으로서의 안전감을 잃지 않고 또 그들로 하여금 이것이 일종의 행복이며 얼마나 어렵게 얻은 것인가를 알게 할 겁니다. 또 그들로 하여금 사실 자산가 계층의 아들딸들도 느낌이 꼭 그렇게 미묘하지 않다는 것을 알도록 할 겁니다."

작가에 대하여—그렇다면 필자와 동료작가들을 논하게 된다. 작가들을 중국 당대 중산가 계층에 분류하려 한다. 소수 사람, 당연히 일부 동료작가들은 그렇게 여기지 않고 심지어 크게 빈정댈 것이다. 그들은 아마 이렇게 말할 것이다. "양효성, 너 자신만이 중국 당대 중산가 계층에 속하지?!" 그들은 아마 여러 자리에서 고의로 이 책 속에 쓴 글 몇 줄만을 끊어 제멋대로 왜곡한 후 한바탕 질책할 것이다.

이 점에 대해서는 이미 생각에 이르렀다. 그러나 적어도 절반 이상의 중국 당대 작가들을 중국 당대 중산가 계층에 귀결할 수밖에 없다. 그러지 않으면 필자가 의도적으로 회피하고 언급하지 않는 것이 된다. 게다가 이것이 무슨 회피할 필요가 있겠는가?

일부 신문잡지에서는 양효성을 '평민작가'라고 불렀다. 이것은 사실과 일치하지 않다고 생각한다. 왜냐하면 매년 평균 원고료 수입은 현 단계 중국 평민가정과는 비교할 수 없는 것이다. 물론 만약 수입이 스타배우나 가수들 수입처럼 높다고 상상하거나 적어도 그들 중 이·삼류의 수입만큼은 높다고 상상한다면 그건 필자를 너무 치켜세우는 것이 된다.

일류작가의 평생 수입은 대략 이·삼류 스타배우나 스타가수 평생 수입의 삼분의 일 내지 사분의 일에 상당한다. 이만해도 일류 작가들은 충분히 자기 위안이 되리라 생각한다.

하물며 필자는 일류작가라 생각하지 않는다. 기껏해야 '이류당(二流堂: 중국공산당이 당 외부와 연락하는 장소)' 중의 한명 정도로 칠 수 있다.

또 하물며 일류작가와 인기도서 작가는 차이가 있다. 한 작가가 만약 그 어떤 책도 잘 팔린 적이 없고 또 잠재력이 있는 책, 즉 재판 횟수가 상대적으로 많은 책이 없고 또 영화나 텔레비전 저작권과 거의 인연을 끊은 경우 그가 작가가 되기 이전에 중산가가 된 경우를 제외하고는 일생동안 청빈할 것이다.

전 세계에 이런 일류작가가 적지 않다.

1986년 10기 《세계의 창문》에는 프랑스의 여론조사 100가지 사례가 실렸다. 그중 한 조목은 "6%도 안 되는 프랑스 부모만이 자신의 딸이 작가에게 시집가는 것을 마지못해 동의한다."였다. 이 조목 뒤에는 괄호가 있었다. 괄호 안에 이런 말 한마디가 쓰여 있었다. "인기도서 작가는 제외, 11%가 넘는 프랑스 부모들은 딸이 그들에게 시집가는 걸 반대하지 않는다."

마쓰모토 세이쵸(松本淸張: 1909~1992일. 추리소설작가)는 일본의 저명한 작가이다. 물론 전 세계에 견주어 봐도 틀림없는 일류작가이다. 그의 소설을 각색한 영화, 예를 들면 《사기(砂器)》, 《인증(人證)》 등은 우리 중국인들에게도 아주 익숙하다.

알려진 바로는 그는 집에서 김용(金庸: 중국·대만 무협소설가) 선생의 방문을 받았다. 그리고 김용 선생과 작별한 후 그는 감개무량하여 혼자서 중얼거렸다. "정말 불가사의하다. 한 사람이 소설을 쓰는데 어떻게 억만장자가 될 수 있을까?"

그렇다. 한 사람이 소설을 써서 억만장자가 될 수 없으며 더욱이 재산가가 될 수 없다. 중산가가 되어도 거의 가장 다행스러운 일이다. 김용 선생의 무협소설은 비록 발행량이 전 세계 중국 사람들이 감복할 정도로 많지만 그의 수억 재산 중의 대부분은 사실 그의 신문사그룹에서 축적한 것이다.

중국 당대 작가들을 중산가 계층의 제5위에 배열했지만 그 '배치'가 매우 적절하다고 생각한다. 믿지 못하겠다면 상세한 사정을 들어보자.

중국의 70세 이상 당대 작가들 중 아직 생존인 사람으로 '문학 신시기' 이래 글을 그다지 쓰지 않은 작가들은 북경에서 생활하든 아니면 다른 성·시(省·市)에서 생활하든 막론하고 기본적으로 근사한 대우를 향유하고 있다. 신중국 건국 초기 그들은 아직 3~40대 청·중년 작가들이었으며 중국 정치운동의 '불가항력'

적 살상과 절단으로 그들의 창작은 일관성이 없는 변절과 어용적 계단식 상태를 나타냈다. 어떤 사람의 창작 열정은 '반우파' 운동 과정에서 무자비하게 박멸 당하였고 거의 100%는 나중에 '문화대혁명' 속에서 같은 액운을 당했는데 '전군이 전멸되었다'고 말할 수 있다. 그들의 일부 우수하고 중요한 작품은 20세기 50년대에서 60년대 중기까지 십수 년 사이에 집중적으로 세상에 선을 보였다. '문화대혁명'이 종료된 후 그들 중 요행으로 살아남아 건강에 심각한 상해를 받지 않은 사람 또는 심각한 상해를 받았으나 다행히 빨리 회복된 사람들은 창작열정과 활력이 또 한 번 빛을 발하였다. 이 단계가 바로 이른바 '문학 신시기'이다.

그러나 이 시기 중국 원고료는 아주 낮았는데 전 세계에서 원고료가 가장 낮은 나라의 작가들도 믿기 어려울 정도로 낮았다. 천 자당 7원에서 10원·15원·20원이었다. 90년대 이후에야 일부 신문과 출판사는 '경제법칙'에 따라 먼저 30원 '선'을 돌파했다. 그러나 30원 '선'을 돌파한 후 그들 중 십중팔구는 '염파 (廉頗: 전국시대 조나라 장수. 사기)가 이미 늙은' 격이 되었으니 만족스러운 개인 원고료 수입 방면의 성과를 별로 누리지 못했다. 그들이 20세기 50년대부터 60년대 중기에 이르기까지 받은 원고료는 진적에 '고난의 역정'에서 '비타민'이 되었다. 때문에 그들의 만년에 원고료 저축이 얼마간 있다 해도 사실 아주 한계가 있다. 공을기(孔乙己: 노신의 작품)가 회향두를 셀 때 한 말을 빌리자면 "많은가? 많지 않도다!"와 비유된다.

그들을 중국 당대 중산가 계층에 분류한 것은 주요하게 그들이 향유하는 대우를 토대로 말한 것이다. 그들 중 대다수는 현재 기본상 사(司: 중국 중앙 행정 기관의 부서명)·국(局)급 대우를 받는다. 그들 중 상당한 일부분은 건국 전에 이미 유명 인사였기 때문에 사·국급 대우를 받는 외에 특별히 이런 저런 구세대 문화 명인들의 보살핌도 받았다. 다른 일부분은 연안(延安: 중국공산당 혁명기지)의 좁쌀을 먹은 적이 있고 연안의 물을 마신 적이 있으며 해방군이 전 중국을 해방할 때 '혁명문예전사'였었다. 이런 경력은 그들이 나이가 많을수록, 사람 수가 적을수록 더 소중한 성격을 나타낸다. 지금도 이 부분의 작가를 통틀어 '혁명문예노인'이라고 부른다. 때문에 사(司)·국급 대우와 문화 명인의 보살핌을 받는 외에 또

'혁명문예노인'의 배려를 받는다. 타 성·시에서 그들은 '인민대표대회', 또는 '정치협상회의'에서 직무를 맡고 있거나 심지어 지도자 직무를 맡고 있으며 어떤 사람은 당연히 부시급, 부성급과 비슷한 대우를 향유하고 있다.

그들은 돈은 많지 않으나 대우가 비교적 전면적이고 사회적 지위가 높은 '중산가'이다. 말하자면 일부 '무형자산'이 '유형자산'보다 비교할 수 없이 많은 '중산가' 문화인사들이다. '중산가'에 인용표를 넣은 원인은 사유(私有) 현상이 무척 많아지기 시작한 당대에 그들이 현재 누리는 것은 기본적으로 여전히 '공유(公有)'가 가져다 준 복지이기 때문이다. 이것은 마땅히 구세대 작가들 그리고 좀 더 범위를 넓혀서 말하면 모든 구세대 문예계와 문화계 인사들에 대한 위안이 되는 '사회주의' 우월성의 선행으로 봐야 한다.

60대에서 70대에 이르는 중국 당대 작가들의 원고료 수입은 그들에 비해 훨씬 많다. 작가들 중에는 당시 '우파' 두 글자와 전혀 관련 없었던 사람은 손꼽을 정도이다. 그들의 창작생명은 적게 잡아도 근 20년 동안 정치적 '협살'을 당했다. 다행히 '협살'당할 때 그들 대다수는 30세 미만이었고 평균 26~7세였다. '문화대혁명'이 종료된 후 그들은 중국문단의 '강호에 재림'한 중년 실력파 작가가 되었다. 20년 동안 '협살' 당했기 때문에 그들은 창작에 있어 그야말로 볼 만한 용출 현상을 잇달아 드러냈다. 79년도부터 89년도 사이에 그들은 누구라 할 것 없이 명성을 크게 떨치고 전성기를 구가하였으며 창작실력은 거의 문단을 독점하였다. 그 시기 그들이 주요하게 얻은 것은 명성이었다. 원고료 최고 표준은 국가에서 한정하였기 때문에 그들이 아무리 많은 상을 타고 아무리 많은 작품을 모아 책으로 펴내고 아무리 여러 번 재판해도 원고료 수입은 어쨌든 넉넉할 정도로 많지 못했다. 하지만 선배 동료들에 비해, 그리고 '후대' 동료들에 비하면 필경은 실력파였기 때문에 저축도 남들이 부러워할 만할 정도였다. 다행히 90년대 출판업이 점차적으로 '시장과 통합'되어 가기 시작했고 그들은 겨우 50세를 넘겼거나 많아야 60여 세였으며 실력은 쇠퇴하지 않고 날마다 지속되어 갔기 때문에 다들 신속하게 또 실용적으로 문화인들이 한때 저주했던 '문화상업화'의 달콤한 열매를 나누어 가졌다.

한편으로 어떤 열매의 짙은 즙을 빨아먹으면서 한편으로 쓰고 떫다고 푸념하면서 원망한다. 이는 중국 문인의 전형적 결함이자 폐단이다. 이 폐단은 여우 우화와 비교해도 그것만 못하다. 왜냐하면 여우는 포도를 먹을 수 없을 때만 이 포도가 시다고 말한다. 하지만 중국 문인은 자신이 작은 송이만 따고 다른 사람이 큰 송이를 땄을 때 역시 포도가 시다고 말한다. 이 폐단은 중국 문인으로 하여금 자기가 지식인, 심지어 엘리트 지식인이라고 얼마나 허풍을 떨고 다른 사람에게 자신을 그렇게 대하라고 얼마나 강렬하게 요구하던지 관계없이 결국 삼십 퍼센트는 비슷하고 칠십 퍼센트는 비슷하지 않다. 왜냐하면 전형적인 지식인은 과감하게 진실을 말하기 때문이다. 그들은 어쩌면 이렇게 말할 수 있다. 나는 작은 송이만 땄기 때문에 불만족하다. 그러나 아큐(阿Q: 노신 작품)식으로 "손자만이 큰 포도송이를 따는구나."라고 시부렁거릴 정도는 아니다.

90년대 이후 전체 중국 당대 작가들은 대량 창작을 하든지 아니면 창작이 저조했든지, 인기 도서를 출판했든지 아니면 책 출판이 원활하지 않았든지 관계없이, 또 소설을 쓰는 작가이든 아니면 산문·잡문·수필을 쓰는 작가든 관계없이 이 상업시대의 덕을 보지 않은 사람이 없다. 90년대 이전에 중국 작가 중 과연 몇이나 인세 형식으로 원고료를 받았던가? 또 몇 사람이나 국가 정규 신문 및 출판사로부터 표준적으로 매 천 자에 30원보다 높은 원고료를 받은 적이 있단 말인가? 부끄러운 것은 필자가 중국작가협회 저작권위원회 위원인데도 대략 92년도 하반기에 와서야 무엇이 인쇄부수 원고료고 무엇이 인세인가를 구분할 수 있게 되었다.

60세부터 70세 사이 중국 작가들 중에는 60세부터 66~7세 미만의 작가가 가장 많다. 그들은 '세대'를 붙여서 말할 수 있는 신중국 성립 후의 1세대이며 그들보다 연장자는 해방 전에 이미 '문학청년'이 되었을 수 있다.

각 성·시의 작가협회 주석은 대체로 그들이 맡고 있다. '작가협회'는 중국에서 지금도 역시 '문화기관'이다. '기관'이라고 부르기 때문에 지도자도 역시 '문화관원'이다. 예를 들면 전국 '작가협회'의 제5기 고위층 성원들은 먼저 '중국 조직부'와 '중국 선전부'의 이중자격 심사 비준을 거치지 않은 사람이 없다. 각 성·시도

372

기본적으로 이렇게 만들어졌거나 혹은 '임명'한 것이라 할 수 있다.

때문에 사실 그들은 동시에 직무를 가진 사·국급 간부들이다. 관원 앞에서는 신분이 작가이고 작가 앞에서는 신분이 관원이기 때문에 일반 작가의 계급과 대우를 결정할 수 있는 지도자이다. 문화관원의 대우와 유명작가의 사회지위 그리고 창작실력이 지금까지 지속됨에 따른 수입을 통해 구세대 작가들에 비해 '유형자산'과 '무형자산', 두 가지를 모두 보유하였기 때문에 중국 당대의 영락없는 작가중산가들이다.

50세부터 60세 미만의 중국 당대 작가들은 그 수가 많지 않기 때문에 특히 '세대'라고 부르기 어렵다. 이는 '문화대혁명' 10년 동안에 중국에 이미 새 작가가 태어날 조건이 근본적으로 존재하지 않았기 때문이다. 그들은 봉황의 털과 기린의 뿔처럼 드물고 진귀한 인재들 즉, 암암리에 성장한 '산아제한을 피해 다른 곳에서 아이를 낳은' 격의 작가들이다. '문화대혁명'이 종료된 후에야 명분이 바르게 '호적에 올랐다.' 그들의 신분이 '지하'와 같은 데서부터 공개적으로 인정되기만 하면 비범한 재능을 남김없이 발휘한다. 비록 그 수는 적으나 영향은 막대하다.

그 다음 한 무리는 한 '세대' 작가들인데 곧 이른바 '지식청년(知識靑年: 중국 특정 역사 시기, 1950년대부터 1970년대 말까지 자원 혹은 피동으로 농촌으로 내려간 중고등 교육을 받은 청년을 가리킨다) 작가' 부류이다. 필자도 자연히 그 부류 중의 일원이다. '문학 신시기' 초기에 우리는 모두 26~7세부터 30세 안팎의 '문학청년'이었다. 일부는 '문화대혁명' 시기에 요행히 대학교 문에 들어섰다. 예를 들면 필자가 그랬다. 일부는 '문화대혁명' 후 대학에 입학하였다. 일부는 대학에 다닌 적이 없으나 자신이 우수한 작가가 되는 데 학벌이 추호의 영향도 미치지 않았다. 이 세대 작가들은 전체 '문학 신시기' 10년 중에 꾸준한 창작을 통해 문학적으로 성과를 거둔 경우를 제외하고 기타 방면에서는 거의 얻은 것이 없으며 무엇을 얻으려고 추구한 것 같지도 않다.

왜냐하면, 그들은 자신에게는 얻을 기회가 오지 않을 것이며 또 얻을 자격도 없다는 것을 잘 알기 때문이다. 우리 중 절대 다수의 생활 형편은 20세기 80년대 말기에 와서야 다소 개선되었다. 대다수 사람은 80년대 말에 와서야 직장이 안정되었으며 주택문제도 해결되었다. 주택문제를 해결하기 위해 직장을 여러 번 바꿀 수밖에 없었고 우회하여 목적을 달성하였다.

1987년 북경 삼리툰에 있는 장승지(張承志: 회족, 중국 당대 가장 영향력 있는 회족 작가, 학자. 홍위병(紅衛兵)이란 명칭을 최초로 사용함) 집에 간 적이 있는데 객실은 없고 거실만 2칸 있었는데 작을래야 더 작을 수 없는 집이었다. 만약 동시에 두 손님을 접대하려면 움직이기도 곤란했다. 소복흥(肖复兴: 1947年生, 중국의 저명작가. 하북성 창주인 現《人民文學》杂志社 부편집장. 중국 국무원 신문《中國閎》전문투고작가)은 당시 모 중학교에서 교편을 잡고 있을 때 아내의 북경 호구를 해결하기 위해 계획생육(산아제한)위원회의《신체육》잡지사에서, 지금의《소설선간》으로 전근 와서 편집장을 맡아서야 가정 '생활상태'가 겨우 안정되었다.

독자들이 이 세대 작가들의 20세기 80년대 말 전후의 수입과 생활수준에 대해 구체적으로 이해할 수 있도록 필자 자신을 예로 들어본다. 만약 다른 특정 사람을 예로 들 경우 큰 미움을 사거나 심지어 소송을 유발할 수도 있기 때문이다.

본인은 1979년 상해복단대학을 졸업한 후 북경영화제작소 문학부에서 편집을 맡았다. 그해 만 28세였고 아직 미혼이었다. 노임은 49원 75전이었고 기숙사식 건물의 11평방미터 되는 독신숙사에 유숙했다. 80년 가을에 결혼했는데 노임은 여전히 49원 75전이었다. 그때 아내 노임은 56원이었다. 독신숙소가 집이 되었다. 그 사이 노임 인상 기회가 딱 한 번 있었다. 인상될 수 있는 사람의 비례는 6%였는데 무슨 연유에서인지 그 기회를 주동적으로 포기하고 말았다.

1982년에 우리 사이에 아들이 태어났다. 임금은 여전히 49원 75전이었다. 81년부터 82년까지 2년 사이에 대략 4~5편의 소설을 발표하였다. 총 글자 수는 7만, 총 원고료는 6백 원이었다. 그때 천 자당 최고로 10원 내지 12원이었다. 83년 소설《여기는 신기한 땅(这是一片神奇的土地)》이 82년도 전국 단편소설 상을 받았는데 상금은 3백 원이었다.

도대체 몇 년 동안 노임을 49원 75전을 받았는지 잘 기억나지 않는다. 어쨌든 88년까지 '북경영화제작소'에서 '아동영화제작소'로 전근하기 전까지 노임을 70

여 원 받은 것 같다. 그 사이 집을 한번 바꿨는데 역시 가운데 복도가 있는 기숙사식 건물이었다. 동쪽 끝에서 서쪽 끝까지 2미터 가량 더 큰 것이었다.

82년부터 88년 말까지 아래와 같은 책들을 출판하였다.

단편소설집 《하늘도 정이 있다면(天若有情)》은 최초 단편집으로서 북경십월출판사에서 출판하였다. 총 24만 자로 소득세를 공제 후 원고료가 3천 원 좌우였던 걸로 기억난다.

단편소설집 《여기는 신기한 땅》, 천진백화출판사에서 출판했다. 총 28만여 글자로 소득세를 공제한 후 원고료는 4천여 원이었다.

중편집 《인간연화(人間煙火)》는 귀주인민출판사에서 출판하였다. 총 34여만 글자로 소득세 공제 후 원고료는 약 5천 원이었다.

최초 《자선집(自選集)》은 사천문예출판사에서 출판하였다. 총 30여만 글자로 원고료는 4,500여 원이었다.

장편소설 《눈도시(雪城)》는 북경문예출판사에서 출판하였다. 총 110여만 글자로 원고료는 1만 8천여 원이었다.

《한 홍위병의 자백(一個紅衛兵的自白)》, 사천문예출판사에서 출판하였다. 원고료는 6천여 원이었다.

《복단에서 북경영화제작소로(從復旦到北影)》는 상해문예출판사 출판, 원고료는 1,800여 원이었다.

중편소설 《오늘밤 폭풍설이 있다(今夜有暴風雪)》는 드라마로 찍었는데 원작비를 받은 기억이 나지 않는다. 당시에 그런 것을 따진 것 같지 않다. 이 중편소설은 후에 또 영화로 찍었는데 각색에 참가했다는 이유로 원고료 7백 원을 받았다. 《눈도시》 제1부를 드라마로 찍을 때 북경십월문예출판사가 제2부 예상 원작비를 포함하여 원작비 2만 원을 제기하였다. 출판사가 각기 1만 원씩 나누어 가졌다. 그 외 또 3회짜리 드라마 대본 《얼음 조각상》을 찍었는데 고향 문예기관에서 투자한 것이라 원고료를 요구하기가 뭣했다. 촬영제작팀은 18촌짜리 컬러 텔레비전을 한 대 주었는데 가격은 천팔백 원이다. 지금도 그 텔레비전은 우리 집에 놓여 있는데 그 사이 2번 수리했고 얼마 안 있으면 시청도 불가능할 것 같다.

7년 동안에 위에서 말한 책으로 받은 원고료에 그중 일부 작품이 간행물에 발표되어 받은 원고료를 다 합해서 약 7만 원 안팎 되는 것으로 기억된다. 책을 출판하는 원고료는 사실 당시에 작품 발표 시 천 글자 표준보다 낮은데 잘못 기억했을 것 같아 좀 높게 추산했다. '아동영화제작소'에 전근하기 전 우리 세 식구의 집에는 3만여 원의 저금이 있었다. 그 외 4만여 원 중 2만 원은 동생이 새 집을 바꾸는 데 썼다. 하얼빈시 두 남동생과 여동생이 거의 같은 해에 결혼했는데 모두 원래 주소 30평방미터 되는 낮고 허름한 집에서 비비적거려 거주 형편이 정말로 가련했다. 나머지 2만여 원은 해마다 집에 송금해서 부모를 봉양하고 우리 세 식구의 일상생활에 썼다.

　　당시 필자의 소설에는 중국 서민들 가정이 직면한 주택난이 자주 나타났다. 당시 아주 근사한 집에서 거주하는 선배 작가가 글 속에서 필자의 글에 대해 아주 빈정거렸지만 굳이 글을 써서 반박하지 않았다. 작가 자신이 형편이 조금만 우월하면 그들의 눈에는 하층민의 생활 형편이 보이지 않고 동정심도 없어지는 것이 대체적인 관습이라는 생각이 들어 반박할 필요가 없다고 생각한 것이다.

　　당시 세 식구 가정이 놀랍게도 3만여 원의 저금이 있다는 것은 일반 평민들에 비하면 정말 부유한 편이라고 생각했다. 비록 우리 집에 촬영제작팀이 선물한 칼라TV를 제외하고는 거의 값나가는 물건이 없었음에도 불구하고.

　　중국 하층민과 비교할 때 1988년의 양효성(필자)은 이미 중산가라고 생각한다. 그저 부부 임금수입이 150여 원밖에 안되고 누추한 기숙사식 건물의 13평 남짓한 허술한 집에 살고 있는 '노청년'일 따름이지만 말이다. 그해 내 나이는 38세였다.

　　당시 늘 아내에게 말했다. "우리는 행복하다고 생각해야 해, 우리 같은 세대 사람들과 비교해 보세요, 몇 집이나 3만여 원의 저금이 있는가? 하층민들과 비교하면 우린 부자에 가까워요."

　　바로 이러한 생각 때문에 임금을 전반적으로 조정하는 것을 제외하고 '북경영화제작소'에 근무하는 9년 동안에 한 번도 임금인상을 요구하는 기회를 쟁취한 적이 없다.

이러한 사고에 연유하여, 1985년부터 이미 개인적으로 헌금 돕기와 같은 일들을 진행했는데 대략 20여 차례에 달한다. 도와준 개인과 가정이 얼마나 되는지 기억나지 않으며 그중 몇 번은 사기를 당했으나 대다수는 보람이 있었다. 지금도 새해만 되면 간혹 그들 중 모 개인 또는 가정이 보낸 편지 또는 연하장을 받곤 한다.

필자의 부친이 병이 났을 때면 북경에 와서 치료받기를 몹시 원했다. 그는 건축노동자였지만 한평생 좋은 집에서 살아 보지 못했다! 근본적인 것을 말하자면, 필자가 직장을 바꾼 연유 또한 주택 문제를 해결하고자 함이었지 그 무슨 어떤 높은 등급의 부사장을 하기 위해서 결연히 '아동영화제작소'로 전근한 것은 아니었다는 것이다.

1989년부터 91년 말까지 절필을 성명하고 그 어떤 작품도 발표하지 않았다. 산문 또는 수필이라고 할 만한 글조차 한 편도 발표하지 않았으며 그저 영화를 논하는 문장 몇 편을 썼을 뿐이고 매 편 분량도 2천 글자를 초과하지 않았다. 그중 4편은 아동영화제작소 청년 감독이 연출한 아동영화를 논한 내용이었다. 아동영화를 위해 주변에서 분위기를 돋우는 것은 본직의 의무를 다하는 것이다. 이 3년 중에 중국 임금의 전면적인 조정의 혜택을 받아 나의 임금은 70여 원에서 170여 원으로 '비약적인 상승을 했다' 부친은 1989년도 말에 세상을 떠났는데 그의 노동보험기관은 건축업종에 속했다. 당시 경기가 나빴기 때문에 많은 노동자들이 봉급도 받지 못했으며 의약비도 상당히 긴 시일이 지나서야 청구 받을 수 있었다. 아들이 입학하니 가정 지출이 늘었다. 임금은 비록 70여 원에서 170여 원으로 인상되었으나 그래도 부족하였다. 새집에 이사 간 후 새 가구도 장만해야 했다. 다행히 7년 동안 저금해 놓은 원고료 3만여 원이 있었기 때문에 여름에 수박을 살 때면 여전히 상관없는 투로 말할 수 있었다.

"크든 작든 관계없어요. 사각사각하고 달면 돼요."

2년 절필기간에 저축한 돈은 갈수록 줄어들었다. 91년 말에 가서는 6천여 원밖에 남지 않았다. 그 정도는 당시 일반 시민 세 식구 가정의 저축보다 별로 많은 것이 아니라고 생각했다. 3년 전 허름한 기숙사식 건물의 13평방미터의 누추

한 집에서 살던 중산가로부터, 가구가 너무 적어 좀 휑뎅그렁해 보이는 3칸짜리 빌라에 사는 무산가로 변했고 자연히 '중산층'의 양호한 감각도 없어졌다.

　　1992년에 사직한 후 다시 붓을 잡고 창작을 시작했다. 지금까지 원고료 관련 얘기는 대체로 그러했다.
　　장편소설《부성(浮城)》, 92년 화성출판사에서 출판하였다. 38만 글자로 원고료 기준은 천 글자에 40원이었다. 그것은 편집인이 청부한 시험성을 띤 출판방식이었다. 편집인은 원고를 훑어본 후 일천 글자에 80원씩 하면 동의하는가 하고 물었는데 깜짝 놀랄 수밖에 없었다. 종래로 이렇게 높은 원고료 기준을 받은 적이 없었기 때문이다. 편집인이 입에서 나오는 대로 거침없이 지껄인 것이라고 생각했고 또 만약 허풍을 받아들여 승낙할 경우 그 결과는 좋지 않을 거라고 짐작했다. 그래서 주동적으로 절반 깎아 천자에 40원이면 족하다고 말했다. 중국 작가는 세계에서 가장 낮은 원고료 기준을 '향유'하는 데 습관 되어 많이 주면 당시에는 오히려 찜찜하고 법을 위반한 것 같은 느낌이 들었다. 그 편집인은 당연히 주동적으로 그러는 것이 기분 좋았고 쌍방은 토론을 거쳐 만약 책 발행 상황이 좋으면 원고료에 보조금을 붙여 주기로 결정했다.《부성(浮城)》은 출판 후 발행량이 상당히 좋았으나 편집인은 당초의 보조금에 대한 언급은 한마디도 꺼내지 않았다……
　　한번은 장항항(張抗抗: 절강성 항주인. 1950~. 작가)을 만나서 이 일을 이야기했는데 그녀는 책이 그렇게 베스트셀러가 되었는데 목돈을 벌지 않았느냐? 인세는 받지 않았는가? 하고 반문했다.
　　받았다고 대답했다.
　　그녀는 최소 20만 권으로 계산해도 당신의 원고료는 다른 사람이 시샘할 만치 많겠다고 말했다.
　　당시 내가 가진 인세가 왜 만 권당 천 원 밖에 안 되는가하고 물었다. 반나절 이야기하고 나서야 비로소 알게 되었는데 인쇄 부수 원고료를 인세로 잘못 알았던 것이다. 이전에는 두 가지가 줄곧 같은 것이라고 생각했다. 결국 어떤 방식이 인세이고 원고료 방식인지 이해하고 또 이 방식이 작가의 원고료 이익관계와 가장 밀접하다는 것을 알고 난 후, 제2부 장편소설(1992년 이후의 제2부)은 출판사에 인세 요구를 하였다.

　그것은 《인멸(泯滅: 민멸)》이었다. 94년 춘풍문예출판사에서 출판하였다. 가격은 12여 원이었는데 10만 권이 발행되었다. 당시 받은 원고료는 독자들도 산출할 수 있을 것이다. 그중 절반은 출판사에서 직접 다른 남동생에게 송금하였는데 역시 주택문제를 해결하는 것을 돕기 위해서였다.

　《인멸》 원고를 출판사에 교부하기 전에 《부성(浮城)》의 발행인이 여러 번 찾아와 《인멸》 원고를 자기한테 주면 자기가 출판사를 찾아 출판하겠다고 거듭 권했다. 하지만 옛날 이야기를 다시 언급하면서 당신에게 불만이 있다고 말했다. "당초에 만약 발행 상황이 좋으면 보조로 원고료를 주기로 구두협의를 했잖은가. 발행량이 40여만 권에 달하는데 왜 약속을 지키지 않았는가?"

　그는 당초에 그저 말로 했을 뿐이고 증서를 작성하지 않았기 때문에 인정할 수 없다고 말했다. 우리 두 사람이 직접 토론하여 결정하고 증서를 작성하지 않았을 뿐인데 그것은 내가 자네를 믿기 때문이라고 말했다. 그는 "그 일은 지난 일이고 우리 눈앞의 일을 말하면 안 되겠는가. 춘풍문예출판사보다 두 배 많은 인세를 지불하면 어떤가. 자네 아직 상대방과 계약을 체결하지 않았지 않은가." 하고 말했다. 계약을 체결하지 않았어도 안된다고 말했다. 이 일에서는 필자의 '감각'이 우선이었다.

　어느 비 오는 날, 그는 또 찾아왔다. 손에 포대자루 하나를 들고 왔는데 윗부분은 끈으로 꽉 묶었다. 안에는 돈이 들어 있었는데 적어도 15만 원은 되는 것 같았다. 그는 "양효성 씨, 당신은 나보다 나이가 많소, 일을 처리할 때 나보다 더 이성적이고 현실적이어야 되잖겠소. 10%와 20%의 인세 차이는 당신에 대해 무엇을 의미하겠소. 내가 자네 대신 따질 필요는 없잖아요? 만약 태도를 바꾸었다면 내 오늘 원고료를 선불하겠소."라고 말을 꺼냈다.

　나는 여전히 차분하고 정중하게 안 된다고 말했다.

　모종의 '느낌'을 견지하느라 10만 권 《인멸》의 10% 인세를 손실 봤다. 또 이는 일종의 자발적인 포기이고 전형적인 '감정파'의 성급한 처세방식이라고 할 수 있다. 사실 이렇게 하는 것이 그 어떤 사람이건 취할 바가 못 된다고 생각하지만 간혹 그렇게 해도 후회할 필요는 없다.

《공포(恐懼: 공구)》의 발행량은 겨우 5~6만 권밖에 안되는데 해적판이 더 많았다. 따라서 실제 인쇄 부수의 원고료만 받았다. 편집인은 조사 후 시장에 아직 수요가 있다고 판단했지만 만류시켰다. 그 이유는 이 책을 개작하려고 작심했기 때문이다.

드라마 《연륜(年輪)》의 원고료는 세금을 포함해 회당 2,500원이었다. 그중 절반 원고료는 유일한 사촌 형한테 보냈다. 역시 나의 모친 가문의 세상에서 유일한 '후손'을 위해 주택 문제를 해결하기 위해서였다.

이외 《9·3 단상》은 만 권밖에 발행되지 못했다. 《9·5 단상》은 4만 권만 발행되었는데 주동적으로 8%의 인세를 제출했다. 이외 《눈도시(雪城)》가 재판 시 원고료는 천 글자 당 28원이었다. 그 외 문집 3권이 있었는데 2권은 천 자당 30원, 한 권은 천 자당 70원이었다.

그리고 드라마 2부가 있는데 모두 내 소설을 각색한 것으로 회당 원고료가 만원이었다.

지금에 이르러 다시 중국 당대 중산층 중의 '준(准)'자 부류의 일원이 되었다.

필자는 당대 중국인의 '1급 프라이버시'를 스스로 '폭로'시켜 화를 자초하는 것이 두렵지 않다. 우리 집에는 그 어떤 귀중한 물건도 없는데 도적이 헛수고를 할 게 아닌가. 또 강도가 불쑥 들어와 사악한 생각으로 나 또는 아내 또는 아들을 납치하는 것도 두렵지 않다. 납치범은 중죄이기 때문에 그들 강도라도 고려해 볼 필요가 있다. 하물며 강도가 나의 그 어설픈 책들을 꼭 읽었다고 말할 수 없다. 정말 읽었다면 아마 이렇게 생각할 것이다. 이 작가를 놓아주자. 이만큼 저금을 모으기도 쉽지 않겠는데.

동료들은 떠보는 투로 내가 언제 별장을 사는가? 언제 자가용을 사는가? 하고 물었는데 그저 피식 웃고는 더 말하기도 귀찮았다. 하지만 속으로는 이렇게 생각했다. 친애하는 작가동료들, 설마 당신들은 아직도 반무산가 혹은 무산가의 궁핍한 계층에서 생존하고 있단 말인가? '4인방(문화대혁명 주도자)'을 섬멸한지도 이젠 20년이 지났다. 20년 사이에 무릇 작가라 하면 누군들 적어도 2~3백만 자를 창작하지 않았으랴. 그리고 나와 같은 '세대' 작가들은 극소수를 제외하고 대다수의 창작량은 4백만 자 안팎에 달한다. 누군들 원고료 저금이 없을까?

92년부터 지금까지 6년 동안 필자는 같은 '세대' 작가들 중에서는 확실히 집필량이 많았다. 이는 결코 창작을 '생산'으로 간주하고 한마음으로 돈만 벌려고 해서가 아니다. 그것은 창작력이 왕성기에 도달했을 때 부득불 3년간 절필했기 때문이며 이는 스스로 자신의 강렬한 창작욕망에 대한 억제였다. 스스로 자신을 '해방'하기만 하면 창작은 거의 목마른 사람이 물을 실컷 들이킴과 같음을 의미한다. 그리고 필자는 특별한 취미가 거의 없고 오락잡기를 가장 싫어하며 혼자서 방에 틀어박혀 조용히 읽거나 쓰기를 즐겨 하는 작가 중의 한 명이다. 일부 이른바 레저는 다른 사람에게는 흥취일지도 모르지만 필자에게는 글쓰기보다 더 피곤한 일이며 일부 오락 방식은 다른 사람을 즐겁게 하겠지만 그다지 즐거운 것이 못된다. 만약 억지로 이끌려가서 참가하기라도 하면 흔히 짜증이 난다.

그래서 아내는 늘 핀잔 섞인 투로 나무란다.

"당신의 삶에는 세 가지 내용만 있으면 족해요. 누워서 읽고 앉아서 쓰는 이것이 한 가지 내용이고, 걸레 하나와 물 한 대야로 하루에 세 번 집을 닦는 것인데, 이것이 당신에게는 의식개혁이고 정신적 휴식이에요. 그 외에 먹고 마시고 자는 것인데, 이것은 당신이 가장 달갑게 여기지 않는 것이나 어찌할 수 없는 일이거든요. 이 세 가지 내용이 좀만 흐트러지면 당신은 병이 나는 거예요."

필자는 수중의 싸구려 펜 한 개를 압정으로 삼아 자신을 원고지에 눌러 박아 해부한 후 이 어설픈 책을 독자들에게 보여주려고 한다. 마음속에 중산층의 '하류족' 일원으로서의 자화자찬은 추호도 없다. 그저 독자들이 납득되어 이런 것을 이해했으면 하는 바람뿐이다. '지식청년작가' 중 최소한 근면성실한 사람이라면 그 원고료 수입이 비슷할 것이다. 만약 그들 저축이 나보다 많다면 경제부담이 나보다 적을 따름이다. 97년 상반기에 《10월》, 《인민문학》, 《북경문학》, 《당대》 등 간행물에 6편의 중편소설을 발표했다. 그중 다수는 발췌하여 게재한 것인데 총 글자 수는 30만 자에 달했으며 원고료를 포함하여 1만 2천 원이 좀 넘었다. 다시 말해 지금 드라마 1회 최저 원고료에 비해 2천 원 좀 넘게 받았을 뿐이다.

물론 우리 이 세대 작가 중 일부 사람의 책은 단시간에 '낙양의 종이 값이 오른 식(洛阳纸贵 : 중국 고사성어. 모두가 서진좌사의 작품을 베끼기 위해 종이를 모두 구입하는 바람에 종이 값이 폭등함《晋书·左思传》)'으로 뛰어오른 것도 있다. 그렇기 때문에 인세도 '상당하다.' 또 어떤 작품은 영화나 TV계의 눈길이 일제히 집중된 '고가치의 제작편'이기 때문에 판권도 십여만 원에 팔린다. 그러나 그런 것은 개별 사례이며, 지금까지 그런 행운을 만나 보지 못했다. 얼마 전 북경 모 드라마 제작소에서 필자가 쓴 한 소설의 판권을 전부 사들인 후 20회 드라마로 기획'발전'시켰는데 소득세 공제 후 1만 6천 원을 받았다. 그렇다고 내 동료들을 종래로 질투하지 않는다. 반대로 그들을 대신해 다행이라고 생각한다. 때로는 옆에서 보면 너무 상술을 부린다는 느낌이 들지만 여전히 이해하는 태도를 취한다. 동료 작가들은 사실 자신을 경제적으로 경영하는 능력에 아주 한계가 있다. 필경 모두들 이 상업이란 대 시대에 배우고 있는 중이며 처음에는 부끄러움을 타는 실습생이었고 지금 막 머뭇머뭇하는 태도를 극복했을 뿐이고 아직도 철저히 극복해야 한다고 생각한다. 중산가가 되었다 하더라도 그것이 계속해서 좋은 작품을 쓰는 데 영향을 주지 않는다. 반무산가 내지 무산가의 생활 처지에 있다 해서 작품마다 모두 '천추에 길이 빛나고' 훌륭한 명성이 영원히 전해진다고 말할 수 없다.

여기까지 쓰고 나니, 불현듯이 떠오르는 것이 있는데 대략 1989년부터 1990년 사이에 나보다 연상인 몇몇 작가친구들과 작은 모금활동을 전개한 후 주극근(周克芹)·막응풍(莫应丰)·강천민(姜天民) 등 네다섯 명의 한창 나이에 죽은 청·중년 작가의 가족들에게 보냈던 일이 기억난다. 당시 신문에서 그들이 죽은 후 아무 '재산'도 남기지 못했고 가족들의 생활은 빈곤에 빠졌다는 뉴스를 보았다. 그들이 인세제도를 실행하고 있는 오늘 이 시대를 못 만난 것이 한탄스러울 뿐이다. 그 후 1년 사이에, 섬서성 작가 로요(路遙)·추지안(邹志安)이 앞뒤로 해서 세상을 떠났는데 아깝게도 모두 40대 나이였고 그들도 죽은 후에 아무 '재산'도 남기지 못했다. 장편소설의 출판으로 막 밑바닥을 벗어나려니 로요는 병들어 누웠다. 추지안은 자기 작품 중 한 작품만이 상당한 원고료를 받은 후 로요를 따라가 버렸다……

때문에 나이와 세대 그리고 선후배를 차치하고 모든 작가들이 하루빨리, 명실상부한 중산가가 되기를 기원한다. 비록 '하류족'이지만 위안이 된다.

다행히도 나와 같은 '세대' 작가들 중에 좀 성과를 이뤘다 하는 사람들은 지금 편집장·부편집장이 되었거나 또는 각 성·시의 '작가협회' 주석·부주석이 되었다. '사회주의적' 특성은 어디까지나 이들을 배려하여 일부분 '무형자산' 대우를 해 주고 있다.

그리고 '유형자산'의 부분은 사람들의 사상과 견해가 아무리 다르더라도, 심지어 뚜렷이 반대되고, 심지어 언어가 대립되더라도 사실 내심으로 진지하게 의식하기 시작하였으며 더는 자기 창작노동의 경제이익을 절대 무시하지 않는다. 이는 잘된 일이다. 그 무슨 "그저 파종만 하고 수확은 기대하지 않는다." 따위 말들은 거짓말이다. 농민들은 절대 이런 태도로 밭을 가꾸지 않는다. 그렇게 되면 가장 기본적인 '마누라와 자식 그리고 따뜻한 아랫목'이 있는 기본생활도 지내기 어렵다.

위대한 작가 노신조차도 이러지 않았다. 그는 '가장 완강한' 작가의 역할을 맡았을 뿐만 아니라 남편과 아버지로서의 의무도 다해 마누라와 아들을 먹여 살려야 한다는 도리를 분명히 알고 있었다. 게다가 부인과 자식의 생활이 상대적으로 나아지길 분명 바랐다. 반면에 작가가 반무산가, 무산가로 전락되기만 하면 창작을 한다는 것이 얼마나 고달픈가를 가장 잘 알고 있었다. 그의 몇 편의 소설은 모두 이런 고민을 언급했다. 작가에게 가난은 절대 그 무슨 영혼을 세탁해 주는 것이 아니며 영원히 늘 푸른 창작을 유지해 주는 영험한 처방이 아니라 큰 적일뿐이다. 이 가난이란 적은 향후 작가를 도와 스스로 극복할 수 있게 하는 우월성이 없을 것이다. 완전히 작가 자신에 의지하여 대처하고 쓰러뜨려야 한다. 다들 조설근이 기나긴 10여 년 동안 얼고 마른 수수밥을 뜯어 먹으면서 후에 전해질 훌륭한 작품을 써냈고 그래서 《홍루몽》이 영구하고 그래서 조 씨를 대가라고 부를만하다고 말한다. 이 칭찬은 적어도 한 가지 사실을 피해 언급하지 않았다. 조 씨는 영양실조로 일찍 세상을 떠났다. 결국 가난 때문에 일찍 세상을 뜬 것이다. 그러지 않았으면 우리 시대 사람은 지금 아마 다른 또 하나의 《홍루몽》처럼 위대한 작품을 보았을지도 모른다.

우리보다 젊은 작가들 즉 이른바 '후 신시기(後新時期)' 이래, 다시 말하면 1977년부터 1987년까지 이 10년 이후에 한꺼번에 배출된 작가들은 갑자기 나타나서 매우 활약적이다. 그들의 창작은 사람들의 주목을 받기만 하면 이미 문학의 시장화와 그 궤를 같이하고 있다. 앞 몇 세대 작가들과 연예계의 관계는 아주 애매한데 당시 유행된 말은 '감전'이다. 비록 내심으로 꼭 갈망하지 않는다고 말할 수 없지만 십중팔구는 '감전'되었다. 몇몇 존경스러운 동료들이 한편으로 작가들 앞에서 진정한 문학은 왜 영화나 드라마로 각색할 수 없다는 것인가를 역설하고 다른 한 편으로 연예계 인사들에게 별로 훌륭하지도 않은 작품을 극구 자천하고 있다는 사실을 알고 있다. 인기를 얻지 못하면 이렇게 큰 중국에 물건을 볼 줄 아는 감독이나 투자자가 없다고 한탄한다. 그러나 '후대'들은 이처럼 가식적이고 애매하지 않다. 그들은 '감전'에 대해 모두 전례 없는 드높은 열정을 가지고 있다. 때로는 작품이 고가에 판권이 팔린 것도 모자라 꼭 자신이 직접 영화나 드라마로 개편한다. 이른바 '아전인수' 격이다. 그들은 가능한 양다리를 걸치고 소설과 연예계 사이에서 쌩쌩하게 활약한다. 그래서 그들은 명성과 이익 두 방면에서 민첩하게 실익을 얻고 또 꽤 많은 이득을 얻는다.

알기로는, 하연(夏衍: 중국 극작가. 1903~1995) 공이 세상을 뜨기 전 자기를 방문 온 몇몇 '작가협회' 지도자에게 물었다. "상업시대는 피할 수 없는 추세네. 문학도 그 무슨 시대를 능가하는 것이 아니네. 젊은 세대 작가들이 상업시대를 직면할 준비와 담력이 있는지 모르겠네. 만약 없다면 원로작가들을 청해 이야기를 경청해야지. 교훈을 가르쳐야 할 뿐만 아니라 경험도 전수해야 하네……."

구천에 계시는 하연 공을 위로할 만한 것은 후발주자들은 마음의 준비가 잘 됐고 담력도 있고 경험도 많기 때문에 특별히 '경험을 전수하고 이끌어 줄' 필요가 없다는 것이다. 젊은 세대 작가들은 가치를 논하고 값을 흥정할 때 절대 물러서지 않는다. 만약 만족하지 않으면 추호의 체면도 봐주지 않고 '그런 수작 그만하세요! 내 자신이 쓴 물건이 값이 얼마나 가는지 내가 잘 알아요!'라고 직설적으로 말한다.

그들은 필자가 옛날에 양보했던 그런 바보짓을 절대 하지 않을 것이다. 상대방이 천 자당 80원의 원고료를 주겠다고 약속했는데도 주동적으로 절반을 깎은 적이 있다. 나 자신의 그러한 태도가 마음에 들지 않는다. 도리어 그들의 적극적 태도를 찬성하며 우리 '후대' 작가들이 나를 본받지 말고 그들을 따라 배울 것을 격려한다. 나 자신도 더 이상은 그런 바보짓을 하지 않을 것이다. 왜냐하면 그것은 자선행위와 너무 구별되기 때문이다.

천 자당 7원, 10원, 13원, 15원의 낮은 원고료 단계는 그들을 '사면'해 주었다. 심지어 앞 몇 세대 작가들을 한동안 환호하며 껑충껑충 뛰게 했던 천 자당 20원의 '과도기 단계'도 그들은 '막차'를 탔을 뿐이다. 그들의 원고료 책정가격은 좀 높고 '실제가치'가 크다. 중편 한권이 3, 4백 원 하던 일을 그들은 당해보지 못했다. 마치 1963년 이후 출생한 사람에게는 중국에 기근(1959~1961, 아사자 약 3, 4천만 명)이 든 해가 역사인 것을 모르는 것처럼 말이다.

그러나 그들보다 일찍 문단을 누빈 작가들의 절반 이상 작품 심지어 3분의 2의 작품은 저가원고료 단계에서 창작된 것이다. 때문에 그들의 수십만 자의 원고료 수입은 앞 몇 세대 작가들의 수백만 자의 원고료 수입과 맞먹는다. 심지어 중편 한 권의 영화나 TV드라마 판권은 과거 작가들의 수백만 자 원고료 수입을 초과하였다. 때문에 그들은 짧은 수년 사이에 멋스런 자태로 중국 당대 중산가 계층의 후미에 올라섰다.

스타 배우나 유명가수에 비해 중국 작가는 두 가지 결함이 있다. 그중 하나는 역사적으로 쌓인 원한과 정치적 조종의 원인으로 장기적인 파벌 대치와 파벌 간 제 식구 감싸기, 그리고 이것이 파벌 상호 간에 공격을 초래한 것이다. 이 정신적·정력적 소모가 중국 작가들에게 끼치는 위해(危害)는 상당히 크다. 창작에 해를 끼쳤을 뿐만 아니라 때로는 심신을 해쳤다. 연예계와 가요계에는 이런 현상이 아주 적었다. 왜냐하면 후자들의 직업 특징은 서로 합작해야 하는 요구를 근본적으로 배제할 수 없기 때문이다. 또는 역설적으로 합작 요구가 바로 후자들 직업의 요구이고 일을 하는 전제이다. 누가 사업적으로 발전하려면 반드시 폭넓게 동료 간에 우호적인 관계를 유지하거나 수립해야 한다. 적어도 호환성이 아주 강한 관계가 있어야 한다. 산이 돌지 않으면 물이 돈다. 아마 누구와 누구는 같은 촬영제작팀이나 같은 공연에서 함께 할 수 있다. 공격성과 배타성이 아무리 강한 사람이라도 해당 업종의 화목은 귀한 것이라는 불문율을 따라야 한다. 물론 그들의 관계도 현인군자의 관계가 아니다. 뒤에서 남의 험담을 하는 등의 일을 면하기 어렵다. 그러나 대체로 그 무슨 예술적 주장의 차이나 이른바 유파의 화합이 안 돼서가 아니다. 말하자면 그들 간에 설사 관계가 나빠졌다 해도 그런 명목을 내걸지 않는다. 그들은 흔히 명성과 이익을 다투기 위해서라는 미명 아래 간단명료하면서 자연스럽게 진상을 들추어내 까밝힌다.

그러나 작가들은 다르다. 이들은 문단에서 명리(名利)를 다투기 위해 반드시 갖가지 그럴듯한 명목을 내걸어야 한다. 자신들이 다투는 목적이 그다지 고상하지 않다는 것을 방관자들이 알아볼 때까지, 작가들은 여전히 방관자들이 저속하고 자신들을 곡해했다고 투덜거리면서 불평한다. 또 작가들은 직업이 쓰는 일이기 때문에 어느 동료가 눈에 거슬리거나 누구와 사이가 좋지 않으면 신문에 기사를 발표하여 동료에게 찬물을 끼얹어 버린다. 혹자는 제 발이 저려 이름을 바꾸고 혹자는 '자기는 강골이기 때문에 조금도 숨기지 않는다.'는 식으로 태산바위도 짊어질 듯한 기개를 보이고 혹자는 남을 빗대어 욕하거나 무엇을 빌어 풍자하고 이 사람을 치켜세우고 저 사람은 깎아내리며 혹자는 증오대상이 명확하고 창과 비수를 한 번에 던져 상대방을 사지에 몰아넣어야만 마음을 후련해한다. 지금 와서 설사 재미없는 회의를 소집하더라도 그 회의 소집자는 만약 장삼(張三)을 요청할 경우 흔히 먼저 이사(李四)를 요청하지 않았다고 말하며 이미 이사(李四)를 요청한 경우 흔히 자연적으로 장삼(張三)을 '포기'한다. 스타 배우와 가수들은 보통 직접 '필을 들어 창칼로 쓰지 않는다.' 설사 어느 동료를 한번에 '소멸'시키지 않으면 마음속의 원한을 풀기에 불충분하더라도 항상 취하는 방법은 그저 암암리에 필을 휘두르는 '킬러'를 고용하는 것이다.

작가들의 두 번째 결함은 문장에서는 직위를 대수롭지 않게 여긴다는 것이다. '무관의 제왕이다'와 같은 말을 하지만 속으로는 여전히 어떻게 하면 관리질을 한번 해볼 수 없을까 하고 생각한다. 도원명의 '동쪽 울 밑에서 국화를 꺾어 들고, 멀리 남산을 바라본다.(采菊东篱下悠然见南山: 채국동리하 유연견남산)'를 읊조리면서 눈은 항상 참지 못하고 문단을 힐끗 보면서 빈자리가 나오지 않았나? 유의한다. 이 현상에 대해 생각하고 또 생각해 보지만 도대체 무엇 때문인지 알길 없다. 원인 중의 하나는 아마도 아주 낮은 원고료 기준일 것이다. 이는 그들로 하여금 글 쓰는 것으로 인해 몸을 상하게 할 뿐만 아니라 심혈을 기울이지만 '경제적인 수익을 창출하는 데' 고달픔을 당할 거면 문단에서 관직 하나를 얻어 단번에 목표에 도달할 수 있고 대우해 주는 '무형자산'을 우선 손안에 단단히 틀어쥐고 보자고 생각하게 한다. 이렇게 생각하니 오히려 이해가 간다. 알기로는 우리 이 세대보다 젊은 작가들 중 진정으로 관리질을 하기를 원하는 사람, 특히 그런 하급관리를 원하는 사람은 그다지 많지 않다. 왜냐하면 모두 창작의 풍성한 수확기에 있기 때문이다.

그러나 전혀 따지지 않는 것은 아니며 '대표' 자격, '이사' 자격, 부주석 따위의 직위는 흔히 절정에 이를 정도로 경쟁한다. 왜냐하면 그것은 명예이므로 얻기만 하면 창작정력을 낭비하는 것도 아니고 다투지 않으면 그저 아까울 뿐이다. 실제 얻어낸 후에는 그다지 중요하게 여기지 않으며 관리를 받아도 일신이 홀가분하다. 까놓고 말하자면 문단의 관리는 본래부터 일신이 홀가분한 관리다. 누가 만약 문단의 관리 노릇하기가 피곤하다고 말하면 괜히 피곤하든지 또는 자신도 어쩔 수 없이 괜한 피곤에 휩쓸려 들어간 경우이다.

반면에 표현예술에 종사하는 거의 모든 이는 관리가 되려는 생각이 별로 생기지 않는 것 같다. 그들이 한마음으로 미련을 두는 것은 거의 영원한 무대와 스크린이다. 그들에게 무대와 스크린과 작별하는 순간 그것은 진짜로 표현예술과 작별한 것을 뜻한다. 문학창작에 비하면 표현예술은 그 생애가 적어도 절반으로 줄어든다. 이는 그들로 하여금 아직 연기할 수 있을 때 연기를 하여 반드시 경쟁하여 얻게 될 이익으로 간주하게 한다. 그것의 득실은 성과와 관계되며 그들의 무수한 일 중에 유독 이것만이 중요하다.

작가들은 그들을 이야기할 때 흔히 하찮게 여기면서 '머리가 단순하다'라고 말한다. 그러나 항상 이 '단순'함이 그들의 장점이며 칭찬해야지 깔보지 말아야 한다고 생각한다. 만약 작가들의 머리가 그들처럼 단순해진다면 다들 책상을 유일한 무대로 생각하고 문단에서 네가 공격하면 나는 까발리는 아귀다툼하는 현상이 아마 적어질지도 모른다.

'구소련' 총서기 브레즈네프가 살아있을 때 그들의 음악가협회의 한 책임자가 총서기를 찾아가 다른 한 책임자를 일러바쳤는데 불구대천의 모습을 방불케 하였다. 브레즈네프는 그를 쏘아보면서 말했다. "만약 당신이 '음악협회'를 지도하는 것이 그렇게 고통스럽다면 당신을 '작가협회'에 전근시키겠소. 우리 사랑스러운 작가들은 당신에게 무엇이 고통인가를 새롭게 이해하게 할 거요."

그 책임자는 그 말을 듣고 얼굴색이 삽시간에 변했고 온몸을 부들부들 떨었다. 마치 단매에 지옥에 처넣어진 것 같았다.

후에 옐친이 심장병이 회복된 지 얼마 되지 않아 '구소련'의 러시아 작가들이 또 옐친에게 연명으로 글을 올려 갖가지 내분을 고발했다. 국사가 산더미처럼 밀린 옐친은 그런 사소한 일들을 돌볼 겨를이 없었다. 2개월 후 그들은 개인관계를 통해 옐친의 비서에게 문의했다. 비서는 그들에게 사실대로 알려주었다. 옐친이 근본적으로 봉투를 뜯지 않았으며 어디에 처박아 두었는지도 모른다는 것이었다. 그들은 자신들이 냉대를 받았다고 생각했다. 그래서 모두들 악에 받쳤으며 '작가협회' 마당에서 데모시위를 벌이고 종이인형을 태웠다. 그 종이인형에는 당연히 옐친 이름을 쓰지 않았다. 그럴 담이 없었기 때문이다. 거기에는 자신들이 이를 갈 정도로 미워하는 동료의 이름을 적었다.

사회주의국가의 작가들은 북조선을 제외하고 거의 전부 공통적인 질병에 걸려있는데 '작가심리조급증후군'이라고도 말할 수 있다. 만약 연예계 스타배우, 가수들이 자주 신문에 기척을 낸다고 할 때 주로 뉴스를 만들어 대중들의 관심을 불러일으키고 그 기회에 지명도를 높이기 위해서라면 중국작가들이 기척을 내는 것은 흔히 정치사상적 의식형태의 주의(注意)를 불러일으키기 위해서이다. 의식형태에 자기 존재를 무시해서는 안 됨을 증명하려는 것이다. 그리고 더 많은 경우에는 서로 배척하는데 그것은 정치사상적 의식형태에 잘 보여 상을 받기 위해서이다.

그러나 지금 상황은 크게 호전되었다. 하나는 '후대' 작가들이 점차적으로 실력을 통해 문단의 주역이 되고 있다는 점이다. 그들은 오로지 시장과의 밀접한 결합에만 정신을 쏟고 있으며 문단의 춘풍추우(春風秋雨)에 별로 생각이 가 있지 않다. 대중이든 아니면 정부 측이든 막론하고 갈수록 소설은 진짜로 그 무슨 의식형태의 대분위기 즉, 사회사조(社會思潮)를 형성할 수 없고 기껏해야 '의식형태'에 불과함을 알 수 있다. 단지 잘 이끌어 주고 잘 이용하고 자주 상을 주기만 하면, 공산당 정부에 대한 아주 좋은 형세를 위해 호응하여 복무할 수 있게 되는 것이다. 즉, 작가들, 더 나아가서 모든 문예종사자들은 소위 철이 더 들고 더 고분고분해지며 대인(對人)의 의중을 잘 헤아리게 되는 것이다.

'과도단계'에서는 누구도 '과도' 두 글자의 암시하는 바와 유혹 그리고 제약을 벗어날 수 없다.

'중국 측 고용인원' 즉, 이는 중국 당대 중산가 계층 중에 가장 특색 있는 부류이다. 그들의 사상·관념·의식은 모두 세계성을 반영하고 있으며 중국적 특성을 더 많이 반영하는 것이 아니다. 그들은 사고방식을 포함하여 모두가 비교적 서양화되었다. 그들은 문화정도가 높고 지식구조는 현대 세계의 인류에 대한 요구에 가장 부합된다. 따라서 그들을 '참신'한 중국 사람이라고 할 수 있다. 그 참신함은 그들이 중국의 공유제와 아무런 이익관계도 발생하지 않고 또 부모나 형님 대의 전통 생활방식과 철저히 결별한 데서 비롯된다.

그들은 '매판계층'의 중국인과 전혀 다르다. 후자는 고용당한 지위로 인해 항상 불만을 품고 있지만, 그들의 심리는 고용관계에서 많은 평형을 찾은 것 같고 많이 자연스러워졌고 동시에 많이 습관화되었다. 후자들은 항상 자기는 중국이라는 현실을 회피하려고 시도한다. 그러나 이들은 현실을 직시하고 현실을 인정하고 현실을 받아들이며 언제나 '나는 중국 사람이다. 나는 자기 나라에서 외국인에게 고용되었다. 이 관계는 나에게 이로운 점을 가져다주었고 또 나에게 가장 적합하다'고 자기를 일깨워준다.

후자들은 외국 보스의 질책을 받을 때면 속으로 늘 이렇게 생각한다. '제기랄, 이 어른이 만약 외국 사람이라면 넌 그래도 이 어른에 대해 그렇게 무례할 수 있는가?'

그러나 만약 그들이 실제적으로 외국 보스의 질책을 받는다면 속으로 이렇게 생각할 것이다. "난 외국 사람이 아니다. 때문에 보스가 분부한 모든 일들을 더 잘해야 한다."

바로 이러한 사고방식이 중국적이 아닌 세계성을 더 많이 반영하였다고 생각한다. 왜냐하면 이전에 이렇게 생각하는 중국 사람이 극히 적었기 때문이다. 그리고 세계적으로 피고용자 지위에 처한 거의 모든 사람이 지금까지 이렇게 생각한다. 현대 세계의 문명적인 고용관계에서 보스에 대해 책임지고 자기의 일에 최선을 다한다. 그리고 타국과의 고용관계에서 자기 일에 최선을 다하는 것이 미덕이라고 할 수 있다.

그들은 맡은 바 일에 최선을 다하는 정신을 보여주기 위해 노력을 아끼지 않는 중국 사람이다. 단지 상당히 우수하고 젊은 일부 중국 사람만이 외국 보스를 위해 최선을 다하는 것이 자기에게 가장 알맞은 생활방식이라고 생각할 뿐이다 ─이 '참신'한 생각 중에 어쩌면 약간의 '색 바랜 사진' 같은 의미가 섞여있는 것 같다. 그러나 우리가 그들을 논할 때만 이렇게 생각하지 그들은 그렇게 생각하지 않는다. 간혹 그렇게 생각하다가도 곧바로 스스로 단념해 버린다. 왜냐하면 이것은 당연히 훌륭한 '중국 측 고용인'으로서의 생각이 아니기 때문이다. 이 결론은 그들이 문제를 생각하는 시각을 바꾸어 자신들 외국 보스의 시각에서 얻어낸 것이다. 그들은 늘 자각적으로 시각을 바꾸어 자신들 외국 보스의 시각에서 문제를 생각한다. 또 오직 그래야만 훌륭한 '중국 측 고용인'이 될 수 있다. 이는 그들의 생활방식에 대해 말하는 것인데 나무랄 데가 하나도 없다.

상당히 우수하고 젊은 일부 중국 사람들이 외국 보스를 위해 자기 일에 최선을 다하는 것이 자기에게 가장 적합한 생활방식이라고 생각한다는 것은, 즉 다시 말해, 거시적 논리적으로 보면 이는 바로 중국 자체가 장구한 착안점에서 고려해야 할 문제이지 '중국 측 고용인'이 도대체 어떻게 대답해야 하는가 하는 문제가 아니다.

중국에서 해마다 대학을 졸업하는 젊은 지식인의 머릿속 그리고 그들 부모 친척들의 머릿속에는 '중국 측 고용인'이 되는 것은, 가수나 배우, 또 매일 수천 수억의 대중이 잠에서 깨어나 두 눈을 뜨면 보게 되는 TV 프로그램 아나운서와 사회자 그리고 요직에 있는 정부 부문의 젊은 관원과 첨단 과학기술 부문의 젊은 전문가가 되는 것에 버금가는 소망과 이상이다.

이상 몇 가지 부류 사람이 될 수 있는 기회는 정말 많지 않고 상당히 어려우며 심지어 한평생 바보처럼 추구할 수 없다. 그래서 '중국 측 고용인'이 되는 것은 그야말로 보편적인 소망이고 보편적 이상이라고 할 수 있다.

그러나 일부 가장(家長), 좀 더 상세하게 말하면 한 부친은 예외이다. 작가인 친구 유심무는 바로 그러한 부친이다.

그의 아들은 당시 중국 우수 대학인 북경공업대학을 졸업하였다. 냉동(制冷)과를 전공했는데 졸업 후 5성급인 곤륜호텔에서 냉각기 관련 직업에 종사하였다. 곤륜호텔에서 이미 이 방면 전문 엔지니어가 되었다.

이전에 그는 자기 아들을 이야기 할 때면 항상 얼굴에 미소를 머금고 말했다. "갸는 얼마나 행운인가? 대학을 다녔을 뿐만 아니라 업무적성도 전공에 일치하지. 임금도 낮지 않지. 내 아들놈은 내 속을 그다지 썩이지 않았어."

그의 말을 듣고 보면 그로부터 근심이 없을 뿐만 아니라 자기 아들의 직업에 대해 약간 부러워하는 듯했다.

반달 전 또 그와 만날 기회가 있었는데 대화 중에 예전대로 그의 아들에 대해 물었다. 그는 좀 수심에 잠긴 듯한 표정으로 말문을 열었는데, 아들이 이미 곤륜호텔을 떠났단다. 무슨 연유인가 하고 물었다. 그는, 별 이유도 없이 그저 한 기업에서 오래 근무하니 싫증나서 사직했다고 말했다.

지금 어디에 출근하는가 하고 물었다. 외국회사에서 근무한다고 대답했다.

"그것도 괜찮구먼, '중국 측 고용인'이 되는 것도 젊은 세대들의 일종 최신 직업이 아닌가." 하고 말했다.

그는 "최신은 최신이 맞지. 하지만 도대체 무엇이 좋단 말인가. 곤륜호텔에 있을 때 보다 더 긴장하게 되는데."라고 대답했다.

나는 "얻은 것이 있으면 잃는 게 있기 마련이지, 임금이 더 높지 않은가." 하고 말했다.

그는 그건 맞네. 하지만 너무 불안정하다고 말했다. 덧붙여 "'중국 측 고용인'과 외국 사장 간에 여러 가지 관계, 여러 가지 관념의 적응이 필요하네. 지금 아들이 회사를 세 번이나 옮겼네. 원래 직장이나 직종이 얼마나 좋은가. 사직 전에 이 아비와 한마디도 상의하지 않고……."라고 말했다.

그는 연거푸 아깝다는 표정을 지으며 말을 이었다.

유심무는 사상관념이 보수적인 사람이 아니다. 사실 그는 젊은 세대의 새로운 사상, 새로운 관념에 대해 시종 이해하는 태도를 취했다. 적어도 필자는 그렇게 보았다. 그리고 많은 문제에 있어 평소 그는 큰형님의 자세로 마치 세상의 신구교체를 달관한 듯한 말투로 필자의 관념이 낡은 방법을 답습했다고 비판하고 젊은 세대의 새로운 관념을 받아들이는 방법을 잘 배워야 한다고 간곡하게 타일렀다.

그러나 아이러니하게도 자기 아들이 좋은 직업을 사직하는 문제에 대하여 그의 사상관념은 전통적인 면과 보수적인 면을 드러냈다. 같은 부친의 입장으로서 그의 고려가 보편적이고 정서에 맞다고 인정한다. 만약 내가 그라면 아마 똑같이 분개했을 것이다. 그러나 설사 맞고 설사 보편적이라 할지라도 분명히 전통적이고 보수적인 관념이었다. 그의 아들이 설사 주도면밀하게 고려하지 않고 근본적으로 잘못했다 하더라도 분명 새로운 관념의 추구 하에서 새로운 생활방식의 선택인 것이다.

전통적이고 보수적이지만 동시에 전면적으로 고려하고 정확할 수도 있고 심지어 인생의 성숙과 경험을 반영하는 관념은 이렇게 언제 어디서나 새로우면서 아마 주도면밀하게 고려하지 못하고 심지어 장기적인 측면을 고려할 가치가 없다고 여기는 젊은 세대의 관념의 무례함에 맞닥뜨리고 그 도전을 받고 있다.

이러이러한 갖가지 새 것과 낡은 것의 충돌 속에서 사실 어떤 것이 옳고 어떤 것이 틀리며, 누가 맞고 누가 틀리는가 하는 판단기준은 이미 존재하지 않는다. 그리고 한 가지 현상, 한 가지 사실만 존재한다. 그것은 신중국 건국 이후의 주체관념은 젊은 세대의 생활방식의 선택에 따라 크게 약화되고 도처에서 무너지고 있다는 것이다. 그리고 '중국 측 고용인'들은 거의 모두 각 분야의 뛰어난 자들이면서 지식구조가 현대적이고 종합적 소질이 높은 젊은이들이다.

당신이 만약 그들의 느낌이 어떤가 하고 묻는다면? 그들은 아주 좋다고 사실대로 말할 것이다.

앞으로 미래를 어떻게 고려할 것인가 하고 묻는다면? 그들은 장래를 별로 고려하지 않는다고 사실대로 말할 것이다. 또 대체로 혼란스러워하면서 반문할 것이다. 기왕 오늘 느낌이 좋은데 왜 스스로 걱정거리를 만들어 장래를 고려하는가?

또 얼마나 오래 할 타산인가 묻는다면? 그들은 이렇게 말할 것이다. 어느 날인가 보스가 우리를 사랑스러워하지 않으면 우리를 해고시킬 거야! 하지만 중국의 '개혁개방' 정책이 100년 동안 바뀌지 않으면 중국에 와서 회사나 기업을 설립하는 외국인이 나날이 많아질 건데 기꺼이 충성할 파란 눈동자의 보스를 못 찾아 근심하겠는가?

마지막 대답으로부터 보면 그들 지위는 중국 당대 '매판'들보다 한 등급 낮은 것 같으나 심리상에서 오히려 '매판'보다 단순하고 명백한데 마치 잘못된 인식이 없는 것 같다. 그리고 단순하고 명백하기 때문에 남다른 우월성을 보여준다. 당신은 '아Q정신'(阿Q정전에 나오는 인물: 노신)이라고 생각할 수 있고 또 '참신'한 세대 중국 사람의 자신감이라고 생각할 수 있다.

그들의 월수입은 보통 3천에서 6천 원 사이다. 3천보다 낮은 사람은 작은 외국회사의 '중국 측 고용인'이고 6천보다 높은 사람은 중견이 되었다. 또 지금 중국에는 각종 형식의 그들 권익을 보장해주는 법규도 있기 때문에 외국 사장들은 아무 연고도 없이 그들을 해고시킬 수 없고 또 외국 사장들에게 《노동법》에 따라 그들을 위한 각종 보험에 가입할 것을 요구할 수 있어 당연히 그들의 많은 뒤 근심을 해소해 주었다.

만약 두 부부가 모두 '중국 측 고용인'일 경우 그들의 월수입은 보통 6천에서 7천 원 미만이며 연 수입은 8만 원에서 10만 원 사이에 있다. 최고 연 수입은 15만에서 20만에 달한다. 좀 여유를 두고서 6만 원으로 계산하면 매년 4만 원 안팎은 완전히 저축할 수 있다. 그렇게 5년 후면 북경 4환 밖에 방2칸 거실1칸짜리 주택을 살 수 있다. 7년이나 8년 후면 '싼타나' 승용차 1대를 살 수 있다. 이런 실례의 오래된 '중국 측 고용인' 부부를 알고 있었는데 남편의 봉급은 만여 원이고 아내 봉급은 8천여 원이다. 사실 그다지 높은 직무도 아니었다. 남편은 수하에 남녀 각각 2명씩 4명의 젊은 '중국 측 고용인'을 거느리고 있었으며 중국의 과장에 상당하였다. 아내는 업무에 정통한 회계사인데 심지어 외국 회계 결산 세칙까지도 회사의 서양 회계사 아가씨보다 더 숙련되어 있었다. 그들은 34~5세 나이의 부부였다. 모두 10년 전 대학을 졸업한 자들로서 비교적 운이 좋았는데 한 외국 대기업에서 10년이나 근무했다. 특히 운이 좋은 것은 그들이 오랫동안 회사의 '중국 측 고용인' 이었기 때문에 회사가 그들을 표창하고 격려하기 위해 방 2칸 거실 1칸짜리 주택을 제공했는데 이는 시내에 위치하였고 사내 주재원 독신숙소와 한 건물이었다는 점이다.

이 한 쌍의 부부는 좀 특별한 사례일 수 있다. 대다수 '중국 측 고용인'은 아마 한 회사에서 연속 10년 동안 몸담기 어려울 것이다. 알기로는 길어야 5~6년을 하고 새로운 주인을 찾아가며 짧은 사람은 2~3년이면 '이혼 후 재가한다.' 물론 시간이 더 짧은 사람은 몇 달을 하고는 화를 내며 가버린다. 그러나 보통은 그들이 사장을 버린 것이 아니고, 사장은 그들이 '빛 좋은 개살구'인 것을 알아버린 것이다.

만약 평민가정의 아들 혹은 딸이 '중국 측 고용인'이고 또 고용관계가 상대적으로 안정되어 장기적으로 병존할 수 있었다면 이 평민가정의 생활수준은 일반 평민가정보다 약간 높다. 전제는 이 '중국 측 고용인'이 된 아들딸이 대가족 관념이 있어야 하지 자기 수입이 좀 많아졌다고 인색하기 그지없는 '구두쇠' 또는 '노랑이'가 되어서는 안된다.

확실히 중국 '개혁개방'의 가속화와 더불어 투자하는 외국회사와 외국기업이 갈수록 많아지고 '중국 측 고용인'에 대한 수요량도 갈수록 많아졌다. 이 행렬은 하루하루 '편제'를 확충해 나갔다. 그들은 중국 중산가 계층의 '비축된 계층'이었다. 10년 후 그 중 상당수 사람은 가정을 구성했는데 중산층의 하층에서 점차적으로 이 계층의 중간층으로 변했다. 마치 하중농(下中農)이 중상농(中上農)으로 변한 것처럼 말이다. 그러나 이 계층의 상위 몇 '주류'는 존재하고 있지만 그들은 보통 이 계층의 상층으로 쉽게 변하지 않는다. 이것은 또 마치 중농이 부농으로 변하고 부농이 지주로 변하기 어려운 것과 같다.

'중국 측 고용인'을 제외하고 중국 당대 중산가 계층은, 또 아래와 같은 부류, 즉, 처(處)급 이상 정(正)·부(部)급 이하 국가간부를 포함한다. 그들의 임금은 비록 높지 않지만 그들이 거주하는 공공 주택과 자가용은 보통 인민폐 백만 원을 상회한다. 이것은 그들이 향유하는 '무형자산'이다. 이 외에 그중 많은 사람은 또 나타내기 힘든 정도의 '회색수입'이 있다. 그들의 '회색수입'은 추상적이고 애매한 표현방식이다. 그들이 탐오수뢰를 통해 범죄를 범하기 전에는 '회색수입'은 합법성을 띠는 것 같다. 예컨대 상·기업계 각종 경축활동에 참석하여 '기념품'을 받거나 설이나 명절을 맞아 인정 때문에 선물을 거절하기 난감하여 받고······ 등등. 게다가 모 증거가 확실한 죄명으로 기소당하기만 하면 이렇게 합법성을 띤 것 같은 "회색수입"은 모두 죄명 리스트에 열거된다. 이때 당신은 그들을 측은하게 여긴다.

지방일수록, 기층일수록 그들의 '무형자산'은 갈수록 유형으로 변하고 '생산액'도 커지며 그들의 '회색수입'은 공개될 뿐만 아니라 갈수록 천태만상이다. 예를 들어 '친구들이 모여 소일' 할 때 카드놀이 탁자에서 '운수가 좋아 돈을 따는 것도' 한 가지 방식이다. 한 처급 간부가 지방위원회 1급이면 '고급간부'라 할 수 있으며 만약 실권을 쥔 인물일 경우 그 생활은 흔히 고관처럼 사치하고 기름이 번지르르할 정도로 부유하다. 그야말로 이른바 '폭포가 백장을 흘러내리니 그 기세 세차다.'

이 외에 또 성·시 범위 내에서 이미 명성이 알려진 변호사와 개인진료소를 열고 난치병을 치료하는 민간의사, 그리고 소규모 건축팀의 십장과 중소형 여관 및 현·향(縣鄕) 소기업의 도급자 등등이 있는데 그 수가 아주 많다.

중국 당대 중산층의 형성은 많은 방면에서 자신도 모르는 사이에 우리의 생활에 영향을 미치고 있다. 우선, 대·중형 도시에서 대중문화로서의 중산가의 의미가 갈수록 짙어간다. 중산가는 이미 '노백성(老百姓: 평민. 일반국민)' 세 글자와 동격으로 같아 보인다. 비록 중산가들이 중국 당대 '노백성' 중에서 차지하는 비율이 10%도 안 되지만, 그것은 대중문화를 형성하는 중국 당대 '문화인'들 자체가 대체로 중산층의 일원이고 노백성의 눈에 보이는 것, 마음속으로 생각할 수 있는 것, 평소 접촉할 수 있는 것은 대체로 각 '부류'의 중산가 들이기 때문이다.

그래서 중산층은 그들이 가장 익숙한 '인민(人民: 국민)'이 되었다. 노백성의 인상 속에는 자신들이 가장 익숙한 이런 '인민'이 마치 평범하고 일반적인 것 같다. 중산가는 모두 자산가, 심지어 대자산가 계층과 왕래할 다양한 기회와 조건을 가지고 있기도 하며, 그들이 중산층의 생활 형태를 나타낼 때에는 바로 인민대중의 생활 형태를 보여주는 것으로 간주하기 때문이다. 물론 중산가 계층도 인민대중의 한 계층이다. 그러나 만약 이 계층을 중국 당대 사회의 중대한 좌표계에 놓는다면 그와 가장 광범위한 '인민' 간 생활 형태의 포물선 차이는 후자들이 상당히 긴 시기 내에 기대할 수는 있으나 이룰 수 없는 것이다. 중산층의 생활 형태는 당대 중국 인민대중들의 동경이며 거리가 가장 가까워 보이나 사실 한평생 도달하기 어려운 목표이다.

그래서 대중문화의 서민성은 대중문화를 조성하는 중국 당대 '문화인'에 의해 중산층 생활 형태로 '오해되어' 대체되었다. 이는 드라마에서 가장 선명하게 나타나며 범람하고 있다. 그 병폐는 생활의 무거운 중압감은 완전히 사라졌으나 '이빨 통증과 발 가려움증'으로 인해 한도 끝도 없는 '연속'적인 울고불고하는 현상이 오히려 더 많아졌다는 것이다. 매번 이렇게 그럴듯하게 울고불고할 때면 일반 국민은 두 눈으로 스크린을 지릅떠보면서 전혀 아무런 느낌이 없다.

그리고 텔레비전의 많은 전문 프로그램에서 취재자의 마이크와 촬영기(카메라)렌즈는 마치 중산가 계층 속에서만 초점 변경과 이동이 가능한 것 같고, 더 이상은 이 계층의 끈적끈적하고 달짝지근한 생활의 실로 뜬 그물을 벗어날 수 없는 것 같으며 마치 대부분 평민과 빈민계층이 일찌감치 존재하지 않고 중국 당대 사회에서 사라진 것 같다. 취재자의 마이크는 그의 소리를 찾기 힘들며 촬영기는 그의 종적을 찾기 힘들다.

인상 속에 남아있는 북경텔레비전방송국의 《십찰해(什刹海)》와 중앙텔레비전방송국의 《서민들의 이야기를 말한다》는 여전히 아주 기특한 '서민성'을 위해 노력을 하고 있다. 물론 또 '희망공정', '옛 혁명기지 빈곤구제', '퇴직노동자' 및 《중국 모친》 등 실화성 TV 뉴스도 텔레비전 속의 중국이 보편적인 중국 모습이라 할 수 있다는 느낌을 준다. 특히 언급할 가치가 있는 사천성의 젊은 텔레비전 종사자 몇 명은 자신들의 프로그램이 고정되지 않았으나 방송하기만 하면 그 예술성과 '서민성'이 소박하고 선명하게 결합되기 때문에 매번마다 필자의 주의를 환기시키고 또 마음속 깊은 곳을 감동시키는 감정의 힘이 있다.

그 다음으로, 중산층의 소비 성향은 우리 생활에 소홀히 할 수 없는 영향을 주며 심지어 시장 추세에도 영향을 준다. 중국적 상업의 눈길은 지난 몇 년간 중국 당대 자산가 계층 내지 부호들의 '소비감각'이 떼를 지어 몰려다니는 것을 곁에서 지켜보았다. 그러나 그것이 어리석고 서로 다투어 무덤을 파는 것임이 곧바로 증명되었다. 왜냐하면 중국 당대 자산가 계층 내지 부호들의 한 시기 소비

행위가 아무리 '거리낌 없이 대범하다' 해도 근본적으로 방대한 중국 상업시장의 지붕을 받쳐 줄 수 없기 때문이다. 그들은 '거리낌 없이 멋스럽게' 노는 것이 싫증나면, 무작정 천방백계(千方百計)를 다 동원하여 자신들의 비위를 맞춰주고 자신들의 '소비감각'을 자극한 상업기업에 오히려 무턱대고 바짝 따라붙으며 스스로 만든 난처한 처지에 빠져버린다. 부동산 산업에서 그 현상이 가장 뚜렷하였다. 하북성에서는 수십 채의 별장을 폭파시킨 적 있다. 호화로운 나이트클럽과 고급 의류업종이 그 뒤를 바짝 따랐다. 슈퍼마켓에서 한 병에 4원씩 하는 광천수가 일부 나이트클럽에서는 20배나 치솟는다. 한 벌에 가격이 인민폐 16만 원 하는 외투는 1년 후 여산진면목(廬山眞面目)처럼 본색을 드러낼 수밖에 없었으며 원가의 81%나 폭락했다.

지금 상품시장은 마침내 중산층의 '소비감각'을 향해 접근하고 있으며 그로부터 대중 소비심리를 연구, 분석하고 대중의 소비수준을 고려하기 시작했다. 이 과정에서 대중소비는 얼마간 중산층의 덕을 보았고 중산층도 이 과정에서 약간의 이득을 얻었다. 중산층은 자산가 계층처럼 대중상품을 거들떠볼 가치도 없다고 생각하지 않는다. 그들은 대중상가를 다닐 때 신분에 부합하지 않는다고 생각지 않으며 저렴하고 실용적인 대중상품을 사면 그 즐거움을 대중과 마찬가지로 느낀다.

중산층의 존재는 또 어느 정도까지는 불량한 사회정서를 완화시킨다. 모종의 격앙된 정서 심지어 야만스러운 사회감정은 설사 그 발산이 사회학적 측면의 합리성이 있다 하더라도 사회의 안정에 기필코 불량한 동요와 충격을 가져오기 때문이다. 이런 상황 하에서 설사 일부분 혹은 극소수의 조용한 사람들이라 해도, 다른 일부의 감정이 격앙된 자들, 심지어 야만적인 사람들에 대해서 모두 일종의 미묘한 심리적 암시를 주고 있다.

그 암시의 의미는, 비록 우리가 당신들을 도와주고 동정하지만 우리는 절대 폭력적인 당신들과 한 덩어리가 되지 않겠다는 데 있다. 마치 목장의 '가축 무리가 놀라서 뿔뿔이 흩어지는' 현상처럼 일부의 말 또는 소, 양이 제자리에 머물러

있으면 '뿔뿔이 흩어졌던' 가축들이 잠시 어지럽게 떠돌아다니다가 점차 제자리에 모이는 것과 같다. 이러한 현상은 가축들의 '안정을 찾는 본능'이라 한다. 인류에 대해 말하면 이는 '심리정력(定力) 현상(Psychological power phenomenon)'이다. 이 현상은 흔히 조류들에 있어서 유달리 생동감이 있는데, 밤을 지내던 한 무리 기러기들이 놀라서 갑자기 하늘로 날아오른다. 그런데 다른 일부분 기러기들이 날개를 퍼덕이면서 그 뒤를 따르지 않고 도리어 제자리에서 밤하늘을 향해 목을 빼들고 지저귀면 놀라서 날아올랐던 기러기들은 점차적으로 울음소리를 따라 분분이 내려앉는다. 또 마치 억울함을 당한 어린애가 울면서 자신의 억울함을 하소연하고 보복하겠다고 큰소리치면 다른 일부 아이들은 묵묵히 둘러서서 들으면서 비록 불공평한 일에 맞설 생각은 없으나 표정과 눈에는 연민이 가득 찼거나 손수건을 건네주거나 또는 상대방을 위해 머리카락을 다듬어주고 옷섶을 가지런히 해 주어 그 아이를 점차적으로 안정시키는 것과 같다.

전체 인류의 근·현대 사회사(史)에서 상·중산층의 전통적 사회 역할이 이러했다. 얼핏 보면 그럴듯한 사회적 역할은 없으나 갈수록 긍정적으로 인정하고 있다.

그러나 하나의 전제가 있다. 그것은 중산층 자체 의식의 질이 어떤가 하는 것이다. 이것은 또 그가 충심으로 경건하게 자신의 전통적인 사회 역할을 맡을 수 있는가 하는 것과 관련된다. 여기에서 '맡다'와 '역할', 이러한 어휘는 사실 잘못되었고 적절하지 않다. 왜냐하면 의식의 질이 우수한 중산가 계층은 그 이해와 배려 그리고 동정과 연민이 항상 충심으로 경건하게 그리고 자연스럽게 평민과 빈민층에 전파되기 때문이며 인류의 심리적 요구에는 이상의 언급된 내용들이 있기 때문이다. 그리고 그들이 진심으로 받들어 줄 수 있는 대상은 오직 평민층과 빈민층뿐이다. 그들이 받들 때는 절대 자산가 계층이 줄 때처럼 쉽게 평민과 빈민층의 회의와 반감을 사지 않는다. 평민과 빈민층이 받을 때도 절대 하사를 받는 것 같은 치욕감이 없다.

이 두 계층은 경계선이 가까운 계층이며 파생관계를 가지고 있다. 파생관계는 적어도 쌍방이 30%의 화목을 유지하도록 해야 한다.

그러나 만약 이상의 전제가 존재하지 않는다면, 다시 말해 중산층 의식의 질이 비교적 나쁘다면, 혹은 심지어 아주 열악하다면, 예컨대, 평민과 빈민층의 생활형태가 아주 어려울 때 조그마한 보살핌과 동정 그리고 연민을 주지 않을 뿐만 아니라 도리어 유유자적하면서 의연히 자신은 그러한 곤란과 관계없다는 듯 득의양양하고 남의 불행을 고소하게 여긴다면, 실제적으로 아주 나쁜 사회적 역할을 맡고 있는 것이다. 이는 기필코 평민과 빈민층의 심리를 격앙토록 하고 야만성을 더 건드려 놓고 그들로 하여금 중산층도 '계층의 공적(公敵)'이라 간주하게 한다.

중국 당대 중산층 의식의 질은 도대체 어떠한가? 제멋대로 우수하다고 평가하기엔 너무 이르다. 물론 아주 열악할 정도로 이화되지는 않았다.

"평민과 빈민층의 불행은 국가의 책임이며 그들이 직면한 곤경은 국가의 문제이다. 나와 무슨 상관이 있는가?" 중국 당대 중산가의 입에서 우리는 늘 이런 쌀쌀한 말을 듣는다.

이런 논리는 옳을 수도 있지만 인도적인 사리와 인간애에 모순된다. 국가의 보살핌은 국가의 국력과 관련되고 인간애는 인심(人心)과 관련된다. 인심의 '적자' 현상은 때로는 국가의 재정적자보다 더 위태롭다.

중산층 의식의 질이 우수한 나라의 사람들은 인심에 반하는 그런 말을 잘 하지 않는다. 설사 말했다 해도 말투가 절대 쌀쌀하지 않으며 평민과 빈민층을 위한 좋은 결과를 가져오기 위해 노력하는 성격을 띠며 동시에 힘이 닿는 데까지 계층적 의무를 다한다.

필자가 보건대 현재 중국 중산층 의식의 질은 합격하지 못했다.

중국 당대 중산가 계층의 사람을 가장 불안케 하는 부정적 사회영향은 일부 정치가 및 일부 관원의 눈과 귀가 가로막혔기 때문에 그들의 국정과 민정에 대한 이해에 한계가 있다는 것이다. 그 이유는 첫째 중국이 너무 크기 때문이고 다른 한 방면에서는 대중문화 내용의 허위적이고 가식적인 오도 때문이다. 그들은 자신들이 태평성세(太平盛世)의 대중문화 내에서 본 것이 곧 보편적 국가정서와 민심이라고 여긴다.

이 점에서 중국 당대 문화를 조성하는 '문화인'들은 사실 별로 떳떳하지 못한 역할을 맡고 있다. 때로는 과도한 노력을 들여 태평을 수식하고 성세를 장식하여 중국적 거대한 감각의 각종 우환들을 여과해 버리고 허위화시켰다. 더 엄중하게 말하면 우환이 재앙으로 될 때 이 역시 죄악이다. 그리고 세 번째 원인은 일부 관원들의 자체적 소질이다. 그들은 허위로 날조하고 우환을 감추고 덕을 표방하고 정치상 업적을 부풀려 과장하며 권력을 추구하고 남의 공을 가로채기를 좋아한다. 거의 중국 곳곳마다 자잘한 중산가에서 소자산가까지 널려있기 때문에 그들이 정치상의 업적을 과장하고 정치적 덕행을 과시할라치면 5~60년대에 비해 조성해 내기가 쉽다.

결론적으로 우리가 중국 당대 중산층 성분구성을 훑어볼 경우 꼭 이 계층은 모종의 아주 중요한 성분이 부족하다는 느낌을 받게 된다. 이러한 곤혹스러움은 틀리지 않았다. 중국 당대 중산층에게 부족한 것은 '지식분자'라는 이 성분이다. 세계적으로 계층의 성분구성이 합리적인 모든 국가는 지식인이 중산층의 주요 성분이다. 일반 의료종사자와 대기업·중소기업의 모든 일반 기술자 혹은 엔지니어를 포함하여 중학교 교사에서 대학교수에 이르기까지 일부 국가에서는 숙련된 기술자의 수입도 중산층 대열에 들어간다. 이외 물론 거의 모든 부문의 학자들도 있다. 그들이 확실히 연구에 종사하고 그들의 연구가 단순히 개인 흥취에 의해서가 아니라 '직장' 프로젝트 중의 하나이기만 하면 '직장'이 어떤 성질을 띠든지 관계없이 그들의 임금은 그들의 생활이 절대 중산층 전반 생활수준보다 낮아지지 않도록 보장된다.

중국 당대 중산층에 이런 중요한 성분이 부족하기 때문에 계층의식의 질이 현재 높지 않은 것은 필연적이다. 중국 당대 중산층의 비지식화된 계층의 사상적 특징도 필연적인 것이다. 설사 여러 부류의 고등교육을 받은 사람을 흡수했다 하더라도 지식분자(지식인)의 사상을 구비하지 못한 '학력보유자'일 뿐이다.

동시에 우리는 중국 당대 중산가 계층이 모종의 역사적 배경이 모자라기 때문에 총체적 계층 이미지가 너무 박약하다는 느낌을 면키 어려워 보이고, 조각 같은 입체적 이미지가 아닌 평면적인 '널빤지 이미지'라는 느낌이 든다. 이 곤혹스러운 감각도 틀리지 않는다. 그것은 이 계층의 모든 사람은 그 출신이 어제까지도 본 계층의 아들딸이 아니라 평민, 심지어 빈민이었고 이제 막 본 계층에서 부모 노릇을 하기 시작했다. 때문에 이른바 중산층의 가정교육을 전혀 받지 못했고 계층 전통의식의 영향도 받지 못했기 때문에 머릿속에 약간의 가물가물하는 우월감 외에는 그 어떤 계층의식의 누적물 또는 그렇다 할 만한 것이 없으며 중산층의 적극적인 사상으로 후대를 가르친다는 것은 더 말할 나위도 없다.

총체적으로 말하면 이 계층의 현재 가정교육 내용은 기본적으로 이제 막 우월해지기 시작하였고 약간 우월해지기 시작한 소시민의 가정교육 내용 정도이다. 심지어 상당한 부분에서 여전히 중국 소시민 가정교육 내용 중의 좀 속된 일부 측면을 계승하였다.

중국 당대 중산층은 마치 큰 정원의 일등 시녀가 바쁜 와중에 짬을 내어 애인을 위해 황급히 수를 놓은 베개를 만든 것과 같다. 베갯속은 비록 체질을 하고 향으로 훈제하지만 여전히 메밀기울을 쓴다. 메밀기울은 베개를 채우는 중국의 전통적인 '내용'이다. 중국 남방 민간에서는 베갯속을 채울 때 메밀기울에 찻잎도 섞는데 그것은 차를 다려 마신 후 다시 말린 찻잎이다. 그런 베개는 해열과 조급증을 완화시키는 효과가 있다 한다.

중국의 중산가 계층에 '정통' 지식인이라는 '찻잎'을 투입했으면 좋겠다. 이 계층 자체 소질 제고에 유익할 것이다. 좀 더 상세하게 말하면 전 민족 소질 제고에 유익하다. 그러나 지금 우리는 낙관적이라 할 만한 근거가 있는 희망을 찾아볼 길이 없다. 아마 20년 이후면 가능할지?

지금 중국에는 부호들이 억수로 많다. 특히 부동산 업주와 사영 석탄 업주들이 가장 부유하다. 재산이 인민폐 억 원 이상인 사람이 수두룩하다. 중국에서 당시 일부분 사람이 '먼저 부유해져라'는 발전 목표는 큰 성공을 거둔 것 같다. 물론 '개혁개방'의 목적은 일부분 사람이 '먼저 부유해지자는 것' 만이 아니며 주요 목적은 전 인민들이 잘살자는 것이었다. 전국 각 계층 인민들은 '개혁개방'의 덕분에 살림살이가 확실히 많이 좋아졌다. 광대한 농민들의 살림살이도 많이 좋아졌다. 그러나 '개혁개방' 이래 현재까지 모든 목적 중에 일부분 사람들이 '먼저 부유해지자'는 이 목표만이 가장 신속하게 또 가장 뚜렷하게 실현되었다.

지금 북경 사람들 사이에는 이런 말이 전해지고 있다. 매주에 억만장자 1명이 생긴다. 어디에 20층 안팎 고층건물 2채를 짓기만 하면 억만장자 1명이 탄생한다는 뜻이다. 지난 3~4년 이래 매주에 빌딩 2~3채가 착공된다는 말은 좀 과장되었지만 매월마다 고층건물이 지상에 우뚝 솟는 것은 거짓말이 아니다.

사영 석탄 업주들이 도대체 얼마나 부유한가에 관해 민간에서는 별별 소문이 다 전해진다. 여기에서는 언급하지 않겠다. 그저 한 가지만 말하고 싶은데 악성 광산사고가 빈번히 발생하던 해에 신문에 실린 바에 의하면 각급 관원 7천여 명이 주식에 손을 댔다. 정부에서는 강제로 석탄 업주들과 주식관계를 중지하라고 명령을 내렸지만 웬 영문인지 후엔 흐지부지되고 말았다.

13~4년 전 이 책에서 당시의 자산가들은 대체로 조용히 소비한다고 말한 적이 있다. 당시는 당시이고 지금은 지금이다. 당시의 중국은 그럴듯하게 소비하려고 해도 고급 물품이 얼마 없었다. 당시의 중국은 백 수십만 원 내지 몇 백만 원씩 하는 차를 파는 곳이 얼마 없었으며 이곳저곳 별장단지가 많이 보이지 않았다. 당시에는 어느 부동산 개발업자도 감히 서민들을 향해 "이 매물은 처음부터 부자들을 위해 지은 것이다. 너희들은 살 수 없는 것도 당연한 것이다."라는 식의 공개적인 훈계를 하지 못했다.

지금은 정말 많이 달라졌다. 지금 부자들의 소비현상은 너무나 당당하다. 그야말로 서민들을 아연실색하게 만든다.

그들이 어떻게 소비하는가는 완전히 그들의 자유이다. 그러나 문제는 집값이 10배, 20배 이상으로 껑충 뛰었는데 집을 짓는 농민공(農民工)들의 임금은 얼마나 올랐을까? 당시 그들은 하루 일하면 20원 또는 30원을 벌었는데 지금은 겨우 하루에 40원 또는 50원을 번다.

누군가 채찍질을 하면서 일을 독촉하든가 누군가 셰퍼드를 끌고 일을 감시하지 않는다 뿐이지, 자기 동포를 착취하는 은밀한 잔인함은 이 세상에서 손꼽을 정도다.

마르크스는 자본가의 노사관계를 어떻게 묘사했던가! 한 닢, 한 닢 동전마다 피땀과 추악함이 묻어 있다고 말한 기억이 난다.

부동산 업자와 석탄 업주들이 버는 돈이 전부 더러운가는 일률적으로 논해서는 안된다. 그러나 농민공이 버는 돈은 의심할 바 없이 피땀 흘려 번 돈이다. 그리고 이 피땀 흘려 번 돈은 매번마다 떼어먹힌다. 또 부동산 업자와 석탄 업주들은 그 무슨 '친목회' 또는 '협회' 같은 것이 있다.

농민공은 감히 '친목을 다질 수' 있을까?

감히 '협회'를 조직할 수 있을까?

농민공은 아직 '단합하여 권익을 쟁취하자'는 의식이 없다.

만약 한 선각자가 나타나 어떤 호소를 한다면 그의 말로는 좋지 않을 것이다.

중국 중산층이 이런 갖가지 현상 앞에서 가지는 생각은 자신만이 알 것이다. 또는 아무 생각도 없을지도 모른다.

얼마 전 인터뷰를 받은 적이 있는데 그 내용을 뒤에 첨부한다. 필자 자신의 중국 중산층에 대한 인상의 보충 또는 약간의 희망이라고 하겠다.

중국 중산층의 곤란은 운명으로 정해져 있다

도시 평민이 연약한데 중산이 어떻게 형성되겠는가?

조화로운 사회를 건설하는 것은 결국 어느 정도의 '재산'을 가진 중산층을 형성하는 데 있는 것이 아니라, 주장과 견해가 있는 중산층을 형성하는가 하는 데 있다. 이론적으로 말하면 만약 중산층 사회가 형성된다고 할 경우 전체 사회의 빈부구조는 대추씨처럼 변하게 된다. 이는 비교적 부유한 사람이 많아지면 자연적으로 안정요소가 구성된다는 뜻이다. 중산층 사회 형성과정은 비교적 부유한 군중이 소수에서 다수로 변하는 과정이다. 중산층을 강대하게 하는 것은 단지 그중 한 경로일 따름이다. 만약 우리가 부의 분배정책 방면에서 골고루 돌보는 것을 간과하고 배려를 잊고 상대적 공평을 잃는다면 아마 국가가 대추씨형 구조를 형성하기 전에 사회모순이 이미 아주 첨예하게 될 것이다.

어느 신문에 중국 도시는 이미 중산층화를 초보적으로 형성하였다라고 했다. 필자가 보건데 사실은 그렇지 않다. 우리 중국에는 7억에 달하는 도시인구가 있으며 대추씨형 사회구조를 형성하려면 중산층이 적어도 60퍼센트 이상에 달해야 한다. 그럼 우리 중산층이 4억이 되는가? 아주 의심스러운 대목이다. 필자가 《중국사회 각 계층분석》을 쓸 때 언급한 중산층은 도시평민 계층에서 올라온 한 계층을 의미한다. 사회는 더 좋은 쪽으로 발전하고 평민이 개혁성과를 공유하는 성분이 갈수록 커진다. 이를 바탕으로 해야만 충분히 안정된 중산층이 솟아오를 수 있다. 당시 중국 도시 평민계층은 상당이 취약한 변두리에 놓여 있으며 심지어 완전히 수시로 빈민계층의 나락으로 떨어질 수 있다고 언급한 바 있다.

만약 평민들의 생활이 안정적이라면 비록 폭이 좁더라도 온건하게 그리고 동시에 또 필연적으로 몇 차례 나뉘어 제고될 때에만 비로소 사회 중산층은 성장하기 시작한다. 이것은 정상적인 발육이다. 그러나 우리 중국의 평민기반은 갈수록 취약해지고 있다. 개혁개방한지도 여러 해 지났건만 근로자들의 퇴직금은 겨우 5~6백 원, 혹은 6~7백 원밖에 안된다. 때문에 당신은 서둘러 어떻게 중산층을 강대하게 하겠는가를 이야기하려 하지 말고 먼저 도시 평민계층의 상태를 분명하게 분석해야 한다. 그들이 개혁개방 성과를 향유하는 측면을 보면 거의 보잘것없고 하찮아서 말할 가치도 없다. 그들의 퇴직금은 보편적으로 아주 낮으며 물가 인상과 정비례가 되지 않는다. 그들은 저축이 좀 있지만 그것으로 아들 딸들을 위해 집을 사 주려면 최초 불입금을 지불하기도 모자라다. 설사 최초 불입금을 지불했다 해도 지속적으로 대출을 상환할 능력이 부족하다. 게다가 그들의 의료보장도 아주 한계가 있으므로 가정에 만약 누군가 큰 질환에 걸릴 경우 최초 응급처치 시 많은 돈을 쓰게 되는 데 가산을 모두 탕진하게 된다. 이런 환자가 한 명 있기만 하면 원래 도시 평민이었던 가정은 급속하게 도시 빈민층으로 떨어질 수 있다. 사회보장이 제대로 되지 않으면 평민계층 내의 모든 사람이 빈민으로 떨어질 위기감이 있으며 운 좋게 중산층으로 올라선 소수의 사람도 중산층이 가져야 할 경제적 안전의 심리를 가질 수 없다.

또 예를 들면 평민 출신의 대학생이 졸업 후 변호사·의사와 같은 체면이 서는 직업을 찾은 후 대도시에서 3~5년 근무하면 잇달아 중산층에 가입할 수 있는 듯하다. 그러나 '하는 듯'에 지나지 않는다. 실제 보편적으로 말하면 대학생의 소비능력 대비 초봉은 십 수 년 전보다 상승한 것이 아니라 낮아졌다. 일반 직업은 월급이 2천 5백 원 정도이며 만약 셋집에 들면 회사에서 보조금을 지불하는가? 아니다. 그럼 북경에서 집을 세내려면 적어도 천 원을 줘야 한다. 밥을 먹으려면 7~8백 원을 써야 하고 거기에 용돈을 제하면 얼마 남지 않는다. 만약 이때 부모의 은덕에 보답하려면 아주 어렵다. 이런 상태에서 중산층이 될 가능성은 아주 희박하다. 또 사회도 그들에게 상승을 느낄 수 있는 희망을 주지 않는다면 평생 중산계급의 상태가 될 수 없다. 사는 것이 피곤하고 초조하다. 진정한 중산층은 어디에 있을까?

중국의 중산층은 몇 퍼센트도 되지 않는다.

중국 최초 자산가 계층은 20세기 80년대 오토바이를 타고 저울을 짊어진 모험가들과 창업가이다. 후에는 학력이 있는 사람들이고, 더 후에는 일부 '매판'으로부터 시작하고 외국인 투자자를 위해 집을 짓고 장사를 하는 사람들이다. 그들이 말하는 품이 아주 괴상하다. 한 중국인은 외국 국적을 취득하고 귀국 후 외국인을 위해 돈을 벌며 "당신네 중국"이라고 말한다.

중국의 중산층은 주로 도시 평민 중에서 생성된다. 예를 들자면 변호사·의사 등. 정부기관에서는 처장이 되면 중산계급이 되는 거고 권력 자체가 그에게 일련의 복지를 가져다주는데 이는 서방과 다르다. 때문에 당신이 중국 중산층을 이야기할 때 그것이 많든 적든 또, 대추씨형이든 조롱박형이든 관계없이 한 계층으로서 존재하고 있다. 이 계층 성분을 분석할 때 당신은 연예계에 상당한 수의 사람들이 중산층에 속하거나 심지어 자산계층에 접근하고 있고 또 부모의 관직이 높든 낮든 관계없이 선배 관원의 아들딸을 포함하여 정부관원 중에 많은 사람들이 중산계층에 속한다는 사실을 알 수 있다. 또 일부 평민 자제들은 명문 대학을 졸업한 후 개인적 분투와 노력을 통해 남루한 옷을 걸치고 큰 사업을 일궜으나 아직 자산가 그룹에 들어가지 못했다. 이상 사람들을 전부 합해도 몇 퍼센트가 안된다고 생각한다.

보편적 중산계급 가치관, 우리는 없다.

얼마 되지 않는 소위 중산층 인사들 상호간의 가치관념조차도 아주 다른 바, 이는 서방 중산층의 동질화된 가치관과 비교하면 큰 차이가 있다. 중국에서 같은 중산층 일원이라 해도 한쪽은 평민 집안에서 열심히 공부하여 우수한 인재가 된 사람이고 또 하나는 관원의 자제로서 불합리한 제도 및 각종 특권을 통해 중산계급 생활을 보내는 사람이다. 어찌 가치관이 같을 수 있을까? 평민 자제의 시각으로 봤을 때 부패를 반대하고 특권을 깨뜨리고 하층부의 복지를 증강해야 한다고 생각한다. 다른 한 부류는 이들의 관점을 거들떠보지도 않는다. 같은 계층에 속한다 하지만 공통된 인식의 안정된 가치관이 존재하지 않는다.

우리 대학생 집단은 앞으로 중산층이 형성될 가능성이 가장 큰 토양일 것이다. 그러나 지금 이런 준 중산층 사람들의 가치관은 어떤가? 아마 중산계층의 가치관과 같지 않고 자산계층의 가치관과 더 비슷할 것이다.

중산계층과 인문적인 관계는 더 이상 밀접하지 않으며 몸에는 일종의 특별한 친화 즉, 자본과의 친화가 물들어 있다. 가장 우수한 평민계층에서 형성된 대학생들은 만약 자신이 중산계층의 일원으로 되기가 아주 어렵다고 느껴질 때 오히려 하루 빨리 자산가 계층의 일원으로 되기를 바랄 것이다. 스탕달의 《적과 흑》의 주역 줄리앙의 감정은 지금 청년들의 몸에서 남김없이 드러나고 있는데 절대 이걸 빌어 우리 중국 청년들을 책망하기 위해서가 아니다. 대학생은 가장 쉽게 중산계층으로 배양할 수 있는 미래의 역량이다. 그러나 대학교육은 이미 변했다. 우리가 향후 수십 년간 중국의 문제를 고려하고 있을 때 정치가들의 머릿속에서 고려하는 것은 정치적인 문제가 발생하지 않을까, 정부에서 고려하는 것은 경제적으로 문제가 발생하지 않을까 하는 것이다.

필자는 문화가치관에 문제가 발생하지 않을까 하는 것을 고려해야 된다고 생각한다. 최근 불고 있는 국학 열풍이나 공자학원(孔子學院: 중국정부차원에서 전 중국, 전 세계 대학에 문화를 알리는 일환으로 건립하고 있음) 열풍 이런 것들은 위에서 서술한 문제를 해결할 수 없으며 그것은 단지 일반 백성에 대한 요구에 지나지 않는다. 즉 그것은 백성에게 어떻게 하면 좋은 백성이 되고 어떻게 하면 안빈낙도하는가의 설교로서 하층을 달래는가를 명료하게 알기를 바란다.

배려·동정·평등·경외 이런 보편적인 중산계급 가치관은 어디에 있을까? 우리는 없다. 우리는 오직 기조적 문화가 있고 적색혁명이란 소재가 있으며 배후에는 정부의 강력한 지지가 있다. 또한 우리는 상업문화가 있고 거기에는 강한 세력을 지닌 자본의 운영법칙이 작용하여 발휘되고 있다. 그러나 사회의 인문적 역량은 어디에 있는가? 안타깝게도 우리는 보이지 않는다.

서방 중산계급의 인문적 역량이 진보를 추진한다.

중산계급 개념은 서양에서 도입했다. 서양에서 자산계급은 중산계급에 우선하여 만들어졌다. 자산계급은 어떤 사람들인가? 일부 유능한 자, 일부 경제적 위험을 무릅쓸 용기가 있는 자, 일부 상업기회에 대해 예민하게 반응하는 자, 심지어 일부 돈과 재물에만 눈먼 자, 금전원칙만 인정하고 기타 원칙은 인정하지 않는 자들이다. 자산계급이 생성된 후 객관적으로 보면 경제발전을 이끌었고 그리하여 도시평민들은 상대적으로 혜택을 받았다. 설사 도시평민들이 착취를 당했다고 생각해도 이전에 비해 실제 생활수준이 점차적으로 제고되었다. 그리고 이런 자산계급의 혜택을 받은 도시평민들 속에서 점차적으로 중산계급이 파생되었다.

자산계급은 경제적 모험방식을 통해 계급의 초기형태를 완성하였다. 그러나 중산계급은 문화지식을 통해 형성하였다. 최초, 중산계급의 성분은 도시평민 중의 탁월한 인물과 우수한 자제들이었는데 이런 사람들은 평민계급 및 자산계급과 다른 사상을 가지고 있었다. 그들은 민주를 아주 의식한다. 민주를 의식하기 때문에 사회 공정성을 매우 의식하는데 그것은 주로 분배의 공정성이다. 처음에 중산계층은 자신 계급만을 위해 이를 고려할 수 있으나 그들이 더 깊이, 멀리 사고하게 되면 그들의 사상은 하층도 고루 돌보게 된다.

서양의 민주화 역정은 자산계급이 추진한 것이 아니라 민주의식이 아주 강한 중산계급이 주력군이다. 자산계급이 안정을 유지하는 것은 그들의 틀에 유리하다. 평민은 폭력을 제외하고는 변혁을 추진할 그 어떤 가능성도 없다. 오직 평민 중에서 파생된 우수한 지식인 집단 —중산계급만이 이성적으로 사상을 통해 민주·공정·자유에 대한 요구를 표시하고 보편적인 동정심과 책임감을 표시할 수 있다. 사회가 진보해야만 중산계급의 가치가 실현될 수 있다. 사회 진보는 이미 자산계급에 의탁할 수 없으며 자산계급이 고려하는 이익은 오직 그들 자신들의 이익이다. 그들은 사회가 진보하든지에 관계없이 오로지 자기 계급이 보유한 자산의 수량화에만 관심을 둔다. 중산계급은 하층을 돌볼 것을 주장하고 솔선수범하는 외에 또 정부, 국가 및 자산계급에게도 같이 돌볼 것을 요구한다. 그들의 인생도덕에 대한 주장은 마음속에서 우러나온다. 때문에 전체 서방사회의 진보는 실질적으로 2개의 역량이 추진하고 있다. 하나는 자본운영 자체의 역량이고 다른 하나는 인문의 역량이다.

인문의 역량은 '풀뿌리계급'에서 올 수 없으며 풀뿌리계급은 자각의 역량으로 단합될 수 없다. 사상과 독서 이러한 것들은 중산계급에 더 부합되는 현상이다. 자산계급은 초창기에 독서를 그리 좋아하지 않았기 때문에 서방의 문학작품 속에선 늘 늙은 귀족이 벼락부자가 된 자산계급 인사를 손가락질하면서 말한다. "저 손톱이 거무칙칙한 자식을 봐라." 맞다. 바로 그다. 지난날 손톱이 거무칙칙하다고 지적받았던 자식이 지금은 허리춤에 만관의 전대를 두른 사람으로 변했다. 창업하는 세대의 자본가는 언제 정력이 있으며, 생각이 있고, 기분이 내키어, 역사에 관심을 가지고 사고하겠는가? 오히려 이것은 중산계층이 가장 근접한다. 중산계층의 우수한 자제(子弟)들은 그의 선인이 그에게 많은 자산을 남겨주지 않았기 때문에 그들은 자산계급 인사처럼 쉽게 경제위험을 무릅쓰고 나갈 수 없다. 대학에 진학한 후 그들은 기꺼이 인문적 가치의 세례를 받은 것을 즐거워하며 공정과 평등한 이상 속에 파묻히기를 좋아한다.

중국의 중산계층은 하층민을 위한 대변을 할 수 있는가? 어렵다.

당대 중국의 현실적 문제는 하층민이 심각한 빈부차이 앞에서 강렬한 분노가 생겼고 아주 쉽게 중산계층을 향해 감정을 터뜨린다는 것이다. 하층민과 자산가 계층 간 거리는 너무 멀기 때문에 그들은 부자들의 생활을 상상할 수조차 없다. 그들에 대해 말하면 마치 다른 나라 일을 이야기하는 것과 같으며 그저 인터넷에서 간혹 그들이 결혼할 때 얼마 얼마를 썼고 주식이 어떠어떠하다는 것을 알 수 있을 뿐이다. 그들은 신흥 중산층과의 거리가 더 가까우며 중산층의 언행에 대해 더 민감하다. 예컨대 뇌물을 한번 받으면 몇 천 원이라는 것을 그들은 단번에 알 수 있다. 철학자가 말한 것처럼 사람들을 울적하고 짜증나고 불쾌하게 하는 것은 흔히 우리 이웃사람이다.

중산층은 소외계층을 동정해야 한다. 비록 하층과 가장 가깝지만 이미 그들의 일원이 될 수 없으며 기껏해야 하층민의 대변인에 불과하다. 또한 항시 그렇게도 하지는 못한다. 이것은 샌드위치 신세의 상태이다. 중국의 중산계층 정도에게 무엇을 통해 자기주장의 정당성 또는 가치를 증명할 수 있도록 할 수 있을까? 서방에서 중산계층은 어떤 일을 해서, 무엇을 담당해서, 어느 정도 희생을 하고 마지막에 또 주장하는 바가 성과로 나타나야 하며 이 성과를 정말 하층이 함께 나누어 가졌을 때에만이 하층민은 그들을 인정한다. 이건 아주 엄숙하고 비극적인 과정이다. 민주·자유·평등·박애 그리고 사회진보에 대한 책임감 등 중산층이 배워서 담당해야 할 것이 너무 많다. 이 역시 우리 중국사회가 가장 먼저 고려해야 할 것이다. 처음부터 중국의 오늘날 중산층은 서방의 당시 중산계층처럼 크게 이바지하리라고는 기대하지 않는다. 비관적으로 말하면 중국에서 이것은 거의 불가능한 것이다.

　그러나 몇십 년 후 중국의 중산계층이 점차 각성하리라고 믿어 마지않는다. 즉 하층민에 대한 동정과 대변은 본 계층의 가장 영광스럽고 가장 보람 있고 가장 위안이 되는 중산계층의 자부심이라 것을 깨달으리라고.

　그리고 하층민도 중산층 외에는 그들이 믿을 만한 좋은 계층 친구가 없다는 점을 믿게 될 것이다. 하층과 중산층 이는 정말 순망치한의 관계이다. 양측에 대해 말하면 이것은 모두 사회의 진상(眞相)이다. 그러나 사회의 진상이라 해도 때로는 그것을 증명하려면 수십 년이 걸린다.

당대 지식인 (當代 知識分子)

우리는 거의 단언적으로 말할 수 있다. 아편전쟁 이전에 중국에는 지식인계층이 없었고 단지 '문인'계층만 있었는데 이 계층은 상당히 방대했다.

이렇게 말하면 당연히 논리적으로 모순된다. 왜냐하면 누구도 '문인'도 지식이라는 점을 부인할 수 없기 때문이다. 그러나 이 결론은 또 사실 흠잡을 데가 없을 정도의 정확성은 없다. 그것은 '또(亦: 역)'는 '즉(卽)'과 다르기 때문이다. 마치 '귤은 즉 과일'이라고 할 수 있지만 '즉'은 과일이라고 할 수 없다는 것이다. 바꾸어 말하면 그 도리를 쉽게 알 수 있다. 과일은 '즉' 귤이 아니다.

'문인'은 지식분자라는 '공동체(公社: 공사: commune)' 중의 한 부류에 불과하다. 그것은 '문인'을 제외하고 적어도 또 '과학연구' 부류와 '공업기술' 부류를 포함해야 한다. 그리고 '과학(科)'과 '공정(工)'은 얼마나 넓은 개념인가! 그래서 우리가 어떻게 비교적 전면적인 정의를 내리려고 시도해도 모두 포함할 수 없다.

문인집단은 그 수가 아무리 많더라도 만약 '과학연구' 부류, '공업기술' 부류와 공존하지 않고 한 덩어리가 안된 상태에서 지식인계층으로 자처한다면 귤로 백과(百菓)를 사칭하는 것과 무엇이 다른가. 아주 황당하다.

물론 우리가 중화민족 5천여 년의 문명사를 종람하면 역시 일부 '과학연구'와 '공업기술' 두 방면의 대표성을 띤 걸출한 조상을 들 수 있다. 그들의 이름은 초등학교 6학년생들도 일일이 말할 수 있으니 여기서 열거할 필요는 없다. '공업

414

기술' 면에서 중국인의 머리는 줄곧 지혜가 모자라지 않았다. 예를 들자면 낫·호미·쟁기 등, 그리고 수차와 물레 그리고 직기 등, 또 예를 들면 목공의 대패·톱·묵선. 등등. 별의별 것이 다 있는데 모두 우수한 조상들이 발명한 것이다.

그러나 유구한 '공업기술' 방면에서 우리는 우리 조상들이 기타 국외 타민족의 조상보다 우둔하지 않다고 말할 수 있을 뿐 우리 조상들이 가장 창조를 잘한다고 지나치게 강조해서는 안된다. 외국 농민들이 낫·호미·쟁기를 사용한 세기도 아주 유구하기 때문이다. 지금은 아직 전 세계적으로 인정하는 역사기록을 발견하지 못했지만 외국 농민들이 중국 농민에게서 배웠다고 긍정적으로 증명할 수 있다. 혹은 바꾸어 말하면 중국 농민이 외국 농민에게 가르쳐 준 것이다.

또 예를 들자면 전 세계 목공과 미장이들의 조상이 늘 사용했던 '수평계' 즉, 밑 부분을 평평하게 갈고 표면에 홈을 판 후 홈 안에 물을 부어넣은 나무토막이 있다. 알기로는 그 발명특허권에 대한 분규가 아주 크다. 일부 중국 사람은 중국인이 발명한 것이라고 딱 잡아뗀다. 일부 따지기를 좋아하는 외국인은 이의를 제기했다. 물이 쏟아지는 것을 방지하기 위해 홈 상부를 작은 유리로 밀봉했다. 그 수평계상의 유리는 외국인이 먼저 만들어 냈으므로 수평계도 당연히 외국인이 먼저 발명하였다는 것이다. 유리도 만들어내지 못한 중국인이 설마 생각 밖으로 외국인보다 먼저 유리로 홈을 내 물을 밀봉한 수평계를 만들어 낼 수 있단 말인가? 유리를 사용하지 않고 유리보다 더 선진적이고 투명한 어떤 물건으로 대체할 수 있단 말인가? 우리 중국 동포들은 이치에 근거하여 "수평계를 당신네들이 발명했다손 치자, 그러나 발명적 사고는 일찌감치 우리 중국 사람들의 머릿속에 존재했다. 당신네들은 '물 한 사발을 평평하게 들어라(一碗水端平: 일완수단평)'는 중국의 격언을 들어 본 적 없는가? 때문에 우리 중국 사람들이 가장 일찍 '수평원리'를 제기한 것이다."라고 온 힘을 다해 반박한다.

그러면 '외국인'은 말문이 막힌 채 멍해진다.

내 부친이 미장이면서 목공이었기 때문에 2가지 '수평계'를 본 적이 있었다. 하나는 앞에서 말한 목제로서 홈 안에 물을 부어 넣는데 '중국제조'품이었다. 다른 하나는 동으로 만든 것인데 홈 안에 수은 한 방울을 떨궈 넣고 만약 측정한 면이 수평이면 수은구가 홈의 중앙에 있는 작은 구멍 안으로 굴러들어간다. 당시 외국제조품이었다.

지금까지도 어느 것이 먼저 만들어지고 어느 것이 후에 만들어졌는지 모른다. 당시에 부친에게도 물어보지 않았다. 물어봤자 그는 분명 모를 것이다. 만약 지금 와서 밝히려 한다면 완전히 스스로 골머리를 썩이는 격이다. 왜냐하면 고증할 수도 없거니와 누구한테 가서 물어봐야 할지도 모르기 때문이다.

필자가 허술한 '수평계'를 예로 든 것은 사실 다음과 같은 관점을 밝히기 위해서다. 오래된 '공업기술'을 말하자면 전 세계 근로자들의 지혜는 누가 앞서고 누가 우월한가를 구분하기 어려우며 우수함을 논하기가 쉽지 않고 모두 많은 숙련공들이 창출했다. 그들의 일부 발명은 지금까지도 여전히 우리 당대 사람들을 탄복시킨다.

'과학연구'는 바로 이 오랜 '공업기술'을 토대로 발달했다.

'과학연구'의 발달이 없다면 오랜 수차(水車: 물레방아)는 여전히 수차이며 수력발전이 아니다. '과학연구'의 발달이 없다면 오랜 낫·호미·쟁기는 농업기계에 의해 대체되지 않았을 것이다. "과학연구"의 발달이 없다면 톱·대패도 현대 공작기계에 의해 대체되지 않았을 것이다. 이건 당연히 쓸데없는 소리다. 그것은 지금 모든 중국인들이 '과학기술이 제1생산력'이라는 것을 알고 있기 때문이다. 또 중국은 대략 200년 전부터 과학기술이 뒤떨어졌으며 또 이 '제1생산력' 면에서 뒤떨어졌다는 것을 알고 있기 때문이다.

이 '제1생산력'이 강대해지려면 많은 특수 인재가 필요하다. 그들은 '과학연구형 지식인'이라 불린다.

유럽의 아이들이 '공학' 수업시간에 화학지식 및 물리지식을 전수받을 때 중국 아이들 중의 행운아들은 서당에서 '사서'·'오경(유가의 성경으로, 周易.尚书.诗经.礼记.春秋)' 및 공자·맹자·노자·장자들이 '말한' 것을 외울 수밖에 없었다.

유럽에서 자동차를 대량 생산할 때 중국 조관(朝官)들은 아직도 가마의 규격에 따라 직위의 높고 낮음을 과시하고 다녔다.

비행기·탱크·원격 대포가 1차 세계대전의 전쟁터에서 무차별 폭격의 위력

416

을 발휘하고 있을 때 중국군대의 장비는 기본적으로 칼·창과 활·미늘창뿐이었다…….

독일 과학자 뢴트겐이 엑스레이를 발견하고 폴란드 여과학자 퀴리 부인과 같은 과학자인 프랑스인 남편 피에르가 우라니나이트(uraninite)에서 라듐을 추출할 때, 아인슈타인이 이미 원자 내부에 잠재한 거대한 에너지 비밀을 밝혀낼 즈음에서야 중국에서 과거제도가 막 폐지되었고 《주정학당장정(奏定学堂章程: 청조정부가 1904년 반포한 근현대 학제계통의 건립에 관한 문건)》이 막 조정의 허가를 받았고 산술·지리·물리·화학·체육 및 외국어도 막 《교육대강》에 들어갔다.

겨우 20년 후 중국의 1세대 '과학연구형 지식인'이 아직 태중에 있을 때 미국의 자동차는 2천 6백만 대로 급격히 증가하였고 공업전기화 정도는 이미 70% 이상에 도달했으며 라디오는 이미 상당히 보급되었고 냉장고·세탁기·진공청소기·전화가 이미 중산층 가정에 진입하기 시작하였고 유성영화는 이미 세상에 나왔다.

그때 에디슨은 이미 수천여 가지 발명특허를 가지고 있었는데 중국은 막 제1호 철로(鐵路) 엔지니어 첨천우(詹天佑)가 탄생하였다. 이는 우리 중국 사람들이 줄곧 자랑으로 여겼던 5천 년 문명사 속 근대사 한 페이지의 '과학연구' 방면에서 면목 없게 만들었으며 첨 씨가 철로 공사에서 설계한 '인(人)' 자형 레일과 '첨씨 연결기'를 제외하고는 거의 기록이 없다.

불현듯 뢴트겐이 한 말이 생각난다. "자부는 허용한다. 그러나 거만해서는 안 된다."

'과학연구'와 공업의 낙후는 주로 교육내용과 제도의 기형에 기인한 것이다. 이는 중국 근대사에 대하여 식견이 있는 선각자들이 모두 혹평했던 것이다. 예를 들자면 공자진, 엄복, 양계초, 장태염, 채원배, 손중산……. 그리고 '5·4'운동 전후 3대 국가진흥 구호 중의 하나가 바로 '과학'이었다.

여기서 우리는 특별히 필묵을 통해 구(舊)중국의 교육내용과 제도가 나라를 망친 죄를 성토할 필요가 없다. 왜냐하면 벌써 역사적으로 정론이 나 있기 때문이다.

필자의 흥미로운 착안점은 오로지 즉, 십 수 세기 동안 지속된 봉건과거제도가 한 세대, 한 세대의 중국 '문인'을 어떤 사람으로 변질시켰는가? 그리고 그 두터운 문화배경 중의 부정적 누적물은 도대체 어느 정도로 근·현대 중국 지식인에 대해 여전히 부정적 영향을 끼치고 있는가? 심지어 여전히 역사적 질병 유전자로 반영되고 있는가? 하는 방면에 있다.

　　과거제도는 중국 고대 '문인'들이 벼슬길로 통하는 외나무다리였다.
　　중국 고대 관료는 주로 두 가지 유형 사람들이 '계승'한다. 하나는 세습 관료 자제. 두 번째는 급제한 '문인'이다. 세습은 관료계급의 계급특권의 혈연성이 대대로 연장되도록 보장해 준다. 그 특권의 핵심은 황권을 대표로 하는 경관(京官: 중앙관청관리)집단이다. 황권이 쓰러지지 않으면 경관집단의 특권도 소멸되지 않는다. 지방 관청의 관료들은 단지 황권을 대표로 하는 경관집단의 지방 수호자에 불과하다. 청나라 왕조가 멸망하기 전까지 크고 작은 관료들은 모두 성지(聖旨)로 임명하였다. 설사 9품 말단관리직의 자그마한 현령일지라도 말이다. 이에 비하면 과거제도는 오히려 민간에서 관리가 될 인재를 '선발'하는 유일한 방식 같다. 객관적으로 말하면 이 유일한 방식도 확실히 민간에서 통치에 능한 우수한 인물들을 흡수했다. 이는 의심할 바 없이 황권 통치의 공고화와 지속에 유리하였다. '서열이 엄격한' 원숭이 무리도 근친번식으로 인해 실력이 위축·약화된 상황 하에선 동물의 집단 본능에 의지하여 다른 무리의 건장한 원숭이를 '모집' 후 작은 권리를 주어 잘 대우해 준다. 이는 '문인'들에 대해서도 좋은 점이 있다. 그들의 '치국평천하'의 포부가 서로 다르게 실현될 수 있기 때문이다.
　　그러나 '중앙고시(京試)'는 반드시 3년에 한 번만 진행하고 장원도 단 한 명밖에 없으며 방안(榜眼: 2등)·탐화(探花: 3등)·진사를 모두 합해도 수십 명밖에 안 된다. 나머지 대다수는 그저 시험에 배석한 꼴로만 된다. 그러나 '문인'은 갈수록 많아진다. 그 상황은 마치 20세기 6, 70년대 중국 '지식청년' 취업 대군과도 같다. 또 20세기 80년대 초 왕몽이 중국 '문학열풍'과 관련하여 했던 말이 연상된다. "왜 천군만마가 모두 문학이란 이 작은 오솔길에서 붐비는 걸까?"

418

그러나 '문인'들이 벼슬길을 가지 않고 또 다른 어떤 길로 갈 수 있단 말인가?

상업에 종사한다?

그들의 머릿속에는 온통 유가의 학설만 가득차 있다. 게다가 공자·맹자·노자·장자는 상업을 극히 경멸한다. 상업은 그들이 어릴 때부터 전수받은 '전통사상교육'과 모순된다.

의학에 대해선 그들 중 절대다수가 잘 모른다.

각종 기술도 다룰 줄 모른다. 하물며 그들은 어릴 때부터 멜대를 메거나 바구니를 들고 다니지 않았기 때문에 체질이 모두 약하고 근로자로서의 최소한의 신체 자본도 없다. 때문에 중국 백성들은 그들은 "사지가 부지런하지 않으니 오곡도 구별 못한다."고 비웃는다. 때문에 중국에는 '문약한 서생'이라는 어휘가 생겼고 때문에 그들은 오직 벼슬살이라는 한 가지 출로밖에 없다. 만약 벼슬을 하지 않으면 뛰어난 학식과 경륜, 품은 재능이 아무 쓸모없게 되지 않는가? 만약 벼슬을 하지 않으면 '문인'이라는 이름에 미안하기도 하고 그야말로 헛살았다고 보는 것이다.

'문인'이 벼슬을 하는 것은 '치국평천하'를 위한 것일 뿐만 아니라 또 일생의 부귀영화를 위해서이기도하다. 왜냐하면 '책속에 미인이 있다', '책속에 황금집이 있기 때문이다.' 그래서 '모든 게 하잘것없는 것이고 오직 공부만이 최고다.'라는 생각을 가지고 있다.

합격하여 지방관리가 되기만 하면 입경하여 조관이 되길 전심으로 갈망한다. 조관이 되기만 하면 재상이 되고 싶어 한다. 황제가 자기 한 사람의 주장에만 신복하고 자기 상소문만 보고 자기 진언만 들었으면 한다. 그들의 주장은 정치·군사·경제 분야이든 아니면 백성 통치 방면에서든 막론하고 수천 년 이래 똑같은 경전에 박힌 상투적 말뿐이다. 이 점에 대해 역사를 펼치고 보면 곧바로 알 수 있다. 단지 이 세대가 전 세대의 것을 반복하고 다음 세대가 이 세대의 것을 반복할 뿐이다. 유가의 수완과 법가의 수완은 본질적으로 별 차이가 없다. 단지 황위는 일종의 안정의 상징에 불과할 뿐이고 대대로 황제들은 모두 대변혁을 좋아하지 않기 때문에 법가사상을 숭상하는 '문인'들의 최후 말로는 유가사상을 발양하는 '문인'보다 처참하다. 전국시기 소진(蘇秦)은 7국의 재상 관인을 꿰차고 호령하였고, 공자는 끝내 천하에 유일무이한 성현에 이르렀는데 이는 '문인'들의 천년의 꿈이다.

그러나 관직에서 좌천당하기만 하면, 다시 말해서 조정 관료에서 지방관으로 강등되기만 하면 '문인'의 인생은 장래가 중단되고 '목숨이 위태로운' 것과 다를 바 없다.

그래서,

'모든 장군이 벼슬길에 오르거늘 유독 나만이 공을 논할 수 없네.'
诸将封侯尽, 論功独不成. (盧象: 노상. 당 현종 때 정치가. 시인)

'아침에 꾀꼬리만이 외로운 첩 옆에서 울어대고 창문밖엔 풀만 무성하노라.'
朝日残莺伴妾啼, 开帘 只见草萋萋. (劉方平, 713~741. 당대시인)

'봄바람이 불어오는 것과 공도가 부족한 것이 무슨 관계가 있으랴,
아들집 골목에는 낙화만 수북한 것을.' (정의가 바닥인데 새 기운이 온들 어찌하랴. 아들이 있는 곳에 같은 처지들의 사람들이 수두룩한데: 底事春风欠公道, 儿家门巷落花多(풍자개: 豊子愷. 1898~1975. 화가. 산문가)

따위 원한과 푸념을 크게 늘어놓는다.

곽말약은 《이백과 두보》라는 책을 '문화대혁명' 기간에 출판하였다. 그 책 속 그의 관점에 따르면 두보가 가장 벼슬을 하고 싶어 했고 이백은 관리에 대해 별로 관심이 없었다. 이런 관점은 분명 모택동의 환심을 사려는 의도가 있다. 왜냐하면 청년 모택동도 이전엔 '문인'이었기 때문이다.

중국 5천여 년 역사 속에서 '문인'으로서 강산을 지도하는 영수(領袖)가 된 이는 모택동 한 사람 뿐이다. 때문에 그는 앞에는 옛 사람이 없고 뒤에는 올 사람이 없는 전대미문의 위대한 '문인'의 심리로 이백의 호기 넘치는 시구를 감상했다.

이백의 시는, 모든 성공한 '문인'이 읊으면 호탕한 성격과 인품이 드러나게 되

고, 모든 성공에 가까운 '문인'이 읊으면 자신감이 생기며, 모든 성공을 원하는 '문인'이 읊으면 자기 격려가 되며, 모든 성공할 수 없는 '문인'이 읊으면 자기 위로가 된다.

반면에, 두보의 시는 우울하다. 설사 자기위로가 무의식중에 드러났다 해도 한숨과 탄식뿐이며 어찌할 도리가 없는 고민이다.

때문에 '문인' 영수인 모택동이 이백의 시를 편애하는 것은 아주 자연스러운 일이며 두보를 존경하되 가까이하지 않는 것도 아주 자연스러운 일이다.

곽말약이《이백과 두보》를 쓸 때 모택동의 감상심리를 깊이 헤아린 후 펜을 들었을 것이다. 지금까지 그 책은 두보에 대한 평가가 가장 불공정한 책이다.

만약 벼슬을 하고 싶어 했는가만 논한다면 두보는 당연히 벼슬을 생각했고 이백도 절대 예외가 아니었을 것이다. 또 이백이 군주를 동반했고 조정에서 총애를 받았으며 '문인'에서 관리가 된 재미를 보았기 때문에 벼슬에 대한 중독이 두보보다 더 컸으면 컸지 절대 적지 않았을 것이다.

'고력사(高力士)가 신발을 벗기고 귀비가 먹을 간다(力士拔靴 贵妃研墨; 고력사와 양귀비. 당 현종 때 정치가)' 따위는 순전히 '문인'들이 만들어 낸 것이고 '문인'이 '문인' 스스로의 몸에 금칠한 것이다. '문인'들 한마음으로 벼슬을 하고 싶어 하는 정신적 기탁을 만족시켰을 뿐만 아니라 또 대다수 '문인'들이 줄곧 '실력자에게 허리를 굽혀 아첨하던' 굴욕을 씻어버린 것 같다.

오히려 두보의 시가 중국 역대 '문인'의 진짜 감정에 더 접근한다. 만약 우리가 조금만 진지하게 이백의《장진주(將進酒)》를 읊어 보면 그가 군주에 의해 도성에서 쫓겨나올 때 더할 바 없이 큰 실의와 술을 빌어 근심을 해소하는 고민을 그저 겉으로의 호방함으로 감추려는 시구라는 느낌을 받을 수밖에 없다.

지금까지 즉, 다시 말하면 21세기 문밖에 선 지금도, 중국의 거의 모든 문인, 그리고 모든 지식인들은 실의와 고민만 생기면 여전히《장진주(將進酒)》로 마음속 근심을 소화시키고 잠시 자신을 달랜다.

중국의 거의 모든 문인들, 모든 지식인들은 이백도 벼슬을 원했고 벼슬을 못한 것 역시 아주 큰 실의이고 고민이었다는 사실을 직시하려고 하지 않는다. 왜냐하면 그렇게 되면 우상이 기울어지고 자신들의 이미지도 큰 손상을 받기 때문이다.

지금까지 중국의 거의 모든 '문인', 거의 모든 지식인은 항상 한마음 한뜻으로 힘을 모아, 서로 마음으로 이해한 듯이 이백이 벼슬을 원하지 않은 것을 긍지로 삼고 그 명성을 지키고 있다. 그러나 이 점에서 진정으로 긍지로 삼은 사람은 오히려 갈수록 적어질 뿐 증가되는 것을 보지 못했다.

중국 고대 '문인'은 관리가 되지 못하면 평생 평민으로 살며 선조의 유업이 없을 경우 그 생활 형편은 아주 가련하다.

> 대껍질로 만든 바구니 껴들고
> 새로 자른 연잎으로 옷을 만들어 걸쳤네.
> 한평생 부끄러운 거지가 되어 밥을 빌고
> 도토리와 찬물로 허기를 달래노라.
> (自制竹皮梳短发, 新裁荷叶理初衣,
>
> 平生羞乞陶奴米, 橡实寒泉可疗饥)

그야말로 원시인과 비슷한 처지까지 빈곤하고 초라해졌으니 읽는 사람은 마음이 쓰리다.

> 병들고 늙어도 슬하에 자식이 없어 타향에서 죽으니,
> 뭇사람이 돈을 모아 영구를 안치하노라.
> (病老无 殁于异乡、同人醵 金以殡)

이러한 인생 결말은 정말 세인들의 눈물을 자아낸다.

> 茧足走空山, 忍饥采蕨旅。

五年八徒家, 枯鱼重人釜。

愁来不敢言, 吞声食苦苣。

隙壁小漏光, 当涂见斗虎,

欲哭且莫高, 诗人敬天怒…

누에는 아무것도 없는 산으로 가 주린 배를 참으며 초근을 찾아 헤매네.

5년간 여덟 식솔은 목마른 물고기마냥 다시 가마솥으로 모이네.

시름은 감히 말할 수 없고 쓴 상추 씹어 삼키는 소리,

허름한 벽 사이로 비치는 빛은

호랑이가 싸우는 듯 현란하게 먼지 이는 모습이 아른하네.

울고 싶으나 또한 소리 높여 울지 못하니, 시인은 하늘의 노여움을 받드는구나!

青荧灯火不成欢, 薄醉微吟强自宽。

壮心真其残更尽, 泪眼重将旧历看。

同学少年休问讯, 野人今已抛儒冠…"

등불은 밝게 비추는데 기분이 내키지 않도다.

살짝 취기가 달아오르니 가냘픈 읊조림은 가까스로 관대해지는구료.

품은 큰 뜻은 그 진실이 더욱 다하여 허망하게 되니,

다시 지난 영화를 보는 듯하여

눈물이 흐르네.

어릴 적 함께 공부했던 벗들을 찾으니

지금은 야인이 되어 벼슬을 버린 지 이미 오래되었다네….

이상은 모두 급제하지 못한 '문인'의 삶에 대한 묘사로서 그야말로 '문인'이 벼슬하지 못하면 사람이라 부를 수 없음을 나타낸 것이 아닌가?

모든 사람이 다 알고 있는 팔대산인(八大山人: 1626~1705. 명말청초 화가. 본명 주명탑)은 '만년에 남의 집 문을 두드려 먹을 것을 빌어먹고 늙어 죽을 때까지 빈곤했다.'

방대한 역사를 자세히 볼 것 없이 청조의《설교시화(雪桥诗话)》만 펼쳐 봐도 책

속의 '늙어 죽어도 자식이 없다'는 글자가 눈에 확 들어온다. '병으로 타향에서 죽은 문인'은 2~30명에 달하는데 그것도 양종희(楊鍾羲) 자신이 알고 있는 것에 불과하다.

중국 고대에서 청조 말엽에 이르기까지 모든 '문인'이 만약 벼슬길에 가망이 없고 관직을 추구해도 이루지 못하고 열심히 공부하는 사이에 '30대'를 넘긴 경우 보편적 인생의 결말은 대체 3부류로 나뉜다. 가정형편이 원래부터 우월한 사람은 천하를 유람하면서 출중한 친구들을 널리 사귀고 산을 만나면 산을 칭송하고 물을 만나면 물을 읊고 매화를 노래하고 소나무를 찬양하며 달과 구름을 읊조린다. 거사(居士)의 명성을 얻고 재능이 출중한 자는 책을 저술한다. 중국 5천 년 문명사 중 아름다운 문장, 고전적 시사, 불멸의 극본, 후세에 전해지는 저작들은 거의 대부분 그들의 필하에서 탄생하였다. 바로 '대지는 책을 남기고 유림은 자손을 가르친다.'(大地留书卷 儒林代子孙: 대지유수권 유림대자손).

장군·재상·제후 등 관리가 되지 못한 사람은 문(文)·사(史)·철(哲)을 수행하여 득도하였다. 가정에 재산이 없는 사람은 관리들의 관청에 들어가 '가정교사' 노릇을 하고 막료질을 하거나 아예 아무것도 안하고 그저 '문객'질을 한다. 사실 '식객'과 비슷한 기생생활을 지낸다. 이때 그들은 마치 관리들의 '소장품'이 된 듯하다. 역대의 큰 관리들 중에는 '문객'이 많은 것을 자랑으로 생각하는 자가 적지 않다. 세 번째 부류의 운명이 가장 좋지 않으며 앞에 그들 자신의 시에서 이미 이 점을 언급했다.

一杯消长夜，孤独坐深更。
饥鼠分行出，寒鸡失次鸣。
此时心眼静，历历悟浮生…"
한 잔 술로 이 긴 밤을 보내려 깊은 밤 홀로 앉았네.
배고픈 쥐새끼는 분분히 기어나가고 설한에 닭 울음조차 그쳤네.
이때, 고요한 마음의 눈은 역력하게 인생의 덧없음을 느끼는 도다.

424

그들은 만년에 비록 이런 처량한 처지에 있었지만, 특별나게 남다른 인생 출로를 터득할 수 있는 것이 근본적으로 없었다. 기왕 '문인'인 이상 '문학'을 위해 살고 '문학'을 위해 죽을 수밖에 없다. 전 세계 고대 '문인'들 중 유독 중국에 이런 '문인'들 수가 많았고 가장 가엽게 생각할 만하다.

중국에 새로운 사고의 '문인'은 신해혁명의 총포소리와 함께 생겨났다. 그리고 그때 그들은 '과학연구' 방면에서 새로운 것이 아니라 '민주사상' 방면에서 새롭게 태어났다.

'5·4'운동 시기에 옛 '문인'은 모두 세상사에 경험 많은 노인 정도로 취급되어 물러나 앉게 되었거나 일찌감치 신구 두 페이지 역사의 틈새 속에서 죽어 버렸다. 새로운 '문인'들은 새로운 사상의 성원자이자 선구자 역할을 담당했다.

국민당 집정시기에 중국에도 마침내 많지 않은 숫자이나 과학자가 있었고 전통 '문인'과 구별되는 지식인이 나타났다.

신중국이 성립된 후 해외 중국인 과학자들은 분분히 귀국하여 국가를 위해 온 힘을 기울인다. 이때가 되어서야 중국에는 최초의 과학자 대오가 생겼다. 중국 지식인 집단은 한결같은 '문인'만이 아니었다. 그러나 당시 과학자형과 '문인'형 두 유형의 지식인을 다 합해도 '계층'이라는 단어로 개괄하기에는 부족하다. 그러나 이 집단을 지식인으로 부르는 것은 필경 비교적 적절하다.

'반우파', '문화대혁명'으로 인해 두 부류 지식인 중의 절대다수는 똑같은 액운을 당했다. '과학연구'형 지식인에 비해 '문인'형 지식인은 직업 습관상 말과 글로 인해 매번 큰 재난을 당하고 처지도 더 처참했다. 유배자가 부지기수였고 '노동교화'자도 부지기수였으며 수감된 자도 그 수를 헤아릴 수 없고 죽거나 불구가 된 자도 부지기수였다. 새 정권은 옛 '문인'을 좋아하지 않았고 게다가 또 선입견이 있는 듯이 그들 중의 한 무리를 옛 '문인'으로 몰았다. 비록 그들은 과거에 급제하지 않았지만 머릿속에 담은 것이 전부 '봉건잔재'라고 간주되었다. 자기가 배양한 젊은 '문인'에 대해서도 봐주지 않은 마당에 '잔당'에 대해 사정을 봐줄 리가 있겠는가?

그런 까닭에 우리가 지금 지적해야 할 것은—중국 '과학연구'형 지식인들은 자신들의 고난보다 더 혹심한 '문인'형 지식인들의 액운으로부터 무엇을 느꼈는가? 또 무엇을 깨달았는가 하는 부분이다.

이들은 놀라서 가슴이 두근거리는 느낌이 들 것이다.

'시대의 중대사나 객관적인 형세를 정확하게 인식하는 자는 걸출한 인물이다'는 것을 알게 된다. 그리고 무수한 일들 중에 유독 자신의 몸 보전과 가정의 평화가 가장 중요하다는 것을 깨달았을 것이다.

뒤에 남은 공포가 잘 가시지 않는 이런 두려운 심정은 '문화대혁명' 후 수년 동안 여전히 옛 지식인들을 '자라보고 놀란 가슴 솥뚜껑만 봐도 놀란다. 잔에 비친 뱀 모양 활 그림자와 모기 소리만 듣고도 놀란다. 호랑이 말만 들어도 낯빛이 변하는' 격으로 만들어 놓았다.

또 이 두 유형 지식인들은 '대재앙(문화대혁명)' 후의 사업·생활·대우, 나아가서 '명예회복'과 미(未) '명예회복', 조기'명예회복'과 늦은 '명예회복', '명예회복' 후 어떻게 다시 취급 받을까 여부, 다시 취급 받은 후 완전히 다른 결과일 수도 있으며 자녀들의 인생에 어느 정도의 직접적 또는 간접적 영향을 미칠까 여부 등등 모든 직접적 이익이 전부 공산당에 의해 결정되거나 국가에 의지할 수밖에 없다.

그리고 중국에서는 국가가 당이고 당이 곧 국가이다.

그래서 짧지 않은 한 시기 내에 중국의 두 유형 지식분자의 심리는, 여전히 남은 공포가 잘 가시지 않을 뿐만 아니라 감격도 진심이 아닐까 걱정이다. 일부는 내심으로부터 감격하고 '해방'되었다는 극도의 흥분에 가식을 섞지 않는다. 일부는 연기를 하며 사실 항상 마음에 두고 있다. 늘 마음에 두고 있는 것은 물론 이해가 가지만 다른 사람에게 연기를 하는 듯한 인상은 어쨌든 간에 보기에 불편하다.

그래서 이전에 관원 노릇을 했던 사람은 또 관원질을 한다. 또 관원이 되었으니 집도 널찍하고 차도 제공받았으며 대우도 '고급간부' 수준이고 아들딸들의 직업도 우선적으로 배치 받는다. 또한 이전에 관원이 아니었던 자들도 방치되었거나 누적된 각종 일들이 처리를 기다리고 있어 인재가 긴급히 요구될 때 얼떨결에 역시 관원이 된다. 기왕에 관원이 된 이상 '문인'형이든 '과학연구'형이든 막론하고 당연히 직위도 권력도 없는 지식인들은 비교가 안 되는 것이다.

필자는 지식인들이 관원질을 하는데 반대하지 않는다. 지식인이 관원질을 하는 것은 지식인이 아닌 사람이 관원이 되는 것보다 낫다. '공복(公僕)'의 지식화는 '공복'의 공농(工農)화보다 훨씬 낫다. 물론 질투하는 것은 더더욱 아니다.

그러나 그때부터 중국 당대 두 유형의 지식인들의 관직에 대한 갈망과 열광 그리고 복잡하고 미묘하며 애매하고 이해득실에 끙끙 앓는 심리는 흔히 있는 중국 당대 세태의 일종으로 간주된다.

물론, 중국 당대 지식인이 맡는 관리는 기본적으로 자신의 지식분야를 벗어나지 않는다. 생각하건데 이런 관리는 기타 어떤 국가의 지식인이든 모두 하려고 할 것이다. 만약 전공에 영향을 미칠 정도가 아니고 임금도 현저하게 오른다면 아마 바보가 아닌 바에는 절호의 기회를 놓치려고 하지 않을 것이다.

그러나 차이점은 또 있다.

외국의 학자·전문가·교수는 비록 관원질을 하더라도 십중팔구는 여전히 세인들이 우선 자신을 학자·전문가·교수로 인정하고 그 다음에 관원으로 간주하기를 바란다. 많은 국가들에서 관원은 절대 학자·전문가·교수보다 더 존경을 받지 않는다. 만약 그가 어떤 자리에서 자신을 소개한다면 먼저 자신의 학자·전문가·교수의 신분을 소개할 것이다. 왜냐하면 그의 관념 중에 학자자·전문가·교수의 신분은 자신이 평생 소중히 여기고 자중하고 아끼는 신분이기 때문이다. 그는 흔히 관원의 신분을 그 평생 신분에 부속되는 것이라고 생각한다. 그리고 그는 세인들의 관념 속에서도 그렇게 생각할 것이라고 확신한다. 이런 외국인들을 많이 봐 왔다. 그들이 나에게 건네준 명함장에는 하나의 예외도 없이 자신들의 학자·전문가·교수 신분을 맨 윗줄에 인쇄하며 일부는 심지어 두 가지 명함장을 인쇄한다. 자신이 무슨 관원이라고 인쇄한 명함장은 단지 관료사회에서의 '설명서'로만 사용한다.

한번은 집에서 독일 모 대학교수를 접대했는데 그는 동시에 모 시의원이었다.

그를 대동한 중국 통역은 국내 '관례'에 따라 먼저 그가 의원이라고 나에게 소개했다. 의외로 그는 중국말을 몇 마디 알아듣고 말할 수 있었는데 즉시 시정해 주었다. 그는 서투른 중국말로 "나는 교수입니다, 교수, 의원은……."

그는 갑자기 적절한 중국말을 찾아 자신의 의사를 표시할 수 없었다. 급한 김에 한손을 내민 후 네 손가락을 움켜쥐고 새끼손가락만 세우고…….

그의 뜻을 알아차렸다. 의원은 그저 자신의 권위 중 최하의 신분이라는 것. 그외 중국 작가 앞에서 먼저 소개할 가치가 없다는 뜻도 포함될 수 있다.

그 몸집이 웅장한 50대 독일 교수는 당시 얼굴을 붉혔는데 마치 학업성적이 우수한 소학생이 자기와 이름이 같은 학업성적이 보통인 소학생으로 간주된 것 같은 모습이었다. 그는 심지어 명함장을 도로 가져간 후 자기가 잘못 주지 않았는지, 의원이라 인쇄된 명함장을 주지 않았는지 진지하게 훑어보았다.

이 독일교수는 아주 깊은 인상을 남겼다.

중국의 지식인은 관원이 되기만 하면 설사 명의상의 관원이라 해도 흔히 세인들이 자신을 먼저 관원으로 간주해 주기를 바란다. 만약 그렇게 취급되지 않으면 그는 속으로 다소 불쾌해 한다. 만약 그가 자신이 종사하는 지식분야 내의 관원이라면 그는 세인들의 눈에 자신이 자기 동료들과 구별되는지, 자신의 동료보다 한 수준 높게 보이는지에 대해 아주 민감하게 신경을 쓴다. 설사 그가 전공 방면에서 실제 자신의 그 어느 동료들보다 우수하지 못하더라도 말이다. 하지만 중국에서는 이런 지식인이 관원질하는 것은 거의 보편적인 현상이다. 만약 다른 사람이 자신을 소개한다면 당연히 먼저 자신을 관원으로 소개하기를 바란다. 그는 이것이 아주 중요하며 다른 사람의 자신에 대한 존경 정도를 반영한다고 생각한다. 이 중요한 부분이 소개된다면 학자·전문가·교수 신분은 다 부차적이며 소개하든 말든 마음속으로 그다지 따지지 않는다. 그리고 다른 사람도 보통 이 중국 '관례'를 소홀히 하지 않는다. 우리 이 민족은 설사 지식인 계층이더라도 진심으로 이 '관례'를 보호하는 데 아주 능하다. 이것을 모르는 사람은 멍청이로 취급된다.

다양한 회의 장소에서 아래와 같은 재미있는 현상들을 듣고 보기도 한다. 일례로, 회의 사회자가 자리에서 일어나 아주 난처하듯이 말했다. 다음 한 가지를 더 보충하겠습니다. 모모 동지는 학자·전문가 또는 교수일 뿐만 아니라 또…….”

그리고 소개되는 사람은 다시 몸을 일으켜 고개를 끄덕인다. 표정도 많이 좋아졌다…….

그들은 관원 신분을 백 퍼센트 명함장의 윗줄에 인쇄한다. 더 고심한 사람은 또 눈에 잘 띄는 큰 고딕 활자로 두드러지게 인쇄한다. 자신의 전공 신분은 그 뒤에 괄호를 치고 괄호 안에는 어떤 등급의 관원 대우를 향유한다고 명기하는데 이는 흔히 볼 수 있는 세태의 일종이다.

지금까지 중국은 여전히 관료 중심의 국가이다. 중국 당대 지식인의 이런 심리상태는 필연적인 것이다. 만약 그들이 수도 북경에서 타 성·시로, 성(省)정부 소재지 도시에서 중소형 도시로 갈 경우 그들의 관원 신분은 꼭 그들의 학자·전문가·교수의 신분보다 더 빈틈없는 접대를 받을 것이다. 이는 관원이 된 지식인에게 좋은 느낌을 준다.

만약 그들이 또 ‘인대대표(人民代表大會代表의 준말)’, ‘정협위원(政治協商會議委員)’, 또는 겨우 성·시(省市) 1급 심지어 지구(地區)·현 1급이라 할지라도 만약 이 영광을 명함장의 앞줄에 인쇄하지 않는다면 그건 이상한 일이다. 때문에 우리는 마지막 한두 줄에서 그들의 전공 신분을 알아볼 수 있다.

중국 당대 지식인이 관직을 동경하고 관직 추구에 열광하는 또 다른 심리적 논리는 여하(如下)하다. 관원이 되어야만 당국의 최고 신임을 얻은 것을 뜻하며 완전한 신임을 받았음을 뜻한다고 생각한다. 이는 아주 전형적인 중국 고대 ‘문인’의 글재주로 관직을 추구하는 그 심리 특징이다. 이 점에서 중국 당대 지식인은 모두 엇비슷하게 약간 ‘문인화’되었다. 그러나 ‘문인’들은 별로 ‘지식인화’되지 못했다.

왜냐하면 지식인의 의식 중, 그 가치의식 측면을 보면, 하다못해 개인적 공리에 관한 가치의식 방면에서 자신의 지식적 성과에 대한 추구를 맨 위에 놓아야 하나 그들은 관직에 오른 정도가 크게 이루지 못하였다면 자기 인생에 대한 ‘최종배려'가 잘되지 않았다고 왜곡된 생각을 가지기 때문이다.

그래서 중국에는 당대 지식인들 중에, 우리가 어떤 곳 어떤 자리에서든지 불문하고 그들의 이름만 들으면 곧바로 그가 어느 방면의 관원이고 어느 등급의 관원인가를 알 수 있으며 또 이전에 어떤 전공에 종사했는지를 대개 알 수 있는 자들도 나타났다. 그러나 그들은 전공 방면에서 어떤 성과를 거두었는가? 이에 대해 우리는 진지하게 되새겨봐야 한다. 아마 끝내는 생각해 낼 것이지만 그것은 아주 오래전 일이 될 것이다. 어쩌면 끝내 생각나지 않을 수도 있다.

그들이 근간에, 또는 10년 이내에, 또는 문화혁명 '4인방'을 쓰러뜨린 후 지금까지의 일에 대해 우리는 아무것도 모를 수 있다. 아마도 우리가 보고 들은 것이 너무 적기 때문에, 어쩌면 그것이 정말 깡통 같은 공백이기 때문에, 아마 우리가 그들을 위해 안타까워할 때 그들 자신도 자신을 위해 안타까워하기 때문에, 어쩌면 우리가 가소로울 정도로 너무 짝사랑에 빠져 있을 때 그들은 오히려 관료사회에서 모든 일을 순조롭고 여유 있게 처리하기 때문이다. 마치 여가수들이 달콤하고 섹시한 목청으로 "얼마나 좋은 느낌인가요!"라는 유행가를 부르는 것 같다.

그들은 점차적으로 '관료 티'가 날 뿐만 아니라 마치 아무것도 느끼지 못하는 상황에서 점차적으로 '정치화'되어 가는 것 같다. 또 중국 사람들은 본래 정치성이 없는 많은 일들에 농후한 정치색채를 덧씌워 나중에 철저히 정치화시키는 데 아주 능하다. '정치화'된 그들은 종종 모종의 것을 부각시키는 식의 상징성으로 변한다. 그들은 각종 회의에 출석 또는 배석해야 한다. 각종 문제 또는 사건에 대해 입장을 표명하는 식의 발언을 해야 한다. 임무로서 신문 · 방송국 · TV 방송국의 취재를 받아야 한다. 상징이기 때문에 아주 자각적으로 자신의 상징적 특권과 의미를 중시해야 한다. 그들은 이 방면에서 일찍이 아주 대단한 각오를 가지고 있다. 입장을 표명하기 때문에 하고 싶은 말을 마음껏 하지 않아도 되며 할 필요도 없다. 입장 표명은 중국에서 어른이나 아이들이나 다 능하며 오래전에 '패턴화된 용어 시스템'을 형성하였다. 그 패턴에 대해서도 그들은 벌써 익숙해졌다. 패턴인즉 법칙이고 법칙인즉 원칙이다. 때문에 입장을 표명하는 용어는 거의 가장 간단한 말들이다. 때문에 한 지식인, 심지어 상층 지식인의 입에서 거의 초·중학교생과 똑같은 용어가 나온다 해도 모든 중국 사람은 의아해하지 않는다. 그것은 우리가 이미 익숙해졌기 때문이며 그들도 습관 되었다.

그러나 설사 그렇게 입장을 표명했다 해도 지식인의 머릿속에 골똘히 생각하는 것은 초·중학생들보다는 내용이 좀 더 많지 않을까? 이렇게 큰 중국에서 그 누구도 진지하게 이 의문을 제기하려 하지 않는 것 같다. 왜냐하면 지금까지 중국은 중국 사람의 입장표명에 대해 요구가 그다지 높지 않기 때문이다. 정반대로 간단하고 내용이 완전히 일치하며 사고방식이 완전히 같은 그런 것을 좋아하는 것 같다. 말하자면 이구동성 같은 것 말이다. 때문에 지금 이 글을 쓰면서도 다른 사람에게 욕을 얻어먹기 전에 먼저 자신이 뭘 모르는 '철부지'라는 것이 밉살스럽다.

때로는 '문인'들이 현장에서 입장을 밝히는 언사가 적극적이고 듣기 좋고 감정이 모두 뛰어나 사람을 감동시키게끔 '훈련'되었기 때문에, '과학연구형' 지식인들은 그 참신함이 문인들 발밑에도 미치지 못한다는 느낌이 든다. 그러나 때로는 '과학연구'형 지식인들의 낭랑하고 설득력 있는 입장발표는, 이 방면에 능한 '문인'들에게 괄목상대하게 하고 스스로 부족하다고 한탄하게 한다.

그들 중 어떤 사람은 흔히 무슨 회의를 한다는 통지를 받으면 먼저 관원이 참석하는가를 파악하고 알아본다. 만약 지식인들만 모여서 회의를 열고 관원이 참석하지 않으면 흔히 구실을 대서 발뺌한다. 만약 관원이 회의에 참석은 하나 그들 마음속의 중요한 관원이 아닐 경우 참가하기 귀찮아한다. 만약 자신이 마음속으로 흠모한지 오래된 관원이 참석할 경우 꼭 가려고 한다. 참석하기 전에 어떻게 발언할까 하고 복안을 한번, 또 한 번 연습해 둔다. 만약 그 관원이 제때에 도착하면 그들은 반드시 앞질러 발언하는데 '선수를 쳐 상대방을 압도하는' 효과를 위해서다. 그리고 흔히 말을 할수록 흥분하여 들뜨는데 멈추기가 어려워 보인다. 만약 그 관원이 늦게 도착하면 사회자의 종용에도 불구하고 흔히 말하려 하지 않는다. 참지 못하고 말했다가 잠시 후 관원이 오면 뭘 말하겠는가? 그들은 눈을 감고 정신을 가다듬으면서 다른 사람의 발언을 건성으로 듣는다. 관원이 도착하기만 하면 그들은 순식간에 원기가 왕성해지고 다른 사람의 발언을 가로채고 마이크를 빼앗지 못하는 것을 한스러워한다. 그들의 지식인으로서의 가장 큰 재주는 발언을 시작한 후 관원들이 끊임없이 고개를 끄덕이는 것이다.

그들의 전공은……. 정말이지 그들의 전공은 거의 입장 표명식 발언의 특기에 의해 대체된다.

필자는 악의적으로 헐뜯거나 터무니없이 꾸며낼 생각은 없다. 여기까지 읽은 친구들은 책을 덮어놓고 생각해 보라. 누구 주위에 이러한 인물이 과연 없을까? 게다가 그들의 성실성은 또 상당 부분 실추하게 되는 것이다. 왜냐하면 우리 중국 사람들은 모두 이런 유형의 인물들의 품격이 도대체 어떠한가를 너무나도 똑똑히 알고 있기 때문이다. 그리고 일부 아첨의 말을 듣기 좋아하는 관원들은 그들을 얼마나 총애하고 있는가.

이런 아주 우스운 중국 세태는 당대 중국 지식인들 사이에서 아주 나쁜 영향을 조성하고 있다. 이는 일종의 오염이다. 관원과 지식인은 이런 오염 속에서 모두 잃는 것이 있다.

관원들이 잃는 것은 최소한의 진위 판단능력 및 정치적 눈과 귀의 투명성과 깨끗함이다. 지식인들은 독립적 사고능력이 점차적으로 퇴화되고, 점차적으로 사회적 존재의 특별한 의미를 상실하며, 자존심을 상실하고 천박해지며 관원들이 듣기 좋아하는 말을 하는 데 능숙하게 되며, 즉흥적으로 임기응변식 얼버무리는 데 능해진다. 중국 지식인이 관료들이나 심지어 정객들 앞에서 극도로 공경하고 과분한 사랑에 몸 둘 바를 모르는 정경을 볼 때마다 늘 몹시 창피스러움을 느낀다.

지금 상황은 약간 변화가 일고 있다. 지식인에 대해 직함대우를 실행하였기 때문에 중국 당대 지식인들이 관직을 동경하고 관직에 열광하던 전통적 심성이 좀 고쳐졌고 좀 자제되었다. 교수는 부국급(副局級)에 상당한다. 교수직에만 능하고 관직에 서툴렀던 지식인의 심리가 예전보다 평형화되었다. 비록 그저 '엇비슷'하거나 혹은 차이가 뚜렷함에도 불구하고.

관원들은 전용차가 있다. 허나 90% 이상 학자·전문가·교수는 이런 대우가 있을 수 없다. 그러나 책을 저술하고 엮을 수 있고 임시 초빙되어 학술강연을 하고 발명 특허를 할 수 있으며 시장성 연구과제에 경쟁을 통해 종사할 수 있다. 이 방면 경제적 이익은 관원들에게는 마음은 충분히 있지만 힘이 모자란다. 일부 관원은 당연히 자기 봉급 외에 '창출방식'이 있는데 그건 아주 위험한 '게임'이다. 죄악이 폭로되기만 하면 더는 관리질을 할 수 없게 되거나 심지어 관리에서 범죄인으로 변한다.

학자·전문가·교수들의 봉급 외 '창출' 방식은 도리어 격려를 받으며 또 성과 방면에서는 시장의 환영을 받을 수 있다. 이 시장의 활력과 잠재력은 아주 거대하여 대다수 지식인들은 전례 없는 유혹을 받고 있다. 전통적인 벼슬길과 현대적인 시장 사이에 양다리를 걸치려면 난이도가 크다. 그야말로 '물고기와 곰 발바닥은 다 가질 수 없다.' 그러나 시장이 급히 필요로 하는 것은 흔히 가장 짧은 시간 내에 양산이 가능하고 상품으로서 투매가 되어야 하고, 바람같이 왔다가 사라지는 것인데 사실상 지속적인 가치가 없는 '지식성과'이다. 지식인들은 가치의 지속성을 중요시하며 자기의 정신노동의 '지식성과'가 신속히 지폐로 변할 뿐만 아니라 '과제연구'와 지식의 본질적 의미에 있어 다소 기여하고 그 공헌으로 인해 세인들의 주목을 받기를 바란다.

그래서 중국 당대 지식인들은 두 가지 가치관 사이에서 선택의 혼란에 빠졌다. 때문에 중국 당대 지식인들의 심리가 복잡해졌다고 말한다. 국가에서 계속 지원해줄 수 있는 것은 아마도 지금 이미 얻은 대우보다 많을 수 없을 것이다. 이 점에 대해 지식인들은 모두 알고 있다. 지속적인 가치가 없는 것이 오히려 풍부한 경제보답을 얻을 수 있는데, 지식인들이라면 누구라도 잘 알 수 있다.

만약 지금 경제적 자구의식을 수립하지 못하면 자신들은 갈수록 가난해지고 후회해도 늦을 뿐이다. 이 점에 대해 지식인들은 반복하여 심사숙고하는 것이다. 수년 동안 종사했던 문학·역사·철학 연구 과제를 포기하고 고전소설이나 산문집을 펴내면 어떨까? 비록 지금 거의 문드러질 정도로 펴냈지만 아직 1~2만 권은 더 인쇄할 수 있다. 기능이 더 많은 전기밥솥을 조합하면 어떨까? 그것도 '과학기술 발명'이라 할 수 있을까? 그렇잖으면 중의(中醫)자료를 뒤적여 보고 투자상을 설득하여 또 다이어트 약 또는 표백크림을 내놓으면 어떨까? 거기에 시리즈 제품으로 내놓으면? 그러나 동료들은 어떻게 볼까? 공리를 너무 추구하는 것처럼 보이지 않을까?

그래서 중국 당대 지식인들의 심리가 미묘하게 변했다고 말한다. 현재 전공 방면에서 구제불능의 지식인―이런 지식인은 영원히 존재한다. 또한 영원히 그곳에 뒤섞여 관리가 되려고 다툰다―을 제외하고, 그들을 설득하여 관리를 시키는 것은 더 이상은 쌍방이 모두 원하고 배가 잘 맞지 않게 된지 오래며 말품을 팔아 설득해야 한다. 그들은 고려할 시간을 달라고 요청하는데 이는 또한 겸손이 아니며 '수없이 불러서 겨우 나왔는데 여전히 비파를 안고서 얼굴을 절반 가린' 것도 아니며 겉과 속이 다른 것도 아니다. 진짜 이유는 직접적 이익 측면에서 득실을 따져보는 것이다. 이전에는 거의 잃은 것이 없고 얻기만 했다. 잃었다 해도 잃었다고 생각하지 않는다. 왜냐하면 이전에는 시장이 없고 개인특허권도 없었으며 '지식성과'도 개인에 대한 경제보답이 거의 없었기 때문이다. 그래서 이전에는 고려할 필요가 없었다. 지금은 있기 때문에 고려하지 않을 수 없다. 확실히 지식인은 관리와 이익 측면에서 태도가 애매하고 확실치 않으며 개인의 이해득실만 따지게 된다.

그러나 이것이 지식인 자아의 경지로 일종의 기뻐할 만한 업그레이드라고 생각한다.

한 국가를 말하자면, 만약 국민들이 해외 이민을 행운 및 행복으로 생각하지 않는다면 이 국가는 확실히 부강함을 증명해 준다.

지식분자를 말하자면, 만약 권력과 관직 추구를 첫째가는 인생 전도의 선택으로 간주하지 않는다면 지식은 확실히 지식실력에 의지하여 자신감을 찾고 자립하였음을 증명해 준다.

'지식이 곧 힘이다' 이 불후의 명언은 상업시대에 별도의 의미를 가지고 있으며 또 가져야 한다. 그것은 바로 지식인 자신이 가지고 있는 지식실력에 의지하여 얻어지는 것, 구체적으로 말하면 '과학연구성과'와 문화성과 그리고 학술성과들을 개괄해서, 즉, 모든 '지적재산권'에 의지하여 사회와 시대를 위해 마땅한 기여를 할 뿐만 아니라 또 자기 가정 생활수준을 제고시키기 위해 책임지는 것이다.

만약 한 국가의 학자·전문가·전문가들이 의외로 중산층의 생활수준에도 미치지 못한다면, 앞에서 중산층 분석 시 지적한 것처럼 이 국가의 중산층 질은 가히 짐작할 수 있다. 그러나 중국의 절대 다수 지식인들은 중산층 생활수준에 도달하지 못했다. 국제 중산층 생활수준과의 거리가 아주 멀 뿐만 아니라 국내 중산층 생활수준과도 비견하기 부끄러울 정도다. 가난한 학자·전문가·전문가는 일일이 헤아릴 수 없으며 그들 중 상당한 수는 거의 사유재산이 없다. 실제적으로 국가에서 그들의 직함 대우에 따라 분양해 주는 주택 외 그들의 생활은 도시평민보다 약간 나을 뿐이다. 만약 열 명의 학자 또는 교수 집을 방문할 경우 적어도 그중 5세대는 집이 도시평민들보다 널찍하고 책장이 몇 줄 더 많은 것을 제외하고는 기타 모든 것이 아주 평민화되어 있다.

여기에서 북경영화제작소의 이미 세상을 떠난 저명한 감독 수화(水華)를 예로 들려 한다. 비록 그는 학자·교수 또는 전문가가 아니고 예술가이지만 그의 임금수입은 일반 학자·교수 또는 전문가에 비해 좀 높았다. 모든 보조를 다 합하면 매월 대략 1,500원 정도 된다. 그러나 그는 아들딸이 있고 아들딸들과 함께 생활하는데 아들딸들의 임금수입은 비교적 낮다. 그는 부부급(副部級) 대우를 받았는데 고급간부의 집에서 살면서 가난한 생활을 하는 예술가에 속했다.

북경영화제작소 현직 제작공장장 마승육은 수화의 제자였다. 그가 생존했을 때 자기 제자한테 솔직하게 말했다. "마군, 사실대로 말해서 공장에서 차를 파견하지 않으면 나는 급한 용무로 외출 시 '빵차택시' 탈 돈도 아까워……."

또 50대 부부를 알고 있었는데 모두 교수였다. 그들의 세 아들딸들은 줄줄이 대학에 붙었다. 작은 아들이 입학통지서를 받은 후 그들은 걱정에 빠졌다. 교수 부모가 대학생 한 명의 뒷바라지하기엔 문제가 없다. 두 명의 뒷바라지는 힘겹다. 3명이면 자연히 더 버거우며 경제형편이 곤란한 것은 말하지 않아도 알만하다.

'문인'들은 '과학연구'형 지식인의 생활수준보다 좀 나을 수 있다. 앞에서 이미 '문인' 중의 한 부류 ─작가들을 중산층 하류 일족에 분류하였다. 여기에서 말하는 지식인은 사실 주로 학자형 교수형과 '과학연구'형 지식인이다. 그들 중 생활이 괜찮은 사람은 자녀가 다 취업하고 수입이 높은 부모들이다.

또 한 교수부부를 알고 지냈는데 슬하에 일남일녀가 있었다. 모두 해외에 거주하고 있었으며 경제적으로 그들이 신경을 쓸 필요가 없을 뿐만 아니라 설과 명절이 되면 또 외화를 보내와 효도하였다. 그들의 생활은 당연히 많은 교수 동료들이 부러워하였다.

학자형·교수형 지식인은 또 '과학연구'형 지식인의 생활에 비해 부유하다. 교수는 거의 모두 학자라 부를 만하다. 노교수들은 당연히 말할 나위도 없다. 적지 않은 젊은 교수들은 박사 학위를 가지고 있으며 적어도 석사 '출신'이다. 거기에 전문 저서 몇 권을 가지고 있으면 절반은 학자라 불릴 만하다고 생각한다. 그리고 학자라 떠받들게 되는 사람들은 대체로 교수를 겸하고 있기 때문에 이 두 가지 유형 사람들은 공통성이 많고 뚜렷하게 구별하기 어렵다. 하지만 일부는 교실에서 교편을 잡고 강의하고 일부는 학원 연구소에서 학문에 전념한다. 여기에서 이야기하는 그들은 주로 사회과학 범위의 학자·교수들이다. 그들은 교학하는 것 외에, 학문과제에 전념하는 여유가 있고 정력도 있으므로 '문화시장'과 연계하여 자기 특기를 발휘하여 옛날 일들을 책으로 펴내고 지금 일을 저서로 내놓을 수 있다. 부지런하기만 하면 원고료도 상당하다. 또한 학문적 '저술'과 '창작'은 본래 확실히 분간하기 어려운 일이다.

만약 '홍학(紅學: 홍루몽 연구에 관한 학문분야)'을 학문이라 하면 '홍루몽' 연구가가 또 조설근 전기·조설근 소년시대·조설근 애정관·조 씨와 시사와 중의학과 건축학과 요리에 대해 쓴다면 그가 꼭 바른 일을 하지 않는다고 말할 수 없을 것이다. 문제는 다만 잘 쓰는가 못 쓰는가, 진지한가 진지하지 않는가, 읽으면 재미있는가 무미건조한가에 있다. 좋은 예로, 교수이자 상해희극학원 원장을 지냈던 여추우(余秋雨)의 《문화의 고통스러운 여행》 등 산문집이 한시기 불타나게 팔렸던 것은 바로 그가 중국 고대 희극사를 읽으며 연구하는 과정에서 나온 '부산품'이며 또 이 '부산품'의 전파를 통해 학자의 명성이 온 천하에 알려진 것이다.

근년에 사회과학류 학자·교수들이 편찬한 책들이 상당히 많다. 문화·법률·

민속·정치·경제·외교·군사·사회심리학·의학심리학 등 수량이나 종류가 수 없이 많고 꼬리를 물고 나타났다. 그야말로 인류에게 한 가지 현상이 있으면 상 응하게 그 분야 학자의 책이 있다고 말할 수 있다. 작가들을 출판업에서 내쫓을 기세이다.

대중 사회과학도서의 세찬 출판 물결은 실질적으로 '사회과학'형 지식인들의 기세 드높은 경제적 '자구운동'이다. 법률학과 교수가 자천하여 기업·변호사역 자문을 하고 경제학과 교수는 《마케팅예술》의 비디오테이프를 기획한다. 심리 학 학자는 간판을 걸고 심리진료소를 개업한다. 근대 중국 역사를 다루는 교수 는 '애국주의를 선양'하는 특집 프로그램을 쓴다. 문학평론을 다루는 교수는 산 문가·잡문가로 변신한다. 당사(黨史)를 다루던 사람은 기회를 놓칠세라 시사에 발맞추어 긴박하게 '혁명사상 전통교육' 총서를 출판한다.

지식인들 저마다 자기 나름대로의 방법과 수단을 발휘한다.

당신은 그들이 부득이하여 그렇게 한다고 생각할 수 있지만 솔직하게 대다수 는 좋아서 하는 일이다.

그야말로,

"산과 물이 첩첩이 겹쳐 길 없다 의심이 들더니,
버드나무 그림자 사이로 꽃이 환한 마을이 보이누나."

(山重水复疑无路, 柳暗花明又一村: 陸游. 송 〈游山西村〉) 격이다.

당신은 눈썹을 찡그리면서 경솔하다고 말할 수 있다. 한 가지 물어보자! 중앙 에서 지방, 다시 청홍방(青紅幇: 청대에 내려오던 비밀결사조직)에 이르기까지, 이 시 대가 전환하는 세찬 소용돌이 속에서 어느 중국 사람인들 조급하고 경솔하지 않 단 말인가? 당신은 고개를 쳐들고 슬프다고 한탄할 수 있다. 그러나 잠시 멈춰 돌아보면 참으로 다행한 일이라고 생각한다. 어쨌든 학자가 중학생의 '가정교사' 를 하고 교수가 유탸오(油條)를 튀기고 호떡을 파는 것보단 낙관적이잖은가?

하물며 진정한 재능과 견실한 학문이 있는 사람은 매몰되지 않는다고 본다.

진정한 재능과 견실한 학문을 쌓으려는 자들은 자기 마음속에 계산이 서 있어 정력을 남겨 학문을 축적한다. 대문호나 대학문가로 될 가능성이 없는 사람이 스스로 자신을 '활성화'하는 것은 실제로 상책이다. 사업! 사업! 할 일이 있고 또 필경은 사회에 유익하고 해가 없는 일을 하고 그 다음에 실적을 논할 수 있다. 마치 이·삼류 배우가 연기할 극이 있는 것이 연기할 극이 없는 것보다 나은 것처럼 말이다. 긍정인물을 연기하면 스타가 되기 어렵고 중간인물이나 부정인물을 많이 연기하면 아마 점차적으로 '유명한 조연'이 될 수 있다. 또 마치 내 자신이 비록 아무리 꾸준해도 중국의 발자크가 될 수 없고 또 '경솔하다'거나 '슬프다'고 말하는 사람들의 조소와 풍자를 듣고 나서, 이·삼류 소설도 창작하지 않는다면 결국 폐인이 되는 것 아닌가?

심지어 발자크도 몇 권의 이·삼류 소설을 썼었다. 또 만약 당신이 '경솔하다', '슬프다'등 낙담하는 말을 하는 사람들을 주의 깊게 관찰해 보면 사실 그들 자신의 내심도 아주 경솔하다는 것을 쉽게 발견할 수 있을 것이다. 사실 그들은 '경솔'한 사람들이 하는 일도 해낼 수 없다. 그럼 또 외람되게 한마디 한다면, 이것이야말로 슬픈 일이로다! 만약 아직도 가난하면서 배우 티를 낸다면 더욱 슬픈 일이다.

그러나 수학자들은 어찌 하냐? 비록 중국의 간행물 시장은 방대하지만 '고급함수', '미적분' 따위 책은 여전히 순순히 거절당한다. 전 세계가 다 이렇다. 중·고교 '수학난제백해' 등은 수학자들이 수고할 필요가 없이 중·고교 교사들이 일찌감치 지름길로 앞질러 갔다. 지구 물리학 전문가·교수는 어찌 하냐? 천문학은 어떻게 '시장과 통합 하는가?' 화학은 교재를 제외하고 어떻게 대중 도서로 변할 수 있을까? 비록 교재대의 이윤은 높지만 출판사에서 가져가며 교수들이 받는 원고료는 얼마 안된다. 때문에 자연과학, 이공 분야의 학자·교수들의 청빈은 거의 부득이한 것이다. '실용이론'의 가치는 실용에 있다. 실용은 신속히 상품으로 변하거나 다른 사람을 도와 일자리를 찾아 주는 하나의 기술적 장점으로 변하는 것을 뜻한다. 그러나 기초지식과 이론연구에 종사하는 학자·전문가·교수들은 어찌하는가? '복제양'이 공적이냐 과실이냐를 잠시 떠나서 연구에 종사하는 '외국인' 월급은 5만 달러에 가깝다. 수입의 보장이 없다면 그의 연구는 꼭 성공한다고 말할 수 없으며 세계에서 오늘 공적과 과실을 논할 화제도 근본적으로 있을 수 없다. 고고학자들과 교수들은 어찌 하나? 고고학 성과는 항상 세계를 뒤흔드나 가격을 추측할 수 없다. 설사 가격을 추측해 냈다 해도 학자·교수들은 '성과급'을 받을 수 없다. 지질학자들과 그 교수들은 어찌하는가? 유전층·지하자원을 발견하면 그들도 '출자' 채굴 요구를 제출할 수 없다. '지식'의 천지에서 어느 학과가 '인기'를 얻게 되면 그 학과에 종사하는 지식인들도 '지식'의 덕을 보고 아주 인기 있는 인물이 된다. 그러나 필경 영원히 '인기'를 얻지 못하는 학과, 영원히 호젓한 학과도 있으며 그런 학과에 종사하는 지식인들은 학과의 호젓함으로 인해 묵묵히 청빈을 지켜나간다.

일전에 덕망과 경륜이 아주 높은 수학교수와 교제하였다. 그는 매번 학술 교류로 출국할 때 항상 우리 집에 찾아와 필자의 영문판 소설집에 서명을 부탁한 후 출국 시 가지고 가 외국 동료 친구들에게 선물로 주었다. 나중에 영문판 소설집이 없어지자 아예 중문판 그대로 가져갔다. 그의 아내는 일 년 내내 병환에 있었고 그는 매월 천여 원의 임금으로 또 아들딸의 생활을 보조해 주어야 했다. 외국 동료들에게 주는 '선물은 보잘것없었지만 성의는 아주 깊은' 그의 생각을 퍽이나 이해하며 동정한다.

또 고고학자 한 분을 알고 지냈는데 그는 석사연구생을 지도하고 있었다. 한 번은 그의 집에 찾아갔는데 한창 자기 제자를 호되게 비평하고 있었다. 원인은 그 제자가 유적 발굴 과정에 개인 욕심을 챙기려는 생각이 생겨나 일부 고생물 화석을 더 가져와서 팔아먹은 것이다. 물론 그 무슨 특별히 귀중한 것도 아니고 그저 산호·삼엽충·고말미잘 따위였으며 북경 관원에 가면 살 수 있는 것이었다. 얼마 지나지 않아 그의 다른 한 제자는 학업을 중도에 포기하고 노점을 벌인 후 돌을 팔기 시작했다. 만약 고고학자의 월급이 고화석을 파는 사람의 월수입에 비할 수 없을 정도로 낮다면 그 제자가 선생을 배반했다고 탓할 수도 없을 것 같다.

그 외에도 수많은 국유 중·대형기업의 설계사와 공정사(工程師) 심지어 총공정사가 있다. 만약 근로자들에게 60%의 임금을 지급할 경우 그들은 절대 65%를 지급받을 수 없다. 그것은 그들과 근로자들이 생사고락을 같이 하고 이해관계가 아주 밀접하기 때문이다. 어려울 때에는 차마 근로자들보다 특별하지 못하다. 근로자가 '퇴직'당하면 그들도 함께 '취직을 기다려야 한다.' 그들 중 적지 않은 사람은 당시 명문대학을 졸업했고 또 '수재'였다. '수재'가 아니라면 몇 십 년 전에 국유 중대형기업에 배치 받을 수 없다. 중공업 공장 기술자에게 직업을 바꾸고 다른 것을 하라고 하면, 자연히 이런 말이 연상된다. '등불이 그 심지를 태우는 것처럼 말은 쉽다.' 구운 빵을 팔고 유탸오(油條)를 튀기는 일도 당연히 가능하다. 그러나 후학의 기능이 길거리와 골목의 경쟁 속에 발붙이기는 어렵다.

어느 해, 모친이 하얼빈에 돌아가기 전에 함께 옹화궁(雍和宮: 베이징에 있는 사원 (寺院) 이름)으로 참배하러 갔다. 벤치에 앉아 휴식할 때 60대 동북에서 온 부부와 한담했다. 남편은 금방 퇴직한 공정사였고 아내는 2년 전에 퇴직한 공장 의사였다. 부부 두 사람은 60%의 퇴직금만 받을 수 있었는데 합해서 8백 원도 안되었다. 공장에서 스팀을 넣을 돈도 없단다. 당시 북경의 동창생이 퇴직 후 접대소를 책임지고 있는데 이들은 동창생에게 몸을 의지하여 따뜻한 겨울을 나기 위해 온 것이었다. 그들을 동정한 동창생은 방 한 칸을 내어 무료로 머물게 했다.

그들에게 옹화궁에는 몇 번 왔는가하고 물었다.

남편은 자주 온다고 말했다. 접대소에 오래 머무르니 속이 갑갑해져 여기 공기가 신선한 것 같아 벤치에 앉아 북경의 태양을 쬐는 편이 낫다고 말했다.

그의 아내는 잠깐 앉아 있다가 향을 피워 기도하러 갔다.

모친은 그 남편에게 아내가 무엇을 기도하는가 하고 물었다.

그 남편은 이렇게 말했다. 동향친구니깐 말하네만, 우리 딸도 공장에 출근하는데 '퇴직'당했어요, 사위도 함께 '퇴직'당하고. 올해 겨울철이 들어서자마자 딸은 '전선에 나갔어요.' 마누라는 딸을 위해 기도하러 갔어요.

'전선에 나갔다'는 말은 무슨 뜻인가 하고 물었다.

그는 한숨을 쉬고는 말을 이었다. "나이트클럽에 가서 춤 파트너가 되는 거지.

노점을 벌리려면 본전이 필요한데 딸 내외는 돈이 없다네. 몹시 추운데 노점을 벌릴 계절도 아니고……."

그는 또 말했다. "마누라가 위암이 있음을 찾아냈어요."

모친은 마음이 급해져 그럼 빨리 치료해야지라고 말했다.

그는 치료할 돈이 없다고 말했다. 공장에 돈이 없어 아직 손에 6~7백 원의 약값을 결제 받지 못했단다.

그 말을 듣고 있자니 가슴이 에이는 듯하여 지갑을 열고 2백 원을 몽땅 꺼내 그의 손에 억지로 밀어 넣었다. 모친도 호주머니에서 백 원을 꺼내 주면서 눈물을 머금고 고향 친구의 체면을 봐 받아 달라고 부탁했다.

잠시 후 그의 아내가 돌아왔다. 병으로 누르끄레해진 얼굴에 약간 기뻐하는 기색을 머금었는데 그는 남편에게 소리를 낮추어 말했다. "상등 점괘를 뽑았어요, 해석하는 선생이 말하는데 딸과 사위가 아무 탈 없이 이 고비를 넘긴대요……."

그 남편은 우리 모자에게 눈치질을 했다. 우리가 얼떨결에 말실수를 해 자기 아내가 위암에 걸린 사실을 알까 걱정이 되어서였다.

중국에서 당대에, 이런 생활처지의 일부 지식인을 '한 무리'로 표현하는 것은 아마 과장될 수도 있다. '소수'로 표현하면 보수적인 것 같다. 비록 그들이 먼저 부유해진 사람들보다 수적으로 적을 수 있지만.

어쩌면 이런 상황에서 우리가 자주 사용하는 모호하고 사람들이 임의로 추측하는 다섯 글자로 표현한다면 적절할지도 모른다.

그 다섯 글자는 '상당한 일부(相當一部分)'이다.

이 '상당한 일부'의 중국 당대 지식인들은 '퇴직'근로자와 마찬가지로 시대 전환이 조성한 소용돌이식 압력의 감당자들이다. 그 압력을 소용돌이에 비유한 이유는 그것이 흔히 걷잡을 수 없이 세찬 기류의 '장(場)'을 형성하기 때문이다. 설사 전환의 동적 상태가 이미 정지되고 전환체 자체가 이미 안정되었다 하더라도 그 '장' 중의 기류는 일정한 시간 동안 계속 소용돌이치면서 출렁거릴 것이다.

'퇴직'근로자 및 그들과 운명이 같은 중국 당대 지식인들은 불행하게도 회전체 자체와의 거리가 너무 가깝고 불행히도 그 '장' 속에 휘말려들어가고 있다. 만약 국가의 보살핌과 사랑이 없다면 이런 지식인들의 운명은 상상조차 할 수 없다. '자구(自救)', 이 단어는 모든 부류 지식인에게 다 적용되는 것이 아니다. 마치 모든 '퇴직'근로자에게 적용되지 않는 것처럼 말이다. 중공업과 큰 공장은 오래 전에 젊지 않은 이런 지식인들의 지식에너지의 운반체였다. 이전에 그들은 모두 그런 무대에서 한껏 실력을 뽐냈고 어떤 사람은 당시 과학기술 엘리트였다. 지금은 철강기업과 광산기업을 제외하고 전 세계에서 더는 중공업이라 할 수 있는 기업을 들 수 없으며 중국도 마찬가지다. 현대 기계화·자동화 라인은 마치 모든 기업을 가볍게 만든 것 같다. 중국은 중국에 없는 것은 지속적으로 도입한다. 또한 이른바 큰 공장이라는 개념도 이미 바뀌어서 예전에 몇 만 명·수십만 명이 되어야 큰 축이었는데 지금은 1~2만 명이면 아주 대단하다.

그들이 감당하는 것은 전체 중국의 '참을 수 없는 존재의 가벼움'이다. 이 '가벼움'은 또 일종의 선진(先進)이다.

인류가 공업시대에 들어선 이래 세계적으로 어떤 한 부류의 선진은 이전 모 업종의 대폭적인 위축과 도태 내지 쇠망을 의미한다. 가구조립 기술은 가구 장인을 이 지구에서 거의 자취를 감추게 만들었다. 레이저 사진식자의 탄생으로 활자 인쇄기술은 과거지사가 되었다. 컴퓨터 네트워킹은 반드시 본 세기의 우정(郵政)산업에 맹렬한 충격을 가져올 것이다.

전 세계는 매년 모종의 선진적 도전에 직면하고 있다.

국가 관리자들의 책임은, 도전이 아직 기세등등한 사실이 되기 전에 모 업종이 반드시 받게 될 충격을 예측하고 그 업종의 종사자를 타 업종으로 성공적으로, 또 적절하게 전업하게 하는 데 있다. 마치 삼협댐(三峽: 세계 가장 큰 홍수조절. 발전 댐) 공사 착공 후가 아니라 착공 전에 관련된 민중을 이전시키는 것과 같다.

전과 후의 차이는 바로 '퇴직'과 '취업대기'와 실업이다.

그러나 중국의 전환속도가 너무 빠르고 관성력과 연쇄영향이 너무 커서 국가 관리자들이 태연자약하게 지시할 겨를이 없었다. 또 중국은 인구가 너무 많고 중공업대오가 구렁이나 코끼리처럼 방대하고 방법이라 해야 '조충(曹沖: 조조의 아들)이 코끼리 무게 재기' 식의 방법 밖에 없다. 이 옛 방법을 제외하고는 중국 사람들은 아직 다른 더 좋은 방법을 찾아내지 못했다. 적어도 아직까지는 찾아내지 못했다. 그래서 중공업대오 중의 절반 이상의 사람, 즉, 근로자에서 과학기술 지식인에 이르기까지 코끼리 몸체를 다는 '돌'이 되었다. 조충이 배 한 척분의 돌로 코끼리 체중을 단 후 그 돌들은 아마 영원히 강가에 버려졌을 것이다. 중국 사람은 '돌을 더듬으면서 강을 건넌 후'에 남겨놓은 공뜬 돌은 어떻게 '처리'할지 모르는 동포들이다.

다가올 수년간은 기술한 지식인들의 출로에 대해 최종적으로 국가에서 이끌어주어야 한다. '지식갱신'은 옷을 갈아입는 것처럼 간단하지 않다. 그것은 '개인문제'일 뿐만 아니라 국가 문제이기도 하다. 지식에 대해서는 완전히 새로운 것을 좋아하고 옛 것을 싫어할 수 있으며, 새로운 것을 취하고 옛 것을 버릴 수 있으나 지식인에 대해서 그렇게 해서는 안된다. 지식구조가 퇴화하고 지식에너지가 약화된 지식인들은 당연히 지금보다 더 좋은 배려를 받아야 한다. 바로 그 명언에서 말한 것처럼 말이다.

'옛날에 귀중했던 것은 설사 더 이상 귀중하지 않더라도 잘 간수해야 한다. 그렇지 않을 경우 당신이 손실 보는 것은 인간성과 정서적인 면이다.'

상술한 지식인 외에 우리는 다른 한 부류의 지식인들을 중점적으로 지적해야 한다. 그들은 비록 가난하지만 다른 사람이 동정할 정도까지는 되지 않았다. 그리고 이 전제는 그들이 지칠 줄 모르고 노고를 마다하지 않고 매일매일 그 경계를 벗어나 명리를 쫓지 않고 일말의 사심도 없이 자신들의 전부를 던져 몰두하도록 보장된 사람들이다. 좀 더 정확하게 말하면 국가의 과학 사업에 집중하도록 보장되었다. 농업·축목업·양식업·환경보호·환경위생 등 이런 국가 경제, 국민 생계와 직접적으로 관련된 분야에서 항공우주·전자전기·지질광물·의료의학 등 '첨단'과학 분야에 이르기까지 모두 그들의 대대로 이어지는 단체적 그림자가 있다.

그중 특히 농업·목축업·양식업 및 환경보호·환경위생·지질광물산업 등에 소속된 광범위한 지식인들이 우리를 탄복하게 한다. 이들은 학자든 아니면 교수·전문가이든 막론하고 일 년 내내 농촌·목장·양식장에 체류하면서 연구한다. 그들은 흔히 농민·목축민·어민들이 가장 존경하는 사람이며 농민·목축민·어민들에게 좋은 소식을 가져다주는 사람들이다. 그들 중 일부는 죽은 후 지금 일부 관원들보다 팔보산 '혁명가 공동묘지'에 묻힐 자격이 더 있다.

그리고 환경보호와 환경위생 그리고 지질광물분야에서 말없이, 사심 없이 헌신하는 지식인들은 누구라 할 것 없이 상당히 긴 시간 야외 탐사 및 탐구를 진행한 생활 경력이 있다. 일부 사람의 야외생활은 자기 인생 중 가장 아름다운 세월의 거의 절반을 차지한다.

그들의 성공에는 흔히 '갈채'를 보내는 사람이 적다. 그들도 '갈채'를 필요로 하지 않는 것 같다. 지금 그들을 언급하고 표현할 때 그 마음은 경건해진다.

세계를 둘러보면 오직 당대 중국에서만 이렇게 매월 몇 십 달러에서 백 달러 미만의 봉급을 받는 지식인 및 상층지식인을 '양산해' 내는 것 같다.

그들은 '중국특색'이라는 이 말을 승격시켰다. 중국사람 즉, 국가지도자라도 좋고, '실력파' 스타라도 좋고, '인기' 작가라도 좋고, 득의한 신흥자본가라도 좋다. 당신이 어떤 인물이든지 관계없이 그들 앞에서는 사실 스스로 고상하다고 생각할 자격이 없다.

중국의 병사를 제외하고 '헌신'이란 마음의 거울 앞에서 여타 어떤 중국 사람일지라도 이러한 중국 당대 지식인 앞에서는 부끄러워질 것이다. 아니, 너무 절대적으로 말한 듯하다! 당연히 공인과 농민도 거기에 포함된다.

중국 중산층과 평민층 생활수준 사이에 있는 이상의 각 유형 지식인들로 구성된 군체는 마치 수많은 작은 공을 내포한 큰 공처럼 겉면은 얇고 투명하며 작은 공간들 사이는 접착제로 붙여 놓지 않았다. 그것은 주로 전통심리와 역사적 영향이 한곳으로 밀어붙인 것이다.

전통적 심리는 붕괴되고 있다.

역사적 영향은 해소(解消)되고 있다.

21세기 처음 10년에, 겉면이 얇고 투명한 이 큰 공은 상업시대의 격렬한 외적인 힘의 작용 하에서 폭파되어 흩어질 것이다. 그리고 작은 공들은 힘의 방향에 따라 사면팔방으로 굴러가서 기타 각 중국계층에 흡수될 것이다.

'그들이' 더 많이 중국 중산층에 '굴러'들어가고 '메밀기울'에 섞여 들어가 중국 중산층이란 '베개'를 위해 '찻잎' 후의 양호한 역할을 발휘하기를 빈다. 만약 '그들'이 불행하게도 모두 중국 평민계층으로 굴러간다면 그것은 평민계층의 영광도 아니고 '그들' 자신이 간절히 원하는 것도 아니며 오로지 중국 현대에 대한 유감만을 의미한다.

왜냐하면, 중국의 평민계층은 너무 방대하여서 지식인은 자신의 소질에 의지하여 비할 바 없이 방대한 계층에 영향을 주기 어렵다. 그 결과는 필연적으로 방대하기 그지없는 평민계층 자신이 흡수한 것을 '소화'해 버리고 최종적으로 그들이 과거에 지식화했던 적이 있는 평민 내지 빈민으로 변해 버린다.

지식인 자체가 계층이 되는 그런 시대는 중국 당대 역사에서 근본적으로 형성된 적이 없다. 아마 이후에 형성될 수도 있다. 이는 중국 당대 역사와 서양 근·현대역사가 아주 다른 점이고 상당히 중요한 차이이기도 하며 이엔 심층 분석 연구할 가치가 있는 현상들이 아주 풍부하다.

5장

당대 도시 평민과 빈민

도시 평민은 중국 당대 도시에서 그 수가 가장 거대한 계층이다. 최근 관련 사회조사 자료를 종합해 본 결과 그들은 도시 총인구의 80% 이상을 차지하는 것으로 밝혀졌다.

10년 내지 15년 전, 이 계층의 일반 가정에는 평균 두 명에서 세 명의 자녀가 있었다. 그들은 대체로 '계획생육(산아제한)'정책이 나오기 전 세대 '세포'였다. 도시 평민가정은 기본적으로 맞벌이 부모로 구성되었다. 그들의 나이는 당시 45세에서 60세 사이였으며 대다수는 노동자였다. 그 다음은 거의 모든 서비스업종의 복무원, 그 다음다음에는 모든 중소 지식인 및 구 정부에서 동 위원회 '행정부문'에 이르기까지 일반사원이다. 과거, 즉 해방 전 말대로 하면 '말단직원'이라 부를 수 있는 그런 사람이다.

신중국 건국 후 중국 노동자는 가장 방대한 취업대군이었다. 직원이 수천 명·수만 명 내지 수십만 명이나 되는 초대형 공장에서 선반을 조작하는 기능공에서 식당 요리사 그리고 목욕탕 관리인원으로부터 공장구역 청소인원까지 전부 노동자라 총칭한다. 그리고 골목의 초라한 작은 공장에서 포장박스를 풀로 붙이고 쇠망치로 리벳을 두드리는 사람과 두부를 만드는 사람도 노동자이다. 건국 이후 발전하기 시작한 일부 공업도시, 예컨대 흑룡강성의 푸라얼, '대경'같은 곳은 95% 이상이 노동자 가정이다. 95% 이상의 총인구도 당연히 노동자가정과 직접적인 혈연관계가 있다.

그리고 10년 내지 15년 전 중국의 모든 대·중소 도시에서 '전민(全民)'성격의 또는 '집체 성격의 대·중소형 공장은 도시인구 취업 문제를 해결하는 주요 경로였다. 어떤 공장의 노동자를 막론하고 임금 호봉은 국가에서 규정한다. 견습공 첫 해 월급은 18원인데 지금 2달러에 인민폐 2원을 가산한 액수에 상당한다.

여기에 중학교 시절에 읽었던 외국소설 중의 한 대목을 인용해 본다. 일부 서방의 중산계급 또는 자산계급 유람객들이 남아프리카의 어떤 발전도상국에 가서 관광했는데 유람선이 부두에 정박할 때 그들은 심심풀이로 바다에 쉽게 가라앉는 작은 물건을 버렸다. 그 나라 가난한 아이들은 분분히 기슭에서 물속에 뛰어들어 서로 다투어 건졌다. 만약 누가 건지면 상금 1달러를 탈 수 있었다. 수영 실력이 좋은 아이들은 이런 방식으로 매일 최고 6~7달러를 벌 수 있었다. 그중 한 가난한 아이 즉 소설의 주인공은 백인 유람객들의 무료한 오락 속에서 빠져 죽었다.

그 작가가 어느 나라 사람이었는지 전혀 기억나지 않으며 그 소설의 제목도 근본적으로 생각나지 않는다. 하지만 한 가지 분명한 것은 한 중국 번역가가 중문으로 번역한 단편소설이었다. 번역 후기에서 그는 독자들에게 이렇게 제시하였다−이 소설은 유럽 자산가 계급에 대한 작가의 강렬한 증오와 본국의 가난한 아이들에 대한 큰 동정을 반영하였다고. 그가 번역 후기에서 제시한 '주제'는 아주 정확하여 지금도 그 줄거리를 말할 수 있을 정도로 깊은 인상을 남길 수 있었던 것이다.

그러나 20세기 80년대에 들어서서 '달러'라는 단어와 '실물', 그리고 인민폐와의 환율이 중국 사람의 상식 속에 그리고 나의 상식 속에 들어온 후 매번 중학교 시절에 읽었던 그 외국소설을 상기하고 중국 노동자 계급에 대해서도 큰 동정심이 생긴다. 이 동정은 마치 아들의 부친에 대한 동정처럼 거짓이 없다. 그것은 이미 세상을 떠난 나의 부친이 바로 중국 노동자 계급의 일원이기 때문이다. 이 중국 작가도 중국 노동자의 아들이기 때문이다.

중학교 시절에 읽고 깊은 감명을 남겼던 외국소설을 상기할 때마다 부득불 이런 사실과 직면하게 된다. 1949년 신중국이 건국되어서부터 1970년대 말까지 원래 중국 노동자는 이 세상에서 월급이 가장 낮은 노동자였다. 설사 유일하게 가장 낮은 것이 아닐지라도 틀림없이 가장 낮은 노동자 중의 하나일 것이다. 첫 달 월급이 그 외국소설 속의 한 가난한 아이의 하루 '수입'의 3분의 1 또는 2분의 1에 상당할 정도로 낮았다. 비록 그 가난한 아이들의 '수입'은 불안정하고 굴욕적이고 위험했지만도.

이런 사실은 필자로 하여금 중국 당대 노동자 계층의 총체적 운명을 주시할 때면 마음속에 늘 자신도 모르게 갖가지 측은함이 생기게 한다. 비록 그 외국소설 속의 가난한 아이에 비하면 중국 노동자는 건국 이후 사회지위 또는 이른바 '정치지위'는 거의 최고지위 즉, '지도계급'의 지위까지 치켜세워졌지만 말이다.

중국이 21세기에 들어선 후 이른바 '정치지위'라는 어휘는 중국 역사 속에 집어넣고 다시는 언급하지 말아야 할 단어이다. 또는 이 어휘를 정치가와 정객에게 돌려주어야 한다. 일반 중국 사람은 사실 공민권 방면과 법률 면에서 다른 사람과 평등한 '사회지위'가 있으면 그것으로 족하다. 이른바 '사회지위'는 당연히 경제지위와 밀접히 연관된다. 경제지위가 사회 최저 수준에 있는 사람을 대상으로 말하면 아무리 높은 '정치지위'라도 모두 환상 속의 '영광'이며 사람을 우롱하는 것이다.

21세기에 어느 나라든 막론하고 두뇌가 정상적인 모든 사람에 근거해 보자면 이상의 관점은 모두 '사상진보(思想進步)'의 공통된 인식이며 이와 반대면 반진보(反進步)이다. 민중 측면에서 구제불능의 우민의식이 있으면 집권계층에서는 우민통치를 의미한다.

중국 노동자 견습생의 2년차 봉급은 20원이다. 3년차는 24원이다. 견습기가 만료되면 1년간 실습시키면서 노동태도를 관찰한다. 태도가 양호하면 1급 공인(工人)으로 '정식 채용'되며 월급은 28원으로 인상된다. 지금의 달러 환율기준으로 대략 3.5달러이다. 태도가 나쁘거나 단지 태도가 불량한 것으로 판단될 경우

'정식 채용'이 미루어진다. 수습생의 입장에서 보면 '정식 채용'이 미루어지는 것은 가장 무서운 징벌이었다. 당시 대·중소형 공장이든 아니면 '전민(全民: 중국의 소유형태 중 하나)', 또는 '집체(集體: 중국의 소유형태 중 하나)', 심지어 길거리 수공업 식의 소형 공장이든 막론하고 거의 모두 이런 징벌을 받은 노동자가 있었다.

당시 2급 공인의 봉급은 32원, 3급 공은 38원, 4급 공은 48원, 5급 공은 56원, 6급 공은 64원, 7급 공은 74원, 8급 공은 84원이었다. 목공 8급은 좀 높은데 88원이었다. 이 때문에 목공, 특히 정밀목공 즉 수공예형 목공은 중국 사람들의 마음속에 '황금 직종'이었고 전국을 다 합해도 그 수가 많지 않았다. 아마도 오늘날 전국 유행가 가수들의 총 수보다도 적을 것이다.

그 당시 수백 명 중국 노동자, 심지어 수천 명의 중국 노동자 중 퇴직 시 8급 공으로 승진할 수 있는 사람은 많아야 3~5명에 불과하다. 아는 바에 의하면 직원이 수천 명인 공장에서 2~30년 내에 단 한명의 8급 공도 탄생하지 않은 곳도 있다. 이 비율은 지금 매년 전국 대학생 중에서 탄생하는 박사의 비율에 가깝다. 때문에 중국 노동자 중의 8급 공은 '노동자박사'라고 존칭되었다. 당시 '노동자박사'는 전체 중국 노동자 및 노동자 자녀들이 진심으로 숭배하는 '정신적 우상'이었다.

중국 노동자가 퇴직 당시 7급 공으로 승진하는 것은 아주 큰 행운으로써 남들이 모두 부러워하고 심지어 질투할 정도였다. 6급 공으로 승진 후 퇴직한 인원수는 30%를 초과하지 않았다. 절대다수 중국 노동자는 5급 공으로 승진 후 퇴직했다. 5급은 당시 중국노동자들이 승급하는 '등용문'이었는데 마치 전 세계 군대에서 대령에서 별로 승진하는 '등용문'과도 같았다.

적지 않은 노동자는 30대에 4급 공으로 승진 후 퇴직할 때까지 계속 4급 공이었다.

신중국은 분명 노동자계급의 가련한 수입상황을 동정하였다. 때문에 20세기 70년대 문화대혁명의 '4인방'을 쓰러뜨린 후 경제형편이 좀 호전되자 짧은 수년 사이에 먼저 중국 노동자로부터 시작하여 전국적으로 '전반적 임금조정'을 수

차례 진행하였다. 이전에는 중국 노동자의 임금이 오를 수 있는 기회를 국가에서 통일문건으로 반포했는데 인상률은 3%, 5%, 10%, 가장 높아야 30%였다. 모든 성 · 시(省市)와 모든 기업 · 사업체가 만약 국가에서 반포한 통일문건을 접수하지 않고 사사로이 임금을 인상한 경우 국가법령을 무시한 것으로 간주하고 단호하게 조사하여 처리하였다. 이 점에 대해서 건국 이후부터 20세기 80년대 후기 '기업가주권법'을 반포하기 전까지 중국에 단 한 번의 위법 사례도 발생하지 않았다고 확신할 수 있다. 도리는 아주 간단하다. 그 어떤 지도자도 국법을 위반하면서까지 노동자의 임금을 인상하려 하지 않았기 때문이다. 하물며 일방적인 소망으로 선량한 마음에서 그렇게 했다 쳐도 국가가 인정하지 않기 때문에 노동자의 임금은 인상되지 않은 것과 같다.

20세기 80년대 초 그 이전의 중국 도시평민의 생활은 대체로 변변찮은 음식이라도 배는 채울 수 있었다. 생활조건이 좀 괜찮은 가정은 어른이나 아이들이 체면 서는 옷이 한두 벌 있어 특별한 날에 입는다. 예를 들면 설이나 명절, 친척 또는 친구를 방문할 때, 또는 집에서 손님을 접대할 때, 또 예를 들자면 축전에 참가할 때. 집집마다 낡은 나무상자 한두 개씩 있었는데 그 나무상자가 바로 옷가지들을 따로 보관하는 곳이다. 때로는 어른 옷 한 벌이 십수 년이 지난 후에도 새것 그대로 있다. 왜냐하면 집에 돌아오면 곧장 옷을 벗고 특별한 날이 지나기만 하면 즉시 넣어 두기 때문이다. 마치 궁전의 황가 보물처럼 특별한 날에만 전시하여 문무백관에게 보여주는 것과 같다. 중국 평민에 대해 말하자면, 당시 대체로 다른 사람에게 눈요기를 시키고 또 의식적으로 자신이 빈민이 아니라 평민이라는 위안이 되기 때문으로 기꺼이 아까워하지 않고 그 체면이 서는 옷을 입는 것이다.

그러나 특히 중국 노동자 계급을 들여다보면 머릿속에 옷의 유행이 지났다는 생각이 아예 생길 수 없었다. 기억을 더듬어 보면 설 명절에 일부 노동자가 참신한, 또는 좀 새 것 같은 작업복을 입고 스스로 만족하는 것을 자주 보았다. 그것은 그들이 평소에 아까워 입지 않고 모셔 둔 것이다. 이런 지경이어서 1980년대 후기에 와서 전 세계에서 중국 공장들에게만 있었던 어떤 명목으로 노동자들에게 질 좋은 천을 공급하여 노동자들은 그걸로 새 옷 한 벌씩을 지어 입었다. 이는 평민가정의 아들딸들은 물론 노동자 가정의 아들딸을 포함한다. 이들은 새 옷 한 벌을 여러 해 동안 입어야 할 뿐만 아니라 장남·장녀가 입다가 작아지면 차남·차녀가 물려 입는다. 만약 그 아래에 또 남동생·여동생이 있으면 옷을 더 기워 입지 못할 정도로 너덜너덜해질 때까지 순서에 따라 '물려받아'서 입는다. 만약 누가 노동자 가정의 자식일 경우 그들은 중학교 또는 고등학교 시절에 부모의 작업복을 고쳐 만든 상의 또는 바지를 입어 봤을 것이다. 적어도 부모가 신었던 '노동보호신'을 신어본 적이 있을 것이다.

당시 중국 평민가정에서 파는 '폐품'들은 한 푼의 에누리도 없는 '폐품' 그 자체였다. 중국 노동자 가정에서 파는 '폐품'들은 적어도 절반 정도 새것일 때 '공(工)' 자 표시가 인쇄된 것을 알아볼 수 있다. 작업복은 중국 노동자 가정의 가장 선명한 특징이다. 만약 한 노동자 가정이 부모가 노동자일 뿐만 아니라 장자 또는 장녀 역시 노동자일 경우 당신이 이런 가정에 들어서기만 하면 벽에 걸려 있는 것, 몸에 입은 것, 문어귀·침대 옆 등 눈길이 닿는 곳에 있는 것마다 거의 모두 공장에서 지급한 옷과 신 그리고 모자들이다. 이것들을 사용하고 또 사용하여 완전한 '폐품'으로 변하기 전에는 노동자 가정은 팔기 아까워한다.

당시 80% 안팎의 도시평민층 중 약 50%는 노동자 가정이었다. 노동자 가정에서 어쩌다 한 번 물만두를 빚는다면 그것은 생활이 좀 개선된 축이다. 노동자 가정이 노인에게 하는 특별한 봉양이란 매월 한두 번 국수를 먹이고 입쌀죽을 몇 번 먹이는 정도이다. 노동자 가정에서 설이나 명절에 만약 닭 한 마리·물고기 2마리·달걀 세 근을 준비했다면 반찬이 풍성한 명절을 지낼 수 있었다.

오늘날, 만약 신중국 수립 당시 청장년 노동자들이 아직 생존한다면 이미 70대~80대일 것이다. 그들의 매년 퇴직금은 1988년 이전에 약 70여 원에서 80여 원이었는데 거의 연령과 비슷했다. 1988년 이후 현재, 국가에서 통일적으로 지급하는 각종 '보조금'을 합하면 보통 150원에서 170원 사이인데 지금 실업노동자들의 사회구제금과 별로 차이가 없다. 평생의 체력과 기능을 전부 국가에 바친 중국 노동자들은 현재 물가 상황에서 그럭저럭 살아가는 수준이라고 말할 수밖에 없다. 만약 자녀들의 보살핌이 없다면 그야말로 살길이 막막하다. 중국 어디에서나 볼 수 있는 사치현상과 소비현상 그리고 국고자금을 남용하여 겉치레를 따지거나 잘 사는 티를 내고 심지어 개인의 사적을 비석에 새기거나 전기로 써서 칭송하기 위해 걸핏하면 인민폐 수천만 원, 수억 원을 물 쓰듯 하여 정치적 체면을 세우는 현상에 비하면, 정말 중국 근로자라 부를지 아니면 비록 노동자는 아니지만 약간은 정직한 사회적 견해를 가진 인사들이라면 어떻게 생각해야 좋은 것인지 모르겠다-'말을 꺼내려다 그만둔다.'

부모들처럼 역시 근로자가 된 신중국 초기 청장년들의 장자·장녀들 중 상당한 일부분은 현재 '퇴직' 또는 '실업'의 운명에 직면하고 있다. 그들의 부모뻘과 비교하면 그들은 대체로 독신자녀의 부모이다. 한 자녀를 둔 부모의 주요한 장점은 한 자녀만을 위해 신경 쓰면 된다는 것이고, 또 주요한 단점 하나는 바로 자신들의 만년을 위해 신경 쓸 자녀가 하나밖에 없다는 것이다. 만약 그들의 자녀가 이미 취직했고 대학을 다니지 않는다면 그들의 만년 생활의 어려움은 자연적으로 완화된다. 만약 그들의 자녀가 취직했을 뿐만 아니라 월수입이 중등수준 이상일 경우, 예를 들면 매월 천 원을 받고 또 아직 결혼하지 않은 경우 그들의 만년생활의 어려움이 완화될 뿐만 아니라 입고 먹는 근심은 없다. 물론 전제는 자녀들이 효도심이 있고 결혼 전에 자기 봉급과 정년퇴직 또는 '퇴직'할 시 실업한 부모의 퇴직금과 사회구제금을 '공유'하기를 원해야 한다.

때문에 중국 노동자가 현재 직면한 '퇴직'문제, 실업문제는 그들 자신의 운명과 연관될 뿐만 아니라 또 그들의 부모, 즉 신중국 초기 노동자들의 노년생활의 최소한의 질과 직접적으로 긴밀하게 연관되며 또 그들 한 자녀의 신체와 정신이 건강하게 성장할 수 있는가와도 직접적으로 긴밀하게 연관된다.

이는 '전방위적'인 사회문제이다. 이 사회문제의 심각성은 중국에 대해 낙관적 태도를 지닌 일부 인사들이 말하는 것처럼 그렇게 가볍지 않다.

중국 노동자들과 비교하면 당시 중국 서비스업종 종업원들의 임금은 더 낮았다. 기억을 거슬러 가 보면 동급을 비교할 경우 후자들의 임금은 전자들의 임금보다 1급, 적어도 반 급은 낮다. 다시 말하면 4급 서비스업 종업원의 임금은 3급 또는 3급 반 노동자의 임금에 상당하다.

때문에 만약 당시 한 처녀가 서비스업종 종사자라면 그가 시집가고 싶어 하는 대상은 적어도 노동자였다. 그녀가 찾으려 하지 않는 배우자는 바로 자기와 같은 서비스업종 총각이었다. 이 점은 인류사회에서 수 세기 동안 거의 절대 뒤엎을 수 없는 진리라는 것을 검증해 준다. 즉, '경제기반'이 매파 역할을 한다면 그 어느 드라마와 소설 중의 매파 심지어 《서상기(西廂记)》 중의 그 영걸하고 질박하며 다정하게 사람을 대하는 중매쟁이보다 승산이 더 크다.

평민의 딸들은 소위 사랑의 자유가 거의 있을 수 없었다. 만약 그녀들의 용모가 예쁘게 생겼다면 집안이 유일하게 1등에 당첨될 수 있는 희망의 '황금증권'이다. 동시에 권세가 있고 지위가 있고 경제기반이 우월한 남자들이 들뜬 마음으로 꽃을 찾아와서 사면팔방에서 그녀들을 포위하고 비위를 맞추려고 애쓴다. 그런 처녀들 중 십중팔구는 결국 원래 사랑에 대한 순결함에 변화가 발생하고 사랑 외적 요소가 대량 섞인다. 그들이 신부가 되는 날 적어도 한 명의 평민계층 청년이 어느 구석에 숨어서 훌쩍거린다. 이 청년은 당연히 그녀의 첫사랑 단계, 심지어 어릴 때부터 서로 배려하고 보호하면서 자랐던 사모하는 사람일 것이다.

이 평민계층에서 태어나고 지금도 평민계층과 자를 수 없는 탯줄 같은 관계를 맺고 있는 필자에겐 어릴 때부터 어른이 될 때까지 보고 들은 이런 통속적인 사랑 이야기가 그야말로 수없이 많다.

만약 모 평민자제가 '취업대기 청년'이 된 후 서비스업종에 배치되었다면 불행의 징조가 그의 인생에 드리우기 시작한 것이다. 당시 중국 서비스업종의 취업자들은 공장의 노동자들보다 임금이 더 오를 기회가 거의 없었다. 두 명의 동년·동월·동일에 취직한 평민 청년은 10년 후면 한 사람은 봉급을 40여 원 받을 수 있고 다른 한 사람은 30여 원을 받을 수 있다. 말할 필요도 없이 임금이 30여 원인 사람은 10년 전에 서비스업종에 배치된 취업대기 청년이다. 당시 중국은, 이 임금이 보잘것없고 상대적으로 평균적인 국가에서 한 남자가 만약 동년배 남자보다 임금을 10여 원을 적게 받는다면 그 상황은 아주 심각한 일이다.

왜냐하면 이는 앞으로 남편으로서 가정에서의 그의 지위에 직접적으로 긴밀하게 연관되기 때문이다. 십 몇 원 차이는 식구를 한 명 더 먹여 살리는가 못하는가를 의미한다. 당시 한 중국 효자가 늙은 부모에게 주는 봉양비는 매월 보통 5~6원이다. 때문에 10원 차이는 당시 중국 남자들로 하여금 인생의 실패를 느끼게 하였다. 여자들의 눈에는 그들의 부양능력이 크게 떨어진다. 중국 서비스업 종사자들의 근무환경은 아주 열악했는데 이는 그들로 하여금 크게 실망케 했다. 북경은 수도이므로 자연히 좀 낫다. 상해·천진·광주에는 모두 외국인이 남겨놓은 큰 상가가 있었으므로 대도시의 체면을 세울 수 있다. 기타 전국 각 대·중소 도시의 상업·서비스업 전반의 면모는 거의 '신데렐라' 또는 '미운오리새끼'로, 말로 형용할 수 없을 정도다.

하얼빈시는 당시 2백만 인구로 알려졌지만 큰 백화상점이라곤 단 한 개밖에 없었다. '하얼빈 일백'이라 부르는 이 백화상점은 5층 건물이었는데 실제 4층까지만 영업했다. 규모는 옛 '서단상가'와 비슷했다. 그 외 '추림상가'가 2곳이 있었고 각기 2개 구역에서 영업했는데 그 규모는 '하얼빈 일백'의 2분의 1 및 3분의 1 정도 되었다. '추림상가' 2곳 모두 2층이었고 건물이 아주 낡았다. 이 세 곳을 통틀어 하얼빈시 '3대 상가'라 부른다. 직원 총수는 절대 3천여 명을 초과하지 않는다. 당시에 이 '3대 상가'에 배치 받아 종업원이 되는 청춘 남녀들은 비록 임금은 공장보다 낮았지만 그야말로 조상의 길복을 타고난 지극히 운이 좋은 자들이다. 이 3천여 명 직원의 총 수는 거의 고정불변하는 정원이다. 누군가 정년 퇴직해야 새 사람으로 충원할 수 있다. 그럴 경우 매년 이 '3대 상가'에 취직하는 영업원은 대략 북경영화학원과 중앙희극학원 2개 학원 연기학과 매년 모집인수에 상당하다. 운이 좋은 사람은 그 행운이 2개 학원의 연기학과에 입학한 것에 못지않다.

'3대 상가'를 제외하고는 하얼빈시에 취업환경이 괜찮은 상가가 거의 없었다. 각 단지와 각 골목에 널려 있는 중소형 상점이 더 많았다. 이른바 '중형'이란 종업원이 2~30명 되는 상점을 말하고 '소형'이란 종업원이 6~7명 심지어 2~3명

되는 상점을 말한다. 그러나 독자들은 현재 중국의 많은 도시에 별처럼 널려 있는 6~7명 또는 2~3명의 종업원을 가진 작은 상점과 당시 중국에 거의 모든 도시의 작은 상점을 같은 종류로 생각해서는 안된다.

그 차이점은 오늘날 많은 도시의 작은 상점 중 십중팔구는 사영성격 혹은 도급 성격이 있다는 점일 뿐만 아니라 또 종업원의 근무환경과 영업적 면에도 있다. 지금의 작은 상점들은 외부 장식이며 내부 장식이며 모두 멋지다. 심지어 화려할 정도이다. 그러나 당시 중국 모든 도시의 작은 상점들은 거의 다 건물이 낡고 원체가 초라하며 채광이 어둡고 바닥이 습했다. 특히 북방 중소형 상점은 상점이든 식당이든 막론하고 모두 난방 설비가 없고 겨울철에 들어서면 매장에 난로를 피운다. 만약 난로와 연통이 없어 난방을 할 수 없다면 영업원은 8시간 이내에 손발에 동상을 입게 된다. 그리고 난로를 피우기만 하면 난로 밑으로 석탄을 넣을 때 매장 내에는 먼지가 뿌옇게 날린다. 그리고 밖에서 연통으로 바람이 불어들면 매장 내에는 푸른 연기가 가득하고 눈코가 그을린다. 그리고 영업내용면을 보면 물품이 부족한 시대에 양식이 영원히 단일한 옷·모자·신·양말과 소금·소다·간장·식초에 짠지와 채소에 한두 가지 사탕과자류 그리고 흔한 일용잡화였다.

만약 한 평민자제가 이러한 작은 가게에 배치되고 또 소금·간장·소다·식초·짠지·무·감자를 파는 판매대 뒤에서 수십 년 아니 한평생 서 있고 또 임금이 한평생 노동자보다 한 급 낮다고 하자. 그러면 한 처녀의 애정관이 아주 범속하지 않는 이상 이런 남자한테 기꺼이 시집가려 할까? 만약 그들이 공장에 들어갈 수 없다면 대체로 이러한 작은 가게에 배치된다. 또한, 처음엔 대개 소금·간장·소다·식초·짠지·무·감자를 판매하는 데서부터 시작한다. 왜냐하면, 자격이나 연배에 따라 서열이 정해지기 때문이다. 그리고 판매대 뒤에 한번 서기만 하면 수십 년을 서 있고 평생을 그런 작은 가게에 '바치고' 평생 그런 작은 가게의 판매대 사이에서 서열에 따라 이전하면서 60세가 되어서야 비교적 깨끗하고 한가하고 체면이 있는 판매대 뒤에서 영광스럽게 퇴직한다.

필자의 형은 나보다 6살 많다. 내가 중학교에 입학하던 그해에 그는 대학에 붙었다. 형의 중·고교 동창생 중에도 이런 저런 '원인'으로, 예를 들면 가정생활이 너무 어려워 중도에 퇴학하였거나 부친이 중년에 병으로 세상을 떠나 집안의 주요 수입원을 잃어 부득불 그 직장을 '계승'하거나 또는 고교 또는 대학 시험에 낙방되어 작은 가게 점원이 된 사람들이 있었다. 형은 줄곧 학생간부였기 때문에 그의 학우들은 모두 그를 떠받들었다. 때문에 나는 어릴 때부터 그들 중의 대다수와 익숙했다. 그리고 어릴 때부터 형의 몇몇 남성 동창생이 작은 가게 점원이 된 후에는 갑자기 사랑에 변화가 생기고 결혼이 어려워져서 인생이 마치 모래가 묘판을 묻어 버리고 홍수가 수박밭을 침몰시킨 격이 되어 그로부터 뒤죽박죽되었다는 이야기들을 많이 듣고 보았다. 알고 지냈던 한 사람은 40여 살이 되어서 아내를 얻었는데 그것도 도시 호구가 없는 농촌 과부였다. 또 한 사람은 술로써 근심을 해소하다가 마침내 술꾼이 되어 70여 원을 탐오하고 결국 쇠사슬에 묶여 감옥에 들어가는 신세로 변경에 유배되어 노동교화를 받았는데 흙으로 빚은 소가 바다에 들어가는 격으로 한번 가면 돌아오지 못했다.

한 급 또는 한 급 반의 봉급 차이로 인한, 또 당시 중국 서비스업종의 조업환경이 보편적으로 열악하였기 때문에 서비스업종 종사자들의 마음을 안정시키는 것은 중국의 당시 '사회사상공작'의 극히 중요한 한 분야였다. 국가는 서비스업종의 모범과 본보기 그리고 선진적 인물을 영입하는 일을 아주 중시하였다. 그 중 가장 유명한 것은 물론 심양에서 북경으로 전임하여 한동안 '중앙지도자'를 역임한 이소문(李素文: 여, 1933~. 부식가게 점원에서 요령성위서기. 전국모범노동자 칭호를 얻음)이었다.

이소문은 본래 심양시의 한 길거리 작은 가게에서 채소를 팔았다. 그의 행적은 모택동이 적극적으로 창도한 구호로 요약할 수 있다. "전심전력으로 인민을 위해 복무하자." 물론 전심전력이란 일종의 묘사이다. 인간이란 위급한 시각에 생사를 무릅쓰고 용감히 나서서 다른 사람을 구조할 수 있으나 지루하고 평범한 날에 '전심전력'으로 어떻게 다른 사람을 위해 복무할 것인가만을 생각할 수 없다. 이는 일종의 복무 강령으로서 이것은 현실에 부합되지 않으며 신에 대한 요구이지 사람에 대한 요구가 아니다. 지금은 '전심전력'을 꾸밈이 없이 '성의를 다한다.'는 뜻으로 이해할 수 있으며 더욱이 모든 사람들이 '맡은 일에 최선을 다한다.'는 것에 대한 요구로 이해할 수 있다.

당시 중국이 이소문을 전국 선진의 전형으로 치켜세운 것도 당시 서비스업종이 맡은 바 일에 최선을 다하는 정신이 결핍하였던 것 때문이다. 일반 종업원들의 사회적 억울함이 맡은 바 일에 최선을 다하는 정신의 자발적 발휘를 억제한 것이다. 때문에 서비스업종 종사자들을 상대로 진행한 '정치사상' 교육의 기본 내용은 '서비스업종이 지위가 낮다'를 반복적으로 비판하고 '낡은 사상', '낡은 관념' 이라고 선언했다.

그러나 중국은, 임금이 낮을 뿐만 아니라 '균등국가'에서 벌어지는 한 급 내지 한 급 반의 임금 차이는 대다수 중국 도시 사람들로 하여금 항상 이를 마음속에 품게 하였고 그런 이유로 거의 '근본'적으로 철저히 비판하기가 어려웠다. 이 점은 또 한 번 '존재가 의식을 결정한다.(存在決定意識: 막시즘의 기본이론. 유물론)'의 철학 명제를 실증하였다.

만약 '맡은 바 일에 최선을 다한다.(敬業: 경업)'는 두 글자만으로 논한다면 당시 중국 서비스업종에는 사실 맡은 바 일에 최선을 다하는 사람이 적지 않았다. 이소문이 전국 모범노동자로 추켜지게 된 것은 확실히 그녀가 자각적으로, 열심히, 노고를 마다하지 않고 솔선수범하여 맡은 바 일에 최선을 다하는 정신을 실천하였기 때문이다. 또한 그녀의 모범적 행위와 영향은 당시 서비스업종의 새로운 기풍을 끌어냈다. 마치 오늘날 이소려(李素麗: 1962~. 북경시내버스 검표원. 전국 모범노동)의 모범적 영향과 행동처럼 말이다. 그 후 그녀의 인생 '전환'은 그녀 자신의 뜻대로 처리할 수 있는 것이 아니며 더욱이 그녀가 거역할 수 있는 것이 아니다. 시대정치의 불가항력이 이소문 같이 작은 인물을 조종하고 버릴 때 작은 인물들은 거의 '천명에 따를 수밖에 없다.'

중국 서비스업종에는 점원만이 있는 것이 아니다. 당시 '8대 종업원'은 공공버스 · 기차승무원 · 우편배달원 · 식당복무원 · 취사원 · 유치원보육원 · 위생원(간호사) · 이발사 · 여관잡역부의 총칭이다. 그 외 또 대중목욕탕 때밀이꾼 · 손발미용

원·도로미화원·공공화장실 대변제거공과 쓰레기하차장 정리공도 의심할 나위도 없이 서비스업종에 포함된다. 당시 중국 대중문예 형식 중에는 《8대 종업원》이라 부르는 서비스업종 종사자들을 칭송하는 프로그램이 있었는데 20세기 60년대 초부터 십수 년을 불렀다.

결론적으로 말하면, 중국 평민계층 중에 생활수준이 가장 낮은 것은 사실 노동자가 아니라 서비스업종 종사자들이다. 만약 그들 중에 생활이 괜찮은 사람이 있다면 두 가지 가능성을 벗어나지 않는다. 상대가 건국 후 다행으로 '공산(共産)' 되지 않은 약간의 가산을 남겨 주었거나 혹은 한쪽이 작은 '간부'일 것이다. 예를 들자면 과장이나 처장 즉, '일방'은 또 당연히 거의 100% 남편이다. 중국에서 당시 하급 '간부'들은 습관적으로 서비스업종에서 배우자를 물색하는데 서비스업종에 예쁜 여자가 적지 않았기 때문이다. 서비스업종은 도시의 '얼굴'이기 때문에 도시에서 직업을 배치할 때 이 점을 고려한 것이다. '문화대혁명 전 흑룡강성의 높은 '지도자'는 이렇게 강조했었다. "대중규모 상가의 점원은 가능한 예쁜 처녀를 모집하라. 적어도 보는 사람이 기분이 유쾌하지 않은가."

'문화대혁명' 기간에 그 말이 자연히 죄상이 되어 그는 고깔모자(문화대혁명기간에 고깔모자를 씌워 인민재판을 받게 만듦)를 쓰게 되었다.

중국의 옛 속담이 있다―'갖가지 직업마다 모두 따로 전문가가 있다.' 비록 일종의 형용에 불과하지만 중국의 상업발달 시기에 확실히 각 업계가 번창했던 국면이 있었음을 충분히 알 수 있다. 건국 이후 점차적으로 모든 업계 중 공업을 제외하고 '8대 종업원'만 남았다. 많다 해도 '10여 개 업종의 종업원'까지는 안된다. 모든 업계가 이처럼 위축되니 경제 퇴보라고 말하지 않을 수 없다. 당시 중국 지도자들의 머릿속에 깃든 '사회주의' 방식에 따르면, 중국에 100년의 세월을 더 준다 해도 두텁고 든든한 경제기반을 구축하기 어려울 것이다.

중국에서 당시 평민계층 중의 중소지식인들이란 중·소학교 교사와 각 업종의 일반 재무인원 그리고 공장에서 급이 가장 낮은 기술자를 말한다. 기껏해야 이런 사람들뿐이다. 중학교 교사 외에 그들은 보통 중등전문학교를 졸업했다. 소학교 교사는 보통 '사범전문대학' 출신이다. 중학교 교사는 반드시 대학 또는 전문대학 졸업생이다. 예를 들면 당시 형님의 두 고교 동창생은 북경사범대학을 졸업한 후 하얼빈시 보통중학교에 배치 받아 십여 년간 중학교 교사를 했다. 그리고 필자의 중학교 담임 여선생도 '사범전문대학' 졸업생으로서 우리를 가르칠 때 겨우 23살이었다.

하얼빈을 예로 들면 당시 '사범전문'이 하나밖에 없었다. 중학교를 졸업할 때 진학지망서 첫 번째 난에 쓴 것이 바로 그 '사범전문'이다. 만약 후에 '문화대혁명'이 일어나지 않았다면 필자의 인생역정은 먼저 '사범전문대학' 학생이 되고 그 후엔 어느 소학교 교사, 그것도 국어를 가르쳤을 것이다. 그러면 지금 하얼빈시 모 소학교 나이 먹은 교사가 되어있을 것이다. 그러나 작가가 되었다 해서 결코 '문화대혁명'에 감사하는 것은 아니다.

'문화대혁명'이 나를 작가로 만든 것이 아니라 어릴 때부터 문학을 몹시 사랑했기 때문이다. 문학 창작의 권리와 자유가 점차적으로 보편화되기만 하면 역시 작가가 되었을 것이라 생각한다. 기왕 많은 사람들이 각 업종에서 문학창작으로 방향을 바꾸는데 나라고 왜 못하겠는가?

중국은 당시 초등학교 교사 임금과 서비스업종 종사자들의 임금이 같았다. 모두 사회에서 임금이 가장 낮은 부류에 속했다. 퇴직 전 소학교 교사의 임금은 가장 높아야 56원을 받을 수 있다. 60원을 초과하는 소학교 교사는 전국에도 몇 명 안되었다.

대학 또는 전문대학 학력은 특별대우를 받았기 때문에 중국 당시 중학교 교사의 임금은 첫해에 38원이었는데 공장 3급 공의 임금에 상당한다. 그 후부턴 개인 능력과 태도 그리고 운수에 따라 임금이 인상된다. 퇴직 전 중학교 노교사의 임금은 최고로 68원이었는데 공장의 6급 공의 임금보다 몇 원 더 많고 7급 공의 임금보단 몇 원이 적었다. 형님 당시의 중학교 담임교사는 퇴직 전에 68원을 좀 넘는 임금을 받았는데 중학교 부교장의 임금과 몇 원 차이 나지 않았다. 당시 하얼빈시에는 그와 같이 자격이 오랜 중학교 평교사가 그다지 많지 않았다.

'중등전문학교' 학력의 재무인원의 임금은 소학교 교사와 같았다. 대학 또는

'전문대학'학력을 가진 재무인원의 임금은 중학교 교사와 같았다.

중등기술전문학교를 졸업하고 공장에 배치 받은 등급이 가장 낮은 기술원의 임금은 사실 노동자보다 높지 않다. 학력이 그들에게 가져다준 이익 또는 노동자들 임금과의 차이는 단지 그들의 기술학교 재학기간 3년을 근무연한으로 계산해 주는 것이다. 그러나 임금은 지급하지 않았다. 이 때문에 그들은 3년 견습공 기간을 면제받을 수 있었고 입사와 함께 1급 공이 된다. 그 후부터 완전히 개인 능력·태도·운수에 의지하여 임금이 인상된다.

당시 중국 중소지식인은 열 중 대여섯은 '격이 낮추어져 사용'되거나 일종의 '유배되어 사용'되었다. 이것은 아마도 그들의 직업배치에 대한 불문율이고 일종의 '무형의 원칙'일 수 있다. 그래서 열 중 대여섯은 학교 문을 나선 후 흔히 편벽하고 외딴 교구의 초등학교·중학교·기관 또는 공장에 배치된다. 설사 요행으로 도시에 남았다 해도 조건이 차이가 나고 심지어 아주 차이 나는 초등학교·중학교 또는 공장으로 갈 수밖에 없었다. 한 편으로 이러한 배치는 사실 전체 국면을 고려한 것임을 인정해야 한다. 예를 들면 도시에서 조건이 좀 좋은 초등학교·중학교·기관 또는 공장은 이미 사람이 넘쳐나 탈이었고 반대로 교구에 있는 초등학교·중학교·기관 또는 공장은 지식과 문화가 있고 장기가 있는 사람이 가서 공헌하는 것이 절박하게 필요했다.

그러나 논리도 절대 그렇게 간단하지 않았다. 왜냐하면 분명하게 해석하기 어려운 것은 '연고(뒷문)', '글쪽지(소개장)'가 있거나 한 말을 꼭 지키는 관원의 한마디 또는 암시가 있기만 하면 도시에 남아 일하는 것은 식은 죽 먹기로 쉬운 일일 뿐만 아니라 초등학교·중학교·기관 또는 공장에 분배 받아도 스스로 뛰어다닐 필요가 없이 집에서 좋은 소식을 기다리기만 하면 된다. 그리고 그런 초등학교·중학교·기관 또는 공장은 한두 명이 더 배치되었다 해서 진짜로 일에 비해 사람이 많은 정도까지는 되지 않았다.

지금 돌이켜보면, '격을 낮추어 사용'하는 것과 '유배식 사용'은 분명 신중국 건국 후 제시한 '3대 차별을 줄이자'는 구호와 어떤 사상적 연계가 있다. '3대 차별을 줄이자'는 즉, 노동자와 농민의 수입 차이를 줄이고 도시와 농촌 간 수입 차이를 줄이며 정신노동자와 체력노동자 간 사회적 지위 차별을 줄이자는 것이다.

물론 이것은 아주 좋은 것이며 사람들이 기뻐하고 쌍수를 들어 찬성해야 할 구호이다. 이 구호가 실현된다면 지구상에 또 '극락원'이 생기게 된다. 그러나 이 구호의 진보성은 분명 아래 차별의 축소를 전제로 한다. 즉 농민의 수입을 노동자 수입과 대등하게 제고시킨다. 농촌 생활수준을 도시 생활수준과 대등하게 제고시킨다. 전 사회 체력노동자에 대한 존중 각오를 정신노동자에 대한 존중 각오와 같은 수준으로 제고시킨다.

그러나 이미 21세기가 인류에 다가온 오늘도 이 지구상에는 이상의 세 가지를 실현한 나라가 하나도 없다. 경제가 가장 발달한 나라도 막 실현에 접근했을 따름이다.

'3대 차별을 줄이자'라는 구호의 제창은 인류 평등을 전면 실현하려는 위대한 사상을 반영하였다. 유감스러운 것은 경제가 아주 낙후한 나라에서 그 선행성은 마치 반도체 시대에 컴퓨터 세기를 탁상공론하는 것처럼 비할 바 없이 아름다운 상상에 불과하다는 것이다.

당시 중국에서 3가지 차별 중 앞 두 가지 차이의 '축소'는 그 어떤 활용성도 없다. 왜냐하면, 설사 가장 부유한 농촌이라 해도 농민들은 이제 막 배불리 먹는 정도였다. 한 건장한 노동자의 1년 노동점수는 돈으로 환산하면 100여 원밖에 안된다. 몇 억 농민의 수입을 노동자 임금 수준으로 제고시킨다는 것은 자유로운 상상일 뿐만 아니라 심지어 공상이다. 그러나 노동자의 임금은 이미 거의 동시대 전 세계 노동자 중에서 가장 낮은 임금이다. 만약 '발을 깎아서 신발에 맞추는' 격으로 억지로 가져다 붙인다면 '축소'를 보여주기 위해 노동자들의 임금을 한층 더 낮추는 것인데 이는 큰 모험이다. '지도자계급(농민·노동자)'도 만약 궁지에 몰리게 되면 반란을 일으킨다. 마치 그들이 공산당을 따라 반란한 것처럼 말이다.

이 때문에 3가지 구호 중에 한 가지 구호만 당시 크게 이바지할 수 있었다. 그것은 바로 정신노동자와 체력노동자 간 사회적 지위 방면의 차별이다. 이는 완전히 의식형태 분야에 속하는 것으로서 실행해 보면 경제 기반 분야 내의 일보다 많이 간단하다. 중국공산당은 건국 이후 유일하고 영원한 집권당으로서 이 방면에서 아주 풍부하고 실행 효과가 큰 경험을 총결해냈고 실행 과정에 줄곧 아주 순조로웠다.

구체적 방법으로는 상층 지식인 혹은 대지식인들이 진심으로 나라를 사랑하고 사회주의를 사랑하고 공산당 영도를 옹호하기만 하면 국가는 가능한 일체의 방식을 통해 그들에게 최고 수준의 대우와 최고 예우를 주어 그들이 비교적 우월한 생활을 지내도록 보장해 준다. 그들이 '카나리아'처럼 길러지게 되면 또 한 가지 좋은 점이 있다. 그것은 바로 그들이 집권당 시야 내에서만 '상층(高級)' 혹은 '대(大)' 지식인의 특수신분을 유지할 수 있고 백성들은 그들이 어떤 사람인가에 대해 근본적으로 관심을 갖지 않으며 또 그들의 생사존망에 대해서도 전혀 관심이 없다는 것이다. '상층' 혹은 '대'지식인들은 백성들의 하층생활과는 가로막혀 소통이 적기 때문에 국정 민심에 대한 이해가 아주 적다. 설사 공산당이 그들을 초청해 견해를 발표하라 해도, 설사 그들 중의 일부가 잡념을 버리고 흉금을 털어놓는다 해도 언급하는 것은 기본적으로 지식분자와 관련된 화제들뿐이다. 이 때문에 1957년 '반우파' 운동 시 백성들은 사상 면에서 지식인과 그 어떤 보편적인 공명을 일으키지 못했으며 또 보편적으로 그들의 사상에 대해 인정하는 태도를 보이지 않았다. 그들에 대한 동정은 사실 '인도'적 성격의, 인간적 의미에서의 동정에 불과하며 동정 현상도 극히 드물었다. 이 역시 모택동이 '반우파' 운동을 일으키고 승산이 있다고 확신하게 된 계기이다. 모택동은 '상층' 혹은 '대'지식분자일수록 중국 대중 속에서의 영향력이 오히려 더 작다는 것을 가장 잘 알고 있다. 적어도 그들 자신들이 생각하는 영향력보다 백배는 작다. 공산당이 대중 속에서 선전하는 영향력과 호소력에 비하면 어찌 천 배만 작으랴! 그 격차는 마치 맷돌로 딱정벌레를 빻는 것과 같다.

이것이 바로 왜 팽덕회(彭德怀: 1898~1974. 중국 군인. 毛에게 숙청됨)를 언급하기만 하면 중국 백성들이 정 깊게 추억하고 대대로 존경하는가 하는 원인이다. 왜냐하면, 그의 운명은 백성을 위해 대변한 결과이기 때문이다. 이것이 바로 마인

초(馬寅初: 1882~1982 중국 경제학자. 1928년 국민당 정부 입법위원. 북경대 총장)가 왜 중국 근현대 지식인들 속에서 명망이 아주 높은가 하는 원인이다. 당신이 만약 중국 백성들과 이야기를 나눌 때 마인초란 인물을 아는가 하고 묻는다면 상대방은 아마 곤혹스러워하면서 고개를 가로저을 것이다. 그러나 당신이 계속해서 마인초는 일찍 1957년 이전에 중국에서 인구증가를 제한해야 한다고 경고한 사람이라고 알려주면 아마 거의 경건한 마음이 생기지 않을 수 없을 것이다. 당신이 만약 계속해서 마인초는 1957년 그 일로 인해 '우파'로 몰렸다고 말해 준다면 거의 누구라 할 것 없이 마 씨를 위해 분노할 것이다. 어떤 백성들은 심지어 '위대하다!'고 칭찬하고 '슬프고도 슬프다!'고 한탄할 것이다.

이전에 한담 방식을 통해 중국 근현대 '상층' 혹은 '대'지식인이 갖는 중국 사람들 마음속에서의 위치를 이해하려고 시도하였다. 결과가 증명하다시피 종래로 백성의 입장에 서서 감히 백성을 대변해 몇 마디 실사구시한 말을 한 적이 없는 지식분자들은 백성들의 마음속에서 위치를 운운할 수 없었다. 설사 그들이 지식인들의 마음속에서는 신·부처·하느님이라 할지라도 말이다.

이 또한 슬프고 한탄스러운 일이 아니라고 할 수 있겠는가!

다시 돌아가, 중국 당시 중소지식인들을 이야기해 보자. 그들은 '상층'에 이르지 못하고 '크지' 못했기 때문에, 또 그들이 '중' 혹은 '소'지식인이었기 때문에 무슨 대우나 예우 같은 것을 향유할 자격이 없었다. 이런 상황은 그들에게 평민계층과 한 덩어리가 될 수 있는 가장 폭넓은 기회를 주었고 심지어 평민계층으로 하여금 그들이 자기 사람인 줄로 '착각'하게 만들었다.

이는 당시 극좌의 사상을 가진 중국 각급 지도자들이 보고 싶지 않은 상황이다. 모택동 자신도 가장 보고 싶지 않은 것이다. 혁명 영수의 특별한 인생역정으로 인해 사실 모택동은 중소지식인을 아주 깔보았다. 이 어르신은-'**중소지식인들이 평민층과 한 덩어리가 될 경우 평민계층이 사상적 방법과 감정적 방식 면에서 중소 지식인에 대해 영향을 미치지 않으면, 중소 지식인이 사상적 방법과 정서면에서 평민계층에 영향을 미친다**'는 것을 가장 잘 알고 있었다.

모택동은 평생 중국에 대해 많은 근심이 있었는데 위에 언급된 근심도 그중의 하나였다. 때론 그 어른은 심지어 제왕의 존엄을 굽히고 어진 이를 예의와 겸손으로 대하는 자세를 취하며 '상층' 혹은 '대'지식인과 벗으로 사귀었다. 그런데 무슨 영문인지 모든 중소지식인의 몸에 꼭 '소자산계급 정서'가 있다고 느껴졌다. 그리고 이 '정서'는 그가 과거에 가장 '역겹다'고 꾸짖던 그런 '정서'로서 농민들 발에 묻은 소똥보다 더 '역겨워했다.' 심지어 그는 아들 모안영을 교육할 때도 반드시 몸의 '소자산계급 정서'를 긁어내 버리라고 엄숙하게 훈계하였다. 그는 모안영이 소련에서 연안에 도착한 지 며칠 지나지 않아 아들의 몸에 그런 가장 '역겨운 정서'가 있다는 것을 민감하게 맡아냈다. 그리고 그가 아들에게 일깨워서 스스로 '긁어내 버려라'는 방법은 바로, 아들 모안영에게 연안을 떠나 농촌에 가서 농민들과 '한 덩어리로 되라'고 지시한 것이다. 아들이 농민과 한 덩어리가 되면 정치적으로 그는 오히려 시름 놓을 수 있었던 것이다.

진심으로 원하든 원하지 않든 관계없이 지식인과 대중이 한 덩어리가 되는 것은 당시 연안과 해방 후 중국에겐 당연히 훌륭한 주창(主唱)이었다. 그러나 모택동이 말한 '한 덩어리가 되자'의 전제는 또 불평등하였다. 중소지식인은 반드시 충심으로 탄복하면서 자발적으로 피교육·피개조, 그리고 사상·감정적으로 '새사람'으로 '치료'받는 위치에 있어야 하며 노동자와 농민 그리고 모든 대중을 자기에게 생명의 은인과 같은 교육자 내지 개조자로 간주해야 한다는 것이다.

중국공산당이 혁명 기지를 두었던 연안시기 한 혁명노인은 필자에게 연안시기의 모택동이 다음과 같은 생각을 가진 적이 있다고 말해 주었다. 혁명가는 때로는 대지식인과 벗으로 사귈 수 있으며 또 반드시 사귀어야 한다. 그것은 혁명에 필요하기 때문이다. 그러나 혁명가는 반드시 중소 지식인의 엄격한 스승이 되어야 한다. 이것도 혁명적 요구이다. 왜냐하면 대지식인은 흔히 겸손한 미덕을 갖추고 있으나 중소지식인들이 가장 부족한 것이 이런 미덕이며 또 사상도 천박하므로 시시각각 교육을 진행하지 않으면 큰일이기 때문이다. 그들이 제가 잘난 척하면서 나쁜 버릇이 살아나면 꼬리를 하늘까지 치켜들고 혁명에 많은 의외의 골칫거리를 가져온다고 했다.

노인은 또 이런 이야기를 했다. 모택동은 강청(江淸: 1914-1991. 모택동 부인. 문화혁명 주모자)이 바로 잘 교육되지 못하고 개조되지 못한 중소 지식인의 전형이라고 생각했다. 만약 그녀가 자신의 부인이 되지 않고 시시각각 자신의 훈계와 비평을 받지 않았더라면 그녀의 몸에 있는 아주 '역겨운 소자산계급 정서'가 연안의 혁명 풍조에 몹시 나쁜 영향을 미쳤을 것이라고 생각했다.

또 다른 혁명노인의 이야기에 따르면 1957년 '반우파' 운동 후 모택동은 신변에 신임하는 복무원에게 이런 말을 했다. 모(毛) 자신이 한 가지는 짐작했다. 바로 일부 '상층' 혹은 '대'지식인들이 '주제도 모르고 뛰쳐나와서' 공산당에 대항한다는 것이다. 또 하나는 미처 생각 못했다. 바로 많은 중소지식인들도 흥분하여 '들뜨기' 시작했다는 것이다. 그는 앞으로 중국 도시에 여전히 '상층' 혹은 '대'지식인들을 '양성하여야' 하고 중소지식인을 유지하겠지만 적으면 적을수록 좋다고 생각했다. 이렇게 되면 도시가 '많이 조용해'질 것이며 '보지 않으면 성가시지 않다'고 말했다.

이런 얘기를 들려준 혁명노인들에게 각기 이상의 내용을 써서 발표하라고 건의했다. 이는 모택동 사상을 연구하는 아주 소중한 자료라고 생각했기 때문이다. 그들은 거의 비슷한 말로 대답했다. 당신에게 이야기하는 것만으로도 이미 모든 사람에게 규탄 받을 일을 한 것이다. 어찌 감히 발표할 생각까지 한단 말인가?

그러나 오히려 이것이 사실 모택동의 중국 근대사상에 관한 공론에 손해를 주지 않는 것이라 생각한다. 하물며 우리는 모택동의 저작 및 형형색색의 사람들이 모택동을 추억하는 문장에서 모택동의 중소 지식인들의 몸에 특유한 '소자산계급 정서'에 대한 비평을 읽을 수 있다. 모택동의 이런 비평 중에는 때로는 풍자와 비꼼이 없지 않아 있다.

그 두 분의 혁명노인이 나에게 알려준 것이 틀림없는 사실이라고 증명할 수 있는 확실한 근거가 없으며 더욱이, 중국의 당시 중소지식인들의 운명이 얄궂은 것이 틀림없이 모택동이 그들을 신임하지 않으며 싫어한 것과 관련된다고 증명할 수 있는 확실한 근거도 없다. 단 한 가지 확신할 수 있는 것은 바로 신중국 성립 후 정치색채가 줄곧 아주 농후했던 주류의식 형태가 상당히 긴 시기 동안에 중소지식인을 '단결'시켜야하는 대상으로 분류하고 '개조와 교육을 진행하면서 단결시켰고', 또 그들을 '단결'시키는 목적은 '구사회가 남겨놓은', 서로 다른 '자산계급 세계관'을 가진 '자산계급 대지식인'을 최대한 고립시키기 위해서이다. '개조'와 '교육'의 임무는 신중국 성립 후 공화국이 배양해낸 몇 세대 지식인에게도 예외가 아니다. 왜냐하면 중소지식인에게 지식을 가르치는 교수선생들의 머릿속에 '자산계급 사상'이 아주 심각했기 때문이다.

'문화대혁명' 후반기 '하향(下鄕)'했던 지식청년들 사이에는 모택동의 연설 한 단락이 은밀하게 전해지고 있다. 그 요지는 이렇다—'문화대혁명'은 시작된 후 주로 청년 학생과 중소지식인에 의지하였으나 그들은 곧바로 남의 미움을 받을 정도로 기고만장으로 잘난 체하였다. 한번 의지했으니 이젠 열기를 식혀 주고 정신을 차리게 해야 한다. 그래야 내 마음도 평온해질 수 있다. 그들을 도시에서 떠나게 하는 것은 열기를 식힐 수 있는 좋은 방법이다. 노동자 계급과 빈·하·중농(貧下中農)을 통한 교육을 거쳐 그들이 정치적으로 더 성숙하게 할 수 있다. 그들이 도시에서 적어져야 도시는 안정을 되찾을 수 있다. 이것은 귀중한 경험으로 삼아 금후 중소지식인에 대해 교육을 지속적으로 실천해야 한다. 태도가 좋아지고 일찍이 개조가 성숙한 사람을 뽑아서 도시로 불러와야 한다! 누가 정말로 그런 '하늘이 나의 재주를 낳아 주셨으니 반드시 쓸 곳이 있으리라'는 사람이라면 혁명은 '하나의 격식에만 구애되지 말고 인재를 많이 배출하라!'

당시 이 은밀하게 전해진 모택동의 '연설'을 듣고 틀림없이 '지식청년'들이 스스로 날조한 것이라고 생각했다. 오늘날 우리는 더욱 날조된 것이라고 생각할 수 있다. 비록 모택동의 말투와 아주 비슷하지만 날조라고 간파한 후 자세히 생각해 보니, 모택동의 중국 중소지식인에 대한 일관적인 태도와 아주 부합되었다.

20세기 60년대 초기, 중소지식인들이 도시에 남아 취직할 기회가 크게 감소하였으며 '문화대혁명' 세 번째 해에 들어서자 '지식청년들의 하향' 운동과 더불어 무슨 '전문대학'·무슨 '대학'을 졸업했던 관계없이 도시에 남으려면 운명적으로 신이 보호해 주지 않는 이상 거의 어림도 없었다.

지금 50여 세 이상인 중소지식인 중 십중팔구는 후에 간접적으로 도시에 돌아왔다. 대다수는 또 '문화대혁명'이 끝난 후 도시로 돌아올 수 있었다. 당시 자신이 도시에서 멀리 떨어진 곳에 배치된 정경을 회상하니 감개무량하다. 그리고 그들이 하향하는 방향을 배치한 사람들은 대체로 '상부구조'인 '노동자모택동사상 선전대(工宣隊: 공선대)'를 승리적으로 '점령'하였다.

'내려가서 단련하고 또 단련해라!' 이것은 당시 '노동자모택동사상 선전대'가 이구동성으로 하던 말이다. 말할 때 거의 모두 남의 불행을 덮어두지 않고 고소하게 여긴다거나 '남의 입장은 생각하지 않고 쓸데없는 말만 하며' 너스레 떠는 모습을 보인다. 적어도 회상하는 자들에게 남긴 깊은 기억은 이러하다. 쌍방은 모두 '내려가기'만 하면 흔히 도시에서 해고된 것을 의미한다는 것을 잘 알고 있다.

중국의 중소지식인은 극히 개별적인 몇몇 사람을 제외하고 보통 심각한 정치적 상해를 받을 정도는 안 되었다. 그들의 억울함은 잊힌 자들의 억울함이며 '지식청년(知靑)'들이 '농촌으로 내려간' 후 잊힌 감을 느끼는 그런 억울함과 비슷하다. 그들은 물론 노동자나 농민에 비해 지식이나 문화가 더 많다. 그러나 '정치적 지위' 방면에서 노동자·농민들은 지식청년과 비교하면 많이 우월하며 그것이 그들이 유일하게 우월한 방면이다.

만약 노동자·농민들 중에 또 자신의 우월감을 뻐기기 좋아하는 사람들이 있다 하면 중소지식인들은 그들의 '교육열정'과 신성한 '개조사명' 앞에서 상당히 고통스러운 세월을 보내야 할 것이다. 그러한 처지에서 십수 년을 '교육'받고 '개조'받은 많은 중소지식인들은 너무 일찍 '겉늙은이'로 변해 버렸다. 그들은 당시 양쪽 모두에게 영합해야 했는데 일부 하급 관리의 비위를 맞추어야 할 뿐만 아니라 또 수시로 접촉하는 '공인·농민대중(工農大衆)'의 비위도 맞추어야 했다. 왜냐하면 전자들은 흔히 자신들의 임용과 직장 조정을 주재한다. 후자는 또 흔히 그들의 '세계관'의 우열에 따라 가장 자격이 있고 가장 권위성이 있는 평가를 한다. 양쪽에 다 좋은 인상을 남기려면 그들은 흔히 어떻게 처신해야 할지 모른다. '농공대중'과 하급관리의 중소지식인에 대한 견해와 기준은 사실 다 일치하는 것이 아니기 때문이다.

'지식청년'은 비록 전형적인 중소지식인이라고는 할 수 없지만 '지식청년' 중의 한 가지 사례로써 양난의 처지를 설명할 수 있다. 한 동창은 늘 다른 중대에서 필자에게 편지를 써서 하소연하였다. 먼저 '빈농·하농·중농(貧下中農)'들이 자기를 싫어한다고 말했다. 원인은 그가 농공대중을 '사상 지도교수'로 간주하고 지나치게 존중했기 때문이란다. 말끝마다 '선생님, 선생님'하고 부르고 골목길에서 만나면 주동적으로 '지도교수'에게 길을 양보했다. 또 같은 방에 들면 한발 앞서 주동적으로 '지도교수'를 위해 문을 열어 주었다. 헌데 '빈·하·중농'들은 오히려 그가 마음속에 아부하려는 생각을 품고 사람이 너무 '가식적'이라고 생각했다. 또한 그는 의사의 아들이었는데 어릴 때부터 양호한 위생습관을 키워 호주머니에 항상 휴지를 넣고 다니면서 가래는 반드시 종이에 뱉고 콧물은 손수건으로 닦았다. 이런 것들은 '빈·하·중농'들의 눈에 거슬렸으며 뒤에서는 '버르장머리' 없는 놈이라고 꾸짖었다.

다른 '지식청년'은 '빈·하·중농'과 익숙해진 후 서로 웃고 떠드는 것이 예사로 되었으며 스스럼없이 욕하고 손찌검질도 했다. 헌데 그만은 '지도교수'에게 무례한 짓이라고 생각하였기 때문에 감히 그러지 못했다. 결국 오히려 '일부러 점잖은' 척 하면서 '지식청년'의 폼을 잡으려 한다고 여겼다. '5호(五好: 다섯 가지 좋은 모범)'를 선발할 때면 아예 그의 몫이 없었다.

편지 답신 내용은, "그 지방에 가면 그 지방 관습을 따라야 한다(入鄕隨俗: 입향수속)." "'빈·하·중농'과 한 덩어리가 될 줄 알아야 한다." '빈·하·중농'이 싫어하는 결점은 단호히 극복해야 한다. 다른 '지식청년'이 '빈·하·중농'과 어떻게 지내는지, 마음을 비우고 함께 지내는 방법을 배우라고 일깨워 주었다.

이 '빈·하·중농'에 따옴표를 친 것은 그들도 이사를 온 자에 불과하고 일부는 기근이나 화를 피해 그곳으로 가서 자리 잡은 사람들이기 때문이다. 그 곳은 십수 년 전에는 인가라곤 하나도 없었다. 그들이 도대체 '빈·하·중농'이 옳은가 하는 것은 귀신이나 알 노릇이다. 허나 기왕 중대 간부가 일방적으로 그들이 옳다고 생각한 바엔 '지식청년'들도 느낌대로 옳다고 생각하면 될 것이다.

그는 답신의 지적을 본 후부터 '환골탈태(換骨奪胎)'하여 전혀 딴 사람으로 변했다. 더 이상 '지도교수'를 '선생님, 선생님'이라고 부르지 않고 직접 별명을 불렀고 별명이 없는 사람에 대해서는 머리를 써서 색다른 별명을 지어 주었고 아무 거리낌 없이 웃고 욕하고 놀아댔다. 물론 호주머니에 다시는 휴지를 넣고 다니지 않았으며 가래도 여러 사람들이 보는 앞에서 바닥에 뱉어 버렸다. 때로는 신바닥으로 문지르고 때론 문지르지도 않았다. 손수건은 아예 태워 버렸다. 콧물은 풀어서 아무데나 문댔으며 심지어 '빈·하·중농'의 몸에다 문댔다. 그리고 조금만 한가하면 '빈·하·중농'의 집에 놀러가서 그들을 위해 신나게 일했으며 어려워하는 기색도 없이 구들목에 책상다리를 틀고 앉았다. 그들이 뭘 먹으면 뭘 먹고 무엇을 마시면 무엇을 마셨다.

얼마 지나지 않아 또 편지를 보내 왔는데, '일깨움'을 받고 자기가 꽤 많은 이득을 보았다고 감사의 뜻을 전했다. '빈·하·중농'들이 그에 대해 인상이 좋지 않았던 편견이 완전히 바뀌었으며 그를 자기 사람처럼 대해 준다고 했다. 그리고 호의적으로 그에게 '적병갑(匪兵甲)' 즉, '혁명모범극'《사가병(沙家浜)》중의 '분위기 조성 배역'이라는 별명도 지어 주었다고 한다.

그러나 이 변화로 인해 그는 운명을 바꿀 수 있는 기회를 놓쳐 버렸다. 연대정위(정치위원)가 통신원 한 명을 물색했는데 중대장은 연대정위의 오랜 부하였다. 중대장은 전 중대 남성 '지식청년' 중에서 고르고 고르다가 암암리에 그를 선정했다. 그가 점잖고 신중하며 예의 바르고 또 위생을 지키는 좋은 습관을 가지고 있기 때문에 연대정위의 통신병으로 가장 적합하다고 생각했다. 연대정위는 '지식병사' 출신으로서 그와 같은 '지식청년'을 좋아했다. 그런데 연대에서 발령 직전에 그가 잽싸게 '적병갑'으로 돌변해 버릴 줄이야 누가 상상했으랴. 만약 중대장이 사전에 그에게 귀띔했더라면 '빈·하·중농'들이 그에 대해 어떤 나쁜 견해를 가지든 관계없이 그는 당연히 원래의 그였을 것이다. 그러나 당시 답습한 군대 조례는 정식 발령 전에 비밀유지가 최소한의 기율이었다. 나중에 정식 발령이 분명히 중대에 하달되었으나 중대장은 원래 마음을 바꾸어 연대정위에게 그는 통신병을 할 자격이 안된다고 부정하고 다른 '지식청년'을 추천해 보냈다.

중대장은 그러고 나서 그를 찾아 이야기를 나누었는데 자초지종을 낱낱이 털어놓은 후 엄숙하게 물었다. "뒤에서 '빈·하·중농'과 함께 중대간부의 험담을 하지 않았느냐?" 그는 '빈·하·중농'이 먼저 말을 꺼냈고 자신은 그저 얼떨결에 몇 마디 순응했을 뿐이라고 대답했다.

중대장은 화를 내면서 물었다. "만약 그들이 반동언론을 퍼뜨려도 순응할 것인가?"

그는 할 말이 없었으며 그저 속으로 번민하고 후회할 수밖에 없었다. 또한 중대장에게 그런 심정을 보이지 않으려고 멍청하고 어찌할 바를 모르는 시늉을 냈다.

그를 대신하여 연대정위 통신원으로 갔던 그 '지식청년'은 그 후 추천되어 대학에 갔다. 그의 공허감은 배로 늘었고 슬픔이 극에 달했으며 심지어 자살할 생각까지 생겼다. 특히 '구제할 방법이 없는 것'은 그는 원래의 자신을 '완전 딴판'으로 개조했기 때문에 결국 원래 모습으로 되돌아갈 수 없게 된 것이다. 그때부터 모든 것을 하찮게 여기는 태도가 골수까지 깊이 파고들어갔으며 지금도 여전히 단정해질 수 없는 '철면피' 같은 느낌을 준다. '적병갑'이라는 별명도 지금까지 그를 따라다녔다.

솔직하게 말해 당시 흑룡강성 북대황 '빈·하·중농' 다시 말하면 오랜 직원들은 진짜로 변한 후의 그를 좋아했으며 적어도 변한 이후의 그에 대해 인상이 깊었다. 빈·하·중농들은 자신들과 뒤엉켜 일상적으로 웃고 떠들고 또 자신들을 도와 열심히 일해 주는 '지식청년'에게, 점잖고 신중하며 자신들을 존경하되 가까이 하지 않는 '지식청년'에 비해 훨씬 호감을 가졌다. 그들은 지금도 '지식청년' 총아였던 '적병갑'을 한시도 잊지 않고 있었다. 그러나 이는 그의 운명에 그 무슨 실질적인 양호한 작용을 발휘하지 못했다. 그 자신이나 다른 사람이나 모두 그가 당시 연대정위의 통신병을 할 기회를 잃었기 때문에 대학을 갈 기회를 놓쳤다고 생각했다. 이렇게 생각하는 것은 논리적으로 사리에 맞으며 이는 그의 인생역정에 있어 영향이 정말 크다. 그를 대신했던 '지식청년'은 대학을 갔기 때문에 지금은 북경시 모국 부국장으로 승진했지만 이 친구는 지금 '퇴직노동자'가 되었다.

번번이 옛 '지식청년' 친구들을 만날 때면 그 친구는 약간 취해서는 늘 마음속의 괴로움을 토로(吐露)했다. "만약 당시 흐리멍덩하여 자신을 변화시키지 않았다면 아마 지금은 당당한 국가 부국장급 간부가 되었을 거야."

이 사례는 물론 아주 보편적인 인식가치를 가지지 않는다. 하지만 확실히 우스꽝스럽게 당시 '지식청년'의 간부와 군중 사이에서 어찌할 바를 모르는 운명적 처지를 부각하였고 이를 충분히 참고하여 중소지식인의 같은 운명적 처지를 음미할 수 있다.

그러나 대다수 상황은 이러했다. 만약 한 중소지식인이 평민계층에서 생활하기만 하면 사실 평민계층에 의해 아주 쉽게 그들의 일원으로 흡수된다. 그가 품행이 단정한 사람이기만 하면, 또 그가 자신의 그다지 '상층'이 아닌 지식과 문화자본을 믿고 평민계층을 깔보지 않는다면 평민계층은 장기간 그들을 배척하고 차별하지 않는다. 그들의 부모뻘은 대다수가 평민이며 그들은 평민에 대한 사상감정의 법칙과 원칙에 있어 어릴 때부터 익숙했고 위배되지 않았으며 그 법칙과 원칙을 존중할 줄 안다. 때문에 평민계층이 그들을 보는 눈길, 대하는 태도는 약간 계층본능의 융합성을 띤다. 게다가 영원히 남을 교육하고 남을 개조하는 '사명'을 짊어진 것은 아주 피곤한 일이다. 시간이 좀 흐르면 피교육자와 피개조자가 반발할 뿐 아니라 교육자들과 개조자들도 반발한다.

그래서 사회 자체가 드러내는 논리는 거의 항상 인간미가 더 다분하다. 평민계층을 위주로 하는 모든 지방에서는 설사 회색정치의 흔적이 낙인찍힌 중소지식인이라 할지라도 얼마 지나지 않아 정치에 의해 변화되고 왜곡된 자신의 운명이 사실 대부분 평민 대중의 동정을 받고 있으며 때로는 심지어 은밀한 보호를 받고 있다는 것을 흐뭇하게 발견할 것이다. 그리고 무릇 중소지식인 성분이 섞인 평민계층은, 그런 중소지식인의 성분이 그 장점을 정상적으로 얼마간 반영할 수 있기만 하면, 그 일부분 평민 대중의 평민계층이 지닌 통속적인 점이나 심지어 열등한 점을 극복하는 '본보기'를 마치 찾은 것 같다.

중소지식인과 평민계층의 관계는 참으로 자연적인 진주와 조개의 관계와 같은 것이다. 현재 지구상의 모든 국가에는 평민계층을 제외하고 중소지식인이 자존을 충분히 유지하면서 생존할 수 있는 그런 계층은 하나도 없다.

중소지식인은 자산가 계층에서 생존하기에 부적절하다. 이 점에 대해선 굳이 자세히 설명할 필요가 없다. 자산가 계층에서 중소지식인의 실제 배역은 오로지 '지식적 노복'과 '문화' 심부름꾼에 불과하며 수행원 역할조차 자산가들은 그들을 발탁하여 위임하지 않는다.

그러나 중산가 계층은 자신이 그저 '중산'의 계층에 불과하다고 생각하기 때문에 항상 본능적으로 머리를 쳐들고 높이 본다. 그들의 의식 속에는 유독 '상층' 혹은 '대'지식인이야말로 지식인인 것 같다. 중산가 계층은 '천생'적으로 계층 사상에 대한 잘못된 인식이 있다. 즉 '상층' 혹은 '대'지식인의 '지식'이 마치 자신들의 '중산'과 동등한 가치를 지녔다고 생각한다. 그들은 '상층' 혹은 '대'지식인 앞에서 항상 아주 만족스런 자태를 취한다. 네가 가지고 있는 것과 내가 가지고 있는 것이 같다. 아마 내가 가지고 있는 것이 당신보다 더 많을 수 있다. 때문에 우리는 진짜 대등한 한 부류 사람이다. 나는 유명인을 경모하는 것처럼 당신을 경모할 수 있다. 그러나 당신은 부자를 존중하는 정도로 나를 대우해서는 안 된다. 그들은 지식도 역시 '재산'이지만 '자산'과 '중산'의 산(産)이 본질적으로 다르다는 점을 명확히 알려고 하지 않는다. 마치 한약재 식물과 일반 화초가 다른 것처럼 말이다.

중산층이 이런 사고 방법상의 오류를 범한 지는 적게 잡아도 1~2백 년은 되었다. 그들은 이 오류를 여전히 계속 범해 나갈 것이다. '소시민', 이 단어는 자산가 계층이 창조한 것이 아니며 '상층'혹은 '대'지식인이 발명한 것도 아니라 중산가들의 입에서 가장 먼저 나오고 가장 자주 말하는 어휘이다. 그들은 이렇게 말함으로써 일종의 우월적 차이를 과시하고 또 중소지식인들을 모두 그 속에 포함시켰다. 이 점에 대해 중소지식인들은 의심할 바가 없어야 하는데, 즉, 중산가들이 경멸의 투로 '소시민' 이 세 글자를 말할 때 힐끗하는 눈길은 몇 번이나 의미심장하게 중소지식인을 바라보았던가! 특히 중소지식인들이 단정한 옷차림으로 큰 상가에 나타나 가격만 묻고 거듭 주저하면서 지갑을 열기 부끄러워할 때 그랬다. 중산가들은 줄곧 중소지식인들의 지식가치도 '중' 또는 '소'라고 생각하는데 마치 그들의 '중산(中産)'에 비하면 근본적으로 말할 가치조차 없는 것처럼 말이다. 이는 그들의 또 다른 잘못된 사상인식으로서 이런 오류를 범한 것도 여러 세기가 되었다.

또한 중소지식인들은 '상층' 혹은 '대'지식인들과 가깝게 지낼 수 없다. 사실상 그들은 직위와 지위가 낮기 때문에 보통 '상층' 혹은 '대'지식인들과 접촉하기가 아주 어렵다. 사회적 분업과 구분은 항상 아주 속물인 권력이나 재력만 따지는 데 있으며 지식인의 등급에 대한 순열이 부자들의 등급에 대한 순열에 비해 훨씬 세밀하고 엄격하다. 한 억만장자가 어떤 상황 하에서 항상 하찮아 보이는 백만장자와 한 차례 사귀고 거래를 한다고 치자, 이때 상업의 이익원칙은 도리어 그들 간 상호 관계의 자발성과 평등을 촉구한다. 그러나 한 소학교 교사가 한 대학교 교수와 한자리에 앉을 기회는 일생에 아주 적다. '지극히 운이 좋아' 한자리에 앉았거나 또 한동안 함께 일했다 하더라도 상호관계는 흔히 '신선'과 보통사람 관계와 같다. 지식계에서 지식인 상호 간 압박은 때로는 아주 비열하고 추잡하다.

만약 중소지식인이 한 군체를 형성한다면 장시간 화기애애하게 잘 지낼 수 없다. 원숭이와 원숭이가 함께 있으면 각자가 자기를 가장 충분하게 나타내는 것이 원숭이 본능이며 또한 흔히 원숭이 본능 중 교활한 면이다. 해변에 바다표범만 있을 때 서로 간 싸움은 바다표범 무리 속에서 일어난다. 해면에 나타난 상어의 지느러미가 그들을 향해 돌진할 때만이 집단 공포가 치열한 내부 싸움을 대체한다.

한 무리 노동자를 이끌려면 권위와 의리만 있으면 충분하다.

한 무리 농민을 이끌려면 권위와 은혜만 있으면 충분하다.

'상층' 혹은 '대'지식인을 이끌려면 권위에 약간의 경의만 있으면 충분하다. 대부분의 경우에 심지어 권위도 필요 없고 권력만 있으면 충분하다.

그러나 **만약 한 무리 중소지식인들을 이끌려면 권위와 권력뿐만 아니라 의리와 은혜에 또 현명한 예술성이 필요하다.**

한 무리 중소지식인을 이끄는 것은 마치 강호의 곡마단을 단합시키는 것과 같다. 강호의 곡마단 주인들은 보통 자신도 일류 서커스 연기자다. 그들이 동물을 길들이고 사람 사이에서 조정하는 재능은 흔히 모두 출중하다.

인간이라면 모두 아귀다툼을 하는데 이는 인간성의 일종이며 세태의 일종이다. 경미한 것은 '마찰', 심각한 것은 '모순(矛盾)'이라 한다. 작은 모순은 '대인관계 모순', 큰 모순은 '계급모순'이라 한다. '대인관계 모순'이 격화되면 네가 있으면 내가 없고 내가 있으면 네가 없는 격으로 공존할 수 없다. '계급모순'이 격화되면 전란이 끊임없고 피난민이 도처에 가득해진다. '마찰'이든 '모순'이든 모두 명성과 이익, 권력욕으로 인해 발생한다.

짐승은 이득을 탐내지 명성을 다투지 않으며 또 자존을 위해 분쟁을 일으키지 않기 때문에 짐승의 '사회'는 단순하다. 각자가 배가 부르면 서로 평화롭게 지내고 서로 침해하지 않는다. 그러나 인류사회는 많이 복잡하다. 이득을 채운 후 또 명성을 다투며 배가 부를 때 또 배부른 사단(事端)을 만든다.

중소지식인의 지식 '수준'과 사회적 지위는 그들에게 좀 민감한 자존심을 가지도록 했다. 그들은 '무산(無産)'에 가까우며 자존심은 그들이 비교적 주요하게 삼는 '부동산'과 같은 것이다. 그들의 자존심을 상해하는 것은 그들을 약탈하여 극빈자로 만드는 것과 같다. 만약 누군가 그들을 '대지식인'이라 조롱하면 그것은 자존심에 대한 가장 큰 상처이다. 왜냐하면 그것은 마치 어떤 한 과장을 손가락질하면서 "저기 봐, 대관이 한 분 오신다."고 말하는 것과 같다. 이 말 속에 내포된 가혹함과 야박함은 때로는 과장들로 하여금 낮이 깎여 악에 받치게 한다. 물론 이는 중소지식인의 인내의 한계를 초과한다. 그들은 흔히 '대(大)', 이 한 글자 때문에 오랜 시간 이를 마음에 두고 있다. 그러나 만약 누군가 그들을 '역겨운 지식인'이라고 모욕한다면 그들은 오히려 참을 수 있다. 왜냐 하면 '역겹다'는 일반적 모욕이기 때문이다. 이런 일반적 모욕 속에서 그들은 '상층', 혹은 '대'지식인과 동일하게 취급된다고 생각한다. 그리고 이것은 그들에게 '공인(公認)'을 부여한 것과 같다. 이러한 '공인'은 또 가장 얻고 싶어 하는 것이다.

중소지식인이 민감한 자존을 가지고 있기 때문에 스스로 한 군체를 이룰 때

'마찰'과 '모순' 현상이 극히 빈번해진다. 적어도 신중국의 과거 30년 시기에는 그랬었다. 왜냐하면 전체 사회구조 속에서 중소지식인은 기타 계층의 기타 사람을 무시할 수 있는 그 어떠한 자본도 없기 때문이다. 중국에서 과거 30년 시기에 기타 계층, 기타 모든 사람들이 공개적으로 그들을 무시하였다. 때문에 그들의 자존심은 민감할 뿐만 아니라 상당히 연약하다. 그들도 다른 사람을 한번 무시하려 할 때 그 다른 사람은 흔히 자신들 중의 일원이다.

중국에서 과거에 중소지식인 간의 '마찰'과 '모순' 현상은 절반은 직접적 이익의 다툼에서 기인한 것으로서 이는 다른 계층과 별반 차이가 없다. 다른 절반은 흔히 민감하고 연약한 자존심에서 기인된 것이다. 중소지식인의 군체에서 이러한 반목현상은 가장 일상적으로 발생한다. 무심코 한 말 한마디가 상대방의 자존심에 큰 상처를 가져올 수 있다. 말하는 사람은 전혀 느끼지 못하지만 '상처' 받은 자의 자존심은 이미 피가 나고 경련을 일으킨다. 화목하지 못한 결과는 가히 짐작할 수 있을 것이다.

그러나 오늘 중국 중소지식인들의 자존심은 아주 강하게 '단련'되었다. 늙은 몇 세대 내의 중소지식인은 이미 온몸에 '찰흔(擦痕)'을 입고 시대에 의해 자연적으로 사회경쟁 테두리 밖으로 도태되었다. 중년 세대의 중소지식인은 늙은 세대가 시대의 틈새에서 당한 난처함과 굴욕을 보는 데 습관 되었고 자신의 '찰흔'에도 일찌감치 굳은살이 자라났다. 그리고 신세대 중소지식인은 자존심을 지키고 상처 받는데 저항할 수 있는 새로운 '무기'를 장악했다. 즉, 세상 모든 일을 냉소적으로 하찮게 여기는 것을 장악했다.

중국 젊은 세대가 거의 다 세상을 하찮게 여기는 오늘, 중국의 중소지식인들은 이 신식 '무기'의 수준을 장악하고 활용하는 방면에서 다른 모든 계층의 사람들에 비해 조금도 부족하지 않다. 세상 모든 일을 냉소적으로 하찮게 여기는 것은 오늘날 중국 모든 계층의 모든 '신세대'의 법보(法寶)이다.

'신세대'는 이 법보에 의지하여 사회 각 방면에서 밀려오는 압력에 대항한다. 심지어 벼슬길이 순탄하지 않은 상당히 많은 정부관원들의 마음속 깊은 곳에서 세상일에 달관한 것처럼 모든 일을 하찮게 여기는 현상이 종종 남김없이 드러난다. 때론 국장·부장으로 승진하고 싶었으나 결국 승진하지 못한 부국장·부부장의 입에서 나오는 말이 때때로 당신을 크게 놀라게 한다. 이건 사장의 꾸지람을 들은 점원이 뒤에서 불평을 토로하는 것과 같은 인상을 준다.

중국 중소지식인 중의 여성들은 정말 중국 여성들 중에서 가장 낭만적 색채를 띤 여성 부류이다.

근·현대 남성들 중 진정한 낭만을 지닌 자는 흔치 않다. 간혹 누가 낭만적이라고 해서 자세히 분별해 보면 원래 가짜였고 다른 사람과 사회에 쇼를 해 보인 것에 불과하다. 일반적인 중국 사람들은 이 방면에서 속임수에 빠질 정도까지는 아니다. 때문에 중국 사람과 내왕하는 외국 친구에게 당부하고 싶은 것은 한 중국 인사가 외국인에게 '낭만'적 인상을 남겼다면 그 외국 사람이 스스로 아주 유유하게 낭만적이지 않을 경우 그 중국 사람이 성공적으로 '외국인'을 기만한 것임을 미리 알아둬야 한다.

오늘의 중국 남자들을 '외국인'들은 많은 방면에서 믿을 수 있지만 '낭만' 두 글자에서만은 믿어서는 절대 안된다. 중국 남자들은 금후 수십 년 내론 아마 '낭만'적이 되지 못할 것이다. 우리 이 민족 5천여 년 문명 중에 내려오던 굵직한 낭만의 혈관은 일찌감치 완전하게 '막혀' 버렸다. 마치 수많은 장강 대하지류가 환경오염으로 인해 막혀 버린 것처럼.

우리 청년들과 소년들을 보라. 그들 몸에서 약간이라도 '낭만'적 열정과 정서 그리고 정취를 찾아볼 수 있는가? 우리의 청년들과 우리의 소년들이 이럴진대 우리 중국 남자들은 말할 필요도 없다.

당대 중국 여자들 중에도 진정으로 '낭만'적인 사람은 아주 드물다. 여인의 낭만과 남자의 낭만은 서로 자욱하게 뒤섞여 의존하는 '마당(場)'이다. 마치 수증기와 안개의 관계처럼 말이다. 수증기가 마르면 안개가 생기지 못한다. 남자들이 이렇게 심드렁한데 여자들이 낭만을 가질 필요가 있겠는가? 당대 중국 여인들은 '쇼'를 해도 낭만의 '쇼'만은 하찮게 여기며 서로 다투어 '현대'적 '쇼'를 연기한다. 이는 중국 당대 남자들이 감정 방면에서 더 이상 사로잡히거나 진실이라고 할 만한 것이 없을 뿐더러 그야말로 모두 즉흥적으로 얼버무리는 정도에까지 타락하였다는 것이다. 남자들이 즉흥적으로 잘 얼버무리기 때문에 여자들은 '현재'적 자태와 면목으로 능청을 부리면서 응대한다. 그리고 '현대'는 여인들의 낭만적 문화 '유전자'를 죽이는 '살충제'이다.

지금, 중국에서 일반적인 남성과 여성들이 이렇게 '수증기'가 전혀 없는 상황으로 변해버린 상황 하에서, 중국 당대 중소지식인 중의 일부분 여성들은 의외로 여전히 일부 낭만적 정취를 유지하고 있는데 정말로 쉽지 않은 일이며 중국 사람에 대한 위안이라 할 수 있겠다. 그들은 5천여 년 문명의 굵직한 혈관에서 스며 나온 낭만 혈액의 쟁취자이다. 생각해보라. 지구상 4분의 1에 달하는 인구가 '낭만' 두 글자의 참뜻을 이해 못한다면 얼마나 실망스러운 일인가?

그녀들은 일부 낭만적 정취를 얼마간 유지할 수 있을 뿐만 아니라 동시에 감동의 마음을 가진 중국 당대 여성이다. 이런 감동의 마음은 예술적인 것에서부터 세상사에 이르기까지 두 측면으로 그들의 몸에서 나타나게 되며 모두 똑같이 진정성이 흘러넘친다. 그러나 오늘 중국에선 그것 자체가 아주 감동적이다.

때로는 냉정하게, 그리고 가능한 아무런 선입견도 없는 눈길로 이 계층에서 저 계층으로 자세히 살펴보고는 갈수록 필자의 판단이 옳았다고 확신한다. 그렇다. 한 가지 물어보자! 오늘 그들을 제외하고 어떤 중국 사람이 낭만적 정취를 다소간 유지하고 있단 말인가? 또 어떤 중국 사람이 여전히 감동적인 마음을 가지고 있단 말인가?

신흥 자산가 계층은 가지고 있지 않다. 여기에 의문이 있을 수 있는가? 설사 그들이 타인에게 후하게 대하여 자선적 기증의 일을 하고 있다 해도 사실은 자신의 이름 또는 자신의 장사를 위해 광고홍보를 한다. 이 점에 대해 우리는 일찍이 간파하였지 않았는가? 그들이 어떤 예술을 지지하고 있을 때, 그것은 사실 절대 예술에 대한 경의에서 우러나온 게 아니다. 그들이 귀중한 예술품을 살 때, 사실 자신들이 산 것은 이익을 취할 수 있는 채권이라고 생각한다. 이 점에 대해서도 모든 사람이 알고 있다. 그들의 이런 행동은 낭만과 관련 없을 뿐만 아니라 감동의 마음과도 관련 없다. 오로지 자신들의 명성과 이익(진광표는 예외)에만 연관된다. 우리가 그들의 행위를 칭찬하는 것은 사실 그런 행위가 그들의 명예와 이익에 관련된 욕망을 만족시킬 뿐만 아니라 동시에 반드시 사회에 이익을 베풀기 때문이다. 때문에 우리가 가장 열정적인 문구로 그들의 행위를 칭찬할 때 우리 자신은 절대 감동하지 않는다. 물어보자, 우리는 정말 한 대부호가 가난한 아이에게 돈을 기증하여 소학교를 다니게 한 이야기를 듣고 감동했는가? 그러나 우리는 한 초등학교 교사가 몇 백 원밖에 안 되는 봉급을 쪼개어 2백 원을 꺼내 자기의 가난한 학생을 구제한 것을 보고 눈물을 줄줄 흘리지 않았던가?

감동의 마음은 일의 선의와 도의의 실질과 관련되나 그 결과는 흔히 최고의 위치를 차지하지 못한다. 비록 대다수 세인들이 중시하는 것은 일의 결과이지만.

중국 신흥 중산가 계층도 낭만적 정취와 감동의 마음을 견지하고 있지 않다. 왜냐하면 이 신흥계층은 중국 신흥 자산가 계층과 마찬가지로 자기 계층의 그 어떤 것도 형성되지 않았거나 혹은 '양호' 이 두 글자로 논할 수 있는 문화적 배경이 형성되어 있지 않았기 때문이다. 그것은 물질과 정신 두 방면에서 한시가 바쁘게 서둘러 가장 '현대'적으로 꾸미려는 일부 중국 사람들의 시도를 아주 분명하게 드러낸다. 거의 모든 지식인들은 이 계층에 들어서기만 하면 지식인의 특징이 가장 짧은 시간 내에 철저히 '부식'되어 버린다. 이 계층은 현재 한 솥 안의 달고 느끼한 죽과 같은 것이다. 어떤 내용을 솥에 섞든지 관계없이 모두 죽의 성분으로 변하며 자기를 달콤하고 느끼하게 만든다. 그러나 죽은 어디까지나 죽일 뿐이다. 그들은 때론 예술에 감동한 듯한 시늉을 하지만 흔히 중산계층을 미화하는 예술에만 감동한다. 설사 이 예술에 대한 감동이 거짓이라 해도 말이다. 가짜는 어디까지나 가짜이며 '진짜'로 꾸밀수록 더 억지를 부리는 듯이 보인다. 이 계층은 세상사에 대해서도 감동의 마음이 없다. 그들은 오로지 자신이 '중산' 이후의 그런 섬세하고 재미없는 작은 정서에만 감동한다. 동시에 다른 사람들이 모두 유행가에서 부르던 것처럼 '너의 감동에 감동'하기를 바란다. 만약 이 계층이 인격화된다면 《홍루몽》 속의 습인(襲人)과 너무나도 흡사하다. 습인은 자기의 작은 정서에 감동하는 것 외에 또 대관원(大觀圓: 홍루몽에 나오는 정원) 내의 다른 어떤 사람의 운명을 위해 감동했던가? 설사 그녀의 보옥에 대한 정이 진심이라 해도 필경은 자신의 운명에서 출발한 것이다.

필자는 줄곧 이 계층에 대해 신중한 태도를 취하고 일정한 거리를 두었다. 이 거리는 적어도 맨 마지막 줄의 관중석과 무대 간 거리보다 멀어야 한다고 생각한다. 솔직히 자신의 부주의로 그 '솥'에 처박힐까 걱정이다. 설사 뛰쳐나왔다 해도 온몸에 줄줄 흐르는 달콤하고 느끼한, 또 진득진득하고 영원히 긁어내 버릴 수 없는 죽물이 묻을까 걱정된다.

중국 당대에 중소지식인 중의 일부 여성만이 여전히 필자가 경애하는 여성 정조를 가지고 있을 뿐이다. 왜냐하면 그들은 일반적으로 평민계층에서 생활하기 때문에 평민계층과 잘 어울린다. 중국 당대에 만약 지식인들이 평민계층을 멀리하고 다른 계층과 어울릴 경우 여전히 한줌의 '털'일 뿐만 아니라 또 한줌의 속물적인 '털'에 불과하다. 그녀들은 필경 평민계층 속에서 생활하고 있는 지식인이기 때문에 그녀들의 지식인적 문명소양은 직접적으로 방대한 중국 사람들에게 가장 평범한 생활형태 속에서 하루하루, 한 해 한 해 무의식중에 감화시키는 영향을 준다.

중국 역사를 종람하다 보면 알게 되는 것은, 중국에서 원래 이른바 '정신문명'이라 하는 것은 사실 그 무슨 '상층' 혹은 '대'지식인들이 일방적으로 추진할 수 있는 것이 아니며, 수많은 중소지식인의 문명적 소양이 직접적이면서 무의식중에 감화시키는 영향력과 비교하면 전자의 영향력과 추진력은 놀랄 정도로 미약했다. 공자·맹자는 '상층' 혹은 '대'지식인이라고 부르지 않을 수 없다. 그러나 중국 평민 계층 중 95% 이상 사람들의 머릿속 공맹사상은 '상층' 혹은 '대'지식인의 사상적 설교 하에 형성되었거나 성현의 책 속에서 얻은 것도 아니며 그들 주변에 생활하는 어느 한 사람 또는 몇 명의 중소지식인의 언행에서 나온 무의식적 감화의 결과이다. 이것은 마치 종교사상이 서양에서 보급된 것이 역대 교황의 위대한 공로가 아니라 수천, 수만의 전도사들이 대중 속에서 포교한 결과인 것과 같다. 거의 모든 인류 정신적 풍모와 관련된 사상은 중국에서는 상당히 많은 '상층' 혹은 '대'지식인의 그곳에서 최종적으로 그들 자신만의 '학문'으로 변해 버렸다. 설사 그런 사상이 최초에는 근본적으로 '학문'이 아니었고 함부로 '학문'으로 취급되는 것을 가장 꺼리고 또 아주 소박하며 세속적이고 일반적인 이치라 해도 말이다. 중소지식인은 이른바 '상층' 혹은 '대'지식인이 멋대로 '학문'적으로 만든 세속적이고 일반적인 이치를 다시 최초의 가장 소박한 모습으로 환원시키고 대중과 더불어 공동으로 이득을 누리는 데 능하다.

어떤 '상층' 혹은 '대'지식인이 만약 평민 지역사회에서 생활한다고 할 경우 그는 '상층', '대'지식인이라는 이유로 약간의 경의를 받을 뿐이다. 그리고 경의를 품는다는 것은 그 사람 스스로 어울릴 수 없거나 또 어울리기를 그다지 원하지 않는 인물이 취하는 가장 양호한 태도이다.

그러나 중소지식인은 자신이 생활하는 평민 지역사회에서 아주 사랑스러운 인물이 될 수 있다. 마치 교황이 죽은 후 사람들이 묵도하는 것은 종교의식에 지나지 않으나 교구의 선교사가 죽었을 때 사람들이 흔히 저도 모르게 상심하여 울음을 터뜨리는 것과 같다.

중소지식인 중의 일부 여성들은 흔히 자신들이 생활하는 그 평민 지역사회의 아주 사랑스러운 인물이다. 그들은 겸손하고 양보하며 평민 중 불행한 가정에 대해 동정심이 많고 기꺼이 그들을 도와준다. 그 지역사회 내에 이웃 간 분쟁이 발생한 경우 그들은 분쟁을 조정하여 서로 편안히 지내게 하는 데 능하다. 그리고 평민들도 그들에게 화해의 체면을 세워 주기를 원한다. 물론 모든 중소지식인 내의 여성들이 다 이렇게 사랑스러운 것은 아니다. 중소지식인 내의 여성들이 간사해지게 되면 때로는 골목의 무지막지한 여자에 못지않다. 때문에 그들 중의 '일부분 여성'이라고 강조하는 것이다.

'일부분 여성'들은 본래 평민 여성이며 그들의 문화예술에 대한 심미적 요구도 평민화 되었다. 그녀들이 동시에 지식인이기 때문에 문화예술에 대한 심미적 기준은 평민보다 높다. 또한, 여자이기 때문에 문화예술에 대한 감동의 마음이 거의 본능적이다. 그녀들은 평민계층을 대표하여 평민 문화예술의 감정인이 되었다.

오늘을 바라보면, 중국 중소지식인의 일반 생활은 좀 개선되었다. 중국의 구체적인 국가 정세로부터 추측해 보면 향후 10년 내에 중국 중소지식인의 일반생활은 지난날과 다름없이 평민화될 것이다. '평민', 이 개념은 중국과 서방 선진국이 다르다. 서방 선진국에서는 중산가 계층보다 좀 낮은 것을 뜻하나 중국에서는 도시빈민보다 좀 높은 것을 의미한다.

평민 여러분, 중소지식인과 어울리시라! 만약 그들과 어울리지 않는다면 중국에서 당대에 또 누가 평민들과 어울릴 가치가 있단 말인가?

중국 당대 평민계층 중에는 마지막 한 부류 사람들이 있는데 그들을 '하급관리(吏)'로 개괄할 수 있다. 이런 품급(品級)이 없는 중국 당대 작은 공무원들은 평민계층에 속하면서 또 평민계층보다는 우월하다. 국가 정권 차원에서 보면 그들은 별로 중요하지 않은 '말단'이다. 평민계층으로부터 보면 그들은 흔히 작은 '대부'형 인물이다. 그들 중 좋은 사람은 좋은 '대부'이고 나쁜 사람은 나쁜 '대부'이다. 때로는 그들의 좋고 나쁨은 그들 마음씨의 선악에 의해 결정되는 것이 아니라 정권의 질의 우열에 의해 결정된다. 신중국 건국 초기에 '인민을 위해 복무하자(爲人民服務)'는 다섯 글자가 정권 가운데서 널리 유행할 때 그들은 정권을 대표하여 직접 '인민을 위해 복무하는' '하급관리'였다. 비정상 시대의, 예를 들면 '반우파 시기' 또는 '문화대혁명' 시기에 그들은 정권을 대표하여 백성의 언행을 감독하는 '하급관리'였다. 그 비정상 시대에 그들의 한마디면 충분히 한 사람을 감옥에 집어넣거나 감옥에서 석방할 수 있었다. 그들 손에 쥔 권력은 아주 작았지만 바로 그런 작은 권력이 평민 백성과의 일상생활에서 희비쌍곡선 관계를 발생시켰다. 그것은 평민 백성의 일상생활은 '말단'에서만 정권과 접촉할 수 있기 때문이다. 비정상 시대에 정권의 '말단' 접촉점에서 그들 중 일부 사람은 평민 백성의 머리에 올라앉은 '지방 황제'와도 같았다. 뇌물수수의 풍기문란은 그들 사이에서 유래가 아주 오래되었다. 법이 불건전한 시대에 그들 자신이 거의 법을 대표할 수 있었다.

필자가 어릴 때부터 어른이 되기까지 '하급관리'들이 평민 백성들을 못살게 굴었던 일들을 많이 이해하고 있다. 그런 일들은 흔히 우리들을 흥분시키고 화가 머리끝까지 치밀어 오르게 한다.

그러나 우리 집은 비교적 운이 좋았다. 당시 하얼빈시에서 우리 집을 관할했던 그 지역사회 골목사무소의 왕 씨 아줌마가 십수 년 동안 준 우리 집에 대한 각종 배려는 우리 온 집 식구들이 영원히 잊을 수 없다. 사실 그녀는 골목사무소에서 상품권을 나눠 주는 일을 책임졌을 뿐이다. 매번 사람들이 사무소에 가서 도장을 찍어 달라고 할 때면 그는 항상 옆에서 그들을 대신하여 도장을 책임진 사람에게 통사정했다.

그리고 또 어릴 적 우리 집이 소속된 그 지역사회를 관할했던 파출소 인민경찰 '샤오궁(小宫) 아저씨'를 기억하고 있다. 우리 집은 그 지역사회에서 가장 가난한 집이라고 할 수 있었다. 허나 무슨 영문인지 그는 결코 우리 집이 가난하다고 꺼리지 않았으며 공무 처리 차 우리 집을 지날 때면 늘 우리 집에 들러 모친과 한참 동안 이야기를 나누었다. 집에 자기가 도울 무슨 어려움은 없는가…….

비록 필자 자신은 '하급관리'에 대해 선입견이 없었지만 그래도 이런 사실을 지적할 수밖에 없다. 지난 한 세대에 중국 하급관리 중의 적어도 3분의 1 정도는 정권을 대표해 인민을 위해 복무하는 것이 아니라 평민 백성을 괴롭히는 것을 일삼고 즐거운 일로 생각했다. 도대체 어떤 심원한 영향이 중국의 '하급관리' 중 상당한 일부분을 그런 사람으로 만들었는지 필자는 지금 당장 명확하게 말하기 어렵다. 혹시 그들이 관원이 아닌 '하급관리'이기 때문에 마음의 평형을 잃은 건 아닌지? 혹시 그들이 평민 백성을 괴롭힐 때 그 기회를 빌려 자신을 관원처럼 상상하고 하급관리의 권력이 관원보다 크다는 체험을 하는 건 아닌지?

한 친구는 당시 그의 집이 소속된 지역사회를 관리했던 한 '인민공사' 사무원을 이야기할 때면 자신도 모르게 눈에서 불꽃이 튀었다. 그가 농촌으로 내려갈 무렵 그의 부친은 병사한지 얼마 안되었다. 당시 정책에 따르면 '공사'에서 가정생활이 곤란하다는 증명만 떼어 주면 그는 무료로 세숫대야 한 개·양치도구 한 세트·고무신 한 켤레·이불 하나와 새끼줄까지 지급받을 수 있었는데 다 합하면 약 20여 원이 된다. 당시 그의 집안 생활이 확실히 어렵다는 것을 알고 있었다.

하지만 그 사무원은 그에게 증명을 발급하려 하지 않았다. 이유는 그의 집에 아직 팔아서 돈이 될 물건이 있다는 것이다. 당시 이것은 한 지역사회 하급관리의 입에서 당당하게 말할 수 있는 이유였다.

그 집 누군가가 그 하급관리의 미움을 산 거 아니냐고 여겨서는 절대 안된다. 그 집 사람들은 종래로 상대방의 미움을 산 적이 없었다. 그 관리는 다른 평민 백성도 똑같이 괴롭혔다. 그의 이런 '능력'은 의외로 상급 '인민공사' 하급관리로부터 높은 평가를 받았다.

"당시 내 손에 칼이 없었기 망정이지. 칼만 있었으면 쿡 찔러 버렸을 거야."

그가 30년이 지난 지금에 와서도 왜 당시의 일을 항상 마음에 두고 있는가를 이해할 만하다. 당시에 그의 어머니가 눈물을 흘리면서 그 하급관리 앞에 꿇어 앉아 애걸하던 장면이 그의 머릿속에 너무 깊은 기억으로 남았다.

오늘날 사람들은 '기개가 있다', 또는 '기개가 없다' 이런 사고로 당시의 일을 대해서는 안된다. 당시 그 가난한 집 모친에 대해 말하면 당시의 20여 원이 거의 오늘의 천 원과 맞먹는다. 빌리지 못하면 빌리지 못한 것이고 빌리고 갚지 못하면 갚지 못하는 것이다. 어느 모친이 자신의 아들이 농촌으로 내려가는 상황에서 세숫대야와 이불을 가지고 가기를 바라지 않겠는가? 때문에 그의 모친이 무릎을 꿇은 것은 어찌할 도리가 없어서일 것이다. 헌데 그 하급관리는 몸을 돌리고 거들떠보지도 않았다.

한 중학교 동창생은 하향한지 11년 만에 도시에 돌아왔으나 잠시 취직하지 못했다. 그래서 상급에 신청하여 동 위원회에 남아 사무원이 되었다. 몇 달 후 그는 편지 한 통을 보내 왔는데 지금도 편지 중의 한 단락의 말을 똑똑하게 기억하고 있다.

'이 몇 달간 업무 과정에서 나는 평민 백성들이 우리 국가 정권의 가장 기층 관리원에게 도움을 구할 때, 어떻게 무례한 냉대를 받고 심지어 괴롭힘을 당했는가를 직접 내 눈으로 보았네. 관인을 찍는 것은 관인을 책임진 사람의 본직 의무인데 그들은 무슨 영문인지 고의로 관인을 찍으러 오는 사람을 몇 번 헛걸음을 시키지 않으면 자신이 존재하는 특별한 의미를 보여줄 수 없는 것처럼 생각하는 것 같아. 그리고 평민 백성은 쩔쩔매면서 한 번·두 번 헛걸음을 하네. 속으로 아무리 급해도 감히 분노하지도 표현하지도 못하지. 이런 광경을 보고 나는 아주 놀랐네. 왜냐하면 때로는 모 관인(직인)이 어느 사람의 서랍 속에 있고 서랍을 잡아당기면 곧바로 꺼낼 수 있고 반 분(分) 내에 다 찍을 수 있는데 관인을 책임진 사람은 "며칠 후에 와 봐요."라며 흔히 하는 말을 던지네. 놀랍게도 다른 이유를 만들어 상대방을 헛걸음시키는 것도 하찮은 것 같애. 지금, 나도 관인 한 개를 책임지고 있네. 나는 이젠 30대에 동위원회 작은 사무원이 된 것으로 인해 낙담하거나 우울하지 않네. 절대 나 스스로가 장악한 이 관인을 믿고 백성들을 괴롭히지 않을 거네. 그것은 나에게 추호의 쾌감도 가져오지 않기 때문이네. 나는 이 관인이 진정으로 인민을 위해 주어진 관인이 되게 하겠네. 이유가 정당하기만 하면 인민의 분부에 따를 거네……'

얼마 전 하얼빈에 돌아가 가족을 방문했을 때 중학교 동창생들과 모여서 당시 그가 쓴 편지를 언급했었다. 그는 정중하게 말했다. "나는 편지에 쓴 대로 했어. 믿지 못하겠으면 가서 알아보게, 나는 정말 그대로 했었다네."

이런 동창생이 있는 것만으로도 자부심을 느끼게 된다.

중국에서 과거 시절에 '하급관리'들은 비록 평민계층에서 생활하고 있었지만, 또한 대부분이 평민가정과 거의 비슷한 좁은 집에 살고 있었지만, 비록 매월 봉급이 3~4급 노동자보다 높지 않았지만 그들 중 권력으로 사리(私利)를 꾀하는 데 능한 사람은 실제 물질적 생활수준이 평민보다 몇 배나 나은지 모른다. 소학교 6학년 때 한 동창생의 부친은 구 위원회 서기를 지낸 적이 있었다. 처음 그 집에 놀러갔을 때 그는 물독 덮개를 열고는 말했다. "가져가, 가져갈 수 있을 만큼 다 가져가라." 그 물독은 아주 높고 컸는데 내가 발끝을 세워서야 안을 들여다볼 수 있었다. 독 안에는 과자와 통조림들이 가득 차 있었다. 헌데 그 해는 3년간 지속되는 자연재해(1959~1961. 아사자 수천만 명에 이름)의 두 번째 해였고 전국 거의 모든 백성들이 기아에 배를 곯고 있는 터였다.

신문에 실린 바에 의하면 작년에 산서성 한 작은 과장이 탐오한 행위가 드러났다. 북경에만 주택이 30여 채가 있었는데 모두 뇌물로 요구한 것이었고 인민 폐로 환산하면 약 1.7억여 원에 달했다. 이른바 중국 간부급 직위로 견주어보면 과장이 무엇인가? 그야말로 조그마한 하급관리에 불과하다. 오늘, 중국 남방의 일부 성에서 '하급관리'들이 손에 쥔 말단권력을 이용한 렌트 추구(rent seeking) 현상은 사실 '잠재규칙'의 일종이다. 그리고 이런 '잠재규칙'은 마치 오래 전에 '규칙'이 된 것처럼 손으로 '잠복'할 필요가 없다. 북방에서도 대개 이러하다. 그 차이점은 단지 탐오액수가 적다는데 있다. 심지어 탐오라고 간주하지 않고 '인정적 왕래'로 본다. 돈만 받고 정말로 일을 처리해주면 대단히 감사해한다. 지금 나도 그렇게 보고 있으며 그 사람은 좋은 관리라고 생각한다……

정권의 부패는 상업시대에서 시작된 것이 아니다. 한 중국 평민 백성이 설사 사람마다 '개인의 이기주의와 투쟁하고 수정주의 사상을 비판(鬪私批修: 투사비수)' 하는 '문화대혁명' 시기에도, 만약 정권의 가장 낮은 기구의 그렇게 중요하지 않은 관인이라도 자신의 어려움을 해결하기 위해 종이에 찍으려면 그는 최소한 그 관인을 쥐고 있는 사람에게 과자 두 봉지, 또는 좋은 담배 한 보루와 좋은 술 한 병쯤은 주어야 한다. 만약 그가 아무것도 줄 수 없을 경우 반드시 다른 방식으로 감사의 뜻을 표해야 한다. 예를 들면 그가 목수라면 자기를 '도와준' 그 관리 또는 관원을 위해 무료로 가구를 짜 주어야 한다. 그가 재봉사라면 자신을 '도와준' 관리 또는 관원을 위해 무료로 옷 몇 벌을 해 주어야 한다. 평민 백성들은 관원에게 부탁하기 어렵기 때문에 항상 감사하는 대상은 대체로 하급관리들이다. 또 매번 그들을 위해 찍는 관인은 동시에 그들에 대한 '도움'을 뜻한다. '도움'이라 말한 이상 물품 보답은 곧 '인정적 왕래'로 합법화된다. 이전에는 과자 두 봉지면 됐지만 지금은 금목걸이 2개 또는 2만 원 정도는 되어야 한다. 이는 양적 변화에서 질적 변화이며 하급관리에서 관원으로의 변화인데 아주 필연적인 것 같다.

이런 변화는 오늘에 답습해 오기까지 중국의 거의 모든 사람의 손안의 권력이 상호 거래로 될 수 있었다. 때문에 평민 백성이 만약 순조롭게 살아가려면 꼭 천방백계로 많은 하급관리 또는 관원들을 사귀어야 한다. 과거에서 지금까지 상당수 중국 평민 백성의 적잖은 정력은 이런 방면에 소비되었는데 원래 내키지 않는 일을 억지로 한 것이다.

'하급관리'들은 비록 평민계층 속에서 생활하고 있지만 많은 주요한 특징 면에서 평민들과 비슷하지 않으며 관료계층과 더 비슷하다. 왜냐하면 그들은 필경 관료라는 큰 나무의 잔가지 잔잎이기 때문이다. 그리고 내심으론 평민계층 속에서 가장 살고 싶지 않다. 언젠가는 관원으로 변신하여 그로부터 평민계층을 벗어나는 것이 그들의 '영원한 꿈'이다. 그러나 우리는 이 점을 지적하는 동시에 그 합리성도 충분히 긍정해야 한다. 그것과 한 노동자의 승급 희망은 마찬가지로 합리적인 것이고 심하게 비난할 바가 못 된다.

일부 '하급관리'는 평민보다도 더 평민이다. 그들은 빈털터리이고 자신에겐 엄격히 요구한다. 노고를 마다하지 않고 백성을 위해 근심을 풀어 주고 어려움을 해결해 주고는 사례를 바라지 않는다. 그들은 틀림없이 좋은 '하급관리'이다. 좋은 '하급관리'는 사실 좋은 관원의 기준을 자신의 맡은 바 일에 최선을 다하는 원칙으로 삼기 때문이다.

'하급관리'는 관원의 '실습생'이다.

좋은 '하급관리'들은 좋은 관원을 따라 배우고 나쁜 '하급관리'들은 나쁜 관원을 따라 배운다. 관원은 '하급관리'에서 배양되기 때문에 '하급관리'의 기풍을 조사하고 정돈한다는 것은 사실 관원의 기율을 바로잡는 것이다. 보건데 중국의 '하급관리' 기풍은 세계 기타 국가에 비해 별로 칭찬할 만한 것이 없다.

적잖은 '하급관리'는 이미 죽었지만 백성들은 그들을 계속 회자하고 마음속으로 늘 기린다. 반대로 나쁜 '하급관리'가 죽으면 백성들은 흔히 그들을 언급할 때마다 말이나 표정 속에 증오의 기색이 드러난다.

비록 백성들이 자주 접촉하는 것은 관원이 아닌 '하급관리'이지만 그들을 관원으로 간주하고 좋고 나쁨을 이야기한다. 중국 관원의 이미지가 추악하다고 하면 어떤 방면에서든 백성의 주변에서 흔히 '하급관리'들의 나쁜 행적이 더럽힌 것이다.

나쁜 "하급관리"는 평민계층 속에 섞여 있지만 사실 은밀하게 중국 중산가 계층의 부유한 생활을 지내고 있다. 그들 중 어떤 사람은 집이 몇 채나 되며 어떤 사람은 은행에 수십만 원에서 심지어 수백만 원을 저금하고 있다. 신문에 실린 바에 의하면 남방의 모 시의 지역 파출소 소장은 매일 '벤츠'를 몰고 다니며 많은 사람들 앞에서 뽐내는 모양이, '하급관리'의 뇌물을 받았다는 것과 법을 어긴 정도를 충분히 설명해준다. 중국 백성은 흔히 한편으로 그들에게 아부하고 한편으론 속으로 그들을 증오한다. 한편으론 부득불 그들에게 뇌물을 주고 한편으로 그들이 법에 따라 엄격히 처리되기를 바란다.

이상의 '하급관리'들을 포함한 크고 작은 집단이 중국 당대 평민계층을 구성하고 있다. 평민계층은 중국 당대의 가장 기본적인 대중이다.

'개혁개방' 이래 중국 평민계층의 생활수준은 부인할 수 없이 향상되었다. 이는 틀림없는 사실이다. 그러나 이 사실은 흔히 더 이상 사실에 부합되지 않을 정도까지 과장되었다. 생활수준의 개선 요소도 흔히 무심코 단일화되었다. 이 계층 자체의 생존 자구능력은 줄곧 등한시되고 경시를 받고 있다. 마치 하느님이 영원히 필요한 계층이고 만약 하느님의 보호가 없다면 가난할 자격밖에 없는 것처럼 말이다.

사실 중국 당대 평민계층은 '개혁개방' 과정에서 직접 누린 이득이 가장 적은 계층이다. 적어도 지금은 그들이 직접적 '개혁개방' 중에서 얻은 이익이 가장 많은 계층이라는 걸 증명할 수 있는 근거가 부족하다.

중국 각 계층 중에서 평민계층은 가장 본능적이며 가장 적극적임과 동시에 가장 강인함을 지닌 생존 자구능력을 가지고 있다. 그들의 '구세주'는 줄곧 그들 계층 내부에서만 탄생하였다. 더 정확하게 말하면 줄곧 그들의 가족과 가정에서만 탄생하고 줄곧 다른 '구세주'의 보호를 받지 못했다.

앞에서 언급했던 20세기 5~60년대의 중국 평민가정은 일반적으로 다자녀 가정이다. 3~40년이 지난 오늘 당시의 아이들은 이미 4~50대 중년이 되었다. 당시 한 가정은 3~4개 심지어 4~5개 가정으로 분열되었다. 우리가 조금만 잘 관찰해보면 이런 사실을 발견할 수 있다. 당시 모든 평민가정의 분열 과정에서 가족 운명을 위해 최선을 다하는 적어도 한 명의 '구세주'가 탄생하였다는 것이다. 그는 관원이나 지식인이 되었거나 또는 기업과 사업기관의 지도급이 되었거나 자영업 상인이 되어 있다.

한 평민집안에 단 한 명의 '구세주'가 나오기만 하면 이 평민집안에는 온 집안이 빈민으로 전락되지 않을 일말의 생존 기회가 있게 된다. 그리고 평민집안에만 그가 꼭 필요로 하는 '구세주'가 탄생한다. 또 거의 평민집안에서 탄생된 '구세주'만이 기꺼이 가족 운명이 빈민화되지 않도록 구조할 책임과 '사명'을 짊어지려 한다.

그런 '구세주' 중에 가족 운명에 대해 가장 직접적이고 가장 큰 역할을 하는 것은 당연히 관원 또는 하급관리질을 하는 아들들이다. 설사 자그마한 과장이라 해도 대권을 혼자서 장악하기만 하면 그 권력이 '위력'만 있으면 이 평민집안은 많은 이익을 얻을 수 있다. 만약 의외로 처장이거나 국장이라면 이 평민가족은 거의 근심걱정이 필요 없다. 한 국장 어르신의 집안일은 보통 그 자신이 신경 쓸 필요가 없으며 아래 처장, 과장들이 서로 다투어 대신 '처리'한다. 이런 상황은 편벽한 성·시(省·市)일수록 더 인정상, 도리상 모두 적절하고 자연스러운 일이 된다. 이는 관원중심국가인 중국의 특색이다.

한 지식청년 '전우'의 형님은 공안국 부처장이었다. 그래서 그들 형제자매 몇몇은 다 좋은 집에서 살고 좋은 직업과 안정된 수입을 갖고 있으며 직장에서든 지역 사회에서든 막론하고 모든 사람이 기세등등해 보인다. '길흉은 긴 새끼줄과 같다(죽은 나무 밑에 살 나무 난다)'라는 속담과 같이, 일부 평민가정은 바로 이러이러하게 점차 기세등등한 집안으로 변해갔다.

일부 평민 자식은 높은 관원이 되자 탐오수뢰에 빠져들어 가 결국 가족의 '구세주'로부터 법의 '죄인'으로 전락되기도 한다. 이런 사례는 상당히 많다. 그러나 일반적으로 말해 평민가정은 집안에 '구세주'가 한명 나오는 것이 얼마나 어렵고 얼마나 행운인가를 잘 알기 때문에 이런 행운을 충분히 이용할 줄 알며 또 조심스럽게 이 행운이 변질되지 않도록 보호한다.

이런 중국 전통 현상에 대한 필자의 태도는 상당히 모순된다. 만약 시대의 진보적 입장에 서면 이런 '관원 중심'의 병폐 현상에 대해 비판적 태도를 취할 수밖에 없다. 만약 평민계층의 입장에 서면 또 평민계층을 대신해 좀 위안을 느끼지 않을 수 없다. '관원 중심'의 병폐 현상이 만약 관료계층 자체에서 나타나면 비판적 태도는 흔히 아주 격앙되며 원수처럼 증오를 품게 된다. 그러나 평민가정에 이익이 되기만 하면 차마 질책하지 못한다.

그 다음으로 평민가정에 대해 직접적으로 대단한 '구세주' 역할을 하는 사람은 상인이 된 평민가정의 자녀이다. 만약 그의 일 년 수입이 3만 원이라 하면 저소비 도시에서 그 돈의 3분의 1만으로도 3인, 4인 가구 세 가정이 도시빈민으로 전락되지 않도록 보태 쓸 수 있다.

그 다음은 국유성격의 기업과 사업기관의 지도자이다. 그들은 최소한 자기 가족 중의 주요 성원이 실업을 당하지 않도록 할 수 있다. 이 일은 별로 어렵지 않다. 일반적으로 자기 형제자매 또는 형제자매의 아들딸들을 다른 기업과 사업기관에 '추천'하고 상대방이 자기 기관에 '추천'하는 것과 같은 동수의 사람을 받아들이거나 또는 합작 중에 생긴 이익을 서로 사양하는 것으로 보답한다.

세 번째는 지식인을 꼽을 수 있다. 위 사람들과 비교해 말하면 평민가정 출신의 지식인은 가족을 구조하려는 의식이 아무리 강하더라도 그 직접적 역할은 아주 작다. 만약 그들이 단순한 지식인이고 관원이 아니라면 그 역할은 더 작게 되어 있다. 만약 그의 가족이 구제가 절박하게 필요하고 구제하지 않으면 꼭 빈민으로 전락된다고 하면 그들은 흔히 고결함을 버리고 가능한 한 관원·상인·기업·사업기관 지도자들을 사귀려고 한다. 이런 상황 하에서 평민 출신의 지식인들은 아주 가련해 보인다. 설사 그들이 흥미진진하게 이야기할 때에도 내심으론 괴롭다. 그들은 헐값에 자존심을 팔아먹는데 그것은 오로지 가족을 구하기 위해서다. 그들은 평민 가족의 '프로메테우스'(제우스에게서 불을 훔쳐 인간에게 내줌으로

써 인간에게 최초로 문명을 가르친 장본인, 먼저 생각하는 사람이란 뜻)이다. 그러나 그들의 평민 가족에 대한 또 다른 역할은 이상 각 유형 사람들이 발휘하자고 해도 발휘할 수 없는 역할이다. 바로 가족을 이끌고 모든 곤란을 이겨 나가고 가능한 한 명, 심지어 몇 명의 지식인을 더 육성하는 것이다. 평민가정 출신의 지식인들은 집안 생활의 현 상태에 대해 직접적인 큰 역할을 발휘하지 못할 바엔 '구세주'의 책임과 사명을 장래에 돌린다. 때문에 우리는 평민계층에서 이런 귀중한 현상들을 쉽사리 발견할 수 있다. 만약 한 가족에서 한 명 내지 두 명의 대학생이 나오면 이 가족의 다음 세대 사람들은 양호한 영향을 받아 꾸준하게 공부하는 분위기에 젖어든다. 십수 년 후 이런 평민가족은 당연히 질적 변화가 발생하고 몇 개의 신생 지식인 가정에 의해 대체된다. 중국 당대에서 보편적 상황을 보면 지식인은 한 가정을 부유하게 하는 것이 쉽지 않다. 그러나 시대는 결국에는 갖은 방법을 다 강구하여 절대다수의 지식인 가정이 빈민으로 전락되지 않도록 보장하고 있다. 이 점에서 시대와 지식인들 자체의 노력은 기본적으로 일치한다고 말할 수밖에 없다.

만약 하느님이 정말 존재한다면 이렇게 말하고 싶다. 보건데 하느님은 비교적 공정하다. 더 정확하게 말하면 하느님은 가능한 공정하게 하려고 시도하고 있다. 평민계층에 대한 필자의 관찰 결과가 필자에게 그렇게 알려주기 때문이다. 하느님은 사전에 개개의 평민가정 또는 가족에게 '구세주'를 배치하였다. 물론 그는 앞 4가지 유형 사람들로 완전히 포괄할 수는 없다. 그는 관리도 아니고 지식인도 아니고 기업·사업기관 지도자도 아니고 장사 능력이 아주 강한 자영업 상인도 아닐 수 있다. 그러나 설사 그가 아무리 평범하다 해도 모종의 '구세주'적인 특별한 능력을 가졌을 것이다.

당시에 우리 집이 있던 그 거리에 자녀가 많은 오랜 이웃이 하나 있었는데 옛날부터 지금까지 계속 빈민의 변두리에서 생존하고 있었다. 그러나 형제자매 몇 가구 중 한 가구도 정말 빈민계층의 수렁에 빠지지 않았다. 이 집안에는 관원·하급관리·지식인·상인·공장장도 없었다. 형제자매 중 큰누나는 우체국 영업원일 따름이다. 그러나 바로 이 큰누나가 온 집안의 '구세주' 역할을 맡았다. 그녀는 비범한 사교능력을 가지고 있었다. 단지 이 능력에 의지해서 그녀는 10년을 하루와 같이 성공적으로 형제자매들의 가정을 빈민계층 수렁의 변두리에 단단하게 정착시켰다. 그녀는 필자의 마음속에 항상 감동과 경의가 차 넘치게 했다. 비록 그 무슨 시대의 '영웅도 모범도' 아니었지만……

"앞으로 나가는 모든 배는, 배의 규모가 크든 작든 관계없이 반드시 어려운 항해 중에는 위험에 직면해도 조금도 두려워하지 않고 다른 사람에게 용기를 내서 풍랑을 이겨 가라고 영향을 줄 수 있는 노 젓는 사람(혹은 선장)이 있다."

이 문구는 어렸을 때 읽었던 책 속의 한 단락이다. 책 이름은 잊은 지 오래되었으나 이 말은 머릿속에 새겨졌다. 이 말은 원래 사람과 나라 간 관계를 비유했던 것이지만, 지금은 그것을 사람과 집 그리고 사람과 가족 관계에 비유하려고 하는데 이것도 의미가 있다고 생각한다.

평민에게는 퇴로가 없다. 그들이 조금만 물러서도 빈민으로 전락된다. 빈민의 수렁은 평민생활의 변두리에 도사리고 있다. 평민은 빈민으로 전락된 후의 결과를 가장 잘 알고 있다. 때문에 평민계층의 각 가정에서는 '구세주'를 탄생시키는데 그야말로 생존법칙에 순응한다고 할 수 있다. 이는 중국 평민계층의 과거시대 다(多)자녀 가정의 특징과 직접적 관계가 있다.

이렇게 말하는 것은, 당연히 '계획생육(計劃生育: 산아제한)'을 반대하는 것을 뜻하지 않는다. 필자는 두 손 들어 '계획생육'이란 국책을 지지한다. 또한 우리가 너무 늦게 실행했으며 이는 중국의 가장 슬픈 일이라 간주한다.

우리의 '계획생육' 선전구호는 "부부는 아이 하나만 낳으면 좋다."였다. 어느 날 '계획생육'에 대해 외국 기자의 인터뷰를 받은 적이 있었는데, 그때 솔직하게 대답했다.

"'부부는 아이 하나만 낳으면 좋다'는 정책구호는 좋지 않다. 결코 조금도 좋은 것이 아니다. 다음 세대에 대해서든 아니면 부모에 대해서든 그 폐단은 후대로 갈수록 더욱 뚜렷하게 드러날 것이며 결국에는 향후 중국의 또 하나의 중요한 사회문제가 될 것이다."

그러나 일반 중국 사람들의 지금 수입을 고려하면, 특히 평민계층의 수입을 보자면 사실 아이 한 명을 겨우 기를 수 있는 처지다.

외국 기자가 물었다. "만약 기를 수 있다면 아이가 둘, 셋이면 더 좋지 않은 가?"

당신도 아버지인데 더 말할 필요가 있는가? 하지만 설령 기를 수 있다 해도, 설령 아이 둘, 셋이 하나보다 더 좋은 것을 잘 알지라도, 우리 중국 사람들은 한 부부가 아이 하나만 낳는다. 이건 기본적인 책임 문제다. 한 중국 사람의 자기 나라에 대한, 나아가서는 전체 인류와 지구촌에 대한 책임 문제이다. 이 책임 문 제의 성격은 모든 중국 가정 인구 구조의 우열 문제보다 더 중요하다. 우리 중국 사람은 큰 책임을 선택함으로써 잠시 한 부부가 아이 하나만 낳았을 때의 각종 폐단을 고려하지 않는다.

평민가정의 다자녀 관념은 묘목 10그루가 있다고 하면 설사 9그루가 바르게 자라지 못하더라도 그 중 한 그루만은 재목이 될 수 있으리라는 전통사상을 토 대로 생긴 것이다.

그들의 희망은 그 한 그루에 있다.

그러나 고루(固陋)한 중국사회의 현실은 항상 그들의 논리를 묵인하는 것 같다.

우리는 먼저 그들의 사상이 우매하다고 비판할 필요가 없다. 이 점에 대해서 더는 시시비비할 필요가 없다. 지금 누구나 다 우매하다는 것을 인식하고 있다.

필자가 제기하고 싶은 문제는-중국의 향후 시대에 만약 한 평민 자식이 빈민 의 변두리에서 생존하는 평민가정을 이루었고 또 부부 양쪽의 퇴직금이 아주 적 은데 노부모 4명을 봉양한다 할 경우 그들은 언제든지 빈민으로 전락될 수 있잖 은가-하는 문제이다. 관찰을 통해 상당수의 평민 가정이 사실 아슬아슬하게 빈 민의 변두리에서 생존한다는 사실을 발견한다.

중국 당대에 어떤 가정을 빈민가정이라 할 수 있는가? 필자는 일부 관원의 견해와 완전히 다르다.

관원의 눈엔 집이 없고 수입이 없고 매일 배불리 먹지 못하는 가정만 빈민가정으로 보일 것이다. 그러나 지금 물가 기준으로 만약 3인 가구의 총수입이 6백원 미만이면 빈민가정이라고 생각한다.(13~4년 전에 보편적 임금은 겨우 2~3백 원이었다)

이런 견해상의 차이로 인해, 이전에 한 관원과 어떤 자리에서 논쟁을 한 적이 있다. 이 논쟁은 그의 말에서 기인된 것이다.

그는 어느 회의에서 공개적으로 토설(吐說)했다. 중국 인민 중에 사실 정말 가난한 사람은 얼마 안된다. 사람마다 거주할 집이 있다. 비가 오면 젖지 않고 눈이 내려도 얼지 않고 입쌀과 면을 먹고 기운 옷을 입지 않는데 어떻게 가난한 사람인가? 게다가 대다수 가난하다고 우는 시늉을 하는 백성은 집에 이미 텔레비전·냉장고·세탁기를 갖추고 있다. 때문에 거의 모두 가난한 것처럼 꾸민다…….

그는 차분하게 또 말을 이었다. "나는 '퇴직노동자'를 대처함에 '좋은 방법'이 있다. 나를 찾아와서 곤란을 해결하라고 하잖는가? 아주 겸손하게 그들을 버스에 오르라고 권한 후 아주 널찍한 곳에 가서 아무 방해도 받지 않고 이야기하자고 할 것이다. 어디로 데리고 가느냐고? 한겨울에 교외로 데리고 가지."

여기까지 말하고 그는 웃음을 지었는데 자신의 '총명'으로 인해 득의양양한 모습이었다. 즉, 그 광활한 대지는 넓고 방해도 받지 않는다. 자기는 미리 옷을 두껍게 입어 추운 날씨도 두렵지 않다고 말했다. 그러나 그 '퇴직노동자'들은 다르다. 준비가 없었기 때문에 아주 적게 입었다. 다들 추워서 목을 움츠리고 어깨를 껴안고 있었다. 이야기한지 한 시간도 지나지 않아 다들 추워서 견딜 수 없었던지 오늘은 이만하고 빨리 차를 타고 시내로 돌아가자고 말한다…….

마치 '퇴직'노동자를 대처하는 좋은 경험을 전수하는 것 같았다.

그는 또 웃으면서 계속 말했다. 한 노동자가 국가 규정에 따라 자기 '퇴직'생활비를 지급해달라고 요구했다. 당시 그는 이렇게 대답했다고 한다. "'퇴직'생활비는 가정생활이 어려운 '퇴직'노동자에게 지불하는 것이다. 당신 집에는 텔레비전·냉장고·세탁기가 있고 당신에겐 손목시계, 자전거도 있잖은가. 때문에 당신은 '퇴직'당했을 뿐이고 가정생활이 어렵다고 하기엔 아주 거리가 멀다. 먼저 그 물건들을 팔아서 생활하라, 언젠가 당신네 집에 더는 팔 물건이 없을 때 나를 찾아와서 보조금을 신청해라…….

그는 세 번째로 웃었다.

그가 발언을 마치자, 도저히 참지 못하고 그를 보면서 쏘아붙였다. "당신이란 관원은 아주 상놈 같은 관원이요. 나는 비록 '퇴직'노동자가 아니지만, 그들을 대신하여 당신을 욕하고 싶소. ×××! 이건 또 공산당을 대신해서 당신을 욕하는 거요. 왜냐하면, 당신의 속셈이 음흉하고 관리가 핍박하여 이는 백성을 배반하게 하고 공산당 천하에서 말썽을 만드는 혐의가 있다고 생각하오. 만약 언젠가 당신이 맞아 죽고 시체가 갈기갈기 찢긴다 해도 그건 싼 짓이고 조금도 동정할 필요가 없다고 생각하오……."

그렇다. 지금 어느 평민가정에 텔레비전·냉장고·세탁기가 없는가? 그것들이 무엇을 설명할 수 있단 말인가?

그런 가전기구 같은 물건은 서방에서는 반세기 전에 이미 도시에 보급되었다.

그에게 알려 주었다. 우리 집에 텔레비전 한 대가 있는데 10년 전 가격은 1,800원이다. '설화표' 냉장고는 10년 전 가격이 9백 원이다. 세탁기는 1,500원도 안된다. 이른바 '3대 가전제품'을 다 합해야 10년 전에 5천 원도 안된다.

우리 집을 예로 든 것은 당연히 우리 집 생활이 어렵다는 것을 강조하려는 것이 아니라 그가 이런 사실을 알기를 바라는 마음에서였다. 대다수 당대 평민 가정의 '3대 가전제품'은 전부 십수 년 전에 구입한 물건으로서 총 가치는 5~6천 원 밖에 안되며 그것도 온 집안이 몇 년을 아껴서 장만한 것이다. 이에 근거하여 그들의 실제 생활이 가난한가, 가난하지 않았는가를 판단하는 것은 머리에 문제가 없다면 마음씨에 문제가 생긴 것이다.

또 그에게 알려 주었다. "10년 전 '3대 가전제품'이 설사 모두 명품이었다 해도 지금 팔아서 1,500원만 받아도 다행스러운 것이다.”

　이런 건 모두 상식이고 아주 간단한 사고에 의해서도 알 수 있는 일들이다. 그러나 일부 공산당 관원들은 일부러 모르는 척한다. 필자는 늘 궁금하고 도무지 이해가 되지 않는다. 무엇 때문에 저런 관원들이 공산당 관료집단에 중용되고 있는지?

　그들은 백여 평(중국은 평방미터를 한 평으로 한다)이나 되는 집에서 살고 인민폐 30여만 원씩 하는 ‘아오디’의 관용차를 타고 다니며 사무실은 갈수록 널찍해지고 거의 모든 일상적 비용을 변칙으로 청구 받으며 자녀들을 모두 수입이 높은 직장에 배치하였다. 그들의 평민에 대한 태도와 그들 입에서 나오는 말 같지 않은 말을 들으니 정말로 뻔뻔스럽고 부끄러움을 모르는 것 아닌가! 또 정말 사람을 분노케 한다!

　저런 관원이 중국 평민들의 생활을 보는 논리는 매우 대표성이 있고 아주 전형적이며 적지 않은 관원들의 머릿속에 모두 존재한다고 생각한다. 단지 어떤 사람은 경험으로 삼고 득의양양하게 말하지 않았을 따름이다.

　필자는 모든 중국공산당의 크고 작은 관원에게 말하고 싶다. 당신들이 평민 가정에 들어설 때 그들이 두 칸짜리 집에서 살고 집안에 텔레비전·냉장고·세탁기가 있고 밥상 위 접시의 만두와 사발 속 죽을 보았다면 절대 이에 근거하여 잘못된 결론을 얻어서는 안된다. 즉 그들의 생활이 당신의 상상한 것보다 더 좋고 그래서 그들은 누구의 은덕에 감사라도 해야 하는 듯한 생각 말이다.

　그것은 오로지 한 가지만을 증명할 수 있다. 당신들은 의식 중에 중국 당대 평민의 생활기준을 너무 낮게 ‘기획’한 것이다. 지금은 잡곡이 밀가루나 입쌀보다 더 비싸기 때문에 평민들은 잡곡도 마음대로 먹을 수 없다는 것을 알아야 한다.

　필자는 또 모든 중국공산당의 크고 작은 관원들에게 말하고 싶다. 큰방 하나에 작은방 하나 달린 집에 텔레비전·냉장고·세탁기가 있고 매일 만두(饅頭: 밀가루로만 쪄서 만든 속이 없는 빵)에 죽을 먹는 것은, 도시에서는 가장 기본적 생존상황이다. 지금 이러한 기본 생존상황을 유지하기 때문에 평민은 평민이고 빈민이 아닌 것이다. 상당한 일부 평민 가정이 마음속으로 불안해하는 것은 바로 이런 기본적 생존상황도 유지 못하고 평민의 변두리에서 벌렁 고꾸라질까 봐 걱정하는 것이다.

일부 관원이 이해하고 있는 "가정곤란"이란 사실 거지와 같은 생활을 의미한다.

평민은 거지로의 전락을 거부할 이유가 있기 때문에 '퇴직'당한 후 관심을 청원한다. 관원은 평민이 거지로 전락되지 않도록 할 책임이 있으며 이는 국가에 대한 관원의 가장 중요한 책임의 하나이다.

한 자녀 가정이 중국 당대 인구구조의 유일한 선택이 되었기 때문에 미래의 중국에는 필연코 반수 이상의 부양부담이 과중하게 되고 위험과 재난에서 구제해 줄 가족 '구세주'가 없는 평민가정이 나타날 것이다. 이런 평민가정이 도시빈민으로 전락되는 속도는 기초가 없는 초가집이 지진 중에 대량으로 무너지는 것보다 더 빠르다. 이는 의심할 나위도 없이 빈민계층의 사회 비중을 증가시킨다.

빈민이 많아지면 후과는 말하지 않아도 뻔하다.

그리고 이것은 중국이 '개혁개방' 후 미리 예측하고 관심을 두며, 미리 준비해 두고 미리 사회 이익의 분배 방법을 조정해야 할 일이다.

평민계층의 생활이 안정되지 않으면 사회질서가 안정될 수도, 태평스러운 국가가 있을 수도 없다.

평민계층의 지지가 없으면 정당의 광범위한 권위도 있을 수 없다.

평민계층이 모두 인정하지 않으면 '개혁개방'의 공적이 아무리 크다 해도 가장 심각한 분야에 가장 심각한 결함이 있음을 의미한다.

빈민은 독립적이고 상대적인 개념이다. 독립적이란 개념은 최근에 국제 관련 조직이 빈민생활 상황에 대해 비교적 인정하는 지수이다. 그러나 이 지수는 서방 각 경제선진국의 보편적 물질생활 배경 하에서 만들어진 것이고 중국이란 저소득 국가에 완전하게 적용될 수 있는 것이 아니므로 언급하지 않겠다. 상대적인 개념은 어느 시대든지 막론하고 모두 특정 국가의 평민계층 생활수준과 비교하여 얻은 결론이다.

세계의 자산가계층 생활은 대체로 크게 차이가 나지 않는다. 왜냐하면 자산가계층의 생활수준은 일반적으로 다국적 추구이고 또 가장 부유한 국가의 자산가 생활수준을 추구하는 목표로 삼기 때문이다.

경제후진국일수록 자산가들의 실제 생활은 경제선진국 자산가들의 실제 생활에 비해 사치스럽다. 이는 벌써 세계적 현상이 되었다. 이 점에서 중국 자산가들도 예외가 아니다. 그것은 경제후진국과 발전도상국의 사치도 싸구려이기 때문이다. 천만 달러가 있는 미국 가정은 모두가 도처에서 부를 자랑하는 것이 아니며 또 온 가족이 다 향락을 즐길 정도는 아니다. 이것은 많은 미국 친구들이 나에게 알려 준 것이다. 그러나 인민폐 1천만 원이 있는 중국 가정은 십중팔구는 별장과 명품 차를 사고 몇 살밖에 안 되는 아이도 어릴 때부터 사치를 부리고 향락을 즐기는 나쁜 습관을 양성하고 있다. 이것은 필자가 자기 나라에서 발견한 것이다. 이 방면 사례는 부지기수이기 때문에 예를 들어 설명할 필요가 전혀 없다.

세계의 거지들도 대체로 같은 처지이다. 서로 구별되는 것은 중산가 계층과 평민계층이다.

각 국가의 경제발달 정도에 차이가 있기 때문에 각 국가 중산가 계층과 평민계층의 생활수준을 한데 섞어 논해서는 안된다. 국가가 경제위기에 빠지기만 하면 가장 먼저 평민들의 운명이 대규모 살상을 당하고 그 다음에 중산가 계층의 생활이 영향을 받는다.

아일랜드는 1846년의 대기황으로 인해 백여만 명이 굶어 죽었는데 기존 거지와 빈민 생존자들은 아주 적었다. 동시에 굶어 죽은 자 중에 거의 절반이 평민이었고 또 천만에 가까운 평민들이 새로운 빈민으로 전락되었다. 그러나 아일랜드 자산가들은 기본적으로 1846년 이전과 같은 부유한 생활을 지냈다.

자산가란 일단 자산가가 되기만 하면 국가 경제 위기를 초월하는 경제적 실력이 있게 된다. 이는 전 세계 자산가들의 가장 공통된 자신감이다.

중국 평민계층의 생활은 이제 막 최저생활형에서 소비형으로 전환되었다. 이와 비교하면 중국 당대 도시빈민들은 여전히 최저생활형 가정이다. 그들의 일상 소비는 가장 질 낮은 차원에서 진행된다. 구체적으로 말하면 최저 생활과 관련된 소비를 제외하고 그들은 감히 기타 임의의 소비에 관심을 가질 엄두를 내지 못한다.

이런 가정은 초등학생 한 명을 뒷바라지하기 위해 이미 변통하기도 어려운 지경에 빠졌다. 중학생 한 명을 뒷바라지하려 해도 상당히 힘들다. 당장 대학생 한 명은 아예 뒷바라지할 수가 없다. 이런 가정은 야채 가격이 오를 때면 야채를 먹지 않고 장아찌만 먹는다. 이런 가정은 반 달 또는 한 달에 한 끼 정도밖에 고기를 먹을 수 없다. 이런 가정은 중국 각 대·중소도시에 모두 널려 있다. 만약 그들이 빈민이 아니라고 하면(일부 관원들이 보기엔 아직 빈민이 아니다) 세계에는 빈민이 없을 것이다.

그들은 도대체 얼마나 될까?

객관적이고 실사구시적으로 말하면 '퇴직'과 실업상황이 이렇게 심각하기 전에는 그 사람 수는 아주 한계가 있었다. 또한 **그들이 빈곤하게 된 것은 주로 국가 경제상황에서 기인한 것이 아니라 각자 가정의 여러 가지 불행에서 비롯된 것이다.** 세계 각국에는 모두 이러한 빈민들이 존재한다.

전례 없이 심각한 '퇴직'과 실업상황이 중국 당대 도시 빈민인구를 확대하고 상당 일부분 도시평민이 빈민화되는 새로운 현상을 초래하였다.

'퇴직'과 실업은 '개혁개방'의 후과가 아니라 '개혁개방' 이전 여러 가지 국정요인에서 기인한 후유증이다. 단지 그 후유증이 지금 시대에 폭발했을 뿐이다. 구체적으로 말하면 설사 중국에서 현재 '개혁개방'을 진행하지 않았다 해도 '퇴직'과 실업은 여전히 현재 이 시대에 폭발했을 것이다.

다른 요인은 없을까? 다른 요인도 있다.

예를 들면 흑룡강 모 대형 기업이 여러 해 동안 적자를 보면서 노동자들의 임금을 지급하지 못했다. 이 무렵 '대경(大慶: 중국 최대 원유산지. 대경유전)'이 주동적으로 이 기업을 인수하려고 했다. 그러나 이 기업의 지도자들이 자신의 대우 조건이 충족되지 못했다는 이유로 거절했기 때문에 '대경'은 결국 합병제의를 포기하였고 2만여 명 노동자들은 지금도 임금이 없는 처지에 놓여 있다.

그러나 아무리 '퇴직'과 취업대기를 논하고 분석해도 우리는 사실을 직시해야 한다. 중국 도시에서 새로운 빈민이 나타나기 시작했다. 만약 수가 감소되지 않고 후에 해마다 증가할 경우 빈민들의 수는 점차적으로 새로운 도시계층을 형성할 정도로 많아질 것이다.

나라마다 빈민은 다 있다. 그러나 나라마다 '빈민계층'이 다 있는 것은 아니다.

빈민의 수가 계층화된 비례를 형성하기만 하면 어느 나라든지 모두 걱정스럽다. 빈민 계층화는 헌신짝처럼 버릴 수 있는 것이 아니다. 결국에 가서는 역시 국가 부담이 되고 만다.

중국 도시빈민의 수는 비록 증가하고 확대되고 있지만 대다수 평민이 빈민으로 변했기 때문에 현재 실제 생활수준은 평민과 빈민 생활수준의 중간을 유지할 수 있다. 이는 마치 그들이 여전히 평민 같은 가상(假像)을 조성한다. 2~3백만 인구를 가진 도시에 2~3십만의 이러한 가정이 있다. 이 도시의 일상사회 면모 속에서 거의 알아내기 어렵다. 이는 또 그들이 근본적으로 존재하지 않는 듯한 가상을 조성한다.

그들은 직업만 있으면 설사 매월 4~5백 원의 임금을 받더라도 점차적으로 평민생활 수준을 유지하게 된다.

이해한 바에 의하면 그들 중 많은 가정은 평민과 빈민 사이의 생활수준과 경제능력을 유지하며 길어야 몇 년을 겨우 지탱할 수 있다. 몇 년이 지난 후 만약 그들이 평민의 생활수준을 유지할 수 없을 경우 완전한 도시빈민으로 전락되고 만다.

중국 도시에서 직업이 없는 중국 사람은 바로 실업자를 의미하지 않으며 빈민을 의미하는 것은 더더욱 아니다. 중국 도시에서 이러한 중국 사람이 적지 않다. 이런 사람들은 지난 십수 년 동안에 상당한 액수의 돈을 벌고 지금은 이자를 받으면서 윤택한 생활을 보낸다. 직업이 있든 없든 그들은 개의치 않는다. 그들은 즐겁게 수년 동안 직업이 필요 없는 자유로운 생활을 보낸다. 그들은 실업에 의견이 없는 행복한 실업자들이다.

중국 도시에서 공장의 생산이 정지되었거나 파산된 노동자만이 진정한 실업자이다. 또 한 그들의 수가 매우 많을 때만이 빈민으로 전락될 가능성이 크다. 심지어 설사 현재 여전히 일하고 있는 노동자라 해도 점차적으로 빈민으로 변하고 있을 가능성이 크다.

만약 맞벌이 부부의 3인 가구에서 부부 수입이 합해서 5백 원도 안되면 그들은 실제 빈민보다 약간 나은 생활을 지낸다. 중국 도시에서 이러한 가정은 부부 중 한쪽이 실업당한 가정보다 절대 적지 않다.

중국 도시빈민과 한창 급격히 빈민화되고 있는 일부 평민들의 운명의 출로는 도대체 어디에 있는가? 현재 누구도 감히 자신이 그들을 위해 '방향'을 제시하였다고 우쭐거리면서 흰소리치지 못할 것이다.

'재취업프로젝트'의 소망은 사람을 감동시킨다. 허나 실제로 '자선' 성격이 더 많다. '자선' 성격을 띤 조치는 많은 사람들의 실업문제를 해결할 수 없다. 실제 천분의 1의 사람들조차도 '재취업'에 배치할 수 없다.

이는 21세기 중국의 가장 고질적인 골칫거리이다.

'퇴직'실업이 조성한 평민의 빈민화 그림자는 한창 다음 세기 내에서 중국을 향해 불안한 그림자를 드리우고 있다.

현재, '주주제'는 일부 성·시에서 급속도로 보급되고 있다. 일부 관원이 이에 대해 가세한 '힘'은 우리가 짐작한 것보다 훨씬 더 크다. '힘을 더 쏟자'라는 말은 현재 관료사회에서 사용빈도가 가장 높은 어휘이며 거의 일부 관원의 말버릇이 되어 버렸다.

사람들은 주용기(朱鎔基: 전 총리) 동지가 이렇게 경고하였다고 생각한다. "첫째, 맹목적으로 '주주제만 하면 영험하다'라고 믿어서는 안된다. 둘째, 노동자계층이 스스로 원해야 한다. 적어도 대다수 노동자가 스스로 원해야 한다."

주용기 동지가 정말 이렇게 경고했다면 그 경고를 각급 관원들이 꼭 기억할 필요가 있다.

'주주제'의 실행이 직면한 문제는 3가지 상황에 불과하다.

첫째, 적자기업, 심지어 심각한 적자기업, 즉 자산이 잠식당한 기업.

이런 기업의 노동자들은 원래 임금이 한계에 도달할 정도로 낮고 가정생활 수준이 아슬아슬하게 도시 빈민계층의 변두리를 유지하고 있는데 어디에 여분의 돈이 있어 주식을 매입하고 '주주가 된단' 말인가?

어떤 기업의 지도자들은 일 처리 방법이 아주 간단하고 야만적이라고 이해하고 있다. 즉, 회의를 소집하고 '공고문'을 붙인 후 한정된 시일 내에 노동자에게 몇 천 원을 내라고 명령한다. 낸 자는 '공장 적(籍)'을 보류할 수 있다. 낼 수 없는 자는 무뚝뚝한 표정을 짓고 제명해 버린다. 심지어 변칙적으로 여러 해의 적자 금액을 노동자에게 균등하게 할당한 후 '주식을 팔았다' 하고는 실제 노동자들이 빚을 갚도록 한다.

노동자들은 이렇게 묻는다. "만약 앞으로 또 적자가 나면 어떡합니까?"

대답은 "모른다!"

이것은 과거에 지주가 머슴을 대하는 식이다. 품삯을 주지 않을 뿐만 아니라 머슴의 몸에서 옷을 벗겨 버리는 격이다. 이것이 바로 관리가 백성을 핍박하여, 백성이 궁지에 몰려 반란하게 하는 것이 아닌가?

특히 가증스러운 공장 간부는 그 기회를 빌려 허위 영수증을 첨부한다. 예를 들면, 자기 집을 장식할 때 쓴 돈, 공금으로 먹고 마신 돈, 관광 다니면서 쓴 돈, 친구들이 장사하거나 주식투자를 했다가 밑진 원금 등을 전부 주식에 포함하고 각 노동자에게 할당한다.

둘째, 자산이 채무보다 훨씬 많고 효율이 좋은 기업

이런 기업의 지도자들은 외부의 돈 있는 사람과 결탁하고 일찍부터 침을 흘리고 있었다. '주주제'는 그들 자신이 생각하는 바와 꼭 들어맞았다. 노동자가 아직 무슨 뜻인지도 알아차리기 전에 그들은 벌써 충분한 돈을 모아 두었고 기업 지도자에서 주식지배의 사영업자로 변신했다. 그래서 국가노동자도 동시에 그들의 '아르바이트생'이 되고 만다. 그들보고 자기 '아르바이트생'이 된 과거 국가노동자들에 대해 어떤 기본적 생존책임을 부담하라고 하면 그건 환상에 지나지 않는다.

셋째, 자산이 제로인 기업

이른바 자산제로란 당연히 자산이 완전히 제로인 것이 아니라 자산과 부채가 얼마 차이 나지 않는 것을 말한다. 이런 기업은 공정경매를 하기에 가장 적합하다. 개인이 낙찰되고 요령 있게 경영하기만 하면 단시간 내에 수익을 창출할 수 있다.

그런데 어떻게 해야 공정한 경매를 할 수 있을까?

경매 망치를 쥔 사람의 눈길이 먼저 노동자를 향해야 공평하다고 생각한다. 그것은 그 자산이 원래 그들의 피땀으로 모은 것이기 때문이다. 그들의 경매가격이 돈 있는 사람보다 너무 뚜렷하게 낮지 않으면 경매원칙은 도의상 그들을 향해 기울어야 하며 경매 망치는 그들의 이익을 보장하기 위해 두드려져야 하지 돈 있는 사람에게 이익이 가게 두드려져서는 안된다.

이런 경우의 일을 알고 있다. 모 공장 노동자들이 자신들이 공장을 잘 운영할 능력이 있다고 판단하고 자금 50만 원을 모아 집체로 공장을 산 후 자신들이 믿을 수 있는 지도자를 천거하려 했다. 그러나 돈 있는 사람은 노동자들보다 단 3만 원 높은 가격으로 노동자들의 소망이 수포로 돌아가게 했다. 중국 희극 중에 '돈 한 푼이 영웅호걸을 쩔쩔매게 한다.'는 가사가 있다. 3만 원이 그 공장 2백여 명의 노동자들을 당황하게 만들었다. 그들이 모은 50만 원은 집집마다 '재난 대비용' 돈을 내놓은 것이다. 3만 원을 더 내려면 정말 지극히 곤란하다. 게다가 3만 원을 더 낸들 무슨 소용이 있는가? 부자들의 경매가격이 53만 원보다 만 원 더 많으면 결국 그 공장은 여전히 부자들의 것이 아닌가? 2백여 명의 노동자와 한 중국 부자가 모 공장을 경매한다 할 경우 경제적 실력의 우위는 역시 후자에게 있다.

이 경매 망치가 후자 쪽으로 떨어지면 얼마나 양심이 없는 짓인가!

그러나 관원은 그럴듯하게 말한다. 이것이 바로 공평이다. 금전 앞에선 누구나 평등하다.

그 후 일은 가히 짐작할 수 있다. 공장을 매입한 부자는 2백여 명 노동자를 대규모로 몰아내고 감축한다. 감축 과정에 감히 자신과 가격경쟁을 한 노동자들에 대한 집단 보복을 실행한다. 그러나 관원은 본체만체하고 자주 봐서 이상하게 여기지 않으며 지극히 정상적이라고 생각한다. 그리고 크게 홀가분해 한다. 또 2백여 명의 노동자는 더 이상 국가노동자가 아니다. 그렇게 되면 향후 그들의 생존, 그리고 귀착점은 자신과 완전히 무관하게 된다.

노동자가 중국 부자들의 '아르바이트생'이 된다면 운이 꽤 좋은 편이며 기뻐할 만하다. 신문에 실린 바에 의하면 중국 동북 모성 모시의 자산가치가 인민폐 5백여만 원에 달하는 모 공장은 인민폐 단 100만 원에 한 외국인에게 넘어갔다. 그 외국 사장은 자기 마음에 든 여성노동자를 강박하여 잠자기 전에 마시지를 하게 하고 제멋대로 경박하고 비열한 짓을 해댔다. 제 뜻에 따르지 않는 여성은 해고한다고 위협했다. 여성노동자들은 실직이 두려워 분노할 수도, 감히 말할 수도 없었다.

중국은 아주 큰 대륙이기 때문에 이런 일들이 발생하기 마련이다.

문제는 이런 일들이 발생한 후 기자들이 분개하고 대중들도 분개하고 존엄이 좀 있는 중국 사람들은 모두 분개하는데 어느 중국 관원이 탁자를 치며 벌떡 일어나 비할 바 없이 분개했다는 말을 들어 본 적이 없다는 데 있다…….

중국 관원들은 다 어찌된 일인가? 아마 이런 냉정함을 갖추어야만 중국의 관원이 될 수 있는 게 아닐까? 그렇게 해야만 중국적 관원에 더 가까워 보이는 게 아닐까?

이런 사건을 보도한 언론은 흔히 혹독한 비평과 질책 심지어 제재를 받게 된다. 그러나 보도하지 않으면 아는 사람이 없다. 아는 사람이 없다면 자기 나라에서 모욕을 당하는 우리 남녀동포들이 울분을 참고 계속 모욕을 당할 뿐만 아니라 동포가 동포에 대한 도의적 성원조차 얻을 수 없다.

인민들에게 나라를 사랑하라고 하지 않았는가?

'주주제'는 만병통치약이 아니다. 그러나 지금은 한 번쯤 시험해 볼 만하다.

이 과정에서 부패를 근절하고 권력과 금전거래를 엄격히 징벌하고 계속해서 긴밀히 주시하고 감독하는 것은 국가의 책무이다. 만약 관원들이 여기에서 독직(瀆職)할 경우 그 후환은 아주 크다.

일부 관원은 '주주제'란 말을 듣고는 몰래 기뻐한다. 자신들의 일가와 친척들이 국가 이득을 차지할 기회가 또 생겼기 때문이다. 일부 관원이 국유자산을 할인 매각하는 열정은 마치 장사꾼이 새벽시장에서 물건을 외치면서 파는 것과 같다. 돈 있는 사람에게 약속한 우대'정책'은 사람들이 혀를 찰 정도이며 심지어 돈 있는 사람에게 무이자 대출까지 승낙한다. 권력과 금전 거래 그리고 사욕이 그렇게 만든 것을 제외하고 또, 그것이 당연하다는 사상적 논리가 지배하기 때문이다. 팔면 보고할 '실적'이 있게 되고 팔지 않으면 '실적'이 없다. 빨리 팔수록 바짝 따른다는 것을 증명할 수 있다. 많이 팔수록 '실적'도 더 커진다. 팔자! 팔아, 노동자들은 이후 생존, 행방 등 문제를 가지고 나를 찾아와 귀찮게 말라, 국가와 관계를 끊었잖았는가?

'나는 국가 관원이다. 그 일로 속을 썩일 필요가 없다.' 이러한 마음가짐으로 어떻게 '주주제'를 잘 추진하고 노동자들이 시름을 놓게 할 수 있단 말인가?

산동성에 제성(諸城)이라는 곳이 있는데 작은 도시다. 소도시 전체 중소 국영기업과 집체기업은 거의 전부 '주주제'를 도입했다. 그것은 신형 '주주제'로서 '집체주주제'라고도 부른다.

제성의 처리방법은 첫째, 노동자의 자발적인 지원이다. 둘째, 노동자의 자발적인 지원이란 전제 하에서 기업에 대해 자산평가를 실시한 후 먼저 노동자들에게 주식을 판다. 일반적으로 외부에 주식을 팔지 않으며 본 기업 노동자가 본 기업 주식을 인수하는 우선권을 보장해 준다. 셋째, 기업의 80% 주식은 노동자가 자기 능력에 맞추어 인수한다. 20% 주식만 기업 각급 간부들에게 남겨줌으로써 노동자의 본 기업 자산에 대한 실질적 집단 보유를 보장해 준다. 일부 적자 기업은 자산평가 후 심지어 주식을 균등하여 노동자에게 '기증'하였다. 이것을 국유자산의 '유실'이라 할 수 있는가? 아마 어떤 사람은 그렇게 비난할 것이나 이런 방법을 택한 것에 대하여 아주 찬성하는 편이다. 그 도리는 아주 간단하다. 생산자료가 계속 유효하게 생산 역할을 발휘하지 못할 바엔 노동자에게 '돌려'주어 노동자가 진정으로 그 보유자와 주인이 되게 하고 또 그것이 자신감 넘치는 노동자에게 귀속된 후 다시 '활성화'되는 편이 낫다. 노동자에게 '기증'하는 것은 당연한 도리이다. 중국에서 지금 작은 부분의 노화된 생산 자료를 노동자에게 '기증'하여 이런 노동자들이 국가에 대한 의탁에서 벗어나 자생하면서 국가에 세금을 바치기 시작했다. 이것은 '모든 물자의 효용을 극대화 시키는 것'이지 '유실'이 아니다. 이런 처리방법은 돈 있는 사람에게 파는 것보다 더 도의에 맞고 합당하며 장기적으로 보면 정책 수준도 더 적극적이다.

사실이 증명해 주다시피 이상의 원칙에 따라 주식을 노동자에게 팔거나 노동자에게 '기증'한 중소기업 중 십중팔구는 '기사회생'하였으며 일부는 심지어 유례없는 생명력으로 시장경쟁에 참여하였다. 노동자들은 진짜로 기업의 주인 또는 '주식인'이 되었으며 그들 자신에 대한 책임감은 그 어떤 다른 사람의 자신에 대한 책임감보다 더 강하다.

모 시에서는 한 간부를 '주주제'를 도입한 기업에 파견하여 직무를 맡도록 했으나 얼마 지나지 않아 '주주'자격을 가진 '이사회'에 의해 파면 당했다. 그가 직권을 이용하여 주식을 인수하지 않은 친척을 공장에 채용하였는데 그 친척이 죄를 범해 사법기관에 구류를 당하자 그는 공장 공금을 유용하여 그 친척을 풀어주었던 것이다. 이는 구체제 당시에는 '부정행위'였다.

일부 기업지도자에 대해 말하면 이전에 이런 '부정행위'는 '작은 일'이었다. 이런 '작은 일'은 이전에는 '기율위원회'가 엄숙히 따져도 일부 기업 지도자를 어찌해 볼 도리가 없었다. 그러나 지금 '주주제'를 도입한 후 '작은 일'이 더는 작지 않았다. '기율위원회'가 신경을 쓰지 않아도 된다. 노동자 이익을 대표하는 이사회가 결정하면 즉시 파면한다. 어디에서 오면 어디로 가야 한다. 파면 이유도 하나면 충분하다. '우리는 믿지 않는다.'

들은 바에 의하면, 주용기 총리는 직접 고찰팀을 인솔하여 제성에 가서 고찰하였다 한다. 결론은 이러했다. 방향이 정확하고 생각이 치밀하다. 사고방향이 '중국특색'에 부합되고 경험을 배울 만하다……

13년이 지난 지금 중국 도시 평민계층의 생활수준은 도대체 제고되었는가, 떨어졌는가?

답은 긍정적이다. 제고되었다.

중국 도시평민의 수는 도대체 증가 되었는가, 감소되었는가?

만약 당시의 빈곤 상황에 대비해서 말한다면 답은 긍정적이다. 감소되었다.

독자들은 필자의 이 두서없고 황당무계한 논리가 넘치고 함부로 지껄인 이 책을 읽으면 꼭 뚜렷한 인상이 남을 것이다. 그것은 바로 중국의 상황이 이미 달걀을 쌓아올린 것처럼 위험하고 지속되기 어렵다는 것이다. 그러나 실제 상황은 이렇다. 중국은 견뎌냈을 뿐만 아니라 개혁개방 후 13~4년 동안에 종합적 국력이 배로 증가하였고 국민의 생활수준도 큰 폭으로 향상되었다.

1995~2000년 사이 중국은 형세가 매우 위태로웠다.

오늘의 중국은 어쨌든 세계가 새로운 안목으로 대하게 한다.

만약 개혁개방의 30년을 책 한 권의 상편과 하편으로 나눈다면, 필자의 견해는 이렇다. 상편의 주요 내용은 모순의 교차 또는 모순이 깔려있는 '복선'이라 할 수 있다. 그리고 하편의 주요 내용은 어떻게 그 겹겹한 모순을 해결하고 곤경의 포위망을 뚫고 나오는가 하는 과정이다. 그래서 개혁개방의 경험도 주로 후 13~4년 사이에 집중적으로 반영되었다고 생각한다.

따라서 개혁개방의 경험을 총결함에 있어서 반드시 후 13~4년간으로부터 착수하여 진지하게 발견하고 총결해야 한다. 그중 분명 아주 귀중한 경험이 있을 것이며 앞으로 국가를 강성하게 하고 국민을 부유하게 하는 실천에 참고할 수 있을 것이다…….

6장

당대 중국의 농민

중국 농촌경제체제의 개혁은 중화인민공화국 건국 이래 가장 주요하고 가장 중요한 경제체제 개혁이다. 그 주요함과 중요성을 말하자면 어느 것 중의 하나가 아니라 그 첫째이다. 왜냐하면 중국은 세계에서 농촌인구가 가장 많은 나라이기 때문이다. 농촌경제체제에 대해 개혁을 진행하기 전에 중국에는 약 8억 농민이 있는데 이는 거의 전 중국 인구의 3분의 2를 차지하였고 거의 세계 인구의 6분의 1을 차지하였다. 8억 중국 농민 중 2억여 명은 빈곤선 아래에서 생활하였고 나머지 6억도 풍년이 들 때만 끼니 문제를 해결할 수 있는 정도였다.

만약 연속 심한 흉년을 만나면 빈곤선 이하의 농촌인구가 급증하였다. 가장 많을 때 그 비례는 심지어 3분의 2를 돌파하였다. 1958년 이래의 '대약진'이 농촌생산사슬에 조성한 인위적 파괴 이후 60년부터 63년까지 중국은 또 연속 3년간 '자연재해'를 입었다. 지금 우리가 알고 있는 것은 그 3년 중에 농촌에서 대략 3천 5백만에서 4천만 인구가 굶어 죽었다는 것이다.

중국의 '농업합작화'는 지난날 소련에서 그대로 옮겨 온 것이다. 신중국 성립 후 집권당으로서 중국공산당의 급선무는 공산주의 치국 원칙에 부합되는 경험이었다. 당시에 전 지구상에서 오로지 소련만 이런 '모범 경험'을 제공했다. 중국이 소련을 배우는 것은 필연적인 것이다. 이는 잘못이라 할 수 없다. 필연적이라고 말하는 것 외에, 필연적일 수밖에 없다고 말해야 할 것이다. 모든 필연적인 일은 옳고 그름을 분간할 수 없다. 마치 초등학교 교사가 만약 '4'와 '10'(중국어 발음상 같으면서 성조가 다르다)을 분간하지 못하면 1학년 초등학생도 흔히 분간 못하는 것과 마찬가지다.

그러나 '실속 없이 성과를 부풀리는 풍토'는 소련에서 배워 온 것이 아니라 중국 자체의 책임이다.

이브는 선악과를 훔쳐 먹은 후 마음속에 욕망의 충동이 생겨났고 인류는 원시상태를 벗어난 후 머릿속에 동시에 사유의식(私有意識)이 형성되었다. 사유의식은 인류사상사의 두 번째 주요한 장(章)이다. 제1장은 토템 숭배이고 제3장은 성(性)이다. 이 세 장은 또 조기 인간성의 가장 기본적인 3대 내용을 다져놓았다. 그 후 인류의 모든 사상과 모든 문화전통은 전부 이 3대 내용에서 기원했다.

토템 숭배는 인류가 가진 불가항력적 자연의 위력에 대한 공포감을 반영하였고 그래서 종교문화 및 모든 생·사·운명·화복(禍福)에 관한 철학사상을 형성하였다. 인류가 이상의 명제에 대한 해석을 탐구하는 자각이 없었다면 철학이란 있을 수 없었다.

미학은 성(性)에서 기원했다. 이는 논의의 여지가 없다. 인류는 먼저 놀랍게도 이성의 몸에서 미를 느꼈는데 이런 느낌은 남녀의 마음속에 말로 형용할 수 없는 특이한 즐거움을 가져다주었다. 그래서 자연계를 감상할 때도 아름답게 느껴지기 시작하였고 그 후에 모든 이성문화(異性文化)가 형성된 것이다. 또 이성문화로부터 그 후의 사랑, 혼인에 관한 모든 보편적 도덕원칙과 초기단계의 법률이 형성된 것이다.

이 세 장 중에서 사유의식은 내용이 가장 광범위한 명제이다. 사유의식은 공포를 거부한다. 가장 지혜로운 철학도 대다수 사람의 머릿속에 깊숙이 뿌리박은 사유의식을 변화시킬 수 없으며 이는 하느님도 어찌할 도리가 없다. 하느님이 인류의 사유의식이 팽창되는 것을 억제하기 위해 《성경》에서 제시한 가장 엄격한 경고는 사실 진짜로 인류에게 영향을 준 적이 없었다. 사유의식은 토템 숭배 의식보다 강대할 뿐만 아니라 흔히 그 강대함으로 이성 관계를 주재한다. —한 남자가 한 여자에게 맹세하면서 "나는 당신을 사랑해요."라는 말을 할 때면 그의 머릿속에는 동시에 분명한 생각 – 그러면 너는 나에게 속한다는 생각이 생긴다.

인류의 사유의식(私有意識)과 인류의 성문화 형성과정을 비교하면 우리는 이런 사실을 쉽게 발견할 수 있다. 즉, 인류가 숱한 성행위를 한 후에 비로소 일종의 새로운 성 관념이 생겨날 수 있었다. 그리고 인류 중의 어떤 한 사람이 개인 소유 목적에 단 한 번 만에 도달한 후 그 쾌감은 엄청난 만족을 얻은 성행위에 못지않을 뿐만 아니라, 또 수많은 종류의 사유를 자신에게 이로운 경험과 의의(意義)로 총결해 낼 수 있다.

인류의 성 경험과 성 의의는 흔히 한 세기를 넘어야 한 번 총결한다.

인류의 사유의식의 경험과 의의는 각 특정한 인간의 일생에서 적어도 백 번 이상은 총결지어질 수 있으며 또한 자신 또는 타인에 대한 사유의식의 경험과 의의의 총결은 거의 모든 인간으로 하여금 사유의식은 불변의 진리라는 것을 명확하게 하려 할 것이다.

마르크스의 공산주의에 관한 학설은, 때마침 인류가 이 깊숙이 뿌리박은 의식을 폭넓게 극복한 후에 수립된 것이다. 이 과정은 아마 인류가 하늘을 날고 싶은 소원이 생겨서부터 첫 번째 비행기를 제조하기까지 과정보다 더 길다고 여겨진다.

사회주의 국가 지도자들의 두뇌 즉, 예컨대 비범하고 낭만적인 모택동의 두뇌는 일방적인 소망으로 이 복잡하고 긴긴 과정을 더 비할 바 없이 간단하고 짧게 상상하였다.

레닌은 대개 이런 요지의 말을 했었다—보아하니 공산주의는 세계 곳곳에 자본주의가 존재하는 상황 하에서는 어느 한 국가에서 먼저 실현하기는 불가능하다.

이 말이 레닌의 입에서 나오니 곰곰이 새겨 볼만하다.

모택동은 소련의 뒤를 따른 후 중국의 광대한 농촌을 '공산(共産)'의 실천기지로 만들었다. 그는 단번에 목표에 도달한다면 그것이 좋은 방법이라고 생각했다. 그는 농민들이 가진 '공사(公社: 인민공사. 1958년 설립된 중국 농촌사회의 사회생활 및 행정조직의 기초단위. 교육경제, 군사를 포함한 종합적인 사회조직. 공동체화)화'에 대한 본능적 충돌을 미리 짐작했다. 그렇게 되면 막 땅을 분배받은 농민들이 낙담하고 허전해 하기 때문에 그는 수많은 농촌사업팀을 농촌에 파견하여 농민을 설득하고 교육하고 심지어 핍박까지 했다.

농민들은 순종했다. 일부는 달갑게 여겼다. 금방 지주계급의 압박에서 해방된 농민들은 공산당에 대해 아주 강한 감지덕지 식의 신뢰를 하고 있었다. 공산당은 '공사화' 후 더욱 아름다운 생활을 약속했으며 그들은 더 아름다운 생활이 자신들을 향해 손을 흔들고 있다고 생각했다. 그들의 자발적인 순종은 감지덕지 식의 신뢰를 바탕으로 하고 있었다. 일부는 그다지 원하지 않았으며 반신반의했다. 그러나 설득 및 교육을 통해 결국 아쉬운 심정으로 금방 자기명의 하에 분양받은 땅에 박아 두었던 경계 말뚝을 뽑아버렸다. 또 어떤 농민들은 당연히 아주 심하게 충돌했는데 그들은 미개한 농민으로 간주되었으며 경계 말뚝은 결국 다른 사람에 의해 뽑히고 말았다. 그들이 '공사화'에 가입한 것은 불가항력적으로 달리 방법이 없어서였으며 핍박당한 것이다.

농민과 토지의 관계에 대해서는 많은 사람이 이미 각종 생생한 비유를 했으며 여기서 앵무새처럼 되뇌지 않겠다. 다만 그저 한 가지만 지적하고 싶다. 농민들이 자신에게 속하는 토지를 갖고 싶어 하는 소망은 인류의 사유의식 중 가장 장구하고 견고하여 깰 수가 없는 것이며, 흔히 최고로 배려해 줄 가치가 있으며 가장 동정해 줄 필요가 있고 또 가장 인간을 감동시키는 하나의 의식(意識)이다.

농민이 토지에 대해 지니고 있는 사유의식은 동시에 토템 숭배와 성화(性化)된 의식적 요소도 가지고 있다.

토지를 어머니에 비유한 것은 시인이다. 진정 토지를 어머니처럼 생각하는 것은 농민이다. 농민의 마음속에서 토지는 어머니뿐만 아니라 아내와 애인 그리고 자기와 혈연관계가 있는 신성한 사물이다. 농민의 지주에 대한 깊은 원한 중 하나는 본래 자신들에게 속해야 하는 토지를 지주가 강점한 것이다. 이런 원한의 사무침은 그들의 아내를 강점한 원한에 못지않다.

《홍기보(紅旗譜: 양빈. 장편소설)》라는 책에서 아주 감동적인 묘사를 하고 있다.

농민 엄지는 빚을 갚기 위해 부득불 2무(畝)의 대대로 내려오는 세전(世傳) '전답'을 지주 풍로란에게 팔아버린 후 '전답'에 엎드려 얼마나 대성통곡하였던가?

설사 땅 반 무를 가진 농민이라 할지라도 그는 '반무산가'이다. 그 반 무의 땅을 잃으면 그는 '무산가'가 되어 버린다. '무산가'가 된 농민은 고향을 등지고 도시에서 유랑할 수밖에 없다. 그들이 도시에서 번 한 푼의 돈에는 모두 한 가지 꿈이 달려있다. 그것은 바로 돈을 모아서 언젠가는 농촌으로 돌아가서 땅을 사는 것이다.

'공사화'는 사실 농민을 농촌의 '무산가'로 만들어 놓았다.

이렇게 조상 대대로 농촌에서 뿌리내리며 살아왔으나, 갑자기 '무산'이 된 처지는 '공사화'된 그날부터 대다수 중국 농민의 마음속에 불안감을 심어 놓았다. 이 불안은 점차적으로 마비된 후 대체로 남에게 의탁하는 타성으로 변했다. 기왕 내가 이미 '무산화'된 바엔, 기왕 내가 이미 의뢰할 토지가 없는 이상 국가에 의탁할 수밖에 없다. 따라서 '공사화'된 이후 중국 농민의 머릿속에는 그와 같은 의식적인 논리가 생겼는데 질책할 명분도 없다.

무얼 심고 어떻게 심고 얼마나 심는 것마저 모두 '공사화'된 후 사실 농민은 노동의 기쁨마저 박탈당한 거나 다름없다. 농민은 자기에게 속하지 않는 땅을 경작하면서 진정한 노동의 기쁨을 얻을 수 없다.

'공사화' 이후, 농민들이 논밭에서 서로 경합하는 듯한 그런 노동열정과 논두렁에서 휴식할 때 그런 즐거운 정경들은 사실 인위적으로 선동한 열정이고 일시적인 즉흥적 기쁨에 지나지 않는다. 가을걷이 후 대량의 양식을 상납하고 일용 양식만 남았을 때 그들의 실망은 말로 표현하기 어렵다.

중국 농촌경제체제의 개혁은 바로 중국 농민과 토지의 깊은 관계를 충분히 이해하고 배려하고 다시 분석하고 인식한 후 토지의 경작권을 다시 농민들에게 분배한 것이다.

이런 중요한 개혁은 중국 농촌 8억여 명 '무산가'들을 다시 '반무산가'로 만들었다. 비록 농민들이 '점유'한 것이 토지 경작권에 불과하고 토지 매매권을 보유하지 않았음에도 말이다. 그러나 그때부터 그들의 마음속에 '무산가'의 그림자가 걷혔다. 경작의 자유는 그들에게 자기 명의 하의 토지에서 노동하는 즐거움을 체험하게 했다. 농민의 노동은 번거롭고 고된 노동이다. 경작의 자유가 가져온 기쁨은, 그리고 완전히 자신이 장악한 이익은 농민의 번거롭고 잡다한 중노동에 대한 위안이다.

중국 당대 농촌경제체제의 개혁은 그 내용이 사실 아주 간단하다. 그러나 중국공산당 내부에서는 이 때문에 치열한 논쟁이 벌어졌다.

유소기(劉少奇: 1898~1969)가 국가주석을 맡았던 시대에 '가족도급제(包産到戶: 포산도호)'를 전면 추진하려고 시도하였으나, 결국 이는 그를 중국 '수정주의자 수괴'로 만드는 죄상의 하나가 되었다.

'문화대혁명'이 막 종료되자 만리(萬里: 1916~2015. 중국중앙정치국원) 등은 먼저 자신이 제1인자가 된 성에서 공공연히 세상 사람들의 손짓도 아랑곳하지 않고 중국의 '공사화' 체제를 '배반'하고 '농지가족도급제(分田到戶: 분전도호)'를 대대적으로 추진하였다. 만리 등은 중국 농촌의 '공사화'를 철저하게 와해시키고 8억 농민의 영농 생산력을 해방시킨 '최선봉'이다.

농촌경제체제 개혁의 두 번째 내용은 농업과 공업의 결합, 농업과 상업의 결합, 농업과 과학의 결합, 농업과 무역의 결합을 격려하고 지지한 것이다. 그래서 향진기업(鄕鎭企業)이 우후죽순처럼 일어섰다. 농민들은 나가서 온갖 직업을 해보다가 안되면 돌아와서 토지에 의탁할 수 있다. 농민들의 운명에는 기뻐할 만한 변화가 발생했다. 금년까지 빈곤선 아래에서 생활하던 2억여 명의 농민이 5천만 명으로 줄어들었다.

그러나 중국의 농촌 경제발전은 여전히 그 차이가 아주 크다. 따라서 만약 농사에만 의존한다면, 농민의 생활은 입고 먹는 문제를 해결한 후 중등수준에 도달하려면 여전히 쉽지 않다. 부유한 농촌 농민들의 생활은 주로 향진기업의 발전이 이끈 것이다. 적지 않은 농촌 향진기업의 발전은 또 중국 부동산산업이 농촌으로 확장되는 데서 이득을 보았다. 농촌은 토지의 장기 양도에서 농민들이 과거에 그 어떤 방면에서도 얻을 수 없던 거액의 자금을 얻었다. 이런 자금은 그 농촌에서 향진기업을 발전시키는 1차적 생산기반이 되었다. 이런 1차적 비전통 농업 생산기반은 치부에 선도적인 농민의 탁월한 식견과 총명한 머리와 상호 결합하고 거기에 또 농민들의 적극 협력하는 협동심, 그리고 융통성 있는 자주권을 더해 향진기업이 넘치는 생기를 보여 주었다.

이런 향진기업이 활기 있게 발전한 농촌에서는 농민들의 많은 아들딸이 호미와 낫자루를 놓고 더 이상은 아버지 대처럼 땅을 가꾸지 않는다. 그들은 향진기업의 생산력이 되었다. 향진기업이 그들에게 주는 보수는 토지가 주는 보수보다 더 많았으며 가뭄과 장마에 대비한 시설을 확충해서 수확을 보증할 때에도 농민 자녀들이 토지에 대한 연정이 그들 아버지 대처럼 그렇게 두텁지 않다는 것을 발견할 수 있다. 일반적으로 이런 농가는 보통 아들딸이 비농민화 되었다하여 토지에 대한 임대권을 포기하지 않는다. 그리하여 신형농가가 나타나는데 아들딸은 향진기업에서 일하는 '월급쟁이'가 되는 것이다. 부모들이 아직 그런대로 능력이 있을 경우 계속하여 전통 농민의 역할을 맡는다. 만약 능력이 없을 경우 분기와 계절에 따라 품팔이꾼을 고용하여 경작한다. 그들의 손에 돈이 있기 때문에 고용할 수 있다. 또는 촌에서 토지를 직접 농민의 손에서 거두어들인 후 다시 생산을 집중 배치한다. 어떤 지방에서는 기계화에 의지하고 어떤 지방에서는 아예 우대조건으로 외지 농민들에게 임대한다. 그 외지 농민들은 당연히 아직도 빈곤한 농촌 농민들이다. 그래서 일부 중국농민은 어느 틈에 다른 일부분 중국 농민의 '고용농'으로 변해 버린다.

그러나 이런 고용관계에서 착취는 본질이 아니며 목적은 더욱 아니다. 정반대로 본질은 사실 일종의 상조(相助)로 나타난다. 물론 이런 상황은 각별히 주의할 필요가 있다. 개별 착취현상과 억압현상도 간혹 보도되기 때문이다. 부유해진 농민은 우리가 생각한 것과는 달리 그들 자신이 아직도 빈곤한 농민 형제에 대해 동정심과 사랑으로 가득차 있다. 하지만 만약 그들 자신이 이미 다른 사람을 착취하거나 억압할 자격이 있다고 느껴진다면, 그들의 어떤 수단과 방식은 해방 전 지주들과 비슷하다.

또 다른 한 가지 상황도 특별히 관심을 가질 필요가 있는데, 바로 일부 지방관원들이 자기 공적을 내세우기 위해 있는 힘을 다해 일부 가짜 부자농촌의 '전형'을 '본보기'로 만들어 낸다는 것이다.

그들을 가짜 전형이라 말하는 것은 좀 공정하지 못한 것 같다. 왜냐하면, 그 농촌은 확실히 이미 부유해졌기 때문이다. 참관자들은 그곳에서 도시주민보다 더 양호한 농촌 별장식 주택·유치원·소학교·강당·양로원 등을 볼 수 있다. 그러나 그런 마을에는 사실 이미 진정한 의미의 농민이 없다. 그런 농촌은 사실 이미 '동향시공대'로 변했다. 시공대책임자는 그저 고기가 물을 만난 것 같은 현장 노가다 '십장'에 불과하다. 마을에서는 일 년 내내 '공성계(空城計: 허장성세)'로 상대방을 속인다. 온 마을 청장년 일꾼들은 1년 365일 중 300일을 도시에서 활약하고 또 숱한 작은 노가다 '십장'이 될 수 있다.

하나를 둘로 나누어 보면 이것도 좋은 일이라 할 수 있다. 왜냐하면, 부유해지는 것은 목적이고 방식은 법만 위반하지 않으면 그 다양성을 허용하고 격려와 지지를 해야 하기 때문이다. 그러나 이런 일부 농촌은 사실 영농방식에 의지하여 부유해진 농촌이 아니다. 그러나 중국이 필요한 것은 영농을 통해 부유해진 전형과 영농을 통해 부유해진 본보기이다. 적어도 대량의 이런 농촌 실천을 통해 '농사에 의지해서도 똑같이 부유해질 수 있다'는 것을 반박할 수 없게 설명할 필요가 있다. 왜냐하면, 필경 대부분 농민의 빈부는 여전히 또한 오로지 토지와 긴밀하고 직접적인 관계에서만 발생할 수 있기 때문이다.

만약 이러한 전형이 희소하고 또 이러한 설명이 설득력이 없을 경우 아마 다른 어떤 심사숙고해야 할 우려를 제공할 것이다. 중국의 수많은 농민들이 다시 토지경작 자유권을 취득한 후 입고 먹는 문제를 해결하고도 계속 영농에 의지한다면 생활수준이 도대체 더 향상될 수 있는가? 다소 제고된다는 전망의 근거는 무엇인가? 물론 우리가 말하는 영농은 향진기업을 부정하지 않으며 농업·임업·목축업·부업·어업 등 다종의 경영을 배척하는 것은 더욱 아니다.

여기에서 강조하여 지적하는 것은 농업과 근본적으로 무관한 방식으로 부유해진 농촌을 일부러 부자농촌의 전형으로 선전하는 것은 전형으로서의 보급 의의

가 전혀 없고 사실의 진상을 덮어버릴 뿐만 아니라 또한 가장 광범위하게 여전히 농사를 짓고 있는 농민들의 마음속에 계속 농사에 종사하는 것은 근본적으로 슬픔이라는 오해 또는 암시가 생길 수 있다.

만약 농촌 농민들이 모두 광부질을 하러 간다면 아마 그 농촌은 이미 진정한 의미에서의 농촌과 농민이 아닐 것이다.

중국 당대에, 적지 않은 농촌 농민들이 토지에 대한 영농을 포기하고 농촌을 장기적으로 떠나 심지어 비농민화된 생활전선에서 영농과 똑같은 고생을 하고 있다. 일부 농촌은 사실 건장한 농민들의 농촌이었던 것이 노약하고 질병과 장애가 있는 가족들이 남아있는 '후방 기지'가 되었다. 이런 농촌에서 토지는 이미 반황폐화 또는 완전히 황폐화되었고 그곳에서는 노인과 아이들 그리고 강아지만을 볼 수 있을 뿐이다.

이와 관련하여 한 농민과 이야기를 나눈 적이 있다.

그는 마음속 말을 털어놓았다. "농사는 위험이 있어요. 흉년을 만나면 한 톨도 거두지 못하고 종자값·비료값·토지도급비 등만 빚으로 남아요. 설사 풍년이라 해도 무(畝)당 많아야 몇 백 원, 10무 밭에서 겨우 몇 천 원밖에 안 남는데 그것도 온 집 사람들이 고생해야 돼요. 지금 나 홀로 도시에 들어가 품을 팔면 적어도 3~4백 원 심지어 더 많이 벌 수 있는데 1년이면 몇 천 원을 벌 수 있어요. 그리고 품 파는 일은 가뭄과 장마가 들어도 수확을 보증하니깐 흉년이든 아니든 더 이상 걱정하지 않아도 돼요. 그래서 나의 몇몇 형제들은 모두 농촌에서 나왔어요. 토지는 여자들에게 남겨주고요. 여자들은 농사를 지을 수 있으면 하고 못하면 마을에 돌려주면 되거든요."

"이런 생활이 지낼 만하오?"라고 나는 물었다.

"그런대로 괜찮아요."라고 대답했다.

'괜찮다는 것'은 무슨 뜻인가 하고 물었다.

그는 어쨌든 농사짓는 생활보다 나쁘지 않다고 말했다.

이후에 무슨 계획이 있느냐고 물었다.

장래는 생각하지 않는다며 "돌다리도 두들겨 보고 건너야지요."라고 대답했다.

또 어쨌든 농지도급은 계약을 맺은 것이니 만약 촌에서 농지 반환을 허락하지 않으면 어찌하겠는가 하고 물었다.

"지금 농민들이 누가 감히 촌과 장기계약을 체결하는가요! 거의 매년 한 번씩 체결하지요. 설사 2년, 3년 계약을 체결했다 해도 농사짓기 힘들어 중도에 반납하려면 촌 간부들에게 가만히 몇 푼 쥐어 주면 다 되는 거지요!"

촌 간부들이 뇌물을 거절하면 어떻게 하느냐고 물었다.

그는 웃으면서 말했다. "지금 뇌물을 거절하는 촌 간부가 어디 있어요?"

말을 하고 나서 그 자신조차 너무 절대적으로 말했다고 느꼈는지 잠시 생각하더니 보충 설명했다. "있을 수 있겠지요. 그러나 아주 적어요. 다행히 우리 촌 간부들은 모두 뇌물을 거절하지 않아요."

만약 다들 앞다투어 농지를 되돌린다면 촌에서는 그 농지를 어떻게 처리하느냐고 물었다.

그는 "농민들이 농사를 원하지 않는데 촌 간부들인들 무슨 방법이 있겠습니까? 황폐해도 그대로 놔둬야지요."라고 대답했다.

그러면 너무 아깝지 않느냐고 물었다.

"그렇지요, 너무 아깝지요." 그러나 농민에게 억지로 농사를 지으라고 강박할 순 없다고 그는 대답했다.

"그건 그래요. 지금은 정책도 강압적인 것을 허용하지 않으니깐요."

중국 당대 농민들 중 상당한 일부분은 '3중 전회(三中全會: 1978. 12. 중국공산당 11기 제3차 전체회의 줄임)' 이후 다시 토지를 얻은 큰 기쁨과 이 최초의 큰 기쁨으로부터 분출된 경작 열정과 대단한 자신감이, 20세기 80년대 말에 이르러 상당히 심각한 좌절과 손상을 받았다.

그들에게 '간이영수증을 발행(打白條: 정부가 농민에게 양곡 수매 시 발행하는 간이영수증. 후일 돈이 있으면 지불하고 없으면 그만이다)'한 것은 그들의 적극성에 또 한 번 심한 타격을 주었다. 중국 중앙정부에서 여러 번 명령하고 훈계한 후 비로소 '간이영수증을 발행하는' 현상이 줄어들었다. 그러나 농민들은 여전히 덴 가슴이라 언젠가 또 '간이영수증을 발행할까' 두려워하고 있었다. 일부 농민들은 그러한 상처받은 심리적 그늘에서 제때 걸어 나오지 못하고 여전히 불신임을 품고 있었다.

모든 상해(傷害)적인 '정부행위'는 설사 가장 낮은 등급의 정부 부문이 무책임하게 했다 하더라도 행위의 농민들에 대한 심리적 상해와 감정적 상해는 그 행위 자체를 초월하는 것이며 중국 농민의 국가에 대한 신임도를 저하시킬 것이다.

만약 농민들이 인터뷰라는 것을 하지 않으면 사실 그 누구에게도 "정책이 변할까봐 걱정된다."는 말을 하지 않으려 한다. 그러나 이런 생각은 그들이 가장 하고 싶은 일반적인 속마음의 말이다.

보아하니, 농민들 권익에 대한 일부 보호정책이 단지 문건을 배포하고 여러 번 타이르는 것으로는 부족하다. 마땅히 헌법에 적어놓고 심지어 단독 입법하여 법을 위반하면 반드시 추궁해야 한다. 현(縣) 지도급 간부가 법을 위반하면 현 지도급 간부를 법에 따라 추궁하고, 성(省) 지도급 간부가 법을 위반하면 성 지도급 간부를 법에 따라 추궁해야 한다.

정책적 보호는 초보적 보호이다. 중국 농민을 법의 보호 하에 두어야 한다. 법의 보호만이 영원하고 신성한 것이며, 그렇게 해야만 농민들의 상소가 있음으로 하여 지방권력의 통제를 초월하여 완벽하게 보호될 수 있다.

농민들이 땅을 경작하려는 열성과 자신감도 과중한 부담에 의해 꺾여 버렸다. 그 부담은 지방에서 각종 구실로 징수하는 잡세로 인해 조성된 것이고 다른 하나는 종자·화학비료 등 가장 기본적인 영농 필수품이 해마다 가격이 인상되어 조성된 것이다. 게다가 가짜 종자·가짜 화학비료 사건이 연달아 발생하여 농민들의 가정 경제기반과 지속 가능한 영농에 대한 경제능력이 소위 궤멸적인 타격을 받았다. 결과적으로 일부 농민은 '농(農)'이란 말만 듣고도 안색이 변해 버린다.

농민들의 영농 열성과 자신감은 또 향진(鄕·鎭)·도시의 평민계층 생활수준의 영향을 직접 받게 되는데, 향진과 도시 평민계층의 생활수준이 빠른 속도로 뚜렷하게 향상되면 농부산물의 시장가격은 자연히 오르게 되고 농민들의 직접적 경제이익도 자연히 확연하게 증가된다. 반대의 경우 자연히 뚜렷하게 감소된다.

중국 당대 향진·도시 평민계층의 생활수준은 더 이상 제고되지 않고 심지어 내려가고 있는데 벌써부터 중국 농민의 영농수입에 심각한 영향을 미치기 시작했다. 향진·도시 평민계층은 가장 광범위하고 가장 직접적인 농부산품의 소비자이다. 현재 그들은 수입 대부분을 거의 먹어치우는 일상적 수요를 만족시키는데 소비하고 있다. 그러나 그들의 수준에서 보면 농부산물의 가격은 정점에 도달할 정도로 인상되었다. 이런 상호 제약의 상황에서 향진·도시 평민계층은 어려움이 있어도 말하기가 어려워졌고 농민들도 마찬가지였다. 만약 농부산물 가격이 계속 오를 경우 향진·도시 평민계층의 생활전망은 아주 신통치 않다. 향진·도시 평민계층의 생활수준이 계속 내려가면 농민들의 경제수입은 믿을만한 낙관적인 근거가 없어진다.

향진기업의 번창은 일부 새로운 향진이 만들어지고 우후죽순처럼 많은 도농무역(都農貿易)의 재래시장을 형성하였다. 이는 도시 경공업제품의 생산과 판매를 자극하였을 뿐만 아니라 또 농부산품의 생산과 판매도 자극하였다. 동시에 지방재정은 그 속에서 세수를 확대하여 지방재정을 실질적으로 증대하였다. 이는 좋은 형세이다. 그러나 적지 않은 향진기업은 현재 여전히 원시 생산과 야만적 생산의 상태에 있으며 위조 상품이 중국 곳곳 시장에 만연하여 시민과 농민의 소비권익을 침해할 뿐만 아니라 곳곳에 보기만 해도 몸서리치는 환경오염을 조성하였다. 이는 시민들의 생존환경을 위협할 뿐만 아니라 농민들의 생존환경 및 농촌 생태평형을 위협한다. 향진기업은 대다수가 농촌에 의존하기 때문에 농촌 사람들의 생존환경과 생태 평형에 대한 위협이 더 직접적이고 크다. 물론 농민들의 영농에 필요한 자연조건도 직접적인 위협을 받았다. 일부 농촌에서는 영농의 자연환경 파괴 정도가 아주 심각하여 농민들의 영농이 거의 불가능하게 되었다. 일부 농민은 영농할 자연환경의 심각한 파괴를 보고 매우 실망한 나머지 부득불 정든 땅과 작별하고 농촌을 떠났다.

중국 당대 경제발전상황은 기쁨과 근심이 반반인 희비쌍곡선이다. 기뻐해야 할 방면은 지난 10년, 즉 80년대 초부터 80년대 말까지 이 시기의 뚜렷한 성과를 충분히 반영하고 있다는 것이다. 걱정스러운 부분은 최근 6~7년 사이에 이 걱정스러운 부분들이 해마다 선명하게 드러나고 있다는 것이다. 그것은 사실 80년대 말부터 이미 점차 드러나고 있었는데 단지 당시 성과에 의해 덮였을 뿐이다.

　2000년도에 들어선 후 중국 인구는 13억에 도달하였다. 중국은 비록 '계획생육(計劃生育: 산아제한)'정책을 엄격하게 실행하고 있지만 인구수가 기본적으로 너무 계산이 안될 만큼 많고, 인구증가는 여전히 중국의 거대하고 잠재적인 문제로 그 그림자를 걷어낼 수 없는 무거운 부담이다.

　이론적으로, 한 나라가 농업경제 기초국에서 공업경제 기초국으로 전환되고 대량의 농업인구가 대량의 비농업인구로 전환되는 것은 의심할 나위도 없는 일종의 진보(進步)이다. 그러나 실제적으로 보면 머지않아 13억 인구를 돌파하게 될 강대한 세력의 이 대국(大國)에게 농촌인구를 총 인구의 절반으로 감소시키는 것은 몹시 어려운 일이다. 13억의 절반은 여전히 6억 5천만이며 1970년대 초 중국 총 인구에 상당한다.

　농업인구가 비농업인구로 전환되려면 도시공업발전의 발걸음을 전제로 해야 한다. 중국 당대에, 경공업적인 소상업은 농업인구를 억 단위로 '전환'시키기에는 역부족이며 중공업기지를 대규모로 개척하지 않고는 해결이 안된다. 그러나 중국 기존 중공업기지는 한창 과감하게 노동자를 감원시키는 중이다. '퇴직'과 실업노동자 중 중공업 노동자 수가 그 첫째를 차지한다. 경공업 직원도 일찌감치 남아돈다. 소상업은 아직 자발적으로 생겨날 여지가 있지만 그것도 거의 포화상태이다.

　21세기 앞으로 20년 또는 30년, 또는 더 긴 시기 내에 중국은 여전히 절반은 공업경제 기초이고 절반은 농업경제 기초의 나라이다. 공업경제는 부분적으로 상업경제화될 것이다. 공업 분야 일부분의 과잉 노동자는 어쩔 수 없이 상업경제 속의 '자영업자'로 변하고 점차적으로 적응해 나갈 것이다. 만약 이런 '용해(溶解)'가 성공한다면 중국 공업발전의 발걸음은 한결 홀가분해질 것이다. 만약 성공하지 못한다면 도시 실업현상이 심각한 사회문제로 나타날 것이며 지금보다 더 중국을 괴롭힐 것이다.

　그러나 농업인구는 뚜렷이 감소되지 않을 것이며 향진기업이 일부 농업인구를

'소화'할 것이다. 그러나 거대한 농촌인구에 비하면 향진기업이 '소화'하는 비율은 거의 무시해도 좋을 정도이다.

공업 총생산액이 갈수록 농업 총생산액을 초과할 것이나 농업인구는 거의 영원히 전국 총인구의 반수 이상을 차지하게 되며 또한 농업인구를 대량 비농업인구로 '전환'시킬 수 있는 경로를 거의 찾을 수 없다. 이는 전체 21세기 내에 전제조건이 숙명적으로 정해진 '중국특색'으로 될 것이다.

현재 각 대·중도시에는 '농촌인력이 도시로 대량 유입되는 풍조(民工潮: 민공조)'의 현상이 나타났는데, 사실 대규모 농민들의 자구현상이다. 이는 절대 '전환'을 의미하지 않으며 단지 생존방식의 일시적 선택에 불과하며 중국 정부의 입장에서도 역시 일시적 대책이다. 그들 자신의 일시적 선택은 중국 당대 농민의 운명과 긴밀하게 연관된 본질적 문제를 일시적으로 해결해 준다. 즉, 어떻게 하면 방대한 수의 농민으로 하여금, 또 실제 전통적 영농이라는 운명에서 벗어나지 못한 농민들로 하여금 다시 도급 권리를 취득한 자신의 토지에서 근면한 경작의 대가로 자신들이 흘린 땀과 맞먹는 보답을 얻게 할 수 있는가? 그리고 그들의 생활수준이 계속 향상되도록 지원하고 보증하겠는가?

만약 이 점에 대해 현재 중국의 능력이 미치지 못할 경우 이후에 무슨 타산이 있는가?

조금만 똑똑한 사람이라면 이 빈곤한 농촌문제는 '빈민구제작업반'조차 해결할 수 있는 범위를 이미 초과했다는 것을 바로 알 수 있을 것이다. 그 성격은 농업분야 잉여가치 문제에서 구체적으로 드러난다. 농작물이 상업화된 이후 농업인구가 반수 이상 차지하는 중국과 같은 나라에서 장기적으로 이는 상업적 가치 문제이다.

이 '매듭'이 어떻게 해결되는가 하는 것은 21세기에 직접적으로 관련된 중대한 논제이다. 즉 아직 얼마나 되는 농민들이 다음 세대도 역시 농민이 되려고 할까? 농촌은 아직도 농가의 아들딸들이 열렬히 사랑하는 고향이란 말인가?

13~4년이 지난 지금, 필자는 매년 한두 번 농촌에 가 본다. 중년이 넘은 농민들의 생활 감각이 어떤가 하고 물을 때면, 질문을 받은 거의 모든 농민들이 토지

세 면제, 아이 학비 면제, 곡물 재배 시 보조, 농촌 의료보험 및 양로보험 추진 등 일련의 국가 정책이 정식으로 시행됨에 대해 모두들 진심으로 아주 만족해했다.

한 번은 필자가 문화예술출판사 설립 30주년 기념활동에 참가할 기회가 있었다. 마침 막언(莫言: 1955~ 노벨문학상 수상)과 나란히 앉게 되었다. 그가 농촌에 친인척들이 많고 자주 고향과 인접한 농촌에 내려가 보는 관계로 농촌 현황에 대해서 필자보다 발언할 권위나 영향력이 있다는 것을 알기 때문에 기회를 틈타 그에게 물었다.

"자네가 보기엔 고향 농민들의 생활은 변화가 얼마나 큰가?"

"너무 크네! 수직으로 비교하면 즉, 중국 과거 시절과 비교할 경우 그야말로 거대한 변화라고 할 수 있지!"라고 그는 대답했다.

그는 계속해서, "내 고향 그 마을은 당지에서 그리 크지 않고 부유하지도 않아. 그러나 60여 가구 중 20여 가구가 자가용이 있네. 십수 년 전에 농민들은 차를 사는 일은 상상도 못했지. 우리처럼 풍부한 상상력을 가진 사람이라 할지라도 13억의 절반인 중국 농민을 대신하여 그렇게 생각했겠어? 먹고 입고 쓰는 것, 모두 십수 년 전 생활과 비교도 할 수 없지."

"물론 이 모든 것은 종(縱)으로 비교한 거지. 오로지 먼저 종으로 비교해야 해! 만약 굳이 횡(橫)으로 비교한다고 하세. 구미 선진국 농장주들의 생활수준과 비교하면 중국 정서를 너무 과대포장하고 현실을 너무 벗어나지 않나? 그 나라들 농민은 총 인구의 몇 퍼센트나 되나, 비교성이 없는데 뭘 비교하겠나?"

"가장 중요한 것은 농민들이 마침내 자유로워졌다는 거네. 자유로워진 농민들과 그들의 후손들은 직접 도시에 가서 아르바이트를 해서 돈을 벌 수 있네. 그리고 지금 농민공의 임금도 현저하게 올랐네. 몇 년 전에만 해도 하루에 몇 십 원밖에 벌 수 없었는데 지금은 백여 원을 버네. 이전에 농민들은 도시에 장 보러가자 해도 생산대(生産隊)에 휴가서를 내야 했네. 어떤 생산대대는 농민들을 병사들처럼 관리했네…….”

그는 마지막으로 이렇게 말했다.

“각 지방급 정부는 자신이 공이 있다고 생각해서는 안되네. 사실 우리가 오늘 농민에게 준 것은 일찌감치 그들에게 줘야 하는 거였네. 그리고 적어도 필히 그들에게 줘야 하네. 나는 ‘주다(給予)’는 이 단어도 적절하지 않다고 보네.”

“그럼 어떤 단어가 적절한가?” 하고 물었다.

“스스로 생각해 보게.”

잠깐 생각에 잠겼다가 말했다. “돌려주다?”

그는 “그것도 적절하지 않네. 농민들은 종래로 그런 것을 향유한 적이 없는데 어떻게 돌려줘?” 하고 말했다.

“보상?” 하고 반문했다.

“농민들은 이 나라를 위해 너무 많고 큰 것을 헌신했어. 지금 이런 운명의 변화로 보상하긴 부족하지.”

“그럼 ‘개혁성과’를 공유한다고 표현할 수밖에 없구려.” 하고 말했다.

그는 잠깐 생각하다가 말했다.

“공유라고까지 말할 순 없지? 함께 ‘나눈다(分享: 분향)’고 말하면 비교적 정확하겠지.”

“끝내 조금은 나누어 가진 거네.”라고 반문했다.

그는 “나도 ‘조금’이라고 말하자고 했네.”라고 말했다.

우리 둘은 마주보면서 웃었다.

필자는 마지막으로 한마디 했다.

“결론적으로 말하면 중국 농민들은 너무 선량해. 그들의 복지를 위해 치중한 모든 정책, 그들의 몸에 쓴 한 푼의 돈, 모두 가장 가치 있는 거네. 그들의 감격이 가치를 초과했기 때문이야.”

막언(莫言)은 내 말에 동감을 표시했다.

당대 중국 농민공 (農民工)

2010년 3월, 전국정치협상회의 기간, 필자가 소속된 민맹(民盟: 중국민주연맹. 현재 민주당파 중의 하나. 주로 문화교육·과학기술분야의 고급지식분자로 구성) 제2그룹 토론에서 '농민공(農民工: 농민 혹은 농촌출신으로서 도시로 유입되어 건축 운수 등의 일을 하는 자를 일컬음)' 문제에 관한 발언이 가장 뜨거운 감자였다.

'농민공'은 중국이 당면한 문제인가?

물론 그렇다. 또한 중국의 장래 비전을 결정하는 5번째 문제라고 생각한다.

필자는 앞 4대 문제는 차례로

첫째. 인구문제

둘째. 국체(國家體制) 문제

셋째. 부패 문제

넷째. 큰 빈부차 문제라고 본다.

중국의 인구문제는 중국의 '급소'와 같은 문제이다. 백여 년 전, 전 세계 인구는 겨우 16억을 좀 넘었다. 지금 중국은 인구만 놓고 논하면 거의 백여 년 전의 세계와 같다. 다행히 중국은 더 이상 '전쟁 중에 있는 나라'의 국면이 아니다. 그렇지 않을 경우 중국은 더욱 '세계화'되었을 것이다.

이렇게 많은 인구는 결국 '국가체제 문제'를 중국의 민감한 문제로 만들어 놓

앉다. 이른바 '끊으려야 끊을 수 없고 정리할수록 어지럽다.'

과거에 '국체문제'는 완전히 금기였다. 일부 사람은 다른 사람들이 말하는 것을 근본적으로 허용하지 않았다. 설사 다른 사람들이 머릿속으로 생각하고 있다고 의심해도 다른 일부 사람들의 운명은 비참할 수밖에 없다. 지금, 마침내 과감하게 말하는 인사가 나타났다. 금기는 한번 깨지기만 하면 과거에 다른 사람을 말하지 못하게 했던 그 사람들이 계속 말하지 못하게 하려 해도 그렇게 되지는 않는다. 불가능하다.

그러나 말하는 사람은 일반적으로 '체제문제'라고 말한다. 그래서 많고 많은 불만족스러운 사회문제가 흔히 한마디로 '체제문제'로 귀결된다. 이것도 '체제문제', 저것도 '체제문제', 그래서 '체제문제'는 바구니가 되고 무슨 문제나 다 거기에 담는다.

한 국가의 거의 모든 문제가 보편적 머리에서 '체제문제'로 귀결될 때면 이 국가의 '국체'에 확실히 문제가 있음을 증명해 준다. 왜냐하면 보편적 머리에 문제가 생겼다고 의심할 순 없기 때문이다. 보편적 머리는 기본적으로 정상적 머리일 뿐만 아니라 그중에 깊은 사고능력을 가진 머리도 있기 때문이다.

'체제문제'는 '국체문제'의 다른 표현방식에 불과하다.

중국 '국체문제'가 가장 심각하게 드러난 것은 자연히 부패 문제이다. '부패' 두 글자도 자연히 관원과 관리를 가리킨다. 각 층층의 국가권력은 대소를 불문하고 그들의 손에 장악되었다. 그들이 권리를 이용하여 사리사욕을 채우면 권력은 따라서 부패한다. 부패는 추악한 것이다. 백성의 원한이 하늘을 찌르면 '국체'에 대한 간접적 책망이라 할 수 있다.

만약 '부패문제'를 최대한도로 억제할 수 있다면 반수 이상 중국 사람은 그래도 중국의 '국체'를 인정할 수 있다.

그러나 다른 한 문제는 바로 반부패는 강화되고 있지만 부패가 여전히 꼬리를 물고 나타나는 것이다. 그리고 만약 언젠가 인위적으로 설치한 각종 '철의 장막'이 벗겨지고 사회가 완전히 투명화될 경우, 국민은 이전에 모습을 감췄던 '회색사회 이익계층'이 절대 대중에 영합한 일설이 아니라 확실히 존재하고 있다는 것을 알 수 있을 것이다.

중국의 국체는 거의 필연적으로 '중국특색'의 부패 문제를 번식시키는데, 마치 외부장식이 사치스럽고 위엄 있어 보이는 고택의 내부구조엔 조금도 변동이 없고 큰 쥐들이 여전히 그 속에서 대대로 번식하고 끊임없이 생장하여 번성하는 것과 같다. 이는 두 가지가 상호 관련된 문제이며 서로 뒤엉켜 있다. 만약 누가 이런 엉킨 것을 풀어 주면 중국은 그를 위해 금칠한 동상을 건립해 줄 것이다. 아쉽게도 지금까지 중국에는 이렇게 지혜로운 인물이 한 명도 나타나지 않았다.

인류의 세계는 종래로 빈부가 균등하지 않았다. 어느 국가든지 모두 빈부차이가 있다. 국가가 존재하는 의의는 가능한 한 그 차이를 줄이고 빈곤한 자도 진정이 국가를 사랑할 이유가 있게 하는 것이다. 만약 빈곤한 자가 많을 경우 국가는 설사 그들의 빈곤상황을 변화시킬 수 없더라도 적어도 생존의 불안감을 들어줘야 한다.

바로 이런 전제 하에서 '농민공' 문제는 소홀히 할 수 없다.

그날 토론 중에 우리 민맹(중국민주동맹)의 한 정협위원은 '농민공'이라는 호칭에 대해 그들을 대신하여 강한 불만을 표시했다. 그는 '농민공'이라는 호칭 자체가 모종 잠재의식 중의 차별을 의미한다고 생각했다.

그러나 호칭 문제로 언쟁할 필요가 없으며 더욱이 그렇게 진지하게 언쟁할 필요가 없다고 여겨졌다. 알고 있는 바로는 이전에도 비록 '농민공'이란 호칭에 대해 차별을 느낄 때가 있었지만 절대 다수의 그들은 사실 별로 마음에 두거나 따지지 않았다. 그들이 마음에 두고 따지는 것은 '개혁성과 공유'와 관련하여 국가총리가 《정부사업보고》에서 정중하게 약속한 후, 그들이 도대체 중국 개방 30년 이래 전 세계가 다 알고 있는 거대한 경제성과 중에서 얼마나 나눠 가졌는가, 어떤 방식으로 나눴는가, 이후에 더 나누어 가질 수 있는가? 이후란 또 언제인가? 하는 것이다.

중국 '농민공'은 분명 지금의 '개혁성과'를 가장 적게 누리는 부류이다. 또한 전반적으로 보면 장래 중국에서 또 하나의 수적으로 방대한 빈곤 부류가 될 가능성이 있다. 때문에 필자 개인의 관점은, 기왕 대다수 그들이 자신을 '농민공'이라 부르는 걸 마음에 두거나 따지지 않는 바엔 사회는 잠시 그렇게 불러도 무방하다는 것이다.

여기서 언급되는 '농민공'의 대다수는 30대 이하 일부 남녀 청년들을 말한다. 그들은 농촌에 자신들의 집이 있으나 그들이 집을 떠나던 그날부터 가장 큰 소망은 언젠가는 농촌의 집과 단호하게 관계를 끊어 버리는 것이다. 도시 사람들은 이전에 이렇게 생각했다—'농민공'이라 불리는 이들은 그저 임시로 도시에 들어와 일하고 몇 년간 돈을 모아서 고향에 돌아가 새 집을 지은 후 결혼하고 아들딸을 낳아서 기르는데 결국에 또 농민이 된다.

이런 생각의 착오는 기본적으로 10년 전 '농민공' 상황에 부합되며 지금 절반 정도의 '농민공'의 생각과는 일치하지 않다는 데 있다. 지금의 절반 정도 '농민공'은 대체로 10년 전 '농민공'들의 아들딸들이다. 어떤 사람은 농촌의 '80후'(後: 80년대 이후 출생)이고 어떤 사람은 농촌의 '90후'(90년대 이후 출생)인데 대체로 농촌의 독신자녀였다. 20여 년 전 바로 그들의 부모들이 도시에서 고생스레 번 돈으로 가족을 위해 새 집을 지었는데 그것은 그들 집안 각 세대 사람들이 1949년도 전부터 실현될 수 있기를 갈망해 왔던 가장 큰 소망이었다. 그 새 집은 각 하나의 들보와 기둥, 매 한 개의 벽돌, 각 하나의 기와와 시멘트 틈새까지도 값싼 땀으로 바꿔 왔다고 말할 수 있다. 심지어 그 새 집을 짓는 데 소요되는 돈 중에는 그들의 조상이 도시에서 한 푼 한 푼 구걸해 온 것도 있다. 현재 도시에서 일하고 있는 그들에 비하면 그들 부모 세대의 당시 노동 생애는 수입이 훨씬 적고 늘 굴욕을 당하고 자기 존엄을 지키기 어려웠다. 새 집에서 자란 그들은 한때는 가슴에 기쁨이 가득 찼었다. 필경 옛날 허름한 집이 아직도 기억에 생생하기 때문이다. 그러나 새 집에서 태어난 사람들은 그런 기쁨조차 가져 본 적이 없었다. 왜냐하면 그들이 컸을 때 마을은 이미 변했고 집집마다 모두 새 집을 지었다. 그들은 마을 도처에 낡은 집, 위험한 집이 서 있던 그 장면을 본 적이 없으며 옛날 농촌의 조금의 가망도 보이지 않던 그 빈곤한 정경도 아예 기억이 없다. 이 점은 농촌 '80후'와 '90후' 사이 다소의 차이를 형성하였다. 전자는 그래도 부모세대가 살아온 모습이 쉽지 않다고 동정하나 후자들은 도시 독신자녀들과 마찬가지로 당연히 자기중심이다.

농촌의 '80후'와 '90후'를 합하면 현재 중국 '농민공'의 몇 퍼센트가 될까? 설사 통계적 방법을 사용하지 않더라도 거의 절반은 될 것으로 추측된다. 그리고 다른 과반수는 그들의 삼촌·형제뻘 또는 아주머니뻘 되는 사람들이다.

만약 도시의 '80후'와 '90후'를 도시의 신세대라 하면 농촌의 '80후'와 '90후'는 농촌의 신세대이다. 그들이 도시에 들어간 뒤 1년 후가 되면 대체로 절대 농촌사람이 되지 않겠다고 맹세한다. 부모세대가 가지고 있는 토지에 대한 그런 근성(根性)적 감정은 그들의 마음속엔 전혀 없다. 그들이 고향에 대한 심리는 아주 분열적이다. 한편으로 자신이 결혼하기 전에는 그들은 여전히 자신에게 배려와 따스함을 주는 집이 필요하다. 다른 한편으로 그런 집이 의외로 도시가 아닌 농촌에 있기 때문에 그들은 운명을 얼마나 저주했는지 모른다. 그들 중 어떤 이들은 도시에서 일 년 내내 일해도 돈을 얼마 모으지 못한다. 만약 춘절(설날)에 2~3천 원을 집에 가져간다면 그건 그래도 괜찮은 것이다. 집은 이미 새 집이므로 부모들이 당시에 일했던 것처럼 돈을 모으는 동력이 없어졌다. 그들은 또 독신 자녀이기 때문에 농촌 집의 모든 것이 당연히 자신들에게 속한다. 그들 절대다수의 생각은 이렇다. 부모가 이 세상에 없다면 아예 집을 팔아 버린다. 만약 자기 집 명의 하의 땅도 팔 수 있다면 당연히 함께 팔아 버린다. 그때 가서 돈을 모아도 늦지 않다. 모은 돈과 빌린 돈을 합해서 좋기는 진(鎭)이나 더 좋기는 현(縣)에다 집 한 채를 사면 그때부터 진(鎭) 사람 또는 현 사람이 된다.

매년 설날이 되면 평시에 노인·아이와 개들만 남아있던 농촌이 떠들썩해지고 생기가 넘친다. 도시에서 일하던 중·청년들이 돌아왔기 때문이다. 도시 사람들은 아마 상상도 못할 것이다. 설날에 즈음하여 현(縣)정부가 있는 읍내나 진의 시장에서 설맞이 용품과 폭죽을 사는 농민도 돈 씀씀이가 인색하지 않다. 한 팩에 2~3백 원씩 하는 폭죽과 축포도 그들은 몇 상자 혹은 몇 팩씩 산다. 어떤 가정은 '80후', '90후' 아들딸들이 도시에서 일하고 그들의 40대, 50대 부모들도 일

년 내내 도시에서 일하며 줄곧 집에 남아 있는 사람은 사실 나이가 든 할아버지, 할머니들이다. 그리고 부모들은 자연적으로 아들딸들보다 아껴 먹고 아껴 쓰면서 돈을 모은다. 흔히 아들딸과 부모들이 농촌 집에 가져오는 돈의 총 액수는 1~2만 원보다 적지 않다. 끝내 한 자리에 모여서 '돈 걱정 없는' 구정을 보낼 수 있다. 폭죽을 사기 위해 고만한 돈을 쓰는 건 별거 아니다? 1년에 딱 한번밖에 즐겁게 놀 수 없지 않은가. 그러나 만약 좀 더 깊이 살펴보면 설맞이 용품을 사거나 폭죽·축포를 사는 돈들은 대체로 부모들의 돈을 쓴다.

"너희들이 번 돈은 너희들이 모아라!" 부모들은 이렇게 말한다.

그래서 호주머니에 들어갔던 그들의 손은 그대로 나와 버린다.

만약 그들 자신만이 밖에서 일한다면 그들 중 일부는 아주 손 크게 부모에게 돈을 꺼내 준다. 비록 손이 크다고 해도 주는 돈은 얼마 되지 않지만. 설맞이 용품을 구매할 때면 그들은 적극적으로 자기 돈을 꺼내지만 좀 시시해 보인다. 그러나 그때면 그들의 부모는 흔히 양심의 가책을 느끼면서 마음이 편치 않다는 말을 할라치면 그들에게 큰 미안한 감정을 느낀다.

도시든 농촌이든 막론하고 아직 돈을 벌 수 있는 부모는 더 이상 돈을 벌 수 없는 부모에 비해, 아들딸보다 돈을 더 많이 버는 부모는 아들딸보다 더 적게 버는 부모에 비해 아들딸 앞에서 존엄성도 상응하게 높다.

농촌의 신세대들은 눈 깜짝할 사이에 결혼할 나이가 되어 버린다. 기왕 아직 도시 사람이 되지 못한 이상 농촌에 돌아가서 결혼할 수밖에 없다. 좀 더 깊이 이해해 보면 알 수 있다시피 농촌 신세대들 중 자신이 번 돈만 가지고 결혼식을 올리는 사람은 진짜 아주 적다. 십 중 칠팔은 부모들이 고생스럽게 모은 돈으로 자식들의 혼사를 치른다. 혼사가 끝나면 부모들이 질병을 예방하고 노년을 보내려고 모아 두었던 돈까지도 깡그리 다 써 버린다. 심지어 빚까지 진다.

그 무슨 '딸기족'·'월광족'·'니트족' 등은 도시의 '80후', '90후'만 그런가 하고 생각하면 안된다. 많은 농촌의 신세대들도 그러하다.

아마 누군가 이렇게 말할 것이다. 만약 돈 한 푼도 모으지 못했다면 도시에 들어가 일하는 것이 무슨 의미가 있는가?

사실 그들이 돈을 물 쓰듯이 한다고 나무랄 수 없다. 당시 그들의 도시에서의 봉급은 7~8백 원에서 1,200~1,300원 정도밖에 안된다. 고까짓 돈을 꼭 거머쥐고 절약해 써야 매월 얼마나 남겠는가? 특히 그들 중 여자애들은 괜찮은 옷 몇 벌, 고급 신 몇 켤레, 좋아하는 핸드백, 화장품, 목걸이를 사고 영화를 몇 번 보고 간식을 좀 사 먹고……. 그러면 몇 달 월급은 없어진다. 그리고 핸드폰 통화료, 인터넷 비용, 머리 염색, 미발, 가슴 키우는 크림, 사교, 연애……. 이것도 지출해야 한다. 그녀들에 대해 말하면 절약해서는 안되거니와 절약할 수도 없다. 듣는 바로는 그들 중 어떤 사람은 매월 핸드폰 통화요금만 해도 2~3백 원이 든다고 한다. 물론 그것은 특별한 시기, 즉 연애 시기다.

　　20여 년 전 그들 부모가 도시에서 일할 땐 그런 돈을 근본적으로 쓸 필요가 없었다. 다행히 그때는 핸드폰이 아직 보급되지 않았고 그들 부모 간 연애는 짬을 내서 밀회하고 직접 달콤한 말을 주고받기 때문에 연애 비용이 아주 낮았다. 그러지 않으면 그들은 십중팔구는 새 집을 지을 수 없었을 것이다.

　　그렇다. 그들의 부모세대는 너무 다르다. 거의 완전히 다른 농촌사람이라고 말할 수 있다. 그리고 그들 중 여자아이들은 또 남자아이들과 다르다. 근면 성실한 면에서 말하면 많은 남자아이들의 몸에서 여전히 그들 부모 세대의 그런 강인한 유전자를 발견할 수 있다. 예컨대 우리 도시 가정을 위해 음용수·우유를 배달한다. 신문·택배를 배달하는 농촌 남자아이들이 비바람을 무릅쓰고 혹한이나 혹서를 이겨나가는 고생은 절대 도시가정 남자아이들이 참고 견딜 수 있는 것이 아니다. 건축시공현장과 도로 건설현장에서도 그들의 애티 나는 얼굴을 자주 보게 된다. 컴컴한 탄갱 안에도 적지 않은 20대 농촌 남자아이들의 그림자가 성인 광부 사이에 끼어 있다. 그러나 여자아이들은 자신의 어머니보다 많이 못하다. 그들 어머니들이 당시에 한 고생을 그들은 절반도 견디지 못할 것이다. 그들의 어머니는 당시 도시에서 농촌에 돌아가기만 하면 흔히 짐을 내려놓자마자 눈에 보이는 것이 일이었다. 그래서 이튿날 습관적으로 이것저것 한다. 그녀들 어머니들은 해마다 도시에서 일했지만 대다수는 기본적으로 도시에 의해 의식이 개조되지 않았다. 그녀들의 어머니들은 당시 거의 모두 분명하고 확고한 생

534

각이 있었다. 도시는 단지 자신들이 집을 위해 돈을 버는 곳이고 농촌의 집만이 자신들이 늘 마음에 두고 있는 보금자리였다.

그것은 일종의 가정에 대한 책임감이다. 그런 선천적, 본능적 책임감은 그녀들이 도시에서 현실을 떠나 분수에 맞지 않는 생각을 할 수 없게 만들었다.

하지만 그녀들의 '80후', '90후' 딸들은 다르다. 신세대들은 도시에서 농촌 집에 돌아올 때면 흔히 도시 가정의 차려입기 좋아하는 여자애들처럼 알록달록하게 입고 온몸 여기저기에는 값싼 액세서리들을 달았다. 그리고 머리카락을 길게 기르고 아이새도를 눈에 바르고 눈썹을 새기고 입술엔 립스틱을 바른다. 손톱도 길게 기르고 매니큐어도 발랐다. 만약 여름이면 그들은 흔히 하이힐을 신고 집에 온다.

이미 도시에 의해 그런 모습으로 변한 딸들을 부모들인들 어찌 이것저것 하라고 하겠는가? 흔히 말이 목구멍까지 치밀어 오르지만 주저하다가 다시 삼켜 버린다. 부모들은 아마 딸들이 끝내 변했구나 하고 속으로 오히려 기쁘고 위안이 될 수도 있다. 비록 어느 때까지 가야 도시 사람이 될지는 모르지만 먼저 온몸의 촌티를 벗어 버리고 도시 사람과 비슷한 모습으로 변하는 것도 기뻐할 만한 일이다.

이렇게 생각하니 부모들은 내심 정말 기쁘다.

그러나 필자는 농민과 그 아들딸들의 비교 및 그 관계에 대한 서술을 통해 전통적 농민들의 땅에 대한 애착과 집에 대한 정을 찬미하고 신세대가 도시에 의해 변화된 데 대한 유감을 표시하려는 것이 아니다. 단지 그들이 이미 얼마나 달라졌는가를 설명하려는 것뿐이다. 반대로 농촌 신세대가 가진 도시에 대한 강렬한 동경과 도시인이 되려는 갈망은 중국 농촌의 도시화 역정에 대한 촉진제 역할을 한다고 생각한다. 그리고 중국의 내일에 관련하여 말하면 농촌의 도시화는 좋은 점이 있다. 물론 우려되는 것도 있지만 결국에는 좋은 점이 위주이다. 만약 농촌 신세대의 생각이 지금도 자기 아버지뻘들의 당시 생각과 같다면 중국 농촌 인구는 언제나 되어서야 뚜렷하게 감소할 수 있겠는가? 그리고 농촌인구가 시종 반수 이상인 나라는 여전히 발전도상국이고 진정한 세계강국이 되기 어렵다.

중국에는 지금 2억 수천만 명의 '농민공'이 있는데, 사람 수만 놓고 보면 불안 정하고 매년 몇 번은 대 이동을 하는 인구 대국에 상당한다. 앞으로 수년 내에 그들의 수는 크게 감소되지 않을 것이며 아마 더 증가할 것이다. 그것은 '80후', '90후' 농민공들은 자신의 부모들처럼 몇 년 돈을 벌어서 고향에 돌아가 편안하 게 옛날 농민생활을 지내지 않을 것이다. 아니, 절대 그러지 않을 것이다.

사실상 그들은 도시를 출근하는 '직장'으로 삼았다. 마치 도시의 60세 미만 사 람들이 모두 '직장인'인 것처럼 말이다. 설사 그들이 도시에서 60살까지 일할 수 없어도 적어도 50세가 되어 정년퇴직하려고 한다. 그들은 흔히 농촌에서 결혼 후 얼마 지나지 않아 부부가 함께 다시 도시로 돌아간다. 마치 도시 사람들이 결 혼휴가를 마치고 다시 '직장인'으로 돌아오는 것처럼 말이다. 그들의 아이들은 농촌 노인들에게 맡기거나 아예 자기 신변에 놓고 키운다. 또 마치 옛날 일부 도 시 사람들이 회사 단체 기숙사를 임시 집으로 삼는 것처럼 말이다.

그들 농민공의 농촌 집은 점차 해마다 더는 '집'이 아니며 '고향집'이 되고 만 다. 도시사람들이 말하는 '고향집'이 사실상 출생지만을 뜻하는 것처럼 말이다.

어떻게 그들의 꿈을 실현해 줄 것인가, 중국에서 이는 반드시 결과를 보아야 할 '골드 바흐의 추측'(독일 수학자: 1690~1764. 모든 짝수 자연수는 두 소수의 합과 같 다는 가설)이다. 그러나 한 도시의 집값을 억제할 수 없는 상황에서 결과를 보려 면 그야말로 '매우 복잡하다'라고 말할 수 있다.

8장

당대 중국 '흑사회 (黑社會 : underword)'

‘흑사회(黑社會：underworld)’는 ‘불량배 조직’이 아니다.

‘불량배’는 대체로 ‘불량 무산가’로 구성되었다. ‘무산’으로 인해 ‘불량배’가 되었고 ‘불량배’이기 때문에 ‘조직’을 형성하였다. ‘무산’은 그들로 하여금 사회를 적대시하게 했다. 결론적으로 말하면 자신을 적대시하는 것이다. 자신의 한 푼 없는 처지와 운명을 적대시한다. 사회를 적대시하는 더 깊은 심리 근원은 바로 자신을 적대시하는 것이다. 자신을 적대시하나 또 자신의 처지와 운명을 바꾸려는 최소한의 자신감과 최소한의 능력이 없고 자신을 끝장내기를 원하지 않을 뿐만 아니라 그럴 용기도 없다. 그래서 극단적인 면으로 나가고 사회를 적대시하기 시작했다. 사회를 적대시하고 사회에 보복하는 것을 통해 그들의 마음속에 일종의 쾌감이 생겨났다. 그 쾌감은 그들이 자신들을 구제할 수 없다는 적대감과 자기비애감을 경감시킨다. 그러나 그 경감은 일시적인 것이고 그들은 실제로 자포자기의 비애를 떨쳐 버릴 수 없다. 때문에 ‘불량배 조직’의 성원들은 대부분 청년이다.

‘흑사회’는 다르다. ‘흑사회’중에도 당연히 ‘불량배’가 있다. 그러나 전부 ‘무산가’는 아니다. 반대로 그들은 ‘유산’일 뿐 아니라 동시에 권력을 장악하였거나 자신들이 진흙구렁텅이에 빠뜨린 관원들 손안의 권력을 간접적으로 지배할 수도 있다.

'불량배 무산가' 청년은 보통 그들과 같은 자본과 조건을 갖고 있지 않다. 때문에 '흑사회'의 성원들은 대체로 중년이다. 비록 청년도 있지만 흔히 하잘것없는 작은 역할이며 쉽게 이용당하고 쉽게 버림받는 작은 배역이다. 주성치(周星馳: 홍콩 배우, 도박달인 등 출연)는 영화 〈용사쟁패〉에서 그런 비참한 배역을 연기한 적이 있다.

전 세계 '흑사회' 역사에는 모두 피비린내와 폭력이 충만해 있다. 그러나 지금 세계는 필경 많이 문명해졌다. 지금의 '흑사회'도 많이 '문명'해졌다.

첫 번째 1만 달러는 사기 치고 협박하여 갈취하고 폭력수단을 통해 약탈해 온 것이다. 열 번째 1만 달러는 관원에게 뇌물을 주고 관원을 매수하여 얻은 것이다. 백 번째 1만 달러는 흔히 장사에서 벌면 된다.

금전의 종자는 금전일 수밖에 없다. 금전은 번식이 가장 빠른 물건이다. 충분히 많은 금전 종자를 보유하기만 하면 폭력은 불필요해 보인다. 이것이 바로 전 세계 '흑사회'가 본 세기에 '문명화'하게 된 공개된 비밀이다. 거액 금전의 손실을 보았을 때만 '흑사회'는 피비린내 나고 폭력적인 '기계'를 재가동한다.

설령 '문명'화된 '흑사회'라 하더라도 그 상업경영은 여전히 뚜렷하게 돈과 권력 간 거래 특징을 가지고 있다.

중국은 현재 세계에서 돈과 권력 거래가 진행되는 가장 큰 시장이며 또한 가장 쉽게 세상 사람들의 버림을 받고 극도로 미워하는 '짓'이 '합법'적인 업종으로 '변통'되는 나라이기도 하다.

한 관원의 부패는 부패다. 일부 관원의 공동부패는 '단체부패'이다. 한 사람이라도 좋고 일부라도 좋다, 모두 치부의 점유자 또는 지배자의 돈과 권력 간 거래이며 돈과 권력의 결탁 과정에서 부패한 것이다.

만약 거래 과정과 결탁 과정에 법 집행인 심지어 법 집행관원의 개입·참여·비호·재물 분장(分臟)이 있을 경우 사실 일종의 '흑사회' 관계를 구성한 것이다.

중국 당대에 이러한 '흑사회' 관계는 부지기수이다. 만약 그중에 위협과 회유도 있다면 전형적인 '흑사회' 색채를 더 띤다. 이런 전형의 '흑사회' 색채를 띤 사례는 중국 당대에 일일이 헤아릴 수 없이 많다.

중국 당대 '흑사회'와 세계 각국 '흑사회' 역사 속의 '흑사회' 구조는 차이가 있는데 이는 다음과 같이 나타난다.

첫째, 이익 관계만 있고 조직형태가 없다. 이것은 '흑사회' 인물이 모두 평범한 인물이 아니라 모두 글머리에 꽤나 먹물이 트인 사람이기 때문이다. 그들은 정권을 잡은 공산당의 조직적 범죄활동에 대한 타격 정도가 '불량배 조직'에 대한 타격보다 훨씬 강하고 줄곧 중죄로 판결한다는 것을 잘 알고 있다. 때문에 그들은 이익관계를 유지하고 공고화하며 은폐만 하지 절대 어리석게 조직을 구성하지 않는다. 조직의 색채를 띠기만 하면 아무리 권세 있는 관원이라도 그들을 비호할 수 없다. 그들에 비하면 오히려 '불량배 조직'은 분수를 모르고 무모하게 날뛰고 아주 그럴듯하게 그 무슨 '조직'을 구성하고 매우 어리석게 '강령'을 제정한다.

둘째, 중국 당대 '흑사회'는 언급한 1단계를 뛰어넘어 존재한다. 즉 첫 1만 달러를 축적하는 피비린내 나는 폭력적인 단계를 뛰어넘어 존재하고 있다. 직접 2단계에 들어가면 금전의 권력에 대한 수뢰와 매수 단계가 '단번에 목표에 도달한다.' 때문에 세계에서 가장 미혹성을 가진 '흑사회' 현상이다.

셋째, 전통적 서방 '흑사회' 중 그 '핵심'인물 또는 '대부'형 인물은 흔히 '흑사회' 보스이며 그 속에 휘말려든 크고 작은 관원들은 줄곧 이용되는 자이다. 마치 '흑사회' 중의 청년들은 줄곧 이용되는 자인 것처럼 말이다. 전통 서방 '흑사회'는 때로는 어떤 한 사람을 그들이 필요한 국회의원으로 육성한다. 그러나 절대 '흑사회' 내부 최고 권위를 동시에 그 사람에게 주지 않는다. 각국 '흑사회'는 동류에서 태생한 권위에만 복종한다. 중국 당대 상황은 정반대이다. '핵심' 인물 또는 '대부'형 인물은 흔히 관원이다. 이익관계도 마찬가지로 '응집력'이 필요하다. 조직이 없으면 더욱이 무형의 '응집력'이 필요하다.

중국 같은 지금까지 세계에서 특징이 가장 공고한 '관원 중심'국에서는 비록 금전이 권력에 뇌물(賄賂: 회뢰)을 주고 권력을 매수하여 최종 권력을 지배하는 목적에 도달할 수 있지만 '응집력' 방면에서는 권력과 대적할 수 없다. 돈과 권력은 계약서 없이 거래가 이뤄지는데 흔히 일회성으로 매수하거나 매수된다. 다시 거래하고 다시 매수한다. 금전이 만약 자기를 권위로 할 경우 수없이 매수를 진행해야 한다. 금전이 만약 권력의 권위 앞에 무릎을 꿇는다면 금전의 종자를 배려하여 순조롭게 '꽃을 피우고 열매를 맺는' 것이 곧 권력의 의무가 된다. 금전도 가끔 권력을 위해 '물을 뿌리고 비료를 주기'만 하면 된다.

많은 사람들이 알고 있는 한 사례가 이 점을 잘 설명해준다. 모 지방의 한 '재력가'가 고객 접대 시 득의양양해서 말했다. '부시장이 뭐 대단한가? 내가 전화 한 통 걸어 반 시간 내에 여기로 오라면 그는 감히 35분에 도착하지 못해!"

그가 전화를 걸었다. 그 부시장도 정말 '부름에 응했다.'

이는 금전이 권력을 매수하기만 하면 뒤이어 권력을 경멸하는 대표적 사례이다. 그러한 것들의 결과는 대개 비밀관계가 공개되고 싸운 쌍방이 모두 피해를 보게 된다.

더 많은 사례는 이렇다. 권력은 금전에 매수될 뿐만 아니라 금전에 의해 기꺼이 서열 제2위인 '대부' 자리에 추앙된다. 이는 금전과 권력의 거래 중에서 권력의 가장 좋은 감각이다. 그것은 금전에 대한 탐욕을 충족시켰을 뿐만 아니라 또 본능적으로 권력의 존엄을 지킨다. 이런 권력과 금전거래가 결탁하는 당대 '흑사회' 관계는 흔히 공개된 장소에서는 서로 낯선 것처럼 보이고 서로 예의 바르게 대하고 존경하되 가까이하지 않는다. 권력이 위기에 처했을 때 금전은 구명 역할을 발휘한다. 금전에 그 무슨 필요가 생기면 권력은 도처에서 주선한다.

경제범죄자들이 법망에 걸려들기만 하면 이를 악물고 쉽사리 누설하려 하지 않는 사람은 흔히 자신에게 '대부'와 같은 권력인물이다. 그는 속으로 잘 안다. '대부'형 권력인물이 쓰러지지 않으면 자신이 또 빛을 볼 날이 있고 그 인물이 쓰러지면 희망이 없다는 것을!

권력적 인물이 '대부' 역할을 하는 중국 당대 '흑사회'에는 법 집행원 심지어 법집행 관료까지 거의 모두 개입하고 참여하여 비호를 제공하고 있다. 이것이 바로 일부 중대하고 중요한 경제 범죄 사건을 처리할 때 '중앙기율위원회'의 협력이 없으면 사법 부문 혼자서 흔히 힘이 부치는 원인이다.

이 때문에 권력인물이 '핵심'인물 또는 '대부'형 인물을 담당하는 중국 당대 '흑사회' 현상을 관원들의 '부패' 두 글자로만 논하는 것은 아주 가볍게 묘사한 것이다. 일부 중요한 경제범죄 사건은 설사 '중앙기율위원회'의 대대적인 협력 하에 종결되었다 하더라도 흔히 '진상이 밝혀지기' 어렵다. 왜냐하면 연루된 권력인물과 권력관계가 너무 복잡하게 뒤엉키고 너무 많아 부득불 어느 한 인물의 몸에서 중지해야 하는 까닭이다. 이것이 바로 외국의 당대 '흑사회' 세력이 전개되는 영화 속의 줄거리 방식이다.

중국 당대에서, 생활은 마치 예술에서 '기원'하고 또 예술보다 '더 높은' 것 같다—원래 중국에는 흑사회가 없었으나 영화 속에서 모방했다거나 배운 것처럼 시작되었는데 현실은 영화보다 더욱 악랄하게 전개되고 있음을 의미한다.

정권을 잡은 중국공산당이 만약 정권이 '흑사회'화로 변질되고 발전하는 것을 방지한다는 안목으로 이 현상을 살피지 않는다면 장래가 아주 걱정된다. 왜냐하면 중국에서 오직 중국공산당만이 이런 변화와 발전을 억제할 수 있기 때문이다.

중국에서 '수정주의'로 변한다는 것은 이미 황당무계한 말이 되었다. 왜냐하면 '수정주의'는 지향하는 바가 없어졌을 뿐만 아니라 개념조차 애매하게 변해 버렸기 때문이다.

당시 모택동의 명언이 하나 있다—"자산계급은 공산당 내부에 있다." 당시 모택동이 이 말을 할 때 중국에는 소위 '자산계급'이 없었다. 지금 중국에는 있으며 그 경제적 세력을 감히 소홀히 할 수 없다.

만약 공산당 내부에 일부 관원이 '자산계급'화 되었다면 사실 그렇게 두려울 것 없다. 진짜로 '자산계급'화 되었다면 탐욕성이 오히려 작아진다. 그러나 대다수 관원은 관원이라 해서 진짜로 '자산계급'화 되는 것이 아니다. '될 수 없다'와 '원하지 않는다.'는 서로 다른 개념이다. 원하기 때문에 실현하려고 시도하는데 당기율과 국법이 무섭다. 그래서 수단과 방법이 비밀스럽게 변한다. 즉 지하로 들어가며 은폐성을 가진다. 은폐성이 널리 퍼지면서 돈과 권력 거래의 각종 관계망을 결성한다. 우리 모두가 공개된 사회관계 하에 있는데 은밀하게 존재하는 또 다른 불법 관계의 루트는 당연히 '흑사회' 관계이다.

등소평은 생전에 이런 말을 했다―중국에 정말 문제가 생긴다면 결국 역시 공산당 내부에서 생길 수 있다. 등소평이 걱정하는 것은 구소련에서 발생한 그런 일이다.

중국공산당도 정권을 아주 단단하게 장악하고 있는 상황에 놓여 있다 할 수 있으나, 정권이 일부 관원에 의해 서서히 조금씩 양면화될 수 있다. 한 면의 행동은 자기 당과 전 사회에 드러내 보이고, 다른 한 면은 은밀하고 탐욕스럽게 끊임없이 좌우와 상하로 그물을 엮어 나간다.

이 현상은 하급 관리를 '핵심'인물 또는 '대부'형 인물로 하는 사회 기층에서 특별히 뚜렷하게 나타난다. 일부 촌·향·현의 간부들은 서로 의기투합하여 백성을 유린하고 또 상응한 등급의 사법간부와 야합하여 독재정치의 명의를 빌어 백성을 위협하고 박해하며 백성들은 박해를 받고 억울함이 있어도 상소할 곳이 없다. 더욱 심한 것은 일부 지방의 크고 작은 '재물신(치부의 귀재)'들은 지방 간부의 좌우에 빌붙어서, 그들을 위해 가장 '복무'를 잘할 가치가 있는 양민이 되었다. 그리고 상부 관원들은 수시로 지방 간부들의 '정치업적'을 표창하고 수시로 그들에게 공산당이 자주 써먹는 명예 표창장을 수여한다. 또한 그들을 위해 그들의 결백함과 우수함을 담보해 준다. 그들의 죄상이 드러나면 가능한 비호하고 너그럽게 그들을 위해 청을 든다…….

바로 이러한 곳에 정권의 '권위성'이 비할 바 없이 든든해 보이는데 그야말로 산을 흔들기는 쉬워도 그 '권위성'을 흔들기는 어렵다. 또한 사람들로 하여금 그곳 정권의 성씨가 영원히 '공(共)' 씨라는 것을 믿게 한다.

이런 현상은 설령 전 세계를 본다 하더라도, 아니면 '흑사회' 잔존 세력이 존재하는 국가 어디를 둘러봐도 '흑사회' 현상이 아니고 무슨 현상이겠는가? 만약 어떤 사람이 이것이 '흑사회' 현상이 아니라고 여긴다면 세계에 종래로 그 무슨 '흑사회' 같은 것이 존재한 적이 없는 것과 마찬가지다.

깊이 생각해 볼 가치가 있는 것은, 이는 다른 나라에서는 거의 사라져가는 '잔

존현상'이나 중국에서는 막 피어나는 '신생현상'이라는 것이다.

신문에 실린 바에 의하면, 한 조그마한 파출소 소장이 자기 수하 경찰을 고용하여 성공적으로 아내를 살해하였다. 우리는 사건 자체를 자꾸 언급할 필요는 없다. 왜냐하면 전 세계 어디서나 사람을 놀라게 하는 유사사건이 늘 발생하고 있기 때문이다. 우리가 말하려 하는 것은, 그가 줄곧 몰고 다니는 차가 '벤츠'였다는 것이다. 보건대 그 '벤츠'가 설명할 수 있는 권력(또한 사법권력)이 변질된 성격은 심지어 그가 자기 수하 경찰을 고용하여 아내를 살해한 것보다 더 심각하다. 그 작디작은 파출소 소장이 '벤츠'를 타고 다녀야만 자기 수하 경찰을 고용하여 아내를 살해할 '자격'이 있는 것이다. 그럼 누가 그에게 그런 '자격'을 주었는가?

중국 당대에 당신은 때론 '아차 하는 순간'에 '흑사회' 기질이 가득한 인물을 직면할 수 있다. 그들의 공통성은 첫째, 아주 돈이 많다. 둘째, 지방, 나아가서 북경 고위층 관리를 포함하여 많은 관원들과 긴밀한 관계를 유지한다. 그들은 관원들의 자녀를 언급할 때면 습관적으로 아명을 부른다. 예를 들면 자기 남동생이나 여동생이라 부른다. 셋째, 그들은 현지 사법관원들과 친형제처럼 정이 깊으며 그들의 자가용에는 심지어 경찰번호판과 경광등도 달려있다. 넷째, 그들에게는 정부 측이 하사한 각종 명예가 있다. 다섯째, 그들은 심지어 지방 정치신분을 가지고 있다. 여섯째, 그들이 자신들의 '성공에 이르는 길'을 떠들어 댈 때 조금만 현명한 사람이라면 각종 수상한 점들을 알아들을 수 있을 것이다.

필자는 이전에 그런 사람을 '만난' 적이 있는데 감히 말하기를 주저하지 않는다. 필자는 그런 좌석에서는 늘 얼굴을 찌푸리고 그들에게 알랑거리는 사람들이 배석한 앞에서 서슴없이 그들의 '비밀스러운 곳'을 건드린다.

예컨대, 갑자기 "당신은 장사를 하고 저 사람은 정치를 하는데 당신들 관계는 어떻게 형제처럼 친한가?"라고 묻고는 계속해서 캐묻는다.

"당신은 그때 재산도 없고 사업도 없고 특허도 없고 특기도 없는데 은행에서 왜 당신에게만 대출을 해 주었는가?"

"왜 관원이 굳이 당신을 위해 담보를 서 주었는가?"

"당신이 거액의 자금을 대출해 놓고 상환하지 못하면 어떻게 은행에 설명하겠는가?"

"지금 전국 각 은행의 부실채권 중에 자네 명의 하에 적혀 있는 것은 없는가?"

이런 말을 물을 때는 체면을 봐주지 않았기 때문에 늘 좌중을 불안하게 했다. 만약 관원이 동석하였다면 태도가 가장 머뭇머뭇하는 것이 흔히 관원이라는 것을 발견한다.

이는 좀 '허풍을 떤' 측면이 없지 않으나, 지금까지 이 몇 가지 물음에 참아 내고 표정이 태연하며 막힘없이 술술 대답하는 사람을 한 명도 만난 적이 없다. 모든 이런 인간들을 볼라치면 저도 모르게 '흑사회' 세 글자를 연상하게 된다. 또 이런 인간들은 거의 모두 현지의 가장 체면이 있는 '상층 인물'이다.

한 번은 모 시에 체류하고 있었는데 모 국영기업 작은 공장의 공장장이 찾아와 하소연 하였다. 현지 한 유명한 '민영기업가'가 자기네 공장에 50여만 원을 빚을 졌는데 3년이나 미루면서 갚지 않고 있다는 것이다.

그래서 계약서가 있는가 하고 물었다.

그는 계약서를 꺼내 보여주었다.

계약에 아주 분명하게 쓰여 있는데 당신에게 유리하다며 고소하라고 말했다.

그는 벌써 고소했고 법원도 자기 공장이 승소했다고 판결했다며 지구 1급 법원의 판결서를 보여 주었다.

과연 그의 말과 같이 판결서에는 아주 명백히 쓰여 있었다. 상대방에게 판결 후 3개월 이내에 분할 상환하라고 판결했고 상대방도 사실을 인정하고 판결에 승복했으며 상고하지 않기로 했다.

일이 이렇게 다 된 마당에 날 찾아와 뭘 하느냐고 물었다.

그는 판결한지도 1년이 다 지났는데 아직 한 푼도 상환하지 않았다고 말했다.

그럼 다시 법원을 찾아야지, 법원은 판결을 강제 집행할 권리도 있고 법적 의

무도 있지 않는가 하고 말했다.

　그는 법원에서는 이미 판결했으니 이젠 어찌할 도리가 없다고 발뺌한다고 말했다.

　어찌 이럴 수가 있는가? 어찌할 도리가 없다니 무슨 말인가 하고 물었다.

　그는 법원 사람들은 그와 관계가 좋다고 말했다.

　"그럼 계속 고소하시오." 나는 시 법원에 고소하라고 건의했다.

　그는 "시 법원 지도자들과 그의 관계는 더 좋다오. 우리 공장에 2백여 명 노동자들에게 3개월이나 임금을 지급하지 못했소. 공장의 어떤 노동자들은 나를 때리겠다고 벼른다오. 당초 계약은 내가 서명했으니깐……."라고 말했다.

　그가 경제적 어려움에 빠져 갚지 못하는 게 아니냐고 물었다.

　그는 그저께 우리 시 텔레비전 방송국에서도 그에게 인민폐 수천만 원이 있다고 보도했다고 말했다.

　비록 입에서는 가능한 한 침착하게 한 마디, 한 마디 질문했지만 마음속의 느낌은 복잡하기 그지없었다. 왜냐하면 이틀 전에 그 유명한 '민영기업가'가 나를 초대하여 식사를 했기 때문이다. 그리고 관례에 따라 관원이 배석했는데 공교롭게 이 시 사법관원이 배석했었다.

　아래 사소한 부분을 하나 더 이야기하자면, 그들이 한참 귀엣말을 한 후 그 유명 '민영기업가'가 말을 꺼냈다. "그들을 상대하지 말게. 이 일은 당신네 법원에서 진지하게 처리하지 않으면 돼."

　그 시 법원관원은 "그러지. 당신 말대로 하지"라고 말했다.

　그리고 자리에 있던 기타 관원들은 습관이 된 것처럼 못들은 척 했다.

　그들의 대화에 인용표를 단 것은 정확히 본래 말이기 때문이다.

　필자는 자신이 영문도 모르고 대접받은 것을 후회했다. 물론 그 동기가 내 손을 빌어 어느 유력 신문에 '인물 인상기' 따위 문장을 발표하자는 것임을 알고 있다. 비록 동의하지는 않았지만 그래도 후회막급이다. 그렇지 않았으면 그 공장장과 그 공장 2백여 명 국영 노동자를 대신해 이 유명 '민영기업가'를 상대로 이 시에서 소송을 걸었을 것이다.

무릇 남자가 이런 일 앞에서 어찌 추호의 의협심과 정의의 충동이 생기지 않으랴?

그러나 필자는 분명 그의 접대를 받았고 그와 함께 사진을 찍었고 처음부터 마지막까지 예의 바르게 대우를 받았다. 그리고 이 시의 일부 '공복'들이 배석했다. 겨우 이틀 만에 반목하여 자기와 무관한 소송을 건다면 너무 교제성이 없는 사람으로 되지 않는가? 고의로 뉴스를 만드는 것이 아니고 뭔가?

마음속은 아주 복잡하였고 모순되었다. 한동안 생각에 잠겼다가 이렇게 말했다.

"이럽시다. 판결서를 여기에 놓고 가세요. 내가 시 관련 책임자에게 전해 주겠소. 그러나 우리 신사협정을 합시다. 만약 조금이라도 효과가 있으면 당신은 다른 사람과 이야기하지도 말고 나에게 감사를 표할 필요도 없어요. 만약 약간의 효과도 없다 해도 당신은 이후 더 이상 날 찾아오지 말아요. 당신은 국영기업 공장장이고 휘하에 2백여 명의 국영기업 노동자가 있으니 어떻게 자신들의 이익이 침범 받지 않도록 보호할 건가는 당신들이 더 잘 알 거 아닙니까."

그 공장장은 몸을 일으켜 세우더니 연거푸 감사의 표시를 하고는 이렇게 말했다. "당신 말을 알아들어요. 알아들었어요. 젠장, 만약 또 우리 돈을 갚지 않으면 나는 직접 노동자들을 데리고 거리에 나가 시위를 할 거요!"

서둘러 급히 말했다. "나는 그렇게 하라고 시키지 않았소." 그러나 마음속으로는 묵묵히 말했다. '아마 당신은 일찌감치 그렇게 해야 했어!'

그러나 그는 또 말했다. "오늘 당신이 약속했는데 우리가 시위를 할 필요가 있겠나요. 꼭 효과가 있을 거요. 효과가 있고말고. 난 그들이 그저께 당신을 접대한 일을 알고 있어요. 그렇지 않으면 오늘 찾아올 리 없지요."

뒤에 한 말 두 마디를 듣고 삽시간에 얼굴이 귀밑까지 벌게졌다.

그 도시를 떠나기 전 약속을 지켜 법원 지도자에게 편지 한 통을 썼다. 4~5천 자 편폭으로 사용한 어휘는 간절했다. 그야말로 이치로써 알아듣도록 알려주고 정으로 마음을 움직인다고 말할 수 있다.

편지에서 이렇게 썼다.

"친애하는 동지들, 나는 당신들의 이러지도 저러지도 못하는 처지를 아주 동정합니다. 국영기업의 노동자 이익은 당신들이 법에 따라 보호해야 합니다. 그러지 않을 경우 당신들의 법을 집행하는 정의적 입장은 의심을 받을 겁니다. 때문에 당신들은 판결하였고 또 아주 공정하게 판결했습니다. '민영기업가' 일방은 또 당신들의 '우방'입니다. 어떻게 하여 '우방'이 되었는지는 다들 속으로 뻔히 알고 있습니다. 때문에 당신들은 진짜로 '우방'의 미움을 사지 않으려 하고 그래서 판결서는 한낱 휴지 조각이 되어 버렸습니다. 그러나 법률적 의무 측면에서 보면 당신들은 절반밖에 집행하지 않았습니다. 나머지 절반, 즉 판결을 강제 집행하는 그 절반은 당신이 하고 싶으면 하고, 하고 싶지 않으면 안 하는 것이 아니라 반드시 해야 하는 겁니다. 요만한 법률상식은 본인도 알고 있습니다. 당신들이 내 체면을 봐서라도 이번 일을 선처해 주시길 바랍니다. 그러지 않으면 그 공장 노동자들이 단체로 북경에 가서 상급기관에 상황을 알리고 해결을 요구하겠다고 합니다. 지금 '15차 대회'가 긴박하게 준비 중이며 북경의 안정과 평화는 무엇보다 중요합니다. 전반적 국면에서 볼 때 어느 것이 중요하고 어느 것이 경한가를 고려해 보길 바랍니다……."

북경에 돌아온 지 1개월 후 그 공장장의 편지를 받았는데 미수금에서 20만 원을 받았다고 알려 주었다. 한시름을 놓는 순간이었다.

이런 일들은 전 중국에 비일비재하게 너무도 많다. 어떤 자리에서 말해도 모두 언급할 가치가 없고 털끝만한 일밖에 안된다. 듣는 사람도 재미없고 말하는 사람도 재미없다. 그러나 항상 이렇게 많고 많은, 이미 언급할 가치도 없고 털끝만한 사소한 일들을 종합하면 어떤 큰 현상을 의미하고 있지 않을까 하고 생각한다.

만약 정권을 대표하는 관원들이 우선 한 사람 한 사람, 그 다음은 한패, 그 다음다음은 한 무리씩 뒤질세라 앞을 다투어 거액의 돈을 가진 사람들과 돈과 권력의 '공동출자자'가 된다면, '제2의 사회'가 탄생하는 것이 아닌가? 이것도 '중국특색'이라고 생각할 수는 없잖은가?

물론 사실 이미 '중국특색'이 되었다. 그러나 좋은 '특색'이라고 할 수는 없잖은가?

세계는 갈수록 문명해지고 있다. 갈수록 문명한 세계는 즉, 사회가 마땅히 문명해져야 한다고 여긴다. 사회는 가능한 공개화되어야 한다. 모든 사람, 모든 계층에 대해 말하면 사회는 모두 '이것 하나' 또한 유일한 '이것 하나'이어야 한다. 왜냐하면 한 정권은 동시에 2가지 사회(홍콩의 '一国两制'는 따로 논의해야 함)를 통치할 수 없다. '이것 하나'의 사회가 만약 평면이라면 모두들 이 평면 위에서 생존해야 한다. 만약 입체라면 모두들 입체 속에서 생존해야 한다. 사회는 다원화될 수도 있고 복잡하게 될 수도 있으나 명암화되어서는 안되며 겉과 속이 달라서도 안된다. 왜냐하면 공개적인 장소에서 생존하는 사람은 은밀한 곳의 일과 관계된 형태에 대해 전혀 아무것도 모른다고 할 수 없기 때문이다. 또한 표면상에 생존하는 사람은 이면 또는 표면 아래에 생존하는 사람에 대하여, 즉, '제2의 사회'의 내용에 대해 영원히 못 들은 척, 못 본 척할 수는 없다.

'제2의 사회'의 형태는 문명세계의 당대 '흑사회' 관계의 출산 분만대이다. 그것엔 피비린내와 폭력이 추호도 있을 수 없다. 그러나 본질적으로 여전히 '흑사회'의 선명한 특징을 나타내고 있다.

갈수록 문명해지는 현대 세계에서 그 어떤 국가든지 '제2의 사회'의 번식과 형성을 아주 경계하고 있으며 모두 '제2의 사회'의 존재를 거부할 것이다. 왜냐하면 그것이 일정한 정도로 강대해지면 꼭 공개된 사회, 즉 우리 대다수 사람들이 의존해서 살아가는 '이 하나'의 사회를 전복하는 강렬한 시도가 야기되기 때문이다.

국외에서는 '제2의 사회'의 맹아 단계에 끼어든 관원을 '렌트 추구자(rent-seeking behavior)'라 부른다. 그런 관원들을 이용하는 사람을 '권력 대여자'라 부른다. 권력의 '렌트'와 '대여'는 어떤 국가에서는 스캔들이자 모두 법을 어긴 범죄이다.

중국에서 이런 권력의 '임·대(租·貸)'관계는 아주 보편적이고 흔히 있는 일일 뿐만 아니라 또 언제나 '너그럽게 합법화'된다. 권력의 '임대' 관계에서 '이자'의 본질 혹은 '제2의 사회'에 숨겨져 '내부 상황(inside story)' 속에서 일어나는 현상으로 되어 버리거나 혹은 '제1의 사회'로 우회하여 와서 공개되고 평범하고 사리에 맞는 것 같은 현상으로 변한다. 권력 '임대'의 '이자'는 중국에서 가장 높은 '이자'이다. '임대'자와 '대여'자는 모두 일찌감치 아주 문명하게 이 '이자'의 본질을 덮어 감추는 데 능숙해졌다.

이는 뇌물수수와 다르다. 비록 뇌물을 주는 것을 '권력대여'라 하고 뇌물을 받는 것을 '권력임대'라고 하지만 이는 흔히 '현행거래'이다. 그러나 '임대' 관계는 상당히 오랜 관계이다. 때론 '권력 대여자', 심지어 예리한 안목을 가진 자는 한 관원의 재직기간을 한 번에 '렌트'해 간다. 그때면 관원도 '권력 대여자'의 지휘를 따를 수밖에 없다. 일부 관원은 재직 시 온종일 바삐 돌지만 세심한 사람이 눈여겨보면 그들의 바쁜 모습은 번마다 한 사람 또는 몇 사람의 이른바 '기업가'를 에워싸고 돈다는 것을 쉽게 알아볼 수 있다. 그리고 후자들은 대체로 모두 민영이다. 관원이 그들을 위해 전력을 다하는 정신은 '나라를 위해 몸과 마음을 다 바치는' 격이다. 후자들을 위해 모순을 조정하고 명예를 얻도록 하며 넌지시 암시적 유세를 통해 대출해 주고 널리 선전하여 지명도를 높여 주고 심지어 자기 관원 이미지도 고려하지 않고 변칙적인 광고인 역할도 한다……. 이건 당연히 심하게 비난할 바가 못 된다. 그러나 문제는 그것이 관원으로서의 유일한 의무가 된 것 같고 또 유일한 정치업적이 된 것 같은 데 있다. 국영기업·사업기관을 위해, 사회공익을 창도하기 위해, 광대한 대중을 위해, 도대체 무슨 공헌을 하였는가 하고 물으면 그들은 뚜렷한 사례를 들지 못한다. 할 가치가 없다고 여기거나 최소한의 열정도 결핍되어 있고 최소한의 능력은 더 말할 나위도 없다. 후자들은 명예와 재물을 함께 얻고 그들도 순풍에 돛 단 듯이 잘되어 즐거워한다. 마치 위로는 나라에 떳떳하고 중간에서는 당에 떳떳하며 아래로 대중에게 떳떳한 것 같다. 어느 날 갑자기 죄악이 폭로되어 많은 죄상이 고발되면, 본래 그들과 후자들은 오래전부터 이해관계가 있는 두 개의 서로 끌어당기는 지구의 반구와 같은 것이 된다. 그들은 이미 자신이 장악한 권력을 거의 완전히 후자에게 '대여'해 주었거나 이미 거의 완전히 후자들의 '사복(私僕: 사적 고용인)'으로 변해 버렸다.

필자는 여러 번 이런 담론을 들은 적이 있다. "공산당이 정권을 잡으면 나는 영광스런 기업가이다. 공산당이 정권을 잃으면 나는 기초를 다진 자본가이다. 공산당의 강산은 잃어도 나 개인 자본은 잃지 않는다. 공산당 집권 시기에 그들이 만족할 수 있게 뇌물을 주기만 하면 나 개인 자본은 더 빨리 축적할 수 있다. 관원들이 만족할 수 있게 뇌물을 주는 것은 시장경쟁보다 훨씬 쉽고 비용도 많이 낮다."

매번 이런 담론을 들을 때면 자연스럽게 속으로 이런 생각이 일어난다. 중국의 전도에 대해 일부 관원 자신이 백성들보다 더 신심이 없지 않은가? 그들은 늘 마음속으로 이렇게 중얼거리지 않을까? 오늘 나는 관원이다. 그러나 어느 날엔가 아무것도 아닐 수 있다. 나는 스스로를 위해 퇴로를 남겨야 한다. 오늘 내가 복무하는 그 사람이 거꾸로 내가 언젠가 아무것도 아닐 때 의탁할 수 있는 사람이 될 수 있잖을까?

그렇지 않다면 그들은 권력의 '임대' 관계에서 왜 그렇게 '전심전력'할까?

청나라 왕인욱의 시는 이렇게 묘사했다.

大木遮数倾，青虫生其荫.
垂丝自相络，枝叶交受侵.
树影日夕疏，虫窟亦渐深.
林木纷纷倒，青虫葡地爬.
活该戕厥本，陡然饱飞禽.
우람한 큰 나무가 기울어져 덮여 있으니, 벌레들이 그 그늘 밑에서 살아가네.
실을 드리우며 자기들끼리 서로 그물을 짜니, 가지 잎은 겹쳐서 가까워지네.
나무 그림자가 석양에 흩어지니, 벌레들은 굴속으로 더욱 깊이 들어가네.
나무는 분분히 잘려나가고, 벌레는 포도 덩굴을 기어 다니네.

근본(줄기)이 손상당하여 인사불성이 되어 죽게 되니,

돌연 날짐승들이 날아와 배를 채우누나.

모택동의 '자산계급이 공산당 내부에 있다'라는 우환이든 등소평의 '사고가 일어난다면, 그것도 정권 내부에서 일어난다.'는 경고든 막론하고, 이는 사실 곤충과 나무 관계의 슬픔을 은유한다. 중국 백성들조차 이런 슬픈 사실을 보고 싶지 않다.

사회는 나선형으로 발전하고 진보한다. 이는 의심할 여지가 없는 이치다. 허나 이에 근거하여 나선형 계단을 밟고 올라간다고 생각하면 그건 너무 유치하고 천진하다. 나선식 계단의 모든 꺾어지는 곳의 회전각도는 기본적으로 일치한다. 그 상승하는 원구간도 기본적으로 일치한다. 전 세계의 나선형 계단은 모두 이 설계원칙을 고수하고 있다. 그러나 인류사회라는 이 길고 긴 '나선형 계단'은 종래로 이처럼 '규범화'한 적이 없다.

사실 인류사회의 발전과 진보는 스프링과 더 비슷하다. 즉, 불균일한 힘으로 잡아당겨 늘어진 스프링과 같은 것 말이다. 한 국가를 볼 때 그 불균형한 힘은 때로는 세계 대경제의 배경이 되고 때로는 본국의 정치적 정세이며 때로는 심지어 단순한 전 세계적 자연재해이다. 그래서 원호나선(弧旋)은 변형된다. 당기는 힘이 클수록, 회전각이 작을수록 호도(弧度)는 더 가파르다.

인류사회라는 이 기나긴 '나선형 계단'은 곳곳에 이런 변형현상이 나타났다. 그래서 나아가기 더 힘들다. 때때로 인간은 양다리만 가지고서도 안된다. 양손을 내밀어 붙잡아야 한다.

외국의 아주 높은 회전식 계단의 설계 엔지니어들이 그러한 문제를 해결하는 방법은 발을 붙일 플랫폼을 더 많이 만들어 인민들이 숨 쉴 조건을 마련해 주는 것이다. 상대적으로 성숙된 사회라는 것은, 바로 그러한 '발붙임 플랫폼', 곧 각 방면의 사회 생존 보장과 각종 사회 자선기구가 있는 사회이다.

나선형 계단은 시멘트 철근으로 제조되었기 때문에 경사가 아무리 가팔라도 견고하다. 그러나 스프링은 연성이 있기 때문에 불균일한 힘으로 더 크게 당겨 늘어진 부위일수록 내구력이 더 약하고 연성이 더 뚜렷하다.

중국의 상황은 이와 같은 것 같다. 관료계층의 탐욕과 부패 그리고 태평성세의 경관을 조성하기 위해 아무 고려도 없이 제멋대로 무절제하게 함부로 인민들의 피땀을 낭비하는 용속(庸俗)한 정치행위, 그리고 노동자들의 대량 '퇴직'과 실업 현상, 국유기업의 생산 부진 사실 등등 눈앞의 근심과 장래의 걱정은 모두 그 연성이 뚜렷한 늘어진 부위에 막혀 있다. 그래서 사회란 '스프링'은 이곳에서 시작하여 추락한다. 바로 이런 상황이 나타날 경우, '발전' 두 글자는 단지 최대한 빨리 추락점으로 도달함을 의미한다. 그 연성이 끝이 없는 것이 아니기 때문이다.

모택동 시대는 저수입, 저소비 시대였다. 보건데 가장 광대한 수의 중국 인민은 또 새로운 저수입, 저소비 시대에 진입하게 된다. 이 시대는 모택동 시대와 비교하면 세상이 다 알고 있는 사실이 있다. 상품이 대단하게 풍부해졌다는 것이며 이는 다른 점이다. 이 시대는 한 무리의 구매력이 아주 강한 중국 사람 또는 '먼저 부유해진' 중국 사람을 만들어 냈다. 이 시대 가장 거대한 인구인 중국 사람은 그 평균 수입의 3분의 2 이상을 여전히 먹고 마시는 데 소비한다. 이 역시 공통점이다.

십수 억의 중국인 소비수준은 분명 중국 경제 발전의 장애요소로서 다리를 잡아당겼다. 그래서 절대 부강하다고 할 수 없는 중국엔 의외로 '생산과잉'이 나타났다. 상품주택(매매가 가능한 주택)·자동차·가전제품·중·고급 의류……. 과잉 생산은 가장 거대한 규모인 중국인의 저소비 앞에서 한창 '여전히 비파를 안고서 얼굴은 반절 가린' 난처한 궁지에 빠져들고 있다.

그래서 일부 어용경제학자와 사회학자 그리고 일부 아둔하고 멍청한 관원들은 의기투합하여 중국 백성은 모두 '수전노'라고 불평을 털어놓는다. 그들은 이런 사실을 실사구시적으로 생각하려 하지 않는다. 만약 이 광대한 중국 인민의 평균 월수입이 2천 원에 도달한다면, 만약 그들이 내년, 후년에 그 수입이 여전히 안정된다고 믿을 수 있다면 당신들이 있는 힘을 다해 심혈을 기울여 그들을 동원하여 빨리 소비하라고 자극할 필요가 있겠는가?

지금 경직되고 보수적이고 교조적이며 또한 완고한 치국사상 관념으로 겹겹이 둘러싸인 '봉쇄선'은 이미 철저히 돌파되었다. 지금 중국의 '날개'엔 새 깃털이 막 자라나고 그 날개 모양은 완벽해졌다. 그러나 여전히 무겁다. 심지어 일부 방면에서는 십수 년 전보다 더 무거워졌다.

사상 관념의 장벽은 '사상해방운동'을 통해 충분히 일소하고 배제할 수 있다. 그러나 보편적인 사회문제는 단순히 보편적인 인식문제만은 아니다. 이런 문제들이 민생과 관련될 때면 민의는 사상적 설교를 거부할 이유가 있다. 사회문제를 해결함에 있어 사상적 설교에 의지해서는 안되며 사회문제에 부대끼는 관원들의 사상설교에 의지해서는 더욱 안된다. 그것을 해결하는 근본적 경로는 오직 하나다. 바로 진짜로 근본부터 착안하여 그것을 해결하는 것이다. 이는 전 중국인의 사명이다. 그러나 우선 관원들의 직무에 대한 책임이며 또한 관원들이 능력이 있는지 없는지 확인하는 상징이다.

중국의 크고 작은 관원들은 지금까지 여전히 아래와 같은 중국의 전통적인 단점을 답습했다. 사상을 논할라치면 언변이 일사천리이고 장황한 내용이 가지가지이다. 그러나 구체적인 문제의 해결 방향을 논할라치면, 꼬리를 내리고 언어가 애매하고 어물어물 넘겨 버린다. 상당한 일부분 관원은 사상을 논하는 능력이 문제를 실제 해결하는 능력을 훨씬 초과한다. 이런 관원들은 사실 이미 개혁이 심화될수록 새로운 형세에 적응하지 못했다.

사상관념의 장벽이 가장 중요한 고질적인 장벽으로 나타날 때, 사상해방의 요구가 강렬한 갈망과 격정으로 구현될 때 역사적 문제와 개혁의 실천 과정에 필연적으로 나타나는 새로운 문제는 사상적 모순에 의해 가려진다. 지금 이 두 가지 문제는 동시에 폭로되었다. 마치 해면 위에서 파도의 충격파에 물보라가 사라지고 안개 중에 점차적으로 2개의 빙산이 나타나는 것처럼 말이다.

역사적인 문제는, 개혁의 실천 과정에 필연적으로 나타나는 새로운 문제보다 심각하다. 일부 가장 심각한 문제, 예컨대 중·대형 기업의 어려움과 노동자의 대량 '퇴직'과 실업은 겉보기는 새로운 문제 같지만 사실 본질적인 역사적 문제이다.

마치 선천적 질환에 걸린 아이가 중학교 시절에 징조를 나타내지 않고 계속 우등생을 하다가 고등학교에 들어간 후 학업이 힘들어지자 병세가 발작하여 비실비실하고 해골처럼 수척해진다는 비유…….

비록 중국의 '날개'는 펼쳐졌지만, 사실 하늘에 솟아올라 자유롭게 날지는 못한다. 단지 TV 송신탑보다 약간 높게 날아올랐을 따름이다. 이 고도는 새의 고도에 불과하며 비행기의 최저 고도가 아니다. 이 고도에 도달하는 데 10여 년이 걸렸다. 그는 몸을 지탱하면서 활공하고 있으나 아직 머리를 쳐들지는 못한다. 양 날개를 한번 퍼덕이는 것도 힘겨울 지경이다…….

이것이 바로 우리 중국 현재 시제의 기념사진이다. 이런 실제 상황을 너무 현란하게 묘사하고 너무 아름답게 과시하는 것은 일종의 '공적상상증(功績想象症)'이다. 이는 모택동과 등소평이 이전에 거듭 창도했던 실사구시 태도에 부합되지 않는다……!

9장

당대 중국 '회색 사회(灰色社會)'

이 장은 제1판에는 없었다. 지금 필자는 정중하게 보충한다.

십수 년 전 서방에서 성공한 남자들은 빳빳하게 잘 다려진 질감 좋은 재료의 회색 양복을 입었는데 이른바 '상징적 복장'이었다. 때문에 《고급회색》이라는 책까지 나왔다. 또 그 때문에 '고급회색' 양복을 입은 남자들은 흔히 '상류사회'로 간주되었다. 설사 분명히 사기꾼이라고 해도 그런 양복 한 벌 차려입으면 아주 쉽게 '상류사회'로 끼어들어 섞일 수 있었다. 우리는 모두 어떤 나라든, 예전이든 지금이든 또는 장래이든 물론하고 '상류사회'가 객관적으로 존재한다는 사실을 알고 있다. 때문에 '상류사회'에 들어서는 것은 줄곧 야심만만한 남자들의 꿈이었다. 이 유형 청년들의 전형으로 자연히 스탕달의 글에 나오는 가련한 줄리앙이 있다. 그가 지향하는 인생은 크게 비난할 바가 못된다. 그가 가엾다고 하는 것은 성공하지 못했을 뿐만 아니라 자기 젊은 생명까지 보탰던 것이기 때문이다.

그러나 독자는 필자가 말하는 '회색사회'가 중국의 '상류사회'라고 생각해서는 안된다. 아니, 완전히 그런 것은 아니다.

언급하는 중국 '회색사회'는 중국 '흑사회'에 비교해 말한 것이다. '흑사회'도 물론 권력인물을 매수하고 권력인물과 결탁하고 권력인물의 비호를 받아야 하지만 그 핵심인물의 주요 성분은 폭력경향 및 폭력능력이 있는 검은 축심세력이다. 그러나 '회색사회'는 다르다. '회색사회'의 핵심인물 자체가 평범한 권력인물이 아니다. 그 주요 성분은 사람마다 다 '상류사회' 인사, 즉 각 급 상층관리, 큰 업체 사장, 모성(省) 모시 공안·검찰·법원의 지도자들이다. 그들의 주변에는 번마다 각 분야 스타들이 모인다. 그러나 후자들은 그들에게 빌붙는 사람들이고 오라면 오고 가라면 즉시 사라지는 개인이다.

가장 주요한 차이점으로 '회색사회'는 거의 폭력적 특징이라곤 찾아볼 수 없다. 그들이 목적을 달성하려면 대부분 폭력에 호소할 필요가 없다. 그들의 목적 달성을 방해하는 모든 사람은 '법을 위반'할 가능성이 있으며 잇따라 법률 '제재'를 받게 된다.

'회색사회'는 아주 예의 바르고 '문명'성분의 정도가 아주 높은 거의 형태가 없는 사회계층이다.

몇 년 전에 그의 존재를 느꼈을 뿐이다. 허나 지금은 그의 존재가 이미 추호도 의심할 바 없는 사실이라고 생각한다. 그러나 만약 구체적인 많은 예를 들라면 필자는 아주 난감하다. '회색사회'는 거의 형태가 없고 또 우리 사회 투명도가 이렇게 차이가 있는데 그들의 행동은 절대 우리의 안광으로 쉽게 발견할 수 있는 것이 아니다. 비록 필자는 자신의 눈으로 사회를 살펴보는 예민함이 그래도 일반 사람들에 비해 좀 높다고 생각하지만 좀처럼 예를 들지 못한다.

예를 들면 중경시(重慶: 중국직할시. 薄熙來가 시 서기로 부임 후 흑사회 토벌)에서 한 시기 타격한 것이 '흑사회'라 한다면, 황광위(黃光裕: 중국 國美전기그룹 회장. 당시 중국 최고 갑부) 사건은 '회색사회' 특징을 띤다. 문강(文强: 중경시 사법국 국장)의 비호를 받은 사람들은 거의 모두 좀도둑 혹은 사위(沙威)·우이(牛二)같은 사람이다. 그러나 황광위는 최고검찰원의 검찰차장을 자신의 '항공모함(그룹)'에 '모셔서' 올라타게 했다.

또 신문에 실린 바에 의하면 모현(縣) 공안국장 아들이 혼례를 치렀는데 의외로 천 수백 명에 달하는 하객들이 줄지어 선물을 바쳤다. 구정이 금방 지나 또 신문에 실린 바에 의하면 모현 모 탄광 사장이 경사를 치렀는데 시위(市委)서기 등 간부, 공무원들이 줄을 지어 찾아와서 축하했다─자연스럽게 〈대부〉라는 미국 영화의 개막을 연상케 한다……

이상의 현상은 중국 '흑사회'가 탄생하는 토양이 얼마나 비옥한가를 설명해 줄 뿐만 아니라 중국 '회색사회'가 탄생하는 온상은 그야말로 매우 많다는 것을 설명해 준다. '회색사회'든 '흑사회'든 모두 세력 개념이다. 그 세력은 너무 거만하여 한 번 자칫하는 사이에 몇 사람의 생명을 앗아가고 종이로 불을 감쌀 수 없듯이 일단 폭로되면 '흑사회'로 간주하게 된다. 만약 줄곧 처사가 신중한 모든 추악한 행위들이 전부 세상에서 모습을 감춘다면 자연히 '회색사회'라 할 수 있다. 단지 그런 일부 이익집단과 세력권들은 설령 모습을 감춘다 해도 '회색사회'라 불리기에는 어울리지 않는다. 어쨌든 그들의 수많은 표현들이 속되고 저속하여 '고급'스럽지 못하기 때문이다. 현(縣)의 관원들 신상에서 중요하다고 기척하는 상황들은 바로 '회색사회'가 코웃음을 치는 것들이다.

'회색사회'는 성분이 고급스럽고 모습을 숨길 뿐만 아니라 거의 기척을 내지 않는다. 그들은 주식시장·주택가격·선물·돈세탁을 조종하고 국유자산을 점유하여 국외로 빼돌린다……. 그들이 마음먹고 할라치면 모든 것이 아주 쉬울 뿐만 아니라 거의 허점이 없다. 설사 죄상이 폭로되더라도 일반적으로 그 어떤 국내 언론도 사실대로 일일이 보도하지 않으며 대체로 간략하게만 언급하고 '냉담한 처리'를 한다.

때문에 우리는 이렇게 판단할 수 있다. 대대적으로 타격을 진행하고 언론의 협력적 보도를 등에 업는 타격 대상은 만약 조직일 경우 자연히 '못된 세력' 또는 '흑사회'이다. 그러나 조용히 뒤처리하고 보도를 엄격히 제한하는 큰 사건은 배후에 흔히 아주 '고급'스러운 망이 있다. 그 '망(網)'이 바로 '회색사회'이다.

'회색사회'를 고급스럽다고 하는 것은 그것이 분명 존재하고 있으나 전 사회에 드러낼 수 없거나 드러내면 안되기 때문이다. 마르크스는 《자본론》에서 자본주의의 특징을 서술할 때 그것은 '온정이 넘치는 속의 베일'이 있다고 묘사한 적이 있다. 이런 백수십 년 전 서방 자본주의의 '면사(베일)'는 당연히 오늘의 중국 '회색사회'에도 있다. 그리고 백수십 년 전 서방 자산계급의 '면사'보다 많이 '고급'스럽다.

'흑사회'에 비하면 '회색사회'가 중국의 전도에 대한 위해는 더 크다.

'흑사회'는 조화롭게 사는 데 영향을 준다. 그러나 '회색사회'는 흔히 한편으론 조화로운 풍경을 형성하고 한편으론 고래가 삼키듯이 정권을 탈취한다.

몇 년 전 유엔개발계획서는 260페이지의 보고서를 기초했는데 그 보고서의 내용은ㅡ세계 3대 부자의 부는 6억 명의 35개 가장 가난한 나라 국민 총생산액을 초과한다. 1994-1998년 단 4년 사이에 세계의 가장 부유한 2백 명의 총수입은 세계 전체 인구 총수입의 41%를 차지한다ㅡ는 것이었다.

때문에, 이 세계에선 현재도 여전히 매일 수백, 수천에 달하는 사람들이 굶어 죽는다. 그들의 죽음은 당연히 부자들의 죄가 아니다. 그러나 적어도 인류사회의 병증(病症)이라고 할 수 있다.

중국의 은행 저금 중 80%는 소수 20%에게 속한다. 이는 이미 사실이 되었다. 중국 '회색사회' 인사들은 모두 그 20%에 속한다. 하지만 모두 연결망을 갖춘 것도 아니다. 단지 그중 더 '고급'스러운 사람들만이 서로 흡인하여 일체를 구성하기를 바라고 나아가서 나머지 80% 중에서 가장 큰 몫을 차지하기를 바란다.

그 20%가 30%, 40%로 확대되는 것은 자연히 좋은 일이다. 그러나 만약 10년 후 20%가 뚜렷하게 확대되지 않고 다른 80%가 85%, 90%로 확대된다면……. 중국은 어떻게 될 것인가?

'케이크를 크게 만든' 이후 반드시 사회적 부의 공평한 분배 문제를 고려하게 될 것이다. 이런 말을 하는 사람은 대부분 머리에 물이 들어가지 않았다면 고의로 중국 인민을 속이는 것이다. 지금의 중국은 '케이크'를 더 크게 만드는 과정과 동시에 공평한 분배문제를 고려해야 한다는 것을 깨달아야 한다. 그러지 않을 경우 절대 다수의 국민들은 그저 '제빵자'가 될 것이며 '빵부스러기'만 먹게 될 것이다.

온가보(溫家寶) 총리는 "케이크를 크게 만드는 것은 정부 책임이며 케이크를 공평하게 나누는 것은 정부의 양심이다."라는 말을 남겼는데, 그가 문제가 있는 곳을 알았고 마음속에 우려를 품고 있음을 보여 준 것으로 생각한다.

결론적으로, 필자는 중국의 내일에 대해 낙관적이라고 말하고 싶다.

왜냐하면, 대다수 중국 사람들이 국가 비전을 내일에 기탁하고 있기 때문에 일부 사람들이 모든 사람들의 공통된 내일을 파멸시키는 것을 절대 허용하지 않는다.

10장

당대 중국 인문(人文)의 갈등

토지에 대한 만감(萬感)

들은 바에 의하면, 북경·상해·광주·심수 이런 도시에서 폭등하는 집값이 이미 평방미터 당 인민폐 7~8만 원까지 올라갔다. 물론 모두 황금지대이기 때문에 금싸라기 땅이다. 또 부자 또는 주택 투기자들은 한 번에 인민폐 천만·수천만씩 투기하면서 다투어 구입하고 있는데 통일된 상업적 관념의 부추김을 받았기 때문이다. 즉 금싸라기 땅 지역은 절대적으로 희소하고 또 구입한 것이 고급 주택이기 때문에 그야말로 돈줄이라 할 수 있다. 사실은 기본적으로 그렇다. 수년 전 그들이 수백만 원에 사들인 별장은 지금 예외 없이 천문학적 가격으로 뛰어올랐다.

그리고 전문적으로 그들을 위해 집을 짓는 부동산 개발업자들은 그들의 심리를 깊이 꿰뚫고 있어서 '절판'·'소장판' 형식으로 제공한다. 그래서 고가 주택 현상을 조장하는 작용 하에서 모든 집값이 계속 급등하며 도시 중산계층마저 입을 딱 벌리고 평민과 빈민계층의 거주 조건을 개선하려는 생각은 환상이 되고 만다.

이에 공부자(孔夫子: 공자)의 말을 연상하게 한다.

天无私覆，地无私载，日月无私照.

奉斯三者，以劳天下，此之谓之无私.

하늘이 천하를 덮음에 사심이 없고,

땅이 만물을 받아들임에 사심이 없고

일월이 천하를 비춤에 사심이 없다.

이 삼자가 노력함으로써 천하가 유지된다.

이를 일컬어 사심이 없다고 한다.

공부자의 이 말의 요점은 뒤 두 구절에 있다. 천지일월의 무사(无私)로서 사람을 비유한 것이다.

이전에는 그런 '이 삼자가 노력함으로써 천하가 유지된다.(奉斯三者以劳天下)'의 인물이 있다고 믿었었다. 후에는 믿지 않았다. 믿지 않았을 뿐만 아니라 대수롭지 않게 여겼다. 사람들은 근본적으로 그렇게 사욕이 없을 수 없다고 생각했다. 때문에 인간은 사람에 대해 그렇게 가혹한 요구를 해서는 안된다고 생각했다. 그러나 앞 세 마디 말은 줄곧 믿어왔다.

지금은 앞 세 마디도 믿지 않는다. 최근 들어 꼭 하고 싶은 일이 한 가지 있다. 바로 일부 이른바 명언, 특히 우리 세상 사람들에게 심원한 영향을 준 명언들을 발췌, 편집하고 명언들에 대한 불신임성을 하나하나 지적하는 것이다. 공부자의 그 말도 자연히 한 가지 예이다.

필자는 '天无私覆，地无私载，日月无私照(천무사복 지무사재 일월무사조)'는 오래 전부터 있는 진상(眞相)이라고 본다.

이 지구상에서 어떤 곳은 한 해 동안 줄곧 춥고 온 시야에 얼음과 눈뿐이다. 어떤 곳은 한 해 동안 무덥고 수자원이 적다. 하지만 일부 운 좋은 곳은 사계절이 봄날 같고 경치가 온화하고 아름답다. 인류생활에 적합한 천당일 뿐만 아니라 또 동식물의 '에덴동산'이다.

이것이 그래 하늘의 '사(私)', 일월의 '사(私)'가 아니란 말인가?

이 지구상의 어떤 곳은 황량한 산이 겹겹하고 자갈사막이 한없이 넓으며 풀한 포기 자라지 않지만 어떤 곳은 비옥한 땅에 수원이 풍부하며 땅에 있는 거의 모든 것이 보배이고 지하 곳곳마다 광물자원이 매장되어 있다.

이것이 그래 땅의 '사(私)'가 아니란 말인가?

한번은 비행기를 타고 중국 서부 모 도시로 가는데 창가 자리에 앉았다. 다행히 맑은 날씨에 하늘엔 구름 한 점 없었다. 하늘에서 대지를 바라보니 눈에 들어오는 정경은 가슴을 두근두근하게 하고 엄숙한 표정을 경건하게 만들었다.

벌거벗은 암석 덩어리의 산과 산 사이에 간혹 조그마한 땅이 보이는데 아마도 바람이 모래 먼지를 그곳에 몰아와 수만 억 번 누적되어 된 것이 아닌가? 추측컨대 축구장 절반만한 땅에 7~8가구가 모여 작은 마을을 형성하고 있었다. 마당은 성냥갑만 하고 집은 작은 단추만 했다. 땅과 똑같은 색깔의 집과 집 사이에 나무 한 그루 보이지 않았다. 또 간혹 더 작은 토지가 나타났는데 외롭고 성냥갑만 한 마당에 한적한 작은 단추 같은 집이 있었다.

옆자리에 앉은 당지 사람에게 누가 저런 곳에 살고 있는가 하고 물었다. 그는 "당연히 농민이지"라고 말했다.

"그곳은 사람이 살 곳이 못되는데."

"그러게 말이야."

"왜 그들을 다른 곳으로 이전시키지 않는가요?"

"저기 보게, 또 있네. 다 합하면 적지 않네. 어디로 이전시킨단 말인가? 땅이 좀 비옥하다는 곳은 이미 주인이 있단 말일세."

잠시 묵묵히 있을 수밖에 없었다.

"들은 바로는 현지 정부가 오래전부터 그들을 다른 곳으로 이사시키려고 생각하고 있었다는데…….''

상대방의 말은 어떻게 들어봐도 날 위안하려고 하는 것 같았다.

또 다른 한 성에서 보았던 정경이 생각났다. 그곳은 산이 많은 성(省)이었다. (귀주성 등 서부에는 이런 정경들이 많이 보인다) 산꼭대기에서 산허리, 산기슭에 이르기까지 무엇인가를 심을 수 있는 땅이라면 얼마나 협소하든 아랑곳하지 않고 남김없이 모두 곡식과 야채가 심어져 있었다. 가을이라 도로 양면에는 수확

물을 짊어진 농민들이 머리를 숙이고 허리를 꾸부리고 천천히 걸어가고 있었다. 승합차에 앉아서 보이는 산언덕에 약간의 간격을 둔 구들장만 한 크고 작은 흙구덩이를 보았는데 거기에도 모두 옥수수를 심었다. 함께 이동하는 현지 친구는 필자가 이상하게 생각하는 것을 보고, 그 구들장만 한 공간이 생겨난 곳은 원래 모두 큰 돌이 있었다 말한다. 도로관리단은 우기에 산사태로 거석이 굴러 내려와 도로를 막을까 봐 걱정되어 책임감 있게 기중기로 큰 돌을 옮겨 갔다. 그러자 농민들은 서로 다투어 그 구들장만 한 공간을 점유하였다. 앞쪽의 도로 양 켠 배수구에도 호박과 감자를 심었다…….

불현듯 도시의 여러 부동산 개발업자가 선전하는 '금싸라기 땅'이라는 광고가 연상되었다. 그렇게 농지가 부족한 지방에서 그런 농민들에게는 일찍이 금싸라기 땅이 아닌 것이 없다!

후에 우리는 밭 사이 논두렁을 걸었다. 가장 좁은 논두렁은 겨우 1자 정도였다. 친구는 논두렁은 원래 꽤 넓었는데 현지 농민들이 토지에 대한 점유욕이 아주 강해 종자를 한 줄 더 심기 위해 논두렁을 몇 인치 좁혔는데 결국 갈수록 좁아졌다고 말했다. 현지 농민들이 논두렁을 걸을 때 평형 잡는 기술도 갈수록 높아졌다.

그는 말했다. "우리가 똥통을 짊어지고 이렇게 좁은 논두렁을 걸으면 미끄러져 떨어지겠지?"

"아마 그럴 거요."

그로 인해서 인류와 토지의 관계에 대해 생각이 미치게 되었다.

고대 인류의 가장 확고부동한 점유욕은 토지에 대한 점유에서 나타나게 된다. 부락과 부락 간, 민족과 민족 간, 나라와 나라 간에 사방에서 봉화가 일어난 것은 대체로 토지 때문이다. 후에 나라와 나라 간 국경이 뚜렷해지고 토지가 영토가 되었다. 심지어 현재 일부 국가 간에 서로 분규가 일어나는 것도 흔히 영토 문제와 관련 있다. 영토 문제와 연관되기만 하면 어느 나라든지 진지하게 대하지 않을 수 없다.

그리고 한 나라 내부에서 사람의 토지에 대한 점유욕은 가장 오래된 점유욕의 구체적인 드러냄을 의미한다. 현대인의 경우 만약 한 도시에서 자신이 가장 점유할 가치가 있다고 생각하는 토지를 실제 점유하지 못할 경우 그는 반드시 그 토지 위의 부동산을 점유하는 것을 통해 만족을 느낀다.

도시 토지가 정말 금싸라기 땅이란 말인가?

그렇다면 필자도 가능한 한 최대한도로 많이 가지기를 희망한다.

물론 이런 점유욕이 있는 사람은 우선 반드시 부자여야 한다.

그들에게 금싸라기 땅은 황금과 같다.

그리고 금에 대한 점유욕의 역사성은 인류의 토지에 대한 점유욕에 버금간다. 토지와 금에 비교하면 인류가 갈망하는 기타 고가 물건에 대한 점유욕은 말할 가치도 없다. 이것이 바로 중국 도시에서 소위 황금지대의 집값이 갈수록 올라가고 집은 지을수록 커지는 참 모습이다.

이는 현대인의 대도시 지주심리(地主心理)이다.

봉건사회에서 지주는 지위가 높았기 때문에 그들의 토지 점유욕은 자연히 도시로 연장된다. 이전의 대지주는 흔히 도시의 한 거리 전체에 상당한 부동산을 보유하고 있었다. 그래서 이전 도시의 가난한 가정은 그들이 살면서 익숙했던 거리에서 밀려나게 되었으며 도시의 변두리로 옮겨갔다. 어떤 이는 직접 농촌에 돌아가서 다시 농민이 되었다.

이렇게 부동산업을 통해 달성한 도시 토지 점유욕의 만족은 설사 공평하게 거래되었다 하더라도 그것은 근본적으로 인류의 원시적 점유욕이다.

때문에 서방에서는 호화로운 저택을 시내 황금지대에 짓지 않고 대체로 시 교외에 짓는다. 다수의 부자들은 금전적 능력에 의지해 도시 중심을 침범하지 않는다. 따라서 도시중심이 장구하게 원래 모습을 보존하고 도시 개성도 유지하게 되는 것이다.

중국의 도시는 정반대이다.

부동산업은 우선 도시 중심에서 도시의 원래 모습을 파괴하기 시작한다. 도시 중심이 더 파괴할 곳이 없을 때면 부득불 눈길을 교구로 돌린다. 때문에 하나하나의 도시가 원래 모습을 되찾을 길이 없다.

도시의 발전은 부동산 개발 사업에 의존하지 않고는 상상하기도 어렵다. 근본적으로 불가능하다고 말할 수 있다. 그러나 만약 지나치게 부동산 산업에 의존하거나 심지어 조장하여 예상에 들어맞게 부동산업을 이용하는 것은 취할 바가 못 되며 심지어 어리석은 짓이다.

사람 마음속에도 땅이 있는데 그것을 심전(心田)이라고 한다. 심전이야말로 인류의 진정한 금싸라기 땅이다. 심전이 생장함은 공평에 대한 희망이며 탐욕에 대한 본능적 반감이다.

우리의 수많은 도시 중심은 마치 토지가 부족한 농촌의 논두렁 같다. 지금 사람들이 걸을 수 있는 도로는 갈수록 좁아진다. 앞으로 이성적 사상(理性的思想) 또한 걸어갈 길이 없게 되지 않을까?

그렇다. 도시의 토지는 확실히 귀하다. 귀하기 때문에 중국의 우리 이 세대 도시 시민들은 이런 것을 의식해야 한다. 땅은 어느 한 시기의 정부에 속하거나 어느 부동산 큰손 혹은 일부 부자들에게 속하는 것이 아니다. 도시는 전체 도시 시민에게 속한다. 그것은 우리 이 세대 도시 시민에게 속하고 또 우리 후손들에게 속한다.

이 때문에 한 도시의 토지는 토지관리 부문에서 제멋대로 경매해서는 안된다. 도시 공민이 후대 자손을 대표하여 토지 관리자들에게 권한을 위임하여 도시 토지를 관리해야 한다.

'토지국유화'의 뜻은 별다른 뜻이 없으며 '토지인민화'라는 뜻이다. 도시를 놓고 말하면 도시의 공공토지 소유권은 도시 전체 공민에게 속한다는 것이다. 그리고 도시 전체 공민에게 속할 수밖에 없다. 마치 모 농촌의 공공토지는 전체 농민에게만 속하는 것처럼 말이다.

이 도리는 얼마나 명명백백한 것인가!

그래서 모든 도시의 각급 '인대(人大)'와 '정협(政協)'은 모두 전체 도시공민 및 후손들을 위해 도시토지개발의 감독권을 떠멜 책임을 회피해서는 안된다고 생각한다. 도시토지관리 부문은 오로지 이런 감독과 허가 하에서만 도시 토지를 경매할 권한이 있다. 그리고 팔기만 해서도 안된다.

매각 후 토지가 도대체 어떤 목적에 사용되는가? 주택? 병원? 학교? 도서관 또는 공원건설? '인대'와 '정협'은 또 도시 공민을 대표해서 질문해야 하며 목적이 대다수 도시 공민의 소원에 부합되는 전제 하에서 이성적으로 실현되도록 해야 한다.

또 오로지 이렇게 해야만 집값이 폭등하는 것을 억제할 수 있고 부동산 폭리가 정말 제한될 수 있으며 부동산 거품이 통제될 수 있다.

필자가 줄곧 이상하게 생각하는 것은, 도시발전을 위한 건설을 말할 때 '인대'와 '정협'은 당연히 책임질 당당한 이유가 있음에도 불구하고 지금까지도 주동적으로 맡아 하지 않고 있으며 항상 정부가 어찌어찌하기를 바란다는 쓸데없는 말만 중얼거리고 있다는 것이다.

한 가지 알아두어야 할 것은, 후손들은 자신들이 직면해야 할 도시에 대해 불만 섞인 원성을 멈추지 않을 것이며, 현재 정부를 원망할 뿐만 아니라 현재 '인대'와 '정협'도 질책할 것이다.

그리고 현재 부동산 산업을 위해 공적을 평가하고 좋은 점을 늘어놓으며 조장한 사람들에 대해 그들과 아무것도 토론하고 싶지 않다. 왜냐하면 필자가 알기로 그들은 앞에서나 뒤에서나 부동산 개발업자의 몸에 붙은 털과 흡사하기 때문이다.

한 줌의 털과 같은 이들과 무슨 할 얘기가 있을까?

청년과 신중국에 대한 만감(萬感)

매년 5월 4일을 청년절로 정한 것은 신중국이 성립된 그해의 일이다.

알다시피 이것은 '5·4운동'을 기념하기 위해서이다. '5·4운동'은 최초엔 문화운동이었고 후에는 정치운동이었다. 최초에 서로 다른 문화 입장을 가진 지식인들이 발언권을 주도했으나 나중엔 애국적 청년학생들의 '나라가 주권을 잃고 치욕을 당한다.'라는 것을 반대한다는 정치구호에 의해 대체되었고 그래서 논쟁이 한창이던 종이 현장이 황사가 피로 물든 광장으로 변했다. 사상자는 전부 청년학생이었고 평균연령이 20세 미만이었다. 또 나중에는 혁명적 정세로 인해 1919년 5월 4일은 중국 '청년운동'의 시작점이 되었다. 마치 스티븐 호킹의 우주 대폭발이 시간의 시작점으로 여겨진 것처럼 말이다. 이후 중국은 청년과 정치가 한데 뒤엉켜 버렸다. 이 때문에 그 공과 과실에 대해 일치된 결론을 내릴 수 없고 분명하지 못하다.

고금으로 세계에는 각종 혁명이 일어났었다. 서로 다른 혁명은 서로 다른 대가를 치렀다. 특히 정치혁명의 대가가 가장 컸다. 즉, 그것은 정권의 운명을 개혁하려 했으나 정권은 또 가장 혁명을 원하지 않기 때문에 가장 쉽게 개혁되지 않는다. 이런 혁명은 유혈이 따르고 사람이 죽지 않는 경우가 없었고 피를 적게 흘리고 희생이 적은 것만으로도 다행이었다. 그리고 혁명 윤리의 전제는 어떤 사람이 피를 흘리고 어떤 사람의 생명을 제거하는가 하는 것이다. 그렇다. 혁명에도 그 윤리원칙이 있는데 그중 하나로 피를 적게 흘리고 희생을 적게 하는 것이 정확하다. 둘째, 특히 청년들의 피를 적게 흘리고 청년들의 생명을 적게 희생하는 것이 맞다. 만약 이상 두 가지가 혁명 발동자의 지배하에 있지 않다면 혁명은 잠시 미뤄야 한다. 사람의 생명을 구하고 재난에 대처하는 긴급한 시기를 제외하면 세상에는 사실 잠시 유예 못할 일들이 별로 없다. 혁명도 예외가 아니다.

'5·4' 이후 중국 사람들의 사상에서 잘못된 인식 혹은 나쁜 결점이 생겼는데 즉 사회진보(社會進步)를 갈망하는 마음이 조급할 때 흔히 먼저 청년들이 전혀 무관심하다고 불평을 토로하는 것이다. 마치 사회진보를 추진하는 책임을 당연히 청년들이 떠메야 하는 것처럼 말이다. 만약 사람이 피를 흘리고 희생해야 한다면 당연히 청년들이 정의를 위해 의연히 나서서 죽음을 두려워하지 않고 일선에 나서야 한다고 생각한다. 입으로는 이렇게 말하지 않지만 속으론 흔히 그렇게 생각한다. 이것은 중국 사람의 가장 나쁜 결함 중의 하나이다.

'5.4' 후에는 현대적 특징이 뚜렷한 정치운동이었다. 현대적 특징이 아주 선명한 정치운동은 항상 청년에 의존하려는 아주 나쁜 사상적 결함을 유전하였는데 이는 중국인들에게 깊이 반성하게 한다.

한 사회의 좋고 나쁨, 투명한지 불투명한지 그리고 공평한지 불공평한지 또한 대다수 사람이 만족하는가 혹은 불만족한가 반드시 변혁해야 한다는 주장은 여전히 참을 수 있다는 것과 같은 것이라고 본다. 아니면 변혁을 한다면 어떤 방식으로 변화할 것인가. 즉, 이 모든 것은 항상 사회의 중년들이 어떤 중년들인가에 의해 결정된다고 본다. 그리고 이는 우선 중년 지식인들의 손에 달렸다. 만약 누군가가 정치탄압을 감수하고 비참한 대가를 치러야 한다면 우선은 중년이지 청년이 아니다. 구체적으로 말하면 한 나라의 현재 현실이 어떻고 앞으로 전도가 어떤가 하는 것은 우선 이 나라의 중년, 특히, 중년 중에서 지식인이 책임과 사명을 짊어져야 한다. 만약 이들이 진짜로 국가와 국민의 운명을 걱정하여 사회진보를 추진하는데 기꺼이 나설 수 있는 타산이 분명하게 없다면, 청년들의 사회 책임감이 어떠어떠하다고 비판하고 그들이 응당 어찌어찌해야 한다고 가르칠 자격이 없다.

한 가지 알아야 할 것은, 이대교(李大钊. 1889~1927. 중국공산당 창시자 중 일인)가 '铁肩擔道义(철견담도의: 강철 같은 어깨로 도덕과 정의를 책임져야 한다).' 이 다섯 글자를 쓸 때 36~7세였고 중년이었다. 그 다섯 글자는 자기 격려이자 또 주요하게는 중년 지식인 동지와의 공동 격려이기도 하다.

담사동(譚嗣同: 1866~1898 청말 사상가)이 시장 입구에서 사형 당하며 피를 뿌릴 때 그가 우선적으로 일깨우려 한 대상은 주로 개혁하려는 실행 능력이 청년보다 큰 중년들이었을 것이다.

노신은 시 속에 언급했다. '我以我血荐轩辕(아이아혈천헌원: 나는 내 피로 조상신에게 바친다)', 먼저 스스로를 격려하여 계속 싸워 나가겠는 고독한 정신의 표현이었다.

손중산(孫中山: 1866~1925. 청말 혁명가)은 "혁명이 아직 성공하지 않았으니 동지들은 계속 노력해야 한다."고 호소하였다. 이는 의심할 나위도 없이 먼저 중년 집단에 희망을 기탁한 것이다.

한 나라에 어떠한 중년이 있으면 어떠한 청년이 있다.

중년 속에서 영걸이 배출되고 귀감이 되는 자가 많은 시대에 그 청년들은 대체로 정신이 혼란하고 타락할 정도까지 되지 않는다. 중국 근대사에 중년 지식인 집단이 다투어 국가 민주의 사회진보를 위해 공헌한 시대가 있었으나 그 시대는 일찌감치 우리로부터 멀리 떠나갔다. 심지어 우리로부터 멀리 떨어진 느낌을 준다. 그러한 한 줄 한 줄의 지식인 그림자는 우리 눈에서 갈수록 흐려져 간다.

중국 당대 청년들에 비해, 아마도 사람을 더 실망하게 하는 부류는 중국 중년들이라고 생각한다. 특히 중국 중년 지식인들이다. 왜냐하면 선현들의 정신유산은 현재의 중년 지식인을 뛰어넘어 직접 현재의 중국 청년들 몸에서 광대하게 선양될 수 없기 때문이다.

한 나라, 한 민족의 귀중한 정신적 가치는 자연히 계승되어야만 한다. 그런데 한 가지 도리는 너무나도 분명한 것인데, 그것을 중년들이 전수하지 않는데 청년들은 계승할까? 중국 당대 지식인(필자를 포함한 일부 사람) 중에 견유주의(犬儒主義: 냉소주의. 시니시즘: cynicism)가 성행하고 각가지 수단으로 명예를 탐내는 것이 거의 풍습이 되었고 사상적 품격과 독립적 인격을 중시하는 자가 갈수록 보기 드물고, 세상사에 약삭빠르고 겉으로만 공손한 체 하는 현상이 너무 많은 것은 이미 모두 인정하는 사실이다. 스스로 이런 품성을 가진 우리 자신이 정말 덮개를 열고 맛을 보지도 않은 채 중국 당대 청년을 훑어보고 평가할 때는 매우 크게 부끄러움을 느낀다. 설령 표현하는 언사가 좀 신랄하였더라도 이는 모두 지금 청년들이 4~50세가 된 이후 자신이 되었든 아니면 그때의 청년에 대해서든 동시대 소외계층에 대해서든 사회의 공평과 정의에 대해서든, 모든 행동거지가 지금의 우리보다 더 강하게 되길 바라서다……

1. 사회의 '눈길'은 늘상 '2世主(댄디족. 화화공자)'를 주시할 필요가 없다.

신문에 실린 바에 의하면 현재 중국에는 자산이 2억 이상인 부자들이 수만 명이 있다. '2세주(二世主: 빈둥거리는 부잣집(귀족)의 자녀. 화화공자. 댄디족을 일컬음)'는 중국 남방 민간에서 부르는 그들 자녀에 대한 호칭이다. 그들에 관한 세간 화재거리가 아주 많고 흥미진진하게 이야기가 떠돌고 있다. 일부 간행물들도 그들의 각종 일들을 파헤치는 데 열중하고 부가 그들에게 가져다 준 '멋스러움'을 위주로 흠모의 의식이 글자 사이에 흘러 넘친다. 수만 명은 13억 수천만의 인구에 비해, 4억 수천만 중국 당대 청년에 비해 그야말로 보편성이 없을 정도로 적다고 생각한다. 그들이 모 가족의 재벌 '2세주'라 하여 매체가 특별히 관심을 가질 의미를 가지고 있는 것은 아니다. 때문에 그들은 이런 보도원칙에 입각한다. 만약 그들이 사회에 나쁜 영향을 끼친 경우 질책과 비판을 해야 한다. 만약 사회에 유익한 일을 할 경우 표양과 지지를 해야 한다. 그러지 않을 경우 그들이 존재하지 않는 것으로 간주해야 한다. 중국에서 언론매체가 특별히 관심을 가져야 할 집단은 아주 많다. 그런데도 '2세주'들이 모두 어떤 명품 차를 몰고 무슨 애완동물을 키우고 몇 번 배우자를 만났다든지 한가해서 할 일이 없다는 등 보도하지 않는 것이 없다.

언론매체는 사회적인 '복안(複眼)'을 가지고 있어야 하는데 스타들을 너무 치켜세워서 남의 싫증을 자아내게 하는 데다 자주 이유 없이 이런 '2세주'들을 주시한다면, 이런 '복안'의 자체 결함도 큰 것이다.

2. '재벌 2세(富二代)'들의 현재와 이후

언급한 '2세주'들의 존재로 인해 이른바 '재벌2세'의 구분이 모호해지기 마련이다. 만약 '2세주'들을 포함하지 않는다면 '재벌2세'는 다음과 같은 청년들로 간주된다. 가정형편이 부유하고 소망이 아주 쉽게 이루어진다. 예를 들면 출국하여 유학하고 차나 집을 사거나 결혼 등. 그들의 소비현상은 흔히 고급스럽고 심지어 사치스럽다. '2세주'들과 마찬가지로 그들은 흔히 명품 차를 보유하고 있다. 그들의 가정 재산은 유형과 무형 두 부분으로 나뉜다. 유형은 이미 아주 잘 볼 수 있지만 무형은 도대체 얼마나 되는지 그들은 잘 모르며 그들 부모조차 잘 모른다. 필자의 한 연구생은 묵묵히 질문을 던져왔다. "선생님, 사람과 사람을 서로 비교하면 정말 죽어야만 합니다. 우리 같은 이런 학생은 졸업 후 설사 고향에 돌아가 직업을 찾자 해도 집값이 우리를 한탄하게 합니다. 그러나 내가 알고 있는 또 다른 부류 학생들은 금방 연애를 하자 양가 부모가 북경에 3칸짜리 집을 사 주었는데 그것도 각자 한 채씩이랍니다. 결혼만 하면 그들에게 좋은 차를 사 준다지요. 북경에 집값이 아무리 비싸다 해도 그들은 비싸다는 느낌이 없어요!" 그렇다면 '다른 부류'이거나 혹은 '그들'은 자연히 '재벌 2세'이다.

필자는 또 이런 일을 알고 있다. 여자애가 국외에서 공부하는데 갑자기 스타가 되려는 꿈이 생겨 영화배우가 되려고 작심했다. 그래서 어머니가 딸을 데리고 귀국하여 도처에서 연줄(關系)을 찾아 끝내 모 제작팀의 감독을 알게 되었다. 그리고 자기 딸에게 드라마에서 작은 배역만 맡기면 출연료는 한 푼도 받지 않고 거꾸로 제작팀에 수십만 원을 주겠다고 선언했다. 감독이 당신의 딸은 배우가 될 조건이 부족하다고 말하니 그녀의 어머니는 그래도 내 딸의 직성이 풀리도록 하게 해야겠다고 말했다. 그 딸은 '재벌 2세'임이 틀림없다.

이러이러한 일부 '재벌2세'는 자신들의 인생 사전에 보통 '돈이 모자라다'라는 단어가 없다. 그들의 가장(家長), 특히 부친들은 중견 사영기업 사장이 아니면 국유기업 상층 관리거나 실권 혹은 재정권을 장악한 관원들이다. 만약 관원이라면 자기 가정에 은닉된 부가 얼마나 되는지 재벌 2세들은 분명하게 이해하기 어렵다. 그들은 흔히 '돈이 부족하지 않는' 인생을 살며 한편으로 눈길을 '2세주'에게 주시하면서 자신들보다 더 '돈이 부족하지' 않는 생활방식과 소비방식에 대해 기죽으려 하지 않기에 늘 사회상에서 후자들과 '돈이 부족하지 않는'다는 양호한 느낌을 경합하는 듯한 기척을 낸다.

부모가 국영기업 상층 관리 또는 실권파 관원들인 재벌 2세에 대해 사회가 필요한 관심을 주어야 한다고 생각한다. 왜냐하면 그들의 한계지(韓桂芝: 흑룡강성 정협주석. 부패·탐오관료) 형, 허종형(許宗衡: 심수시장. 부패·탐오관료) 형, 문강(文强) 형, 성극걸(成克杰: 광서장족자치주 부서기. 부패·탐오관료) 형, 진동해(陳同海: 중국석유화공그룹CEO. 부패·탐오관료) 형 부모는 병폐가 분명히 드러난 자들로 중국체제의 가장 큰 수혜자이자 가장 본능적인 보호자였기 때문이다.

이런 부모들은 사회가 민주적이고 공평하며 정의롭게 추진되는 것에 대해 불안해하고 반감을 갖는다. 이러한 부모가 있는 '재벌 2세'는 중년에 들어서면 우위를 갖춘다거나 심지어 강력한 발언권을 얻은 후 줄곧 신뢰하고 친밀하게 느껴지는 이익집단 측에 서서 본능적인 보호 역할을 하게 된다. 또한 의외로 비교적 사심 없이 그 이익집단을 초월하여 사회 공평과 정의의 입장에 서서 사회 양심에 부합되는 목소리를 낼 수도 있을 것이다. 이는 손꼽아 기다릴 수밖에 없다.

만약 그들이 후자 부류의 중년이 되길 기대한다면 지금부터 공평과 정의의 자각적 문화를 활용하여 그들이 인문적 영향을 받게 해야 한다. 그러나 중국에서 그들에 대해 미치는 문화의 인문 사상적 영향력은 아주 미미할 뿐만 아니라, 설령 가장 광범위한 청년들에 대하여도 문화의 인문 사상적 영향력이 아주 실망스럽다. 때문에 추측건대 '재벌2세'의 눈은 전반적으로 우울하다. 그들 중에 사회적 양심을 가진 존경스러운 인물이 나타나게 될 거라고 믿지만 그렇게 큰 기대는 않을 것이다.

중국에서 위와 같은 '재벌 2세' 수는 대체적으로 1~2천만 이상이다. 이것은 마찬가지로 3대, 5대까지 부유할 수 있는 문화예술계에서 크게 성공한 인사들의 자녀를 포함하지 않은 숫자이다. 하지만 그들의 자녀 수는 한계가 있으므로 특별히 논할 의미가 없다.

3. 중산계층 가정의 아들딸

세계 모든 나라에서 중견지식인 가정과 고급지식인 가정은 거의 필연적으로 그 나라 중산계층에서 없어서는 안 될 구성성분이다. 적으면 3분의 1, 많으면 절반을 차지한다. 중국의 국내 정치의 특수성으로 인해 20세기 80년대 이전 소수 고급지식인들을 제외하고 일반 대학교수들의 생활수준은 비록 도시 평민계층의 생활수준보다 좀 높다지만 사실 오십보백보였다. 80년대 후 이런 가정의 생활수준의 향상은 크지 않다고 볼 수 없다. 그들이 '개혁개방'의 직접적 수익집단이 된 것은 논쟁할 필요가 없는 사실이다. 거주조건이든 아니면 수입상황으로 보든 일반 지식인가정의 수준은 분명 샐러리맨 계층보다 높다. 그중 일부 행운아들은 확실히 중산계층에 들어섰다. 또 다른 일부는 중산계층에 들어서기를 바란다. 가장 차이가 나는 일부도 생활수준이 일찌감치 이른바 만족한 의식주 상태인 소강(小康) 수준을 넘어섰다. 그러나 2009년 이래 집값의 급등으로 인해 그들의 중산계층 생활상태도 위협을 받고 있으며 그들의 심리도 좌절감으로 큰 타격을 받고 있다.

필자가 소속된 북경언어대학 동료만 예를 들어도, 아들이 결혼하여 집을 사는데 보태기 위해 2~30년 평생 동안의 저금을 몽땅 써 버렸을 뿐만 아니라 아들도 인민폐 백여만 원을 대출하여 '집 노예'로 전락되었다. 구입한 것이란 그저 8~90평방미터의 주택에 불과하다. 또 어떤 사람은 부부 양쪽이 다 50대 대학교수인데 교편을 잡은 지 이미 20여 년이 되고 손에 인민폐 백여만 원 저축이 있었음에도 아들이 이미 결혼연령이 되었지만(중국 대도시의 결혼풍습으로 일반적으로 결혼 시 신랑 측에서 집을 장만해야 한다), 집값이 무섭게 오르는 것을 보면서 눈만 빤히 뜨고 어떻게 해야 할지 모르고 공연한 한숨만 내뱉는다.

그들의 아들딸들은 모두 고등교육을 수료한 청년들로서 대학학력 심지어 연구생, 박사생도 있다. 이런 청년들은 결혼 후 원래 분투하여 중산계층 인사가 될 가능성이 가장 컸으나 지금 상황에서 보면 그 가능성이 크게 저하되고 비전도 아주 멀어졌다. 그들은 모두 순조롭게 별문제 없이 '화이트칼라' 직업을 찾을 수 있다. 그러나 '화이트칼라'는 분명 중산층 인사가 아니다. 중산층 인사도 필경 약간의 '재산'이 있어야 하며 적어도 인생 말년에 재산권이 자신에게 속하는 집 한 채가 있어야 한다. 즉 결혼 후 부부 두 사람이 각기 월급이 만 원이 되고 침실 2칸짜리 집을 사야 하는데 비록 부모가 일부분 돈을 대신 지불하더라도 자신이 백 수십만 원을 대출해야 한다. 매년 10만 원을 상환한다 해도 수십 년이 지나야 전부 상환할 수 있다. 그리고 그들이 취직하여 월급 만 원을 받으려면 설사임금이 2년마다 1호봉씩 오른다 해도 적어도 십 년이 걸린다. 그럴 경우 전후합하면 20여 년이 걸리고 그들도 50살 이후가 된다. 인생이 50살이 되어야 재산권이 자기에게 속하는 거실 2개짜리 집이 생긴다. 비록 끝내 재산이 생겼지만 아마 중등 수준 가정이라고 말하는 것이 적절한 것 같다. 게다가 그들 자신도 부모가 될 것이며 자기 아들딸이 생길 것이다. 자식이 생기면 지출이 아주 대단하며 어지간히 신경을 쓰지 않을 수 없다. 그래서 재산권이 자기에게 속하는 집 한 채를 장만하려는 목표는 그들과 아주 멀리 떨어진다. 만약 양가 부모 중 한 사람, 심지어 두 사람이 동시에 또는 전후로 난치병에 걸리면 그 집 가정생활의 상황은 큰 영향을 받을 것이다.

다행히 필자가 이해한 바에 의하면 이러한 일부 청년들은 지식인 가정 후손이기 때문에 지식인 출신이라는 것을 양호한 심리적 방패로 삼아 빈부 차이가 심한 사회 현실의 맹렬한 타격을 막아낼 수 있다는 것이다. 때문에 그들은 정신상태 면에서 보통 낙관적이다. 그들의 보편적 인생은 현재에 살고 현재를 중시하고 현재를 향유하자는 것이다. 더욱 의식하는 것은 현재 만족스럽게 살았는가 하는 것이다. 이러한 장래에 대한 전망과 그런 생각을 싫어하는 것엔 조금은 즉흥적인 향락주의적 인생 태도가 있으며 비록 부모뻘들이 머리를 흔들며 한탄해도 그들 자신에게는 현명한 결정일 수도 있다.

그리고 그들은 대체로 현재 청년들 중에선 만혼주의자들이다. 마음속에 독신주의를 지닌 사람들도 적지 않다. 3분의 1 안팎은 정상 연령에 결혼하고 '딩크(DINK: double income no kids, 맞벌이 부부이며 애를 가지지 않으려는 생활방식)'일족이 되려는 자도 많다.

현재 중국 청년들 중에서 중산계층 자녀들은 정신적 향유를 유달리 중시한다. 모든 현재 청년들과 마찬가지로 그들도 시대적 유행을 주목한다. 그러나 추구하는 것은 비교적 세심하게 정선하며 품위가 꽤 높다. 그들은 도시 문화 소비의 주력군이며 문화 표준에 대한 요구가 흔히 엄격하며 때로는 신랄하다. 또 때로는 비평적 견해가 매우 농후하다. 그들 중 일부는 일생동안 빈곤할 수 있다. 그러나 대체로 초라할 정도가 아니며 더욱이 '풀뿌리' 또는 소외계층으로 전락될 정도까지는 아니다. 물질생활 방면의 부자가 되는 것은 그들에게 쉽지 않으며 그들은 중국의 정신적 귀족이 되기를 원하는 것 같다. 사실 그들 몸에는 여피족(yuppies: 1980대 미국에 나타난 고품격의 생활을 추구하며 중·상 계층에 속하고 젊은 전문인사를 지칭) 특징이 있을 뿐만 아니라 동시에 확실히 정신적 귀족의 특징을 가지고 있다.

한 나라에 얼마간의 정신적 귀족조차도 없어서는 안된다. 완전히 없을 경우 이 중국이란 나라의 문화도 언급할 가치가 없다. 설사 아프리카 부락 민족이라 해도 자신들의 문화 정품을 향유하는 것을 즐거운 일로 생각하는 '정신적 귀족'이 있다.

그들 중 적지 않은 사람은 미래 중국의 고품질 문화 '파수꾼'이 될 것이다. 이런 파수꾼이 그들 중에서 태어난다는 것이 아니라, 그들 중에서 태어나는 것이 필연적이고 또 더 많아야 할 것이다…….

4. 도시 평민계층의 아들딸

이 계층 출신의 현재 청년들, 특히 고등교육을 받은 그들 중 상당한 일부분 사람의 내심은 아주 처량하고 비참하다. 왜냐하면 그들 부모는 '아들이 훌륭한 인물이 되고, 딸이 훌륭한 인물이 되기를 가장 바라는' 부모이기 때문이다. 이런 부모는 자신의 인생이 대체로 세상의 모진 풍진을 겪었기 때문에 그들의 마음속에 청년 시절에 좋은 생활을 보내고자 했던 바람이 강렬했다. 그러나 끝내 사회와 시대에 의해 부서져 버렸다. 그러나 소망의 조각은 마음속 깊은 곳에 간직하고 있으며 수시로 빛을 내곤 한다. 이른바 소멸되지 않았던 것이다. 이는 처지를 바꾸어 생각해 보면 아주 마음이 아픈 일이다. 과거에 중국 도시평민 가정의 생활은 농민 가정보다 좋았고 중국 농민들이 동경하고 부러워했다.

그러나 지금은 농촌보다 좋은가? 꼭 그렇다고 말할 수 없다. 지금 적지 않은 도시평민 가정은 흔히 거꾸로 부유한 농촌의 농민들을 부러워한다. 적어도 부유한 농촌에 별장 같은 2~3층 작은 건물을 볼 때마다 그들은 한탄만 한다. 그러나 만약 농민들이 그들과 바꾸기를 원한다면 그들은 분명 머리를 흔들 것이다. 그들의 뿌리는 이미 도시에서 몇 세대 내려왔다. 식물이든 사람이든 막론하고 뿌리를 옮기는 것은 위험한 일이며 기후와 풍토가 맞지 않을 것이다. 사람에 대해 말하면 새로운 환경에 익숙하지 못하고 다시 옮겨 가지 못하면 그 고통은 아주 큰 것이다.

'이른바 산다고 하는 것은 결국 아들딸을 위한 삶을 사는 것이 아니더냐!' 이 표현은 도시평민 부모들 사이에 늘 하는 말이며 아들딸은 유일한 정신적 희망이 라는 것을 의미한다. 도시 평민 부모들이 유일하게 생활을 즐겁게 보내는 믿음 이기도 하다. 더욱이 전체 가정이 환골탈태하는 희망이기도 하다.

그래서 그들과 아들딸의 관계는 체육코치와 운동선수의 관계와 더 비슷하며 심지어 복싱코치와 복싱선수와의 관계와 비슷하다. 그들이 보기엔 사회는 큰 경 기장이며 또한 이는 기본 사실이다. 동서고금으로 봐도 모든 국가의 분명한 사 실일 뿐만 아니라 현재 중국의 엄연한 사실임은 의심할 나위가 없다.

이 때문에 그들은 늘 아들딸에게 걱정이 태산 같은 엄숙한 표정으로 "얘야, 이 후에 우리 집이 좋은 생활을 지내려면 너한테 달렸다." 라고 말한다.

도시평민 가정 출신의 청년들 중 어려서부터 어른이 될 때까지 부모로부터 그 런 말을 들어보지 않은 사람이 몇이나 있을까? 그런 말이 십자가와 무슨 다른 점이 있을까?

그런 말 속에 숨은 뜻은 넌 꼭 명문 대학에 가야 한다. 명문 대학을 졸업해야 만 좋은 직업을 찾을 수 있다. 좋은 직업을 찾아야만 출세할 기회가 있다. 출세 해야만 부모들이 너의 덕분으로 다른 사람 앞에서 자랑할 수 있고 몇 날이나마 행복하고 존엄 있는 생활을 보낼 수 있다. 오직 이래야만 너는 부모에게 떳떳하 다……

설사 이렇게 말하지는 않았어도 마음속으로 그렇게 생각한다.

그래서 아들딸들은 부모님이 자신에게 인간세상이라는 이 넓은 경기장에서 경 쟁자를 물리치고 금패를 따고 황금벨트를 딸 것을 요구한다는 것을 깨달을 수 있다. 그들에게는 초등학교에서 대학교에 이르기까지 학교도 경기장 또는 복싱 무대가 된다. 그러나 북경, 상해를 제외하고 모든 성의 모든 도시에서 대학에 진 학하려 해도 온종일 꾸준히 학습해야 하는데 명문 대학에 입학하려면 말처럼 그렇게 쉽지 않다. 그리고 일반 법칙에 따라 만약 명문 대학에 진학하려면 먼저 출발점에서부터 명문 초등학교에 들어가야 한다. 평민가정 아이들의 경우 명문 초등학교에 입학하는 것은 그야말로 명문 대학에 진학하는 것처럼 어렵고 심지어 명문 대학에 진학하기보다 더 힘들다. 명문 대학은 높은 점수만 얻으면 되지만 명문 초등학교는 찬조금을 내야 한다. 때문에 가문을 바꾸는 무거운 십자가를 짊어져야 하는 평민가정의 아들딸들은 어릴 때부터 영혼을 중국의 교육제도에 바꾸어 줄 수밖에 없으며 자신을 시험에 능한 기계로 개량해야 한다. 그러나 중점(重点: 일류) 중학교, 중점 고등, 중점 대학에 붙었다 해도, 자신들이 끝내 용문을 뛰어넘었다 해도, 용문 저쪽에서 자신은 여전히 잉어도 아닌 한 마리 붕어밖에 안된다는 것을 발견할 수 있다. 그리고 사회에 나가면 취업이 비록 일반대학 졸업생보다 약간 높지만 임금은 별로 높지 않다. 본과가 이렇고 석사, 박사는 거의 비슷하다. 그래서 실의가 더욱 크게 느껴진다…….

일반대학에 입학한 다른 일부 자녀들은 대학시험이 종료되자마자 부모들에게 미안하다는 생각이 든다. 또 대학을 졸업하자마자 부모에게 미안하다는 생각이 더욱 든다. 얼마 되지 않는 임금을 타서 매월 부모에게 몇 푼 보내고 나면 자신은 더 절약해서 써야 한다. 다달이 부모에게 주지 않으면 양심의 가책을 느낄 뿐만 아니라 체면도 서지 않는다. 따라서 집이 본 시(市)에 있는 아들은 혼사에 관한 얘기는 그만둘 수밖에 없고 해마다 집에 틀어박혀 산다. 날마다 부모의 것을 먹으며 다른 사람이 '부모에게 의존'한다고 말하지 않아도 사실 '부모에게 의존'하는 것과 마찬가지다.

집이 타지에 있는 사람은 물론, 부모들이 자신들을 '달팽이집' 또는 '개미족'으로 변한 사실을 인정하기를 원하지 않는다. 비록 '개미족'으로 전락되었지만 소비수준은 높아 돈은 쓰기에 여전히 부족하다. 결국 할 수 없이 '월광족'이 되고 만다. '월광족'이라 해서 돈을 헤프게 쓰는 일족과 같은 것만은 아니며 현실적으로 많이 못 벌기 때문이다. 적어도 평민 가정의 청년들은 이러하다.

그들은 중년이 되기 전에 벌써 늙기 시작한다.

그들 중에는 '분노하는 청년'이 아주 많다.

'분노하는 청년'이 되는 것은 너무 정상적이다. 너무 자연스럽고 필연적인 일이다.

그렇지 않을 경우 오히려 이상하다.

5. 빈민가정의 아들딸

도시빈민은 사회문제이다.

도시의 병이다.

그들의 아들딸을 언급하기만 하면 화제는 항상 무거워진다.

그런 도시빈민의 아들딸들은 농촌 빈민가정의 아들딸처럼 무상교육 혹은 장학금을 향유하지 못하며 흔히 학교를 다니기 어렵다. 특히 그들의 부모가 불구자나 병자인 경우는 더 어렵다.

농촌 빈민가정의 아들딸과 같이 그들은 중국의 불행한 아이들이며 기구한 아이들이다

중국은 금후에는 걸핏하면 수천억을 '통 크게' 써서 '국제이미지 프로젝트'를 하는 일을 줄이고 절약한 돈을 기구한 빈민 아이들에게 더 많이 쓰기를 바란다. 이것이야 말로 정사(正事)이다.

그들 중 대학에 진학한 자는 거의 강인하고 출중한 청년으로 간주된다. 그들 중 어떤 사람은 아주 쉽게 심리문제가 발생한다. 만약 관심과 집체의 따스함이 결핍되면 자해·자살하는 비극이나 타인을 상해하는 참사가 일어난다.

그러나 그들은 총체적으로 위험한 부류가 아니다. 마음이 가장 의기소침하고 매우 당황을 느끼는 부류이다. 또한 가장 뒤엉키고 고통이 가장 많고 몹시 바득바득 애를 쓰지만 도움은 적은 부류일 뿐이다. 그들의 마음에는 민감함이 정감보다 많기 때문에 남과 어울리고 처세하는 모양이 냉담하게 보인다. 자신을 도운 사람에 대해서는 마음속으로는 감격해하나 흔히 자존심이 상처를 입은 아픔을 느끼며, 결국 흔히 감동을 깊이 감추고 냉담한 가상(假相)으로 꾸민다. 그리고 이는 사람들에게 인지상정(人之常情)에 어긋나는 인상을 준다. 이때 그들의 마음

속에는 모순과 고통이 더 많아진다.

동정에 비해 그들은 공평이 더 필요하다.

그들을 위선적으로 대하는 것보다 진정한 우의가 더 필요하다.

만약 누가 그들과 진정한 우의를 맺었다면 누구의 마음속에는 큰 신뢰가 생긴 것이다. 그들은 흔히 개가 주인에게 충실한 것처럼 그 우의에 충실하다.

이런 부류의 친구는 사귀기가 가장 어려우며, 기왕 사권 이상은 대체로 한평생 친구이다. 일반적 상황에서 그들은 쉽게 또는 먼저 우의를 배반하지 않는다.

그들은 줄리앙과 아주 흡사하다. 줄리앙과의 차이점은 단지 줄리앙처럼 그렇게 큰 야심이 없다는 것이다. 사실 그들 삶의 소망은 아주 현실적이고 아주 쉽게 만족하며 아주 평범하다.

그러한 간절한 희망을 실현하려 해도 평범하지 않은 기회가 필요하다.

"나에게 한 번만 기회를 주세요!"라는–이는 그들이 마음속으로 얼마나 많이 되뇌는지 모를 가슴에 묻은 말이다. 그들의 또 한 가지 문제는–때론 이 말을 정말 기회를 잡은 사람에게 큰 소리로 말할 필요가 있다는 것이다. 그렇지만 그들은 흔히 다른 같은 세대 사람보다 말하기 전 심리적 부담과 용기가 더 필요하다는 것이다.

그들 중 강인하고 출중한 자는 앞으로 백절불굴의 개인적 분투를 통해 세상 사람들의 성공한 우상이 되거나 또는 앞으로 사회를 위해 인문적 사상의 힘으로 기여할 수 있는 우수한 인물이 될 수 있다.

인문(人文)적 사상의 힘은 일반적으로 호사스러운 생활과 연분이 없다.

6. 농민의 아들딸

집이 농촌에 있는 대학생 중 이미 취직한 사람은 만약 고향이 부유할 경우, 예를 들면 남방의 녹수청산 등, 환경이 아름답고 교통이 편리한 농촌인 경우 그들이 대도시에서 느낀 장래에 대한 망연함은 오히려 도시 일반 가정의 청년보다 약하다. 그것은 그들의 농민부모가 사실 그들에 대한 요구가 그다지 높지 않기 때문이다. 만약 그들이 대도시에서 기반을 잡고 정착하면 부모는 자연히 기뻐한다. 만약 그들 자신이 대도시에서 생활하기 어려워 고향으로 돌아와 취직한다면 부모들은 역시 기뻐하고 그들이 대학을 헛 다니지 않았다고 생각한다. 설사 그들이 가까운 현성(縣城: 현의 정부가 있는 중심도시)에 돌아와 일자리를 찾았다 하더라도 부모들은 조금은 유감스러워하지만 얼마 지나지 않아 그 유감도 사그라져 버린다.

대학에 입학한 아들딸에게 "우리 집은 너에게 희망을 건다. 우리 집안은 대대로 농민인데 너는 이런 운명을 종료시켜야 한다!"라고 말할 농민은 거의 없다.

농민의 부모는 그것이 고등교육을 받은 아들딸들이 필연적으로 완성해야 할 가정적 사명이 아님을 잘 알고 있다. 그들이 아들딸들의 뒷바라지를 해서 대학을 마치게 한 것은 생각이 상대적으로 단순하다. 아들딸들이 향후 자신들보다 더 좋은 생활을 하기만 하면 자신들의 모든 헌신이 가치가 있다고 생각한다. 중국 농민 대다수는 아들딸들이 보답하기를 바라지 않는 부모들이다. 그들이 토지에 대한 기대와 의탁은 심지어 아들딸에 대한 것보다 더 크다.

때문에 적지 않은 운 좋게 부유한 농촌 혹은 작은 진·현(鎭縣: 중국 행정구역)에 집이 있고 대도시에서 공부하고 대도시에서 떠돌아다니는 학생이나 노동청년의 심리상태는 도시평민 혹은 도시빈민 가정의 학생이나 노동청년에 비해 약간은 낙관적이다. 왜냐하면 그들의 인생엔 영원한 하나의 퇴로가 있기 때문이다. 바로 그들의 농촌 집이다. 만약 가정이 화목하면 집의 문은 영원히 그들을 향해 열려 있고 농촌 집 사람들은 언제든지 그들이 돌아오는 것을 환영한다. 때문에 설사 그들이 대도시의 컨테이너하우스에서 살더라도 그들도 흔히 이를 악물고 견뎌 나간다. 그들이 대도시에 남아 고생스럽게 분투하고 심지어 해마다 대도시에서 떠돌아다니는 것은 완전히 그들 자신이 원한 선택이며 가정의 기대와 같은 압력과는 관계가 없다. 만약 그들이 도시생활의 분투에 정말 지쳤다고 생각하면 흔히 집에 돌아와서 일정한 시일 동안 심신을 휴양하고 조정한다.

같은 운명의 도시평민 또는 빈민가정의 아들딸들은,

어린애들은 꽃에 앉은 나비를 잡고, 사람들은 나무에 걸린 그네를 타네.

'稚子就花拈蝴蝶，人家依树系秋千' (왕우칭: 954~1001, 북송 《한식》)

나한 송이 꽃길을 드리우고 우중에 격자창을 열고 보니,

미인이 파초처럼 비치는구나.

'罗汉松遮花里路，美人蕉映雨中棂' (작자 미상)

이 같은 낭만을 지닌 돌아갈 집이 없다.

그러나 그들은 이와 같은 집 문어구에 앉아 어렸을 때,

'장대 하나 다투어 타고 이웃의 꽃을 가만히 꺾은

(争骑一竿竹，偷折四邻花: 쟁기일간죽, 투절사린화)'

지난 일을 추억하면서 정말로 요양에 가까운 생활을 보낸다. 설사 돌아가지 않고 그 집을 생각만 해도 피로가 가신다. 때문에 그들이 재학하고 있는 학생이나 취업청년 또는 노동청년이든 상관없이 그들은 정신적으로 항상 달관으로 지탱하고 있다. 그렇다, 그것은 단지 달관이고 낙관이 아니다. 그러나 달관할 수만 있어도 그들은 기뻐할 만하다.

현재 청년이 대학생이든 대도시 임시 취업자 또는 계절성 아르바이트생이든 막론하고 만약 그들의 집이 농촌 중에서도 외떨어진 산촌의 가난한 농촌이라면 그들의 심경은 언급한 부류의 농촌 청년에 비해 완전히 상반된다.

그러한 집에 돌아가면 설사 명절 휴가에 한 번 집에 가더라도 우울한 온정만 있고 유쾌한 심정은 없다.

노동청년들은 결국에는 돌아가야 할 것이다. 대학 졸업생이 돌아가도 그들 자신 또는 그들 가정에 대해서도 아무 의미도 없다.

그들은 현 혹은 성도(省都: 성정부가 있는 도시)에도 돌아가기 힘들다. 왜냐하면 현도 좋고 성도도 좋지만 대학 졸업생에게 적절한 직업은 근본적으로 그들의 몫이 아니다. 그런 농촌도 보통 대학 졸업생과 같은 '촌의 공무원'을 모집하지

않는다.

이 때문에 그들이 '포기하지 않는다! 절대 포기하지 않는다.'라는 말로 대도시에 남을 결심을 표시할 때 대도시는 이해해 주고 전 사회도 이해해야 한다.

'이는 가장 좋은 시대다!
이는 가장 나쁜 시대다!'

이 말은 디킨스의 소설《두 도시 이야기》의 머리말이다. 이것이 도대체 어떤 시대를 의미하는가는 여기에서 생략하겠다. 흥취가 있는 독자는 스스로 읽기 바란다. 디킨스는 '좋다'를 앞에 쓰고 '나쁘다'를 뒤에 썼는데 자신이 먼저 그런 시대를 긍정함을 의미한다. 여기서 그의 문장구조를 빌어 말하겠다.

당대 중국청년, 그들은 사람들에게 실망을 주는 청년이다.
당대 중국청년, 그들은 중국이 충분히 희망을 걸 수 있는 청년이다.

그들이 사람을 실망하게 한다는 것은 중·노년의 눈에 그들은 결함이 너무 많기 때문이다. 모든 결함 중에서 독신 자녀의 나약함, '자기중심'의 나쁜 습성, 오락을 추구하고 수양을 깔보는 견유적 태도가 가장 혐오를 자아내기 때문이다.

중국이 그들에게 충분히 희망을 기탁할 수 있다고 하는 것은 그들이 1949년 이후 가장 진실하게 사람으로 보이는 세대이고 순종의식의 유전자가 가장 적다고 말할 수 있기 때문에 진정한 의미에서의 환골탈태의 세대이기 때문이다. 그들의 눈에는 세계가 정말 공평하다. 그들의 사상 심층의 민주·자유·인도주의·사회공평·정의의 존중과 호소에 대한 것은 1949년 이후 모든 세대의 사람보다 더 본능적이고 강렬하다…….

단지, 그들이 영향력을 충분히 보여줄 차례가 되지 않았을 뿐이다. 그러나 그들 전체가 소리를 낸다면 십중팔구는 진보적 사상의 인정자이고 발전자이다.

'체면'과 '존엄'에 관한 깊은 사유(沈思)

2010년의 《정부사업보고서》에는 이런 두 글귀가 우리 중국 사람들의 마음을 격동시킨다.

한 마디는 '우리 인민들에게 체면 서고 존엄 있는 생활을 지내게 하자.'

다른 한 구절은 '사회의 공평과 정의는 태양보다 더 밝은 빛을 가지고 있다.'

작금의 2010년도 이미 3분의 2가 지나갔지만 두 마디 말은 여전히 각종 자리에서 인용되고 있다. 이 두 글귀는 금후 오랜 시기 동안에 필연코 계속 사람들이 자주 인용하는 말이 될 거라고 생각한다.

왜냐하면 이 말은 중국 정부의 전체 중국 공민에 대한 정중한 약속이기 때문이다. 또 그것은 전체 중국 공민이 금후 세대에 전가할 수 없는 기본적 권력이고 기본적 요구이기 때문이다.

'체면이 서고 존엄 있는 생활'이란 21세기 인간의 높은 표준과 높은 품질의 생활 묘사를 의미하는 것이 아니라 정반대로 최소한을 말한다.

'체면'은 자존심이 부끄러움을 느끼지 않는 상태를 의미한다. 구체적으로 말하면 만약 한 사람이 한 상황에서 일상적으로 생활할 수 없다면 그 사람이 어찌 아주 존엄이 있다고 느껴질 것인가?

'체면' 있는 생활은 수량화할 수 있을까?

물론 가능하다. 또한 반드시 수량화를 전제로 해야 한다. 때문에 전 세계는 공통된 인식을 도출해 냈다. 즉, 만약 빈곤한 상황이 일정한 정도를 벗어나는 경우, 만약 빈부의 차이가 일정한 정도를 크게 초과하는 경우들이다. 만약 실업자 수와 소외계층 사람 수 그리고 학교 교육을 정상적으로 받을 수 없는 아동과 소년의 수, 의료 보장을 받을 수 없는 사람 수, 사회복지가 아직 포용하지 못하는 사람 수가 일정한 정도로 많은 경우 그러한 나라 상황은 엉망이다. 이러한 각종 경우의 사람들은 자신들의 생활이 체면이 선다고 말할 수 없을 뿐만 아니라 그들의 존엄도 있는 것 같은데 없고 때론 있고 때론 없고 크게 떨어진다.

'중국 국정'에 부합되는 '체면이 서고 존엄 있는 생활'은, '중국 국정'에 부합되는 구체적 숫자 서술이 뒷받침되어야 한다. 정부와 국가, 국가와 전체 공민 간에는 더 많은 경우에 숫자가 발언권보다 더 설득력이 있다.

오랫동안 일부 '체면'을 중시하는 국민은 의외로 '체면이 서는' 생활과 '존엄'의 존재와 상실에 관계가 없다고 믿는다. '청렴한 자는 던져주는 음식을 받아먹지 않는다(廉者不受嗟來之食: 염자불수차래지식 〈예기. 단궁〉)'라는 고사성어를 인용하여 설교할 때마다 일반적 현상은 설교자들 자체가 사실 대체로 '체면'있는 생활을 하고 있다는 것이다. 인류의 대 윤리법칙은 즉, 특수 상황에서 차라리 어떤 사람이 굶어죽는 한이 있더라도 '던져주는 음식을 받아먹지 않는 것이(嗟來之食)' 존엄한 이상주의를 드러내는 것이다. 일부 사람이 그렇게 하면 집단의 낭만 혹은 존엄한 시성(詩性: 예술정신의 인식)은 부족하지 않다. 그러나 한 민족은 어떤가? 한 국가는 어떤가? 상당히 긴 시기에는? 비특수 상황 하에서는? 중국인이 '동아병부(東亞病夫: 청말 민초에 서방열강들이 중국인을 폄훼하던 말)'라 간주되던 역사적 시기에 전체 국가에는 존엄이 없었다. '던져주는 음식'을 받았는가, 받지 않았는가 아니면 받은 것이 있는가, 없었는가. '체면 있는' 생활은 먼저 물질적 생활품격인 것이며 '존엄 있는' 생활은 이 전제를 기본으로 수립되었다.

우리 중국 중앙정부 및 각 지방정부는 숫자의 설득력을 모른다고 말할 수 없다. 개혁개방 30여 년 이래 일련의 숫자는 중국 사람의 생활 '체면지수'가 상승하고 '존엄지수'가 상승하였음을 충분의 설명해 준다. 그러나 동시에 다른 일부 숫자는 앞 두 가지 지수가 사람들에게 가져온 만족도를 매번마다 상쇄시켰는데, 그것이 바로—

빈부차이지수: 중국에는 적지 않은 인구가 가난하기 그지없다.

부패지수: 30여 년 전에 백 원을 탐오하고 수뢰해도 큰 사건이 되었으나 지금은 수천만 원도 시시한 일이며 인민폐 수억, 십수억, 수십억 원에도 사회는 이미 마비되었다.

특권지수: 일부 관원과 상인이 결탁한 이익단체가 국가와 인민의 재부를 삼키는 욕구가 갈수록 커지고 서로 비호하고 서로 의기투합하고 법률과 법규를 무시

한다.

사회투명도 지수: 중국에는 그렇게 많은 방송국, TV방송국, 신문, 잡지가 있고 세계에서 가장 많은 언론인이 있으나 어느 큰 인물이 한마디 하면 쥐 죽은 듯이 고요하고 집체적으로 할 말을 잃는다…….

무엇이 '중국특색'의 '체면서는 일이고 존엄 있는 생활'인가. 또, 어떻게 하면 방대한 중국 사람들로 하여금 그런 생활을 지낼 수 있게 하겠는가를 토론할 시 사회공평과 정의문제를 피할 수 없다.

중국에는 '백성은 가난한 것을 두려워하지 않으나 빈부 불균형을 두려워한다.(民不患寡 患不均 〈論語. 季氏〉)'라는 옛말이 있는데 공자가 말한 것으로 널리 전해진다. 60년 전 중국에서 평균주의를 실행하던 시대에 이 말은 마르크스의 명언처럼 전국 인민이 신봉했고 특히 평균주의자들의 금과옥조가 되었다. 30년 전 개혁개방을 실행할 때 이 말은 '평균분배(大鍋飯: 대과반: 큰솥)'와 연계되었다. 사실 좀 더 깊게 그 여섯 글자(不患寡 患不均)를 생각해 보면 '불균형에 대한 두려움'은 기회의 불공평을 근심하고 사회적 부에 대한 분배의 비정의를 포함시켜서 이해해야 했다. 그 여섯 글자는 전 인류의 보편적 가치를 포함해야 한다. 기회공평과 사회적 부의 분배, 정의와 원칙이 결핍된 사회에서 설사 매일 햇빛이 맑고 아름답다 할지라도 인심은 여전히 서늘한 것이다.

그리고 가장 심각한 착오는 잘못을 수정하려다가 너무 지나쳐 더욱 나빠진 후이다. 우리는 '강자는 번영하고 약자는 도태된다(優勝劣汰: 우승열태)'는 이 자연계 법칙을 거의 모든 사회 이념 시스템에 확대 적용하여 우리의 사회 이념 시스템은 한시기 얼어붙은 듯한 시스템이 되었으며 동정과 인문적 온화함이라 할 만한 것이 없었다.

이건 큰 착오였다! 다행히 위안이 되는 것은 이 착오는 이미 중요하게 지적되어 전환되기 시작했다는 것이다.

인류사회를 논하자면 약자와 약자의 계층 그리고 강자와 강자의 계층은 모두 마찬가지로 '체면 있고 존엄 있는 생활을 누릴' 권리가 있다. 이는 하늘이 준 권력이며 그 정통성은 의심할 나위가 없다. 정반대로 '승자가 다 먹어 버리는 것'은 정의가 아니다. 왜냐하면 결론적으로 국가는 소수 '승자'만의 국가가 아니며 사회도 소수 '승자'의 사회가 아니기 때문이다.

때문에 논리적으로는 당연히 이렇다. 공평과 정의는 태양보다 더 빛난다. 이 전제 하에서만 인민은 '체면이 서고 존엄 있는 생활을 보낼 수 있다.'

이른바 정부의 책임과 정의는 바로 이상의 인문(人文)적 원칙을 현실화하는 것이다.

인문(人文)교육 - 양심 있는 사회의 심장박동기

1. 기술인재에 대해서도 문화적 요구를 포기할 수 없다.

국민이 보기엔 기술인재는 '인문'과 멀리 떨어지고 심지어 인문주의 훈도도 필요 없다고 생각한다. 중국의 현실도 대체로 이렇다. 그러나 좀 더 높은 요구에 따라 말할 때 설사 아인슈타인이라도 '2차 세계대전' 기간에 자신의 인문적 입장을 명백히 해야 한다. '2차 세계대전'시 나치문화 쪽에 선 과학자들은 전쟁이 끝난 후 전 세계에 이유를 밝혀야 한다. 때문에 기술인재도 마찬가지로 사회시사에 대해 가장 기본적인 인문적 판단과 태도를 준수해야 한다. 소위 인문 이념이란 사실 동물계 약자가 먹히는 법칙과 상호 대립되는 이념이다. 동물계에서 큰 뱀이 작은 뱀을 잡아먹고 건장한 승냥이가 병들고 늙은 승냥이를 잡아먹듯이 대원칙은 말할 나위가 없다. 인류가 인류로 존재할 수 있는 것은 인간성에서 각종 '참아내지 못하는'(不忍) 것이 생겨났기 때문이다. 이는 어찌 됐든 사람이 동물보다 저급한 면이라 간주해서는 안된다. 약육강식의 자연계 생존법칙을 인류사회에 옮겨 와 '범다원주의'라 부르는 것은 파시즘과 매우 흡사한 데가 있기 때문이다.

'인문'은 사실 더 문명한 문화로써 '사람을 변화시킨다.' 이는 사회양심이 있는 사람으로 만드는 것인데 과학기술인재도 자연히 예외일 수 없다. 만약 많은 과학기술인재가 사회양심에 부합되는 가치관을 준수하지 않아도 된다고 허용하면 이런 사람들은 '과학기술동물'로 전락될 것이며, 바로 이 방면에서 우리는 아주 잘못한다 할 수 있다.

기술인재는 문화적 요구를 포기할 수 있는가? 서방은 일찍이 20세기 7~80년대에 이 문제를 발견했다. 즉 기술인재의 인문교육을 절대 소홀히 해서는 안된다는 것이다. 미국의 의학대학과 법학대학은 모두 교양분야 본과를 이수한 후 비로소 전공과목 강의 신청을 허용한다. 그들의 본과 중에 특별히 중요한 내용은 인문교육이다.

그러나 우리 중국 중고생은 직접 의학과 법학을 학습하고 필요한 인문교육을 피했다. 실제 의사와 변호사는 가장 인문적 색채가 짙은 직업이다. 수업시간에 학생들은 흔히 기술문제만 토론하지 않는다. 예컨대 한 병자가 실려 오고 그의 가족이 옆에 없기 때문에 서명하지 못하면 위험을 무릅쓰고 응급 구조할 성공률도 높지 않다. 이런 경우에 의사는 구할 것인가, 구하지 말 것인가? 만약 구조에 실패하면 병자의 가족이 온 후 의료진과 환자 사이에 아주 시끄러운 분규가 일어날 것이다. 구조하거나 구조하지 않는 것은 한 국가 '인문'사회 수준의 높고 낮음을 평가하고 증명해 준다.

우리는 당연히 모든 중국 의료종사자들에게 진짜 천사와 같이 행동하도록 요구하지 말아야 하며 다른 나라 의료종사자들도 사람마다 천사처럼 행동할 수 없을 것이다. 차이점은 아마 단지 첫째, 병원 측에서 명문으로 규정하여 죽어 가는 것을 보고 구하지 않아도 마음이 편안하고 습관이 되어 버렸다. 둘째, 죽어 가는 것을 보고 구하지 않는 것이 내심 편안한 일이 아니어서 공동으로 구급대책을 토론하여 실시한다일 뿐이다. 때로는 진퇴양난의 일이 바로 인간성과 양심의 발로, 그리고 능동성 때문에 해결되고 양쪽 모두 만족해하는 희망이 나타난다. 소위 인문(人文)이란 이렇게 사람의 근본을 변화시키는 것일 뿐 다른 방도가 없다.

인문주의 문화가 두터운 나라에는 희망이 많다. 바꾸어서 말한다면, 그렇지 않은 나라는 희망이 적다. 심지어 거의 없다.

2. 대학에서 인문을 보급하는 부득이한 조치

대학은 인문 분위기가 가장 농후한 곳이다. 그러나 우리 중국은 별로 잘하지 못했다. 대학 과정의 배치는 너무 치밀하고 전문 분과도 너무 번잡하다. 그러나 과정을 간소화할 경우 제일 먼저 제거하는 것이 바로 인문학과이다. 대학생의 학업 스트레스는 아주 심하고 외국어를 배우려면 많은 시간이 들며 컴퓨터조작 능력 등급시험도 아주 고생스럽다. 결론적으로 대학생의 머리가 24시간 내에 더 많이 고려하는 것은 전문 성적이며 더 많이 관심 갖는 것은 자격증서이다. 만약 조금만 여가가 생기면 그들은 그저 긴장 풀기와 휴식을 선택한다.

대학도 온통 불평이다. 왜 대학에 들어가서야 보급성 인문교육을 시작하는가? 이것은 사실 이미 좀 늦었다. 대학에 진학하기 전 청년들은 도리로 말하면 마땅히 초급 보편적 가치관 교육을 완성해야 하며 그들이 대학에 진학한 후엔 이미 습득한 인문의식을 제고하며 공고화하여 갱신해야 한다. 그러나 우리가 돌이켜 보면 고교에서 인문의 보급 및 교육을 완성할 수 있을까? 그럴 수 없다. 대학입시 부담이 너무 크기 때문에. 그럼 중학교로 돌아가 보자. 그것도 안된다, 고교 입시 압력도 작지 않으니깐. 그럼 차라리 소학교에 돌아가 보자. 그러나 초등학교는 이 임무를 감당해 낼 수 없다. 초등학생의 사고력이 아직 성숙되지 않았기 때문에.

그러나 이를 핑계로 인문교육의 책임을 회피해서는 안 된다. 사실 아이는 태어나자마자 문화적 배경 속에서 성장한다. 집, 유치원, 아니면 소학교 어디서든 그들은 모두 현대인으로서의 보편적 가치관을 신속하게 형성한다. 여기에는 생명에 대한 존중도 포함된다. 예를 들면 작은 동물을 학대하는 것도 추악한 행위다. 그러나 만약 자세히 생각해보면 얼마나 많은 중국 사람들이 어릴 때 잠자리나 나비를 잡았던가, 특히 남자아이들이 그것의 다리를 떼낸 후 발이 없는 잠자리와 발이 없는 나비가 어떻게 되는가를 보려 했던가. 꿀벌 한 마리를 잡아서 그의 잔등에 가는 가지를 꼽고 손에 쥐고 놀았다. 그들이 보기엔 이런 각종 곤충들이 생명이 없는 놀잇거리 같다. 이것은 호기심의 작용 하에서 그렇게 한 것이지만 서방에는 이런 현상이 아주 적다. 물론 지금 우리 중국 공원에서도 이런 장면은 이미 많이 사라졌다.

아이가 막 세상사에 눈뜨기 시작할 때 인문교육은 이미 시작되었다. 서방의 인문교육은 우리와 전혀 다르며 특히 관원자녀, 재벌 2세의 가정과 전혀 다르다. 트루먼의 외손자는 소학교 4학년을 다닐 때에야 교과서에서 자신의 외조부가 옛날 미국 대통령이었다는 사실을 알았다. 그는 집에 돌아가서 어머니에게 왜 외조부가 대통령이었다는 사실을 일찍부터 말하지 않았는가 하고 물었다. 어머니는 이렇게 설명했다. "별로 말할 게 없다. 미국 사람들은 누구라 할 것 없이 미국에 대해 책임감만 있으면 대통령 선거에 참가할 수 있다." 권력의 본질은 책임이며 이는 우리에게 가장 결핍된 인문의식(人文意識)의 설명이다.

인문교육에는 책임·신임·약속 등 기본적인 가치 판단이 포함된다. 영화 〈여인의 향기: 闻香识女人〉 중에 이런 이야기가 있다. 한 남자고등학생이 빈곤한 가정에서 태어나서 소위 일류 고등학교에 다녔는데 그 학교에는 부잣집 자식이 아주 많았다. 이 학생은 학교에서 몇몇 학생이 교장을 모욕하는 장면을 목격했다. 그 사건 후 학교 측은 그에게 증인으로서 기율위반자의 이름을 대라고 요구했다. 만약 말하지 않으면 제명당하고 말하면 예일대학에 보내주겠다고 말했다. 이 고교생은 그 학생들과 아주 우호적인 관계를 맺고 있었고 또 그들에게 이 일을 학교 측·선생·가장을 포함하여 누구와도 말하지 않겠다고 약속했었다. 그가 친구들을 팔아먹고 자기 전도를 바꿀 가치가 있을까? 이 고교생은 그 고민을 한 장교에게 이야기했다. 후에 학교 측은 학생 몇몇을 한자리에 앉아 대질시키고 모든 학생은 계단 아래에 앉게 했다. 바로 이때 그 장교가 달려와서 그 훈육교사에게 말했다. "왜 학교 측이 잘못을 저지른 학생들을 찾아내서 스스로 승인하게 하지 못하는가? 승인하는 사람이 없을 것 같아서 인가? 이것 자체가 바로 고등교육의 실패를 설명해 준다. 확실히 누군가 옳지 않은 일을 했다. 그것도 한 사람이 아니다. 그러나 한 명의 학생도 용기를 내어 승인하며 일어나지 못하는데 이런 학교를 어찌 미국 일류 학교라 할 수 있는가? 학교 측에서는 아주 큰 혜택으로 한 학생을 유혹하는데 그가 어떤 선택을 하든지 간에 그는 전도를 망쳐 버리거나 그의 인격을 망친다. 이렇게 훌륭한 청년을 망치는 수단으로 이용되는 이런 교육이 얼마나 실패인가!"

유사한 상황은 구소련 영화 〈못난이〉에서도 나온다. 두 초등학생은 아주 좋은 친구였는데 그중 한 사람은 반 간부였다. 선생님은 그에게 한 가지 임무를 맡겼는데 그의 친구가 학교 밖에서 무슨 일을 하는지 긴밀히 주의하라고 했다. 이 반 간부는 그의 친구가 하교 후 담배를 피우는 것을 발견하고 선생님한테 일러바쳤다. 그는 보고해야 했으며 보고해야만 그 교사들이 그가 좋은 학생이라고 인정한다. 보고 후 그의 친구는 우정의 상처를 받았고 보고자는 어른이 된 후에도 마음의 괴로움이 쉽게 끝나지 않았다.

교장을 모욕하고 담배를 피운 행위는 모두 나쁘다. 그러나 설사 이런 분명한 착오가 사람과 사람 간 신임과 약속 등 고정된 신념과 충돌이 발생 시 사람들은 어떻게 대처하는가 하는 문제에 직면한다. 우리 중국에서는 아마 모두 단순화할 수 있으며 아마 토론할 필요도 없다. 그것은 답이 아주 명확하기 때문이다. 당연히 보고해야 한다. 아주머니한테 보고하고 선생한테 보고하고 학교 측에 보고해야 한다. 보고했기 때문에 당연히 표양을 받아야 한다. 이런 사상은 대학교나 대학교 밖 다른 곳에서 은연중에 감화되어 우리에게 받아들여지고 있다. 이것은 마땅히 중국 전체사회가 인문적 반성을 해야 한다.

3. 사회문제의 과다(過多)로 인해, 인문의 조급한 완성은 불가능하다

신앙·약속·우의의 이런 가장 기본적인 인문가치는 도대체 어느 단계에서 완성해야 하는가? 어떻게 대학교 인문교육을 강화할 것인가? 이런 문제 자체는 아주 공리(功利)적인 생각을 뜻한다. 어떤 방법을 모색하여 인문을 보급하기를 바란다. 아주 빨라야 한다. 비록 아주 단기간이어야 한다고 주장하진 않지만 길어도 3년~5년 내에 성과가 있어야 한다. 사실 인문교육은 이렇게 빨리 완성될 수 없다. 그것이 집을 짓거나 도로를 건설하는 것이 아니기 때문이다.

서방에서 인문가치의 보급은 2백여 년이 걸렸으며 설사 우리가 오늘 하루 속히 보급하더라도 적어도 우리 공화국 역사와 같은 시간이 필요하다. 우리가 지금 토론하는 것은 단지 어떤 방법으로 본래 긴 시간을 들여 해야 할 일을 단시간 내에 하는가 하는 것이다. 물론 줄일 수 있는 시간을 줄이는 것이다. 인문교육은 학교 내 일일 뿐만 아니라 전 사회의 책임이다. 사회 문제가 너무 많이 쌓일 때 인문교육은 더 복잡하고 실시하기 어렵게 된다. 조화로운 사회를 건설하는 전제는 이 사회가 반드시 양심사회여야 한다는 것이다. 사회는 반드시 가장 기본적이고 주춧돌 같은 가치관과 원칙으로 지탱되어야 한다. 우리는 인문적 사상으로 어릴 때부터 아이를 교육하고 그의 성장과정에서 좋은 사람이 되게 한다. 이것은 완전히 가능하다. 그러나 만약 사회 환경이 지지해 주지 않으면 실현하기 아주 어렵다. 워터게이트 사건 후 닉슨은 마지막으로 전체 미국인에게 사과하였다. 그가 대통령직에서 물러난 후 두 번째 중국을 방문하고 다시 모택동을 만났을 때 모택동은 닉슨에게 겨우 고만한 일이 당신을 무너뜨렸는가 하고 물었다. 여기에서 우리는 두 국가의 가치관 형성의 큰 차이를 발견할 수 있다. 하나는 우리 중국에선 '고만한 일'이지만 미국에서는 전 미국 국민, 어른에서 아이들에 이르기까지 모두 상처를 받았다고 느낀다. 그렇다, 그들이 자신의 대통령을 용서해줄 수 없는 것은 대통령이 권력을 최대한 이용하여 그들에게 상처를 주었기 때문이다.

4. 기술주의, 상업주의, 관료주의 - 인문교육의 3대 적(敵)

현재 중국에서 인문교육은 기술주의, 상업주의, 관료주의 세 적수(敵手)와 직면하고 있다. 기술주의는 무엇이나 다 수량화하려 하나 인문원소는 필경 가장 수량화할 수 없는 사상원소(思想元素)이다. 상업주의는 무엇이나 다 이익이 최우선이고 이익 최대화를 목표로 하나 '인문'은 돈벌이를 최고 목적으로 하지 않는 문화이다. 관료주의는 '인문'을 가장 깔보나 그들은 '인문'의 문화지위를 결정할 수 있는 가장 큰 권력을 장악했다. 이 인문교육의 적은 어느 것이나 다 강하고 강세다. 그들과 비교하면 인문은 아주 부드럽고 아주 나약한 문화품종이다. 비록 그렇다 해도 인문사상은 인류 전체 문화 총합계에서 가장 가치 있고 가장 핵심적인 부분이다. 이 부분 문화가 없다면, 이는 좀 가볍게 말하면 '이등 품질의 문화'이고 엄중하게 말하면 '쓰레기 문화'이다.

상업문화는 무엇이 돈이 되면 무엇을 하고 사람의 영혼을 와해시키는 것도 아랑곳하지 않는다. 얼마 전 방영한 〈선보기프로그램(非诚勿扰: 비성물요)〉은 관련 비평이 이미 나타났다. TV방송국은 국가 공기(公器)이며 국가 공기가 인문문화 사상을 나타내지 않으면 잘못된 것이다. 오락프로그램마저 가치 전파의 문제가 존재한다. '나는 BMW 차에 앉아 울지라도 자전거에 앉아 웃지 않겠다.' 이것은 사실 일부 여자애들의 진실한 생각이며 이를 토론할 수 있다. 그러나 만약 토론이 아니고 표현하는 말에 불과하다면 일은 바라는 대로 되지 않는다. 미국의 상업문화는 틈만 있으면 어디에나 파고든다. 예를 들면, 두 미국 미성년 여자애가 국외에서 마약을 팔았는데 국외에서 본국으로 인도되었다. 결국 비행기에서 내리자 기자들이 구름같이 몰려갔다. 많은 문화회사에서 그녀들과 계약을 체결하려 했는데 책 출판계약·영화 촬영계약·전문 인터뷰 계약 등등이 있었다. 이 두 마약판매 여자애들이 비행장에서 나오기도 전에 그들의 몸값은 인민폐 천만 원 이상에 도달했다. 돈과 재물에만 눈먼 문화의 횡포 앞에서 지식인이 먼저 나서서 목소리를 내야 한다. 특히 법률에 명확히 규정하지 않았을 때 지식인이 나서야 한다. 미국의 지식인들은 당시 분분이 나서서 질책했다. 그 계약들은 비록 법을 위반하지 않았지만 폐지된 것과 마찬가지다. 서방의 《건전한 인격에 관한 24개 '아니오(NO)'》 등의 도서는 그중 몇 조항에 어떻게 금전을 대하고 어떻게 권력을 대하는가 하는 내용이 포함되어 있다. 그러나 우리 중국에서는 이런 책에 관심 가지는 사람이 없다.

사람들은 저마다 자신의 인격이 아주 건전하다고 생각한다. 소위 '인격이 아주 건전하다'라는 사람들은 어떻게 부유해지는지를 가르쳐 주는 책이 있다 하면 다들 가서 산다. 또 어떤 책이 관료사회에서 일어나는 '온갖 파렴치한 작태'를 알려준다면 그 책을 사지 못할까 조바심한다. 이것이 어찌 '건전한 인격'이란 말인가?

관료주의의 더 보편적 현상은 '인문'에 대하여 대수롭지 않게 생각한다는 것이다. 혹자는 입으로 인정하나 심성은 무관심하다. 혹자는 지지하지도 대가를 지불하려 하지도 않는다. 간혹 때때로 인문적인 소양이 결여되어서는 안된다고 느끼지만 다시 한 번 골똘히 생각해 보고는, 여전히 다른 사람에게 넘겨 버린다. 힘이 있는 관료주의는 본능적으로 인문 문화를 혐오한다. 정치적 공리의 시각에서 보면 어떤 관료에게는 인문 문화는 흔히 정치공적이 되지 않는다. 이에 비하면 도로를 건설하고 광장을 건설하면 눈에 잘 띈다. 오락문화는 적어도 돈을 쓰고 구경거리를 조성하나 인문 문화는 구경거리라고 할 것도 없다. 때문에 '날려 버릴' 돈을 쉽게 투입하려 하지 않는다. 본래의 논조는 '문예로는 무대를 설치하고, 경제로는 전통극을 공연하자'는 바로 이러한 아주 공리적인 사고였다. 문예는 공구이자 무대가 되는 일종의 보조로 받쳐주는 것이다. 아르바이트생과 아주 신통하게 닮은 이미지이다.

우리는 늘 이렇게 말한다. 다음 단계 사회의 화해(和諧)사업은 문화를 '손잡이'로 삼아야 한다. '손잡이'란 무엇인가? 바로 문손잡이 따위로서 아무렇게나 잡고 지탱한다.

최근 논조는 '문화 소프트파워(軟實力: 연실력. 한 국가의 문화 · 가치관 · 사회제도 · 발전모델 등에 의해 형성된 국제적 영향력과 호소력)'이다. '소프트파워'도 아주 공리적이다. 국외에 가서 공자학원(孔子學院: 중국은 2008년 올림픽을 계기로 문화강국을 강조하면서 전 세계에 공자학회를 설립하고 있다. 적잖은 한국 대학에도 공자학회가 있다)을 세우고 중국어를 보급시키면 실력을 드러내는 것인가? 일단, 문화의 '힘'이라 하자. 우리가 지금 고려해야 할 것은 어떻게 이런 '힘'을 나타내고 사용하는가 하는 것이다. 이런 힘을 이용하여 공민에게 영향을 주어 공민 스스로 의식을 제고시키고, 나아가 어떻게 정부를 감독하여 업무를 잘 보도록 하는가다. 또 여전히 이 힘으로써 공민들에게 영향력을 가지게 하여 공민들로 하여금 이용하고 있는 힘을 더욱 긍정케 한다. 즉, 그리하면 관원의 권위는 100% 인정하게 되는 것인가?

관료계층은 민주적 인문사상에 대하여 억압할 수 있으면 억압하고, 다시 한

번 더 '반우파(反右)'운동을 벌이지 못하는 것을 한스러워한다. 과연 이런 문화가 정상인가? 우리는 지금 문화지식인에 대해 파벌을 나눈다. 옛날에는 좌파와 우파로 나누었고 우파의 운명은 아주 나빴다. 우리는 지금 신좌파와 신우파로 나누는데 일부 사람들이 보기엔 신좌파는 무섭지 않다. 필경 그들은 계속 모택동을 숭배하고 있기 때문에 '우리' 사람이다. 그러나 지금 '신우파'라 간주하는 지식인들은 여전히 당시 '우파'이며 단지 당신의 직업을 쉽사리 박탈하거나 당신을 어떤 곳에 유배 보내지 않을 뿐이다.

만약 누군가 사회를 더 투명하게 하고 양심 있게 하고 민주화하게 하려고 하는데 그가 '신우파'가 된다면, 만약 이렇게 많은데다가 분명 민주화가 부족하여 쌓여 있는 사회문제로 인해, 서방 민주를 논하는 것이 부끄럽다면, 만약 모두가 총명해져서 '신우파'가 될 수 없다면 이 나라에는 민주의 목소리가 없어진 것이 아닌가?

전체 인문 문화 중에 으뜸가는 임무는 국가의 민주화 정도와 민주화 진도를 추진하는 것이다. 이 화제를 에둘러 인문 문화를 논하고 인재의 교육과 육성을 논한다면 그것은 인문 문화가 사회에 대한 가장 근본적인 책임을 회피하여 잘못을 시인하지 않고 다른 화제로 얼버무리는 것이 된다.

대체로 우리가 직면한 상황은, 한 사람이 만약 모 방면의 특기를 가지고 있고 마음속 진실한 생각을 봉폐(封閉)하여 걸어 잠그는 데 능하다면, 특히, 현대 인문 사상에 대한 견해를 한사코 말하지 않는다면, (아주 '불행'한 것은 현대 인문사상은 확실히 서방에서 형성되었다는 것이다) 또, 더욱이 그가 항상 기회를 놓치지 않고 거듭 현대 인문사상을 경시하는 말을 한다면, 그는 중국에서 인재로 간주되어 육성되고 '성공할' 확률이 아주 크다. 특히 그가 다소 문화가 있고 중국 고대 봉건 사상가들의 고대 문명사상의 솜조각들을 방패로 삼아 현대 인문사상을 비판하고 배척하면 '인재'라는 칭호는 그야말로 으레 그의 몫이 된다.

이런 인사들은 뼛속으로부터 현대 인문사상이 전하는 한 부류의 가장 기본적 가치관을 상당 부분 인정하는 듯하나 그들의 표현은 흔히 가식이다. 그러나 가식으로부터 얻은 혜택은 분명 더 말할 나위도 없다. 그와 반대로, 만약 어떤 한

598

사람이 자신이 현대 인문사상의 신봉자라고 솔직히 말하면 그의 진보적 운명도 상반된 처지에 놓이게 되고 그는 '별종'으로 간주되어 도처에서 왕따와 같은 제한을 받을 수 있다.

이는 중국의 '인문 공포증(人文恐怖症)'으로서 '변화(化)'하려면 그렇게 쉽지만은 않다. 어렵기 때문에 지속적으로 '변화(化)'해야 한다.

개혁개방으로 놀라운 성장을
이루어낸 중국

– 권선복(도서출판 행복에너지 대표이사,
대통령직속 지역발전위원회 문화복지 전문위원)

    예로부터 중국은 우리나라와 매우 밀접한 관계를 맺어 왔습니다. 정치적·
경제적·사회적·문화적 측면에서 우리나라는 오랜 세월 중국의 영향을 받았
습니다. 지리적으로 인접해 있어 한민족과 역사를 함께해온 나라이기에 마치
이웃사촌과도 같이 느껴집니다. 그리고 이제 중국은 세계의 중심이라 불릴 정
도로 막대한 영향력을 행사하고 있습니다. 우리나라의 미래는 이 나라와 운명
을 같이한다고 해도 틀린 말은 아닐 것입니다. 이성권 역자의 혜안으로 번역
된 책을 통해 중국을 바로 알고자 하는 독자 여러분들의 이해를 돕고자 출판
을 결심하였습니다.

    특히나 양효성 저자는 중국의 지성으로 추앙받고 있는 대단한 영향력을 지
닌 작가입니다. 저자는 10년에 걸쳐서 이 놀라운 역작을 만들어냈습니다. 특
히 현대 중국사회에서 일어나는 가치관, 세대, 제도 등의 부조리한 현상을 고

발하는 점이 매우 흥미롭게 다가왔습니다. 이러한 점은 전대미문의 중국사회 고발서로서 추대되기에 손색이 없을 정도입니다. 또한 중국에서 25년째 생활하고 있는 이성권 역자는 개혁개방의 산증인입니다. 우리나라와의 수교가 성사되기 이전부터 역자는 중국에 대한 꾸준한 관심을 가져왔습니다. 오랜 열정으로 가지고 최고 지성인의 저서를 번역한 이성권 역자에게 힘찬 응원의 박수를 보내 드립니다.

『중국사회 각 계층 분석』은 신중국의 성립에서 개혁개방의 전개까지 일어났던 변화를 다룬 책입니다. 모택동 사후에 일어났던 중국사회 계층의 변화를 심층적으로 분석한 부분에서 저자의 통찰력이 엿보입니다. 이러한 구성은 우리나라 사람들이 막연하게만 알고 있던 중국을 이해하는 데 매우 큰 도움을 주리라 확신합니다. 바로 이 책이 한국과 중국을 이어주는 다리가 되기를 기대해보며 모든 독자들의 삶에 행복과 긍정의 에너지가 팡팡팡 샘솟기를 기원드립니다.

하루 5분나를 바꾸는 긍정훈련
행복에너지

'긍정훈련'당신의 삶을
행복으로 인도할
최고의, 최후의'멘토'

'행복에너지
권선복 대표이사'가 전하는
행복과 긍정의 에너지,
그 삶의 이야기!

인터파크
자기계발 분야 주간
베스트 1위

권선복 지음 | 15,000원

권선복

도서출판 행복에너지 대표
지에스데이타(주) 대표이사
대통령직속 지역발전위원회
문화복지 전문위원
새마을문고 서울시 강서구 회장
전) 팔팔컴퓨터 전산학원장
전) 강서구의회(도시건설위원장)
아주대학교 공공정책대학원 졸업
충남 논산 출생

책 『하루 5분, 나를 바꾸는 긍정훈련 - 행복에너지』는 '긍정훈련' 과정을 통해 삶을 업
그레이드하고 행복을 찾아 나설 것을 독자에게 독려한다.

긍정훈련 과정은 [예행연습] [워밍업] [실전] [강화] [숨고르기] [마무리] 등 총
6단계로 나뉘어 각 단계별 사례를 바탕으로 독자 스스로가 느끼고 배운 것을 직접
실천할 수 있게 하는 데 그 목적을 두고 있다.

그동안 우리가 숱하게 '긍정하는 방법'에 대해 배워왔으면서도 정작 삶에 적용시키
지 못했던 것은, 머리로만 이해하고 실천으로는 옮기지 않았기 때문이다. 이제 삶
을 행복하고 아름답게 가꿀 긍정과의 여정, 그 시작을 책과 함께해 보자.

『하루 5분, 나를 바꾸는 긍정훈련 - 행복에너지』

그대, 늦었다고 걱정 말아요

감민철 지음 | 13,800원

『그대, 늦었다고 걱정 말아요』는 힘겨운 시기를 보내고 있는 젊은이들에게 따뜻한 위로의 메시지를 전하는 책이다. 도무지 나아질 기미가 보이지 않아 원망과 불평이 절로 나오는 현실이지만 현재 주어진 암울한 환경이 아닌, 어려움을 통해 더욱 성장하게 될 미래의 자신을 바라보라고 주문한다.

주인공 빅뱅

이원희 지음 | 13,800원

세상의 기준은 상대평가에 따르기 때문에 항상 서로를 비교하게끔 만든다. 그 과정에서 우리는 우월감과 열등감을 오가며 천국과 지옥을 경험하곤 한다. 하지만 『주인공 빅뱅』은 그러한 악순환에서 벗어나 자기 자신이 평가의 기준이 될 것을 권한다. 스스로가 객관적으로 자기 자신을 평가함으로써 정서적·지적·영적·인격적 성장을 이룰 필요에 대해 강변한다.

압둘라와의 일주일

서상우 지음 | 13,500원

『압둘라와의 일주일』은 누구나 한번쯤은 고민해봤을 본질적인 인생의 문제들을 풀어나가고 있는 책이다. 특히 '압둘라'라는 인물을 통해 어려운 고민들에 명쾌하게 답하는 형식을 취하고 있는 점이 흥미롭다. 아무리 상처받고 버림받는 아픔을 경험했을지라도 이 세상에 소중하지 않은 사람은 없다. 그렇기에 이 책의 주인공은 당신이라고 저자는 이야기한다.

제4차 일자리 혁명

박병윤 지음 | 15,000원

JBS일자리방송의 박병윤 회장이 전하는, '일자리 혁명을 통해 선진국으로 도약할 대한민국의 청사진'을 담은 책이다. 현재 대한민국의 일자리 문제가 현 정부에서 추진하는 창조경제 정책이 올바로 시행되지 않고 있음에서 그 원인을 찾고 '방통융합 활용 일자리창출 콘텐츠'의 실행을 통해 일자리 혁명을 일으켜 해결책을 찾을 것을 제안하고 있다.

금융회사의 내부통제

김양권 지음 | 25,000원

선진은행들은 우리나라보다 더한 성과주의 문화 속에 살고 있지만 그들의 금융사고는 우리보다 훨씬 적다고 한다. 이 책은 그 이유는 무엇인지를 세심히 살펴보고, 오랫동안 선진국의 금융관행을 보고 배웠음에도 우리 금융회사들이 놓치고 있는 것에 대해 제시한다.

신입사원은 무엇으로 성장하는가
홍석환 지음 | 15,000원

저자는 30년 동안 인사 분야 전문가로 삼성, GS칼텍스, KT&G와 같은 대기업에서 근무해왔다. 다양한 인사 경험과 이론을 쌓고 자신만의 컨설팅을 바탕으로 사회 내에서 자신의 자리를 공고히 하는 데 힘써온 사람이다. 그의 이러한 노하우가 담겨있는 인사교육 현장의 목소리에 우리는 귀 기울여야 할 것이다. .

사랑해야 운명이다
김창수 지음 | 값 12,500원

책 『사랑해야 운명이다』은 2015 한국HRD대상 명강사 부문 대상 수상자이자 희망아카데미 대표인 김창수 저자의 '세상을 향한 따뜻한 사랑을 담은 시집(詩集)'이다. 독자의 마음에 깊은 흔적이 아닌, 가만히 가져다대는 따뜻한 손과 같은 온기를 전하며 "살아 있는 한, 희망은 유효하다."라는 평범한 진리를 진솔한 목소리로 노래한다.

리콴유가 말하다
석동연 번역 · 감수 | 값 17,000원

이 책은 하버드 대학의 그래엄 앨리슨 교수, 로버트 블랙윌 외교협회 연구위원이 리콴유 전 총리와의 인터뷰, 그의 저서와 연설문을 편집하여 출간한 책이다. 총 70개의 날카로운 질문에 리콴유는 명쾌하고 직설적이며 때로는 도발적으로 답변한다. 도처에 실용주의자로서의 그의 진면목이 잘 드러나 있으며 깊이 있는 세계관과 지도자관을 음미할 수 있다.

대한민국을 읽다
김영모 지음 | 값 15,000원

『대한민국을 읽다』는 1934년부터 1991년까지의 대한민국, 그 생생한 역사의 주요 현장을 도서와 문서 자료를 통해 들여다본 책이다. 25년 가까이 국회도서관에서 근무를 했고 출판사의 대표직을 맡으며 평생 책과 함께해 온, 지금도 산더미처럼 쌓인 책의 틈바구니에 간신히 몸을 밀어 넣어 책과 씨름하고 있는 한 독서인의 뜨거운 열정을 고스란히 담고 있다.

도담도담
티파니(박수현) 지음 | 값 15,000원

『도담도담』은 종로 YBM어학원에서 16년째 강의를 하고 있는 인기강사 '티파니' 박수현이 2030 청년들에게 들려주는 행복의 메시지다. 때로는 두 손을 꽉 붙잡고 어깨를 도닥여주는 위로를, 때로는 정신이 번쩍 들게 하는 일침을, 때로는 경험에서 진득하게 우러나온 조언을 친근한 언니 혹은 누나의 목소리로 전하고 있다.

천국 쿠데타(1, 2권)
민병문 지음 | 각 권 값 15,000원

소설 『천국 쿠데타』는 '천국'을 배경으로 우리에게 친숙한 성경 속 인물과 안중근, 정약종 같은 역사적 인물들을 등장시켜 색다른 재미를 안겨준다. 문학만이 펼칠 수 있는 독특한 상상력의 세계가 펼쳐짐은 물론, 종교라는 무거운 주제를 인문학적으로 접근하며 독자의 가슴에 깊은 감동을 새겨주고 있다.

갈 길은 남아 있는데
김래억 지음 | 값 25,000원

책 『갈 길은 남아 있는데』는 격동기에 태어난 한 사람이 역사의 비극 가운데에서 고뇌하며 조국의 근대화에 대한 열망을 품고 축산업과 대북 사업에 일생을 바치며 산업역군으로 성장해가는 과정을 담고 있다. 남북을 넘나들며 통일의 물꼬를 트고자 노력했던 저자의 헌신이 감명 깊게 다가온다.

헌혈, 사랑을 만나다
이은정 지음 | 값 15,000원

이 책은 저자가 혈액원에서 근무하며 만났던 수많은 헌혈자들과의 소중한 일상을 담은 책이다. 매혈에서 헌혈에 이르기까지 겪었던 파란만장한 역사 이야기, 우리가 잘 몰랐던 의학적인 관점에 근거한 혈액형 이야기, 그리고 헌혈과 관련된 수많은 감동적인 이야기로 구성되어 있다.

공공의 적
남오연 지음 | 값 9,000원

이 책은 법조계를 경제학적인 관점으로 재해석한 책이다. 저자는 법률시장이 오랜 기간 지니고 있는 문제점에 대해 당당히 일침을 가한다. 비록 짧지도 길지도 않은 10년이란 경력을 지녔지만, 누구보다도 냉철하게 법률시장의 논리를 꿰뚫고 있고 그 원리를 바탕으로 혁신적인 해결책을 제시하고 있다.

1598년 11월 19일 - 노량, 지지 않는 별
장한성 지음 | 값 15,000원

현재 공인회계사이자 세무사로 활동 중인 장한성 저자의 두 번째 장편소설이다. 고증을 바탕으로 한 이 팩션Faction은 현재 우리 대한민국에서 살아가는 모든 이들에게 삶의 진정한 의미는 무엇인지, 이 혼란한 시대를 이겨낼 힘은 과연 무엇인지에 대해 이순신 장군의 삶을 그려내며 진지하게 묻고 있다.

생각과 말과 행동의 방정식
윤영일 지음 | 값 15,000원

『생각과 말과 행동의 방정식』은 행복으로 가는 길, 참된 이정표가 될 만한 깨우침을 가득 담은 책이다. 동서양의 고전과 선지자들의 일화에서 옥구슬같이 빛나는 혜안과 통찰을 뽑 아내어 따뜻한 필치로 잔잔히 이야기를 풀어 나간다.

부모의 변화가 아이를 살린다
박영곤 지음 | 값 15,000원

책 『부모의 변화가 아이를 살린다』는 늘 아이 걱정에 고민이 많은 부모들이 스스로 긍정 적으로 변화해야 자녀의 삶 역시 행복에 한걸음 더 가까워질 수 있음을 깨닫게 하는 '멘탈 혁신 자녀교육서'이다. 또한 세부적인 멘탈코칭 Tip을 제시하여 부모들이 아이 교육에 바 로 활용이 가능하도록 구성되어 있다.

사랑은 왜 낮은 곳에 있는가
이우근 지음 | 값 15,000원

책 『사랑은 왜 낮은 곳에 있는가』는 근래 대한민국의 부끄러운 현실을 엄정히 그려내면서 도 미래에 대한 기대와 희망을 놓지 말아야 한다는 격려를 한꺼번에 담아낸 칼럼집이다. 우리 사회가 안고 있는 난제들을 어떠한 방식으로 풀어내야 하는가에 대해 때로는 차분하 게, 때로는 속이 시원하게 전하고 있다.

남북의 황금비율을 찾아서
남오연 지음 | 값 16,000원

책 『남북의 황금비율을 찾아서』는 통일이란 쟁점을 화폐경제의 관점에서 접근하고 연구 한 책이다. 한반도 내에서만이라도 북한 화폐가 명목지폐에서 벗어나 실물화폐의 역할을 할 수 있는 시스템을 고민하고, 이로써 통화의 부가가치, 즉 남북한 내 새로운 일자리 창 출과 실질적 경제통합의 물꼬를 틀 수 있는 방안을 제시하고 있다.

통하는 말 통하는 글
김철휘 지음 | 값 15,000원

『통하는 말 통하는 글』은 '현직 연설비서관'의 풍부한 현장 경험과 연구를 통해 '말과 글'의 개념과 올바른 사용법 그리고 연설과 인터뷰의 기법까지 '공(식)적인 소통'을 위한 수준 높은 노하우를 담아낸 책이다. 누구나 교육과 훈련을 통해 충분히 우리 사회에서 인정받 을 만한 말하기, 글쓰기 수준을 갖출 수 있음을 설득력 있게 전하고 있다.

위대한 경쟁

정태영 지음 l 값 15,000원

『위대한 경쟁』은 치열한 업무 현장에서 체득한 실용적 노하우들로 가득하다. 여타 자기계발서와는 달리 경쟁 상황에서 승리할 수 있는 역량과 스킬에 초점을 맞추며 경쟁자보다 비교우위의 위치에 우뚝 설 수 있는 방법을 명쾌하게 제시하고 있다. 이 위대한 경쟁에 뛰어들어 행복을 성취하는 첫걸음을 내딛어보자.

직원이 행복한 회사

가재산 지음 l 값 18,000원

『직원이 행복한 회사』는 '한국형 인사조직 연구회'에서 심도 있는 연구 끝에 선별한 '한국형 韓國型 GWP' 현장 사례를 소개한다. 이 책에 소개된 기업들은 입사제도와 연봉과 복지, 경영과 기업문화 등에서 일반인들이 언뜻 생각하기 힘든 파격을 선보이며 사람 중심의 인본주의 경영을 몸소 실천하고 있다.

아빠와 딸

정광섭 지음 l 값 15,000원

사랑의 부재가 당연시되는 시대. 각종 불화와 광기가 맞닥뜨려 이 시대엔 아픔도 그 절망의 목소리를 내지 못한다. 저자는 자신의 실화를 담담히 이야기하며 이 불변하는 시대를 극복하고자 그 대안으로서 아버지의 사랑, 즉 사랑의 이름으로 가장 존귀한 부모의 사랑을 내놓은 것이다.

아들에게 전하는 아버지 이야기

글 심재훈 지음 l 값 15,000원

서울시 공무원으로 평생을 살아온 저자의 인생 이야기를 넘어선, 우리 아버지 세대의 애환과 혜안을 담은 책이다. 세상의 모든 아버지라면 반드시 공감할 만한 이 이야기들은 우리 자녀들이 한번은 꼭 귀담아 들어야 할 소중한 조언이며, 이 버거운 세상을 이겨내고 꿈과 행복을 성취하게 하는 지혜다.

문화예술 리더를 꿈꿔라

이인권 지음 l 값 15,000원

『문화예술 리더를 꿈꿔라』는 폭넓은 경험과 이론을 연마하여 글로벌 경쟁마인드를 체득한 이인권 한국소리문화의전당 대표의 '문화예술 경영서'이다. 공공 문화예술기관의 단일 최장 경영자로 대한민국 최초 공식기록을 인증받기도 한 저자의 모든 노하우가 담긴 만큼 이 책은 알찬 정보와 혜안으로 가득하다.

'행복에너지'의 해피 대한민국 프로젝트!
〈모교 책 보내기 운동〉

대한민국의 뿌리, 대한민국의 미래 **청소년·청년**들에게 **책**을 보내주세요.

　많은 학교의 도서관이 가난해지고 있습니다. 그만큼 많은 학생들의 마음 또한 가난해지고 있습니다. 학교 도서관에는 색이 바래고 찢어진 책들이 나뒹굽니다. 더럽고 먼지만 앉은 책을 과연 누가 읽고 싶어 할까요?
　게임과 스마트폰에 중독된 초·중고생들. 입시의 문턱 앞에서 문제집에만 매달리는 고등학생들. 험난한 취업 준비에 책 읽을 시간조차 없는 대학생들. 아무런 꿈도 없이 정해진 길을 따라서만 가는 젊은이들이 과연 대한민국을 이끌 수 있을까요?

　한 권의 책은 한 사람의 인생을 바꾸는 힘을 가지고 있습니다. 한 사람의 인생이 바뀌면 한 나라의 국운이 바뀝니다. **저희 행복에너지에서는 베스트셀러와 각종 기관에서 우수도서로 선정된 도서를 중심으로 〈모교 책 보내기 운동〉을 펼치고 있습니다.** 대한민국의 미래, 젊은이들에게 좋은 책을 보내주십시오. 독자 여러분의 자랑스러운 모교에 보내진 한 권의 책은 더 크게 성장할 대한민국의 발판이 될 것입니다.

　도서출판 행복에너지를 성원해주시는 독자 여러분의 많은 관심과 참여 부탁드리겠습니다.

도서출판 **행복에너지** 임직원 일동
문의전화　0505-613-6133